Managementwissen für Studium und Praxis

Herausgegeben von
Professor Dr. Dietmar Dorn und
Professor Dr. Rainer Fischbach

Lieferbare Titel:

Anderegg, Grundzüge der Geldtheorie und Geldpolitik

Arrenberg · Kiy · Knobloch · Lange, Vorkurs in Mathematik, 2. Auflage

Barth · Barth, Controlling, 2. Auflage

Behrens · Kirspel, Grundlagen der Volkswirtschaftslehre, 3. Auflage

Behrens · Hilligweg · Kirspel, Übungsbuch zur Volkswirtschaftslehre

Behrens, Makroökonomie – Wirtschaftspolitik, 2. Auflage

Blum, Grundzüge anwendungsorientierter Organisationslehre

Bontrup, Volkswirtschaftslehre, 2. Auflage

Bontrup, Lohn und Gewinn, 2. Auflage

Bontrup · Pulte, Handbuch Ausbildung

Bradtke, Mathematische Grundlagen für Ökonomen, 2. Auflage

Bradtke, Übungen und Klausuren in Mathematik für Ökonomen

Bradtke, Statistische Grundlagen für Ökonomen, 2. Auflage

Bradtke, Grundlagen im Operations Research für Ökonomen

Breitschuh, Versandhandelsmarketing

Busse, Betriebliche Finanzwirtschaft, 5. Auflage

Camphausen, Strategisches Management, 2. Auflage

Dinauer, Grundzüge des Finanzdienst-leistungsmarkts, 2. Auflage

Dorn · Fischbach, Operations Research, 3. Auflage

Dorn · Fischbach, Volkswirtschaftslehre II, 4. Auflage

Dorsch, Abenteuer Wirtschaft · 75 Fallstudien mit Lösungen

Drees-Behrens · Kirspel · Schmidt · Schwanke, Aufgaben und Fälle zur Finanzmathematik, Investition und Finanzierung, 2. Auflage

Drees-Behrens · Schmidt, Aufgaben und Fälle zur Kostenrechnung, 2. Auflage

Fiedler, Einführung in das Controlling, 2. Auflage

Fischbach · Wollenberg, Volkswirtschaftslehre 1, 13. Auflage

Götze, Techniken des Business-Forecasting

Götze, Mathematik für Wirtschaftsinformatiker

Götze · Deutschmann · Link, Statistik

Gohout, Operations Research, 3. Auflage

Haas, Kosten, Investition, Finanzierung – Planung und Kontrolle, 3. Auflage

Haas, Marketing mit EXCEL, 2. Auflage

Haas, Access und Excel im Betrieb

Haas, Excel im Betrieb, Gesamtplan

Hans, Grundlagen der Kostenrechnung

Hardt, Kostenmanagement, 2. Auflage

Heine · Herr, Volkswirtschaftslehre, 3. Auflage

Hildebrand · Rebstock, Betriebswirtschaftliche Einführung in SAP® R /3®

Hoppen, Vertriebsmanagement

Koch, Marktforschung, 4. Auflage

Koch, Betriebswirtschaftliches Kosten- und Leistungscontrolling in Krankenhaus und Pflege, 2. Auflage

Laser, Basiswissen Volkswirtschaftslehre

Martens, Statistische Datenanalyse mit SPSS für Windows, 2. Auflage

Martin · Bär, Grundzüge des Risikomanagements nach KonTraG

Mensch, Finanz-Controlling, 2. Auflage

Peto, Grundlagen der Makroökonomik, 13. Auflage

Piontek, Controlling, 3. Auflage

Piontek, Beschaffungscontrolling, 3. Auflage

Plümer, Logistik und Produktion

Posluschny, Controlling für das Handwerk

Posluschny, Kostenrechnung für die Gastronomie, 2. Auflage

Rau, Planung, Statistik und Entscheidung – Betriebswirtschaftliche Instrumente für die Kommunalverwaltung

Rothlauf, Total Quality Management in Theorie und Praxis, 2. Auflage

Rudolph, Tourismus-Betriebswirtschaftslehre, 2. Auflage

Rüth, Kostenrechnung, Band I, 2. Auflage

Sauerbier, Statistik für Wirtschaftswissenschaftler, 2. Auflage

Scharnbacher · Kiefer, Kundenzufriedenheit, 3. Auflage

Schuster, Kommunale Kosten- und Leistungs-rechnung, 2. Auflage

Schuster, Doppelte Buchführung für Städte, Kreise und Gemeinden, 2. Auflage

Stahl, Internationaler Einsatz von Führungskräften

Stender-Monhemius, Marketing – Grundlagen mit Fallstudien

Strunz · Dorsch, Management

Strunz · Dorsch, Internationale Märkte

Weeber, Internationale Wirtschaft

Wilde, Plan- und Prozesskostenrechnung

Wilhelm, Prozessorganisation, 2. Auflage

Wörner, Handels- und Steuerbilanz nach neuem Recht, 8. Auflage

Zwerenz, Statistik, 3. Auflage

Zwerenz, Statistik verstehen mit Excel – Buch mit Excel-Downloads, 2. Auflage

Lohn und Gewinn

Volks- und betriebswirtschaftliche Grundzüge

von

Prof. Dr. Heinz-J. Bontrup

2., vollständig überarbeitete und erweiterte Auflage

Oldenbourg Verlag München Wien

Bibliografische Information der Deutschen Nationalbibliothek

Die Deutsche Nationalbibliothek verzeichnet diese Publikation in der Deutschen
Nationalbibliografie; detaillierte bibliografische Daten sind im Internet über
<http://dnb.d-nb.de> abrufbar.

© 2008 Oldenbourg Wissenschaftsverlag GmbH
Rosenheimer Straße 145, D-81671 München
Telefon: (089) 45051-0
oldenbourg.de

Lektorat: Wirtschafts- und Sozialwissenschaften, wiso@oldenbourg.de
Herstellung: Anna Grosser
Coverentwurf: Kochan & Partner, München
Cover-Illustration: Hyde & Hyde, München
Gedruckt auf säure- und chlorfreiem Papier
Gesamtherstellung: Kösel, Krugzell

ISBN 978-3-486-58472-1

Vorwort zur zweiten Auflage

Nach der Erstauflage des Buches im Jahr 2000 war eine grundlegende Überarbeitung notwendig. Neben den üblichen Fehlerkorrekturen, den empirischen Datenanpassungen und der Einarbeitung neuerer Literatur zum Thema „Lohn und Gewinn" ist auch in vielen Kapiteln eine vollständige und vertiefende Überarbeitung der Inhalte vorgenommen worden. Neue Themen, wie u.a. die wirtschaftspolitische Diskussion um Kombi- und Mindestlöhne, wurden ins Buch aufgenommen. Andere noch in der Erstauflage behandelte Themen, wie die 2002 abgeschlossene Einführung des Euro, wurden dagegen nicht mehr behandelt bzw. in einem neuen Kontext dargestellt. Auch ist die alte Gliederung an einigen Stellen umgebaut worden. Dadurch wurde die Stringenz des Buches erhöht. Der Leser findet so einen besseren Zugang bei der Erarbeitung der einzelnen komplexen Themenbereiche. In den jeweiligen Kapiteln wurden deshalb auch zusätzlich eine Fülle an Querverweisen zu anderen Kapiteln hergestellt, so dass viele Inhalte im Zusammenhang besser verstehbar werden.

Was nicht verändert wurde, ist eine wissenschaftlich kritische Auseinandersetzung mit dem Lohn-Gewinn-Verhältnis im Sinne einer klassischen polit-ökonomischen Auseinandersetzung. Wie wichtig diesbezüglich ein wissenschaftlicher Disput, aber auch eine gesellschaftspolitische Auseinandersetzung, um das Thema Lohn und Gewinn geworden ist, zeigen nicht nur die einseitige Hinwendung in der Wirtschaftswissenschaft zum neoklassischen-neoliberalen Theoriengebäude, sondern auch die an den jeweiligen Stellen im Buch angeführten empirischen Fakten der Wertschöpfungsverteilung in Deutschland überdeutlich. Diese vollzog sich gerade in den letzten Jahren immer mehr von unten nach oben. Das Buch wendet sich daher auch nicht nur an Lehrende und Studierende von Universitäten, Fachhochschulen und sonstigen Bildungseinrichtungen, sondern auch an alle, die sich in der beruflichen Praxis mit Verteilungsfragen auseinandersetzen müssen. Dazu gehören in erster Linie die Tarifvertragsparteien, also Gewerkschafts- und Arbeitgebervertreter.

Dank schulde ich allen Kollegen und Studierenden, die mir bei der Überarbeitung der vorliegenden zweiten Auflage zahlreiche Anregungen und Hinweise für Verbesserungen gegeben haben.

Heinz - J. Bontrup

Vorwort zur ersten Auflage

Das vorliegende Buch beschäftigt sich interdisziplinär, d.h. sowohl aus Sicht der Volks- als auch der Betriebswirtschaftslehre mit dem Lohn-Gewinn-Verhältnis. Dabei ist ein Lehrbuch entstanden, das sowohl die einzelwirtschaftlichen Belange und Aspekte einer betrieblichen Entgeltpolitik aufgreift als auch in Abgrenzung zum betrieblichen Gewinn die ökonomischen Verknüpfungen der Lohn- und Gewinnfrage in gesamtwirtschaftlichen Zusammenhängen dokumentiert. Beim Schreiben des Buches wurde sehr schnell klar, daß dies ohne einen grundsätzlichen dogmenhistorischen Rückgriff auf die Wertbestimmung und Ausbeutung der Arbeit, und dessen Umgang damit in der Wirtschaftswissenschaft, nicht umzusetzen war. Wichtig bei allen Überlegungen war mir immer der Grundsatz: cui bono? Wem nützt es? Welche Interessen stehen hinter den ökonomischen Aussagen? Nur sie zeigen uns letztlich den Weg zur Wahrheit.

Dank schulde ich allen, die an vielfältigen Diskussionen bei der Entstehung des Buches mitgewirkt haben. Zahlreiche Anregungen wurden dabei verarbeitet, einige aber auch verworfen. Im Sinne einer didaktisch-pädagogischen Lesbarkeit des Buches sind so manche Verbesserungsvorschläge von Studierenden eingeflossen. Um den Charakter eines Lehrbuches zu vertiefen, wurden jeweils am Ende eines Kapitels Kontroll- und Vertiefungsfragen formuliert, deren Lösungen im Anhang aufgezeigt werden. Besonderen Dank schulde ich Friedrich-Karl Beckmann, der mit viel Fleiß und Ausdauer das Korrekturlesen des Manuskripts übernommen hat.

Inhaltsübersicht

Vorwort		**V**
Inhaltsverzeichnis		**IX**
1	**Einleitung**	**1**
2	**Die Lohn- und Gewinnfrage bei den klassischen Ökonomen**	**7**
2.1	Entstehung und Bedeutung der Arbeit	7
2.2	Arbeit, Eigentum und Mitbestimmung	12
2.3	Das Lohnverständnis der Merkantilisten und Physiokraten	18
2.4	Die Lohnfrage bei Smith und Ricardo	26
2.5	Zur marxistischen Lohntheorie	33
2.6	Fazit der Arbeitswerttheorie	52
3	**Lohn und Gewinn in Neoklassik und Betriebswirtschaftslehre**	**61**
3.1	Grundsätzliches zum Wert-Preisverständnis	61
3.2	Gewinnableitung in der Neoklassik und Betriebswirtschaftslehre	65
3.3	Unterschiedliche Gewinnbegriffe	74
3.4	Neoklassik und der Lohn der Arbeit	78
3.5	Erweiterte Ansätze in der Lohntheorie	105
3.6	Zum kollektiven Flächentarifvertrag	112
3.7	Arbeitsentgelt in der Betriebswirtschaftslehre	145
4	**Zur Makroökonomie des Lohn- Gewinnverhältnisses**	**223**
4.1	Lohn, Gewinn und Einkommensverteilung	223
4.2	Empirische Werte zur Einkommensverteilung	227
4.3	Verteilungsneutraler Spielraum und Profitrate	237
4.4	Beschäftigungsniveauneutrale Lohnpolitik	249
4.5	Der Einfluss der Geldpolitik	252
4.6	Neoklassische Mindestlohnarbeitslosigkeit	256
4.7	Keynesianischer Ansatz	259
4.8	Zum Phillips-Theorem	276
4.9	Keynesianismus und Staatsverschuldung	280
4.10	Langfristiges Vollbeschäftigungswachstum	288
4.11	Löhne – international und Europapolitik	292
4.12	Arbeitszeitverkürzung ist überfällig	304
Lösungen		**319**
Literaturverzeichnis		**335**
Index		**353**

Inhaltsverzeichnis

Vorwort		**V**
Inhaltsübersicht		**VII**
1	**Einleitung**	**1**
2	**Die Lohn- und Gewinnfrage bei den klassischen Ökonomen**	**7**
2.1	Entstehung und Bedeutung der Arbeit	7
2.2	Arbeit, Eigentum und Mitbestimmung	12
2.3	Das Lohnverständnis der Merkantilisten und Physiokraten	18
2.3.1	Merkantilistische Positionen	18
2.3.2	Zum physiokratischen Ertragsgesetz	22
2.4	Die Lohnfrage bei Smith und Ricardo	26
2.5	Zur marxistischen Lohntheorie	33
2.5.1	Grundsätzliche Wertdeterminierung bei Marx	33
2.5.2	Zum Lohn-Gewinn-Verhältnis bei Marx	39
2.6	Fazit der Arbeitswerttheorie	52
3	**Lohn und Gewinn in Neoklassik und Betriebswirtschaftslehre**	**61**
3.1	Grundsätzliches zum Wert-Preisverständnis	61
3.2	Gewinnableitung in der Neoklassik und Betriebswirtschaftslehre	65
3.2.1	Gewinnableitung	65
3.2.2	Gewinnbestimmung (Kalkulation)	66
3.2.3	Gewinnrealisierung	69
3.2.4	Gewinne und Shareholder Value	72
3.2.5	Ein alternatives Unternehmensmodell	73
3.3	Unterschiedliche Gewinnbegriffe	74
3.4	Neoklassik und der Lohn der Arbeit	78
3.4.1	Besonderheiten des „Faktors" Arbeit	78
3.4.2	Einzelwirtschaftliche Arbeitsnachfrage	84
3.4.3	Neoklassische Grenze des Arbeitslohns	88
3.4.4	Zum Arbeitsangebot	91
3.4.5	Niedriglohnsektor	96
3.5	Erweiterte Ansätze in der Lohntheorie	105
3.5.1	Allgemeines	105
3.5.2	Humankapitaltheorie	105
3.5.3	Machttheoretische Ansätze	108
3.6	Zum kollektiven Flächentarifvertrag	112
3.6.1	Gewerkschaften und Arbeitgeberverbände	112
3.6.2	Gewerkschaften sind nicht überflüssig	124
3.6.3	Rechtliche Aspekte von Tarifverträgen	128
3.6.4	Historische Herausbildung und Entwicklung des Flächentarifvertrages	132
3.7	Arbeitsentgelt in der Betriebswirtschaftslehre	145
3.7.1	Untersuchungsebenen der betrieblichen Lohnbildung	145
3.7.2	Betriebswirtschaftliche Definition, Abgrenzung und Entwicklung des Arbeitsentgeltes	148
3.7.3	Diskussion zu hoher Lohnnebenkosten	158

3.7.4	Exkurs: Demografiewandel benötigt keine Privatisierung – sondern Verteilungssolidarität	167
3.7.5	Übertarifliche Bezahlung – zum Phänomen der Lohndrift	171
3.7.6	Anforderungs- und leistungsorientiertes Arbeitsentgelt	174
3.7.7	Leistungsorientierte Entgeltgestaltung	186
3.7.8	Arbeitsentgelt und Erfolgsbeteiligung	204
4	**Zur Makroökonomie des Lohn- Gewinnverhältnisses**	**223**
4.1	Lohn, Gewinn und Einkommensverteilung	223
4.1.1	Produktivitätsorientierte Lohnpolitik	223
4.1.2	Kostenniveauneutrale Lohnpolitik	225
4.2	Empirische Werte zur Einkommensverteilung	227
4.2.1	Messprobleme	227
4.2.2	Vom Bruttoinlandsprodukt zum verfügbaren Einkommen	227
4.2.3	Daten zur gesamtwirtschaftlichen Verteilung	230
4.3	Verteilungsneutraler Spielraum und Profitrate	237
4.3.1	Vom Nominal- zum Reallohn	237
4.3.2	Von der Profitquote zur Profitrate	243
4.4	Beschäftigungsniveauneutrale Lohnpolitik	249
4.5	Der Einfluss der Geldpolitik	252
4.6	Neoklassische Mindestlohnarbeitslosigkeit	256
4.7	Keynesianischer Ansatz	259
4.7.1	Zum keynesianischen Lohnverständnis	259
4.7.2	Was fehlt ist gesamtwirtschaftliche Nachfrage	261
4.7.3	Keynesianisches Multiplikatormodell	263
4.7.4	Erweitertes keynesianisches Modell	264
4.7.5	Zur neoklassischen Synthese und zum Postkeynesianismus	271
4.7.6	Endogene und exogene Angriffe auf den Keynesianismus	273
4.8	Zum Phillips-Theorem	276
4.9	Keynesianismus und Staatsverschuldung	280
4.10	Langfristiges Vollbeschäftigungswachstum	288
4.11	Löhne – international und Europapolitik	292
4.11.1	Theoretische Zusammenhänge	292
4.11.2	Empirische Ergebnisse	298
4.11.3	Europas falsche makroökonomische Architektur	299
4.11.4	Doppelte Instabilität des Systems	301
4.12	Arbeitszeitverkürzung ist überfällig	304
4.12.1	Wachstum und Arbeitszeitverlängerungen?	304
4.12.2	Wie die Arbeitslosigkeit bekämpfen?	308
4.12.3	Arbeitszeitverkürzung mit Lohnausgleich	312
4.12.4	Arbeitszeitverkürzung mit Umverteilung	316
Lösungen		**319**
Literaturverzeichnis		**335**
Index		**353**

Abbildungsverzeichnis

Abb. 2.1:   Unternehmerische Verfügungsgewalt 14
Abb. 2.2:   Produktions- und Grenzertragsfunktionen 24
Abb. 2.3:   Verteilung des Arbeitsertrages (Wert der Arbeit) 27
Abb. 2.4:   Doppelcharakter der Ware 35
Abb. 2.5:   Abweichung von Wert und Preis 38
Abb. 2.6:   Länge des Arbeitstages 43
Abb. 2.7:   Gebrauchs- und Tauschwert der Arbeit 43
Abb. 2.8:   Kapitalakkumulation - Mehrwertentstehung und -realisierung 46
Abb. 2.9:   Verteilung der Mehrwertmasse 46
Abb. 3.1:   Preis- und Werterklärungen - Klassik versus Neoklassik 64
Abb. 3.2:   Gewinndeterminierung in Neoklassik und BWL 66
Abb. 3.3:   Wertschöpfungsableitung und -verteilung 67
Abb. 3.4:   Demokratisierte Unternehmensstrukturen 73
Abb. 3.5:   Unterschiedliche Gewinnausweise 75
Abb. 3.6:   Besonderheiten des Faktors Arbeit 82
Abb. 3.7:   Wertgrenzprodukt der Arbeit und Nominallohn 87
Abb. 3.8:   Wertgrenzprodukt und Ausbeutung 89
Abb. 3.9:   Arbeitsangebots- und Nachfragefunktionen 92
Abb. 3.10:   Aufteilung Arbeits- und Freizeit 92
Abb. 3.11:   Haushaltsoptimum aus Arbeitseinkommen und Freizeit 93
Abb. 3.12:   Anomales Arbeitsangebot 94
Abb. 3.13:   Mindestlöhne 101
Abb. 3.14:   Collective-Bargaining-Modell 109
Abb. 3.15:   Gefangenendilemma als N-Personen-Spiel 125
Abb. 3.16:   Zum Wesen des Arbeitsvertrags 128
Abb. 3.17:   Abgrenzung Tarifverträge 130
Abb. 3.18:   Unternehmensindividuelle Abweichungen vom Tarifabschluss 142
Abb. 3.19:   Einzelwirtschaftlicher Entgeltkonflikt 146
Abb. 3.20:   Untersuchungsebenen der betrieblichen Lohnbildung 147
Abb. 3.21:   Anforderungsorientierte Entgeltgestaltung 178
Abb. 3.22:   Arbeitsbewertungsverfahren 179
Abb. 3.23:   Leistungsreagible Entgeltformen 187
Abb. 3.24:   Lohnstückkostenverlauf und Leistungsgrad 189
Abb. 3.25:   Stundenverdienst beim Akkordlohn 191
Abb. 3.26:   Vor- und Nachteile Akkordlohn 192

Abb. 3.27: Verteilung der Auftragszeit 192

Abb. 3.28: Prämienlohnlinien und Prämienspannweite 197

Abb. 3.29: Prämienarten und kombinierte Prämien 198

Abb. 3.30: Prämienlohnsysteme 200

Abb. 3.31: Zusammensetzung AT-Gehälter 202

Abb. 3.32: Variabler Gehaltsbestandteil bei Führungskräften nach Hierarchieebenen ... 203

Abb. 3.33: Allgemeine Formen der Mitarbeiterbeteiligung 205

Abb. 3.34: Formen der Erfolgsbeteiligungen 214

Abb. 3.35: Formen und Abgrenzungen der Ertragsbeteiligungen 214

Abb. 3.36: Modellrechnung einer möglichen Gewinnverteilung 216

Abb. 4.1:   Ableitung der Bruttolohn- und Bruttogewinnquote 228

Abb. 4.2:   Profitrate von 1950 bis 2006 247

Abb. 4.3:   Bestimmungsgründe der Profitrate 248

Abb. 4.4:   Lohndruckinflation 255

Abb. 4.5:   Neoklassische Mindestlohnarbeitslosigkeit 256

Abb. 4.6:   Deflatorische Lücke und unfreiwillige Arbeitslosigkeit 262

Abb. 4.7:   IS-LM-Gleichgewicht 269

Abb. 4.8:   Phillips-Kurve und Modifizierte Phillips-Kurve 277

Abb. 4.9:   Lang- und kurzfristige Phillipskurven 279

Tabellenverzeichnis

Tab. 1:   Entwicklung der registrierten Arbeitslosigkeit 25

Tab. 2:   Gewinnmaximum am neoklassischen Arbeitsmarkt 86

Tab. 3:   Arm trotz Arbeit 96

Tab. 4:   Mindeststundenlöhne in Europa 2007 100

Tab. 5:   Streik- und Aussperrungshäufigkeit 110

Tab. 6:   Entwicklung der registrierten Arbeitslosigkeit
           seit der Wiedervereinigung 121

Tab. 7:   Gewerkschaftliche Mitgliederentwicklung und Organisationsgrad ... 123

Tab. 8:   Tarifliche Wochen- und Jahresarbeitszeit 2006 nach Branchen (West/Ost) ... 136

Tab. 9:   Tarifbindung der abhängig Beschäftigten 2005 139

Tab. 10:   Vertretung durch Betriebsräte nach Betriebsgrößen 144

Tab. 11:   Arbeitsentgelthöhe und - entwicklung je abhängig Beschäftigten ... 151

Tab. 12:   Gesamtbezüge der jeweiligen Vorstandsvorsitzenden 152

Tab. 13:   Einkommensvergleich freier Berufe im Jahr 2001 157

Tab. 14:   Einkommensschichtung ausgewählter Freier Berufe im Jahr 2001 ... 157

Tab. 15:   Struktur der Arbeitskosten im Jahr 2006 160

Tab. 16:   Lohnnebenkosten im Produzierenden Gewerbe Westdeutschland ... 161

Tab. 17:   Lohnnebenkosten im Produzierenden Gewerbe Ostdeutschland 161

Tab. 18:   Lohnstückkosten im internationalen Vergleich 163

Tab. 19:   Ecklohn und Stundenlohnbestimmung 181

Tab. 20:   ERA-Monatsgrundentgelttabelle 184

Tab. 21:   Entwicklung des Volkseinkommens und seine Verteilung 231

Tab. 22:   Entwicklung des Volkseinkommens und seine Verteilung
           (Veränderungen z. Vorjahr) 231

Tab. 23:   Entwicklung der Bruttolohn- und Bruttogewinnquoten 232

Tab. 24:   Einkommen der privaten Haushalte vor und nach staatlicher Umverteilung ... 233

Tab. 25:   Einkommen der privaten Haushalte vor und nach staatlicher Umverteilung ... 233

Tab. 26:   Einkommensverteilung Markt- und Nettoeinkommen (Gini-Koeffizient) ... 236

Tab. 27:   Veränderung der realen Nettolöhne und -gehälter in Deutschland ... 241

Tab. 28:   Entwicklung des Verteilungsspielraums - Veränderungsraten zum Vorjahr ... 242

Tab. 29:   Komponenten der Profitrate in jahresdurchschnittlichen Wachstumsraten ... 249

Tab. 30:   Empirisches ex post Gleichgewicht von Sparen und Investieren 267

Tab. 31:   Staatsverschuldung 282

Tab. 32:   Staatliche Zinslastquoten 284

Tab. 33:   Finanzierungskreislauf der deutschen Wirtschaft nach Sektoren ... 287

Tab. 34:   Brutto- und Netto-Geldvermögen in Deutschland Ende 2006 287

Tab. 35:   Gleichgewichtiges Vollbeschäftigungswachstum... 290

Tab. 36:   Außenhandelsüberschüsse 299

Tab. 37:   Wirtschaftswachstum, Produktivität, Arbeitsvolumen und Arbeitslosigkeit
in Deutschland 311

Tab. 38:   Beschäftigungswirkungen einer jährlichen Wochenarbeitszeitverkürzung 315

1   Einleitung

Nichts ist in der Ökonomie so strittig wie die Begriffe **Lohn** und **Gewinn**, die einerseits aufs engste miteinander verbunden sind und sich andererseits dennoch unversöhnlich gegenüberstehen. Was an Lohn[1] mehr bezahlt wird, geht zu Lasten des Gewinns und umgekehrt – auch bei mehr Verteilungsmasse. Es ist ein Nullsummenspiel zwischen Arbeitgebern und Arbeitnehmern,[2] in dem die Löhne Lebensgrundlage für die einen und gewinnmindernde Kosten für die anderen sind. *Adam Smith* (1723 bis 1790) hat die hieraus divergierenden Interessen auf die zeitlose Formel gebracht: „The workmen desire to get as much, the masters to give as little as possible". Konflikte darüber sind unausweichlich. Die Geschichte der Verteilungs- und Arbeitskämpfe ist daher lang. Wobei es übrigens nicht nur um **Lohnfragen** ging und geht, sondern auch um Fragen der **Arbeitszeit** und **Arbeitsbedingungen**. *Michael Kittner* hat in einer jüngsten Veröffentlichung die Kämpfe zwischen Kapital und Arbeit von den Anfängen im hohen Mittelalter (mit einen Rückblick auf die Pharaonen in Ägypten) bis in die Gegenwart eindrucksvoll aufgezeigt.[3]

Vor dem Hintergrund einer sowohl **volks-** wie auch **betriebswirtschaftlichen Betrachtung** des Lohn-Gewinn-Verhältnisses versucht auch das hier vorgelegte Lehrbuch die Interessengegensätze zwischen Kapital und Arbeit aufzuzeigen. Nicht zuletzt deshalb, weil die Frage der **Wertschöpfungsverteilung** auf Lohn und Gewinn für die Gesamtwirtschaft genauso wichtig ist, wie für das einzelne Unternehmen mit seinen Arbeitnehmern und Kapitaleignern (Shareholdern). Hierbei werden sicher nicht alle feinen theoretischen Verästelungen aufgezeigt werden können, sondern es erfolgt zum besseren Verständnis der komplexen Materie eine Beschränkung auf das Wesentliche.

Zur Einführung in die gesamte Problematik wird ein kurzer Überblick über die Entstehung und Bedeutung **menschlicher Arbeit** gegeben. Danach wird der „Begriff" Arbeit im Kontext von Eigentum und Mitbestimmung untersucht. Im Anschluss wird ausführlich ein grundsätzlicher **volkswirtschaftlicher Diskurs** zum Lohn-Gewinn-Verhältnis geführt. Wissenschaftlich beschäftigten sich erste Ökonomen im 17. Jahrhundert – das noch stark vom **Absolutismus** und **Merkantilismus** geprägt war – mit den Determinanten der Lohnbildung. Eine in sich geschlossene Lohntheorie, die sowohl das Arbeitsangebot als auch die Arbeitnachfrage umfasst, wurde aber noch nicht aufgestellt. Auch die **Physiokraten** waren dazu noch nicht in der Lage. Dennoch haben sie als Vorläufer der *klassischen Nationalökonomie* das systematische wirtschaftstheoretische Denken in Frankreich eingeleitet. „Mit ihrem Gedanken, dass die Landwirtschaft die Quelle allen Wohlstandes sei, hatten die Physiokraten darin historisch recht, dass die Entwicklung der Landwirtschaft, die Erzeugung eines wachsenden

---

[1]   Wenn hier im Folgenden Löhne bzw. Lohntheorien behandelt werden, so impliziert dies selbstverständlich auch die Lohnart des *Gehalts* im Status eines Angestellten. Zur besseren Lesbarkeit des Textes wurde aber in den meisten Fällen auf eine Differenzierung des Arbeitsentgeltes in Lohn und Gehalt verzichtet.

[2]   Auf die weibliche Form der Anrede wurde aus Vereinfachungsgründen verzichtet.

[3]   Vgl. Kittner, M., Arbeitskampf, Geschichte, Recht, Gegenwart, München 2005.

Überschusses an Nahrungsmitteln und gewerblichen Rohstoffen über den Verbrauch des flachen Landes selbst hinaus eine zwingende Bedingung jeder *Industrialisierung* ist. Der Übergang eines Landes zur Industrie hat daher immer wieder zu einem Umbruch seiner Agrarverfassung geführt."[4]

Klassische Ökonomen wie *Adam Smith, David Ricardo* (1772 bis 1823), *John Stuart Mill* (1806 bis 1873) und vor allem *Karl Marx* (1818 bis 1883) untersuchten dann ausführlich die Lohnfrage als **Existenzlohn-** und **Lohnfondstheorie** und dabei die Wertdeterminierung der Arbeit als auch die Frage, wer sich diesen Wert unter kapitalistischen Verteilungsverhältnissen aneignet. Die Lohntheorie wurde hier noch in eine **Arbeitswerttheorie** eingebunden.

Da in der **klassischen Ökonomie** nur durch Arbeit ein **Neuwert** geschaffen wird, und in einer Volkswirtschaft der Wohlstand letztlich ausschließlich auf Arbeit und Naturgebrauch basiert, war mit dem Lohn auch die Abgrenzung und vor allem die Erklärung von **Gewinn**, **Zins** und **Grundrente** von Nöten. Die klassischen Nationalökonomen erklärten die Faktoreinkommen Gewinn, Zins und Grundrente noch als einen **Abzug** vom „Ertrag der Arbeit", der in Form des Lohnes eigentlich dem *Produktionsfaktor Arbeit* zufallen müsse. Kapital und Boden sind ohne lebendige Arbeit ökonomisch nicht verwertbar, wobei das Kapital als ein rein *derivativer* Produktionsfaktor durch Arbeit erst geschaffen wird. Kapital und Boden geben daher nur Wert ab, sie schaffen aber keinen Neuwert. Bei den klassischen Nationalökonomen spricht man deshalb von einer „**Lohnabzugstheorie**". Der wissenschaftliche Marxismus entwickelte hieraus seine Ausbeutungs- bzw. **Mehrwerttheorie**. Demnach ist der „Gebrauchswert der Arbeit" größer als der sich im „Tauschwert der Arbeit" niederschlagende Lohn. Gewinn, Zins und Grundrente fallen aufgrund der **Eigentumsverhältnisse** dem Kapital als Mehrwert zu, wobei zwischen einem *absoluten* und *relativen* Mehrwert zu unterscheiden ist.

Diese Sicht änderte sich gegen Ende des 19. Jahrhunderts. „Die öffentliche Abkehr von *John Stuart Mill* von der Lohnfondstheorie markiert den Beginn des Endes der wissenschaftlichen Vorherrschaft klassischer Lohn- und Verteilungstheorien."[5] Durch die Etablierung der **Neoklassik** kam es zu einem Paradigmenwechsel, der die Arbeitswerttheorie ablöste bzw. sie durch die „**Lehre vom subjektiven Wert**" (subjektive Wertlehre) ersetzte. „Ihren Ausgangspunkt nimmt die Neoklassik in den 1870er Jahren mit der ‚marginalistischen Revolution', die weitgehend unabhängig voneinander von *William Stanley Jevons* (1835 bis 1882) in England, *Carl Menger* (1840 bis 1921) in Österreich und *Leon Walras* (1834 bis 1910) in der Schweiz vollzogen wird."[6] Die subjektive Wertlehre greift die klassische Arbeitswerttheorie als „objektive Wertlehre", die den Wert einer Ware auf seine in Arbeitszeit bemessenen Produktionskosten bemisst, an, und erklärt den Wert einer Ware aus den subjektiven (individuellen) Nutzenkalkülen. Hierbei bezieht man sich auf die von *Hermann Heinrich Gossen* (1810 bis 1858) formulierten „**Gossen'schen Grenznutzen-Gesetze**".

Während die klassische Nationalökonomie mit der objektiven Arbeitswerttheorie noch die Begründung für ein **Ausbeutungsverhältnis** des „Faktors" Arbeit aufzeigte, bei dem sich die Kapital- und Grundbesitzer einen Teil des ausschließlich von den Arbeitern geschaffenen Neuwertes aneigneten, versuchte der US-amerikanische Ökonom *John B. Clark* (1847 bis 1938) mit der von ihm entwickelten **Grenzproduktivitätstheorie des Lohnes** den Nachweis

---

[4]　　Hofmann, W., Einkommenstheorie. Vom Merkantilismus bis zur Gegenwart, 2. Aufl., Berlin 1971, S. 37.

[5]　　Schulten, T., Solidarische Lohnpolitik in Europa. Zur Politischen Ökonomie der Gewerkschaften, Hamburg 2004, S. 47.

[6]　　Ebenda, S. 47.

zu erbringen, dass die Verteilung des Überschussproduktes, der Wertschöpfung, durch ein „natürliches Gesetz" geregelt ist, wonach alle Produktionsfaktoren (Arbeit, Boden und Kapital) in der Tendenz exakt den Einkommensanteil erhalten, der ihrem Beitrag zur Wertschöpfung entspricht. Weit vor Clark hatte bereits *Jean-Baptist Say* (1767 bis 1832) diese These von einer Verteilung der Wertschöpfung nach den jeweiligen Grenzproduktivitäten der Produktionsfaktoren in ähnlicher Form formuliert. Clark führte auch als erster die Unterscheidung zwischen einer **funktionalen** und **personellen** Einkommensverteilung ein „und hebt damit hervor, dass einzelne Personen im Prinzip gleichzeitig unterschiedliche Einkommensarten beziehen können und auf diese Weise der von der Klassik behauptete Verteilungskonflikt zwischen unterschiedlichen sozialen Klassen durchbrochen wird."[7]

Nach der Etablierung der **neoklassischen Wertlehre** determinierte nur noch das „Wertgrenzprodukt der Arbeit" den Lohn. Im Rahmen seiner auf **Gewinnmaximierung** angelegten Produktion strebt der Unternehmer eine maximale Differenz zwischen dem bezahlten Lohn und dem Wertgrenzprodukt an. Die Erklärung des **Gewinns**[8] wurde so nicht mehr aus der Differenz des jeweils bezahlten Lohnes und dem „Ertrag der Arbeit", sondern durch einen „technischen bzw. rechnerischen" **Gewinnaufschlag** auf die angefallenen Kosten, wozu auch die Lohnkosten zählen, wegdefiniert. Damit wurden zwei lohn- und gewinnpolitische Punkte in den Vordergrund gerückt: Erstens wurden die **Gewinne** auf die gleiche Stufe des moralischen Ansehens gehoben, wie die Löhne und gleichzeitig die Haltung der Klassik aufgegeben, die die **Ausbeutung** als Quelle des nationalen Wohlstandes noch anerkannt hatte.[9] Zweitens kam es bei Lohnsteigerungen zu einer Orientierung der Reallöhne an die **Produktivitätsentwicklung**, die eine **Verteilungsneutralität** zwischen Kapital und Arbeit impliziert.

Das allgemeine „Produktivitätspostulat" des Lohnes wird durch eine mittlerweile breite mikroökonomische Literatur ergänzt und teilweise auch modifiziert. So müssten bei vorliegender Arbeitslosigkeit „Abschläge" vom Produktivitätsfortschritt (wegen einer „*Entlassungsproduktivität*") gemacht werden, wenn Arbeitslose nachhaltig in den Arbeitsmarkt integriert werden sollten. Zu nennen sind hier auch **humankapitaltheoretische Ansätze** als auch **Effizienzlohntheorien** sowie **machtintendierte Bargaining-Ansätze**, die auf den englischen Nationalökonom *John R. Hicks* (1904 bis 1989) zurückgehen. Nicht zuletzt ist hier die **kostenniveauneutrale Lohnpolitik**, ein Konzept des *Sachverständigenrats* (SVR), als Gegenstück zur produktivitätsorientierten Lohnpolitik, zu nennen.

Neben den volkswirtschaftlichen (mikroökonomischen) Betrachtungen wird auch die Frage nach dem Lohn-Gewinn-Verhältnis in der noch jungen Geschichte der **Betriebswirtschaftslehre** behandelt. Die allgemeine Erklärung und Abgrenzung des Lohns zum Gewinn, Zins und Grundrente spielt hier keine Rolle. Lohn ist Lohn bzw. kontraktbestimmtes Einkommen und Gewinn ist Gewinn, der als Residualeinkommen durch einen *Leistungs*- und *Risikoaufschlag* für den Vorschuss von Geldkapital durch die Kapitaleigner als auch durch *Opportunitätskosten* auf die im Produktionsprozess angefallenen Kosten erklärt und gerechtfertigt wird. Im Kapitel 3.2 geht es vor diesem Hintergrund um die *Gewinnableitung, Gewinnbestimmung* (Kalkulation) und um die *Gewinnrealisierung* im Erklärungsgefüge der Betriebswirtschaftslehre. Unter dem **neoliberalen Paradigma** ist es – ab etwa Mitte der 1970er Jahre – immer

---

[7] Schulten, T., Solidarische Lohnpolitik in Europa, a.a.O., S. 52.

[8] Dies gilt auch für die anderen Faktoreinkommen Zins und Grundrente.

[9] Vgl. Robinson J., Doktrinen der Wirtschaftswissenschaft. Eine Auseinandersetzung mit ihren Grundgedanken und Ideologien, München 1965, S. 73.

mehr zu einer **Umkehrung kapitalistischer Logik** gekommen – nicht zuletzt auch im Sinne eines **Shareholder Value Denkens** ab Beginn der 1990er Jahre. Galten Löhne vor dem Paradigmenwechsel noch als *vorab* bestimmtes Kontrakteinkommen, so ist der Lohn heute weitgehend nur noch *Resteinkommen* nach dem der Gewinn ex ante in Form einer festgelegten Rentabilität kalkulatorisch auf Basis eines *Target return pricing* bestimmt wurde. Im Gegensatz hierzu wird im Kapitel 3.2.4 im Hinblick auf **Beschäftigung** ein *alternatives Unternehmensmodell* angerissen. Dem schließt sich eine Analyse *unterschiedlicher Gewinnbegriffe* in der Betriebswirtschaftslehre an.

Danach erfolgt im Kapitel 3.4 eine Auseinandersetzung über Lohn und Arbeit in der **Neoklassik**. Hier geht es zunächst einmal um die **Besonderheiten** des „Faktors" Arbeit und danach um die Bestimmungsgröße der Arbeitsnachfrage und des Arbeitsangebots. Auch wird hier die neoklassische „*Grenze*" für die Höhe des Arbeitslohns aufgezeigt. Die Neoklassik unterstellt bei steigenden Reallöhnen eine Zunahme des Arbeitsangebots. Hiergegen steht ein **anormales Arbeitsangebot**. Demnach müssen abhängig Beschäftigte zu fast jedem Lohn ihre Ware Arbeitskraft an Unternehmer verkaufen. Dies führt bei sinkenden Reallöhnen zu einer Ausweitung des Arbeitsangebots und so in Folge zu noch weiteren Lohnsenkungen, die dann nicht einmal mehr das *Existenzminimum* sichern. In diesem Kontext wird die Forderung nach Einführung eines **gesetzlichen Mindestlohns** zur Vermeidung des in der wirtschaftlichen Realität zu beobachtenden *Lohndumpings* und die ablehnende Haltung der Gegner eines Mindestlohns aufgezeigt. Auch erfolgt eine Darstellung der kontrovers geführten Diskussionen um **Kombilohnmodelle** und um ein bedingungsloses (arbeitsloses) **Grundeinkommen**.

Um sich in einem nächsten Schritt immer mehr der wirtschaftlichen Praxis von Lohnbestimmungen zu nähern, werden danach **machttheoretische Lohnmodelle** vorgestellt um dann zu konkreten **tarifvertraglichen Lohnfestsetzungen** überzugehen. Diese erfolgen in Form von **Flächentarifverträgen**, die zwischen Arbeitgebern und Gewerkschaften kollektiv auf Basis einer verfassungsrechtlich garantierten **Tarifautonomie** (Artikel 9 Abs. 3 Grundgesetz) ausgehandelt werden. Um dies analysieren und verstehen zu können, wird zunächst auf die Aufgabenbereiche von *Gewerkschaften* und *Arbeitgeberverbände* eingegangen und danach neben einer **rechtlichen** und **empirischen Untersuchung** auch eine kurze Beschreibung zur Geschichte der kollektiven Lohnverhandlungen vorgenommen. Da der Flächentarifvertrag in den letzten Jahren immer mehr mit der Forderung nach einer weitgehenden **„Flexibilisierung"** (Stichwort: *„Öffnungsklauseln"*) konfrontiert worden ist und sogar die Abschaffung durch eine tarifliche **„Verbetrieblichung"** der Arbeitsentgeltfrage aufgeworfen wurde, erfolgt hier im Anschluss eine Auseinandersetzung mit den Argumenten der Gegner und Befürworter von Flächentarifverträgen.

Weiter geht es mit der **Arbeitsgeltfrage** in der **Betriebswirtschaftslehre**. Hier erfolgt eine ausschließliche Fokussierung auf die Bestimmung des Lohnes für den **einzelnen Arbeitnehmer** im Rahmen einer **betrieblichen Entgeltpolitik** und die Bedeutung des Personalaufwandes (Lohn, Gehalt plus Lohnnebenkosten) für die Rentabilität eines Unternehmens. Um dies herauszuarbeiten wird das betriebliche Arbeitsentgelt definiert und in ein **direktes Arbeitsentgelt** sowie in sogenannte **Lohnnebenkosten** abgegrenzt. Dem schließt sich ein Kapitel zur empirischen Entwicklung der Arbeitsentgelthöhe und insbesondere eine *wirtschaftspolitische Diskussion* um die Forderung nach einer nachhaltigen **Absenkung der Lohnnebenkosten** an. Dabei wird auch auf den *demografischen Effekt* bei den zukünftigen *Rentenzahlungen* näher eingegangen.

Bei der **betrieblichen Entgeltfindung** orientiert sich die Betriebswirtschaftslehre an eine rein *lohnimmanente Betrachtung*, die sich auf zwei wesentliche Aspekte stützt bzw. ausrichtet, nämlich an der **Arbeitsmotivation**, die durch das Arbeitsentgelt angeregt werden soll, und an einer zwischen den Arbeitnehmern angelegten vertikalen und horizontalen **Entgeltgerechtigkeit**. Es muss demnach zu einer *„anforderungs- und leistungsorientierten"* Bezahlung der abhängig Beschäftigten kommen. Eine Ausnahme bildet das **marktbezogene Lohneinkommen**, das Arbeitsangebots- und Arbeitsnachfragerelationen anzeigt. Hier spielen auch Fragen nach den **Effektivverdiensten** und einer **Lohndrift**, die oberhalb von Tariflöhnen anzusiedeln sind, eine wichtige Rolle. Ebenso untersucht die Betriebswirtschaftlehre vielfältige **Lohnanreizsysteme**, die vom Akkord- und Prämienlohn bis zu einer **Gewinn-** und/oder **Kapitalbeteiligung** reichen können.

Das Lohn-Gewinn-Verhältnis spielt auch in der **Makroökonomie** eine bedeutende Rolle. Der kapitalistisch immanente Verteilungskonflikt entfaltet gesamtwirtschaftliche Kausalitäten. Arbeitslohn hat einen **Doppelcharakter**: Er verursacht aus Sicht der Unternehmer Kosten und beinhaltet für Arbeitnehmer in exakt gleicher Höhe ein lebensnotwendiges Einkommen. Insbesondere wurde in makroökonomischen Betrachtungen seit den späten 1950er Jahren der Zusammenhang von Lohnhöhe und Beschäftigung bzw. Arbeitslosigkeit und Inflation anhand des **Phillips-Kurven-Theorems** untersucht. Hierbei wird ein „Trade-off" von Nominallohnentwicklung und Inflationsrate auf der einen Seite und Arbeitslosigkeit auf der anderen Seite unterstellt.[10] **Neoklassisch-monetaristisch** und **keynesianisch** ausgerichtete Ökonomen haben sich hiermit intensiv – meist strittig – auseinandergesetzt. In modernisierter Form wird das Phillips-Kurven-Theorem seit den 1980er Jahren im Rahmen **post-keynesianischer** Ansätze als Theorie der „Nicht-inflationstreibenden Arbeitslosenquote" (Non-Accelerating Inflation Rate of Unemployment"), abgekürzt „**NAIRU**", formuliert und diskutiert. Ein stabiles Preisniveau lässt sich demnach nur unter den Bedingungen eines bestimmten Niveaus an Arbeitslosigkeit durchsetzen.

Auch in makroökonomischen **Langfristbetrachtungen** spielt das Lohn-Gewinn-Verhältnis eine beträchtliche Rolle. Dies gilt sowohl für die Entwicklung einer in allen kapitalistischen Ländern zu beobachtenden zunehmenden **Staatsverschuldung** als auch für die Entwicklung einer langfristigen **Profitrate** (vermutet wird hier ein „tendenzieller Fall") sowie für ein **langfristiges Vollbeschäftigungswachstum** und dessen Bedingungen. Dies ist in einer geschlossenen Volkswirtschaft ohne Auslandsbeziehungen nur dann umsetzbar, wenn die Verteilung der gesamtwirtschaftlichen Wertschöpfung auf Löhne und Gewinne (inkl. Zinsen und Grundrente) eine *Sparquote* garantiert, die in der Lage ist, alle geplanten Investitionen zu finanzieren. Das Lohn-Gewinn-Verhältnis muss aber auch unter Berücksichtigung **internationaler Wettbewerbsbedingungen** betrachtet werden. Dies heute insbesondere im Hinblick auf eine **Europäische Währungsunion**, die zu einer Abschaffung der *Wechselkurse* führte. Nicht zuletzt bleibt noch die Frage zu beantworten, wie unter einer *Produktions-Produktivitätslücke* die **Arbeitszeitfrage** mit der Lohnfrage verknüpft ist, und welche Lösungsansätze hier zur Bekämpfung von Arbeitslosigkeit bestehen, die offensichtlich nur mit Wachstum – auch im Hinblick auf **ökologische Probleme** – nicht mehr möglich ist.

---

[10]   Das *Phillips-Theorem* ist nach dem englischen Ökonomen *Alban William H. Phillips* (1914 bis 1975) benannt.

2 Die Lohn- und Gewinnfrage bei den klassischen Ökonomen

2.1 Entstehung und Bedeutung der Arbeit

Arbeit hatte schon den entscheidenden Anteil an der **Entstehung des Menschen**, an der Entwicklung der menschlichen Gesellschaft.[11] Erst durch Arbeit mit Hilfe der von ihm gefertigten Werkzeuge konnte sich der Mensch aus der **Tierwelt** absondern und seinen qualitativ neuen gesellschaftlichen Zustand festigen. Arbeit ist das ausschließliche Monopol des Menschen. Sie beginnt mit der Herstellung von primitiven **Arbeitsinstrumenten**, die ein vorher festgelegtes Ziel und eine logische Reihenfolge von Handlungen voraussetzt, mit denen es erreicht werden soll. Dies vermag kein Tier. „Eine Spinne verrichtet Operationen, die denen des Webers ähneln, und eine Biene beschämt durch den Bau ihrer Wachszellen manchen menschlichen Baumeister. Was aber von vornherein den schlechtesten Baumeister vor der besten Biene auszeichnet, ist, daß er die Zelle in seinem Kopf gebaut hat, bevor er sie in Wachs baut. Am Ende des Arbeitsprozesses kommt ein Resultat heraus, das beim Beginn desselben schon in der Vorstellung des Arbeiters, also schon ideell vorhanden war."[12] Folglich bedeutete der Übergang zur Anfertigung von Arbeitsinstrumenten, dass die Arbeit des Menschen zu einer wirklich erkannten und zielbewussten Tätigkeit, das heißt zu spezifisch menschlicher Tätigkeit geworden war. Mit der Entwicklung und Vervollkommnung der Arbeit, vervollkommnte sich schließlich auch der Mensch immer mehr.

In der heute marktwirtschaftlich-kapitalistischen Welt ist der Arbeitsbegriff auf **Erwerbsarbeit** eingeengt. Damit kommt es zu einer Ausgrenzung und Abwertung derjenigen Arbeit, die dem Markt- und damit profitorientierten Kapitalverwertungsprozess vor- und nachgelagert ist – der reproduktiven *Versorgungsarbeit*. Diese produziert keine Waren, sondern Lebensmöglichkeiten, die nicht bezahlt und daher auch nicht als produktive Erwerbsarbeit gewürdigt werden. Solche Versorgungsarbeit wird nach wie vor überwiegend von Frauen verrichtet. In einem weiten Arbeitsbegriff werden noch andere Arbeiten wie Eigenarbeit (Arbeit für sich selbst, allein oder mit anderen) sowie Gemeinschaftsarbeit beziehungsweise bürgerschaftliches Engagement (Arbeit an der und für die Gesellschaft) unterschieden.

Für jede Volkswirtschaft, für jedes Unternehmen aber auch für den einzelnen Menschen ist Arbeit die Quelle der *Daseinsgestaltung*. An Arbeit hängen Einkommen, soziale Sicherung, gesellschaftliche Anerkennung und Selbstwertgefühl, sie ist sinn- und identitätsstiftend. Die Menschen in einer Volkswirtschaft, die noch nicht auf Grund ihres Alters arbeiten bzw. regelmäßiger Erwerbsarbeit nachgehen (Kinder, Schüler und Studierende) und alle diejenigen,

---

[11] Die Menschheit existiert seit über eine Million Jahre. Der erste affenähnliche Mensch, der grobe Arbeitsinstrumente hergestellt und angewandt hat, soll bereits vor etwa 1.750.000 Jahren gelebt haben.

[12] Marx, K., Das Kapital, Bd. 1, Berlin 1974, Nachdruck der Erstauflage von 1864, S. 193.

die ihr Arbeitsleben hinter sich haben (Rentner, Pensionäre) sowie die, die Arbeit suchen aber keine finden, müssen aus dem *Überschussprodukt der Arbeitenden* alimentiert werden. Ohne menschliche Arbeit in Verbindung mit der Natur – die ihr den Stoff liefert – ist eine Wohlfahrt und Entwicklung in einer Gesellschaft nicht möglich. Als einer der ersten Ökonomen würdigte *Adam Smith* 1776 umfassend die Arbeit in einer hochgradig arbeitsteiligen Gesellschaft. Er beschrieb sie als einzig **wertschaffend** und als Maß für den **Tauschwert** aller Güter.

„Wenn die Arbeitsteilung einmal weit gediehen ist, kann (der Mensch, d.V.) indes nur noch wenige Dinge für den Bedarf selbst herstellen, die meisten muß er von anderen als deren Arbeitsertrag beziehen, und er ist arm oder reich, je nach der Menge Arbeit, über die er verfügen oder deren Kauf er sich leisten kann. (...) Arbeit ist demnach das wahre oder tatsächliche Maß für den Tauschwert aller Güter. Der wirkliche oder reale Preis aller Dinge, also das, was sie einem Menschen, der sie haben möchte, in Wahrheit kosten, sind die Anstrengung und Mühe, die er zu ihrem Erwerb aufwenden muß. Was Dinge wirklich für jemanden wert sind, der sie erworben hat und der über sie verfügen oder sie gegen etwas anderes tauschen möchte, sind die Anstrengung und Mühe, die er sich damit ersparen und die er anderen aufbürden kann. Was jemand gegen Geld kauft oder gegen andere Güter eintauscht, erwirbt er mit ebensoviel Arbeit wie etwas, zu dem er durch eigene Mühe gelangt. In der Tat ersparen uns dieses Geld und diese Güter eine solche Anstrengung. Beide enthalten den Wert einer bestimmten Menge Arbeit, die wir gegen etwas tauschen, von dem wir annehmen, es enthalte zu dieser Zeit dem Wert nach die gleiche Arbeitsmenge. Arbeit war der erste Preis oder ursprünglich das Kaufgeld, womit alles andere bezahlt wurde. Nicht mit Gold und Silber sondern mit Arbeit wurde aller Reichtum dieser Welt letztlich erworben.“[13]

Was hierbei deutlich wird ist der ökonomische Tatbestand, dass bei jedem Gütertausch immer nur **Arbeit** zum Austausch kommt und wir einer Mystifikation unterliegen, wenn wir glauben, wir würden Geld gegen Güter tauschen. Sowohl hinter dem Geld als auch hinter den Gütern verbirgt sich in Wirklichkeit nichts anderes als Arbeit. Diese entfaltet für uns Menschen immer zwei Dimensionen. Zum einen bedeutet sie **Mühsal**, **Last**, **Leid**, Bewältigung des Notwendigen und andererseits die spezifisch menschliche Art des Umgangs mit der Umwelt (Natur), **Selbstkonstitution** des Menschen und damit auch **Selbstverwirklichung**. Im historisch frühen Sprachgebrauch scheint die Bedeutung der Arbeit als Mühsal, Last und Leid zu überwiegen. Es lässt sich dies schon mit dem biblischen Fluch – „Im Schweiße deines Angesichts sollst du dein Brot essen“ – belegen. Dennoch hat es in der langen menschlichen Entstehungsgeschichte (Anthropologie) bis heute immer auch Menschen gegeben, die dies nicht mussten und sogar ohne Arbeit durchs Leben gehen können. Sie leben von der Arbeit anderer Menschen. Dies wurde aber erst mit der Produktion eines arbeitsteilig im Kollektiv geschaffenen **Überschussproduktes** möglich, das sich Menschen mit **Gewaltanwendung** gegen andere Menschen aneigneten. *Marx* bezeichnete diese Aneignung als „sogenannte ursprüngliche Akkumulation“,[14] eine Akkumulation, welche nicht das „Resultat der kapitalistischen Produktionsweise ist, sondern ihr Ausgangspunkt.“[15]

---

[13] Smith, A., Der Wohlstand der Nationen, Eine Untersuchung seiner Natur und seiner Ursachen, München 1978, S. 28, deutsche Übersetzung von Recktenwald, H. C., des 1776 erstmals von Adam Smith erschienenen Werks mit dem Originaltitel: „An Inquiry into the Nature and Causes of the Wealth of Nations“.

[14] Vgl. Marx, K., Das Kapital, Bd. 1, Berlin 1974, S. 741 - 791.

[15] Ebenda, S. 741.

Die **urgemeinschaftliche Produktionsweise** vor unserer Zeitrechnung, also vor Christi Geburt, war die erste über Arbeit vermittelte Produktionsweise, die Urform der menschlichen Gesellschaft. Arbeit war hier eine **kollektive Tätigkeit**, um in der Gruppe zu überleben. Da alle gemeinschaftlich arbeiteten, wurden auch alle Produktionsmittel und alle gewonnenen Güter zu **Kollektiveigentum** und nach kollektivem Ermessen verwendet und die Arbeitsergebnisse im Kollektiv verteilt. Privates, oder wie wir heute sagen, private Güter und demnach eine private Konsumtion, gab es nicht. Es lag vielmehr eine Konsumtion „*öffentlicher Güter*" ohne Ausschlussprinzip und ohne Rivalität der Konsumenten vor. Die **Produktivität** innerhalb der kollektiven Produktionsprozesse war aber gering, so dass ein **Überschussprodukt** über die unbedingt lebensnotwendige Produktionsmenge hinaus noch nicht erzielt wurde. Deshalb war die gesamte Arbeit notwendige Arbeit. Viele Jahrtausende mussten vergehen, ehe die Produktion über eine fortwährende Entwicklung der Arbeitsinstrumente immer produktiver wurde und schließlich ein Überschuss- bzw. Mehrprodukt entstand. Hierdurch konnten sich Nichtarbeitende fremde Arbeitsleistungen aneignen. Erst als dies möglich wurde, war auch zum ersten Mal in der Menschheitsgeschichte die materielle Voraussetzung für eine **Ausbeutung** von Menschen durch den Menschen gegeben. Gleichzeitig entstanden hierdurch die ersten **Klassen- und Machtverhältnisse**, wobei als Klassen solche gesellschaftlichen Gruppen anzusehen sind, „die durch das Merkmal von **Herrschaft**, das heißt durch das Verhältnis von Arbeit und Aneignung gegeneinander geschieden sind."[16] *Arne Eggebrecht* weist darauf hin, dass in der Zeit des alten und mittleren Reiches in Ägypten (2.660 bis 1.785 v. Chr.) der **Begriff Arbeiter** nicht existierte, „weil alle gleichermaßen zu den zu verrichtenden Tätigkeiten herangezogen wurden. Privilegien, die von manuellen Tätigkeiten befreiten, scheinen nicht bestanden zu haben, so daß keinem und keiner Gruppe die besonders schweren und belastenden Verrichtungen aufgezwungen werden konnten. Erst mit der Ausbildung von Machtstrukturen und der Schaffung des **individuellen Eigentums**, das Inhalt und Ausdruck von Macht ist, wurden Teile der Bevölkerung von der Notwendigkeit und Pflicht, für die Sicherung des unmittelbaren Lebensunterhalts tätig zu sein, befreit. Für die **Nichtprivilegierten** ergaben sich Abhängigkeit und Hörigkeit. Die niedrigen und gemeinen Dienste waren von ihnen zu verrichten; der Stand der ‚Arbeiter' wurde geboren. In der ägyptischen Sprache steht für Arbeit und Arbeiter das Wort ‚**meru**', was soviel bedeutet wie „tragen" oder „Träger". Die Arbeiter konnte man aufgrund des Zwanges, für ihre Existenzerhaltung ihre Kraft einsetzen zu müssen, so niedrig entlohnen, daß sie nie Eigentum bilden konnten und dadurch chancenlos in der Rolle der *Nichtprivilegierten*, der *Eigentumslosen*, der *Recht- und Machtlosen* verharren mußten. Der Unterschied zwischen dem Wert ihrer Arbeitsleistung und dem für ihre Existenzerhaltung und die Aufzucht ihrer Nachkommenschaft notwendigerweise bezahlten Lohn floß den **Privilegierten** zu, von deren Prachtentfaltung seit Jahrtausenden monumentale Zeugen künden."[17]

Mit der antiken und römischen **Sklavenhalterordnung**[18] entstand so eine erste von *Klassen*, *Herrschaft* und *Ausbeutung* geprägte Gesellschaft. Die Sklaverei war in der bisherigen Menschheitsgeschichte die schärfste Form der Ausbeutung des Menschen durch den

---

[16] Hofmann, W., Grundelemente der Wirtschaftsgesellschaft, 10. Aufl., Reinbek bei Hamburg 1977, S. 34.

[17] Harlander, N., Heidack, C., Köpfler, F., Müller, K.-D., Personalwirtschaft, 3. Aufl., Landsberg/Lech 1994, S. 22.

[18] Sklaverei lag noch im 18. Jahrhundert in den Südstaaten der USA vor.

Menschen. Sie basierte auf den *gewaltsamen Zwang* von Menschen zur Arbeit, die ihrer Freiheit beraubt und Eigentum derjenigen wurden, die über das Überschussprodukt bzw. über die Mehrarbeit verfügten. Arbeit galt hier – im Gegensatz zum Müßiggang der reichen und privilegierten Herrschaftsklasse – als **minderwertig**, die man deshalb den Sklaven überließ, die, obwohl die ökonomische Basis der Gesellschaftsordnung auf ihre Arbeit beruhte, außerhalb der Gesellschaft zu existieren, vielfach zu vegetieren, hatten. Arbeit überlies man den im Krieg Besiegten oder denjenigen, die keinerlei andere Möglichkeiten der Existenzsicherung besaßen, da sie über kein Land oder über Produktionsmittel verfügten. Der Sklave war **rechtlos**, ihm gehörte nicht einmal seine Arbeitskraft, sein in ihm ruhendes Arbeitsvermögen, er konnte als **Ware** gekauft und verkauft werden und er erhielt keinen Lohn für seine Arbeit. Eine auf Tauschwerten ausgerichtete Wertbestimmung der Arbeit existierte daher noch nicht. Der Wert der Arbeit wurde allenfalls in den Reproduktionskosten (Subsistenzmittel) zur Aufrechterhaltung der Arbeitskraft des Sklaven gemessen.[19]

Der **Feudalismus** (500 bis 1500 nach Christi Geburt[20]) löste schließlich die Sklaverei ab. Sie scheiterte an der **unproduktiven Arbeit**. Da sich die Sklavenhalter das gesamte Produkt der Arbeit aneigneten, hatten die rechtlosen und wirtschaftlich abhängigen Sklaven kein Interesse an der Arbeit. Die von den Sklavenhaltern an den Tag gelegten Bestrafungsaktionen führten zu einer Zuspitzung des **Klassenkampfes**. Die Sklaven entflohen ihren Herren, verübten Sabotage und zerstörten die Arbeitsinstrumente. Immer mehr kam es zu bewaffneten **Sklavenaufständen** wie z.B. zum *Spartakusaufstand* in Italien 73 bis 71 vor unserer Zeitrechnung. Obgleich diese zumeist in Niederlagen endeten, hatten sie doch gewaltige geschichtliche Bedeutung, da sie die Grundpfeiler der Sklaverei erschütterten und den Übergang zu einer neuen, weiter fortgeschrittenen ökonomischen Ordnung beschleunigten.

Auch im feudalen System bestand eine **Klassengesellschaft** und Arbeit galt immer noch als *minderwertig* und nicht als erstrebenswert. Wer sein Leben nicht anders als durch Arbeit bestreiten konnte, gab zu erkennen, dass er weder über Mittel noch über Fähigkeiten verfügte, den jetzigen Herrschaftsständen (**weltlicher** und **kirchlicher** Adel) anzugehören. Diese eigneten sich als neue Feudalherrenklasse und Eigentümer von **Grund** und **Boden**[21] das von den bäuerlichen Nichteigentümern geschaffene **Überschussprodukt**, – dass diese nicht für ihre eigene Reproduktion benötigten – ebenfalls durch **Gewaltanwendung** an. „Grundherren und Bauern stehen hier zueinander im Verhältnis von Ausbeutern und Ausgebeuteten, von Herrschenden und Beherrschten, Befehlenden und Gehorchenden. Die Grundherren sind im Besitze des Bodens, des wichtigsten Produktionsmittels. Sie gelangten in seinen Besitz durch Gewalt, durch Unterwerfung der Bauern."[22]

Die Produktion der Feudalgesellschaft wurde in zwei Grundformen geführt: In Form der **Fronwirtschaft** mit Leibeigentum und der **Zinswirtschaft** mit Grundherrschaft.

---

[19] Vgl. De Martino, F., Wirtschaftsgeschichte des alten Rom, München 1985.

[20] Die zeitliche Einteilung der *feudalistischen Epoche* muss als sehr grob betrachtet werden. So gab es den Feudalismus in Frankreich noch bis 1789, in Deutschland noch am Beginn des 19. Jahrhunderts, in Russland bis zur Bauernbefreiung von 1861 und in Japan bis zum Beginn der Meji-Periode (1868).

[21] Da im Feudalismus die *landwirtschaftliche Produktion* gegenüber dem *Handwerk* überwog, hatte das Eigentum am Produktionsmittel Grund und Boden die entscheidende Bedeutung. „Das große Grundeigentum war wirklich die Grundlage der mittelaltrigen, der feudalen Gesellschaft", schrieb *Karl Marx*.

[22] Endres, R., Staat und Gesellschaft. Eine Darstellung ihrer Entwicklung von der Urzeit bis zur Gegenwart, 2. Aufl., Wien 1952, S. 39.

- **Fronwirtschaft mit Leibeigenschaft**. Hier arbeiteten die Bauern auf dem Hof des weltlichen oder geistlichen Feudalherrn, dem Fronhof. Sie waren leibeigen. Von den antiken Sklaven unterschieden sie sich nur dadurch, dass sie nicht gekauft oder verkauft werden konnten, also nicht zur Ware wurden.
- **Zinswirtschaft mit Grundherrschaft**. Bei der Zinswirtschaft entstand etwa ab dem 13. Jahrhundert ein neues Rechtsverhältnis zwischen Feudalherren und Bauern. Die Bauern konnten nun eigenständig das Land, das aber weiter den Adligen gehörte, bearbeiten und mussten für die Nutzung einen Zins bzw. eine Pacht bezahlen. Das darüber hinaus erarbeitete Mehrprodukt fiel an die Bauern.

Durch die Zinswirtschaft war ein Anreiz zur **Produktivitätssteigerung** gegeben, die auch realiter in beträchtlichen Wachstumsraten sichtbar wurden und es so immer mehr zur Herausbildung von **Städten** kam, in die das gewonnene Überschussprodukt zum Teil investiert wurde. Im Feudalismus beherrschte zunächst das Land die Stadt, die im Eigentum der Feudalherren war. Die Zunahme der handwerklichen Produktion und die Akkumulation großer Vermögen bei **Wucherern** und **Kaufleuten** schufen dann aber immer mehr die Voraussetzungen für die ökonomische Herrschaft der Stadt über das Land. Da bei den Kaufleuten, Wucherern und reichen Handwerksmeistern bedeutende Geldsummen konzentriert waren, gelang es den Städten, sich von den Feudalherren gegen Geld loszukaufen.

Um Fron- und Zinswirtschaft mit *„außerökonomischer Gewalt"* (Fülberth) zu erzwingen und aufrecht zu erhalten, aber auch um Städte zu Abgaben und Steuerzahlungen zu nötigen, hatten die Adligen das vom König oder Fürst verliehene **Waffenmonopol**. So ist es evident, dass an der Spitze der feudalen, mittelalterlichen **Gesellschaftshierarchie** der Waffentragende stand, „dessen Aufgabe die *Kriegsführung* und keinesfalls Arbeit war. Der Status bäuerlicher Arbeit ist hier, entsprechend der Abhängigkeit des Agrarvolkes von den waffentragenden Rittern, noch niedrig."[23]

In der Übergangsphase des 16. und 17. Jahrhunderts vom Feudalismus zum vorindustriellen Kapitalismus,[24] die vom politischen System des **Absolutismus** und ökonomisch vom **Merkantilismus** und **Manufakturkapitalismus** geprägt waren, entluden sich dann die *antagonistischen* feudalen Klassenverhältnisse der Arbeit. Diese hemmten immer mehr die Entwicklung. Zwischen den neuen Produktivkräften, die nach großzügigeren Organisationsformen von Arbeit und Produktion in Gestalt der Kooperation spezialisierter Produzenten und einer neuen Art der Verbindung der Arbeitskraft mit den Produktionsmitteln verlangten, und den alten, auf der persönlichen Abhängigkeit der Produzenten von den Grundeigentümern, den Feudalherren, beruhenden Produktionsverhältnissen, entsteht ein zunehmender ökonomischer und schließlich gesellschaftlicher (politischer) Konflikt. Mit der **französischen Revolution** von 1789 entlud sich offensichtlich dieser Konflikt und es schlug die Geburtsstunde des **Kapitalismus**, der die Arbeit endgültig zu einem *„freien"* **Lohnarbeitsverhältnis** zwischen *Unternehmer* und *Arbeiter* machte und damit gleichzeitig aber auch ein **neues Klassenverhältnis** konstituierte. Die Bauern wurden von ihrer Abhängigkeit genauso befreit wie die Städte. Aber die Bauern wurden auch gewaltsam von ihrem bearbeiteten Grund und Boden vertrieben, der ihnen bis dahin eine Reproduktionsbasis geboten hatte. Sie zogen in die **Städte** und mussten sich in den aufkommenden Manufakturen und Fabriken gegen Lohn verdingen. Wieder bestand ein **Arbeitszwang**. Die Arbeitskraft musste sich von nun an als **Ware** selbst verkaufen.

---

23   Vobruba, G., Die Bedeutung des Begriffs Arbeit, in: Lexikon des Sozialismus, Köln 1986, S. 33.

24   Vgl. dazu ausführlich Fülberth, G., G Strich – Kleine Geschichte des Kapitalismus, Köln 2005, S. 99 - 147.

Geschichtlich erscheint dabei die „freie Lohnarbeit" als das notwendige Komplement des Kapitals selbst. Es sind, wie der Soziologe *Max Weber* (1864 bis 1920) schrieb, „Personen vorhanden, die nicht nur rechtlich in der Lage, sondern auch wirtschaftlich genötigt sind, ihre Arbeitskraft frei auf dem Markt zu verkaufen. Im Widerspruch zum Wesen des Kapitalismus steht es, und seine Entfaltung ist unmöglich, wenn eine solche *besitzlose* und daher zum Verkauf ihrer Arbeitsleistung genötigte Schicht fehlt, ebenso, wenn nur *unfreie* Arbeit besteht."[25]

Jetzt wird Arbeit auch nicht mehr als *minderwertig* eingestuft oder auf der gesellschaftlichen „Pyramiden-Konstruktion" – wie bei *Thomas von Aquin* (1225 bis 1274) – ganz unten angesiedelt, sondern zum ersten Mal erfolgt eine positive gesellschaftliche Bewertung und Anerkennung.[26] *Martin Luther* (1483 bis 1546) war es, der als erster Arbeit nicht verachtet, sondern als menschliche Bestimmung gewürdigt hat, und sei sie auch **reine Qual**: „Der Mensch ist zur Arbeit geboren wie der Vogel zum Fliegen." *Luther* machte den Weg frei, für die dem Christentum schon immer inhärente fundamentale Egalität aller Menschen.[27] Aber erst mit den gesellschaftstheoretischen sowie -praktischen Umbrüchen im 19. Jahrhundert wandelte sich das Bild und die Bedeutung von Arbeit vollständig und endgültig – insbesondere im ökonomischen Kontext. Hierzu hat nicht zuletzt die positive Wesensbestimmung der Arbeit durch die von *Karl Marx* entwickelte Lehre des wissenschaftlichen Marxismus nachhaltig beigetragen. Nach dieser **dialektisch-materialistischen Lehre** wird Arbeit als ein zielorientiertes menschliches Handeln erklärt. Hierbei entwickeln sich sowohl der Arbeitsgegenstand selbst, als auch der tätige Mensch in einer auf Arbeit abgestellten und auf Arbeit aufgebauten Gesellschaft, und zwar sowohl individuell als auch gattungsmäßig, auf stets höherer Stufe in Form einer ökonomisch-gesellschaftlichen Synthese. Arbeit vollzieht sich dabei nur innerhalb der Gesellschaft, aber in jeder Gesellschaftsformation auf andere Weise. Arbeit ist deshalb immer *gesellschaftliche Tätigkeit*, die sich innerhalb bestimmter, historisch bedingter Formen der Arbeitsteilung und Eigentumsverhältnisse bewegt.

2.2   Arbeit, Eigentum und Mitbestimmung

Insgesamt hat es eine lange Zeit gebraucht, bis **Arbeit** als „Vater allen gesellschaftlichen Reichtums galt", (*William Petty* (1623 bis 1687)) und als Urgrund des Eigentums, das die „bürgerliche Freiheit des Einzelnen möglich macht" (*John Locke* (1632 bis 1704)). Der britische Philosoph Locke, einer der Väter des politischen Liberalismus, beschränkte in seiner naturrechtlichen Begründung die Akkumulation von Eigentum im 17. Jahrhundert aber noch auf das jeweilige **Arbeitsvermögen des Einzelnen**. „So viel Land ein Mensch bepflügt, bepflanzt, kultiviert und so viel er verwerten kann durch die Nutzung seines Ertrages, so viel ist sein eigen."[28] Dagegen erblickte der französische Philosoph *Jean-Jacques Rousseau* (1712 bis 1788) mit seiner „Theorie des Gemeinwillens" im **Eigentum** grundsätzlich ein gesellschaftliches Übel, als er 1762 schrieb: „Der Erste, der, nachdem er ein Stück Land

---

[25]   Weber, M., Wirtschaftsgeschichte, München, Leipzig 1924, S. 239f.

[26]   Die vollständige Anerkennung gelang aber erst mit dem Aufkommen eines *Arbeitsrechts* ab etwa Mitte des 19. Jahrhunderts. Siehe dazu ausführlich: Voswinkel, S., Krise des Arbeitsrechts – Individualisierung der Anerkennungsverhältnisse?, in: WSI-Mitteilungen, Heft 8/2007, S. 427 - 433.

[27]   Vgl. Kittner, M., Arbeitskampf, a.a.O., S. 86.

[28]   Locke, J., Über die Regierung, in der Übersetzung von Wilmanns, H., Halle 1906, in Wiederauflage, Reinbek bei Hamburg 1966, S. 30.

eingezäumt hatte, sich erdreistete auszurufen: ,Das gehört mir' und einfältige Leute fand, die es ihm glaubten, war der Erste wahre Gründer der bürgerlichen Gesellschaft. Wie viele Verbrechen, Kriege, Morde, Elend und Schrecken hätte der dem Menschengeschlecht erspart, der die Pfähle niedergerissen, den Graben ausgefüllt und seinen Nächsten zugerufen hätte: ,Hütet Euch, auf diesen Betrüger zu hören; ihr seid verloren, wenn ihr vergesst, daß die Früchte allen und die Erde niemand gehört.'[29] Ökonomisch begründet und vollendet wurde die **Kritik am Eigentum** im 19. Jahrhundert durch *Karl Marx* und *Friedrich Engels* (1820 bis 1895). Hier wird die systematische Ausbeutung von Menschen durch Menschen im kapitalistischen Produktionsprozess aufgezeigt (vgl. dazu ausführlich den Abschnitt 2.4), die sich nach *Marx* und *Engels* nur durch Abschaffung des Eigentums an Produktionsmitteln und deren **Vergesellschaftung** beseitigen lässt. Seit 1917 wurde dies in der Sowjetunion und seit 1949 in der DDR in Verbindung mit einer staatlichen Planung der Ökonomie sowie der Durchsetzung einer solidarischen, nicht erwerbsbezogenen Arbeitsmotivation praktiziert.[30] Offensichtlich ist dieser Versuch eines *„real existierenden Sozialismus"* seit 1989, im zweihundertsten Jahr der französischen Revolution, gescheitert.[31] Hat damit aber der **Kapitalismus** gesiegt? Sicher nicht. Und auch „das Ende der Geschichte" ist noch nicht erreicht. Der Kapitalismus hat jetzt lediglich keinen Feind mehr – außer sich selbst.

Eigentum an Grund und Boden sowie an Kapital bleiben im Kapitalismus der Grund dafür, das sich Menschen an der Natur und der Arbeit anderer Menschen – die nur von dem *Verkauf ihrer Arbeitskraft* leben müssen – bereichern können. Dies drückt sich in marktwirtschaftlich-kapitalistischen Ordnungen bis heute im **Lohn-Gewinn-Verhältnis** aus, ohne dass es hier noch zur Anwendung **außerökonomischer Gewalt** kommen muss. Wie in den folgenden Abschnitten 2.4 und 2.5 ausführlich gezeigt wird, konnte dies die **klassische Lohn- und Gewinntheorie** schon in der ersten Hälfte des 19. Jahrhunderts nachweisen. Zur Durchsetzung der ökonomischen Eigentumsverhältnisse zwischen den jeweiligen Lohn-Gewinn-Interessen bedarf es aber einer rechtlichen übergeordneten **staatlichen Gewalt**, die heute in allen kapitalistischen Ländern durch eine entsprechende **Eigentumsverfassung** gegeben und normiert ist. In Deutschland ist dies im Artikel 14 des Grundgesetzes geregelt. Hier wird das Privateigentum einschließlich des *unternehmensbestimmten Eigentums* und seiner ökonomischen Nutzbarkeit garantiert. Problematisch ist aber, dass durch die Nutzung des Eigentums die **Verfügungsrechte anderer Personen** und auch die der **Natur** beeinträchtigt werden. Wenn Unternehmer maximale Profite in der Produktion durchsetzen und am Markt realisieren wollen, so sind nicht nur Arbeitnehmerrechte, sondern auch die Rechte von anderen Unternehmern und von Konsumenten negativ tangiert. Auch die **Umwelt** wird durch die Nutzung der Eigentumsrechte, sowohl in Produktion als auch während der Konsumtion, regelmäßig belastet bzw. es kommt zu einer *Externalisierung* individuell verursachter Kosten. Daher muss der **Staat** intervenieren und für einen Ausgleich sorgen. Im Artikel 14 Abs. 2 GG heißt es: „Eigentum verpflichtet. Sein Gebrauch soll zugleich dem Wohle der Allgemeinheit dienen." Und im Artikel 14 Abs. 3 GG ist eine **Enteignung** zum Wohle der Allgemeinheit möglich.

---

[29] Rousseau, J. J., zitiert bei Harlander, N., u.a., Personalwirtschaft, a.a.O., S. 24.

[30] Vgl. Kosta, J., Wirtschaftssysteme des realen Sozialismus. Probleme und Alternativen, Köln 1984. In etwas modifizierter Form wurde auch eine sozialistische Wirtschaft im ehemaligen Jugoslawien als Arbeiterselbstverwaltung versucht. Vgl. dazu: Drulovic, M., Arbeiterselbstverwaltung auf dem Prüfstand – Erfahrungen in Jugoslawien, Bonn 1977.

[31] Vgl. Schneider, M., Das Ende eines Jahrhundert-Mythos. Eine Bilanz des Sozialismus, Köln 1992, Stiglitz, J., Wer hat Russland zugrunde gerichtet?, in: ders., Die Schatten der Globalisierung, Berlin 2002, S. 158 - 196.

Artikel 14 Grundgesetz (Eigentum, Erbrecht, Enteignung)

1. Das Eigentum und das Erbrecht werden gewährleistet. Inhalt und Schranken werden durch die Gesetze bestimmt.
2. Eigentum verpflichtet. Sein Gebrauch soll zugleich dem Wohle der Allgemeinheit dienen.
3. Eine Enteignung ist nur zum Wohle der Allgemeinheit zulässig. Sie darf nur durch Gesetz oder auf Grund eines Gesetzes erfolgen, das Art und Ausmaß der Entschädigung regelt. Die Entschädigung ist unter gerechter Abwägung der Interessen der Allgemeinheit und der Beteiligten zu bestimmen. Wegen der Höhe der Entschädigung steht im Streitfalle der Rechtsweg vor den ordentlichen Gerichten offen.

In marktwirtschaftlich-kapitalistischen Ordnungen – auch in einer **sozialen Marktwirtschaft**[32] – bestimmt aber im Wirtschaftsleben der **Eigentümer** (Unternehmer, Investor) über die Verwendung der im Kapitalverwertungs- und Akkumulationsprozess eingesetzten Produktionsmittel und über die abhängigen Arbeitskräfte. Der Eigentümer der Produktionsfaktoren Kapital und Boden verfügt über das entscheidende „**Investitionsmonopol**" (*Erich Preiser* (1900 bis 1967)). Er legt hier im Rahmen seiner **unternehmerischen Freiheit** fest, *wie*, *wann* und *wo* investiert wird. Das Ziel ist immer möglichst **maximale Gewinne** zu erzielen. Die Interessen der **abhängig Beschäftigten** – die soziale Dimension von Arbeit als Existenzgrundlage für den Arbeitskraftbesitzer – spielen dabei kaum eine Rolle. Sie werden vielmehr den Gewinninteressen untergeordnet.

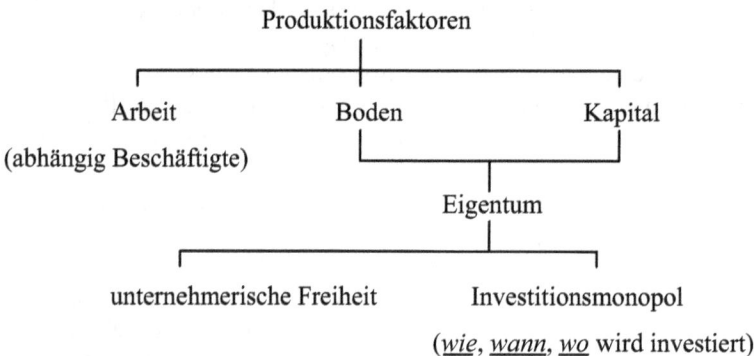

```
                        Produktionsfaktoren
                                |
        ┌───────────────────────┼───────────────────────┐
     Arbeit                   Boden                   Kapital
(abhängig Beschäftigte)         └───────────┬───────────┘
                                        Eigentum
        ┌───────────────────────────────────┴──────────┐
  unternehmerische Freiheit              Investitionsmonopol
                          (wie, wann, wo wird investiert)
```

Abb. 2.1:   Unternehmerische Verfügungsgewalt

Die **Unternehmensverfassung** ist eine auf die Belange und Interessen der Unternehmer einseitig zugeschnittene Ordnung. „In dieser Welt sind Arbeitsplätze und Löhne nur als *Restgröße* akzeptabel. Deshalb werden Koalitions- und Arbeitskampffreiheit zwar ab dem Eintritt einer Gesellschaft in die Phase der *parlamentarischen Demokratie* anerkannt, sie werden jedoch nie irrevisibel garantiert, sondern bleiben situationsbedingt disponibel."[33] So ist es wenig erstaunlich, dass bei der unternehmerisch vorgenommenen **Entlassung von abhängig Beschäftigten** die freie (profitorientierte) **Unternehmerentscheidung** durch die

---

[32]   Zu den unterschiedlichen Ordnungssystemen vgl. Bontrup, H.-J., Volkswirtschaftslehre, 2. Aufl., München, Wien 2004, S. 96 - 147.

[33]   Kittner, M., Arbeitskampf, a.a.O., S. 722.

Rechtsprechung des Bundesverfassungsgerichts erst dann moniert wird, wenn sie als „**unternehmerisch willkürlich**" einzustufen ist oder explizit gegen Rechtsvorschriften wie z.B. dem **Kündigungsschutzgesetz** verstößt. Gewinn der Eigentümer geht in kapitalistisch-marktwirtschaftlichen Ordnungen eindeutig vor Beschäftigung,[34] auch wenn Unternehmen trotz realisierter Gewinne, den Gewinn durch Entlassungen von Menschen noch zusätzlich steigern wollen.[35] Daran ändern auch in Deutschland die Artikel 14 Abs. 3 GG und Artikel 15 GG („Sozialisierung") sowie das **Sozialstaatsprinzip**[36] (Artikel 20 und 28 GG) nichts.[37]

Aus dem Sozialstaatsprinzip oder einer **Sozialen Marktwirtschaft** lassen sich kein einklagbares „**Recht auf Arbeit**" ableiten. Dies würde an ökonomisch praktikable Grenzen der Umsetzung stoßen.[38] Zwar könnte man analog zur Eigentumsgarantie der Kapitaleigentümer damit argumentieren, dass den **Eigentümern des Arbeitsvermögens** ein gleicher Schutz eingeräumt werden muss. „Die Garantie eines ‚Rechts auf existenzsichernden Vermögenseinsatz' rechtfertigte nur dann nicht die Garantie eines ‚Rechts auf existenzsichernden Arbeitseinsatz', wenn das Vermögen gleich verteilt wäre. Gibt es aber eine mehr oder weniger zufällige Schichtung in der Gesellschaft in **Besitzende** und **Nicht-Besitzende**, und ist der marktwirtschaftliche Prozess darauf ausgerichtet, dass sich diese Schichtung stabilisiert und eher akzentuiert, so ist die Eigentumsgarantie für den Nicht-Besitzenden wertlos. Die Garantie eines existenzsichernden Arbeitseinsatzes, also das Recht auf Arbeit, lässt sich dann folgerichtig als Pendant zur Eigentumsgarantie begreifen."[39] Nur auf welche Arbeit und auf welchen Arbeitsplatz? Geht ein Unternehmen am Markt unter, fällt auch der Arbeitsplatz weg. Und eine Bestandsgarantie für Unternehmen gibt es in kapitalistisch-marktwirtschaftlichen Ordnungssystemen, trotz weitgehender Marktvermachtungen, nicht.

Artikel 15 Grundgesetz (Sozialisierung)
Grund und Boden, Naturschätze und Produktionsmittel können zum Zwecke der Vergesellschaftung durch ein Gesetz, das Art und Ausmaß der Entschädigung regelt, in Gemeineigentum oder in andere Formen der Gemeinwirtschaft überführt werden. Für die Entschädigung gilt Artikel 14 Abs. 3 Satz 3 und 4 entsprechend.

---

[34] Vgl. Groh, M., Shareholder Value und Aktienrecht, in: Der Betrieb, Heft 43/2000, S. 2.153ff.

[35] Eine Überraschung löste vor diesem Hintergrund ein rechtskräftig gewordenes Urteil des Arbeitsgerichtes Gelsenkirchen aus, dass der Veba Oel AG (Gelsenkirchen) verbot, betriebsbedingte Kündigungen auszusprechen, da das Unternehmen eine gute Ertrags- bzw. Gewinnlage vorzuweisen hatte. Das Gericht sah hierin einen Verstoß gegen das Sozialstaatsgebot gemäß Art. 20 und 28 GG als auch einen Verstoß gegen § 2 Sozialgesetzbuch III, wonach es die Verantwortung des Arbeitgebers ist, Entlassungen möglichst zu vermeiden. Vgl. ausführlich zum Urteil Bontrup, Dammann, Gewinne, Beschäftigungsabbau und Sozialstaatsprinzip, in: Sozialer Fortschritt, 48. Jg., Heft 5/1999, S. 114ff.

[36] Vgl. Meister, R., Das Sozialstaatsprinzip des Grundgesetzes, in: Blätter für deutsche und internationale Politik, Heft 5/1997, S. 608ff.

[37] Vgl. Bontrup, H.-J., Dammann, K., Gewinne, Beschäftigungsabbau und Sozialstaatsprinzip, a.a.O., S. 114ff., Bitter, W., Der Kündigungsrechtliche Dauerbrenner: Unternehmerfreiheit am Ende?, in: Der Betrieb, Heft 23/1999, S. 1.214ff., vgl. dazu auch die Urteile des Bundesverfassungsgerichts, in: Der Betrieb, Heft 37/1999, S. 1.909ff., sowie Heft 9/2000, S. 476ff.

[38] Vgl. Glasstetter, W., Recht auf Arbeit – Plausibilität versus Umsetzbarkeit, in: Das Wirtschaftsstudium, Heft 4/1998, S. 478ff.

[39] Glasstetter, W., Recht auf Arbeit – Plausibilität versus Umsetzbarkeit, a.a.O., S. 478.

Die notwendigen Maßnahmen, die auch den „Faktor" Arbeit **gleichberechtigt** zum Kapital schützen bzw. nicht schlechter stellen, müssten andere sein. Geht man von einem privatwirtschaftlichen Unternehmen aus, so steht zunächst einmal fest, das der **Kapitaleinsatz ohne Beschäftigte** nur ein Produktionsergebnis von Null zeitigen würde (vgl. Abschnitt. 2.6). Ohne Menschen lässt sich totes Kapital – egal wem es gehört – nicht in Bewegung setzen um es über eine Gewinnproduktion zu vermehren. Ein Unternehmen ohne Menschen ist kein Unternehmen, allenfalls ein *Museum* oder eine *Ausstellung*. Dies wird in den folgenden Kapiteln sowohl *arbeitswerttheoretisch* als auch *neoklassisch* noch ausführlich gezeigt werden.

Privatwirtschaftliche Unternehmen bestehen immer aus Kapitalinvestoren *und* Arbeitnehmern, die zwar kein Kapital, wohl aber ihre Arbeitskraft und -leistung einbringen, woraus sich die „Existenz eines kooperativen Akteurs" (*Günther Schanz*) im Rahmen betrieblicher *Kooperationsbeziehungen* zwischen Kapital und Arbeit ableitet.[40] Bereits dadurch konstituiert sich hinreichend eine **Mitbestimmung** der Beschäftigten in den Unternehmen. Diese Mitbestimmung – heute in den bestehenden Mitbestimmungsgesetzen (siehe den folgenden Kasten) *nicht* gegeben[41] – müsste sich auf sämtliche unternehmerischen Leitungs-, Steuerungs- und Kontrollfunktionen beziehen. Insbesondere auf Entscheidungen über *Investitionen*, *Beschäftigung* sowie *Gewinnerzielung* und *-verwendung*.

Gesetzliche unternehmerische Mitbestimmungsregelungen

Die unternehmerische Mitbestimmung in Aufsichtsräten wird im Gegensatz zur betrieblichen Mitbestimmung durch Betriebsräte und Wirtschaftsausschussmitglieder auch als „wirtschaftliche Mitbestimmung" bezeichnet. Der Aufsichtsrat hat die Aufgabe, den Vorstand oder die Geschäftsführung zu bestellen, ihn zu beraten und die Geschäfte der Unternehmensführung zu überwachen. Hierbei spricht man von einem „dualistischen System" der Führung durch Vorstand/Geschäftsführung und Aufsichtsrat. Die Alternative zu diesem System ist das in der EU in vielen Unternehmen aber nicht in Deutschland angewandte „monistische System". Dieses basiert nur auf einem Verwaltungsratssystem („Board-System"). Der jeweilige Verwaltungsrat ist hier zugleich Geschäftsführungs- und auch Aufsichtsorgan. In Deutschland bestehen drei unterschiedliche gesetzliche Regelungen einer „unternehmerischen Mitbestimmung" in Aufsichtsräten. Dazu gehören das Montan-Mitbestimmungsgesetz von 1951 mit dem Montan-Ergänzungsgesetz von 1956 und dem Montan-Änderungsgesetz von 1967, das Mitbestimmungsgesetz von 1976 sowie das neu erlassene Drittel-Beteiligungsgesetz von 2004, das auf die so genannte „Drittelparität" der §§ 76 und 77 des Betriebsverfassungsgesetzes von 1952 zurückgeht. Die unternehmerische Mitbestimmung in Deutschland ist zunächst einmal durch die jeweilige Unternehmensrechtsform und die Unternehmensgröße restringiert. Demnach unterliegen alle Unternehmen nicht der unternehmerischen Mitbestimmung, die in der Gesellschaftsform einer Personengesellschaft (KG, OHG oder auch GbR) und als Einzelunternehmen geführt werden oder weniger als 500 Arbeitnehmer beschäftigen. Im Umkehrschluss bedeutet dies, dass alle Kapitalgesellschaften (AG, GmbH, KGaA) und Genossenschaften mit mehr als 500 Beschäftigten einem der drei Mitbestimmungsgesetze unterliegen.

---

[40]   Vgl. Schanz, G., Personalwirtschaftslehre, 2. Aufl., München 1993, S. 518ff.

[41]   Vgl. Bontrup, Heinz-J., Arbeit, Kapital und Staat. Plädoyer für eine demokratische Wirtschaft, 3. Aufl., Köln 2006, S. 128 - 163., derselbe, Die Wirtschaft braucht Demokratie, in: Bontrup, H.-J., Müller J. u.a., Wirtschaftsdemokratie. Alternative zum Shareholder-Kapitalismus, Hamburg 2006, S. 10 - 48.

Drittel-Beteiligungsgesetz

In Kapitalgesellschaften und Genossenschaften mit mehr als 500 und weniger als 2.000 Beschäftigten steht den Arbeitnehmern im Aufsichtsrat nur ein Drittel der Plätze zu (sogenannte „Drittel-Parität"). Die Aufsichtsräte der Arbeitnehmerbank werden dabei aus der Belegschaft durch die Beschäftigten des Unternehmens gewählt. Die Gewerkschaften haben bei der Bestellung der Aufsichtsräte weder ein Vorschlags- noch ein Entsendungsrecht. Bei der drittel-paritätischen Mitbestimmung kann man nicht von einer Mitbestimmung sprechen, allenfalls von einem Informations- und Mitberatungsorgan.

Mitbestimmungsgesetz von 1976

In Kapitalgesellschaften und Genossenschaften mit 2.000 und mehr Beschäftigten liegt im Aufsichtsrat eine numerische Parität zwischen Kapital und Arbeit vor. Je nach Unternehmensgröße werden zur Hälfte Kapital- und Arbeitnehmervertreter bestellt. Die maximale Größe eines Aufsichtsrats beträgt dabei 20 Mitglieder. Bei dieser Größe muss das Unternehmen mehr als 20.000 Beschäftigte haben. Liegt die Unternehmensgröße beispielhaft unter 10.000 Beschäftigten, so besteht der Aufsichtsrat aus insgesamt 12 Mitgliedern. Von den 6 Arbeitnehmervertretern entfallen dabei 2 Mandate auf externe Gewerkschaftsvertreter und ein Mandat auf die Gruppe der leitenden Angestellten des Unternehmens. Da der Vorsitzende des Aufsichtsrats immer von der Kapitalseite gestellt wird und er bei Pattabstimmungen eine „zweite Abstimmungsstimme" hat, kann die Arbeitnehmerbank immer überstimmt werden. Hinzu kommt der Sitz des leitenden Angestellten auf der Arbeitnehmerbank, dessen Abstimmungsverhalten für die Kapitalseite nicht ausgeschlossen werden kann. Der Aufsichtsrat hat in das oberste Führungsorgan (Vorstand/Geschäftsführung) einen Personalvorstand (Arbeitsdirektor) zu berufen. Dieser wird mehrheitlich gewählt und abberufen. Insgesamt ist die sogenannte 76er Mitbestimmung nur als eine „Scheinmitbestimmung" einzustufen. Sie gilt für gut 750 Unternehmen in Deutschland.

Montan-Mitbestimmungsgesetz

Das Montan-Mitbestimmungsgesetz gilt nur für Unternehmen des Eisen-, Stahl- und Bergbaubereichs mit mehr als 1.000 Beschäftigten. Die Größe des Aufsichtsrats richtet sich auch hier nach der Zahl der Beschäftigten. Die minimale Größe liegt bei 11, die maximale Größe bei 21 Mitgliedern. Nur bei der Montan-Mitbestimmung kann von einer wirklichen paritätischen Mitbestimmung gesprochen werden. Hier wird eine Pattabstimmung nicht wie bei der 76er Mitbestimmung durch den Aufsichtsratsvorsitzenden aufgelöst, sondern durch einen sogenannten „neutralen Mann", der als zusätzliches Aufsichtsratsmitglied einvernehmlich vom Kapital und den Gewerkschaften bestellt wird. Hinzu kommt, dass sowohl auf der Arbeitnehmer- als auch auf der Kapitalbank jeweils ein externes, der Öffentlichkeit zurechenbares Mitglied in den Aufsichtsrat berufen wird und die leitenden Angestellten kein Mandat im Aufsichtsrat haben. Je nach Größe des Aufsichtsrats nehmen zwei oder drei externe Gewerkschaftsvertreter auf der Arbeitnehmerbank Platz. Auch hier muss der Aufsichtsrat einen Arbeitsdirektor mehrheitlich benennen. Bei der jeweiligen Bestellung reichen die Stimmen der Arbeitnehmer und die Stimme des „neutralen Mannes". Der Arbeitsdirektor kann aber nicht gegen die Stimmenmehrheit der Arbeitnehmerbank abberufen werden. Auf Grund des stark geschrumpften Montan-Bereiches sind es heute mal gerade noch 45 Unternehmen die der Montan-Mitbestimmung unterliegen

Einer solchen Mitbestimmung steht auch solange Art. 14 GG nicht entgegen, wie die Arbeitnehmer in den Unternehmensträger- oder Eigentümerverband und damit in die **Gewinn-** und

Risikogemeinschaft eines Unternehmens inkorporiert werden. Zu diesem Ergebnis kommt der Präsident des Bundesverfassungsgerichts *Hans-J. Papier*: „Die Binnenstrukturrichtlinien des Art. 14 GG legen es nahe, dass Mitträgerschaft und Mitbestimmung im Unternehmen aus subjektiven Privatrechten fließen, die den verfassungsrechtlichen Eigentumsvorstellungen entsprechen. Das heißt, sie sollten ihrem Träger einen Anteil an **privatautonomer Rechts-** und **Wirtschaftsgestaltung** gewährleisten. Entsprechend den Funktionen der auf Privateigentum basierenden Autonomie sollten sie ferner die Steuerungs- und Kontrollmechanismen von Gewinnmöglichkeit einerseits und Verlust- oder Haftungsrisiko andererseits aufweisen."[42] Dies geht in Richtung einer **Gewinn-** und/oder **Kapitalbeteiligung** der Arbeitnehmer, die bereits zu Beginn des 20. Jahrhunderts von der Betriebswirtschaftslehre eingefordert wurden (vgl. dazu ausführlich Kap. 3.7.8), die heute aber allenfalls eine Randerscheinung geblieben sind.[43]

2.3   Das Lohnverständnis der Merkantilisten und Physiokraten

2.3.1   Merkantilistische Positionen

Im Laufe der Geschichte kam es nicht nur zu einer zunehmenden Bedeutung der menschlichen Arbeit, sondern auch die **Bewertungsfrage der Arbeit** rückte immer mehr in den Mittelpunkt. Spätestens mit der „Geburtsstunde" des Kapitalismus war die Frage nach dem Wert (Lohn) der Arbeit zu beantworten. Dieser Frage gingen als erste die **Merkantilisten**[44] im 17. Jahrhundert und in der ersten Hälfte des 18. Jahrhunderts nach, wobei ihre Lehre als eine vorklassische Beschäftigung mit der Nationalökonomie bezeichnet werden kann. Hier ging es noch nicht um die Erstellung eines in sich geschlossenen Theoriengebäudes, sondern mehr um **polit-ökonomische Handlungsanweisungen** zur Niederhaltung der immer mehr aufkommenden Arbeiterklasse. „So fand das merkantilistische Schrifttum seinen Niederschlag in einer Fülle von Einzeluntersuchungen, deren Fragestellungen, aus der Notwendigkeit wirtschaftspolitischer Aufgaben und ihrer Bewältigung (...) von der Hebung der volkswirtschaftlichen Produktivkräfte und ihrer Nutzbarmachung zur Steigerung des wirtschaftlichen Wohlstandes resultieren."[45]

Der geistige Nährboden der Übergangzeit vom *Mittelalter* über den Merkantilismus und Physiokratismus bis zur klassischen Nationalökonomie war vom **Naturrecht** geprägt. „Das religiöse Weltbild hatte sich im Laufe des 18. Jahrhunderts – vor allem in den wirtschaftlich fortgeschrittenen Ländern Westeuropas – entscheidend gewandelt. Im Mittelpunkt des Denkens standen nicht mehr – wie im Mittelalter und noch zur Zeit der Reformation – Gott, seine

---

[42]   Papier, H.-J., Wirtschaftsordnung und Grundgesetz, in: Aus Politik und Zeitgeschichte (APuZ), Heft 13/2007, S. 3 - 9.

[43]   Vgl. Aschmann, S., Mehrdimensionale Beteiligung der Mitarbeiter am Gesamtunternehmen, Dissertation, München /Mering 1998.

[44]   Vgl. Blaich, F., Merkantilismus, in: Handwörterbuch der Wirtschaftswissenschaft, Bd. 5, Stuttgart, Tübingen, Göttingen 1988, S. 240ff.

[45]   Stavenhagen, G., Geschichte der Wirtschaftstheorie, 4. Aufl., Göttingen 1969, S. 20.

Allmacht und seine Ehre, sondern der *Mensch*, seine Stellung in der Welt und sein Wohlerge-hen. (...) Das ‚Gesetz' gilt nicht mehr – wie im Mittelalter – als Gottes Gebot, als die von ihm gesetzte Forderung, als sittliche Norm, der sich der Mensch in seinem Verhalten unterwerfen muß, sondern als Regel des natürlichen Geschehens, als Ausdruck allgemeiner Verknüpfun-gen von Ursache und Wirkung. (...) Die Kenntnis der Gesetze des natürlichen Geschehens ermöglicht es dem Menschen nicht nur, die äußere Natur zu beherrschen, sie seinem Willen zu unterwerfen, sondern auch sich in der ‚Welt' als dem Bereich menschlichen Zusammenlebens zurechtzufinden. Nur wenn der Mensch die natürlichen Gesetze des Daseins beachtet, vermag er erfolgreich tätig zu sein. (...) Das bedeutete, daß im menschlichen Zusammenleben die Be-achtung der ‚natürlichen Gesetze' nicht mehr sittliche Entscheidung erforderte, sondern Befreiung der menschlichen Anlagen und Triebe."[46] Hiermit wurde schließlich in der Öko-nomie die individualistische und liberale Philosophie, der **Liberalismus**, konstituiert. Das **Egoismusprinzip** und seine Bedeutung als die „natürliche Triebfeder" wurde von dem Mer-kantilisten, englischen Arzt und Sozialphilosophen *Bernard de Mandeville* (1670 bis 1733), in seiner Schrift „The Fable of the Bees" (London 1714[47]) als erster betont. In dem Buch, das quasi aus einem satirischen Gedicht besteht und den bezeichnenden Untertitel „Private Vices, Public Benefits" trägt, erklärt er den **persönlichen Eigennutz** der Menschen zur Triebfeder des ganzen sozialen Lebens, der Sittlichkeit und der Kultur.[48] „Die wirtschaftspolitischen Konsequenzen aus dem Wirken des Eigennutzes und dem Walten einer ökonomischen Inter-essenharmonie zog dann der Marquis *Rene Louis Voyer d'Argenson* (1694 bis 1757) durch die Ablehnung jedes **staatlichen Protektionismus** und die Forderung nach uneingeschränkter wirtschaftlicher Freiheit. Von ihm stammt die Formel ‚**laissez faire**'."[49] Dies war unter den Merkantilisten aber eine radikale Ausnahmeposition. Zwar wurde das Egoismusprinzip aner-kannt, dies aber nur, als es mit den vom **Staat** gesetzten und verfolgten Zwecken vereinbar ist und im Hinblick auf diese reguliert wird. „Der Forderung nach dem **freien Spiel der Kräfte** (...) ist damit eine deutliche Absage erteilt worden, wie es (...) auch die Aufgabe des Staates ist, für die Aufrechterhaltung des wirtschaftlichen Gleichgewichts Sorge zu tragen, und Stö-rungen im wirtschaftlichen Kreislauf zu verhindern."[50] Auch die **Physiokraten** hielten Ein-griffe in die Wirtschaft für zulässig und erforderlich, solange der ideale Status der „*natürli-chen Ordnung*" noch nicht erreicht worden ist.

Als herausragender britischer merkantiler Ökonom ist *William Petty* (1623 bis 1687) zu nen-nen. „Auf ihn geht nicht nur die Lehre von der Wertbildung durch die produktive Arbeit und damit die spätere klassische Arbeitswerttheorie zurück; er hat auch als erster die Lehre von der **wertschaffenden Arbeit** in die folgerichtige Verbindung zur Einkommenstheorie ge-setzt. **Gewinneinkommen** existieren dabei für Petty in zweierlei Form: als **Grundrente** und als **Zins**. Insofern war er *Physiokrat*. Beide, Rente auf Boden und Rente auf Geld, haben die gleiche Ursache: die produktive menschliche Arbeit."[51] Einen **Unternehmensgewinn** als Kapitalgewinn kennt Petty allerdings noch nicht. Dies lag wohl daran, das zur Zeit des

---

[46]   Wendt, S., Geschichte der Volkswirtschaftslehre, 2. Aufl., Berlin 1968, S. 25f.

[47]   Das Buch wurde bis 1806 in dreizehn Auflagen verlegt.

[48]   de Mandeville, B., The fable of the bees or private vices, public benefits, London 1714, in deutscher Überset-zung: Die Bienenfabel, Berlin 1957.

[49]   Stavenhagen, G., Geschichte der Wirtschaftstheorie, a.a.O., S. 29.

[50]   Ebenda, S. 22.

[51]   Hofmann, W., Einkommenstheorie. Vom Merkantilismus bis zur Gegenwart, 2. Aufl., Berlin 1971, S. 19.

Merkantilismus das Kapital zunächst als **Handels- und Leihkapital** auftrat, bevor es sich der gewerblichen und später der industriellen Produktion bemächtigte. So sahen denn auch die Merkantilisten im **Handel**, insbesondere im Außenhandel (in einer aktiven Handelsbilanz), die größte Gewinnchance. Der Binnen- bzw. Handelsgewinn ist bei den Merkantilisten das Ergebnis eines „**Aufschlags**", den die Handeltreibenden bei der Veräußerung ihrer Güter und Dienste vornehmen. Deshalb soll sich der Gewinnaufschlag auch in Grenzen halten und **Monopolgewinnaufschläge** wurden als moralisch verwerflich eingestuft. Noch der Spätmerkantilist *James Denham Steuart* (1712 bis 1780) vertrat diese Aufschlagstheorie, die dem ökonomischen **äquivalenten Tauschprinzip** völlig zuwiderläuft. Denn ist der Gewinn ein Aufschlag zu dem „wirklichen Wert der Waren", so werden diese *über* ihrem Wert verkauft. Der Veräußerungsgewinn beruht dann auf einer **Übervorteilung der Käufer**. Er stellt eine Umverteilung von Einkommen dar. Was der eine gewinnt, verliert der andere.

Wichtig war bei den Merkantilisten die Frage des **Zinses** für verliehenes Geld. Das **Zinsverbot**, schon in der Bibel formuliert, war im Altertum und im Mittelalter noch eine Selbstverständlichkeit. Zins galt als **Wucher** und war verdammt. Geld sah man lediglich als Tauschmittel, hervorgegangen aus der Übereinkunft der Menschen und als eine Schöpfung der Herrscher. Einer der vehementesten Gegner des Zinsnehmens war *Thomas von Aquin*. Er verurteilte im 13. Jahrhundert jegliches egoistisches Gewinnstreben der Händler und Produzenten und insbesondere den **Geldzins der Geldverleiher** als schändlich. „Es ist unrechtmäßig, eine Bezahlung für den Gebrauch geliehenen Geldes zu verlangen, dies ist bekannt als Wucher."[52] Die Merkantilisten des 17. Jahrhunderts fragten sich dann, wie Geld, das im Unterschied zum Grundrente abwerfenden Boden ein „unfruchtbares Ding" ist, dennoch ein Einkommen schaffen kann. Die Antwort erblickten sie in der **ungleichen Verteilung der Geldvermögen**. Haben Menschen mehr Geld zur Verfügung als sie aus welchen Gründen auch immer brauchen bzw. verausgaben wollen, so sind sie imstande, Geld zu verleihen. Und fehlt einem anderen das für sein Geschäft erforderliche Geld, so ist er bereit, es sich zu borgen. Nur muss auf Grund der Arbeit des Geldleihers mindestens der Zins für den Geldgeber verdient werden.

Beim **Arbeitslohn** galt es unter den zeitgenössischen merkantilen Ökonomen als ausgemacht, dass der „beste Lohn" der niedrigste sei, da er fleißige Arbeiter schaffe.[53] Erst die klassischen Ökonomen betrachteten den Lohn auch als **Verteilungsmaß**, und daher in seinem komplexen Wechselverhältnis zu anderen Einkommensgrößen. Wie den Ökonomen seiner Zeit allgemein, so war es auch *Phillip Wilhelm von Hornigk* (1638 bis 1712), einem österreichischen Vertreter der merkantilen Wirtschaftspolitik, dennoch bewusst, dass „die bewegende Kraft der Landesökonomie die produktive Arbeit ist." Auf alle Art, so seine ökonomische Botschaft, ist daher „das Volk zur Arbeitsamkeit zu erziehen." Dabei redet *Hornigk* einer rigorosen Lohnpolitik das Wort; denn nur ein **niedriger Lohn** halte die Arbeiter in Fleiß. Nur der ständige Sporn der Not, und daher ein Lohn nahe dem **Existenzminimum** der Arbeiter, würde die Beschäftigten in Fleiß halten und ständig neue Kräfte (Frauen und Kinder der Beschäftigten) den Manufakturen zuführen.[54] Die barbarischen Arbeitsverhältnisse der damaligen Zeit wurden von der überwiegenden Mehrheit der merkantilistischen

---

[52]   Zitiert bei Sander, O., Thomas von Aquin, „Die Zeit gehört Gott, in: Die großen Ökonomen, Stuttgart 1994, S. 9.

[53]   Vgl. Hofmann, W., Einkommenstheorie, a.a.O., S. 19.

[54]   Vgl. v. Hornigk, P. W., Österreich über alles, wann es nur will, o. Ortsangabe, 1684.

Ökonomen nicht nur als notwendig, sondern sogar als günstig zur Vermehrung jenes Volks-
wohlstandes angesehen, von dem die überwiegende Zahl des Volkes ausgeschlossen blieb.
Arbeit und **Armut** waren synonyme Begriffe.

Auch *Bernard de Mandeville* vertrat eine **Niedriglohnpolitik**. Bezogen auf den Lohn in den
Werkstätten und Manufakturen schreibt er:

„Wenn die Menschen einen so außerordentlichen Hang zum Müßiggang und zum Vergnü-
gen haben, aus welchem Grunde sollen wir dann glauben, daß sie arbeiten würden, wären
sie nicht durch unmittelbare Notwendigkeit dazu gezwungen? Wenn wir einen Handwerker sehen, der nicht zu bewegen ist, vor Dienstag etwas zu tun, weil er Montag früh noch
zwei Shilling von seinem letzten Wochenlohn übrig hat, warum sollten wir dann meinen,
er wäre überhaupt dazu zu bringen, falls er fünfzehn oder zwanzig Pfund in der Tasche
hat? Was würde bei diesem Lauf der Dinge aus unseren Manufakturen werden.“[55]

Aus dieser wirtschaftlichen Grundhaltung leitet *Mandeville* entsprechende **wirtschaftpolitische Lohn-Konsequenzen** ab:

- Der Arbeitslohn muss für den Arbeiter die einzige Quelle seiner Subsistenzmöglichkeit
  darstellen. Armenhäuser sind, um Druck auf die Arbeiter auszuüben, abzuschaffen und
  das Betteln muss verboten werden.
- Die Löhne sollen durch öffentliche Taxen niedrig gehalten werden. Die Arbeitsdisziplin
  ist behördlich zu überwachen und jede Aufsässigkeit der Arbeiter ist zu ahnden.
- Arbeiterzusammenschlüsse sind staatlich zu verbieten, da sie nur dazu führen, dass die
  Löhne steigen.

Mit Entrüstung gibt *Mandeville* Berichte von einem „gewerkschaftsähnlichen“ Zusammenschluss von Hausbediensteten wieder:

„Mir ist glaubhaft versichert worden, daß ein Pack Bediensteter sich zu solcher Unver-
schämtheit verstiegen hat, einen Verband zu gründen und Vereinbarungen zu treffen, wonach sie sich verpflichten, nicht für weniger als die und die Summe zu dienen, noch irgendwelche Lasten, Bündel oder Pakete über ein gewisses Gewicht hinaus zu tragen – und
was der Bestimmungen mehr sind, die den Interessen ihrer Dienstherren gerade ins Gesicht
schlagen und die Zwecke untergraben, denen sie dienen sollen.“[56]

Vergleicht man die merkantilistischen Ableitungen mit den heute von **neoliberalen Ökonomen** vorgetragenen Forderungen zur Veränderung des Regelwerks und zu den Institutionen
am Arbeitsmarkt, so lassen sich vielfältige Übereinstimmungen erkennen. Auch hier werden
gewerkschaftliche Zusammenschlüsse, das „Tarifkartell der Arbeitnehmer“, als schädlich
betrachtet und abgelehnt. Die **Gewerkschaften** (vgl. Abschnitt 3.6.1) hätten wenig Anreiz,
die gesamtwirtschaftliche Arbeitslosigkeit in ihren Abschlüssen durch angemessene Lohnsenkungen zu berücksichtigen. Die abhängig Beschäftigten dürften auch keinen **Kündigungsschutz** haben, die Abschaffung würde die Nachfrage nach Arbeitskräften stärken.
Ebenso gäbe es negative Rückwirkungen durch die **sozialen Sicherungssysteme** auf den
Arbeitsmarkt. Es müsse ein hinreichender Abstand zwischen dem Einkommen aus Arbeit
und dem Einkommen aus staatlicher Alimentierung bestehen (sogenanntes „**Lohnabstands-
gebot**“). Arbeitslose müssten unter *Druck* gesetzt werden, jede Beschäftigung an jeden Ort

---

[55] de Mandeville, B., Fabel von den Bienen, a.a.O., S. 58.
[56] Ebenda, S. 65.

zu fast jeder Bezahlung (mit Ausnahme von *sittenwidrigen Löhnen*) anzunehmen. Arbeitslosen soll es nicht gestattet sein, „sich zu Lasten der Gemeinschaft zurückzulehnen", so Bundeskanzler *Gerhard Schröder* in seiner *Agenda 2010* Rede vom 14. März 2003 im Deutschen Bundestag. Der Mensch habe eine angeborene Abscheu vor Arbeit und versuche sie so weit wie möglich zu vermeiden. Dem liegt ein **pessimistisches (negatives) Menschenbild** zugrunde, dem man nur durch Sanktionen (durch negative Anreize) begegnen könne. So basieren denn auch die heute neoliberalen Arbeitsmarktreformen fast sämtlich auf eine **Bestrafung der Arbeitslosen** und nicht auf eine Bekämpfung der Arbeitslosigkeit.

2.3.2 Zum physiokratischen Ertragsgesetz

Vom Merkantilismus im 17. und der ersten Hälfte des 18. Jahrhunderts gingen noch keine theoretischen Impulse im Hinblick auf eine volkswirtschaftliche **Wertschöpfung** als Grundlage der Einkommensverteilung aus. Dies gelang erst den **Physiokraten** in Frankreich in der zweiten Hälfte des 18. Jahrhunderts. Das Verdienst der Physiokraten war dabei im Gegensatz zu den Merkantilisten die Ableitung der **Gewinneinkommen** aus der *Produktion* und nicht die Vorstellung, Gewinn entstünde als Ergebnis von *Übervorteilung* auf den Märkten in Form eines „Aufschlags" über den Wert eines Produktes. Der Ökonom und Leibarzt Ludwig XV, *Francois Quesnay* (1694 bis 1774), war es, der als erster den Mechanismus einer Volkswirtschaft in Form eines **geschlossenen Kreislaufs** („Tableau Economique") darstellte und die Wertschöpfung jeweils **sozialen Klassen** zuordnete. „Das Großartige an dem physiokratischen Entwurf ist der Versuch, den Zusammenhang von *Einkommensbildung, Einkommensverwendung* und *Produktion* zu beschreiben. Hier wird ein Problem angepackt, das später – mit anderen politisch-soziologischen Vorzeichen – von *Karl Marx* und von *John Maynard Keynes* (1883 bis 1946) wieder aufgegriffen worden ist: Das Problem des Zusammenhangs aller wirtschaftlichen Leistungen, das auch als die Frage bezeichnet werden kann, wie die Identität des wirtschaftlichen Ordnungszusammenhangs in die Zeit hinein sicher gestellt wird."[57] **Grund** und **Boden** galt bei den Physiokraten als die einzige Quelle eines Überschussproduktes. Alles was gesellschaftliche Wohlfahrt determiniert ist ein Geschenk der Natur und ihrer ursprünglichen Schöpferkraft. Der **arbeitende Mensch** ist dabei lediglich der *„Geburtshelfer".* Der **Lohn**, den die Arbeiter für ihre Arbeit erhalten, richtet sich nach den Preisen der zum Unterhalt des Arbeiters notwendigen Lebensmittel (Reproduktionskosten), da nach Ansicht der Physiokraten der Arbeiter selbst *keinen neuen Wert* schafft, sondern dem Gute, das er bearbeitet, nur den Wert der von ihm konsumierten Lebensmittel hinzufügt und infolge der Arbeiter-Konkurrenz dieses Existenzminimum niemals überschreiten kann. Hier taucht bei den Physiokraten zum ersten Mal der **Existenzlohn** oder das „eherne Lohngesetz" auf.[58]

> „Hohe Lebensmittelpreise haben dabei nach Ansicht der Physiokraten für die Lage der Arbeiter keine ungünstigen Folgen, weil sie infolge erhöhter Nachfrage der Landwirte nach Arbeit ein Steigen der Nominallöhne bedingen, während niedrige Kornpreise die entgegengesetzte Wirkung hervorrufen, weil die Nachfrage der Landwirte nach Arbeit zurückgeht, was eine Abnahme der Beschäftigung und einen Rückgang der Einkommen der gesamten Volkswirtschaft mit sich bringt."[59]

---

[57] Wendt, S., Geschichte der Volkswirtschaftslehre, a.a.O., S. 29.

[58] Der *Existenzlohn* stellt dabei den *Familienlohn* dar, der nicht nur das Überleben des implizit als männlich gedachten Arbeiters, sondern auch das seiner Frau und seiner Kinder sicherstellen soll.

[59] Stavenhagen, G., Geschichte der Wirtschaftstheorie, a.a.O., S. 41.

In heutiger ökonomischer Schreibweise sahen demnach die Physiokraten nicht in **inflationären**, sondern vielmehr in **deflationären Entwicklungen** eine Gefahr für die Arbeiter und schließlich für die gesamte Volkswirtschaft.

Da von den *Physiokraten* nur die Tätigkeit in der Urproduktion (Landwirtschaft) als „produktiv" angesehen wurde, dürfe auch nur das hier entstehende **Überschussprodukt** („produit net") mit einer **direkten Steuer** belegt werden. Da das „produit net" den Bodeneigentümern als **Pacht** (Grundrente) zufließt, „erscheint es zweckmäßig, diese einzige wirtschaftlich zu rechtfertigende Steuer bei den Bodeneigentümern, die über die Verwendung des Reinertrages (des „produit net") entscheiden, zu erheben. Alle anderen Steuern, insbesondere die **indirekten Steuern**, die den Verbrauch bestimmter Erzeugnisse belasten, verzerren nach Ansicht der Physiokraten den natürlichen Zusammenhang der wirtschaftlichen Leistungen und stören damit den natürlichen Ablauf der wirtschaftlichen Vorgänge. So kommen die Physiokraten auf Grund ihrer theoretischen Konzeption zu der Forderung, an Stelle eines Systems von Steuern nur eine einzige Steuer zu erheben, die den Reinertrag als solchen belastet."[60]

Auch der **Zins** wird bei den Physiokraten aus der Reinertragsfähigkeit des Bodens bzw. der Landwirtschaft abgeleitet.

> „In der ‚Fruktifikationstheorie' des Zinses, (...), wird der Zins auf die sachliche Mehrleistungsfähigkeit der Urproduktion zurückgeführt. Weil der Boden nicht nur die aufgewendeten Kosten zurückgibt, sondern darüber hinaus einen Reinertrag abwirft, muß auch dem Kapital, für das man Boden kaufen kann, Zins zugerechnet werden. Die Frage nach dem Zins wird also noch nicht von der Frage nach der Grundrente getrennt. Infolgedessen bleibt offen, woher eigentlich die Mittel stammen, die es ermöglichen, Zins für die gewerbliche Nutzung von Kapital zu zahlen."[61]

Ein neben *Francois Quesnay* besonders hervorzuhebender Physiokrat war der Franzose *Anne Robert Jacques Turgot* (1727 bis 1781). Er hat als erster das klassische „**Ertragsgesetz**" bzw. das „**Gesetz vom abnehmenden Ertragszuwachs**" in der Landwirtschaft formuliert. Demnach führt jede einseitige Aufwandssteigerung eines variablen Faktors (z.B. Arbeit) bei gleichzeitiger Konstanz eines anderen Faktors (z.B. Boden) zunächst zu steigenden Gesamterträgen und nach Erreichung eines Höhepunktes zu abnehmenden Zuwächsen (Grenzerträgen). Das **Grenzprodukt** eines Produktionsfaktors entspricht dabei der zusätzlichen Produktionsmenge, die erreicht werden kann, wenn ein variabler Faktoreinsatz um eine Mengeneinheit erhöht wird, während die Mengen der anderen Faktoren konstant bleiben. Die Einsatzfaktoren Arbeit und Boden sind dabei beschränkt substitutional. Mit nur einem Faktor ist eine Produktion nicht möglich. Dies lässt sich mathematisch anhand der folgenden **Produktionsfunktion**[62] zeigen. Dabei ist ein Output Y in Abhängigkeit vom Arbeitseinsatz A und vom konstant gesetzten Bodeneinsatz B dargestellt.

$$Y = f\left(10\,A^{0,5} \cdot B\right) \text{ mit B = konstant}$$

A = Arbeitseinsatz

B = Faktor Boden

---

[60] Wendt, S., Geschichte der Volkswirtschaftslehre, a.a.O., S. 31.

[61] Ebenda, S. 30.

[62] Die *Umkehrfunktion* der Produktionsfunktion wird zur *Kostenfunktion*, die den Arbeitsaufwand (gemessen in Stunden) in Abhängigkeit von der Ausbringung Y anzeigt. Dazu wird die Produktionsfunktion nach A (zum Arbeitsaufwand) aufgelöst: Aus $Y_A = 10\,A^{0,5}$ folgt $Y_A = 10\,\sqrt{A}$ oder $Y_A^2 = 100\,A$; oder $A = 0,01\,Y_A^2$.

Der **Grenzertrag** bzw. die Grenzertragsfunktion Y' ergibt sich dann aus der ersten mathematischen Ableitung der Produktionsfunktion.

$$(2) \quad Y' \; = \; \frac{d\,Y}{d\,A} \; = \; 5\,A^{-0,5}$$

Aus dem Ertragsgesetz schloss der britische Ökonom *Robert Malthus* (1766 bis 1834) bei **steigenden Bevölkerungszahlen** auf eine zunehmende *Armut* für den größten Teil der Erdbewohner. Da die Bodenfläche nicht beliebig vermehrbar sei und immer mehr Arbeitskräfte zum Einsatz kommen müssten, deren Grenzertrag aber abnehmend wäre, könnte schließlich die Nahrungsmittelproduktion nur in *arithmetischer Progression* wachsen, während die Bevölkerung in *geometrischer Progression* zunehme. Dass diese von *Malthus* prophezeite Katastrophe nicht eingetreten ist – zumindest in den Industriestaaten nicht –, lag schließlich u.a. an dem vermehrten **Kapitaleinsatz** und dem mit ihm einhergehenden **technischen Fortschritt** bzw. an enormen **Produktivitätssteigerungen**.

Unter Berücksichtigung des technischen Fortschritts kommt es zu einer Verschiebung der Produktionsfunktion von Y_1 nach Y_2. Gleichzeitig verschiebt sich die Grenzertragsfunktion Y_1' nach oben auf Y_2' (siehe Abb. 2.2). Dadurch kann mit gleichem Arbeitseinsatz A_1 eine größere Menge Y_2 oder die gleiche Menge Y_1 mit einem geringeren Arbeitseinsatz A_2 hergestellt werden (**arbeitssparender technischer Fortschritt**). Und auch beim Kapitaleinsatz ist ein **kapitalsparender technischer Fortschritt** zu beobachten.[63] Man denke hier nur an den

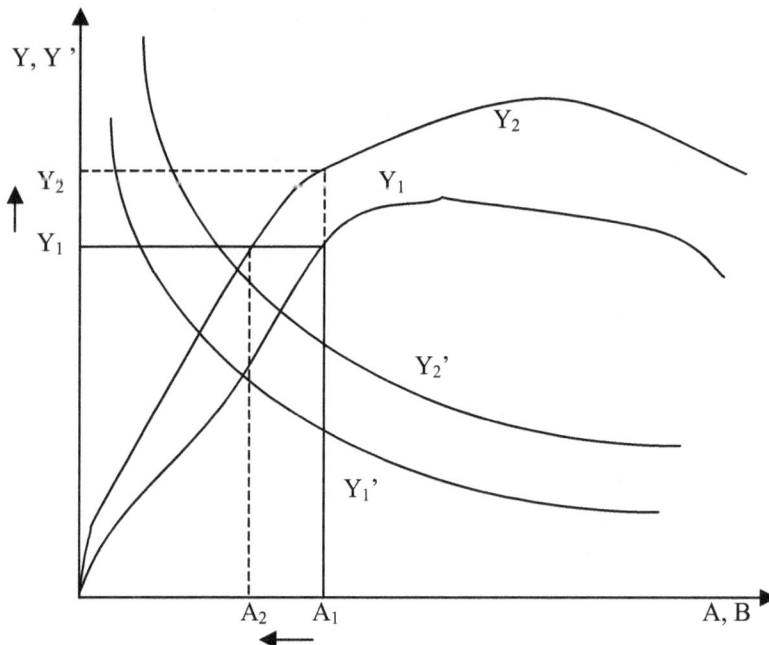

Abb. 2.2:   Produktions- und Grenzertragsfunktionen

---

[63]   Dies spielt auch bei der Entwicklung der Profitrate eine wesentliche Rolle. Vgl. dazu die Kapitel 2.5, 2.6 und 4.3.2.

gesamten computergetriebenen maschinellen Produktionsinput. In den technisch hochent-wickelten Industriestaaten ist heute im Gegensatz zur Prognose von *Malthus* nicht ein Be-völkerungswachstums, sondern eher ein Bevölkerungsrückgang zu beobachten. Gleichzeitig ist auf der einen Seite eine „**Überflussgesellschaft**" (*John Kenneth Galbraith* (1908 bis 2006))[64] und auf der anderen Seite das Problem von **Massenarbeitslosigkeit** und mit ihr **Armut** in weiten Teilen der Gesellschaft entstanden.

Die langfristige Entwicklung der *Arbeitslosenzahlen* in Deutschland seit dem Zweiten Welt-krieg (siehe Tabelle 1) belegt diesen ökonomischen Trend in aller Deutlichkeit. Hierauf wird noch ausführlich im 4. Kapitel (zur Makroökonomie des Lohn-Gewinn-Verhältnisses) zu-rück zu kommen sein.

Tab. 1:　　Entwicklung der registrierten Arbeitslosigkeit

Jahre	Arbeitslosenzahlen (Jahresdurchschnittlich)
1950 - 1959	1.038.000
1960 - 1969	223.000
1970 - 1979	647.000
1980 - 1989	1.956.000
1990 - 1999	3.492.000
2000 - 2006	4.273.000

Ab 1991 inkl. Ostdeutschland; Quelle: Statistisches Jahrbuch der Bundesrepublik Deutschland, verschiedene Jahr-gänge; eigene Berechnungen.

Produktivitätssteigerungen konnten im Laufe der ökonomischen Entwicklung zunächst in einer vorliegenden **Mangelwirtschaft** – die über Jahrhunderte zum Dasein überwiegender Bevölkerungsschichten gehörte – benötigte **Freisetzungseffekte** auslösen.[65] Es kam zu einer relativen Einsparung von Arbeit und Kapital. Erst hierdurch konnten die Produktionsfaktoren mit **Kompensationseffekten** für neue Verwendungen und **Wachstumsprozesse** verfügbar gemacht werden. Die Ressourcen wurden an anderer Stelle dringend benötigt. Immer mehr hat dann aber der technische Fortschritt bei zunehmender gesamtwirtschaftlicher Güteraus-stattung zu einem Freisetzungseffekt gegenüber dem Kompensationseffekt geführt. Es trat eine **relative Sättigung** ein. Dies bedeutet, dass der Grenznutzen des Einkommens bzw. Konsums sinkt und hinter dem Grenznutzen der Ersparnis und/oder der verlängerten Freizeit zurückbleibt; deshalb bewirkt ein höheres Einkommen eine steigende Sparquote und/oder zunehmende Freizeitpräferenzen.

Gleichzeitig nahmen die **Prozessinnovationen** in Relation zu den **Produktinnovationen** der Endnachfrage drastisch zu.[66] „Die Gründe hierfür", stellt *Norbert Reuter* fest, „sind vielfältig und interdependent: Mit zunehmendem Entwicklungsgrad sinkt der privatwirtschaftliche Bedarf an Arbeitskräften in den alten Industrien als Resultat voranschreitender Produktivi-tätssteigerungen auf der einen und zunehmender **Sättigungstendenzen** bei der privaten Nachfrage auf der anderen Seite. Technisch-ökonomische Entwicklungen, die für jeden

---

[64]　Vgl. Galbraith, J. K., Gesellschaft im Überfluss (1958), München und Zürich 1973.

[65]　Diese Mangelwirtschaft liegt heute noch in den *Entwicklungsländern* auf Grund eines Kapitalmangels vor.

[66]　Vgl. Meißner, W., Zinn, K. G., Der neue Wohlstand. Qualitatives Wachstum und Vollbeschäftigung, München 1984, S. 101ff.

Markt bzw. jede Branche grundsätzlich bestehen, leiten den Übergang in die stagnative Phase entwickelter Märkte ein. Solange immer wieder genügend neue Produktmärkte entstehen, wird die Stagnation in einzelnen Sektoren durch Expansion neuer Sektoren aufgefangen, so dass trotz schrumpfender Teilmärkte ein gesamtwirtschaftliches Wachstum zu verzeichnen ist. Probleme entstehen in dem Moment, in dem es trotz steigender Aufwendungen für Forschung und Entwicklung einerseits und Absatzsicherung (Werbung) andererseits immer weniger gelingt, neue oder latent vorhandene individuelle Bedarfe zu wecken und damit neue Märkte zu erschließen. Kurzfristig können sich alte Märkte noch mit Produktinnovationen und Scheininnovationen halten. Langfristig lassen sich sinkende Rentabilität und ein Schrumpfen dieser Märkte jedoch nicht verhindern. In einzelnen Bereichen ‚freigesetzte' Beschäftigte können allerdings in zunehmenden Maße nicht mehr wie in der Vergangenheit von neu entstehenden Sektoren übernommen werden, der **Strukturwandel** gerät ins Stocken, **Arbeitslosigkeit** wird von einem konjunkturellen zu einem strukturellen und damit dauerhaften Phänomen."[67]

2.4   Die Lohnfrage bei Smith und Ricardo

> „Es gibt nur einen einzigen realen Wert in der
> Wirtschaftswelt (...) das ist Arbeit." (Friedaender-Prechtl)

Sieht man von den bisher aufgezeigten merkantilistischen (physiokratischen), noch stark fragmentarisch orientierten, Lohn- und Gewinnbetrachtungen ab, so wurde eine erste in sich geschlossene **Lohntheorie** von *Adam Smith* aufgestellt, die er in seinem Buch: „Der Wohlstand der Nationen", unter der Überschrift: „Der Lohn der Arbeit", beschreibt. Für *Smith* ist Arbeit der einzige **wertschaffende** Produktionsfaktor und die aufgewandte Arbeitsstunde der **Tauschmaßstab** der Arbeit.[68] Die anderen Produktionsfaktoren (Boden und Kapital) geben bei der Kalkulation von Güterpreisen dagegen nur Wert ab. Damit war im Grundsatz klar, dass die Quelle des Reichtums bzw. die Ursache der volkswirtschaftlichen Wertschöpfung die menschliche Arbeit ist.

> „Die jährliche Arbeit eines Volkes ist die Quelle, aus der es ursprünglich mit allen notwendigen und angenehmen Dingen des Lebens versorgt wird, die es im Jahr über verbraucht. Sie bestehen stets entweder aus dem Ertrag dieser Arbeit oder aus dem, was damit von anderen Ländern gekauft wird."[69]

Die **Verteilung des Arbeitsertrages** auf die Produktionsfaktoren Kapital, Boden und Arbeit oder anders formuliert, die Erklärung von Gewinn, Zins Grundrente und Lohn kann bei *Smith* als eine **„Lohnabzugstheorie"** bezeichnet werden. Er schreibt:

> „Der Ertrag der Arbeit ist die natürliche Vergütung oder der Lohn der Arbeit. Ursprünglich, vor der Landnahme und der Ansammlung von Kapital, gehört dem Arbeiter der ganze Ertrag der Arbeit. Er muß weder mit einem Grundbesitzer noch mit einem Unternehmer teilen. (...) Aber dieser ursprüngliche Zustand, (...) konnte nur so lange andauern, wie der

---

[67]   Reuter, N., Wachstumseuphorie und Verteilungsrealität, 2. Aufl., Marburg 2007, S. 23f.

[68]   Dieser Ansatz wurde theoretisch anhand des *Wertgesetzes* durch den großen englischen Nationalökonomen *David Ricardo* weiterentwickelt. Ricardo zeigte, dass die Preisverhältnisse den in den Waren (Gütern) enthaltenen Arbeitsmengen entsprechen.

[69]   Smith, A., Der Wohlstand der Nationen, a.a.O., S. 3.

Boden frei und Kapital noch nicht angesammelt war. Er war bereits zu Ende, lange bevor die produktiven Kräfte der Arbeit nachhaltig verbessert worden waren, und es wäre darum zwecklos, wollte man weiter untersuchen, wie sich dieser Anfangszustand wohl auf die Vergütung oder den Lohn der Arbeit ausgewirkt haben könnte. Sobald der Boden privates Eigentum wird, verlangt der Grundherr einen Teil von fast allen Erträgnissen, die der Arbeiter durch Anbau oder Sammeln darauf erzielen kann. Die Rente des Grundbesitzers schmälert deshalb als erstes den Ertrag der Arbeit, die zur Bestellung des Bodens eingesetzt wird."[70]

Neben dieser vom „Ertrag der Arbeit" in Abzug gebrachten **Grundrente**, so *Smith*, schmälert auch der dem Unternehmer zufallende **Gewinn** (bzw. **Zins** für den Fremdkapitalgeber) als Belohnung für den vorgeschossenen Kapitaleinsatz, als **zweiter** und **dritter Abzug** den Lohn der Arbeit. Demnach zerfällt der „Ertrag der Arbeit" in einen Lohn als Tauschwert für die Arbeitskraft (Wert der Arbeitskraft) zur Sicherstellung der Reproduktionskosten auf der einen Seite und in einen Surplus auf der anderen Seite. Der Surplus wiederum bildet das Äquivalent für den *Gewinn* der Eigenkapitalgeber und den Zins der Fremdkapitalgeber sowie die *Grundrente* der Grundeigentümer (vgl. Abb. 2.3). Die Bezahlung des „Faktors" Arbeit in Form eines Lohns ist demnach nicht wertgleich (äquivalent) mit dem Ertrag der Arbeit, so dass für *Smith* die Arbeiter viel zu kurz kommen:

„Der bedauernswerte Arbeiter, der gewissermaßen das ganze Gebäude der menschlichen Gesellschaft auf seinen Schultern trägt, steht in der untersten Schicht dieser Gesellschaft. Er wird von ihrer ganzen Last erdrückt und versinkt gleichsam in den Boden, so daß man ihn auf der Oberfläche gar nicht wahrnimmt."[71]

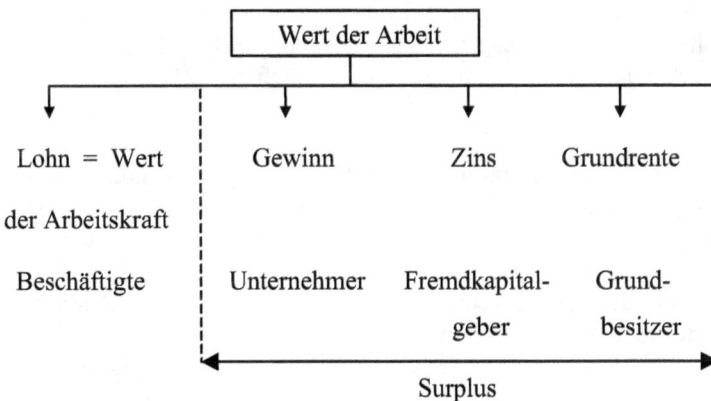

Abb. 2.3: Verteilung des Arbeitsertrages (Wert der Arbeit)

Nur dann, wenn Unternehmer und Arbeiter eine „Person" würden, erhielt der Arbeiter nach *Smith* auch den gesamten Ertrag der eigenen Arbeit. Dazu ist es allerdings notwendig, dass der Arbeiter im Kapitalismus gleichzeitig zum Kapitaleigentümer wird und einen **Kapitalvorschuss** leistet.

---

[70] Vgl. Smith, S. 56f.
[71] Ebenda, S. 87.

„Denn auch im gesamten Handwerk und Gewerbe sind fast alle Arbeiter auf einen Unternehmer angewiesen, der ihnen das Rohmaterial und ihren Lohn und Unterhalt so lange vorschießt, bis das Produkt ihrer Arbeit fertig ist. Er teilt sich mit ihnen den Ertrag ihrer Arbeit, anders ausgedrückt, den Wert, den die Arbeiter dem bearbeiteten Rohmaterial hinzufügen. Und in diesem Anteil besteht sein Gewinn. Mitunter kommt es tatsächlich vor, dass ein unabhängiger Handwerker selbst genügend Kapital besitzt, um das Arbeitsmaterial zu kaufen und seinen Lebensunterhalt so lange zu bestreiten, bis das Werkstück fertig ist. Er ist dann Unternehmer und Arbeiter in einer Person, und er bekommt auch den gesamten Ertrag der eigenen Arbeit oder, was das gleiche ist, den ganzen Wert, welchen er dem bearbeiteten Rohmaterial hinzufügt. Dieser Ertrag besteht gewöhnlich aus zwei unterschiedlichen Einnahmen, dem Kapitalgewinn und dem Arbeitslohn, die normalerweise zwei verschiedenen Personen zufließen." [72]

Für den österreichischen Nationalökonomen *Joseph A. Schumpeter* (1883 bis 1950) deutet sich bei *Smith* bereits die von *Karl Marx* später vollendete **Ausbeutungstheorie der Arbeit** an.[73] Bei der Frage nach der Tauschwertbestimmung des Faktors Arbeit bzw. bei der Frage, was die Lohnhöhe bestimmt, ist *Smith* dagegen in seinen Ausführungen nicht eindeutig. Hierzu schreibt er:

„Ist auch die Arbeit der wirkliche Maßstab des Tauschwertes aller Waren, so wird deren Wert doch gemeinhin nicht nach diesem Maßstab geschätzt. Es ist oft schwer, das Verhältnis zwischen zwei verschiedenen Quantitäten Arbeit zu ermitteln. Die Zeit, die auf zwei verschiedene Arten von Arbeit verwendet wurde, wird nicht immer allein dieses Verhältnis bestimmen. (...) Zwar wird beim Austausch der unterschiedlichen Produkte verschiedener Arbeitsarten gegeneinander auf beide Rücksicht genommen; doch geschieht dies nicht nach einem genauen Maßstab, sondern auf Grund des Feilschens und Handelns auf dem Markte, entsprechend jener ungefähren Ausgleichung, die, wenngleich nicht exakt, doch hinreichend ist, um die Fortsetzung der Alltagsgeschäfte zu ermöglichen."[74]

An anderer Stelle führt *Smith* fünf Punkte zur **Bestimmung der Lohnhöhe** an:

„Erstens hängt die Höhe des Lohnes davon ab, wie leicht oder schwer, schmutzig oder sauber, geachtet oder weniger geachtet die Tätigkeit ist. (...) Zweitens ändert sich der Lohn für eine Arbeit, je nachdem, ob sie leicht oder schwierig, das heißt, mit wenig oder viel Aufwand zu erlernen ist. (...) Drittens variiert der Arbeitslohn in einzelnen Berufen, je nachdem, ob jemand ständig oder nur zeitweilig beschäftigt ist. (...) Viertens variiert der Arbeitslohn mit dem Grade des Vertrauens, das man in den Arbeiter setzen muß. (...) Fünftens ist der Arbeitslohn in den einzelnen Erwerbszweigen jeweils mit den Erfolgsaussichten verknüpft."[75]

Auf der einen Seite spielen demnach bei *Smith* **Marktgegebenheiten** eine Rolle, während auf der anderen Seite neben **objektivierbaren Faktoren** (wie z.B. die Ausbildungszeit) auch stark **subjektive Faktoren** (wie z.B. das Vertrauen in den Arbeiter oder leichte und schwere

---

[72] Vgl. Smith, A., a.a.O., S. 57.

[73] Vgl. Schumpeter, J.A., Kapitalismus, Sozialismus und Demokratie, 4. Aufl., München 1975. Titel der Originalausgabe: „Capitalism, Socialism and Democracy, New York 1942.

[74] Smith, A., a.a.O., S. 29.

[75] Ebenda, S. 86ff.

Arbeit) angeführt werden, die die Lohnhöhe bestimmen sollen. Letztlich ist für *Smith* die Lohnhöhe allerdings eine Frage des **Arbeitsvertrages**, den der Arbeiter mit dem Unternehmer abschließt (zum Arbeitsvertrag vergleiche ausführlich Abschnitt 3.4.1). Die Interessen divergieren hier. „Der Arbeiter möchte soviel wie möglich bekommen, der Unternehmer so wenig wie möglich geben."[76]

Bezüglich der vertraglichen Lohnverhandlungen weist Smith ausführlich auf die Wirkung von **Koalitionen** auf Seiten der Arbeiter und Unternehmer hin, wobei die Bildung von Arbeiterzusammenschlüssen zur damaligen Zeit staatlicherseits noch streng verboten war und der **Staat** in Lohnkämpfen in der Regel eindeutig Partei für die Unternehmer ergriff.

> „Die Arbeiter neigen dazu, sich zusammenzuschließen, um einen höheren Lohn durchzusetzen, die Unternehmer, um ihn zu drücken. Es läßt sich indes leicht vorhersehen, welche der beiden Parteien unter normalen Umständen einen Vorteil in dem Konflikt haben muß und die andere zur Einwilligung in ihre Bedingungen zwingen wird. Die Unternehmer, der Zahl nach weniger, können sich viel leichter zusammenschließen. Außerdem billigt das Gesetz ihre Vereinigungen, zumindest verbietet es sie nicht wie die der Arbeiter. Wir haben keine Parlamentsbeschlüsse gegen Vereinigungen, die das Ziel verfolgen, den Lohn zu senken, wohl aber zahlreiche gegen Zusammenschlüsse, die ihn erhöhen wollen. In allen Lohnkonflikten können zudem die Unternehmer viel länger durchhalten. Ein Grundbesitzer, ein Pächter, ein Handwerksmeister, ein Fabrikant oder ein Kaufmann, ein jeder von ihnen könnte, selbst wenn er keinen einzigen Arbeiter beschäftigt, ohne weiteres ein oder zwei Jahre vom bereits ersparten Vermögen leben. Dagegen könnten Arbeiter ohne Beschäftigung nicht einmal eine Woche, wenige einen Monat und kaum einer ein ganzes Jahr überstehen."[77]

Wenn auch der Unternehmer zur Gewinnerzielung langfristig auf den „Ertrag der Arbeit" des Arbeiters angewiesen ist, so ist dies für *Smith kurzfristig* nicht der Fall. Bezüglich der **Koalitionsbildung** bzw. dem Zusammenschluss von Arbeitern zu **Gewerkschaften** führt er aus:

> „Nur selten, so wurde behauptet, war von Zusammenschlüssen der Unternehmer, häufig dagegen von solchen der Arbeiter zu hören. Wer aber daraus den Schluß zieht Unternehmer würden sich selten untereinander absprechen, kennt weder die Welt, noch versteht er etwas von den Dingen, um die es hier geht. Unter Unternehmern besteht immer und überall eine Art stillschweigendes, aber dauerhaftes und gleichbleibendes Einvernehmen, den Lohn nicht über den jeweils geltenden Satz zu erhöhen. Ein Verstoß gegen dieses Einverständnis ist ein äußerst unfreundlicher Akt, der für den Unternehmer eine Schande in den Augen seiner Nachbarn und Gleichgesinnten ist. Tatsächlich hören wir selten etwas von solchen Absprachen, ganz einfach deshalb, weil sie zu den üblichen, ja sozusagen natürlichen Dingen im Leben gehören, über die niemand je spricht. Mitunter finden sich Unternehmer auch zusammen, um die Löhne sogar unter das bestehende Niveau zu senken. Diese Absprache geschieht bis zum Zeitpunkt der Ausführung stets in aller Stille und möglichst heimlich."[78]

---

[76] Smith, A., S. 58.
[77] Ebenda, S. 58.
[78] Ebenda, S. 58.

Lohnkämpfe zwischen Kapital und Arbeit gehen für *Smith* in der Regel zugunsten des Kapitals aus. Hierbei gibt es aber eine natürliche **unterste Grenze** des Lohnes, „unter den der übliche Lohn selbst für die allereinfachste Tätigkeit für längere Zeit, wie es scheint, nicht gedrückt werden kann."[79] Diese bestimmt sich aus den **Reproduktionskosten**, die der Arbeiter zur Existenzsicherung und Fortpflanzung mindestens benötigt (**Existenzminimumtheorie des Lohnes**).

> „Der Mensch ist darauf angewiesen, von seiner Arbeit zu leben, und sein Lohn muß mindestens so hoch sein, daß er davon existieren kann."[80]

Diese Feststellung von *Smith* ist in Bezug auf heute zweifach interessant. Erstens weil viele Unternehmer ihren Beschäftigten einen solchen existenzsichernden Lohn durch **Lohndrückkerei** vorenthalten und zweitens weil es heute fast zu einer Selbstverständlichkeit geworden ist, dass der **Staat** den Lohn *indirekt* und *direkt* **subventioniert**. *Rainer Roth* stellt dazu fest:

> „Je tiefer die Löhne unter die Reproduktionskosten fallen, desto mehr steigt der Druck auf staatliche Lohnzuschüsse. (...) Indirekte Formen verbilligen einzelne Elemente der Reproduktionskosten. Die wichtigsten (...) sind Kindergeld und die verschiedensten Formen von Mietsubventionen. (...) Zu den indirekten Methoden der Lohnsubventionen gehören auch die staatlichen Zuschüsse zur Sozialversicherung, die es erlauben, die Bruttolöhne niedriger zu halten. (...) Direkte Lohnsubventionen sind staatliche Zuschüsse, die Löhne direkt aufstocken, um die Differenz zu den Reproduktionskosten zu vermindern. (...) Da mit sich wachsender Arbeitslosigkeit der Fall der Löhne unter die Reproduktionskosten beschleunigt, entsteht ein höherer Bedarf an allgemeinen direkten Lohnsubventionen z.B. in Form einer negativen Einkommensteuer (Bürgergeld) und/oder eines Kombilohns."[81]

Nur unter gewissen **Marktbedingungen** (die Nachfrage nach Arbeitskräften übersteigt das Angebot) wird es dem Arbeiter gelingen, einen Lohn durchzusetzen, der über der Höhe des **Existenzminimums** liegt. „Der Mangel an Arbeitskräften führt nämlich zu einem Wettbewerb unter den Unternehmern, die sich gegenseitig überbieten, um Arbeiter zu bekommen, so daß sie freiwillig die natürliche Absprache über eine gemeinsame Lohnpolitik durchbrechen. Ganz offensichtlich kann die Nachfrage nach solchen Lohnarbeitern nur insoweit steigen, als auch die Fonds wachsen, die für Lohnzahlungen bestimmt sind. Diese Lohnfonds werden aus zwei Quellen gespeist: Erstens aus den Einnahmen, die nicht für den Lebensunterhalt benötigt werden und zweitens aus dem Kapital, das die Unternehmer nicht für ihre Zwecke verwenden. (...) Die Nachfrage nach Lohnarbeitern steigt also zwangsläufig, wenn Einkommen und Kapital in einem Lande zunehmen, aber auch nur unter dieser Voraussetzung. Wachstum von Einkommen und Kapital bedeutet Zunahme des nationalen Wohlstands, was wiederum die entscheidende Voraussetzung für eine wachsende Nachfrage nach Arbeitskräften ist."[82]

Aber selbst wenn es auf Teilmärkten zu einer Verknappung von Arbeitskräften kommt, verlangen die Unternehmer vom **Staat**, von der Politik, sofort Abhilfemaßnahmen, z.B. durch **Arbeitskräfte-Zuwanderungen** aus dem Ausland.

---

[79] Smith, A., a.a.O., S. 59.

[80] Ebenda, S. 59.

[81] Roth, R., Das Kartenhaus. Staatsverschuldung in Deutschland, Frankfurt a. M. 1998, S. 114.

[82] Smith, A., a.a.O., S. 60.

Auch für *David Ricardo* (1772 bis 1823)[83] ist Arbeit der einzige wertschaffende Produktionsfaktor. Das „**Wertgesetz**" regelt auch bei ihm die Aufteilung des durch Arbeit entstandenen Wertes, indem der Arbeiter einen Lohn erhält, der dem „Wert der Arbeitkraft", d.h. dem Arbeitsaufwand für die Herstellung seiner Subsistenzmittel (Reproduktionskosten) entspricht, während der diesen Anteil übersteigende Rest des (Neu-)Wertes dem **Kapitaleigentümer** als Gewinn bzw. Zins für die Fremdkapitalgeber und dem Bodeneigentümer als Grundrente zufließt.

Für *Ricardo* steht demnach genauso fest, dass die Arbeit des Lohnarbeiters die **Quelle** des Kapitalgewinns, des Zinses und der Grundrente bildet, da der Gesamtwert einzig und allein der „lebendigen Arbeit geschuldet ist". Zur Ableitung des Tauschwertes der Arbeit präzisiert er den Arbeitswertbegriff von *Smith* durch eine „**Arbeitszeittheorie**" unter gleichzeitiger Berücksichtigung der Arbeitsqualität. Arbeit stellt für *Ricardo* kein *homogenes Gut* dar.

> „Die Wertschätzung, in der verschiedene Qualitäten von Arbeit stehen, wird auf dem Markte bald mit genügender Genauigkeit für alle praktischen Zwecke bestimmt und hängt viel ab von der verhältnismäßigen Geschicklichkeit des Arbeiters und der Intensität der geleisteten Arbeit."[84]

Damit ist die Lohnbildung bei *Ricardo* „nicht nur durch Unterschiede in den *Leistungsanforderungen*, sondern auch durch die Verhältnisse wechselnder *Dringlichkeit* von Angebot und Nachfrage auf den Märkten bestimmt, also durch Umstände, die mit der Wertigkeit der Arbeit nichts zu tun haben."[85]

Genauso wie *Smith* unterscheidet *Ricardo* zwischen den kurzfristig schwankenden „**Marktpreisen**" und dem wertbildenden „**natürlichen Preis**" einer Ware, der durch die Produktionskosten bestimmt wird, d.h., bezogen auf den „Faktor" Arbeit, in Höhe der notwendigen existenzsichernden Reproduktionskosten zur Erhaltung der Ware Arbeitskraft. Im Gegensatz zu *Smith* sind diese Lohnkosten aber nicht weitgehend „unabänderlich", sondern sie werden durch die jeweilige Entwicklung der **Arbeitsproduktivität** determiniert, d.h., sie nehmen einen relativen bzw. einen veränderbaren Charakter an. Die Entwicklung der Arbeitsproduktivität unterliegt dabei für *Ricardo* dem von *Anne Robert Jacques Turgot* aufgestellten **Ertragsgesetz** (vgl. Abschnitt 2.3), bei dem ein vermehrter Arbeitseinsatz zu abnehmenden Grenzerträgen führt, die die Lohnhöhe bestimmen. Hier deutet sich die später von der Neoklassik entwickelte **Grenzproduktivitätstheorie des Lohnes** an (vgl. dazu ausführlich Abschnitt 3.4.2). Da aber für *Ricardo* das Arbeitsangebot gemäß dem von *Robert Malthus* formulierten **Bevölkerungsgesetz** permanent zunimmt, und die Arbeitskräftenachfrage bei weitem übersteigt, kann letztlich der Lohn langfristig nicht über das Existenzminimum steigen. Hinzu kommt das bereits erwähnte **Koalitionsverbot** für Arbeiter, das wirtschaftlich dazu führte, dass der einzelne Arbeiter dem damaligen Unternehmer, wenn ihm Arbeitszeit und Arbeitslohn diktiert wurden, hoffnungslos ausgeliefert und unterlegen war. Am Arbeitsmarkt herrschte ausschließlich unternehmerische **Nachfragemacht**. Die Arbeiter wurden nicht an den Erträgen einer steigenden Arbeitsproduktivität beteiligt. Der deutsche Ökonom *Helmut Arndt* stellt zu den damaligen Verhältnissen am Arbeitsmarkt fest:

---

[83]   Vgl. Ricardo, D., Grundsätze der Volkswirtschaft und Besteuerung, von Heinrich Waentig ins Deutsche übersetzte dritte Auflage von 1821 mit dem Orginaltitel: On the Principles of Political Economy and Taxation, erste Auflage, London 1817.

[84]   Ricardo, D., Grundsätze der Volkswirtschaft und Besteuerung,, a.a.O., S. 45.

[85]   Hofmann, Wert- und Preislehre, 2. Aufl., Berlin 1971, S. 60.

„Er (der Arbeiter, d.V.) erhält unverändert nur die zur Reproduktion seiner Arbeitskraft nötigen Subsistenzmittel. Auch in der Zeit der industriellen Revolution im 18. Jahrhundert stieg dank des Einsatzes von mit Dampf- oder Wasserkraft betriebenen Maschinen die Arbeitsproduktivität. Der Lohn des unqualifizierten Arbeiters aber (sank oder, d.V.) verharrte auf dem physiologischen Existenzminimum."[86]

Mit der Etablierung einer **kapitalistischen Wirtschaftsordnung**,[87] die das feudal-merkantilistische System letztlich beseitigte, schien sich die Existenzminimumtheorie zu bestätigen. Die Freisetzung der bis dahin meist eigenwirtschaftenden (autonomen) Produzenten von ihren Arbeitsinstrumenten, und ihre Verwandlung in „freie" Lohnarbeiter, d.h. in Personen, die zwar rechtlich frei waren, wirtschaftlich aber genötigt sind, ihre Arbeitskraft täglich auf dem Arbeitsmarkt zu verkaufen, war die notwendige Voraussetzung zur Schaffung des **Kapitalismus**[88] mit seiner Trennung des Kapitalisten (Unternehmer) vom Lohnarbeiter zur Konstituierung des **Lohnarbeiterverhältnisses**. Die Lehre der klassischen Nationalökonomen basierte dabei auf **Privateigentum an Produktionsmitteln** und **wirtschaftlicher Freiheit**, wobei im Gegensatz zur marxistischen Wirtschaftstheorie – die hierin die entscheidenden Ausbeutungsvoraussetzungen erblickte[89] – eine naturnotwendige Entwicklung zu einer harmonischen und stabilisierten Wirtschaftsordnung unterstellt wurde. Viele Zukunftshoffnungen konnten allerdings von den realen Begleiterscheinungen der **industriellen Revolution** zu Beginn der kapitalistischen Ordnung im 19. Jahrhundert nicht erfüllt werden. Vor allem der ökonomische Gegensatz zwischen Lohnempfängern einerseits und Kapitalbesitzern andererseits wurde immer größer. Die **Verelendung der Arbeiter** war zu einer Massenerscheinung geworden. Das Existenzminimum wurde vielfach nicht einmal gesichert.[90] „Man warf daher die Frage auf, wie diese Zustände mit der von der hauptsächlich klassischen Lehre behaupteten wohltätigen Wirkung eines sich selbständig und harmonisch entwickeltem Wirtschaftslebens in Einklang zu bringen seien, und zweifelte damit die grundlegenden Prinzipien der klassischen Theorie an."[91]

Es konnte deshalb nicht ausbleiben, dass man das **Konkurrenzsystem** und das **Privateigentum an Produktionsmitteln** genau prüfte, scharf kritisierte und deren Beseitigung verlangte. Insbesondere im Privateigentum erblickten viele das Grundübel. Über die politischen und ökonomischen Möglichkeiten einer Abschaffung des Privateigentums an den Produktionsmitteln bestanden jedoch unterschiedliche Ansichten. Die ältere Richtung der sozialistischen Lehren, der „**utopische Sozialismus**" (auch als nichtwissenschaftlicher Sozialismus bezeichnet), steht

---

[86] Arndt, H., Markt und Macht, Tübingen 1973, S. 173.

[87] Zu den charakteristischen Merkmalen *kapitalistischer Wirtschaftssysteme* vergleiche ausführlich Kromphardt, J., Konzeptionen und Analysen des Kapitalismus, 3. Aufl., Göttingen 1991, S. 36 - 42. Als grundsätzliche Gruppen von Kriterien zur Differenzierung von Wirtschaftssystemen lassen sich mit Kromphardt unterscheiden: „a) die *Eigentums- und Verfügungskriterien*: Wer hat Anteil an den wirtschaftlichen Entscheidungs-, Planungs- und Kontrollprozessen über Produktion, Verteilung und Konsumtion? b) die *Informations- und Koordinationskriterien*: Mit Hilfe welcher Informationssysteme werden die einzelnen Entscheidungen koordiniert? c) die *Motivationskriterien*: Welche Wege werden zur Durchsetzung ökonomischer Entscheidungen beschritten und mit welchen Verhaltensweisen wird dabei gerechnet?".

[88] Zum Begriff „*Kapitalismus*" vergleiche ausführlich: Altvater, E., Das Ende des Kapitalismus wie wir ihn kennen. Eine radikale Kapitalismuskritik, Münster 2005, S. 33 - 48.

[89] Marx, K., Das Kapital, Bd. 1, Nach der vierten von Friedrich Engels durchgesehenen und herausgegebenen Auflage, Hamburg 1890, S. 192ff.

[90] Vgl. Marx, K., Engels, F., Die Kritik der kritischen Kritik, Bd. 2, Marx-Engels-Werke, Berlin 1973.

[91] Stavenhagen, G., Geschichte der Wirtschaftstheorie, a.a.O., S. 123.

für verschiedene Theorien zwischen 1789, dem Jahr der französischen, und 1848, dem Jahr der u.a. auch deutschen Revolution. Neben *Robert Owen* (1771 bis 1858), *Pierre Joseph Proudhon* (1809 bis 1865) ist hier insbesondere *Ferdinand Lassalle* (1825 bis 1864) zu nennen.[92]

Lassalle versuchte die nichtmarxistische klassische Wertlehre in eine **Sozialkritik am Kapitalismus** zu lenken. „Wenn alle Produkte nur durch die menschliche Arbeit Wert erhalten und daher nichts als Arbeit kosten, so sind Gewinn und Rente ein *Abzug* vom natürlichen Arbeitslohn; sie sind ein Raub an dem aus der Alleinproduktivität der Arbeit entspringenden unverkürzten Arbeitsertrag, der den Arbeitenden zusteht."[93] *Lassalles* politische Folgerung war deshalb, eine Wirtschaftsordnung zu schaffen, in der die Entstehung von **arbeitslosem Einkommen** verhindert wird. Bedingt durch das von ihm benannte „**eherne Lohngesetz**", nach dem in einer kapitalistischen Wirtschaft der Durchschnittslohn des Arbeiters niemals über dem notwendigen Existenzminimum steigen könne, forderte er zur Verbesserung der wirtschaftlichen Lage der Arbeiter eine Okkupation des kapitalistisch **bürgerlichen Staates** durch die Arbeiter. Dieser veränderte Staat, der kein „Nachtwächterstaat" sein dürfte, könne dann eine Abschaffung der kapitalistischen Ausbeutungsverhältnisse durch die Bildung von Produktivgenossenschaften herbeiführen, in denen der Gewinn als Inbegriff der Ausbeutung der Arbeiterklasse abgeschafft sei. Alle utopischen Sozialismusvorstellungen blieben allerdings, auch die von *Jean Charles Leonard Sismondi* (1773 bis 1842), *William Thompson* (1785 bis 1833), *John Gray* (1798 bis 1850) und *Leonard Blanc* (1811 bis 1882), **sozialreformerische** Versatzstücke einer Kapitalismuskritik. Ihre wissenschaftliche Basis bildeten quasi die Theorien von *Smith* und *Ricardo*, nach dem das Gewinn-, Zins- und Grundrenteneinkommen vom „Ertrag der Arbeit" abgezogen wird.

2.5 Zur marxistischen Lohntheorie

2.5.1 Grundsätzliche Wertdeterminierung bei Marx

Erst mit dem von *Karl Marx (1818 bis 1883)* und *Friedrich Engels (1820 bis 1895)* verfassten „**wissenschaftlichen Sozialismus**" wurde eine geschlossene Analyse und Kritik der kapitalistischen Wirtschaftsordnung geleistet. *Marx* und *Engels* zielen auf Basis ihrer geschichtsphilosophischen Verbindung von **Dialektik** und **Materialismus**[94] nicht auf Einzelheiten der bestehenden Gesellschaft ab, sondern auf diese als **Ganze** (holistisch), in all ihren Lebensäußerungen. Dies bringt *Marx* 1859 in seinem Buch „Zur Kritik der Politischen Ökonomie" entsprechend zum Ausdruck, wenn er schreibt:

„In der gesellschaftlichen Produktion ihres Lebens gehen die Menschen bestimmte, notwendige, von ihrem Willen unabhängige Verhältnisse ein, Produktionsverhältnisse, die einer bestimmten Entwicklungsstufe ihrer materiellen Produktivkräfte entsprechen. Die Gesamtheit dieser Produktionsverhältnisse bildet die ökonomische Struktur der Gesellschaft, die reale Basis, worauf sich ein juristischer und politischer Überbau erhebt, und welcher bestimmte gesellschaftliche Bewußtseinsformen entsprechen. Die Produktionsweise des

---

[92] Vgl. Hirsch, H., (Hrsg.), Ferdinand Lassalle. Eine Auswahl für unsere Zeit, o. Ortsangabe 1963.
[93] Zitiert bei Hofmann, W., Wert- und Preislehre, a.a.O., S. 81.
[94] Vgl. Kromphardt, J., Konzeptionen und Analysen des Kapitalismus, a.a.O., S. 124 - 129, Steitz, W., Einführung in die politische Ökonomie des Marxismus, Paderborn 1977.

materiellen Lebens bedingt den sozialen, politischen und geistigen Lebensprozeß überhaupt. **Es ist nicht das Bewußtsein der Menschen, das ihr Sein, sondern umgekehrt ihr gesellschaftliches Sein, das ihr Bewußtsein bestimmt.** Auf einer gewissen Stufe ihrer Entwicklung geraten die materiellen Produktivkräfte der Gesellschaft in Widerspruch mit den vorhandenen Produktionsverhältnissen oder, was nur ein juristischer Ausdruck dafür ist, mit den Eigentumsverhältnissen, innerhalb deren sie sich bisher bewegt haben. Aus Entwicklungsformen der Produktivkräfte schlagen diese Verhältnisse in Fesseln derselben um. Es tritt dann eine Epoche sozialer Revolution ein. Mit der Veränderung der ökonomischen Grundlage wälzt sich der ganze ungeheure Überbau langsamer oder rascher um."[95]

Nehmen die utopischen Sozialisten an einer **ungerechten Verteilung** des durch Arbeit erwirtschafteten Mehrprodukts Anstoß, so beschäftigt *Marx* und *Engels* das in der kapitalistischen Produktion angelegte Grundverhältnis der ausgebeuteten Arbeit. Sprachen die utopischen Sozialisten ein *moralisches Urteil* aus, so fragen *Marx* und *Engels* nach den *immanenten Gesetzen*, die in der Produktionsweise der kapitalistischen Ordnung selbst begründet sind. Was für jene ein heilbarer Missstand der Gesellschaft, ist für *Marx* und *Engels* ihr eigentlicher Zustand. Wollten die Utopisten Einrichtungen der Gesellschaft ändern, so ergibt sich bei *Marx* und *Engels* die Veränderung der Gesellschaft aufgrund ihrer **systemimmanenten Widersprüche** letztlich von selbst.

Der *Unternehmer*, der die Macht aufgrund der Eigentumsverhältnisse an den Produktionsmitteln ausnutzt, wird von *Marx* aber nicht verurteilt, da der Unternehmer selbst, aufgrund der kapitalistischen Konkurrenzverhältnisse, ein „Gefangener" des Systems ist. Im Vorwort zum ersten Band des „Kapitals" schreibt *Marx*:

„Zur Vermeidung möglicher Mißverständnisse ein Wort. Die Gestalten von Kapitalist und Grundeigentümer zeichne ich keineswegs in rosigem Licht. Aber es handelt sich hier um die Personen nur, soweit sie die Personifikation ökonomischer Kategorien sind, Träger von bestimmten Klassenverhältnissen und Interessen. Weniger als jeder andere kann mein Standpunkt, der die Entwicklung der ökonomischen Gesellschaftsformation als einen naturgeschichtlichen Prozeß auffaßt, den einzelnen verantwortlich machen für Verhältnisse, deren Geschöpf er sozial bleibt, sosehr er sich auch subjektiv über sie erheben mag."[96]

Die ökonomische Basis der marxistischen Lohntheorie liefert die **Mehrwerttheorie**, der die Marxsche **Werttheorie** (das „Wertgesetz") zugrunde liegt, deren Ausgangspunkt wiederum der **Warenbegriff** ist. Zu Beginn des „Kapitals" schreibt *Marx*: „Der Reichtum der Gesellschaften, in welchen kapitalistische Produktionsweise herrscht, erscheint als eine 'ungeheure Warensammlung', die einzelne Ware als seine *Elementarform*. Unsere Untersuchung beginnt daher mit der Analyse der Ware."[97] In jeder Ware steckt ein Doppelcharakter, ein **qualitativer Gebrauchswert**, der durch seine konkrete Nützlichkeit zur Befriedigung von Bedürfnissen bestimmt wird, als auch ein **Tauschwert**, der das **quantitative Verhältnis** (Tauschverhältnis) zu anderen Waren definiert. Ein Austausch von Waren findet immer nur dann statt, wenn die ausgetauschten Waren für die Tauschpartner jeweils einen Gebrauchswert haben.

---

[95]   Marx, K., Zur Kritik der Politischen Ökonomie, Marx-Engels-Werke, Bd. 13, Berlin 1975 S. 8f.

[96]   Marx, K., Das Kapital, Bd. 1, Berlin 1974, S. 16.

[97]   Ebenda, S. 49.

```
┌─────────────────────────────────────────────────┐
│                      Ware                        │
└─────────────────────────────────────────────────┘
                  Doppelcharakter
         ↓                              ↓
┌──────────────────────┐      ┌──────────────────────┐
│ Qualitativer         │      │ Quantitativer        │
│ Gebrauchswert        │      │ Tauschwert           │
│                      │      │                      │
│ stiftet Nutzen und   │      │ bestimmt das         │
│ dient                │      │ Tauschverhältnis     │
│ der Bedürfnis-       │      │ und die              │
│ befriedigung         │      │ Erscheinungsform     │
│                      │      │ des Wertes einer Ware│
└──────────────────────┘      └──────────────────────┘
```

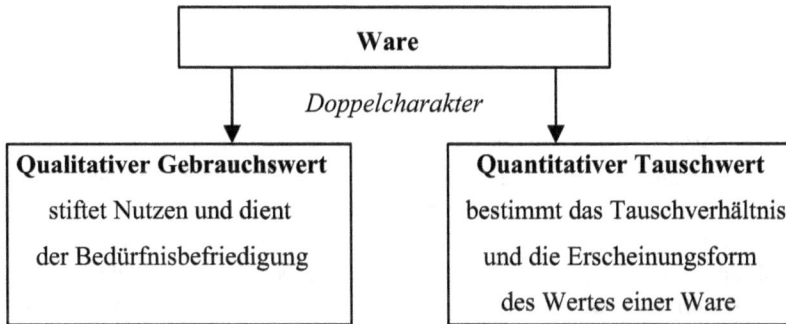

Abb. 2.4:   Doppelcharakter der Ware

Mit fortschreitender gesellschaftlicher **Arbeitsteilung** und zunehmender Tauschwirtschaft interessiert die sich gegenüberstehenden Tauschpartner allerdings immer mehr der **Tauschwert** einer Ware, also was sich durch den Austausch der Ware gegen eine andere an Wert einlösen läßt; während der Gebrauchswert der Ware – um den Tauschwert zu realisieren – zum notwendigen Übel verkümmert.

Wovon hängt dieser Tauschwert der Waren aber ab? Dies hat *Marx* zunächst auf Basis einer einfachen warenproduzierenden und noch *natural* tauschenden Gesellschaft (Geld existiert als Tauschmittel noch nicht) untersucht. Die Produzenten der Waren produzieren hier selbst, halten das Eigentum an den Produktionsmitteln und tauschen ihre produzierten Waren am Markt aus, womit unausweichlich das Problem der Findung eines **äquivalenten Vergleichsmaßstabes** entsteht. Dieser muss im konkreten (in der wirtschaftlichen Realität) in der Lage sein, z.B. fünf Liter Wein gegen zwei Meter Stoff austauschbar zu machen, ohne dass sich einer der Tauschpartner übervorteilt fühlt.

> Ware A (fünf Liter Wein) - Ware B (zwei Meter Stoff)

Nach *Marx* ist dieser äquivalente Vergleichsmaßstab die in den Waren A und B jeweils enthaltene Menge an „**abstrakter Arbeit**", die er als „produktive Verausgabung von Hirn, Muskel, Nerv, Hand usw."[98] definiert.

> „Alle Arbeit ist einerseits Verausgabung menschlicher Arbeitskraft im physiologischen Sinn, und in dieser Eigenschaft gleicher menschlicher oder abstrakt menschlicher Arbeit bildet sie den Warenwert. Alle Arbeit ist andererseits Verausgabung menschlicher Arbeitskraft in besondrer zweckbestimmter Form, und in dieser Eigenschaft konkreter nützlicher Arbeit produziert sie Gebrauchswerte."[99]

Nur Arbeit ist – wie bei den klassischen Ökonomen – demnach in der Lage Werte zu schaffen. Ist keine menschliche Arbeit in eine Ware eingeflossen, ist sie gemäß Arbeitswerttheorie auch keine Ware. Luft, unbearbeiteter Boden, wildwachsendes Holz stiften zwar einen Nutzen - im Fall der Luft sogar einen lebensnotwendigen Nutzen –, sie sind aber weder Ware noch haben sie einen Wert. Der Wert ist den Waren daher nicht von vornherein immanent.

---

[98]   Marx, K., Das Kapital, Bd. 1, a.a.O., S. 58.
[99]   Ebenda, S. 61.

> Erst durch das hinzufügen von Arbeit erhält eine
> Ware ihren jeweiligen Tauschwert.

Mit der Festlegung der **Wertsubstanz** durch menschliche Arbeit entsteht die nächste Frage nach der **Wertgröße**. Obwohl es zunächst einleuchtend ist, dass sich die Wertgröße – wenn sich der Wert allgemein durch die „abstrakte Arbeit" bildet – nach der zu ihrer Produktion verausgabten **Arbeitszeit** bestimmen muss, so tauchen bei näherer Betrachtung doch ein paar Probleme auf. Ist nämlich der Wert einer Ware um so größer, je mehr Arbeitszeit ihre Herstellung verlangt, so impliziert dies, das der *langsamste, ungeschickteste* ja womöglich *faulste* Arbeiter einer Ware ihr den *höchsten Wert* zufügt bzw. umgekehrt der produktivste Arbeiter der Ware nur einen geringeren Wert verschafft. Ein weiteres Wertproblem bilden die bei der Produktion zum Einsatz kommenden unterschiedlichen **Ausstattungen** an Produktionsmittel, die zu differenzierten Arbeitsproduktivitäten führen und nicht zuletzt ist jede eingesetzte Arbeitsstunde nicht als *homogen* anzusehen. Wie wird hierbei beispielsweise *körperliche* und *geistige* Arbeit bewertet?

Das erste Problem löst *Marx* dadurch, dass nicht die individuell geleistete Arbeitszeit bei der Wertbestimmung zum Ansatz kommt, sondern das Verhältnis der zur Produktion der Waren jeweils „**gesellschaftlich notwendig aufgebrachten Arbeitszeit**", die bei „den vorhandenen gesellschaftlich-normalen Produktionsbedingungen und dem Durchschnittsgrad von Geschick und Intensität der Arbeit" erforderlich ist. Die Ausstattung der Produzenten mit unterschiedlichen Produktionsmittel läßt sich als „**vorgetane Arbeit**" interpretieren. Die Produktionsmittel übertragen ihren Wert sukzessive auf die damit produzierten Waren. Sie geben Wert ab, schaffen aber keinen Neuwert. Die Betriebswirtschaftslehre drückt diesen Zusammenhang in Form von **Abschreibungen** auf Vermögenswerte aus. Die qualitativ unterschiedliche Arbeitsstunde erklärt *Marx* aus einer Multiplikation von „einfacher Durchschnittsarbeit" – definiert als die „Verausgabung einfacher Arbeitskraft, die im Durchschnitt jeder gewöhnliche Mensch, ohne besondere Entwicklung, in seinem leiblichen Organismus besitzt" – in „**qualifizierte oder komplizierte Arbeit**", die mit einer entsprechenden **Ausbildungszeit** einhergeht. Die qualifizierte Arbeit produziert in *gleicher Zeit mehr Wert* als die einfache Arbeit.

„Die einfache Durchschnittsarbeit selbst wechselt zwar in verschiedenen Ländern und Kulturepochen ihren Charakter, ist aber in einer vorhandenen Gesellschaft gegeben. Komplizierte Arbeit gilt nur als potenzierte oder vielmehr multiplizierte einfache Arbeit, so daß ein kleineres Quantum komplizierter Arbeit gleich einem größeren Quantum einfacher Arbeit entspricht. Daß diese Reduktion beständig vorgeht, zeigt die Erfahrung. Eine Ware mag das Produkt der kompliziertesten Arbeit sein, ihr Wert setzt sie dem Produkt einfacher Arbeit gleich und stellt daher selbst nur ein bestimmtes Quantum einfacher Arbeit dar. Die verschiedenen Proportionen, worin verschiedene Arbeitsarten auf einfache Arbeit als ihre Maßeinheit reduziert sind, werden durch einen gesellschaftlichen Prozeß hinter dem Rükken der Produzenten festgesetzt und scheinen ihnen daher durch das Herkommen gegeben. Der Vereinfachung halber gilt uns im Folgenden jede Art Arbeitskraft unmittelbar für einfache Arbeitskraft, wodurch nur die Mühe der Reduktion erspart wird."[100]

---

[100]   Marx, K., Das Kapital, Bd. 1, a.a.O., S. 59.

Wie zeigt sich nun aber unter diesen Bedingungen der *Reduktion* die **Form des Werts**? Diese wird heute in entwickelten Tauschgesellschaften in der Erscheinungsform des **Geldes** zum Ausdruck gebracht. Bei der „einfachen Wertform" wurde noch eine beliebige zufällige Ware in Beziehung zu einer anderen Ware gesetzt. So kann z.B. der Wert von einem Meter Stoff dem Wert von 2 Pfund Tee entsprechen. Der einfache Wertausdruck birgt für *Marx* bereits „das Geheimnis aller Wertform"; er bildet den „Keim der Geldform". Diese entwickelt *Marx* aus der „allgemeinen und relativen Wertform". Damit nicht ein ständiger Wechsel der allgemeinen Wertform stattfinden muss, liegt es auf der Hand, ein solches allgemeines Äquivalent zu finden, dass auf Grund bestimmter Eigenschaften besonders gut dafür geeignet ist. Zur Zeit von *Marx* war dies das **Gold**. Gold bezeichnete er als „**Geldware**".

> „Gold tritt den anderen Waren nur als Geld gegenüber, weil es ihnen bereits zuvor als Ware gegenüberstand. Gleich allen andren Waren funktionierte es auch als Äquivalent, sei es als einzelnes Äquivalent in vereinzelten Austauschakten, sei es als besonderes Äquivalent neben andren Warenäquivalenten. Nach und nach funktionierte es in engeren oder weiteren Kreisen als allgemeines Äquivalent. Sobald es das Monopol dieser Stelle im Wertausdruck der Warenwelt erobert hat, wird es Geldware, und erst von dem Augenblick, wo es bereits Geldware geworden ist (...) ist die allgemeine Wertform verwandelt in die Geldform."[101]

Der Wertausdruck einer Ware in Gold – z.B. ein Rock = 2 Unzen Gold – ist dabei ihre Geldform oder ihr Preis von z.B. 100 €. Der Preis einer Ware ist daher nichts anderes als die quantitativ bestimmte Geldform. Geld hat dabei selbst keinen Preis. „Der Preis oder die Geldform der Waren ist, wie ihre Wertform überhaupt, eine von ihrer handgreiflich reellen Körperform unterschiedene, also nur ideelle oder vorgestellte Form."[102]

		Geldform	
20 Ellen Leinwand	=		
1 Rock	=		2 Unzen Gold = 150 €,
10 Pfd. Tee	=		wenn die Goldparität von
40 Pfd. Kaffee	=		150 € auf 2 Unzen Gold
1 t Weizen	=		festgelegt worden ist
0,5 t Eisen	=		

Preis und Wert können durchaus inkongruent sein. Der Wert, bzw. die in ihm vergegenständlichte menschliche Arbeit, bildet nach Marx aber immer das **Gravitationszentrum**, um das die (Markt-)Preise in Abhängigkeit von Angebot und Nachfrage und aufgrund der Konkurrenzsituation kurzfristig schwanken. Beträgt beispielsweise der gesellschaftlich notwendige Arbeitsaufwand für eine Ware A 4 Stunden und für eine Ware B 8 Stunden, so müsste sich – damit sich gleiche **Arbeitszeit** gegen gleiche Arbeitszeit tauscht – ein Austauschverhältnis von A : B = 2 : 1 ergeben.

Ware A		:		Ware B
4 Std.	2	:	1	8 Std.
4 Std.				

---

[101] Marx, K., Das Kapital, Bd. 1, a.a.O., S. 84.
[102] Ebenda, S. 110.

Damit ist aber noch nicht die **Knappheitsrelation** in Form eines Angebots und einer Nach-frage nach den Waren sowie die **Konkurrenzsituation** bestimmt. So könnte z.B. die Nach-frage nach Ware B nur gering und die Nachfrage nach Ware A groß sein. Wenn niemand bereit ist, für ein B zwei zu geben, blieben die Produzenten der Ware B auf ihren Waren sitzen. Unterstellt zu einem bestimmten Zeitpunkt hätte sich ein **Marktpreisverhältnis** von 1 : 1 herausgebildet, so liefe es darauf hinaus, dass Produzenten der Ware B im Verhältnis zu Produzenten der Ware A permanent doppelt soviel Arbeit aufwenden müssten, wodurch das Austauschverhältnis gleicher gesellschaftlich notwendiger Arbeitszeit verletzt würde.

Ware A		:		Ware B
4 Std.	1	:	1	8 Std.

Dies ist aber langfristig in der wirtschaftlichen Realität nicht möglich. Es kommt vielmehr (gewinn- und konkurrenzbedingt) zu Umstrukturierungen, indem Produzenten der Ware B auf die günstigeren Verhältnisse der Produktion der Ware A umsteigen. Im Ergebnis wird so mehr von Ware A und weniger von Ware B angeboten. Unter der Prämisse einer gleichen Nachfrage wird diese Angebotsstrukturverschiebung Auswirkungen auf das Preisverhältnis zwischen Ware A und Ware B haben.

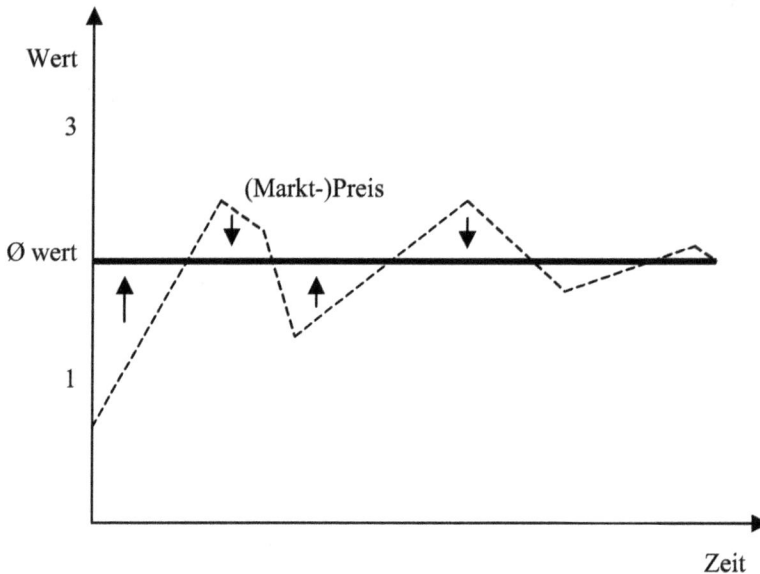

Abb. 2.5:   Abweichung von Wert und Preis

Der Preis von A wird aufgrund des gestiegenen Angebots relativ sinken, derjenige von B rela-tiv steigen, d.h. das Preisverhältnis zwischen A und B wird sich von 1 : 1 in Richtung 2 : 1 verschieben. Hat sich letztlich aufgrund dieser Umstrukturierungen das Preisverhältnis auf 2 : 1 eingependelt, so entspricht es genau dem *Verhältnis der gesellschaftlich notwendigen Arbeitszeiten* oder dem durchschnittlichen (Ø) Wert (vgl. Abb. 2.5). Die Preise (Knappheits-relationen) schwanken demnach kurz- und mittelfristig um ein langfristig determiniertes Ni-veau (Gravitationszentrum), das durch das Verhältnis der jeweils zur Produktion der Waren erforderlichen **gesellschaftlich notwendigen Arbeitszeit** bestimmt ist. Oder anders formuliert: Die Abweichung von Preis und Wert einer Ware ist allenfalls kurz- und mittelfristig, niemals aber *langfristig* möglich.

2.5.2　Zum Lohn-Gewinn-Verhältnis bei Marx

Die bisherige ökonomische Basis der von *Karl Marx* angestellten Überlegungen war die *einfache Warenproduktion und -zirkulation*. Diese drückt sich darin aus, dass eine atomistische Anzahl von Produzenten mit bescheidenen Produktionsmitteln bestimmte Waren herstellen und diese am Markt austauschen. Sowohl die hergestellten Waren als auch die Produktionsmittel befinden sich dabei im Eigentum der autonomen Produzenten. Das Ziel der Produktion besteht darin, den Lebensunterhalt mittels Verkauf der hergestellten Waren zu sichern. Auf dieser *Entwicklungsstufe* werden demnach zur Reproduktion der Produzenten die Arbeits(-produkte) am Markt ausgetauscht. „Die unmittelbare Form der Warenzirkulation ist **W - G - W**, Verwandlung von Ware in Geld und Rückverwandlung von Geld in Ware, *verkaufen*, um zu *kaufen*.“[103] Dabei stehen in erster Linie die **Gebrauchswerte** und nicht die Tauschwerte im Mittelpunkt bzw. im Interesse der Produzenten. Steigern die Produzenten ihre **Arbeitsproduktivität**, so fließen ihnen auch die daraus resultierenden Gewinne zu. Ihre Arbeit ist außerdem von ihren Arbeitsergebnissen bzw. Arbeitsprodukten noch nicht entfremdet.

Mit der Herausbildung einer **kapitalistischen Ordnung** verändert sich der Prozess der Warenzirkulation vollständig. Hier ist die Gesellschaft in **zwei Klassen** gespalten, in die der Kapitalisten, die das *Eigentum* an den Produktionsmitteln und der hergestellten Produkte halten, und in die der Arbeiter, der abhängig Beschäftigten, die außer ihrer Arbeitskraft nichts zu bieten haben und deshalb ihre Arbeitskraft als Ware den Unternehmern verkaufen müssen, um ihre Reproduktion zu sichern. Liegt in der einfachen Warenproduktion keine **Entfremdung** der Produzenten vor, so ist der kapitalistische Produktionsprozess nachhaltig von dieser Entfremdung tangiert, die sich 1. als eine Entfremdung des Menschen von seiner *produzierenden Arbeit*, von dem Produkt seiner Arbeit, 2. vom *Mitmenschen* (nicht nur in der Produktion) und schließlich 3. von *sich selbst* als einem im Grunde gesellschaftlichen (sozialen), kooperativen sowie schöpferischen Wesen dokumentiert. Auch im Produktionsprozess realisierte Produktivitätsentwicklungen fallen jetzt nicht mehr den autonom wirtschaftenden Produzenten zu, sondern den Unternehmern. Die historische Herausbildung des Kapitalismus aus der feudalen Gesellschafts- und Wirtschaftsordnung ab dem 16. Jahrhundert bezeichnete *Marx* im 24. Kapitel des „Kapitals" als die „**sogenannte ursprüngliche Akkumulation**".

„Die ökonomische Struktur der kapitalistischen Gesellschaft ist hervorgegangen aus der ökonomischen Struktur der feudalen Gesellschaft. Die Auflösung dieser hat die Elemente jener freigesetzt. – Der unmittelbare Produzent, der Arbeiter, konnte erst dann über seine Person verfügen, nachdem er aufgehört hatte, an die Scholle gefesselt und einer anderen Person leibeigen oder hörig zu sein. Um freier Verkäufer von Arbeitskraft zu werden, der seine Ware überall hinträgt, wo sie einen Markt findet, mußte er ferner der Herrschaft der Zünfte, ihren Lehrlings- und Gesellenordnungen und hemmenden Arbeitsvorschriften

---

[103] Marx, K., Das Kapital, Bd. 1, a.a.O., S. 162.

entronnen sein. Somit erscheint die geschichtliche Bewegung, die die Produzenten in Lohnarbeiter verwandelt, einerseits als ihre Befreiung von Dienstbarkeit und Zunftzwang; und diese Seite allein existiert für unsere bürgerlichen Geschichtsschreiber. Andrerseits aber werden diese Neubefreiten erst Verkäufer ihrer selbst, nachdem ihnen alle ihre Produktionsmittel und alle durch die alten feudalen Einrichtungen gebotnen Garantien ihrer Existenz geraubt sind. Und die Geschichte dieser ihrer Expropriation ist in die Annalen der Menschheit eingeschrieben mit Zügen von Blut und Feuer."[104]

Die sich unter kapitalistischen Bedingungen vollziehende Warenzirkulation tritt nun in der Form von G - W - G in Erscheinung, d.h. „Verwandlung von Geld in Ware und Rückverwandlung von Ware in Geld, *kaufen*, um zu *verkaufen*. Geld, das in seiner Bewegung diese letzte Zirkulation beschreibt, verwandelt sich in Kapital, wird Kapital und ist schon seiner Bestimmung nach Kapital."[105] Hierbei geht es nicht mehr um Bedarfsdeckung (Existenzsicherung) der Produzenten, um eine Gebrauchswertproduktion, sondern die Produktion dient ausschließlich der **Tauschwertsteigerung** zur Erhöhung einer vorgeschossenen Geldsumme. Auf den ersten Blick erscheint der Vorgang von G - W - G tautologisch zu sein. Am Anfang und am Ende des Prozesses steht Geld. *Marx* führt dazu aus:

„Der Prozeß G - W - G schuldet seinen Inhalt daher keinem qualitativen Unterschied seiner Extreme, denn sie sind beide Geld, sondern nur ihrer quantitativen Verschiedenheit. Schließlich wird der Zirkulation mehr Geld entzogen, als anfangs hineingeworfen ward. Die zu 100 Pfd.St. gekaufte Baumwolle wird z.B. wieder verkauft zu 100 + 10 Pfd.St. oder 110 Pfd.St. Die vollständige Form dieses Prozesses ist daher G - W - G', wo G' = G + Δ G, d.h. gleich der ursprünglich vorgeschossenen Geldsumme plus einem Inkrement. Dieses Inkrement oder den Überschuß über den ursprünglichen Wert nenne ich – **Mehrwert** (surplus value). Der ursprünglich vorgeschoßne Wert erhält sich daher nicht nur in der Zirkulation, sondern in ihr verändert er seine Wertgröße, setzt einen Mehrwert zu oder verwertet sich. Und diese Bewegung verwandelt ihn in Kapital."[106]

Mehr Wert zurückbekommen, als man selbst *vorgeschossen* hat, das ist das treibende Prinzip kapitalistischer Systeme. Dies gilt nicht nur für den Einsatz von **Produktivkapital**, sondern genauso für das **Finanz-** und **Handelskapital**. Beim Finanzkapital lautet die Formel der Zirkulation G - G'. Hier findet ein reines Geldgeschäft statt, in dem Geld gegen Zinsen als Kredit verliehen wird. Der insgesamt als Geld zurückfließende Betrag ist größer als der ausgeliehene. Beim Handelskapital wird im Rahmen eines Handelsgeschäftes Geld eingesetzt, um damit Waren zu kaufen und diese für mehr Geld zu verkaufen. Hierbei sind wie beim Produktivkapital die gehandelten Waren lediglich Mittel zum Zweck der Mehrwertrealisierung, egal ob ihr Gebrauchswert nützlich oder schädlich für andere ist (vgl. z.B. skrupellose Waffenhändler). Hauptsache ist, die Ware wird mit einem größeren G' veräußert. Hier lautet die Formel der Zirkulation: **G - (W) - G'**. In der Zirkulation, dem Austausch von Waren, kann sich dabei allerdings kein Mehrwert, kein größeres G' herausbilden.

[104] Marx, K., Das Kapital, Bd. 1, a.a.O., S. 743.
[105] Ebenda, S. 162.
[106] Ebenda, S. 165.

„Werden Waren oder Waren und Geld von gleichem Tauschwert, also äquivalent ausgetauscht, so zieht offenbar keiner mehr Wert aus der Zirkulation heraus, als er in sie hineinwirft. Es findet dann keine Bildung von Mehrwert statt. In seiner reinen Form aber bedingt der Zirkulationsprozeß der Waren Austausch von Äquivalenten. Jedoch gehen die Dinge in der Wirklichkeit nicht rein zu. Unterstellen wird daher den Austausch von Nicht-Äquivalenten.“[107]

Marx untersucht bei einem Austausch von **Nicht-Äquivalenten** neben der temporären Abweichung von Preisen und Werten auch die Möglichkeit einer langfristigen Differenz zwischen Wert und Preis einer Ware, also dass die Ware z.B. *unter* ihrem Wert gekauft und zu ihrem Wert verkauft wird. Hier entsteht zwar für den einzelnen Händler ein Mehrwert. Dieser taucht aber an anderer Stelle als **Wertverlust** auf, nämlich beim *Lieferanten* der Ware. Wertgewinn beim einen findet also sein entsprechendes Gegenstück in einem gleichgroßen Wertverlust beim anderen. Es ist ein *Nullsummenspiel*. *Marx* schreibt dazu:

„Auf der einen Seite erscheint als Mehrwert, was auf der andren Minderwert ist, auf der einen Seite als Plus, was auf der andren als Minus. (...) Die Summe der zirkulierenden Werte kann offenbar durch keinen Wechsel in ihrer Verteilung vermehrt werden. (...) **Die Gesamtheit der Kapitalistenklasse eines Landes kann sich nicht selbst übervorteilen**. Man mag sich also drehen und wenden, wie man will, das Fazit bleibt dasselbe. Werden Äquivalente ausgetauscht, so entsteht kein Mehrwert, und werden Nicht-Äquivalente ausgetauscht, so entsteht auch kein Mehrwert. Die Zirkulation oder der Warenaustausch schafft keinen Wert“[108]

Was verbleibt dann aber als **Quelle des Mehrwerts**? Nur die **Produktion** bzw. die in der Produktion zum Einsatz kommende lebendige Arbeitskraft. Da auch die Arbeitskraft unter kapitalistischen Verhältnissen als Ware gehandelt wird, unterliegt sie wie jede andere Ware auch dem Marxschem Wertgesetz. Nur **Arbeit** schafft dabei (Neu-)Wert. Die anderen Produktionsfaktoren *Kapital* und *Boden* (Rohstoffe) geben dagegen nur Wert anteilig ihrer jeweiligen Nutzung, vermittelt über ihre Faktorkosten, in die Produkte ab. Sie sind daher keine Mehrwertquelle. Der **Mehrwert** entsteht nach *Marx* ausschließlich als Differenz aus dem höheren Gebrauchswert der vom Kapitalisten in Dienst genommen menschlichen Arbeitskraft, d.h. aus deren Fähigkeit einen **Surplus** (einen Mehrwert) über ihren eigenen notwendigen Unterhalt hinaus (Subsistenzmittel) Reproduktionskosten hervorzubringen, und dem Tauschwert der Ware Arbeitskraft, der wie der Tauschwert jeder anderen Ware, den notwendigen Reproduktionskosten entspricht, und die am Markt im **Lohn** entgolten werden.

„Der Wert der Arbeitskraft löst sich auf in den Wert einer bestimmten Summe Lebensmittel. Er wechselt daher mit dem Wert dieser Lebensmittel, d.h. der Größe der zu ihrer Produktion erheischten Arbeitszeit.“[109]

Oder anders formuliert:

„Die zur Produktion der Arbeitskraft notwendige Arbeitszeit löst sich also auf in die zur Produktion dieser Lebensmittel notwendige Arbeitszeit.“[110]

---

[107] Marx, K., Das Kapital, Bd. 1, a.a.O., S. 174.
[108] Ebenda, S. 177f.
[109] Ebenda, S. 186.
[110] Ebenda, S. 185.

Dagegen ist kritisch vorgebracht worden, dass *Marx* nicht hinreichend exakt definiert habe, was den Wert einer bestimmten Summe Lebensmittel (den „Warenkorb" der Arbeiter) aus-mache.[111] *Marx* selbst schrieb dazu:

> „Die Summe der Lebensmittel muß hinreichen, das arbeitende Individuum als arbeitendes Individuum in seinem normalen Lebenszustand zu erhalten. Die natürlichen Bedürfnisse selbst, wie Nahrung, Kleidung, Heizung, Wohnung usw., sind verschieden je nach den klimatischen und andren natürlichen Eigentümlichkeiten eines Landes. Andererseits ist der Umfang sog. notwendiger Bedürfnisse, wie die Art ihrer Befriedigung, selbst ein histori-sches Produkt und hängt daher großenteils von der Kulturstufe eines Landes, unter andrem auch wesentlich davon ab, unter welchen Bedingungen, und daher mit welchen Gewohn-heiten und Lebensansprüchen die Klasse der freien Arbeiter sich gebildet hat. Im Gegen-satz zu den andren Waren enthält also die Wertbestimmung der Arbeitskraft ein histori-sches und moralisches Element."[112]

In der Tat ist die exakte Wertbestimmung des durchschnittlichen „Warenkorbes" eines Ar-beitnehmerhaushaltes in bezug auf Menge und Qualität der Lebensmittel indeterminiert bzw. eine genaue Messung der Arbeitswerte ist damit nicht möglich. Sobald man den Wert bezif-fern will, ihn also kardinal messen möchte, „muß man auf die Rechengrößen zurückgreifen, die der *Markt* bietet, d.h. auf die *Preise*. (...) Freilich ist auch die Größe irgendeines 'subjekti-ven' Wertes (des 'Grenznutzens', der 'Befriedigung', oder negativ: des 'Grenzleids' etwa der Arbeit usw.) nicht meßbar, ohne daß diese doch als eine Widerlegung der Hypothese vom *Nutzwert* betrachtet worden ist. Die mangelnde Meßbarkeit des Arbeitswertes trifft nicht den hypothetischen Gedanken als solchen. Auf Arbeitsstunden als Maßstab der Wertbildung ha-ben auch neuere Nationalökonomen gelegentlich zurückgegriffen: So etwa *Keynes*, der es für zweckmäßig hielt, mit 'Arbeitseinheiten' (labour units) zu rechnen. Auch *Carrel* geht vom Arbeitsertrag als gedachter Grundlage seiner hypothetischen Austauschverhältnisse aus. Fer-ner haben *Clark, Fisher, Hawtrey* u.a. sich solcher Arbeitswerteinheiten gelegentlich für ihre Ableitungen bedient."[113]

Auch die Umrechnung von „**komplizierter**" Arbeit auf „**einfache**" Arbeit bereitet im System von *Marx* Probleme. Wenn auch moderne arbeitswissenschaftliche Erkenntnisse – z.B. durch analytische Arbeitsplatzbewertungen (vgl. Abschnitt 3.7.6.2) die relativen Beanspruchungen von Arbeitenden in verschiedenen Tätigkeiten haben transparenter machen können, so dienen derartige Verfahren allerdings letztlich nur einer möglichst 'richtigen' Proportionierung der Arbeitsentgelte und nicht einer unmittelbaren Feststellung von Arbeitserträgen, die im übrigen immer nur sehr unvollständig den einzelnen Beschäftigten zugerechnet werden können."[114]

Als entscheidendes Erklärungsmoment für die Mehrwertentstehung verbleibt dennoch der Tat-bestand, dass die Länge des vom Unternehmer per Arbeitsvertrag insgesamt eingekauften Ar-beitstages eines Arbeitnehmers in eine **Arbeitszeit zur Existenzsicherung** bzw. Reproduktion der Arbeitskraft (**Reproduktionsarbeitszeit**) und in eine **Mehrarbeitszeit** zerfällt, die sich der Unternehmer aneignet. Diese Trennung ist in der wirtschaftlichen Realität natürlich als ein simultaner Prozess von Mehrwertproduktion und Reproduktion zu verstehen. Hier wird die Trennung lediglich aus Gründen einer didaktischen Veranschaulichung vorgenommen.

---

[111]   Vgl. Burchardt, M., Marxistische Wirtschaftstheorie, München, Wien 1997, S. 113f.
[112]   Marx, K., Das Kapital, Bd. 1, a.a.O., S. 185.
[113]   Hofmann, W., Wert- und Preislehre, a.a.O., S. 106.
[114]   Ebenda, S. 107.

Beträgt beispielsweise die Länge des Arbeitstages 10 Stunden und die sich historisch heraus-gebildete Reproduktionsarbeitszeit der abhängig Beschäftigten 7 Stunden, so schaffen die Arbeiter und Angestellten in der restlichen Zeit des per *Arbeitsvertrag* (vgl. Abschnitt 3.6.3) eingekauften Arbeitstages sogenannte **Mehrarbeit** bzw. Mehrwert. Beträgt die Länge des Arbeitstages dagegen insgesamt nur 7 Stunden, so würde die Arbeitskraft lediglich ihre **eige-ne Reproduktion** sichern, aber keinen **Mehrwert** schaffen. Für den Unternehmer würde eine Beschäftigung keinen Sinn machen.

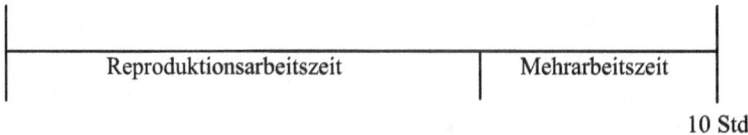

Reproduktionsarbeitszeit	Mehrarbeitszeit

10 Std

Abb. 2.6:   Länge des Arbeitstages

Es ist also der Widerspruch zwischen **Tauschwert** und **Gebrauchswert** der Ware Arbeits-kraft, der sich hinter der Entstehung des Mehrwerts in der Produktionssphäre und dessen Aneignung durch das Kapital in der Zirkulationssphäre verbirgt.

Bleibt allerdings noch zu klären, warum die abhängig Beschäftigten länger arbeiten, als zur Produktion ihrer Reproduktionskosten erforderlich ist. Oder anders formuliert: warum leisten sie eine mehrwertschaffende Mehrarbeit? Dies lässt sich daraus erklären, dass alle im Pro-duktionsprozess erstellten Werte in das **Eigentum** der Unternehmer übergehen. Hierdurch sind die abhängig Beschäftigten darauf angewiesen, dass der Unternehmer ihnen in Form von Entlohnung einen bestimmten Teil der produzierten Werte *vorschießt*. Die eigentumsbe-dingte Abhängigkeit zwingt sie also dazu. *Marx* unterscheidet deshalb strikt zwischen dem **Gebrauchswert der Arbeit** und dem **Tauschwert der Arbeit** (vgl. Abschnitt 2.6). Auf-grund dieser Unterscheidung gelingt es ihm, das, was er den Mehrwert nennt – und was an-dere klassische Ökonomen wie *Smith* und *Ricardo* vor ihm unter den Titeln des Gewinns, Zinses und der Grundrente abhandelten – an dem allgemeinen **Prinzip des Äquivalenten-tausches**, auf der Grundlage des Arbeitswertes, und nicht aus einer Verletzung desselben in Form einer „Lohnabzugstheorie" zu erklären.

Gebrauchswert der Arbeit	
Tauschwert der Arbeitskraft	Mehrwert
Reproduktionskosten der Arbeitskraft = Lohn	Gewinn, Zins, Grundrente

Abb. 2.7:   Gebrauchs- und Tauschwert der Arbeit

Da der Mehrwert demnach daraus entspringt, dass der Gebrauchswert der Arbeitskraft größer ist als der Wert der Arbeitskraft selber; der **Gebrauchswert demnach größer ist als der Tauschwert**; und daher auch der Gewinn nach *Marx* weder vorenthaltener Lohn noch einen Aufschlag auf den eigentlichen Wert der Ware darstellt, da er ohne Verletzung des sowohl auf dem Arbeitsmarkt als auch auf dem Produktmarkt geltenden Äquivalenzprinzips entsteht, so ist über ihn auch nicht zu moralisieren, wie dies noch die utopischen Sozialisten taten. Weder den Arbeitern noch den Käufern geschieht Unrecht. – Gerade hierdurch vertieft sich die Kritik: Nicht eine Verletzung des ökonomischen Wert-Gesetzes, sondern vielmehr dieses *selbst* ist ein Unrecht. Nicht die Höhe des Arbeitslohnes, sondern das *Grundverhältnis* der Lohnarbeit im Kapitalismus wird zum Fluch.

„Der Tageswert der Arbeitskraft betrug 3 sh., weil in ihr selbst ein halber Arbeitstag ver-gegenständlicht ist, d.h. weil die täglich zur Produktion der Arbeitskraft nötigen Lebens-mittel einen halben Arbeitstag kosten. Aber die vergangne Arbeit, die in der Arbeitskraft steckt, und die lebendige Arbeit, die sie leisten kann, ihre täglichen Erhaltungskosten und ihre tägliche Verausgabung, sind zwei ganz verschiedne Größen. Die erstere bestimmt ih-ren Tauschwert, die andre bildet ihren Gebrauchswert. Daß ein halber Arbeitstag nötig, um ihn während 24 Stunden am Leben zu erhalten, hindert den Arbeiter keineswegs, einen ganzen Tag zu arbeiten. Der Wert der Arbeitskraft und ihre Verwertung im Arbeitsprozeß sind also zwei verschiedene Größen. Diese Wertdifferenz hatte der Kapitalist im Auge, als er die Arbeitskraft kaufte. (...) Der Geldbesitzer hat den Tageswert der Arbeitskraft ge-zahlt; ihm gehört daher ihr Gebrauch während des Tages, die tagelange Arbeit. Der Um-stand, daß die tägliche Erhaltung der Arbeitskraft nur einen halben Arbeitstag kostet, ob-gleich die Arbeitskraft einen ganzen Tag wirken, arbeiten kann, daß daher der Wert, den ihr Gebrauch während eines Tags schafft, doppelt so groß ist als ihr eigner Tageswert, ist ein besondres Glück für den Käufer, aber durchaus kein Unrecht gegen den Verkäufer."[115]

In einem Vortrag vor dem „*Generalrat der Internationalen Arbeiterassoziation*" im Jahr 1865 weist *Marx* daher auch die **Gewerkschaften** mit ihrem ständigen – aber hoffnungslo-sen – Kampf um höhere Löhne in ihre Schranken. Für *Marx* geht es aufgrund des kapitalisti-schen Wertgesetzes, das uneingeschränkt auch für den Arbeitsmarkt Gültigkeit besitzt, nicht um höhere Löhne, sondern um die Abschaffung des **Lohnsystems**, wenn er schreibt:

„Gleichzeitig und ganz unabhängig von der allgemeinen Fron, die das Lohnsystem ein-schließt, sollte die Arbeiterklasse die endgültige Wirksamkeit dieser tagtäglichen Kämpfe nicht überschätzen. Sie sollte nicht vergessen, daß sie gegen Wirkungen kämpft, nicht aber gegen die Ursachen dieser Wirkungen; daß sie zwar die Abwärtsbewegung verlangsamt, nicht aber ihre Richtung ändert; daß sie Palliativmittel anwendet, die das Übel nicht kurie-ren. Sie sollte daher nicht ausschließlich in diesem unvermeidlichen Kleinkrieg aufgehen, der aus den nie enden wollenden Gewalttaten des Kapitals oder aus den Marktschwankun-gen unaufhörlich hervorgeht. Sie sollte begreifen, daß das gegenwärtige System bei all dem Elend, das es über sie verhängt, zugleich schwanger geht mit den materiellen Bedin-gungen und den gesellschaftlichen Formen, die für eine ökonomische Umgestaltung der Gesellschaft notwendig sind. Statt des konservativen Mottos:' Ein gerechter Tagelohn für ein gerechtes Tagewerk!' sollte sie auf ihr Banner die revolutionäre Losung schreiben: 'Nieder mit dem Lohnsystem!'."[116]

---

[115]   Marx, K., Das Kapital, Bd. 1, a.a.O., S. 207f.
[116]   Marx, K., Lohn, Preis, Profit, in: Marx-Engels ausgewählte Schriften, Berlin 1960, Bd. 1, S. 420.

Die Bedeutung von **Gewerkschaften** sehen *Marx* und *Engels* allerdings nicht nur in Bezug auf die **Lohnfrage** oder in der Durchsetzung verbesserter Arbeitsbedingungen, sondern vor allen Dingen in ihrer **politischen Rolle** als „Sammelpunkte des Widerstands gegen die Gewalttaten des Kapitals".[117] *Marx* führte dazu 1853 aus:

„Um den Wert von **Streiks** und **Koalitionen** richtig zu würdigen, dürfen wir uns nicht durch die scheinbare Bedeutungslosigkeit ihrer ökonomischen Resultate täuschen lassen, sondern müssen vor allen Dingen ihre moralischen und politischen Auswirkungen im Auge behalten. Ohne die längeren aufeinanderfolgenden Phasen von Abspannung, Prosperität, Aufschwung, Krise und Elend, welche die moderne Industrie in periodisch wiederkehrenden Zyklen durchläuft, mit dem daraus resultierenden Auf und Ab der Löhne sowie dem ständigen Kampf zwischen Fabrikanten und Arbeitern, der in genauer Übereinstimmung mit jenen Schwankungen in den Löhnen und Profiten verläuft, würde die Arbeiterklasse Großbritanniens und ganz Europas eine niedergedrückte, charakterschwache, verbrauchte, unterwürfige Masse sein, deren Emanzipation aus eigner Kraft sich als ebenso unmöglich erweisen würde wie die der Sklaven des antiken Griechenlands und Roms."[118]

Ist der **Mehrwert** in der Produktion nicht durch ein Mehr über den Wert des Produkts, sondern ein Mehr über den Wert der Arbeitskraft, die ausschließlich den Neuwert des Produkts schafft, bereitgestellt, so muss er natürlich noch durch den **Verkauf der Waren** am Absatzmarkt erlöst werden. Deshalb lautet die vollständige Formel des **Kapitalakkumulationsprozesses**, als Einheit von Produktion **(Mehrwertentstehung)** und Zirkulation **(Mehrwertrealisierung)** verstanden: Geldkapital (G), entweder als Eigenkapital (E_K) und/oder als Fremdkapital (F_K) wird in einen vergegenständlichten Wert, in Produktivkapital verwandelt, indem die Ware Arbeitskraft A_K und Produktionsmittel P_M (Maschinen, Gebäude, Rohstoffe) in Dienst genommen werden. Durch die Produktion als einen Prozess bringt die menschliche Arbeitskraft neuen Warenwert W' (c + v + m), unter Einschluss eines *Mehrwerts* (m), hervor, der sich beim Verkauf der Waren in der Zirkulation am Absatzmarkt realisiert: Durch Rückverwandlung von Warenkapital (W') in die Form des Geldkapitals (G') werden die Ausgangsbedingungen *erweiterter Reproduktion* des Kapitals hergestellt, und der *Kapitalakkumulationsprozess* kann erneut vonstatten gehen (vgl. Abb. 2.8).[119]

Die Marxsche Mehrwerttheorie geht also davon aus, dass der gesamte in der kapitalistischen Wirtschaft produzierte Mehrwert ausschließlich vom Lohnarbeiter erzeugt wird, aber ohne Gegenleistung der Klasse der Kapitalisten (Unternehmer, Grundbesitzer, Fremdkapitalgeber) aufgrund der **Eigentumsverhältnisse** zufällt, wobei der Lohnarbeiter trotzdem den Gegenwert für seine verkaufte Arbeitskraft in Form des **Lohns** erhält. Die **Mehrwertmasse** wird daher in der kapitalistischen Wirtschaft an die Kapitaleigner ausschließlich Kraft des Marktmechanismusses und der Eigentumsfunktion übertragen, ohne dass der Arbeiter dabei durch Lohndruck, Betrug oder andere unlautere Machenschaften um den von ihm zu beanspruchenden Gegenwert gebracht wird.

---

[117] Marx, K., Lohn, Preis, Profit, a.a.O, S. 525.

[118] Marx, K., Die russische Politik gegenüber der Türkei – Die Arbeiterbewegung in England, in: MEW Band 9, Berlin 1960, S. 171.

[119] Hier wird deutlich, dass der in der *Produktionssphäre* entstehende Mehrwert erst in der *Zirkulationssphäre* am Markt realisiert bzw. erlöst wird. Dabei ist es nach *Marx* durchaus möglich, kapitalismusimmanent, dass der Mehrwert aufgrund der Konkurrenzsituation am Absatzmarkt über den Preis der Ware nicht verdient wird, so dass der Unternehmer *Verluste* hinnehmen muss.

$$E_K$$

$$G \nearrow \rightarrow W \rightarrow \begin{matrix} A_K \\ P_M \end{matrix} \quad \text{Produktionsprozess } W' (c + v + m) \rightarrow G'$$

$$F_K$$

Kapitalverwertungs- und Akkumulationsprozess

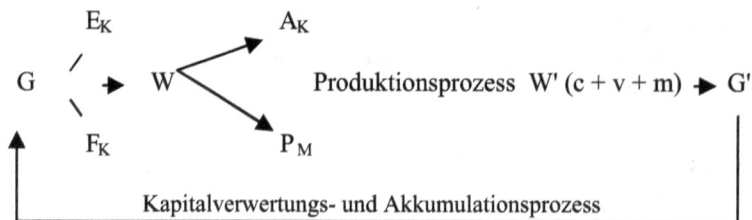

Abb. 2.8:   Kapitalakkumulation - Mehrwertentstehung und -realisierung

Den Gesamtwert, oder die Elemente des gesamten **Warenwertes W**, bilden die Größen
$W = c + v + m$. Das gesamte eingesetzte Kapital besteht aus dem **variablen Kapital (v)**, das
zur Lohnzahlung der Arbeiter als Lohnfonds verwandt wird und **Mehrwert m** abwirft, sowie
aus dem **konstanten Kapital (c)**, das zwar keinen (Mehr-)wert schafft, aber trotzdem in der
Produktion Wert abgibt, denn konstantes Kapital, also Maschinen, Gebäude, Werkzeuge,
Rohstoffe, Materialien usw., ist nichts anderes als *vergegenständlichte lebendige Arbeitskraft*
auf einer vorgelagerten Wirtschaftsstufe. Die Größe $(c + v + m)$ bildet demnach den **Produktionswert**. Von ihm ist das Wertprodukt $(v + m)$, der eigentliche **Neuwert**, den die Arbeitskraft hervorgebracht hat, zu unterscheiden. Die Mehrwertmasse m in Relation zum
Lohnkapital (Lohnaufwand v), bezeichnet nach *Marx* die **Mehrwertrate** $(m : v)$. Dabei verhält sich der Mehrwert zum variablen Kapital, wie die Mehrarbeit zur gesellschaftlich notwendigen Arbeit, also:

$$\text{Mehrwertrate} \quad = \quad \frac{\text{Mehrwert (m)} = \text{Mehrarbeit}}{\text{variables Kapital (v)} = \text{notwendige Arbeit}}$$

Die Rate des Mehrwerts ist daher der exakte Ausdruck für den „**Exploitationsgrad**" der
Arbeitskraft durch das Kapital oder des Arbeiters durch den Unternehmer. Aus der Mehrwertmasse sind selbstverständlich auch alle die am Produktions- und Verwertungsprozess
beteiligten Akteure, denen keine unmittelbar industriell-produktiven menschlichen Arbeitsleistungen entsprechen, zu befriedigen. Dazu zählen die **Zinszahlungen** an die Fremdkapitalgeber (in der Regel an das Finanzkapital) genauso wie die **Pacht-** und **Mietzahlungen**
(Grundrente) an die Boden- und Gebäudeeigentümer. Auch das Handelskapital ist aus der
Mehrwertmasse mit einem entsprechenden **Handelsgewinn** zu belohnen.

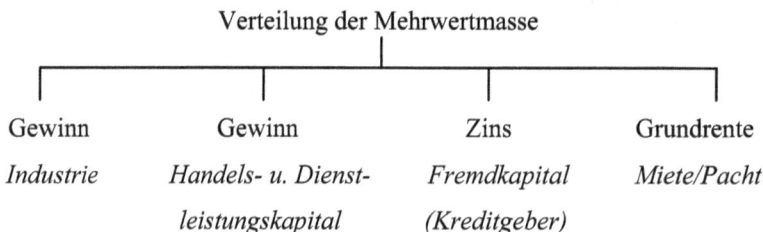

Verteilung der Mehrwertmasse

Gewinn	Gewinn	Zins	Grundrente
Industrie	*Handels- u. Dienst-*	*Fremdkapital*	*Miete/Pacht*
	leistungskapital	*(Kreditgeber)*	

Abb. 2.9:   Verteilung der Mehrwertmasse

Dadurch wird die Höhe des **industriellen Profits** beeinflusst. Je mehr von dem in der Industrie erzeugten Mehrwerts an *Banken*, *Handel* und *Grundbesitzer* abgegeben werden muss,
desto geringer wird der industrielle Profit, der die Quelle der zur Verteilung bereitstehenden
Mehrwertmasse bildet.

Die Frage, die jeden Unternehmer bewegt, ist nun die, wie er seine individuelle Mehrwertmasse steigern kann. Durch das Zwangsgesetz („Wolfsgesetz") der **kapitalistischen Konkurrenz** wird er permanent zu dieser Überlegung gezwungen. Denn diejenigen Unternehmen, die in der Produktion und in der Realisation von Mehrwert gegenüber anderen Unternehmen ins Hintertreffen geraten und infolgedessen *weniger Kapital* akkumulieren können, werden im kapitalistischen Konkurrenzkampf von anderen Unternehmen überflügelt. Die sich daraus ableitende Grundregel für den Unternehmer hat *Marx* auf eine kurze und prägnante Formel gebracht: **„Akkumuliert, Akkumuliert! Das ist Moses und die Propheten!"**[120] Letztlich dokumentiert sich der Konkurrenzkampf in einer stetig steigenden **Konzentration des Kapitals**, in dem Unternehmen entweder in Konkurs gehen oder von anderen erfolgreicheren Unternehmen aufgekauft werden. „Je ein Kapitalist schlägt viele tot."[121]

Zur Steigerung der Mehrwertmasse bestehen nach *Marx* zwei Möglichkeiten: eine Erhöhung des **absoluten** und des **relativen Mehrwerts**. Untersuchen wir zunächst die Steigerungsmöglichkeiten des absoluten Mehrwerts. In der folgenden Skizze 1 bezeichnet die Linie (a) bis (c) einen achtstündigen Arbeitstag, unterteilt in notwendige Arbeit zur Reproduktion der Arbeitskraft und Mehrarbeit. Bei der Darstellung des **absoluten Mehrwerts** wird von *Marx* unterstellt, dass (a) bis (b), die notwendige Reproduktionszeit der Arbeitskraft konstant bleibt, und (b) bis (c), die Mehrarbeit soweit wie möglich verlängert wird, wobei dieser maßlosen **Ausdehnung des Arbeitstages** natürliche und soziale Grenzen gesetzt sind. So war im 19. Jahrhundert das rein physische Weiterbestehen der Arbeiterklasse durch **Kinderarbeit**, Überarbeitung und durch die im Produktionsprozess zugezogenen Verletzungen und **Krankheiten** ernsthaft gefährdet. Die durchschnittliche **Lebenserwartung** der Arbeiter sank damals aufgrund des kapitalistischen Raubbaus auf ca. dreißig Jahre.

Skizze 1

Lohn = (v)		Mehrwert = (m)	

a | notwendige Arbeit | b | Mehrarbeitszeit | c

0   5 Std.   5   3 Std.   8   10 u.m. Std.

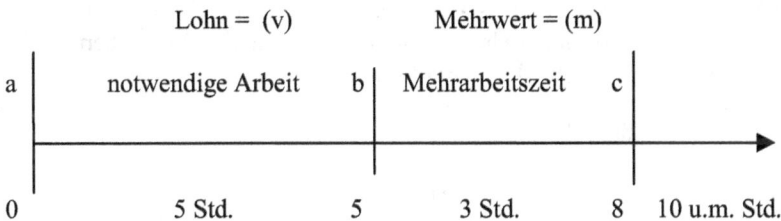

Marx kritisiert und dokumentiert dies ausführlich im 8. Kapitel des „Kapitals" anhand der Verhältnisse in *England* und dem Kampf um einen 10stündigen „Normalarbeitstag" an sechs Tagen in der Woche zur Mitte des 19. Jahrhundert.

„ (...) in seinem maßlos blinden Trieb, seinem Werwolfs-Heißhunger nach Mehrarbeit, überrennt das Kapital nicht nur die moralischen, sondern auch die physischen Maximalschranken des Arbeitstags. Es usurpiert die Zeit für Wachstum, Entwicklung und gesunde Erhaltung des Körpers. Es raubt die Zeit, erheischt zum Verzehr von freier Luft und Sonnenlicht. Es knickert ab an der Mahlzeit und einverleibt sie womöglich dem Produktionsprozeß selbst, so daß dem Arbeiter als bloßem Produktionsmittel Speisen zugesetzt werden

---

[120]   Marx, K., Das Kapital, Bd. 1, a.a.O., S. 621.
[121]   Ebenda, S. 790.

wie dem Dampfkessel Kohle und der Maschinerie Talg oder Öl. Den gesunden Schlaf zur Sammlung, Erneurung und Erfrischung der Lebenskraft reduziert es auf so viel Stunden Erstarrung, als die Wiederbelebung eines absolut erschöpften Organismus unentbehrlich macht. Statt daß die normale Erhaltung der Arbeitskraft hier die Schranke des Arbeitstags, bestimmt umgekehrt die größte täglich mögliche Verausgabung der Arbeitskraft, wie krankhaft gewaltsam und peinlich auch immer, die Schranke für die Rastzeit des Arbeiters. Das Kapital fragt nicht nach der Lebensdauer der Arbeitskraft. Was es interessiert, ist einzig und allein das Maximum von Arbeitskraft, das in einem Arbeitstag flüssig gemacht werden kann. Es erreicht dies Ziel durch Verkürzung der Dauer der Arbeitskraft, wie ein habgieriger Landwirt gesteigerten Bodenertrag durch Beraubung der Bodenfruchtbarkeit erreicht. Die kapitalistische Produktion, die wesentlich Produktion von Mehrwert, Einsaugung von Mehrarbeit ist, produziert also mit der Verlängerung des Arbeitstags nicht nur die Verkümmerung der menschlichen Arbeitskraft, welche ihrer normalen moralischen und physischen Entwicklungs- und Betätigungsbedingungen beraubt wird. Sie produziert die vorzeitige Erschöpfung und Abtötung der Arbeitskraft selbst.[122] Sie verlängert die Produktionszeit des Arbeiters während eines gegebenen Termins durch Verkürzung seiner Lebenszeit."[123]

Es war erst der *politische Druck* der Arbeiterklasse notwendig, die sich nach der **Aufhebung des Koalitionsverbotes** (1869) zu Gewerkschaften zusammenschließen konnte, die allmählich die gesetzliche Beschränkung des Arbeitstages erzwang und damit zu einer relativen Verbesserung der Arbeitsbedingungen führte. Im Jahr 1918 nach dem Ersten Weltkrieg wurde nach langen und harten Kämpfen der Arbeiter in Deutschland der **Achtstundentag** bei einer Sechstagewoche eingeführt.[124] Damit diese Verkürzung der Arbeitszeit zu keinem Sinken der Mehrwertrate führt, wird – so *Marx* – von den Unternehmern versucht, durch eine Erhöhung der **Arbeitsproduktivität** den *Wert der Arbeitskraft* zu senken. Wenn wir erneut die Linie (a) bis (c) in der Skizze 2 betrachten, nun aber voraussetzen müssen, dass (a) bis (c) konstant bleibt, weil (c) als Grenze des Arbeitstages gesetzlich festgelegt ist und nur vereinzelt überschritten werden kann (z.B. durch Überstunden), dann geht eine Vergrößerung der Mehrarbeit nur auf Kosten von (a) bis (b), d.h. der notwendigen Arbeit.

<u>Skizze 2</u>

Lohn = (v)   Mehrwert = (m)

a | notwendige Arbeit   b | Mehrarbeitszeit   c |

0 | 4 Std.   ← 5 3 →   4 Std.   8 |

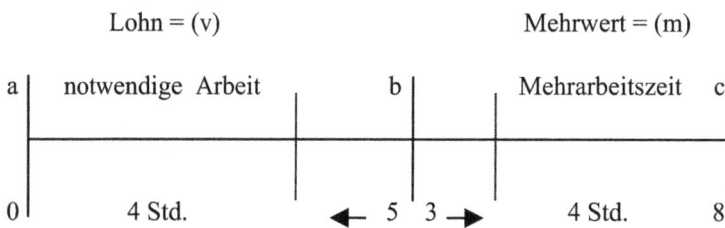

Nicht die Länge des gesamten Arbeitstages wäre verändert, sondern nur seine Aufteilung in notwendige Arbeit und Mehrarbeit. Es käme zu einer **Wertsenkung der Reproduktionskosten**

---

[122]   „In unseren früheren Berichten haben wir die Feststellungen verschiedener erfahrener Fabrikanten wiedergegeben, die besagen, dass *Überstunden* (...) sicher die Gefahr in sich bergen, die Arbeitskraft des Menschen vorzeitig zu erschöpfen." Marx, K., Das Kapital, Bd. 1, a.a.O., S. 281.

[123]   Marx, K., Das Kapital, Bd. 1, a.a.O, S. 280f.

[124]   Vgl. Kittner, M., Arbeitskampf, a.a.O., S. 395ff.

und damit der Ware Arbeitskraft. Dies kann dadurch geschehen, dass der Unternehmer die Arbeitskraft *unter ihrem Wert bezahlt*, d.h. er bereichert sich auf Kosten der notwendigen Lebensmittel (Reproduktionskosten) des Arbeiters. Wenn wir aber vom „äquivalenten Tausch" ausgehen, muss die **Lohndrückerei** als langfristiges Mittel zur Steigerung des Mehrwerts ausscheiden. In der Tat lassen sich auf längere Sicht die Löhne aufgrund des gewerkschaftlichen Widerstandes nicht unter die Reproduktionskosten der Arbeitskraft drücken. Es sei denn, es würde die Kampfkraft der Gewerkschaften ausgehebelt, wie dies z.B. in Deutschland zur Zeit des *Nationalsozialismus* oder unter der Regierung *Thatcher* in Großbritannien der Fall war.

Es bleibt somit nur die Möglichkeit, dass die notwendige Arbeitszeit zur Sicherstellung der Reproduktionskosten der Arbeitskraft tatsächlich vermindert wird. Das kann aber nur geschehen, wenn der Wert der notwendigen Lebensmittel zur Reproduktion der Arbeitskraft sinkt, während die Masse an Lebensmittel dieselbe bleibt. Dies lässt sich wiederum nur durch eine Erhöhung der **Arbeitsproduktivität** unter Einsatz neuer Produktionstechnik oder unter Anwendung gleichbleibender Technik durch eine Steigerung der **Arbeitsintensität** bzw. durch ein Sinken der **Kapitalintensität** realisieren. Marx unterscheidet dabei die folgenden Methoden:

- Einfache Kooperation
- Die Herausbildung der Antreiber- und Überwachungsfunktion
- Die Teilung der Arbeit und Manufaktur
- Die Trennung von Hand- und Kopfarbeit und Verfestigung innerbetrieblicher Hierarchien
- Die Polarisierung der Qualifikationsstruktur
- Maschinerie und große Industrie

Der Arbeitstag, bei dem die notwendige Arbeitszeit z.B. um eine Stunde von ursprünglich 5 Std. auf 4 Std. vermindert wäre, entspricht dann dem in Skizze 2. Die Mehrarbeitszeit erhöht sich dagegen von 3 Std. auf 4 Std. Wird die Produktivkraft der Arbeit durch Verbesserung der Produktionsweise gesteigert, dann sinkt demnach die notwendige Arbeit im Verhältnis zur Mehrarbeit und die Mehrwertrate (m : v) steigt. Der Unternehmer könnte die Arbeitszeit senken ohne einen *Verlust* zu haben. Er senkt sie aber natürlich nicht, weil es ihm nicht auf die Schonung der Arbeitskraft sondern auf den Mehrwert ankommt. Die Theorie des **relativen Mehrwerts** sorgt also für ein Ausgleichen von Arbeitsproduktivität und -intensität sowie notwendiger Arbeitszeit.

Die Erhöhung der Arbeitsproduktivität und -intensität, die erst eine **relative Mehrwertproduktion** und damit auch einen relativen Wohlstand der Arbeiterklasse ermöglicht, wird dabei aber auch nach *Marx* gleichzeitig zur „**kapitalistischen Falle**" (vgl. dazu auch das Abschnitt 2.6 am Ende). Im Zuge der Kapitalakkumulation zwingt die Konkurrenz die Unternehmer-Klasse zu einer ständigen Erhöhung der Produktivität. Hierdurch kommt es zu einer **Zunahme der Kapitalintensität** bzw. der „technischen Zusammensetzung des Kapitals". Es wird immer mehr vergegenständlichte Arbeit in Form des konstanten Kapitals (c) eingesetzt, so dass die Relation von konstantem Kapital zu variablem Kapital (v), die „organische Zusammensetzung des Kapitals" OZK = c : v oder c/c + v steigt. Immer weniger Arbeiter produzieren mit immer mehr Kapital. Dies impliziert einen **arbeitssparenden technischen Fortschritt**. Der Wert des konstanten Kapitals c nimmt stärker zu als der Wert des variablen Kapitals (v). Da aber das konstante Kapital nur seinen eigenen Wert auf das Produkt, die Ware überträgt, und nur die im variablen Kapital verkörperte Arbeit einen Mehrwert schafft, muss die Profitrate (r) tendenziell sinken (**tendenzieller Fall der Profitrate**).

$$(1) \quad r = \frac{m}{c + v}$$

oder die rechte Seite der Gleichung dividiert durch (v)

$$(2) \quad r = \frac{\dfrac{m}{v}}{\dfrac{c}{v} + 1} \qquad \text{mit } \frac{m}{v} \text{ als Mehrwertrate}$$

In einer Ausgangssituation sei folgende Situation gegeben: Der gesamte Produktionswert beträgt 1.000 W. Dieser setzt sich zusammen aus 400 c, 300 v und 300 m. Die organische Zusammensetzung des Kapitals OZK liegt demnach bei 57,1 v.H. und die Mehrwertrate m' bei 100 v.H. Hieraus ergibt sich eine Profitrate (r) in Höhe von 42,9 v.H.

$$1.000 \ W = 400 \ c + 300 \ v + 300 \ m$$

$$OZK = \frac{c}{c + v} = 400/700 = 57,1 \ \%$$

$$\text{Mehrwertrate m'} = \frac{m}{v} = \frac{300}{300} = 100 \ \%$$

$$\text{Profitrate r} = \frac{m}{c + v} = \frac{300}{700} = 42,9 \ \%$$

Bei einem Produktionsoutput von 200 Stück beträgt der Wert bzw. Preis pro Stück 1.000 : 200 = 5,0 Einheiten. Kommt es nun zur Einführung einer neuen *Technik*, die unter sonst gleichen Bedingungen (= konstante Mehrwertrate m' von 100 v.H.) zu einem größeren konstanten Kapitaleinsatz von 400 c auf 500 c führt, so steigt automatisch die organische Zusammensetzung des Kapitals OZK von 57,1 v.H. auf 62,5 v.H. und die Profitrate sinkt auf 37,5 v.H.

$$1.100 \ W = 500 \ c + 300 \ v + 300 \ m$$

$$OZK = \frac{c}{c + v} = 500/800 = 62,5 \ \%$$

$$\text{Mehrwertrate m'} = \frac{m}{v} = \frac{300}{300} = 100 \ \%$$

$$\text{Profitrate r} = \frac{m}{c + v} = \frac{300}{800} = 37,5 \ \%$$

Durch die *Steigerung der organischen Zusammensetzung des Kapitals* ist zwar der Output von 200 Stück auf 250 Stück gestiegen (größere Produktivität) und damit der Wert bzw. Preis pro Stück auf 1.100 : 250 = 4,4 Einheiten gesunken, was aber nachhaltig stört ist die **gesunkene Kapitalrendite** bzw. **Profitrate**, um die sich im Kapitalismus nun einmal alles dreht (vgl. Kap. 4.3.2). Dies erklärt sich dadurch, dass bei einer Steigerung des Warenge-samtwertes (Verkaufserlöses) von 1.000 Einheiten auf 1.100 Einheiten gleichzeitig auch die

Kostensumme von 400 auf 500 Einheiten gestiegen ist. Der Mehrwert (Gewinn) in Höhe von 100 Einheiten damit unverändert blieb, sich jetzt aber auf einen höheren **Kapitalvorschuss** von 800 Einheiten bezieht und dadurch die Kapitalrendite sinkt.

Aus diesem für die **Kapitalklasse** unbefriedigenden Ergebnis lässt sich die Frage ableiten, warum dann ein Unternehmer überhaupt eine bessere Technik zur Produktivitätssteigerung einsetzen soll? Oder wie *Hans-Rudolf Peters* fragt: „Würden die arbeitswerttheoretischen Annahmen der Mehrwerttheorie, denen zufolge nur die Arbeitskraft der Lohnarbeiter Neu- bzw. Mehrwert schafft, mit der Wirklichkeit übereinstimmen, so würde sicherlich kein nach *Gewinnmaximierung* strebendes Unternehmen Arbeitskräfte durch Sachkapital ersetzen. Träfen nämlich die Annahmen der Marx'schen Arbeitswerttheorie zu, so wäre der Mehrwert um so größer, je größer der Anteil des variablen Kapitals bzw. Lohnkapitals am Gesamtkapital des Produktionsbetriebes ist."[125]

Diese Kritik von *Peters* lässt sich durch eine differenzierte **einzel-** und **gesamtwirtschaftliche Betrachtung** auflösen. Zunächst ist hierbei in bezug auf eine gesamtwirtschaftliche Analyse zu konstatieren, dass in der Tat eine permanente Zunahme des technischen Fortschritts zu einem langfristigen Sinken der **Durchschnittsprofitrate** führt. Dies ist sofort einsichtig, wenn man bedenkt, dass sich der gesteigerte Kapitaleinsatz in Form von zusätzlichen Realinvestitionen auf einer immer höheren Entwicklungsstufe (Wachstumsniveau) verwerten muss. Dazu sind im Grunde permanent ansteigende Gewinne notwendig. Gleichzeitig führen die Investitionen zur relativen Freisetzung von lebendiger Arbeit und unterminieren damit die einzige Quelle der Mehrwertproduktion. Kommt es nun zu einem Verfall der gesamtwirtschaftlichen Profitrate, so schafft sie gleichsam die eigene (immanente) Schranke für eine unendliche Expansion und damit für den langfristigen Bestand des Kapitalismus. Hierin erblickte *Marx* die eigentliche „**Rationalitätsfalle**" eines kapitalistischen Systems. Von der Durchschnittsprofitrate kann dabei – kurz- und mittelfristig – die individuelle einzelwirtschaftliche Profitrate abweichen. Hierbei ist streng zu beachten, dass der Profit eine Differenzgröße zwischen *Preisen* und nicht zwischen *Werten* darstellt.[126] Der „Lockruf" des einzelwirtschaftlichen **Extraprofits** durch die Einführung einer innovativen Produktionstechnik, neuer Produkte oder durch eine verbesserte Organisation führt so im **Konkurrenzkampf** zu einer „*Vorsprungssituation*" mit einer „*prozessualen Monopolstellung*", die allerdings durch einen „*nachahmenden Wettbewerb*" wieder neutralisiert wird. Was so einzelwirtschaftlich als Versuch der Renditenerhöhung beginnt, führt auf gesamtwirtschaftlicher Ebene über den Konkurrenzdruck wieder zu einem allgemeinen Rückgang der Kapitalrendite.

Dem Marx'schen Sinken der Profitrate steht allerdings eine *immanente Bewegung* gegenüber. Unterstellt man nicht wie bisher angenommen eine Konstanz der Mehrwertrate (m/v), sondern **eine steigende Mehrwertrate**, was bei einer Zunahme der organischen Zusammensetzung des Kapitals (c/v) hochwahrscheinlich ist und bei *Marx* selbst den **relativen Mehrwert** begründet, so ist bezüglich der Entwicklung der **Profitrate** eine veränderte Situation zu beachten. Ob sich bei einer Erhöhung der Mehrwertrate aufgrund der gestiegenen organischen Zusammensetzung des Kapitals – die auch durch eine Steigerung der Arbeitsintensität herbeigeführt werden kann und/oder kurzfristig durch ein Senken der Löhne unter den „Wert der Arbeitskraft" – allerdings endgültig der tendenzielle Fall der Profitrate aufhalten lässt, hängt dann immer noch davon ab,

---

[125]   Peters, H.- R., Politische Ökonomie des Marxismus. Anspruch und Wirklichkeit, Göttingen 1980, S. 67.
[126]   Vgl. Bortkiewicz, L. v., Zur Berechtigung der grundlegenden theoretischen Konstruktion von Marx im 3. Band des „Kapital", in: Jahrbücher für Nationalökonomie und Statistik, III. Folge, 34. Bd., Jena 1907, S. 319 - 335.

ob die Wachstumsrate der Mehrwertrate stärker oder schneller zunimmt als die Wachstumsrate der organischen Zusammensetzung des Kapitals. Ist das Wachstum der Mehrwertrate größer als das Wachstum der organischen Zusammensetzung des Kapitals, so wäre der tendenzielle Fall der Profitrate ausgeschlossen. Im umgekehrten Fall wird die Profitrate nach wie vor – wenn auch langsamer als ursprünglich angenommen – sinken.[127]

2.6   Fazit der Arbeitswerttheorie

Fasst man die Arbeitswerttheorie und die daraus abgeleitete Lohnbildung bzw. die Gewinn-, Zins- und Grundrentenerklärung der *klassischen Ökonomen* zusammen, so kann festgestellt werden, dass Arbeit im einzel- und gesamtwirtschaftlichem Gefüge als der einzige wert-schaffende und produktive Produktionsfaktor eingestuft wurde. Nur die menschliche Arbeit ist bei den klassischen Ökonomen in der Lage volkswirtschaftlichen Wohlstand zu erzeugen. Für *Smith* und *Ricardo* wurde vom „Ertrag der Arbeit" der Gewinn, Zins und die Grundrente abgezogen („Lohnabzugstheorie"). *Marx* erklärte diese Größen anhand der Mehrwerttheorie. Aufgrund der Herrschafts- und Eigentumsverhältnisse im Kapitalismus fließt hier der vom „Faktor" Arbeit geschaffene Neu- bzw. Mehrwert der Kapitalklasse zu.

Die Lohnhöhe bestimmten alle klassischen Ökonomen, wenn auch unterschiedlich hergelei-tet, anhand eines *angebotsseitig* bestimmten **Existenzlohns** oder *nachfrageseitig* auf Basis der **Lohnfondstheorie**. Demnach wird der Lohn für Arbeit durch das Existenzminimum determiniert, das der Arbeiter benötigt um seine Arbeitskraft zu erhalten und sich fortzu-pflanzen. Der Lohn kann allenfalls **kurzfristig** von diesen Reproduktionskosten durch be-stimmte Angebots- und Nachfragekonstellationen am Arbeitsmarkt abweichen („Oszillation-stheorie"). Durch ein langfristig tendenzielles Ungleichgewicht am Arbeitsmarkt, d.h., es gibt ein größeres Angebot als eine Nachfrage nach Arbeitskräften, wird der Lohn unter dem Druck der **Reservearmee des überschüssigen Arbeitsangebots** aber immer wieder auf das *Existenzminimum* (dessen jeweilige Höhe von der historischen Entwicklungsstufe des Kapi-talismus bestimmt wird) zurückgeworfen. Den Grund dafür erblickte *Smith* in der **Macht der Unternehmer**, *Ricardo* im von *Malthus* formulierten **Bevölkerungsgesetz** und *Marx* in ei-nem **arbeitssparenden technischen Fortschritt** (Anstieg der organischen Zusammenset-zung des Kapitals), der das Arbeitsangebot gegenüber der Nachfrage immer mehr steigen und so den Lohn immer weiter fallen lässt. Die hierbei entstehende **Arbeitslosigkeit** führt letztlich zu einer relativen Verelendung (**Verelendungstheorie**) der Arbeiterklasse. „Der Kerngedanke der **Lohnfondstheorie** besteht darin, dass die Löhne als ein Vorschuss angese-hen werden, den die Unternehmen den Beschäftigten für eine bestimmte Periode aus ihrem Kapital gewähren. Entsprechend dieser *Vorschusstheorie des Lohnes* sind die für Lohnzah-lungen zur Verfügung stehenden Mittel durch das jeweils zu einem konkreten Zeitpunkt bestehende Kapital begrenzt. (...) Für die Vertreter der Klassik steht demnach fest, dass die *soziale Lage der Arbeiterklasse* nur verbessert werden kann, wenn sich das Verhältnis von **Kapital** und **Bevölkerung** zu ihren Gunsten verschiebt. Dies kann zum einen dadurch ge-schehen, dass sich z.B. im Zuge des technischen Fortschritts das Kapital vergrößert und auf diese Weise der Spielraum für Lohnzahlungen erhöht."[128]

---

[127]   Im Kapital 4.3.2 wird die Entwicklung der *Profitrate* in Deutschland seit 1950 ausführlich empirisch unter-sucht.

[128]   Schulten, T., Solidarische Lohnpolitik in Europa, a.a.O., S. 27.

Gegen die dem Existenzlohn oder der Lohnfondstheorie zugrunde liegende *Verelendungstheorie* ist immer wieder polemisiert worden.[129] Hierzu muss zunächst einmal konstatiert werden, das *Karl Marx* nur von einer **relativen Verelendung** ausgegangen ist, d.h. von einer Verschiebung der Lohnarbeit zugunsten des Kapitals bezogen auf das erwirtschaftete Gesamtprodukt und nicht – wie viele Autoren unterstellen – von einer absoluten Verelendung. Diese ist in der Tat – zumindest in den hoch entwickelten Industrieländern der kapitalistischen Welt – nicht eingetreten.[130] Insbesondere durch die Herausbildung von **Gewerkschaften** (vgl. Abschnitt 3.6.1), die zum Kapital am Arbeitsmarkt einen *Gegenpol* haben entfalten können, standen sich seit der Aufhebung der Koalitionsverbote, spätestens seit Anfang des 20. Jahrhunderts realiter gleich mächtige Interessengruppen gegenüber. Hierdurch veränderte sich das **Verteilungsergebnis** des „Ertrages der Arbeit" zugunsten der abhängig Beschäftigten. Die **Brutto-Lohnquote** (vgl. Abschnitt 4.2.2) lag im Jahr 1870 in Deutschland noch bei 43,1 v.H. Bis 1930 war sie auf 60,2 v.H. angewachsen. Kurz vor Ausbruch des *Zweiten Weltkrieges* wurden dann aber nur noch 54,9 v.H. realisiert. Ihren Höhepunkt erreichte die Brutto-Lohnquote mit 75,3 v.H. im Jahr 1981. Heute ist sie auf Grund der in den letzten Jahren massiv vollzogenen **Umverteilungen** von unten nach oben auf einen Stand von 65,6 (2006) v.H. wieder abgesackt.[131] Dennoch ist eindeutig eine positive *langfristige* Entwicklung der Lohnquote zu konstatieren. Dies wurde von allen klassischen Ökonomen, auch von *Marx*, in dieser Form nicht vorhergesehen und in den jeweiligen theoretischen Ansätzen entsprechend nicht berücksichtigt. *Helmut Arndt* erklärt dies wie folgt:

> „Dank der gleichgewichtigen **Machtverteilung** stieg der Reallohn mit der Arbeitsproduktivität. Dies ist in allen Volkswirtschaften, in denen die Arbeiter den Schutz starker und selbständiger Gewerkschaften genießen, zu beobachten. Damit zeigt sich zugleich, daß die von Marx gegründete '**Verelendungstheorie**' nur unter bestimmten Bedingungen gilt. Ist der Arbeiter ohnmächtig, so trifft sie zu. Ist die Macht am Arbeitsmarkt hingegen gleich verteilt, so nimmt der Arbeiter an der Wohlstandssteigerung teil."[132]

Hieraus lässt sich auch das empirisch feststellbare Ergebnis eines **wachsenden Konsumniveaus** für die Lohnabhängigen im entwickelten Stadium des Kapitalismus ableiten.[133] Was hieraus aber nicht folgt, ist eine grundsätzliche Widerlegung der Arbeitswerttheorie, die, wie *Karl Georg Zinn* betont, von der herrschenden Wirtschaftslehre als 'falsch' verworfen wird.

---

[129] Vgl. hierfür in der Literatur stellvertretend Peters, H.-R., Politische Ökonomie des Marxismus, a.a.O., S. 83 - 90.

[130] Für *Entwicklungsländer* oder die sogenannten *kapitalistischen Schwellenländer* der südlichen und östlichen Himmelsphäre trifft sie dagegen uneingeschränkt sogar in ihrer absoluten Variante zu.

[131] Vgl. Siebke, J., Verteilung, in: Vahlens Kompendium der Wirtschaftstheorie und Wirtschaftspolitik, Bd. 1, München 1980, S. 339, Külp, B., Verteilung, Theorie und Politik, 3. Aufl., Stuttgart, Jena 1994, S. 238, Schäfer, C., Unverdrossene „Lebenslügen-Politik" – Zur Entwicklung der Einkommensverteilung, in: WSI-Mitteilungen, Heft 11/2006, S. 583.

[132] Arndt, H., Markt und Macht, Tübingen 1973, S. 173.

[133] Dies bedeutet aber nicht, dass alle *abhängig Beschäftigten*, sozusagen gleichmäßig, an einem hohen Konsumniveau partizipieren können. Dem widersprechen allein die hohen Zahlen der *prekär Beschäftigten*. So hatten in Deutschland im Jahr 2006 gut 6,6 Millionen abhängig Beschäftigter nur eine geringfügig entlohnte Beschäftigung und über 13,5 v.H. der bundesdeutschen Bevölkerung, das sind über 11 Millionen Bundesbürger, lebten in Armut. Zur *Armut* und zum *Reichtum* in Deutschland vergleiche: Beck, D., Meine, H., Wasserprediger und Weintrinker. Wie Reichtum vertuscht und Armut verdrängt wird, Göttingen 1997, Schui, H., Spoo, H., (Hrsg.), Geld ist genug da. Reichtum in Deutschland, 2. Aufl., Heilbronn 1996, Butterwegge, C., Klundt, M., (Hrsg.), Kinderarmut und Generationengerechtigkeit, Opladen 2002, Bundesregierung, (Hrsg.): Erster und zweiter Armuts- und Reichtumsbericht, Lebenslagen in Deutschland, Bonn 2000 und 2005.

„ (...) arbeitswerttheoretische Überlegungen spielen in den Standardlehrbüchern der Ökonomie (...) kaum eine Rolle. Allenfalls wird unter theoriegeschichtlichem Aspekt darauf verwiesen, um dann sofort die vermeintliche Abwegigkeit dieser Wertbegründung eloquent darzulegen."[134]

Mit dem **Transformationsproblem** (der Umwandlung von *Werte* in *Preise*) glaubt die heute herrschende Volkswirtschaftslehre mit der „störenden" Arbeitswerttheorie „aufgeräumt" zu haben. Bereits 1896 ging zumindest *Eugen von Böhm-Bawerk* (1851 bis 1914) davon aus.[135] Diese Kritik gipfelte schließlich in der Feststellung von *Claudio Napoleoni*:

„Wenn das Problem der Transformation auf diese Weise aufgefasst und streng der Richtung folgend, die Marx selbst angezeigt hatte, weiterentwickelt wird, so zerstört es sich sozusagen selbst, da man nicht bei einer Transformation der Ware in Preise anlangt, sondern bei einer Bestimmung der Preise, die unabhängig ist von den Werten."[136]

Die Arbeitswerttheorie wird von allen Kritikern völlig fälschlich als eine **Theorie der Preisbildung**, der relativen Tauschwerte und nicht nach der Marx'schen Auffassung vom „absoluten Wert" interpretiert. Dies schreibt *Rudolf Hilferding* (1877 bis 1941) bereits 1904 in einem Beitrag zu *Böhm-Bawerks* Kritik an Marx.[137] Um eine Erklärung der Preisbildung ging es *Marx* in der Tat nicht bei der Mehrwerttheorie. Außerdem erkennt *Marx* durchaus – wie bereits erwähnt – die Möglichkeit einer Nichtübereinstimmung von *Einzelpreisen* und *Einzelwerten*. *Marx* Mehrwerttheorie ist vor allem eine **Theorie der Wertschöpfung** und daher eine **Verteilungstheorie** des Volkseinkommens unter kapitalistischen Bedingungen. Dies ist der eigentliche Grund für die Kritik. Zeigt er doch, dass sich die *Quelle* des Profits aus der Differenz zwischen dem „Wert der Arbeit" und dem „Tauschwert der Arbeitskraft" nur deshalb ergibt, weil der Arbeiter unter den **Eigentumsverhältnissen** des kapitalistischen Systems gezwungen ist, seine Arbeitskraft an den Unternehmer zu verkaufen und der abhängig Beschäftigte deshalb nicht den vollen Ertrag *seiner* Arbeit erhält.

Ohne hier die vollständige Diskussion und den heftigen wissenschaftlichen Diskurs um die Arbeitswerttheorie – teilweise auf einem sehr hohen mathematischen Niveau – nachzeichnen zu können, lässt sich dennoch zeigen, dass die vorgebrachte Kritik gegen die Arbeitswerttheorie letztlich einer Überprüfung (Kritik an der Kritik) nicht stand hält.[138] Erst vor kurzen wurde dies noch einmal von *Fritz Helmedag* überzeugend aufgezeigt.[139] Zumindest hat die Debatte bisher nicht zu einer wirklichen Widerlegung der Arbeitswerttheorie geführt.

Aber selbst wenn man die klassische Arbeitswerttheorie völlig ignoriert, (weil nach *Wilhelm Busch* (1832 bis 1908) aus ideologischen Gründen gilt: „Das nicht sein kann, was nicht sein

---

[134] Zinn, K.-G., Wie Reichtum Armut schafft. Verschwendung, Arbeitslosigkeit und Mangel, Köln 1998, S. 15.

[135] Vgl. Böhm-Bawerk, E.v., Zum Abschluß des Marx'schen Systems. Festschrift für Karl Knies, Berlin 1896.

[136] Napoleoni, C., Ricardo und Marx, Frankfurt/M. 1974, S. 201f.

[137] Vgl. Hilferding, R., Böhm-Bawerks Marx-Kritik, in: „Marx-Studien", Blätter zur Theorie und Politik des wissenschaftlichen Sozialismus, Wien 1904.

[138] Vgl. Schwarz, W., Viel Lärm um Nichts. Zum sogenannten Transformationsproblem, sowie Katzenstein, R., Wert und Preis. Zum Transformationsproblem und seiner Lösung. Beide Aufsätze sind abgedruckt in: Sozialistische Politik, Heft 2/1978, S. 6 - 31.

[139] Vgl. Helmedag, F., Warenproduktion mittels Arbeit. Zur Rehabilitation des Wertgesetzes, 2. Aufl., Marburg 1994, sowie derselbe: Kapitale Böcke in der Kapitaltheorie. Der Test zum Protest, in: Jahrbücher für Nationalökonomie und Statistik, Bd. 216/6, S. 744 - 760.

darf"), so lässt sich die Ausbeutung des „Faktors" Arbeit[140] auch in der Sprache der sogenannten modernen Volkswirtschaftslehre durch ein simples **Zurechnungsproblem des Arbeitsertrages** zeigen. Es wird wohl kaum ernsthaft zu bestreiten sein, dass der Einsatz von Kapital (K) in Verbindung mit der unternehmerischen Leistung alleine (isoliert) unter Verzicht auf jeglichen Arbeitseinsatz, also auf den Produktionsfaktor Arbeit (A), praktisch keine Produktion und damit auch keinen Gewinn erbringt („Wenn dein starker Arm es will, stehen alle Räder still" (*Wladimir Iljitsch Lenin* (1870 bis 1924)). Davon geht übrigens auch die **neoklassische Theorie** (siehe dazu ausführlich das Abschnitt 3.4.2) mit ihrer unterstellten gesamtwirtschaftlichen **Produktionsfunktion** $Y = Y (A, K)$ aus, die als beschränkt substitutional bezeichnet werden kann, d.h. nur mit *einem* Produktionsfaktor ist *kein* Output zu erzielen:

$$Y (A, 0) = 0 \qquad Y (0, K) = 0$$

Aufgrund dieser ökonomisch unumstößlichen Tatsache wäre dann das gesamte Produktionsergebnis logischerweise auch dem „Faktor" Arbeit zuzurechnen, denn ohne ihn kommt keine Produktion zustande. Nun gilt allerdings der umgekehrte Fall auch. Wird nämlich nur Arbeit im Produktionsprozess eingesetzt und auf jeglichen Kapitaleinsatz verzichtet, dann sinkt das Produktionsergebnis praktisch ebenfalls auf *Null* und das gesamte Ergebnis der Produktion müsste dem „Faktor" Kapital zugerechnet werden. Bei dieser Betrachtung wird allerdings nicht bedacht, dass Kapital in Form von Maschinen und Produktionsgebäuden u.a. nichts anderes ist, als *vergegenständlichte* (vorgetane) lebendige Arbeit in einer **vorgelagerten Wirtschaftsperiode**, d.h., ohne Arbeit hätte das zum Einsatz kommende Realkapital ursprünglich gar nicht entstehen können. Kapital, so stellt die herrschende Wirtschaftswissenschaft zu Recht fest, ist lediglich ein **derivativer Produktionsfaktor** und *Adam Smith* schrieb bereits 1776:

> „Arbeit war der erste Preis oder ursprünglich das Kaufgeld, womit alles andere bezahlt wurde. Nicht mit Gold und Silber sondern mit Arbeit wurde aller Reichtum dieser Welt letztlich erworben."[141] (...) Ursprünglich, vor der Landnahme und der Ansammlung von Kapital, gehört dem Arbeiter der ganze Ertrag der Arbeit. Er muß weder mit einem Grundbesitzer noch mit einem Unternehmer teilen."[142]

Die Erklärung einer **Kapitalbildung** der heutigen Ökonomie muss dagegen mehr als verwundern, wenn behauptet wird, dass Kapital nur durch **Konsumverzicht** gebildet werden kann; als unterschieden sich Lohnarbeiter und Unternehmer nur dadurch, dass der erstere alle seine Einkommen stets voll konsumiert, während der andere einen Teil davon **gespart** und sich im Laufe der Zeit ein Vermögen daraus gebildet hat. Zur Aufklärung sei hier noch einmal auf das 24. Kapitel „Die sogenannte ursprüngliche Akkumulation" im „Kapital" von *Marx* verwiesen.[143]

> „Adam biß in den Apfel, und damit kam über das Menschengeschlecht die Sünde. Ihr Ursprung wird erklärt, indem er als Anekdote der Vergangenheit erzählt wird. In einer längst verfloßnen Zeit gab es auf der einen Seite eine fleißige, intelligente und vor allem sparsame Elite und auf der andren faulenzende, ihr alles und mehr verjubelnde Lumpen. Die Legende

---

[140] Später wird noch zu zeigen sein, dass auch mit dem Wertansatz der *neoklassischen Theorie* die Ausbeutung des „Faktors" Arbeit erklärt werden kann.

[141] Smith, A., a.a.O., S. 28.

[142] Ebenda, S. 56.

[143] Vgl. Marx, K., Das Kapital, Bd. 1, a.a.O., S. 741 - 791.

vom theologischen Sündenfall erzählt uns allerdings, wie der Mensch dazu verdammt worden sei, sein Brot im Schweiß seines Angesichts zu essen; die Historie vom ökonomischen Sündenfall aber enthüllt uns, wieso es Leute gibt, die das keineswegs nötig haben. Einerlei. So kam es, dass die ersten Reichtum akkumulierten und die letzteren schließlich nichts zu verkaufen hatten als ihre eigne Haut. Und von diesem Sündenfall datiert die Armut der großen Masse, die immer noch, aller Arbeit zum Trotz, nichts zu verkaufen hat als sich selbst, und der Reichtum der wenigen, der fortwährend wächst, obgleich sie längst aufgehört haben zu arbeiten. (...) In der wirklichen Geschichte spielen bekanntlich Eroberung, Unterjochung, Raubmord, kurz Gewalt die große Rolle. In der sanften politischen Ökonomie herrschte (...) die Idylle. Recht und ‚Arbeit‘ waren von jeher die einzigen Bereicherungsmittel, natürlich mit jedesmaliger Ausnahme von ‚diesem Jahr‘. In der Tat sind die Methoden der ursprünglichen Akkumulation alles andre, nur nicht idyllisch.“[144]

Für Marx ist die „so genannte ursprüngliche Akkumulation“ des Kapitals letztlich „nichts als der historische Scheidungsprozeß von Produzent und Produktionsmittel.“[145] Sie ist „Expropriation der unmittelbaren Produzenten“ und damit „Verwandlung der feudalen in kapitalistische Expropriation.“ (...) „Und die Geschichte dieser ihrer Expropriation ist in die Annalen der Menschheit eingeschrieben mit Zügen von Blut und Feuer.“[146]

Auch durch eine *gesamtwirtschaftlich-kreislauftheoretische* Überlegung kann mit dem Jesuitenpater und Ökonom *Oswald von Nell-Breuning* (1890 bis 1985) eine Ausbeutung des Produktionsfaktors Arbeit hergeleitet werden. Dazu schreibt *von Nell-Breuning*:

„In unserer Wirtschaft werden sowohl Konsumgüter als auch Kapital- oder Investitionsgüter produziert; die ersteren gehen, wie ihr Name besagt, in den Verbrauch, die letzteren dienen langfristiger Nutzung, für Wohnhäuser und dergleichen, oder dienen selbst wieder der Produktion, für Fabriken, Maschinen usw. An der Erzeugung beider Arten von Gütern wirken die Arbeitnehmer mit; für die Arbeitsleistung in diesen beiden Zweigen der Produktion zahlen die Unternehmer ihnen Arbeitslohn; dieser Arbeitslohn erscheint in der Erfolgsrechnung der Unternehmer als Kosten. Verwenden die Arbeitnehmer nun den ganzen Arbeitslohn zum Kauf der geschaffenen Verbrauchsgüter, so heißt das: die Unternehmer erhalten die ganze von ihnen als Kosten aufgewendete Lohnsumme zurück und geben dafür nur die produzierten Konsumgüter ab; die neugeschaffenen Kapital- oder Investitionsgüter verbleiben ihnen sozusagen gratis und franko. Man könnte das auch so ausdrücken: die Arbeitnehmer schenken den Unternehmern die Kapital- oder Investitionsgüter und sind zufrieden, als Entgelt für ihre Leistung im Produktionsprozeß denjenigen Teil der produzierten Güter zu erhalten, der in Konsumgütern besteht. Auf diese Weise werden die Unternehmer reicher und reicher, die Arbeitnehmer bleiben Habenichtse.“[147]

In dieser einfachen kreislauftheoretischen Veranschaulichung (vgl. dazu auch das Zahlenbeispiel im folgenden Kasten) drückt sich gleichzeitig die gesamte Problematik und **Krisenanfälligkeit** einer kapitalistischen Wirtschaftsordnung aus. Die *Gesamtsumme der Arbeitseinkommen* – selbst bei einer Konsumquote von eins (aus dem Arbeitseinkommen wird nichts

---

[144] Marx, K., Das Kapital, Bd. 1, a.a.O., S. 741f.

[145] Vgl. ebenda, S. 742.

[146] Ebenda, S. 743.

[147] von Nell-Breuning, O., Kapitalismus und gerechter Lohn, Freiburg i. Br. 1960, S. 140f.

gespart) – ist zu gering um als Gesamtnachfrage die produzierte Waren- bzw. Wertmasse (Wertschöpfung) einer Abrechnungsperiode zurückzukaufen. Ohne eine entsprechende Konsum- und Investitionsnachfrage der Kapitaleigentümer lässt sich der in der Produktion entstehende Gewinn an den Absatzmärkten nicht erzielen.

Investitionsgüter		Konsumgüter	
Löhne 300	Wert 500	Vorleistung 500	Wert 1.400
Gewinn 200		Löhne 600	
		Gewinn 300	

Die Investitionsgüter haben einen Wert von 500 Einheiten und dienen als Vorleistung für die Konsumgüterindustrie. Der Wert der Investitionsgüter wird abgedeckt durch den Gewinn der Kapitaleigentümer in der Investitionsgüterindustrie. Die Arbeiter erhalten als Gegenwert für ihre Lohnsumme in beiden Wirtschaftszweigen in Höhe von 900 Einheiten den Wert der Konsumgüter von ebenfalls 900 Einheiten (1.400 – 500). Der Gesamtwert (Y) verteilt sich demnach auf Löhne (L) und (G) wie folgt:

$$Y = L + G = 1.400 = 900 + 500.$$

Die Lohnquote $\dfrac{L}{Y}$ · 100 beträgt 64,3 v.H. und die

Gewinnquote $\dfrac{G}{Y}$ · 100 beläuft sich auf 35,7 v.H.

Damit hängt die Höhe der Realisierung der gesamtwirtschaftlichen Gewinnsumme letztlich nur von der Konsumtion und der Investition der Kapitaleigentümer selbst ab. *John Maynard Keynes* (1883 bis 1946) fasste den Sachverhalt in seinem Theorem vom „Krug der Witwe" wie folgt zusammen.

„Welchen Teil ihrer Gewinne demnach die Unternehmer auch für den Konsum verwenden, der Vermögenszuwachs zugunsten der Unternehmer bleibt der gleiche wie zuvor. Somit sind die Gewinne, als eine Quelle der Kapitalakkumulation bei den Unternehmern, unerschöpflich wie der Krug der Witwe, wie viel davon auch immer einer ausschweifenden Lebensführung dient."[148]

„Diese gesamtwirtschaftliche Selbsterzeugung der Unternehmereinkommen durch Unternehmerausgaben ist selbstverständlich für die einzelne **Investitionsentscheidung** irrelevant. Investiert wird gemäß der konkreten, einzelwirtschaftlichen Erwartungen über (steigende) Absatzchancen und/oder Kostenreduktionen durch Rationalisierungen."[149] Schränken die Kapitaleigentümer aber aus welchen Gründen auch immer ihre Konsumtion ein und verfallen in einen **Investitionsattentismus**, dann steigt in Folge die gesamtwirtschaftliche **Sparquote** wodurch es letztlich zu einer **Nachfragelücke** kommt und Arbeitslosigkeit entsteht.

Das kapitalistische System ist demnach als **instabil** einzustufen. Dies zeigt sich auch in dem paradoxen Ergebnis eines einzelwirtschaftlichen rationalen Verhaltens und den daraus folgenden gesamtwirtschaftlichen Wirkungen. Der von *Adam Smith* aufgestellten kapitalistischen

---

[148] Keynes, J. M., A Treatise on Money, London 1930, deutsch: Keynes, J. M., Vom Gelde, Berlin 1955, S. 113.

[149] Zinn, K.-G., Wie Reichtum Armut schafft, a.a.O., S. 37.

„Harmonielehre", wonach das egoistisch motivierte Handeln letztlich wettbewerbsvermittelt in einen insgesamt gesamtwirtschaftlichen Vorteil (Wohlfahrt) umschlägt, widersprach *Keynes*. Er erkannte hier vielmehr einen im System angelegten „Webfehler" einer **„kapitalistischen Rationalitätsfalle"**, die das Auseinanderfallen von einzel- und gesamtwirtschaftlicher Logik beschreibt. „Wenn ich meine Ausgaben individuell reduziere, um meine laufenden Ausgaben an die Einnahmen anzupassen, kann ich davon ausgehen, dass mir das gelingt, weil meine *Sparentscheidung* keinen Einfluss auf meine *Einnahmen* hat. Wenn aber alle Wirtschaftssubjekte ihre Ausgaben reduzieren, vermindert das auch ihre Einnahmen."[150] Was also auf einzelwirtschaftlicher Ebene, ob beim privaten Haushalt oder beim Unternehmen, durchaus rational sein mag, schlägt in Summe gesamtwirtschaftlich negativ auf das ganze System zurück. Wird beispielsweise immer mehr von den privaten Haushalten gespart – auch in bezug auf eine *kapitalgedeckte Rente* – und werden auf unternehmerischer Ebene immer mehr die Kosten gesenkt und womöglich auch beim Staat gespart, so kommt es letztlich zu einem Ausfall an privater und staatlicher konsumtiver und investiver gesamtwirtschaftlicher Nachfrage. Weil Unternehmer aus ihrer interessenorientierten Sicht (rational) nach maximaler Gewinnproduktion streben und dazu die *Arbeitskosten*, die immer in exakt gleicher Höhe *Arbeitseinkommen* implizieren, senken, beeinflussen sie zwar positiv ihre individuellen betrieblichen Ausgaben. Diese gehen zurück und ceteris paribus steigen zunächst ihre Gewinne. Mit dem Rückgang der Arbeitskosten sinkt aber gleichzeitig auch das gesamtwirtschaftliche Masseneinkommen. Senken nun *alle* Unternehmen ihre Arbeitskosten, dann geht die Rechnung für *alle* Unternehmen nicht mehr auf. Erstens resultiert aus der Absenkung kein intendierter Wettbewerbsvorteil mehr. Es ist ein **Nullsummenspiel** auf abgesenktem Niveau. Was die einen vermeintlich gewinnen, müssen die anderen verlieren. Da die Kosten (Ausgaben) des einen in einer geschlossenen Volkswirtschaft die Einnahmen des anderen sind, gehen zweitens insgesamt für alle Unternehmen die Umsätze, zunächst in Form von Absatzeinbußen zurück. Hierdurch wird ein verschärfter **„destruktiver Preiswettbewerb"** ausgelöst und gleichzeitig ein **„konstruktiver Wettbewerb"** über innovativ verbesserte oder sogar ganz neue Produkte behindert. Die Preissenkungen führen womöglich sogar zu *deflatorischen Tendenzen*. Dies bleibt natürlich in der zweiten Phase nicht ohne Folgen für den **Gewinn** der Unternehmen. Dieser geht nach anfänglicher Erhöhung zurück und viele, in der Regel *mittelständische Unternehmen* schreiben sogar Verluste. Um sich aus der Krise unternehmensindividuell zu befreien, versuchen die Unternehmen weiter ihre Kosten zu senken. Es kommt zu einer gefährlichen Abwärtsspirale, zu einem **Teufelskreis**, aus der es ohne staatliche Intervention keinen marktimmanenten Ausweg gibt. „Kostensenkungen, die große Wunderwaffe der neoliberalen Ökonomen, politischen Laienspieler und Unternehmensberater, sind – aus gesamtwirtschaftlicher Sicht – zwingend ein ‚Rohrkrepierer'."[151] Dies ist eine weitere wichtige keynesianische Erkenntnis. Im Jahr 1926 beschreibt *Keynes* deshalb auch das **„Ende des Laissez-Faire"**. Er sieht deutlich, das ein markt- bzw. wettbewerblicher Selbstlauf ohne staatliche Interventionen auf Grund der „Rationalitätsfalle" allenfalls suboptimale gesamtwirtschaftliche Ergebnisse zeitigt und er zieht daraus die Konsequenz, wenn er schreibt: „Ich bringe den **Staat** ins Spiel; die Laissez-Faire-Doktrin gebe ich auf."[152] Hierauf wird noch in Kapitel 4 ausführlich zurückzukommen sein.

---

[150]   Bofinger, P., Wir sind besser, als wir glauben. Wohlstand für alle, 3. Aufl., München 2005, S. 112.

[151]   Flassbeck, H., Wie Deutschland wirtschaftlich ruiniert wurde. Ein Bericht aus dem Jahr 2010, in: Blätter für deutsche und internationale Politik, Heft 8/2003, S. 956f.

[152]   Zitiert bei Willke, G., John Maynard Keynes, Frankfurt a.M. 2002, S. 18.

Fragen zur Kontrolle und Vertiefung:

1. Was würden Sie zu folgender Argumentation sagen: „Ich suche jetzt schon seit drei Monaten einen qualifizierten Tischlermeister und kann keinen trotz vorliegender Massenarbeitslosigkeit finden."

2. Welche Lohn-Konsequenzen verlangten die Merkantilisten?

3. Was verstehen Sie unter dem Begriff „Surplus" und wie teilt er sich auf?

4. In welchem Jahr wurde das Koalitionsverbot aufgehoben?

5. Erklären Sie die Existenzlohntheorie.

6. Welche Faktoren bestimmen nach Adam Smith die Lohnhöhe?

7. Was bestimmt den Doppelcharakter einer Ware?

8. Was ist der Vergleichsmaßstab für den Tauschwert einer Ware?

9. Erklären Sie den Unterschied zwischen absoluten und relativen Mehrwert.

10. Wie verteilt sich die Mehrwertmasse?

11. Mit einem konstanten Kapitaleinsatz von 600 Einheiten und einem Lohnfonds in Höhe von 350 wird ein Mehrwert von 200 Einheiten realisiert. Der quantitative Produktionsoutput soll 250 Einheiten betragen.

    a) Wie groß ist die organische Zusammensetzung des Kapitals?

    b) Wie groß ist die Mehrwertrate?

    c) Bestimmen Sie die Profitrate.

    d) Zu welchem Wert (Preis) muß die Ware abgesetzt werden?

12. Wie verändert sich die Profitrate, wenn der konstante Kapitaleinsatz ceteris paribus auf 650 Einheiten steigt?

13. Wie verhält sich die Profitrate, wenn es zu einer Produktionsoutputerhöhung (Produktivitätssteigerung) auf 280 Einheiten kommt?

14. Wann kommt es zu einer Lohnsubvention?

15. Interpretieren Sie den folgenden Satz: „Die gesamtwirtschaftliche Lohnsumme, selbst wenn alle Lohnempfänger eine Sparquote von Null aufwiesen, also die gesamte Lohnsumme konsumnachfragewirksam würde, reicht nicht aus, um Gewinneinkommen entstehen zu lassen."

3 Lohn und Gewinn in Neoklassik und Betriebswirtschaftslehre

3.1 Grundsätzliches zum Wert-Preisverständnis

Mit der Ablösung der klassischen Nationalökonomie durch die orthodox-liberalistische **neo-klassische Theorie**[153] gegen Ende des 19. Jahrhunderts wurde die Bestimmung des Lohns nicht mehr durch Arbeitswerte sondern durch eine **subjektive Wertlehre** untermauert. Als Erklärung für diesen grundlegenden *Paradigmenwechsel* in der Nationalökonomie stellen *Joan Robinson* (1903 bis 1983) und *John Eatwell* fest:

„Es war nicht so sehr eine Schwäche der reinen Theorie als eine Veränderung im politischen Klima, welche die Herrschaft der Klassik beendete. Klassische Lehrmeinungen, sogar in ihrer liberalsten Form, heben die wirtschaftliche Rolle der sozialen Klassen und der Interessenkonflikte zwischen ihnen hervor. Der Brennpunkt des sozialen Konflikts verlagerte sich im späten 19. Jahrhundert vom Antagonismus der Kapitalisten und Grundbesitzer zum Widerspruch zwischen Arbeitern und Kapitalisten. Furcht und Schrecken, die durch das Werk von Marx entstanden, wurden durch die Einwirkungen der Pariser Kommune von 1870 in ganz Europa verstärkt. Lehrmeinungen, die einen Konflikt anregten, waren nunmehr unerwünscht. Theorien, die die Aufmerksamkeit vom Antagonismus der sozialen Klassen ablenkten, waren hoch willkommen."[154]

Und an anderer Stelle schreibt *Robinson*:

„Die unbewußte Voreingenommenheit hinter dem neoklassischen System lag hauptsächlich darin, daß es die Profite auf die gleiche Stufe des moralischen Ansehens hob wie die Löhne. (...) Die nüchterne Haltung der Klassiker, die die Ausbeutung als Quelle des nationalen Wohlstandes anerkannten, wurde aufgegeben (...) die augenfällige Rationalität des Systems bei der Verteilung des Produkts auf die Produktionsfaktoren verschleiert die willkürliche Verteilung der Faktoren auf die Menschen."[155]

Mit der „*neoklassischen Revolution*" innerhalb der Wirtschaftswissenschaft (das Ende der klassischen Nationalökonomie wird allgemein auf die Jahre 1870 bis 1874 datiert[156]), die letztlich in eine rein marktdeterminierte harmonische **Gleichgewichtstheorie** von *Leon Walras* (1834 bis 1910) mündete, entfernt sich die wirtschaftswissenschaftliche Diskussion,

---

[153] Der Begriff „*neoklassisch*" stammt dabei ursprünglich von *Torstein Bunde Veblen* (1857 bis 1929), der diesen zur Charakterisierung der Schriften von *Alfred Marshall* (1842 bis 1924) verwendet hat.

[154] Robinson, J., Eatwell, J., Einführung in die Volkswirtschaftslehre, München 1974, S. 67f.

[155] Robinson, J., Doktrinen der Wirtschaftswissenschaften. Eine Auseinandersetzung mit ihren Grundgedanken und Ideologien, München 1965, S. 73 - 75.

[156] In diesen Jahren veröffentlichten die neoklassischen Ökonomen *William Stanley Jevons* (1835 bis 1882), *Karl Menger* (1840 bis 1921) und *Leon Walras* (1834 bis 1910) ihre jeweiligen Werke.

„von den Fragen der Ordnung und Steuerung des Wirtschaftssystems als Rahmen, über den nicht zu diskutieren ist, und analysiert dementsprechend nur das nutzenmaximierende Verhalten der einzelnen Produzenten und Haushalte in einer unveränderlichen, unbeeinflussbaren Umwelt."[157] Die noch von den klassischen Nationalökonomen vorgenommene kritische Auseinandersetzung mit dem kapitalistischen System, die Fragen nach der Eigentumsordnung und Ausbeutung des „Faktors" Arbeit stellten bzw. das grundsätzliche Lohn-Gewinn-Verhältnis hinterfragten und die auch die Frage nach der *langfristigen Entwicklungsperspektive des Kapitalismus* aufwarfen, wurden nun nicht mehr erwähnt bzw. kurzerhand wegdefiniert. Mit dem 1890 von *Alfred Marshall* (1842 bis 1924) erschienenen Buch „Principles of Economics" wurde dann endgültig die rein mikroökonomische bzw. **angebotsorientierte Theorie,** die auf den französischen Ökonom *Jean Baptiste Say* (1767 bis 1832) zurück geht, wonach sich jedes Angebot *selbst* seine Nachfrage schafft, innerhalb der Wirtschaftswissenschaft etabliert, die lediglich noch eine kostenbestimmte Angebotsfunktion mit einer subjektiv bestimmten Nutzen- bzw. Nachfragefunktion zur Analyse von totalen Marktgleichgewichtssituationen miteinander vergleicht.

Im Ergebnis kommt es hier immer unter Bedingungen eines **flexiblen Preismechanismus** (einschließlich der Löhne und Zinsen) zu einer Gleichgewichtslösung, die bezogen auf die *Arbeitsmärkte* Vollbeschäftigung impliziert. Ist diese nicht gegeben, liegt also Arbeitslosigkeit vor, ist dies im wesentlichen eine Folge von zu **hohen Löhnen**. Unterschiedliche Eigentums- und Vermögensverhältnisse der anbietenden und nachfragenden Wirtschaftsakteure wie auch das grundsätzlich kapitalistisch immanente Lohn-Gewinn-Verhältnis sind für die Neoklassik dabei völlig unbedeutend bzw. werden als gegeben und damit als nicht mehr untersuchungsbedürftig angesehen. Die Verteilung der arbeitsteilig produzierten Wertschöpfung löst die Neoklassik ebenso unabhängig von der Eigentumsfrage mit der **Grenzproduktivitätstheorie** auf, bei der jeder Produktionsfaktor (Arbeit, Boden und Kapital) gemäß seinem produktiven Beitrag für die jeweils letzte eingesetzte Einheit zum Gesamtprodukt entlohnt wird (vgl. dazu ausführlich das Abschnitt 3.4.2). Aus dieser Gleichbehandlung der Produktionsfaktoren und den daraus entstehenden Einkommen Lohn, Gewinn, Zins und Grundrente lässt sich dann immer die bestehende Einkommensverteilung – quasi durch einen Tautologieschluss – rechtfertigen. Jeder Faktor schafft für sich einen *eigenen* Wert. Der „Faktor" Arbeit wird damit den anderen Produktionsfaktoren Boden und Kapital gleichgestellt. Der Ökonom *Otto Conrad* hat diese Sicht als die „*Todsünde der Nationalökonomie*" bezeichnet und sich gegen eine solche Gleichstellung der Produktionsfaktoren mit dem allein neuwertschaffenden Menschen verwahrt: Niemand käme auf die Idee, dass eine Geige „geigt" oder ein Fernrohr „sieht". Produktionsmitteln aber werde zur Verklärung der gesellschaftlichen Wertschöpfung eine eigenständige Leistung zugeordnet.[158] Kapital und Boden geben zwar während des Produktionsprozesses einen Wert im Rahmen ihrer jeweiligen *Nutzung* ab, sie schaffen aber nur durch den Einsatz von *lebendiger Arbeit* einen entsprechenden Neuwert oder Mehrwert (Gewinn). Denn Geld oder Kapital „*arbeiten*" nicht, sie „*erwirtschaften*" auch keine Rendite. Vielmehr stellen diese vermeintlich selbständigen, scheinbar durch Dinge verursachten Anteile der gesellschaftlichen Wertschöpfung nur unterschiedliche *Erscheinungsformen* des Mehrwerts, also menschlicher Mehrarbeit, dar. Eine ideologisierte Sichtweise der gesellschaftlichen Wertschöpfung qua ‚Produktionsfaktoren', die neuerdings um den Faktor ‚*Wissen*' ergänzt wird,

---

[157]   Kromphardt, J., Konzeptionen und Analysen des Kapitalismus, a.a.O., S. 121.

[158]   Conrad, O., Die Todsünde der Nationalökonomie, Leipzig und Wien 1934, S. 10.

wurde von *Marx* im dritten Band des Kapitals als ‚**trinitarische Formel**' überaus bissig kommentiert:

> „Im Kapital-Profit, oder noch besser Kapital-Zins, Boden-Grundrente, Arbeit-Arbeitslohn, in dieser ökonomischen Trinität als dem Zusammenhang der Bestandteile des Werts und des Reichtums überhaupt mit seinen Quellen ist die Mystifikation der kapitalistischen Produktionsweise, die Verdinglichung der gesellschaftlichen Verhältnisse, das unmittelbare Zusammenwachsen der stofflichen Produktionsverhältnisse mit ihrer geschichtlich-sozialen Bestimmtheit vollendet: die verzauberte, verkehrte und auf den Kopf gestellte Welt, wo Monsieur le Capital und Madame la Terre als soziale Charaktere und zugleich unmittelbar als bloße Dinge ihren Spuk treiben."[159]

Oberflächlich betrachtet scheint es zwar so, als das die unterschiedlichen konkreten Erscheinungsformen des Mehrwerts (Gewinn, Zins und Grundrente) aus *unterschiedlichen* ökonomischen Quellen stammen würden, aber dem ist nicht so: Sie ergeben sich letztlich alle aus einer einzigen Quelle, nämlich der *Mehrarbeit leistenden Lohnarbeit.* „Deshalb kann der gesellschaftliche Reichtum als Ganzes durch **Spekulations-, Zins-** oder **Dividendeneinkommen** auch nicht erhöht werden. Hier werden lediglich Rechtsansprüche auf einen bestimmten Anteil des gesellschaftlichen Mehrwerts (m) *umverteilt*, ohne dass diesem Vorgang eine reale Wertschöpfung zukommt. *Aktien* z.B. sind kein ‚Kapital', sondern lediglich handelbare Rechtstitel auf einen bestimmten Teil von (m). Sie besitzen daher auch keinen Wert, wenngleich ihr Verkauf das Einkommen einer *einzelnen Person* erhöhen kann. Dann ist aber im Gegenzug das Einkommen (mindestens) einer anderen Person um exakt den gleichen Betrag gefallen, d.h. per Saldo haben sich die Einkommen aus selbständiger Tätigkeit und Vermögen nicht erhöht, sondern setzen sich nun lediglich bezüglich der Verteilung ihrer einzelnen Bestandteile anders zusammen. Auch hier gilt: **Zirkulationsakte** bilden keinen Wert, sie können lediglich bereits bestehende Werte umverteilen."[160]

Versuchten die klassischen Ökonomen den Lohn noch aus dem Tauschwert (Wert der Arbeitskraft) und nicht aus dem mehrwert- bzw. gewinnschaffenden Gebrauchswert der Ware Arbeitskraft (Wert der Arbeit) zu erklären, so beziehen sich die Neoklassiker in ihrer Wertbestimmung ausschließlich auf den **Gebrauchswert einer Ware**, die seinem Käufer einen *subjektiven Nutzen* stiftet. Aus diesem Grund spricht man bei der Neoklassik auch von einer **subjektiven Wertlehre**. Ein wirtschaftliches Gut ist seinem Erwerber dabei um so wichtiger, je subjektiv nützlicher oder notwendiger und je knapper es zugleich ist. Damit verdrängt die Neoklassik nicht nur das Lohn-Gewinnverhältnis, sondern sie ist überhaupt nicht mehr ohne Verletzung des äquivalenten Tauschprinzips in der Lage den Ursprung des Gewinns zu erklären. Ohne hier auf *Marx* zurück zu greifen war in dem von *John Stuart Mill* (1806 bis 1873) im Jahr 1848 veröffentlichten Buch der „Principles of Political Economy", das über viele Jahrzehnte als die „Bibel der Ökonomen" bezeichnet wurde, bezüglich der **Gewinnquelle** dagegen noch Folgendes zu lesen:

> „Der Grund des Profits ist, daß die Arbeit mehr produziert als zu ihrem Unterhalt erforderlich ist."[161]

---

[159] Marx, K., Das Kapital, Bd. 3 (1894), Berlin 1974, S. 838.

[160] Fröhlich, N., Die Marx'sche Werttheorie: Darstellung und gegenwärtige Bedeutung, Unveröffentlichtes Manuskript, Regensburg 2003, S. 81f.

[161] Mill, J. St., Principles of Political Economy with Some of Their Applications to Social Philosophy, London 1848 (7. Aufl. London 1871) deutsche Ausgabe nach der 7. Aufl.: Mill, J. St., Grundsätze der politischen Ökonomie mit einigen ihrer Anwendungen auf die Sozialphilosophie, 2. Aufl., Jena 1924, S. 613.

Arbeitswerttheorie	Neoklassik
(objektive Wertlehre)	(subjektive Wertlehre)
Wertbestimmung durch die zu der Herstellung einer Ware benötigte gesellschaftlich durchschnittliche Arbeitszeit = objektiver Wert (nur Arbeit schafft dabei (Neu-)Wert).	Wertbestimmung abgeleitet aus einer individuellen Wertschätzung für ein Wirtschaftsgut.
Der (Markt-)Preis oszilliert kurzfristig in Abhängigkeit von Angebot und Nachfrage um den objektiven Wert als „Gravitationszentrum". Langfristig sind Preis und Wert immer gleiche Größen.	Die Wertschätzung tangiert die Preisbildung nur über die Nachfrageseite des Marktes. Das Angebot wird dadurch durch die Kosten- und Erlössituation der Produzenten bestimmt.

Abb. 3.1:   Preis- und Werterklärungen - Klassik versus Neoklassik

Im Preis (Lohn), der gemäß neoklassischer Theorie die subjektiv hergeleiteten Werte „objektiviert", spiegeln sich dagegen lediglich noch die unterschiedlichen individuellen Nutzeneinschätzungen wider. Hiermit glaubt die Neoklassik auch das bereits von den klassischen Ökonomen erkannte **Wertparadoxon** auflösen zu können.[162] Dies besagt, das Dinge, die den größten Gebrauchswert haben, wie z.B. Wasser, oft nur einen geringen Tauschwert; und umgekehrt die Dinge, welche den größten Tauschwert haben, wie z.B. Diamanten, oft nur einen kleinen oder gar keinen Gebrauchswert besitzen. Dies steht bei einer oberflächigen Analyse im Widerspruch zur Arbeitswerttheorie. *Michael Burchardt* führt dazu aus:

„Bei näherer Betrachtung zeigt sich allerdings, daß dabei von einem anderen Wertbegriff ausgegangen wird, der Marxens Ansatz überhaupt nicht berührt und das Argument insofern nicht zieht. Wenn sich Dinge wie Luft einfach konsumieren lassen, ohne etwas 'zu tun', handelt es sich aus dem Blickwinkel der Arbeitswertlehre nicht um eine Ware. Ihre Definition erfordert, daß menschliche Arbeit eingeflossen sein muß. Luft hat danach gar keinen Wert und ihr Preis von Null widerspricht der Lehre nicht, im Gegenteil. Wasser, das nur einen verhältnismäßig geringen Preis hat, ist arbeitstechnisch relativ einfach 'herzustellen' bzw. zu fördern, woraus sich sein geringer Wert bzw. Preis erklärt. Anders liegt der Fall beim Verdurstenden in der Wüste, aber hier würde die individuelle Versorgung mit dem Gut eben auch ein relativ hohes Maß an Arbeitsaufwand (Transportzeiten usw.) erforderlich machen, was den Wert solcher 'Sondergüter' in die Höhe triebe. Die Kongruenz zwischen Preis und Wert bleibt so tendenziell erhalten. (...) Einzig solche Güter, deren Arbeitswerte zu ihrem Preis in keiner Relation stehen, wie etwa bei nicht reproduzierbaren Kunstwerken, Antiquitäten, lange gelagerten Weinen oder seltenen Diamanten, sind nur schwer mit dieser Lehre zu erfassen; aber im Grund benötigt man für solche 'exotischen' Dinge auch keine – mit den für reproduzierbare Waren vergleichbare konsistente – Werterklärung. Schon Ricardo hat sie aus seiner Betrachtung mit der Bemerkung ausgeschlossen, sie würden nur einen verschwindenden Teil der volkswirtschaftlich relevanten Waren ausmachen, die täglich auf dem Markte ausgetauscht werden, so daß es hinreiche, die

---

[162]   Die *neoklassische Lehre* erklärt diesen Widerspruch damit, dass der *Gesamtnutzen* eines Gutes zwar mit dessen wachsender Verfügbarkeit zunimmt, aber der Zuwachs an Nutzen, d.h. der Nutzen der „letzten" neu dem Vorrat hinzugefügten Gütereinheit, der *Grenznutzen*, den Tauschwert einer Ware und damit den Preis bestimmt.

Analyse auf Güter zu beschränken, 'deren Menge durch menschliche Arbeitsleistungen beliebig vermehrt werden kann.' Dieser Antwort ist auch heute nichts hinzuzufügen."[163]

3.2 Gewinnableitung in der Neoklassik und Betriebswirtschaftslehre

3.2.1 Gewinnableitung

Während die Arbeitswerttheorie Werte und Preise miteinander verknüpft, wobei der Preis in Abhängigkeit von der Nachfrage und dem Angebot um den jeweiligen objektiven Wert (ausgedrückt in gesellschaftlich notwendiger Arbeitszeit, die in einer Ware steckt) als Gravitationszentrum oszilliert, fließt der Wert gemäß neoklassischer Theorie nur **nachfrageseitig** als individueller Präferenz- und Nutzenfaktor in die Preisbestimmung ein. Dem stehen auf der **Angebotsseite** die Kosten (Faktorpreise der Produktionsfaktoren Arbeit, Boden und Kapital) gegenüber. Diese sollen das Angebot in die jeweils wirtschaftlichste Verwendungsrichtung zur Auflösung einer grundsätzlich bestehenden ökonomischen Knappheit an Ressourcen lenken (Allokationsfunktion). Der **Lohn** ist in diesem Zusammenhang der Faktorpreis für geleistete Arbeit. Die anderen Faktorpreise, Zins und Grundrente, fließen als Kosten (Aufwand) in die Güterpreise ein. Der **Gewinn** reduziert sich für die Neoklassik – dies gilt insbesondere für die **Betriebswirtschaftslehre**, die sich zu Beginn des 20. Jahrhundert als eigenständige wissenschaftliche Teildisziplin von der Volkswirtschaftslehre abgespalten hat[164] – auf eine rein technische (kalkulatorische) **Aufschlagsgröße** auf die entstandenen Kosten (inkl. der genannten Faktorkosten Lohn, Zins und Grundrente). Hiermit ist aber – im Gegensatz zur Arbeitswerttheorie der klassischen Nationalökonomen – nicht die Frage nach dem **Ursprung (der Quelle) des Gewinns** beantwortet bzw. sie wird erst gar nicht gestellt. Gewinn, Zins und Grundrente basieren nicht auf Arbeitswerten, sondern letztlich auf nicht objektivierbaren bzw. subjektiven Größen wie „**Unternehmerleistung**"[165], „**Risikoübernahme**" und „**Opportunitätskosten**". Damit gelingt der heute herrschenden Wirtschaftswissenschaft gesellschaftlich von der ökonomischen **Verteilungsproblematik** der **arbeitsteilig geschaffenen Wertschöpfung** abzulenken bzw. die Frage nach dem Wert und der Ausbeutung des „Faktors" Arbeit zu verdrängen. Bezüglich der endgültigen Festlegung der **Höhe des Gewinnaufschlagssatzes** bleibt die Betriebswirtschaftslehre – wie die Neoklassik – in einem **subjektiven** und damit unwissenschaftlichen Wertansatz stecken.

---

[163] Burchardt, M., Marxistische Wirtschaftstheorie, München und Wien 1997, S.59f.

[164] Die Ablösung der klassischen Nationalökonomie durch die *Neoklassik* fiel in Deutschland mit den ersten Gründungen von *Handelshochschulen* in Leipzig (1898), Aachen (1898) und Köln (1901) zusammen. Zur Herausbildung und Entwicklung der Betriebswirtschaftslehre vergleiche ausführlich Hundt, S., Zur Theoriegeschichte der Betriebswirtschaftslehre, Köln 1977.

[165] Bei der Unternehmerleistung wird bereits übersehen, dass im Prozess der Leistungserstellung und Leistungsverwertung der *einzelne Mensch* und dessen Leistung sich weitgehend marginalisieren bzw. das nur die *Gesamtleistung* eines Unternehmens zählt und diese wiederum nur *arbeitsteilig* von *allen Beschäftigten* in Form eines komplizierten Prozesses erbracht werden kann. Die sog. „*Unternehmerleistung*" gibt es nicht. Vielleicht war bei der jeweiligen Unternehmensgründung eine außerordentliche „Idee" vorhanden, die Umsetzung verlangt aber bereits den Einsatz zusätzlicher Menschen, also den „Faktor" Arbeit. Ohne abhängig Beschäftigte gibt es keine Unternehmen.

Neoklassische (betriebswirtschaftliche) Gewinndeterminierung

Unternehmerische	Bereitstellung von	Opportunitätskosten
Leistung	Risikokapital	

Unternehmerische	Innovationen u.a.
Arbeitskraft	

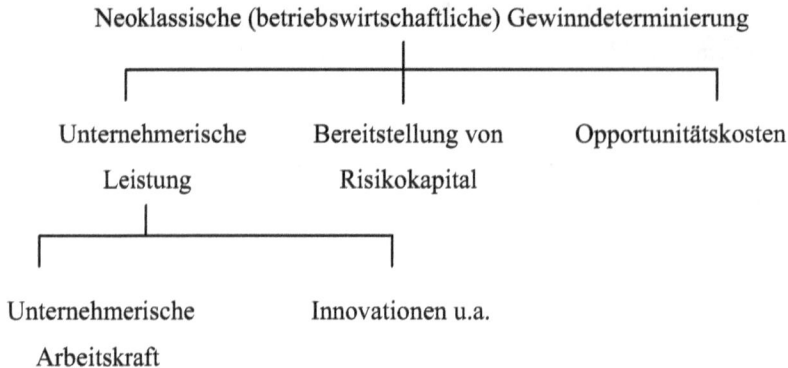

Abb. 3.2:   Gewinndeterminierung in Neoklassik und BWL

Die **unternehmerische Leistung** und die **Bereitstellung des Risikokapitals** durch den Unternehmer ist hier offensichtlich Erklärung genug.[166] Schließlich hätte der Unternehmer auch noch – gleiches gelte für die Erklärung des Zinses als eine Überlassung von Geldkapital – entsprechende **Opportunitätskosten** zu tragen. Demnach müsse für die Anlage von Risikokapital in Form von Gebäuden, Maschinen etc. zumindest soviel an Gewinnerwartung entstehen, wie eine alternative (und sogar weitgehend risikolose) Anlage im **Finanzsektor** – z.B. für festverzinsliche Wertpapiere – erbringt. Sei diese **Mindestverzinsung** nicht gegeben, so hätte der Unternehmer auch keine Veranlassung in risikobehaftetes Realkapital zu investieren. In dieser üblichen Ableitung manifestiert sich das bereits mehrfach erwähnte kapitalistische (einzelwirtschaftliche) **Investitionsmonopol** – nicht selten erpresserisch gegen den „Faktor" Arbeit und den Staat zur Gewinnpflege eingesetzt – und damit gleichzeitig die **Macht** des Kapitaleigentümers.

3.2.2   Gewinnbestimmung (Kalkulation)

In der betrieblichen Praxis und Betriebswirtschaftlehre wird für die unternehmerische Leistung,[167] und für das allgemeine Unternehmerwagnis bzw. -risiko sowie für den sogenannten Opportunitätskostencharakter einer Kapitalanlage als auch für besondere unternehmerische Leistungen (Innovationen) ein **kombinierter kalkulatorischer Gewinnaufschlagssatz** (g) auf die **Stückkosten** (k) vorgenommen. Hieraus lässt sich die allgemeine Formel der **Preisbestimmung** (p) ableiten:

$$p \;=\; k\left(1 \;+\; \frac{g}{100}\right)$$

g = kombinierter Gewinnaufschlagssatz

k = Stückkosten

---

[166]   Woher der Unternehmer das *Risikokapital* erhalten hat, ist bereits nicht mehr eine betriebswirtschaftliche Untersuchung wert. Allenfalls finden sich noch Erklärungen wie eisernes *Sparen* bzw. das Üben von *Konsumverzicht* zur Schaffung eines einzelwirtschaftlichen Geldkapitals, das dann vom „findigen" oder „schöpferischen" Unternehmer in Realkapital zur Schaffung von Gewinn umgewandelt wird.

[167]   Hierbei verrechnet der Unternehmer für seine *Arbeitskraft* einen *kalkulatorischen Unternehmerlohn*. Dieser entfällt bei angestellten „Unternehmermanagern", die ein Gehalt beziehen, das bereits im Personalaufwand verrechnet ist.

Der Aufbau des gesamten **Kalkulationsmodells** ergibt sich hier wie folgt: Unter Berücksichtigung der am Markt erzielbaren Preise (p) und absetzbaren Mengen (q) entsteht ein realisierbarer **Umsatz** $(U = p \cdot q)$.

    Umsatz

+/- Bestandsveränderungen

+   aktivierte Eigenleistungen

=   Gesamtleistung

-    Vorleistungen (Material, Abschreibungen und sonstige Vorleistungen)

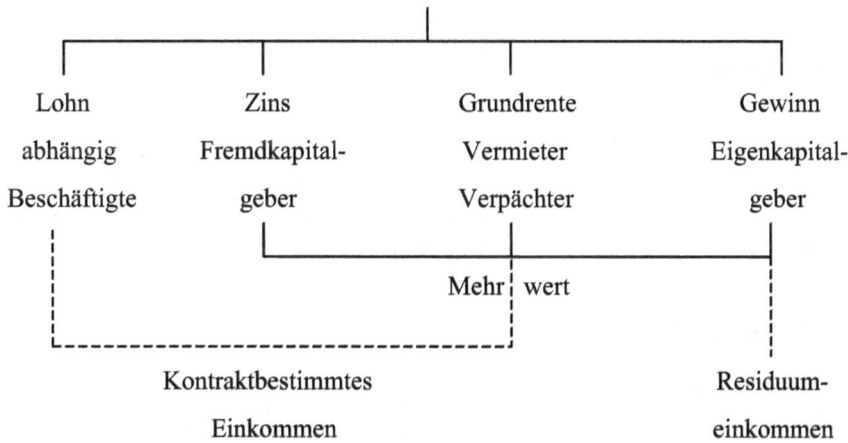

          = Wertschöpfung

Lohn	Zins	Grundrente	Gewinn
abhängig	Fremdkapital-	Vermieter	Eigenkapital-
Beschäftigte	geber	Verpächter	geber

Mehr ¦ wert

Kontraktbestimmtes   Residuum-

Einkommen   einkommen

Abb. 3.3:   Wertschöpfungsableitung und -verteilung

Bei konstanten Bestandsveränderungen – also alle produzierten Leistungen werden in einer Abrechnungsperiode verkauft – und nicht gegebener aktivierter Eigenleistungen entspricht der **Umsatz** gleichzeitig der **Gesamtleistung** eines Unternehmens. Zieht man von dieser Gesamtleistung alle **Vorleistungen** ab, so bleibt die vom Unternehmen geschaffene **Wertschöpfung** übrig. Diese Wertschöpfung verteilt sich dann auf die *kontraktbestimmten Faktoreinkommen* Lohn (abhängig Beschäftigte), Zins (Fremdkapitalgeber) und Grundrente (Vermieter, Verpächter) sowie auf das *Residuumeinkommen Gewinn* (Eigenkapitalgeber). Zins, Grundrente und Gewinn bilden hierbei den **Mehrwert**.

Um diese **Wertschöpfungsableitung** und -verteilung über den **Markt** zu realisieren, wird in einem ersten Kalkulationsschritt die Zielverzinsung des eingesetzten Kapitals (Eigenkapital) festgelegt. Die gewünschte **Planzielverzinsung** (z) für das eingesetzte Eigenkapital EK bestimmt somit auch die absolute Zielgewinnmasse G.

$$(1) \quad G \;=\; \frac{z}{100} \;\cdot\; EK$$

Bei einem beispielhaft unterstellten Eigenkapital von 1,8 Mio. € und einer geplanten Zinsverzinsung (z) von 20 v.H. würde sich demnach eine **Zielgewinnmasse** von 360.000 € ergeben.

$$(2) \quad G \;=\; \frac{20}{100} \;\cdot\; 1.800.000 \;=\; 360.000$$

Im nächsten Schritt werden unter Berücksichtigung einer realistischen (wirtschaftlichen) **Kapazitätsauslastung** (z.B. von 400 Stück) die gesamten **Normalkosten** des Unternehmens geplant. Diese umfassen alle **Vorleistungskosten** (wie Material, Abschreibungen und sonstige Vorleistungsaufwendungen) sowie die **Faktorkosten** Lohn, Zins und Grundrente. Die Normalkosten lassen sich dabei auch in **Fixkosten** K_f und **variable Kosten** K_v unterteilen.

$$(3) \quad K_G \;=\; K_f \;+\; K_v$$

$$(3a) \quad K_G \;=\; 25.000 \;+\; 4.000 \cdot q$$

$$(3b) \quad K_G \;=\; 25.000 \;+\; 4.000 \,(400) \;=\; 1.625.000$$

Hieraus ergeben sich wiederum unter Berücksichtigung der Produktionskapazität die folgenden gesamten (totalen) **Stückkosten** k:

$$(4) \quad k \;=\; \frac{25.000}{400 \cdot q} \;+\; 4.000 \;=\; 4.062,5$$

Ausgehend von einem für Unternehmen typischen und auch hier unterstellten *linearen Gesamtkostenverlauf* lässt sich dann letztlich die folgende Preisbestimmung bzw. der **Gewinnaufschlag** (g) ableiten:

$$(5) \quad z \;\cdot\; EK \;=\; K_G \;\cdot\; g$$

$$(5a) \quad g \;=\; z \cdot \frac{EK}{K_G} \cdot 100 \;=\; 0,20 \cdot \frac{1.800.000}{1.625.000} \cdot 100 \;=\; 22,1 \;\; \text{v.H.}$$

Der Gewinnaufschlag (g) beträgt demnach in unserem Beispiel 22,1 v.H. Jetzt lässt sich der Preis (p) bestimmen:

$$(6) \quad p = \; k \,(1 \;+\; g) \;=\; 4.062,5 \;(1 \;+\; 0,221) \;=\; 4.960,3$$

Durch den so kalkulierten Planstückpreis (p = 4.960,3) wird der **Zielgewinn** (G = 360.000) garantiert, der wiederum aus der Zielverzinsungsrate (z = 20 v.H.) des eingesetzten Eigenkapitals (EK = 1.800.000) abgeleitet werden kann. Eine **allgemeine Ergebnisrechnung** unter Berücksichtigung des Umsatzes und der Gesamtkosten bestätigt die Rechnung:

$$(7) \quad G \;=\; \text{Umsatz} \;-\; \text{Gesamtkosten}$$

$$G \;=\; p \;\cdot\; q \;-\; k \;\cdot\; q$$

$$G \;=\; 4.960,3 \;\cdot\; 400 \;-\; 4.062,5 \;\cdot\; 400$$

$$G \;=\; 1.984.120 \;-\; 1.625.000 \;=\; 360.000 \quad \text{(Rundungsdifferenzen)}$$

Somit stellt die gezeigte Kalkulation ein in sich geschlossenes **Preis-Gewinn-Bestimmungssystem** da. Da aber die gewünschte Zielverzinsung des Eigenkapitals von 20 v.H. auch durch den **Kapitalumschlag** beeinflusst wird, lässt sich der Gewinn bzw. die Profitrate aus dem investierten Kapital in Form des **Return on Investment** (ROI) [168] noch wie folgt darstellen.

$$(8) \quad ROI \ = \ \text{Umsatzrentabilität} \ \cdot \ \text{Kapitalumschlag}$$

$$(8a) \quad ROI \ = \ \frac{G}{\text{Umsatz}} \ \cdot \ \frac{\text{Umsatz}}{\text{EK}} \ \cdot \ 100$$

$$(8b) \quad ROI \ = \ \frac{360.000}{1.984.120} \ \cdot \ \frac{1.984.120}{1.800.000} \ \cdot \ 1.000 \ = \ 20 \ \text{v.H.}$$

$$(8c) \quad ROI \ = \ 0,1814 \ \cdot \ 1,1022 \ = \ 20 \ \text{v.H. (Rundungsdifferenzen)}$$

Da in unserer Beispielrechnung der **Kapitalumschlag** größer als eins ist (1,1022), fällt die **Umsatzrentabilität** mit 18,1 v.H. kleiner aus als die **Profitrate** (Verzinsung des eingesetzten Eigenkapitals EK) mit 20 v.H.

3.2.3 Gewinnrealisierung

Die endgültige Realisierung der unternehmerisch individuell kalkulierten Gewinnaufschlagssätze im Rahmen der Preisbildung wird aber – zumindest idealtypisch – durch den Markt bestimmt. *„Nehmen was der Markt hergibt"*, lautet die grundsätzliche unternehmerische (betriebswirtschaftliche) Devise. Ob dies aber gelingt hängt von der **Wettbewerbssituation** bzw. -intensität (w) und der Preiselastizität der Nachfrage (η) auf der *Marktgegenseite* ab. Demnach gilt:

$$p \ = \ f\left(w; \eta\right)$$

p = Preis

w = Wettbewerbsintensität auf der Marktnebenseite

η = Preiselastizität der Nachfrage auf der Marktgegenseite

Wettbewerb auf der Marktnebenseite soll hierbei – so die idealtypische marktwirtschaftliche Vorstellung – „als das großartigste und genialste **Entmachtungsmittel**" (*Franz Böhm* (1895 bis 1977)) für keine ungerechtfertigte Gewinnaneignung sorgen.[169] **Einzelwirtschaftlicher Gewinn** ist bei funktionierendem Wettbewerb und im Marktgleichgewicht, sieht man vom kalkulatorischen Unternehmerlohn bzw. der Bezahlung von Managern in Kapitalunternehmen ab, unter marktwirtschaftlichen Gesichtspunkten nicht vorgesehen. Hier kommt es zu einer **Nullgewinnsituation**.

---

[168] Der *„Return on Investment"* ergibt sich aus dem mathematischen Produkt von *Umsatzrendite* (Gewinn : Umsatz) und *Kapitalumschlag* (Umsatz : Kapital). Die Umsatzrendite zeigt dabei die Gewinnträchtigkeit des Umsatzes, während der Kapitalumschlag zeigt, wie oft der jeweils eingesetzte Kapitalbetrag im Umsatz enthalten ist. Eine bestimmte *Rentabilität* (Kapitalrendite) oder Verzinsung des eingesetzten Kapitals lässt sich dabei durch eine unendlich große Anzahl an Kombinationen von Umsatzrendite und Kapitalumschlagszahlen realisieren, wobei niedrige Umsatzrenditen durch höhere Kapitalumschläge bzw. umgekehrt niedrige Kapitalumschläge durch höhere Umsatzrenditen kompensiert werden können.

[169] Böhm, F., Demokratie und ökonomische Macht. Sonderdruck aus: Kartelle und Monopole im modernen Recht, Karlsruhe 1961, S. 22.

Wo Gleichheit ist, gibt es keinen Gewinn.

Gewinn ist auch nicht das finale Ziel des Wirtschaftens, sondern nur das Mittel. Das unternehmerische Streben nach Gewinn soll lediglich sicherstellen, dass die *gesamtwirtschaftliche Allokation* der Produktionsfaktoren *pareto-optimal*[170] ist, was automatisch impliziert, dass die Unternehmen **effizient** produzieren. Das heißt, dass Gewinnstreben soll dazu führen, dass die Produktionsfaktoren dorthin gelenkt werden, wo sie aus gesamtwirtschaftlicher Sicht den höchsten Nutzen stiften. **Ziel des Wirtschaftens** ist dabei letztlich die **Befriedigung der Endnachfrager** mit Konsumgütern. Die Wirtschaft soll also für den Menschen da sein und nicht den Unternehmern und ihren Gewinnzielen dienen.

Bei **vollkommenen Wettbewerb** entspricht der Marktpreis lediglich den Grenzkosten.

$$p = K'$$

p = Marktpreis

K' = Grenzkosten

In der wirtschaftlichen Realität ist der **Wettbewerb** aber **unvollkommen**. Hierdurch kommt es zu mehr oder weniger großen Abweichungen zwischen dem Marktpreis und den Grenzkosten der einzelnen Anbieter. So ist es auch nur konsequent, wenn anhaltende und womöglich hohe Gewinne auf einen unvollkommenen Wettbewerb zurückgeführt werden, der sich in *Monopole, Oligopole* und *Kartellbildungen* widerspiegelt, oder von Marktunvollkommenheiten wie **asymmetrischer Informationen** oder **Externalitäten** als auch durch Restriktionen beim **Markteintritt** potenzieller Wettbewerber gekennzeichnet ist und gleichzeitig noch eine *preisunelastische Nachfrage* vorliegt.[171] Die **Preiselastizität der Nachfrage** (η) spiegelt hier die *Marktgegenseite* wider. Sie bestimmt sich aus dem Quotienten einer relativen Nachfragemengenänderung zu einer relativen Preisänderung:

$$\eta = \frac{\frac{\Delta N}{N}}{\frac{\Delta p}{p}} = \frac{\text{relative Nachfragemengenänderung}}{\text{relative Preisänderung}}$$

η = Nachfrageelastizität

N = Nachfrage; p = Preis

Ist hierbei η > als eins, liegt eine **preiselastische Nachfrage** vor, d.h. die relative Nachfragemengenänderung ist größer als die relative Preisänderung. Ist dagegen η < 1, so besteht eine **preisunelastische Nachfrage**. Hier ist die relative Preisänderung größer als die relative Mengenänderung. Demnach muss bei einer preisunelastischen Nachfrage ein **marktmächtiges**

---

[170] Hier wird eine *Bedürfnisbefriedigung* dann als besser angesehen, wenn es mindestens einem Wirtschaftssubjekt besser und keinem Wirtschaftssubjekt schlechter geht als im Vergleichszustand. Allokationen, in denen es eine solche Verbesserungsmöglichkeit nicht mehr gibt, sind sogenannte „Pareto-Optima", benannt nach dem italienischen Ökonomen *Vilfredo Pareto* (1848 bis 1923).

[171] Nicht alle am M*arkt* realisierten Gewinne sind demnach auch *Leistungsgewinne*. Es entspricht vielmehr dem Charakter einer kapitalistischen Wirtschaftsordnung durch wirtschaftlich immanente *Konzentrationsprozesse* den Wettbewerbsmechanismus auszuschalten und dadurch Extragewinne zu realisieren, die auf der Ausnutzung einer Marktmachtposition oder auf Grund eines Marktversagens basieren. Im Ergebnis impliziert dies aber nur einen Gewinn-Verteilungskampf unter den „feindlichen Brüdern" (*Karl Marx*). Es entsteht hierbei durch entsprechende Arbeitswerte kein zusätzlicher Gewinn, sondern dieser wird nur anders unter den Kapitaleigentümern verteilt.

Unternehmen bei vorgenommenen Preiserhöhungen keine relativ größere Nachfragemengenreduzierung befürchten, so dass insgesamt der Umsatz und ceteris paribus bei konstanten Kosten der Gewinn steigt. Je höher der Abstand zwischen Preis (p) und Grenzkosten (K'), umso größer ist dabei der **Monopolgrad** (Ausbeutungsgrad) der anbietenden Unternehmen an den jeweiligen Märkten. Nur die Preiselastizität der Nachfrage schränkt dabei noch den Monopolgrad ein.

$$\frac{p}{K'} = \frac{\eta}{\eta - 1}$$

Der Preis (p) eines marktmächtigen Unternehmens, selbst eines Monopolisten, kann kaum höher als die Grenzkosten (K') ausfallen, wenn (η) sehr groß ausfällt. Nähert sich dagegen (η) eins und beträgt z.B. zwei, so verhält sich der Preis zu den Grenzkosten wie zwei zu eins. Es hängt also von der Höhe der Preiselastizität ab, wie stark die Grenzkosten und der Preis voneinander abweichen. Am weitesten klaffen beide Größen bei einer Preiselastizität von eins auseinander. Dies zeigt die sogenannte **Amoroso-Robinson-Relation**:

$$E' = p - \frac{p}{\eta}$$

Bei (η) eins, wird der Grenzerlös (E') Null, d.h., eine zusätzliche verkaufte Mengeneinheit vergrößert den Gesamterlös nicht. Eine Preissteigerung wird hier stets durch eine prozentual gleiche Mengenreduzierung kompensiert. Ist η < 1, liegt also eine **unelastische Nachfrage** vor, so wird der Grenzerlös negativ, d.h., der Gesamterlös nimmt sogar mit zunehmender Verkaufsmenge ab. Ist dagegen η > 1, demnach **elastisch**, dann ist auch der Grenzerlös positiv und der Gesamterlös steigt mit zunehmend verkaufter Menge.

$$E' = p - \frac{p}{1} = 0$$

Bei einer Preiselastizität der Nachfrage von eins kann selbst der **Monopolist** nur dann sein Gewinnmaximum E' = K' realisieren, wenn die Grenzkosten K' = Null betragen, es also überhaupt keine gibt. Der dabei gesetzte Preis (p) könnte als „**monopolistische Preisuntergrenze**" bezeichnet werden. In der wirtschaftlichen Realität wird es aber einen solchen Fall nicht geben, weil der Monopolist es allein in seiner Hand hat, welches Preis-Mengen-Verhältnis er auf einer gegebenen Nachfragekurve wählt.

Eine **Marktvermachtung auf den Gütermärkten** bleibt auch nicht ohne Rückwirkungen auf die **Lohnhöhe**. Es kommt zu einer **Reduzierung des Lohns**, wobei diese umso größer ist, je geringer die Nachfrageelastizität auf dem Gütermarkt ausfällt. Wie ist dies zu erklären? Durch Marktmacht wird in der Regel das Güterangebot künstlich verknappt und dadurch werden geringere Mengen produziert, was wiederum bedeutet, dass Arbeitskräfte entlassen werden oder zumindest die Nachfrage nach Arbeitskräften zurück geht. Bei einem konstanten Arbeitkräfteangebot sinkt so in Folge der Lohn. Zu Entlassungen kommt es regelmäßig auch bei zunehmenden **Konzentrationsprozessen**[172] auf der Unternehmensseite entweder durch das Ausscheiden der *Grenzanbieter* (Insolvenzen) oder durch *Fusionen*. Auch hierdurch steigt der Druck auf die Löhne durch die freigesetzten Arbeiter als auch bei den in den Unternehmen nach der Fusion verbleibenden Beschäftigten. Andererseits läßt sich argumentieren, kann auch bei zunehmender *Marktmacht* und einer preisunelastischen Nachfrage auf den Gütermärkten

---

[172] Vgl. dazu die alle zwei Jahre erscheinenden Berichte des *Bundeskartellamtes* und die Gutachten der *Monopolkommission*.

der Lohn steigen und auf Entlassungen verzichtet werden. Hier können die Unternehmen am Markt Preissteigerungen ohne Leistungserbringung durchsetzen und hiervon einen Teil ihren abhängig Beschäftigten zukommen lassen.

3.2.4   Gewinne und Shareholder Value

Die aufgezeigte Preisbildung und die darin enthaltene von den Bedingungen auf der Marktnebenen- und Marktgegenseite abhängigen Gewinnrealisierung impliziert heute unter dem seit etwa Anfang der 1990er Jahre vollzogenen unternehmerischen Paradigmenwechsel in Richtung eines **Shareholder Value Konzeptes,**[173] dass auf den US-amerikanischen Unternehmensberater *Alfred Rappaport* zurück geht,[174] auf fast allen – zumindest auf hochkonzentrierten (vermachteten) – Märkten ein „**Target return pricing**". Dies ist ein zielgerichtetes Preissetzungsverhalten, dass eine möglichst maximale Verzinsung des eingesetzten Kapitals (der Realinvestitionen) sicherstellen soll. Demnach wird der Preis nicht vom **Markt** festgesetzt, er ist für die Unternehmen kein Datum, – wie die neoklassische Preis- und Wettbewerbstheorie nicht aufhört zu behaupten – sondern von den *Akkumulations-* und *Profitentscheidungen* der Unternehmen weitgehend autonom determiniert. Der Preis ist hier das Instrument zur Durchsetzung der von den *Shareholdern* gesetzten (geforderten) kurzfristigen **Renditeziele** bzw. zur Maximierung des Unternehmenswertes. Gleichzeitig akzeptieren die Shareholder (Eigenkapitalgeber) nicht mehr, dass der Gewinn ein Residuumeinkommen ist (vgl. Abschnitt 3.2.2). Es kommt quasi zu einer **retrograden Kalkulation**, indem die eigentlich dem **Eigenkapital** – und damit den Shareholdern – zufallenden Produktions- und Marktrisiken auf die **Stakeholder** (Kunden, Lieferanten, Beschäftigte) durch überhöhte Preise bei womöglich noch zusätzlich schlechten Qualitäten und unzureichender Marktversorgung bezüglich der **Kunden** sowie im internen Unternehmensverhältnis auf die kontraktbestimmten Einkommen (Lohn, Zins und Grundrente) abgewälzt werden. Dabei sollen die Zinsen für aufgenommenes Fremdkapital sowie für Mieten und Pachten (Grundrente) möglichst minimiert werden. Da den Unternehmen ein massives Vorgehen gegen Banken, Vermieter und Verpächter aber in der Regel schwer fällt, insbesondere wenn die Unternehmen auf einen größeren Fremdkapitaleinsatz angewiesen sind, greift man verstärkt den „Faktor" **Arbeit** an. Der Lohn wird kurzerhand gesenkt. Entweder in Form von direkten Lohnkürzungen und/oder durch Arbeitszeitverlängerungen ohne Lohnausgleich. Dies stellt insgesamt eine **Umkehrung marktwirtschaftlich-kapitalistischer Verhältnisse** dar. Zusätzlich werden von den immer dominanter (marktmächtiger) werdenden Unternehmen die **Lieferanten** im Preis gedrückt (Problem der Nachfragemacht[175]) und der **Staat** zu Steuer- und Abgabensenkungen genötigt.

---

[173] „Das *Shareholder Value Konzept* beruht auf der mikroökonomischen *Kapitalmarkt- und Finanzierungstheorie* sowie auf der *Principal-Agent-Theorie*, die das Verhältnis von Eigentümer (Pincipal) und Manager (Agent) problematisiert. Aus der Sicht der Principal-Agent-Theorie bedeuten niedrige Aktienkurse, dass Manager nicht die Interessen der Kapitaleigner verfolgen. Demnach müssen Manager durch geeignete Anreize gezwungen werden, die Aktionärsinteressen zu ihren eigenen Interessen zu machen. Einzig die Aktionäre gewährleisteten den effizienten Einsatz von Kapital, indem sie sich rücksichtslos gegenüber den Interessen der an einzelne Unternehmen und Geschäftseinheiten gebundenen Manager und Beschäftigten verhalten und gegebenenfalls ihr Kapital abziehen, um es in profitableren Bereichen zu investieren." Vgl. Sablowski, T., Shareholder Value, in: Urban, H.J., ABC zum Neoliberalismus, Hamburg 2006, S. 201.

[174] Rappaport, A. Creating Shareholder Value (1986), in deutscher Übersetzung „Shareholder Value", 2. Aufl., München 1999.

[175] Vgl. Bontrup, H.-J., Nachfragemacht von Unternehmen, Köln 1983, derselbe, Unternehmerische Nachfragemacht – ein zunehmendes Problem, in: WRP – Wettbewerb in Recht und Praxis, Heft 2/2006, S. 225 - 231.

3.2.5   Ein alternatives Unternehmensmodell

Nicht alle realisierten Gewinne stehen demnach für eine **effiziente Produktion** oder für das **Leistungsprinzip**. Sie können eben marktmachtbedingte Ursachen haben oder auf ein Marktversagen sowie auf eine nur geringe Preiselastizität der Nachfrage zurück zu führen sein. In solchen Situationen den Gewinn noch zusätzlich durch **Lohnsenkungen** oder gar durch **Kündigungen** zu Lasten der abhängig Beschäftigten zu steigern – wodurch gleichzeitig die Gemeinschaft der **Sozialversicherungssysteme** und damit die Gesellschaft als Ganzes belastet wird – verbietet sich auf Grund der nichtleistungsadäquaten Umverteilungen von selbst. Trotzdem finden solche Lohnsenkungen und Kündigungen in der *wirtschaftlichen Realität* einer kapitalistischen Ordnung statt.

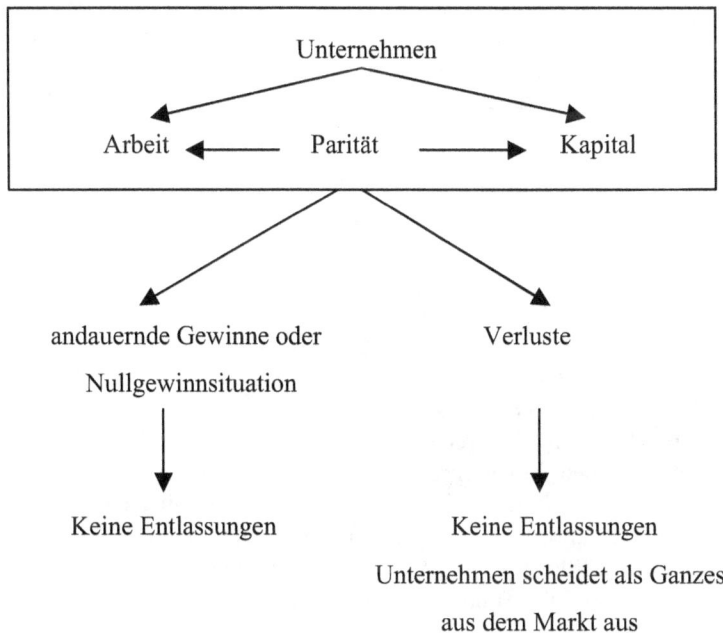

Abb. 3.4:   Demokratisierte Unternehmensstrukturen

Selbst das Erreichen einer **Nullgewinnsituation** berechtigt Unternehmen aber noch nicht, zur Entlassung von Teilen der Belegschaft überzugehen. Die Nullgewinnlinie ist vielmehr der tiefe Ausdruck für das funktionieren von Wettbewerb und Markt. Auch **Verlustsituationen** sind aus gesamtwirtschaftlicher Sicht kein hinreichender Grund zum Instrument betriebsbedingter Kündigungen zu greifen. Dauern die Verluste solange an, bis das **Eigenkapital** aufgezerrt ist, und die Krise konnte dennoch nicht behoben werden, muss auch das **ganze Unternehmen** aus dem Markt ausscheiden bzw. untergehen und kann sich nicht vorher mit der Kündigung von **Belegschaftsteilen** entlasten. Entweder das Unternehmen schafft es **insgesamt** mit den einmal aufgebauten sachlichen und personellen Kapazitäten die **Verlustkrise** zu bewältigen oder nicht. Hierdurch würden die Unternehmen gleichzeitig gezwungen sich **vorher** gemäß der wirklich vorhandenen *Marktvolumina* über heute leichtfertig geschaffene **Überkapazitäten**, die mit enormen *ökologischen Schäden* einher gegen, Gedanken zu machen. Eine solche holistische Unternehmensanpassung verbietet selbstverständlich auch jede **staatliche Subventionierung** von in der Krise geratenden Unternehmen, die zum Ärgernis der Konkurrenten zu einer **Wettbewerbsverfälschung** führt. Hinzu kommt, dass heute in der Regel *kleine und mittlere Unternehmen* von einer staatlichen Subventionierung ausgenommen sind, und somit überwiegend nur Großunternehmen und Konzerne mit Steuergeldern unterstützt werden.

Würde man sich ordnungstheoretisch insgesamt auf eine solche Vorgehensweise verständigen, so müsste allerdings ein **paritätisches Machtverhältnis** zwischen Kapital und Arbeit in den Unternehmen hergestellt werden. Das bestehende einzelwirtschaftliche **Investitionsmonopol des Kapitals** ist aufzuheben. Die abhängig Beschäftigten müssten über demokratisch gewählte Vertreter gleichberechtigt an der *Führung* und *Kontrolle* der Unternehmen beteiligt sein und dabei von ihren Gewerkschaften unterstützt sowie entsprechende **Mitbestimmungsgesetze** staatlicherseits eingeführt werden.[176] Es müsste zu **demokratischen Unternehmensstrukturen** kommen, die Arbeit und Kapital **rechtlich** gleichstellen. *Wilhelm Hankel* stellt diesbezüglich zu Recht fest: „Erst eine Gesellschaft, die die gemeinsam erarbeiteten Einkommens- und Vermögensgewinne aus Arbeit und Kapital rechtlich gleichstellt und redlich aufteilt, und dies durch ihre Gesetze besiegelt, ist eine vom Ansatz her humane und gerechte Gesellschaft."[177]

3.3   Unterschiedliche Gewinnbegriffe

Neben dem Gewinnaufschlag und seinen Erklärungsgrößen sind von der Betriebswirtschaftslehre bezogen auf den betriebswirtschaftlichen Gewinnausweis unterschiedliche **Gewinnbegriffe** entwickelt worden, die den nicht völlig sachkundigen Experten in der Regel verwirren.[178] Hierbei spielt zunächst einmal der unterstellte betriebswirtschaftliche **Kostenbegriff** eine wesentliche Rolle.[179] Wird der **pagatorische** Kostenbegriff in Ansatz gebracht, so können nur Aufwendungen in der Höhe erfasst werden, in der sie tatsächlich zu Ausgaben gemäß ihrem Werteverzehr geführt haben. In der *Erfolgsrechnung* (Gewinn- und Verlustrechnung) erscheint der Gewinn dabei als Differenz aller einer bestimmten Periode zugeordneten Erträge und pagatorischen Aufwendungen. Diese Rechnung unterstellt auch das **Handels- und Steuerrecht** bei der Gewinnermittlung. Dennoch bestehen hier durch eine **Unterbewertung des Vermögens** (Aktivseite der Bilanz) und eine **Überbewertung des Kapitals** (Passivseite der Bilanz) eine Reihe an rechtlich legalen Möglichkeiten der **Gewinnverschleierung**. Hierdurch werden Gewinnvergleiche zwischen Unternehmen fast unmöglich gemacht. So haben Unternehmen gemäß Handels- und Steuerrecht beispielsweise die Möglichkeit ihre Bestände an *fertigen* und *unfertigen Erzeugnissen* unterschiedlich hoch zu bewerten und damit entweder einen hohen oder niedrigen Vermögensaufbau vorzunehmen, der sich dann im *Gewinnausweis* entsprechend niederschlägt. Auch durch die Bildung von permanent neuen **Rückstellungen** (*Überbewertung des Kapitals*) kann eine Gewinnreduzierung auf lange Sicht herbeigeführt werden. Gemäß § 249 Abs. 2 HGB sind Rückstellungen erlaubt „für ihrer

---

[176]   Vgl. zu solchen *Mitbestimmungsgesetzen* ausführlich Bontrup, H.-J., Arbeit, Kapital und Staat. Plädoyer für eine demokratische Wirtschaft, 3. Aufl., Köln 2006, S. 159ff.

[177]   Hankel, W., Erbschaft aus der Sklaverei. Miteigentum statt Mitbestimmung: Warum Arbeit und Kapital rechtlich gleichgestellt werden müssen, in: Hickel, R., Strickstrock, F., (Hrsg.), Brauchen wir eine andere Wirtschaft, Reinbek bei Hamburg 2001, S. 208.

[178]   Vgl. Zdrowomyslaw, N., Kairies, K., Gewinn - was ist das? in: Der Betriebswirt, Heft 1 und 2/1993.

[179]   Vgl. Kilger, W., Einführung in die Kostenrechnung, 2. Aufl., München 1980, S. 23ff., Coenenberg, A. G., Kostenrechnung und Kostenanalyse, 2. Aufl., Landsberg a. Lech 1993, S. 59ff.

Eigenart nach genau umschriebene, dem Geschäftsjahr oder einem früheren Geschäftsjahr zuzuordnende Aufwendungen (...), die am Abschlussstichtag wahrscheinlich oder sicher, aber hinsichtlich ihrer Höhe oder des Zeitpunkts ihres Eintritts unbestimmt sind." Bei der Bildung einer Rückstellung wird stets ein entsprechendes Aufwandsartenkonto belastet und als Gegenkonto das Konto Rückstellungen in der Bilanz. Da dem Aufwandsartenkonto, das über die Gewinn- und Verlustrechnung abgeschlossen wird, keine adäquate Ertragsbuchung oder ein Geldmittelabfluss gegenübersteht, mindert die Bildung einer Rückstellung den Gewinnausweis. Durch eine Überdotierung der Rückstellung wird die Aufwandsrechnung der Vorperiode zu stark belastet und der Gewinn unrichtigerweise gemindert. Es entsteht eine versteckte **stille Reserve** (Überbewertung eines Postens auf der Passivseite der Bilanz).

Wird bei der Gewinnermittlung im *internen* bzw. *betrieblichen* Rechnungswesen der **wertmäßige** Kostenbegriff unterstellt, so werden auch **Opportunitätskosten** (*„Kosten des Nutzenentgangs"*) in Form von kalkulatorischen **Anders- oder Zusatzkosten** berücksichtigt.

Kalkulatorische Kosten im Sinne von **Anderskosten**:

    Kalkulatorische Abschreibungen (zeitlich und abnutzungsbedingt)

    Kalkulatorische Zinsen auf Fremdkapital

    Kalkulatorische Wagnisse

Kalkulatorische Kosten im Sinne von **Zusatzkosten**:

    Kalkulatorischer Unternehmerlohn

    Kalkulatorische Miete

    Kalkulatorische Zinsen auf Eigenkapital

Anderskosten sind solche Kosten, die in der **Kostenrechnung** und damit in der **Preisbildung** mit anderen Wert- und Mengenansätzen berücksichtigt werden als in der Finanzbuchhaltung, wo ausschließlich aufwandsgleiche Kosten verrechnet werden. Zusatzkosten finden in der Finanzbuchhaltung dagegen überhaupt keinen Niederschlag. Sie resultieren aus reinen subjektiven Bewertungsvorgängen, wie z.B. die kalkulatorischen Zinsen auf das Eigenkapital. Alle kalkulatorisch bewerteten Kosten (Zinsen, Wagnisse, Unternehmerlohn, Abschreibungen, Miete) werden deshalb beim pagatorischen Kostenbegriff nicht als Kosten, sondern als **verdeckte Gewinnbestandteile** gesehen. Entsprechend höher ist hier im Verhältnis zum wertmäßigen Kostenbegriff der Gewinnausweis.

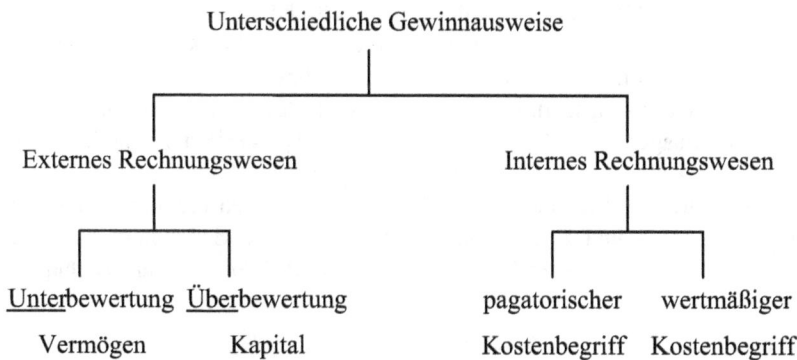

Unterschiedliche Gewinnausweise

Externes Rechnungswesen   Internes Rechnungswesen

Unterbewertung   Überbewertung   pagatorischer   wertmäßiger

Vermögen   Kapital   Kostenbegriff   Kostenbegriff

Abb. 3.5:   Unterschiedliche Gewinnausweise

Der wertmäßige Kostenbegriff spielt heute in der **Preisbildung** die entscheidende Rolle. Dies gilt nicht nur bei der Kalkulation von privaten Gütern, sondern auch bei öffentlichen Gütern bzw. bei der Vergabe von **öffentlichen Aufträgen**, bei der keine Wettbewerbssituation gegeben ist oder den Gütern eine Marktgängigkeit fehlt, wie z.B. bei fast allen staatlichen Rüstungsaufträgen.[180] Im Rahmen der *„Verordnung PR Nr. 30/53 über die Preise bei öffentlichen Aufträgen vom 21. November 1953"*[181] in Verbindung mit der Anlage zur Verordnung der *„Leitsätze für die Preisermittlung auf Grund von Selbstkosten"* (LSP) wird dabei auf den wertmäßigen Kostenbegriff zurückgegriffen.[182] Hier können nicht nur *Anderskosten*, sondern auch kalkulatorische *Zusatzkosten* in den Preisen verrechnet und damit verdeckte Gewinnbestandteile als *„Kosten"* ausgewiesen werden. Da außerdem auf diese fiktiven Kosten noch ein prozentualer *Gewinnaufschlag* von 5 v.H. zur Verrechnung kommt, steckt in den Preisen bezogen auf den Gewinn ein **Zinseszinseffekt**. Außerdem steigt der *absolute Gewinn* bei einer prozentualen Gewinnbeaufschlagung mit der Höhe der absoluten Kostenbasis. Je höher also die Kosten ausfallen, umso höher ist auch der absolute Gewinn. Ein pervertiertes Ergebnis.

Das *Bundesverteidigungsministerium* geht deshalb bei der Kalkulation von **Rüstungsgütern** seit jüngster Zeit bei der Gewinnbeaufschlagung von einer differenzierten Gewinnformel aus.

$$G = 0{,}05 \left(Q + 1{,}5 \cdot \frac{BNAV}{BNV} \right) E + 0{,}01 \cdot F$$

G = Gewinnaufschlagssatz

Q = Qualifikationsfaktor

BNAV = betriebsnotwendiges Anlagevermögen

BNV = betriebsnotwendiges Vermögen

E = Eigenleistung

F = Fremdleistungen

Diese soll ein *allgemeines Unternehmenswagnis* und darüber hinaus einen *Leistungsgewinn* abdecken. Der kalkulatorische Gewinn G errechnet sich aus F (Fertigungsmaterial und Fremdleistungen), E (Eigenleistung in Form der kalkulatorischen Nettoselbstkosten, die eine sechsprozentige Verzinsung des betriebsnotwendigen Kapitals enthalten abzüglich F dem Fertigungsmaterial und der Fremdleistungen), BNAV (betriebsnotwendiges Anlagevermögen), BNV (betriebsnotwendiges Vermögen) und Q einem Qualifikationsfaktor. Für die Vorleistungen ist demnach ein Gewinnaufschlag von einem Prozent erlaubt. Wichtiger sind hierbei die Anlagenintensität (BNAV : BNV) und die Eigenleistung (Wertschöpfung) in Relation zu den Vorleistungen. Der sogenannte *Qualifikationsfaktor*, der die Innovationsleistung berücksichtigen soll, beträgt bei Studien-, Forschungs- und Entwicklungsaufträgen 1,10, bei Produktionsaufträgen 1,05 und bei Instandsetzungsaufträgen 0,70. Unterstellt man demnach einen **Produktionsauftrag** mit einer Anlagenintensität von 50 v.H. und eine Vorleistungsstruktur von 40 v.H., so würde sich ein kalkulatorischer Gewinnaufschlagssatz in Höhe von 5,4 v.H. plus einem Prozent auf das eingesetzte Fertigungsmaterial und der jeweiligen Fremdleistungen ergeben. Bei einem **Forschungs-** und **Entwicklungsauftrag** liegt der Gewinnaufschlagssatz dagegen bei 5,55 v.H., während bei **Instandsetzungsaufträgen** noch ein Gewinnaufschlag in

---

[180]   Vgl. Bontrup, H.- J., Preisbildung bei Rüstungsgütern, Köln 1986.
[181]   Vgl. Bundesanzeiger Nr. 244 vom 18. Dezember 1953.
[182]   Vgl. Coenenberg, A. G., Kostenrechnung und Kostenanalyse, a.a.O., S. 131 - 171.

Höhe von 4,35 v.H. plus einem Prozent auf das eingesetzte Fertigungsmaterial und der jeweiligen Fremdleistungen zur Verrechnung kommt. Je höher die Anlagenintensität und je höher die Wertschöpfung, desto höher ist dabei der kalkulatorische Gewinnaufschlagssatz, et vice versa.

Wie bereits erwähnt liegt dem handels- und steuerrechtlichen Jahresabschluss bzw. Gewinnausweis ausschließlich der **pagatorische Kostenbegriff** zugrunde. Die im wertmäßigen Kostenbegriff innerhalb des internen Rechnungswesens (Kosten- und Leistungsrechnung) und damit im Preis kalkulierten versteckten Gewinnbestandteile fließen über den Umsatz (Preis x Menge) – wenn der Markt dies erlaubt wie z.B. bei *Rüstungsaufträgen* oder bei den Strom-, Gas- und Wasserpreisen – in den handels- und steuerrechtlichen Jahresabschluss des *externen* oder *finanziellen Rechnungswesens* ein. Da hier aber nur pagatorische Kosten verrechnet werden, ist der Gewinnausweis entsprechend höher als in der betrieblichen Kostenrechnung.

Dem handels- und steuerrechtlichen Gewinnausweis liegt das sogenannte **Nominalwertprinzip** zugrunde. Dadurch erfolgt aufgrund **inflationärer** Prozesse keine *Substanzerhaltung*. Um diese für den langfristigen Unternehmenserhalt zu sichern, müsste der nominal ausgewiesene Gewinn um eine Rücklage für die Substanzerhaltung berichtigt werden. Durch eine Bewertung des Aufwandes auf Basis von **Wiederbeschaffungspreisen** – und nicht wie beim handels- und steuerrechtlichen Ansatz nur zu Anschaffungs- bzw. Herstellungskosten – könnte dies sichergestellt werden. Da alle auf das Fremdkapital bezogenen Aufwendungen aber *nominal* zurückgezahlt werden, genügt eine **Nettosubstanzerhaltung**; d.h. das Inflationsrisiko wird immer vom jeweiligen Fremdkapitalgeber getragen. Eine Bruttosubstanzerhaltung bezogen auf das *Eigen- und Fremdkapital* scheidet demnach per se aus. Das deutsche Handels- und Steuerrecht erlaubt allerdings auch keine *Nettosubstanzerhaltung*.[183] Zusätzlich unterscheidet die Betriebswirtschaftslehre beim *Gewinnausweis* eine sogenannte **Erfolgsspaltung** (strukturelle Ergebnisanalyse). Hierbei ist das *Betriebsergebnis* vom betriebsfremden Ergebnis (*Finanzergebnis*) und vom außerordentlichen Ergebnis (*Neutrales Ergebnis*) zu unterscheiden.[184]

Neben der Bewertung und Abgrenzung von *Vermögen*, *Kapital* und *Kosten* spielt auch die **Auslastung der Produktionskapazitäten** eine wesentliche Rolle beim Gewinnausweis. Grundsätzlich wird hier nicht eine technisch maximale, sondern eine *wirtschaftlich optimale Auslastung* unterstellt, da bei steter Höchstbelastung der Kapazitäten der Werteverzehr überproportional hoch ist und in Folge die Grenzkosten stark steigen. Steigt dabei nicht auch gleichzeitig der Preis, so geht der Stückgewinn, trotz voll ausgelasteter Kapazitäten, zurück. Bei einem unterstellten linearen Gesamtkostenverlauf liegt das **Stückkostenminimum** immer an der *Kapazitätsgrenze*, also bei Vollauslastung der Kapazitäten. Geht die Auslastung zurück, so steigen die Stückkosten und bei konstanten Preisen sinkt der Stückgewinn ebenfalls, et vice versa.

Auch unter Berücksichtigung all dieser Differenzierungen eines möglichen *Gewinnausweises* bleibt aber der Erklärungsmangel bezüglich der „**Quelle des Gewinns**" innerhalb der Neoklassik und der Betriebswirtschaftslehre und damit auch die Abgrenzung zum **Wert der**

---

[183] Vgl. Bontrup, H.- J., Vermögensbewertung und kalkulatorische Zinsen im Rahmen der Preiskalkulation öffentlicher Aufträge, in: Die Betriebswirtschaft (DBW), Heft 6/1986, S. 736ff.

[184] Vgl. Coenenberg, A. G., Jahresabschluss und Jahresabschlussanalyse, 9. Aufl., Landsberg a. Lech 1987, S. 680ff., Lachnit, L., Externe Erfolgsanalyse auf der Grundlage der GuV nach dem Gesamtkostenverfahren, in: Betriebswirtschaftliche Forschung und Praxis (BFuP), Heft 1/1987, S. 33 - 53, Baetge, J., Externe Erfolgsanalyse auf der Grundlage des Umsatzkostenverfahrens, in: Betriebswirtschaftliche Forschung und Praxis (BFuP), Heft 1/1988, S. 1 - 21.

Arbeit bestehen. Dies liegt nicht zuletzt darin begründet, dass hier in keiner Weise eine inhaltliche Auseinandersetzung mit der kapitalismusimmanenten Scheidung der **Produzenten** (Lohnarbeiter) von den **Eigentümern der Produktionsmittel** (Unternehmer) erfolgt. Der Unternehmer erhält eben, weil er Unternehmer und in kapitalistischen Ordnungssystemen Eigentümer der Produktionsmittel ist, für die risikobehaftete Bereitstellung von Realkapital einen Gewinn und die abhängig Beschäftigten bekommen für den Verkauf ihrer Arbeitskraft ein **kontraktbestimmtes Arbeitsentgelt**. Der Begriff der Ware Arbeitskraft als Ergebnis dieses Scheidungsprozesses bleibt somit genauso wie das **Zurechnungsproblem** von Lohn und Gewinn völlig unerschlossen. Außerdem wird das wirtschaftlich unumstößliche Axiom des **Äquivalenzprinzip** des Tausches verletzt. Jeder Marktteilnehmer muss sich hier eigentlich permanent „übers Ohr" gehauen bzw. übervorteilt fühlen.

3.4   Neoklassik und der Lohn der Arbeit

3.4.1   Besonderheiten des „Faktors" Arbeit

Um über die im kapitalistisch-marktwirtschaftlich angelegten Produktions- und Verwertungsprozess eingesetzten Arbeitskräfte zu verfügen, schließt der Unternehmer mit den Arbeitnehmern einen **Arbeitsvertrag** ab (vgl. Abschnitt 3.6.3). „In einem **Arbeitsvertrag** verpflichtet sich der Arbeitnehmer im wesentlichen, die ihm zugewiesenen Tätigkeiten auszuführen, wofür er ein Entgelt erhält. Er ordnet sich in die *Hierarchie* des Unternehmens ein, die eine Organisation nach Art einer Pyramide darstellt. Ganz oben stehen einige Personen, die Anweisungen geben, aber keine empfangen. Unterhalb dieser Führungsspitze befindet sich eine Schicht von Personen, die in unterschiedlichem Umfang Anweisungen sowohl geben als auch empfangen; und die Basis bilden viele Beschäftigte, die Anweisungen nur empfangen. Unterstellt man, daß es zu den sozialen Grundbedürfnissen gehört, von anderen Menschen beachtet, anerkannt und respektiert zu werden und daß die Ausübung von Macht eine für alle Beteiligten offenkundige und dauerhafte Möglichkeit ist, dieses Bedürfnis zu befriedigen, dann gibt es hierfür im Arbeitsleben für die Mehrzahl der Menschen nur eingeschränkte oder keine Möglichkeiten."[185]

Der *Arbeitsvertrag* setzt **de jure** für den Arbeitskraftanbieter die freie Wahl von Beruf, Ausbildung und Arbeitsplatz voraus. In Deutschland wird dies im Artikel 12 GG rechtlich garantiert.

Artikel 12 GG
1. Alle Deutschen haben das Recht, Beruf, Arbeitsplatz und Ausbildungsstätte frei zu wählen. Die Berufsausübung kann durch Gesetz oder auf Grund eines Gesetzes geregelt werden.
2. Niemand darf zu einer bestimmten Arbeit gezwungen werden, außer im Rahmen einer herkömmlichen allgemeinen, für alle gleichen öffentlichen Dienstleistungspflicht.
3. Zwangsarbeit ist nur bei einer gerichtlich angeordneten Freiheitsentziehung zulässig.

Durch die Abhängigkeit der Arbeitnehmer von den Arbeitgebern ist im Grundsatz aber auch heute zwischen den **rechtlichen** Grundlagen und Bedingungen sowie den **ökonomisch** determinierten Inhalten eines Arbeitsvertrages zu unterscheiden. Dies leitet sich bereits aus

---

[185]   Stobbe, A., Volkswirtschaftslehre III, 2. Aufl., Berlin, Heidelberg, New York 1987, S. 253.

den völlig ungleichen **Machtverhältnissen** zwischen Arbeitgebern und Arbeitnehmern an den unterschiedlichen Arbeitsmärkten ab. *Alfred Stobbe* führt dazu aus:

> „Auf einem gegebenen Teilarbeitsmarkt stehen sich im Einzelfall ein Unternehmen als Nachfrager nach einer spezialisierten Arbeitsleistung und ihr Anbieter gegenüber. Beide wollen einen Arbeitsvertrag schließen und müssen sich dazu über dessen Bedingungen einigen. Für die entstehende, durch einen fundamentalen Interessen-gegensatz gekennzeichnete Verhandlungssituation ist die ökonomische Ungleichheit der Partner typisch: Der Arbeitsplatz-Nachfrager ist regelmäßig dringender auf das Zustandekommen des Vertrages angewiesen als der Anbieter und daher in einer schwächeren Position. Er braucht lebensnotwendig ein Einkommen und kann weniger lange warten als der Unternehmer mit seinem laufenden Betrieb; er hat in der Regel eine geringere Auswahl und mehr Konkurrenten als dieser und steht zusätzlich dem Problem seiner räumlichen Mobilität gegenüber. Er ist in bezug auf seinen Informationsstand unterlegen, da die Aufwendungen zur Beschaffung von Informationen über den Arbeitsmarkt für ihn schwerer wiegen als für das Unternehmen, das sich, wenn es größer ist, hierfür Spezialkräfte halten kann. Ausnahmen von dieser allgemeinen Unterlegenheitssituation liegen vor, wenn auf einem Teilmarkt Mangel an Spezialkräften herrscht oder wenn eine allgemeine Vollbeschäftigungssituation vorliegt. Das ist jedoch, historisch gesehen, nicht die Regel."[186]

Auch das *Bundesverfassungsgericht*[187] geht von einem **strukturellen Machtungleichgewicht** zu Lasten der abhängig Beschäftigten aus. Der Arbeitgeber sei rechtlich und wirtschaftlich frei, der *Arbeitnehmer* hingegen nur *rechtlich*. Daher befinde sich der abhängig Beschäftigte von Anfang an in der schlechteren Verhandlungsposition und erhalte – ohne es zu wissen, ein niedrigeres Lohnangebot – als es dem Wert seiner Leistung entspräche. Dies wird auch nicht ex post durch die letztlich unkontrollierbare und nicht aussteuerbare **Subjektivität des Menschen** im Arbeitsprozess aufgelöst. Diese gereicht dem Unternehmer, trotz eines abgeschlossenen Arbeitsvertrages, zwar zum Nachteil, sie reicht aber nicht aus, um das Machtungleichgewicht zu Gunsten des Unternehmers aufzuheben. „Der Arbeitsvertrag hat lediglich den Charakter eines *Rahmens*: Nicht die konkreten, nach Quantität und Qualität bestimmten Arbeitsverrichtungen sind Gegenstand des Vertrages, sondern lediglich die **formalen Bedingungen**, zu denen die Arbeitskraft vom Unternehmen in Anspruch genommen und für – vorab niemals vollständig festgelegte – Zwecke genutzt werden kann. (...) Dies hängt damit zusammen, dass der ‚Kauf' von Arbeitskraft – anders als der Kauf jeder *anderen Ware* – keineswegs einen Wechsel der faktischen Dispositionssphären erzeugt. Das Unternehmen ist gar nicht in der Lage, ‚gekaufte' Arbeitskraft nun unumschränkt von sich aus in Bewegung zu setzen, vielmehr bleibt der **Gebrauchswert**, den das Unternehmen aus der Arbeitskraft zieht, quantitativ an die **Subjektivität des Arbeitenden** gebunden. Faktisch verfügt auch nach dem Verkauf der Verkäufer über das, was er verkauft hat, nämlich seine Arbeitskraft."[188] Man muss zur Kenntnis nehmen, dass arbeitsvertragliche Regelungen Spielräume lassen, „die ganz

---

[186] Stobbe, A., Volkswirtschaftslehre III, Makroökonomik, a.a.O., S. 253.

[187] Vgl. Bundesverfassungsgericht, Beschluss des Ersten Senats vom 26. Juni 1991 (1 BvR 779/85, in: Entscheidungen Bd. 94, S. 268 - 197, sowie Bundesverfassungsgericht, Beschluss des Ersten Senats vom 27. April 1996 (1 BvR 712/86), in: Entscheidungen Bd. 100, S. 271 - 288.

[188] Offe, C., Sozialökonomie des Arbeitsmarktes und die Lage „benachteiligter" Gruppen von Arbeitnehmern, in: Offe, C., (Hrsg.), Opfer des Arbeitsmarktes. Zur Theorie der strukturierten Arbeitslosigkeit, Neuwied, Darmstadt 1977, S. 19.

unterschiedlich ausgefüllt werden können: Seitens des Personals reicht die Spanne vom *‚Dienst nach Vorschrift'* bis zur *‚Leistung aus Leidenschaft'.*"[189]

Durch die **ökonomische Unbestimmtheit** (Unvollkommenheit) der Arbeitsverträge entsteht eine permanente Auseinandersetzung, ein Konflikt mit dem Kapital, um eine totale Instrumentalisierung und möglichst maximale Ausbeutung des „Faktors" Arbeit, die *Karl Marx* anhand seiner absoluten und relativen Mehrwerttheorie ausführlich beschrieben hat (vgl. Abschnitt 2.5.2). Hier gilt: „Die Verlängerung des Arbeitstags über den Punkt hinaus, wo der Arbeiter nur ein Äquivalent für den Wert seiner Arbeitskraft produziert hätte, und die Aneignung dieser Mehrarbeit durch das Kapital – das ist die Produktion des **absoluten Mehrwerts**. Sie bildet die allgemeine Grundlage des kapitalistischen Systems und den Ausgangspunkt der Produktion des **relativen Mehrwerts**. Bei dieser ist der Arbeitstag von vornherein in zwei Stücke geteilt: notwendige Arbeit und Mehrarbeit. Um die Mehrarbeit zu verlängern, wird die notwendige Arbeit verkürzt durch Methoden, vermittelst deren das Äquivalent des Arbeitslohns in weniger Zeit produziert wird. Die Produktion des absoluten Mehrwerts dreht sich nur um die Länge des Arbeitstags; die Produktion des relativen Mehrwerts revolutioniert durch und durch die technischen Prozesse der Arbeit und die gesellschaftlichen Gruppierungen."[190]

In beiden Fällen der Mehrwert- bzw. Gewinnproduktion darf der arbeitende Mensch dennoch nicht „bloß als *Mittel* behandelt werden, um seiner Leistungsentfaltung nicht im Wege zu stehen. (...) Erwartet man von ihm volles Arbeitsengagement, muss man ihn **motivieren**. Er muss arbeiten *wollen*, nicht nur arbeiten *müssen*."[191] Deshalb gilt es für Unternehmen, das Potenzial der Arbeitskraft zu heben und dem arbeitsteiligen und hierarchisch geordneten sowie komplexen Verwertungsprozess eines Unternehmens zielorientiert zur Verfügung zu stellen. Dazu muss das der Arbeitskraft innewohnende **Arbeitsvermögen** permanent in tatsächlich geleistete Arbeit transformiert werden. Die Unternehmer setzen dabei auch auf **Lohnanreize**, die in der neueren mikroökonomisch orientierten Lohntheorie als **Effizienzlohnansätze** beschrieben werden (siehe dazu den folgenden Kasten).

Die **Effizienzlohntheorie** geht davon aus, dass Unternehmen auch ein Interesse daran hätten, Löhne oberhalb der Grenzproduktivität zu zahlen. Nur Lohnhöhen auf Basis der Grenzproduktivität können nämlich einen demotivierenden Effekt auslösen, der die Arbeitsproduktivität und damit letztlich den Gewinn zum Sinken bringt. Außerdem seien die Leistungsabgaben der abhängig Beschäftigten nicht wirklich kontrollierbar und die Arbeitsüberwachungskosten hoch. So könnten die Beschäftigten bei Lohnzahlungen in Höhe der Grenzproduktivitäten auf die Idee von verminderten Leistungsabgaben („Dienst nach Vorschrift") kommen. Um dies zu verhindern, sei es für die Unternehmer vorteilhafter, von vornherein einen Lohn oberhalb der Grenzproduktivität zu zahlen, wenn die hierdurch ausgelösten negativen Effekte von Überwachungskosten und Leistungsverweigerungen höher ausfallen als die zusätzlich gezahlten Löhne. Auch werden Effizienzlohnansätze damit begründet, gute bzw. hochproduktive Beschäftigte am Unternehmen zu binden und nicht ihre Abwanderung zur Konkurrenz zu provozieren.

---

[189]   Krell, G., Vergemeinschaftende Personalpolitik, München, Mering 1994, S. 15.
[190]   Marx, K., Das Kapital, Bd. 1, a.a.O., S. 532f.
[191]   Steiner, H., Der Kurzschluss der Marktwirtschaft. Instrumentalisierung und Emanzipation des Konsumenten, Berlin 1999, S. 52f.

Der auf Grund des Arbeitsvertrages notwendige Transformationsprozess, der personalwirt-schaftliche **Transaktionskosten** einschließt,[192] ist heute das eigentliche **Kernproblem betrieblicher Personalpolitik** und personalwirtschaftlicher Maßnahmen. „Diese Maßnahmen sind aus transaktionstheoretischer Sicht als Tausch von personalwirtschaftlichen Serviceleistungen der Unternehmung gegen diejenigen Leistungen der einzelnen Mitarbeiter interpretierbar, die direkt oder indirekt zu Marktleistungen der Unternehmung führen. Durch diesen Tausch soll das **Ziel des Arbeitsvertrags** erreicht werden, dass nämlich die einzelnen Beschäftigten gegen Entgelt angemessene Beiträge zu den ökonomischen **Unternehmenszielen** leisten. Insbesondere Vorbereitung und Wirkungskontrolle der personalwirtschaftlichen Maßnahmen werden in dieser Sicht zu Transaktionen der Personalwirtschaft, die Transaktionskosten auslösen."[193] Hierbei gilt es, den besonderen Charakter der menschlichen Arbeitskraft zu berücksichtigen, da das Arbeitsvermögen eben untrennbar (immanent) mit der Person der Arbeitenden verbunden ist. „Wer Arbeitskraft kauft, erwirbt einen Produktionsfaktor bzw. eine Ressource, deren Nutzungsbedingungen grundsätzlich anders sind als die der sachlichen Produktionsfaktoren. Auch wenn im Sinne der Analyse von *Erich Gutenberg* (1897 bis 1984) intendiert ist, mit dem ‚Produktionsfaktor Arbeit' so zu wirtschaften, daß dessen optimale Ergiebigkeit erzielt wird, muß dennoch dessen **Besonderheit** berücksichtigt werden. Dies ist hier nicht als *moralische Forderung* gemeint, sondern als *analytische Feststellung*. Im Unterschied zu Betriebsmitteln und Werkstoffen haben **Menschen** Bedürfnisse, Erwartungen, Wünsche, Befürchtungen. Sie artikulieren Interessen – individuell und kollektiv – und versuchen diese, unter anderem in Verhandlungsprozessen, durchzusetzen. Mit der Öffnung der Betriebswirtschaftslehre zu den Sozialwissenschaften verbunden ist die Erkenntnis, daß die (Nicht-)Berücksichtigung dieser Bedürfnisse und Interessen maßgeblich dafür ist, in welchem Ausmaß das erworbene Potential tatsächlich genutzt werden kann."[194]

Neben diesen Besonderheiten ist Arbeit in eine hochgradig arbeitsteilige Wirtschaft als eine weitgehend **spezialisierte Faktorleistung** eingebunden (gefangen). Ein Erwerbstätiger kann heute nicht als Frisör, in zwei Monaten als Elektriker und im nächsten Jahr als Sachbearbeiter in einer Bank arbeiten. Arbeit ist aus diesem Grund immer **segmentierte Arbeit**, die auf den unterschiedlichsten **Teilarbeitsmärkten** angeboten wird. Die zur Ausübung eines Berufs erforderlichen Fähigkeiten und Kenntnisse werden außerdem erst bei ihrer praktischen Anwendung am Arbeitsplatz voll erworben, vertieft und abgerundet. Ohne einen formalen (akademischen) Berufsabschluss (Professoren, Lehrer, Richter, Staatsanwälte, Ärzte u.a.) sind viele Arbeitsmärkte nicht zugänglich. Ein Wechsel von einem Teilmarkt in einen anderen, die **interberufliche Mobilität**, erfordert in der Regel eine mit Aufwendungen an Geld, Zeit und Lernbereitschaft sowie Lernfähigkeit verbundene Umschulung. Außerdem sind Arbeitsmärkte nach **Wirtschaftssektoren** (Branchen), **Regionen** und immer noch diskriminierend nach dem **Geschlecht** differenziert zu betrachten.[195] Aus all dem erklärt sich bereits der für viele ökonomische Laien nicht immer nachvollziehbare aber empirisch zu beobachtende Tatbestand, dass es in der Summe aller Arbeitsmärkte zu **Massenarbeitslosigkeit** kommen kann und

---

[192] Vgl. Drumm, H. J., Personalwirtschaft, 4. Aufl., Berlin, Heidelberg, New York 2000, S. 19ff.

[193] Ebenda, S. 19.

[194] Krell, G., Vergemeinschaftende Personalpolitik, a.a.O., S. 16.

[195] Vgl. Jochmann-Döll, A., Gleicher Lohn für gleichwertige Arbeit, Dissertation, München 1990, dieselbe, Lohndiskriminierung und Arbeitsbewertung: Die Comparable Worth-Debatte, in: Emmerich, K., Hardes, H. D., Sadowski, D., Sitznagel, E., (Hrsg.), Einzel- und gesamtwirtschaftliche Aspekte des Lohnes, Nürnberg 1989, S. 21 - 38.

dennoch auf bestimmten Teilarbeitsmärkten ein quantitativer und/oder qualitativer *Arbeits-kräftemangel* besteht. Dieser zeigt sich dabei häufig in konjunkturellen Aufschwungphasen.

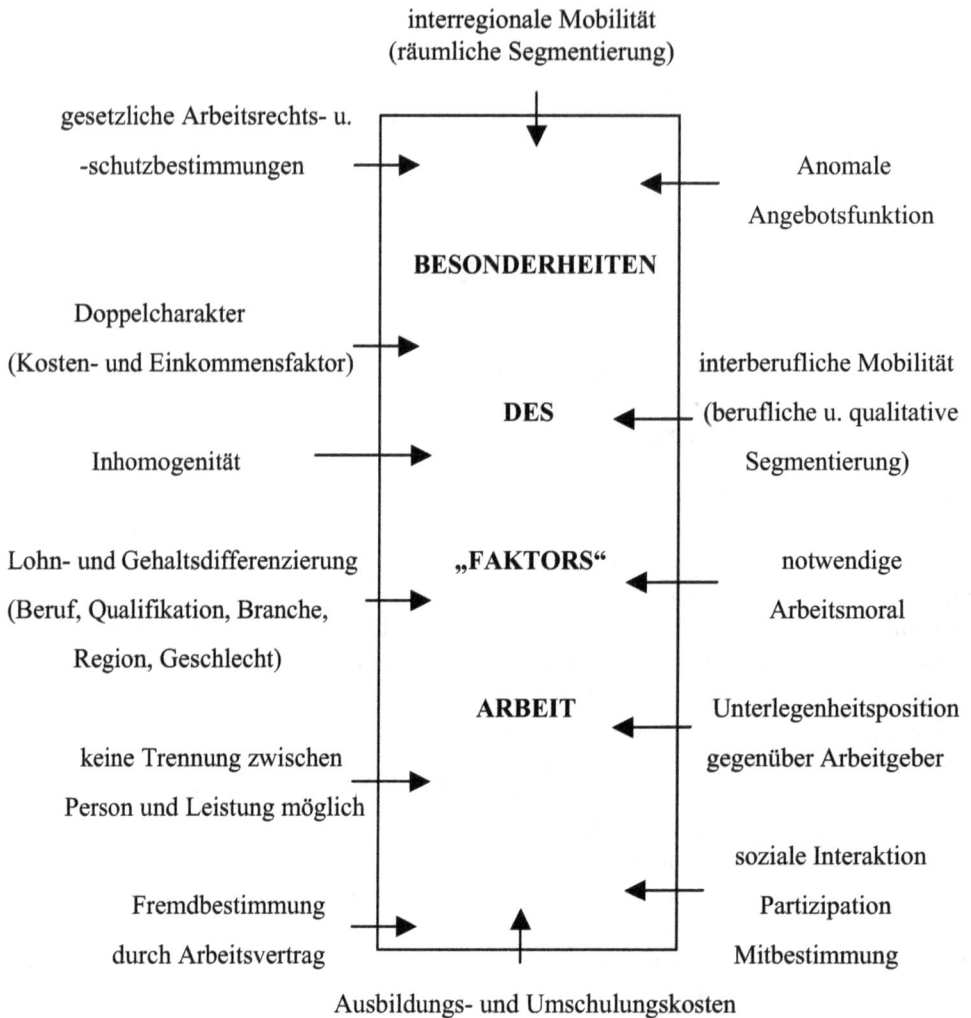

interregionale Mobilität
(räumliche Segmentierung)

gesetzliche Arbeitsrechts- u.

-schutzbestimmungen

Anomale

Angebotsfunktion

BESONDERHEITEN

Doppelcharakter

(Kosten- und Einkommensfaktor)

interberufliche Mobilität

DES

(berufliche u. qualitative

Inhomogenität

Segmentierung)

Lohn- und Gehaltsdifferenzierung

„FAKTORS"

notwendige

(Beruf, Qualifikation, Branche,

Arbeitsmoral

Region, Geschlecht)

ARBEIT

Unterlegenheitsposition

keine Trennung zwischen

gegenüber Arbeitgeber

Person und Leistung möglich

soziale Interaktion

Fremdbestimmung

Partizipation

durch Arbeitsvertrag

Mitbestimmung

Ausbildungs- und Umschulungskosten

Abb. 3.6:   Besonderheiten des Faktors Arbeit

Neben der **Qualifikation** als Markteintrittsbarriere spielt heute auch das **Alter** der abhängig Beschäftigten eine immer größere Rolle. Viele Unternehmen beschäftigen keine Arbeitneh-mer mehr, die das 50. Lebensjahr überschritten haben. Daneben sind beim „Faktor" Arbeit weitere **Besonderheiten** zu beachten. Arbeit bildet für die meisten Menschen den wesentli-chen Teil ihres Lebens ab, zu der sie eine **Einstellung** finden müssen.

„Sie erfordert in der Regel ein Mindestmaß an Bereitschaft zur Einordnung in eine **Befehls-hierarchie** und zur Zusammenarbeit mit anderen Menschen bis hin zur Identifizierung mit den Zielen des jeweiligen Unternehmens; sie verlangt Disziplin, Pünktlichkeit, Zuverlässig-keit, Ausdauer, Selbstbeherrschung, Einsatzbereitschaft und eine Reihe weiterer sozialer

Tugenden, ohne die auch in anderen Lebensbereichen schlecht auszukommen ist. Man fasst sie unter der Bezeichnung **Arbeitsmoral** zusammen. Ihr Stand hat offensichtlich großen Einfluß auf den Ablauf des Produktionsprozesses und damit auf die Arbeitsproduktivität. Wichtige Quellen der **Arbeitszufriedenheit** sind das Gefühl, von seinem Gebiet etwas zu verstehen, seine Fähigkeiten anwenden und auf das Arbeitsergebnis stolz sein zu können; im Vergleich zur eigenen Qualifikation und zu Arbeitskollegen angemessen bezahlt zu werden; über einen **sicheren Arbeitsplatz**, Dispositionsfreiheit und Aufstiegsmöglichkeiten zu verfügen. Da Arbeit einen so bedeutenden Teil des Lebens ausmacht, stellen und erhöhen Arbeitnehmervertreter ständig **Mindestanforderungen** an ihre äußeren Umstände. Die tägliche, wöchentliche, Jahres- und Lebensarbeitszeit soll möglichst kurz und von Pausen unterbrochen; Nacht- und Schichtarbeit beschränkt sein. Lästige und schädliche Einwirkungen (Lärm, Schmutz), Gesundheits- und Unfallgefahren sind so gering wie möglich zu halten. Der Monotonie der Arbeitsverrichtung soll entgegengewirkt, Verantwortungsbereich und damit **Selbstbestimmung am Arbeitsplatz** ausgedehnt, Gelegenheit zur **Weiterbildung** gegeben und das Betriebsklima verbessert werden. Die Arbeit soll interessant sein, Arbeitnehmer sollen umfassend über Vorgänge in Betrieb und Unternehmung **informiert** und an möglichst vielen **Entscheidungen beteiligt** werden. Die Gesamtheit der Bestrebungen, solche Arbeitsbedingungen herzustellen oder ihre Qualität zu verbessern, fasst man unter den Bezeichnungen **Humanisierung der Arbeit** und Einführung der betrieblichen und unternehmerischen **Mitbestimmung** zusammen."[196]

Da die Arbeitsleistung untrennbar an den Menschen gebunden ist, erfordert dies in der Regel seine persönliche Anwesenheit an einer Arbeitsstätte außerhalb seiner Wohnung. Hierdurch entsteht das Problem des täglichen Arbeitsweges und des Wohnsitzwechsels bei Annahme eines ferngelegenen Arbeitsplatzes (**interregionale Mobilität**). Die Kosten, die hierbei entstehen, zahlt der Arbeitnehmer. Dennoch sind die Menschen, aufgrund ihrer festen Wohnsitze mit einem entsprechend für sie wichtigen **sozialen Umfeld**, nicht beliebig mobil, wodurch der Arbeitsmarkt eine *räumliche Segmentierung* erfährt.

Arbeit unterliegt auch einer persönlichen (subjektiven) Einschätzung, die von einer hohen **intrinsischen Motivation** und Identifikation mit der Arbeit bis zu einem widerwillig akzeptierten **Zwang (Entfremdung)** reichen kann. Dieses Spannungsverhältnis wird heute in der vorherrschenden neoklassischen/neoliberalen Wirtschaftstheorie und -politik ignoriert. So ist das Zwangsverhältnis der Arbeit in der neoklassischen Arbeitsangebotsfunktion[197] völlig unbekannt oder schlicht nicht existent. Hier wird unterstellt, dass abhängig Beschäftigte im Rahmen eines rationalen ökonomischen Verhaltens nur bei *steigenden Reallöhnen* mehr Arbeit anbieten. Demnach wägen die Arbeitnehmer die **Kosten von Arbeit** („Grenzleid" der Arbeit in Form eines Verzichts bezüglich alternativer Nutzungen von Zeit (Opportunitätskosten der Arbeit)) frei mit deren **Nutzen** („Grenznutzen" aus einem zusätzlichen Lohn als gestiegene Kaufkraft) gegeneinander ab. Arbeit wird von den Arbeitnehmern demnach nur dann angeboten, wenn ihr „Grenznutzen" größer ist als das „Grenzleid" (vgl. dazu ausführlich Abschnitt 3.4.4). Diese unterstellte **freie Entscheidungsoption** existiert in Wirklichkeit

---

[196] Stobbe, A., Volkswirtschaftslehre III, a.a.O., S. 253f.

[197] Diese geht ursprünglich auf *William Stanley Jevons* (1835 bis 1882) zurück. Dieser hatte als erster mit Hilfe der *Grenznutzentheorie* das Angebot an Arbeitskräften zu bestimmen versucht. Demnach muss der einzelne Arbeiter stets zwischen dem durch die angebotene Arbeit verursachten „Arbeitsleid" und dem hierdurch erzielten Nutzen abwägen.

für die große Masse der Arbeitskräfte auf Grund des Zwangsverhältnisses aber nicht. Die Höhe des Preises der Ware Arbeitskraft entscheidet über das Auskommen der Beschäftigten. Deshalb kann, wie *Wolfgang Stützel* (1926 bis 1987) formulierte, die „gängige Lehre von den stets segensreichen Wirkungen des freien Spiels aller Einzelpreise" nicht „ohne jegliche Modifikationen" in Richtung „menschenwürdigen Ausgleichs auf die Arbeitsmärkte übertragen werden."[198]

Freiheit am Arbeitsmarkt ist eine Fiktion.

Arbeit impliziert abschließend noch eine weitere wichtige Besonderheit, nämlich den Tatbestand, dass der Lohn aus Arbeit eine kreislaufmäßige **Doppelfunktion** hat. Er ist *Kostenfaktor* für die Unternehmen und gleichzeitig *Einkommens-* und damit *Nachfragefaktor* für die Beschäftigten. Wird demnach der Lohn, dass Einkommen der Arbeitnehmer gesenkt, um die Arbeitskosten zu drücken, so fällt auf der Nachfrageseite **Kaufkraft** bzw. Konsumnachfrage aus und es kommt zu einer entsprechenden Wachstumsabschwächung und die Beschäftigung bildet sich zurück. In dieser Doppelfunktion drückt sich gleichzeitig eine der **kapitalistischen Rationalitätsfallen** aus (vgl. dazu noch einmal das Ende von Abschnitt 2.6). „Dieses Grundprinzip basiert auf der Erkenntnis, dass das vom Eigeninteresse geleitete Handeln der einzelnen Akteure in das Gegenteil umschlagen kann, wenn sich alle Beteiligten in dieser Weise verhalten. Entscheidend ist dabei: Die einzelwirtschaftliche Rationalität, d.h. das, was der Einzelne mit seinem Handeln beabsichtigt, und die gesamtwirtschaftliche Rationalität, d.h. das, was sich für die Gesamtheit als Ergebnis einstellt, fallen auseinander. Deshalb bezeichnet man diese Phänomene als Rationalitätsfallen."[199]

3.4.2   Einzelwirtschaftliche Arbeitsnachfrage

In diese Besonderheiten des „Faktors" Arbeit ist die Arbeitsnachfrage und selbstverständlich auch das Arbeitsangebot eingebunden. Die Neoklassik und Betriebswirtschaftslehre setzen sich dabei allerdings viel zu wenig bei der Bestimmung des **Lohnes** mit diesen Besonderheiten auseinander. Während sich die Betriebswirtschaftslehre der Lohnfrage lediglich aus Sicht des einzelnen Arbeitnehmers im Rahmen einer unternehmerisch determinierten **anforderungs-** und **leistungsadäquaten Entlohnung** nähert und die Bedeutung des Lohnes als Arbeitsaufwand in Bezug auf die Rentabilität eines Unternehmens untersucht (vgl. dazu ausführlich Abschnitt 3.7.5), geht die Neoklassik bei der Bestimmung der Lohnhöhe von der „**Lehre vom Grenznutzen**" aus.[200] Diese geht auf *Hermann Heinrich Gossen* (1810 bis 1858) zurück, der die beiden „Gossen'schen Gesetze" vom „*abnehmenden Grenznutzen*" und das „*Gesetz vom Grenznutzenausgleich*" formulierte.[201] Im Grundsatz bestimmt die „Lehre vom Grenznutzen", dass der Gesamtnutzen einer Ware mit dessen wachsender Verfügbarkeit zunimmt, aber der Zuwachs an Nutzen, d.h. der Nutzen der „letzten" neu dem Vorrat hinzugefügten Wareneinheit, der Grenznutzen, abnimmt. Dieser Grenznutzen bestimmt gleichzeitig den Tauschwert der Ware, und damit am Arbeitsmarkt den *Lohn* für die Arbeitskraft.

Der dabei als *subjektiv* zu identifizierende Gebrauchswertansatz mündete letztlich in die zentrale Aussage der „**Grenzproduktivitätstheorie des Lohns**" von *John Bates Clark* (1847

---

[198]   Vgl. Stützel, W. Marktpreis und Menschenwürde, 2. Aufl., Stuttgart 1982, S. 75f.

[199]   Bofinger, P., Wir sind besser, als wir glauben, a.a.O., S. 108.

[200]   Vgl. Lehmann, H., Grenznutzentheorie, Berlin 1968.

[201]   Vgl. Franke, J., Grundzüge der Mikroökonomik, 7. Aufl., München, Wien 1995, S. 42ff.

bis 1938).[202] Der „Grenzertrag der Arbeit" wird hier aus dem von *Anne Robert Jacques Turgot* aufgestellten „**Ertragsgesetz**", d.h. genauer, aus dem „Gesetz des abnehmenden Ertragszuwachses", abgeleitet (vgl. Abschnitt 2.3.2).

Diese Gesetzmäßigkeit ist in eine allgemeine **Produktionsfunktion** $Y = Y (A, K)$ eingebunden worden. Dabei werden Güter Y in Abhängigkeit vom Arbeitseinsatz A und vom Kapitaleinsatz K, der eine bestimmte Technologie impliziert, produziert. Der Kapitaleinsatz wird kurz- bis mittelfristig als ein nichtveränderbarer (konstanter) Faktor unterstellt, während der **Arbeitseinsatz als variabel** gilt. Die Produktionsfunktion unterstellt dabei vier Prämissen:

- Die Einsatzfaktoren Kapital und Arbeit sind beschränkt substitutional. Mit nur einem Faktor ist eine Produktion nicht möglich.
- Die jeweiligen Grenzprodukte der Einsatzfaktoren sind positiv, d.h. ein Mehreinsatz eines Faktors bei Konstanz des anderen Faktors erhöht insgesamt den Output.
- Die Steigerung des Gesamtoutputs geht mit abnehmenden Grenzerträgen einher.
- Der Mehreinsatz von Kapital (Arbeit) erhöht den Grenzertrag der Arbeit (des Kapitals).

Der in der Produktionsfunktion unterstellte nicht-lineare Zusammenhang zwischen Input und Output, tritt im industriellen Produktionsprozess allerdings nur selten auf. Hier besteht mehr ein linearer Zusammenhang, so dass man grundsätzlich auf Wertgrößen bezogen von einer **linearen Gesamtkostenfunktion** sprechen kann. „Diese Tatsache ist darauf zurückzuführen, daß sich die meisten Industriebetriebe an veränderte Produktmengen durch **Variation der Fertigungszeit** bei unveränderten Prozeß- und Verfahrensbedingungen anpassen. Diese Art der Beschäftigungsorganisation bezeichnet *Erich Gutenberg* als *zeitliche Anpassung*. Erfolgt die zeitliche Anpassung ohne den Einsatz von Überstunden, so verursacht jede zusätzliche Ausbringungs- oder Bezugsgrößeneinheit die gleichen Kosten, so daß der Gesamtkostenverlauf linear sein muß."[203]

Beispielhaft soll hier die schon aus Abschnitt 2.3.2 bekannte **Produktionsfunktion** Y_A gelten:

$$(1) \quad Y_A \;=\; Y(A)$$

$$Y_A \;=\; 10\, A^{0,5}$$

Der **Grenzertrag** Y_A' ergibt sich mathematisch aus der ersten Ableitung der Produktionsfunktion.

$$(2) \quad Y_A' \;=\; 5\, A^{-0,5}$$

Unter Berücksichtigung von **vollkommener Konkurrenz** auf dem Arbeitsmarkt,[204] sowie der einzelwirtschaftlichen (unternehmerischen) Forderung nach **Gewinnmaximierung**, leitet die neoklassische Theorie die **Entlohnung des Faktors Arbeit** aus dem Grenzertrag der Arbeit ab.

---

[202] Clark, J. B., The distribution of Wealth, New York 1899.

[203] Wolfgang Kilger, Einführung in die Kostenrechnung, 2. Aufl., Wiesbaden 1980, S. 37.

[204] Die *vollkommene Konkurrenz auf dem Arbeitsmarkt* unterstellt, dass unendlich viele Anbieter mit einer homogenen Arbeitsleistung und konstanter Arbeitsintensität unendlich vielen Nachfragern gegenüberstehen. Der Markt ist für alle Marktteilnehmer völlig transparent und es herrscht eine unendlich schnelle Reaktionsfähigkeit und Flexibilität aller Marktakteure. Aus diesen Bedingungen folgt, dass sich sowohl Anbieter als auch Nachfrager nur als *Mengenanpasser* verhalten können, d.h. der einzelne Nachfrager und Anbieter kann keine autonome Lohnsatzveränderung am Markt bewirken.

Der **Gewinn** G ergibt sich dabei aus der Differenz zwischen dem **Ertrag der Arbeit** $E_A = (p \times Y_A)$ und den gesamten **Arbeitskosten** $L = (l \times A)$:

$$(3) \quad G \;=\; E_A \;-\; L$$

$$G \;=\; p \cdot Y_A \;-\; l \cdot A$$

p   =   Güterpreis

Y_A =   Output des Faktors Arbeit (bei abnehmenden Grenzprodukt der Arbeit)

l   =   Nominallohn

A   =   Arbeitsmenge in Stunden

Bei einem unterstellten nicht vom einzelnen Unternehmen beeinflussbaren Marktlohn $l = 14$ und einem ebenso vom Markt gesetzten Güterpreis $p = 20$ ergibt sich demnach ein Gewinn von:

$$(4) \quad G \;=\; 20 \cdot 10\,A^{0,5} \;-\; 14 \cdot A$$

Die erste mathematische Ableitung des Ertrags der Arbeit $E_A = 200\,A^{0,5}$ ergibt das **Wertgrenzprodukt der Arbeit** E'_A:

$$(5) \quad E'_A \;=\; 100\,A^{-0,5}$$

Entspricht das Wertgrenzprodukt der Arbeit dem Marktlohnsatz l, so ist das **Gewinnmaximum** (G_{max}) realisiert.

$$(6) \quad G_{max} \;=\; E'_A \;=\; l$$

$$G_{max} \;=\; \frac{100}{\sqrt{A}} \;=\; 14$$

$$G_{max} \;=\; A \;=\; 51,02$$

Dies ist bei den hier unterstellten Konditionen bei einer Arbeitsmenge A in Höhe von 51,02 Einheiten (Stunden) erreicht. Nur bei dieser Arbeitsmenge realisiert das Unternehmen sein **Gewinnmaximum**. Das *Wertgrenzprodukt der Arbeit* entspricht hier exakt dem *Marktlohnsatz* (l) von 14 (vgl. Tab. 2.).

Tab. 2:   Gewinnmaximum am neoklassischen Arbeitsmarkt

A (Std.)	Y_A	E_A	E'_A	L	G
1	10	200	100	14	186
9	30	600	33,3	126	474
25	50	1.000	20,0	350	650
50	70,7	1.414,2	14,1	699,8	714,4
51,02	**71,7**	**1.428,6**	**14,0**	**713,7**	**714,9**
55	71,6	1.431,1	13,97	717,7	713,4
60	74,2	1.483,2	13,5	770,8	712,4
70	83,7	1.549,2	12,9	840,9	708,3

Das Unternehmen fragt also bei vorgegebenen nominalen Marktlohnsatz (l) solange Arbeitskräfte nach, bis der Grenzertrag der Arbeit $Y_A' = 5 A^{-0,5}$ multipliziert mit dem Güterpreis
(p), das Wertgrenzprodukt der Arbeit $E_A' = 100 A^{0,5}$, oder der Wert des zusätzlich erzeugten
Produkts, dem vorgegebenen Marktlohnsatz (l) entspricht. Abb. 3.7 veranschaulicht dies
noch einmal durch den Punkt G*. Bei gegebenen nominalen Marktlohn $l_0 = 14$ stellt sich
eine **gewinnmaximale Beschäftigungsmenge** von $A_0 = 51,02$ ein. Bei einer Arbeitsnachfrage von A_1 ist dagegen das Wertgrenzprodukt der Arbeit größer als der Marktlohnsatz (geometrisch die Strecke a - b).

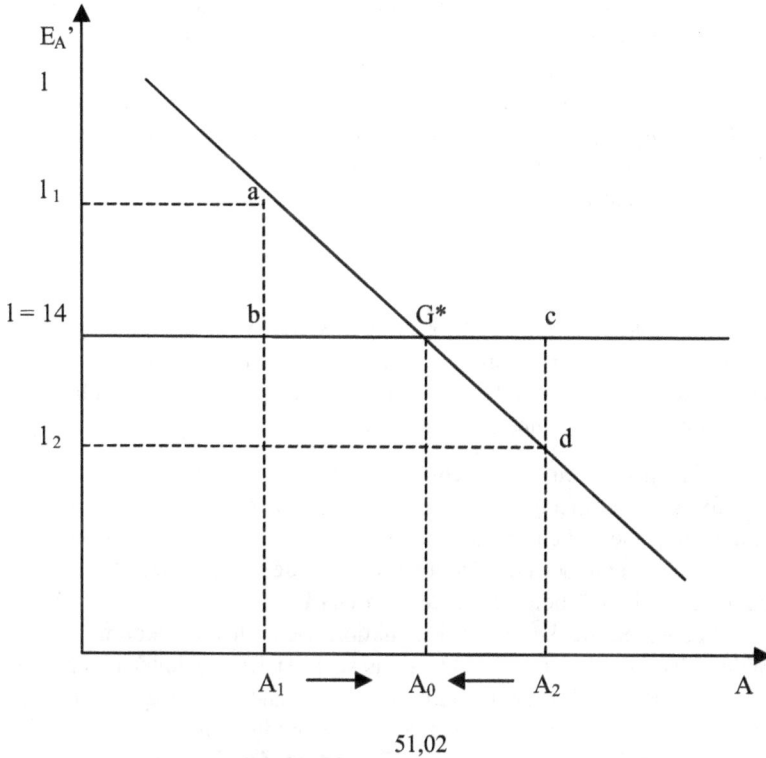

Abb. 3.7:   Wertgrenzprodukt der Arbeit und Nominallohn

Erhöht ein Unternehmen in einer solchen Situation die Arbeitsnachfrage von A_1 auf A_0, so
entsteht ein *zusätzlicher Gewinn*. Umgekehrt wird ein Unternehmen die Arbeitsnachfrage
von A_2 auf A_0 senken, weil hier das Wertgrenzprodukt der Arbeit unter dem Marktlohnsatz
liegt (geometrisch die Strecke c - d).

In diesem neoklassischen Modell entscheidet bei einem vorgegebenen Marktlohn (l_0) nur der
Unternehmer über die nachgefragte Arbeitsmenge (A_o). Sind die abhängig Beschäftigten
nicht bereit zu diesem Lohn zu arbeiten, so sind sie „**freiwillig**" arbeitslos. Würden die Arbeiter einen über dem Marktlohn hinausgehenden Lohn (l_1) verlangen, so würde der Unternehmer die Beschäftigung auf (A_1) senken und trotzdem sein Gewinnmaximum realisieren.
Dies wäre auch dann der Fall, wenn der Lohn auf (l_2) gesenkt würde. Hier bezahlen dann die
Arbeitnehmer mit ihrem abgesenkten Lohn die **Zusatzbeschäftigung** auf (A_2) selbst. Da die

neoklassische Theorie des Arbeitsmarktes auch für die **Gütermärkte** von der Prämisse der vollkommenen Konkurrenz ausgeht, ist der Fall denkbar, dass bei einer konstanten monetären Gesamtnachfrage nach einem betreffenden Produkt eine Angebotssteigerung am Gütermarkt den Marktpreis sinken lässt. „Das ist zwar für den **Konsumenten** angenehm, bedeutet jedoch für die Produzenten ein verringertes Wertgrenzprodukt der eingesetzten Faktoreinheit und folglich eine Reduzierung des Lohnsatzes und/oder der Faktorbeschäftigung. Steigt der Stückpreis des produzierten Gutes, gilt allerdings auch das Umgekehrte."[205] Um dabei die **Lohnzahlungen** für die abhängig Beschäftigten zu verstetigen und die gegebene Beschäftigung zu sichern, so die neoklassische **Vertragstheorie**, solle der auszuzahlende Lohn jeweils dem **konjunkturell** schwankenden Wertgrenzprodukt der Arbeit angepasst werden. In Zeiten des **Abschwungs** könne demnach der Lohn oberhalb und in Zeiten des **Aufschwungs** müsse er unterhalb des jeweiligen Wertgrenzproduktes liegen. Damit würde dann das in marktwirtschaftlich-kapitalistischen Ordnungen gegebene **Konjunkturrisiko** voll auf die **Beschäftigten** abgewälzt. Denn in jedem Fall würde der Unternehmer langfristig im zeitlichen Durchschnitt des Wertgrenzproduktes der Arbeit – trotz Konjunkturschwankungen – weiter sein *Gewinnmaximum* realisieren.

3.4.3   Neoklassische Grenze des Arbeitslohns

Für *Oswald von Nell Breuning* stellt aufgrund der bisherigen Ableitungen die Grenzproduktivität der Arbeit bzw. das Wertgrenzprodukt der Arbeit in marktwirtschaftlich-kapitalistischen Systemen die **obere Grenze** für die Höhe des erreichbaren Arbeitslohns dar. In seinem Buch „Kapitalismus und gerechter Lohn" führt er dazu aus:

„Nehmen wir den einfachsten Fall: ein Unternehmer, der in seinem Betrieb ein Produkt herstellt. Um seinen Absatz zu erhöhen, wird dieser Unternehmer seinen Verkaufspreis senken müssen; um ausreichende Arbeitskräfte für die gesteigerte Produktion zu bekommen, wird er den Arbeitslohn heraufsetzen müssen. Wo liegt die Grenze? Der Unternehmer wird dem letzten eingestellten Arbeiter höchstens so viel Lohn zahlen, wie er im Verkaufserlös des letzten abgesetzten Stückes seiner Produktion wieder hereinbekommt. Würde er mehr Lohn zahlen, dann müßte er ja zusetzen; das will der Unternehmer nicht, und auf die Dauer kann er es auch nicht. Das ist gemeint, wenn man sagt: der Arbeitslohn kann die Grenzproduktivität der Arbeit nicht übersteigen ('Grenzproduktivität' bedeutet also nicht die technische Produktionsleistung, sondern den Geldertrag, den die Verwendung des letzten eingestellten Arbeiters – des 'Grenzarbeiters' – dem Unternehmer einbringt)."[206]

Mit der Erklärung der Lohnhöhe durch die Grenzproduktivitätstheorie verdrängt die Neoklassik die von den klassischen Ökonomen hergeleitete und von *Marx* vollendete **Ausbeutungstheorie** der Arbeit. *Werner Hofmann* stellt dazu fest: „Hatten die Ausbeutungs-Theorien in der Kategorie des Gewinns einen Abzug vom Arbeitsertrag, also eine Verletzung des Äquivalententausches gesehen, so stellt die Umformulierung des Äquivalententausches selbst (jeder erhält, was seine Ware 'wert' ist) wieder das gute soziale Gewissen her."[207] Wie Abb. 3.8 zeigt, gehört bei einer gegebenen Wertgrenzproduktkurve und einem unterstellten Lohnsatz l_0

---

[205]   Molitor, B., Lohn- und Arbeitsmarktpolitik, München 1988, S. 49.

[206]   von Nell-Breuning, O., Kapitalismus und gerechter Lohn, Freiburg i. Br. 1960, S. 108f.

[207]   Hofmann, W., Einkommenstheorie. Vom Merkantilismus bis zur Gegenwart, 2. Aufl., Berlin 1971, S. 164.

den Arbeitern nicht der gesamte **Ertrag der Arbeit** (Inhalt der Fläche A-B-A_0-0), sondern lediglich die **Lohnsumme**, also das Produkt des jeweiligen Lohnsatzes l_0 und die gemäß der Wertgrenzproduktkurve entsprechende Arbeitsstundenmenge A_0 (Inhalt der Fläche l_0-B-A_0-0). Die Differenz zwischen dem *Ertrag der Arbeit* und der *Lohnsumme* erhalten die Unternehmer als Gewinnsumme (Inhalt der Fläche A-B-l_0).

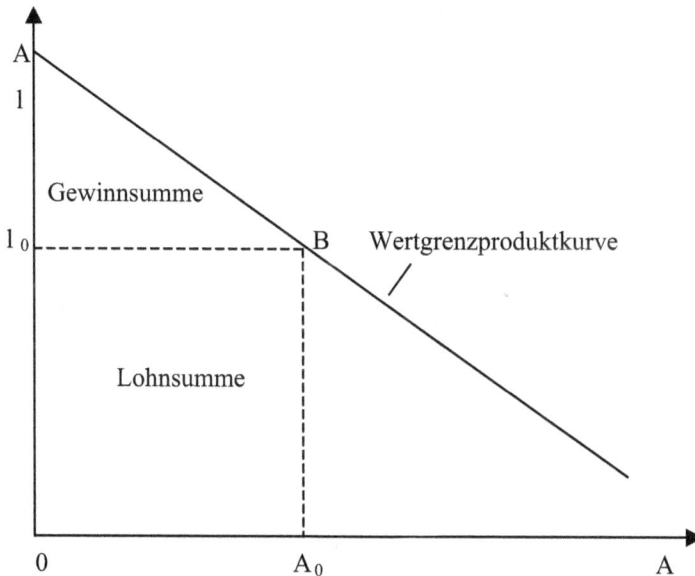

Abb. 3.8:   Wertgrenzprodukt und Ausbeutung

Dies kann man auch rechnerisch anhand der folgenden *Unternehmensdaten* zeigen: Demnach soll das Eigenkapital 22.5 Mio. € betragen und sich das Fremdkapital auf 80,0 Mio. € belaufen; davon entfallen auf ein langfristiges Darlehen 30 Mio. € und auf Rückstellungen 18 Mio. €. Die Umsatzerlöse beziffern sich auf 204,6 Mio. €. Die Bestandsveränderungen sind mit 4,5 Mio. € negativ und die sonstigen aktivierten Eigenleistungen wurden mit 1,2 Mio. € verbucht. An Zinsaufwendungen waren 4,6 Mio. € abzuführen. Die Löhne und Gehälter inkl. dem Arbeitgeberanteil machen 46,5 Mio. € aus und die Abschreibungen lagen bei 8,6 Mio. €. An Materialaufwand wurden 118,4 Mio. € erfasst und an sonstigen Fremdleistungen 14,9 Mio. €. Die Miete und Pacht lag bei 0,8 Mio. €. Das Unternehmen beschäftigt 625 Mitarbeiter. Diese haben eine jahresdurchschnittliche Arbeitszeit pro Mitarbeiter von 1.694 Std. geleistet. Hieraus entstehen die folgenden Fragen:

a)   Wie hoch ist die Gesamtleistung, der Rohertrag und der Gewinn?
b)   Wie hoch ist die Wertschöpfung (Wert der Arbeit) und wie teilt sie sich auf?
c)   Wie hoch ist die Wertschöpfungsquote?
d)   Wie hoch ist die Summe des Wertes der Arbeitskräfte?
e)   Wie hoch ist das Überschussprodukt (Mehrprodukt = Mehrwert)?
f)   Wie hoch ist der ROI als Gesamtkapitalrendite?
g)   Wie hoch ist der ROI als Eigenkapitalrendite?
h)   Wie hoch ist die wertmäßige Arbeitsproduktivität je Mitarbeiter und je Arbeitsstunde?

Zu a) Wie hoch ist die Gesamtleistung, der Rohertrag und der Gewinn? (Alle Werte in Mio. €)

Umsatzerlöse	204,6
- Bestandsveränderungen	4,5
+ aktivierte Eigenleistungen	1,2
= Gesamtleistung	**201,3**
- Materialaufwand	118,4
= Rohertrag	**82,9**
- Abschreibungen	8,6
- sonstige Fremdleistungen	14,9
(Summe Vorleistungen)	141,9
- Personalaufwand	46,5
- Zinsaufwand	4,6
- Miete/Pacht	0,8
= Gewinn	**7,5**

Zu b) Wie hoch ist die Wertschöpfung = Wert der Arbeit und wie teilt sie sich auf? (Alle Werte in Mio. €)

Gesamtleistung	201,3
- Vorleistungen	141,9
= Wertschöpfung	**59,4**
Lohn	**46,5**
Zins	**4,6**
Grundrente	**0,8**
Gewinn	**7,5**

Zu c) Wie hoch ist die Wertschöpfungsquote W?

$$W = \frac{\text{Wertschöpfung}}{\text{Gesamtleistung}} = \frac{59,4}{201,3} \cdot 100 = 29,5\%$$

Zu d) Wie hoch ist die Summe des Wertes der Arbeitskräfte?

Dies entspricht dem Tauschwert der Arbeitskräfte in Höhe des Personalaufwandes, demnach 46,5 Mio. €.

Zu e) Wie hoch ist das Überschussprodukt (Mehrprodukt = Mehrwert)? (Alle Werte in Mio. €)

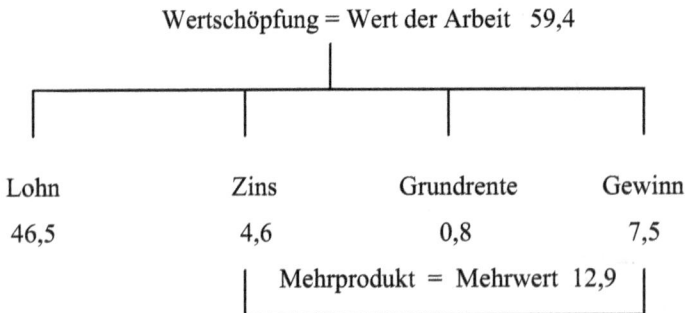

Wertschöpfung = Wert der Arbeit 59,4

Lohn	Zins	Grundrente	Gewinn
46,5	4,6	0,8	7,5

Mehrprodukt = Mehrwert 12,9

<u>Zu f</u>) Wie hoch ist der ROI als <u>Gesamtkapitalrendite?</u>

$$\text{ROI} \ = \ \frac{\text{Gewinn} \ + \ \text{Zins}}{\text{Umsatz}} \cdot \frac{\text{Umsatz}}{\text{Gesamtkapital}} \cdot 100 \ = \ 12{,}6\,\%$$

<u>Zu g</u>) Wie hoch ist der ROI als <u>Eigenkapitalrendite?</u>

$$\text{ROI} \ = \ \frac{\text{Gewinn}}{\text{Umsatz}} \cdot \frac{\text{Umsatz}}{\text{Eigenkapital}} \cdot 100 \ = \ 37{,}3\,\%$$

<u>Zu h</u>) Wie hoch ist die wertmäßige Arbeitsproduktivität je Mitarbeiter und je Arbeitsstunde?

$$A_{\text{Prod}} \ = \ \frac{\text{Wertschöpfung}}{\text{Beschäftigte}} \ = \ 95.040\ \text{€}$$

$$A_{\text{Prod}} \ = \ \frac{\text{Wertschöpfung}}{\text{Arbeitsstunden}} \ = \ 56{,}10\ \text{€}$$

3.4.4   Zum Arbeitsangebot

Unter Berücksichtigung der zuvor beschriebenen Bestimmung der Lohnhöhe leitet die Neo-klassik auch das Arbeitsangebot ab. Dies wird aus dem **Angebotsverhalten** der privaten Haushalte als Anbieter von Arbeit anhand einer Nutzenfunktion bestimmt. Der einzelne Arbeitskraftanbieter hat genauso wie das einzelne Unternehmen dabei keinen Einfluß auf die Güter- und Faktorpreise, die sich am Gesamtmarkt bilden (Prämisse der vollkommenen Konkurrenz). So wie das Unternehmen versucht, seinen Gewinn zu maximieren, versucht der private Haushalt seinen Nutzen zu maximieren, wobei die beiden Gossen'schen Gesetze ebenfalls Berücksichtigung finden. Der private Haushalt weitet sein Arbeitsangebot demnach so lange aus, wie eine Gesamtnutzensteigerung als Differenz aus **Grenzleid der Arbeit** bzw. Verzicht auf *Freizeit* und dem Grenznutzen aus zusätzlichem Lohn durch zuwachsende Kaufkraft bzw. Sparmöglichkeit zu verzeichnen ist. Je höher dieser Marktlohnsatz ausfällt, umso größer ist bei gegebener Nutzenfunktion das Angebot an Arbeit, d.h., die sogenannte „**normale Arbeitsangebotsfunktion**" ist positiv steigend (vgl. die folgende Abb. 3.9).

Die **Elastizität des Arbeitsangebotes** (Steigungsgrad der Angebotskurve (A)) „hängt vom Wohlstandsniveau, insbesondere vom Vermögensrückhalt der privaten Haushalte (Besitzeinkommen) und den regionalen wie sektoralen (möglicherweise auch beruflichen) Fluktuationschancen der entsprechenden Arbeitsanbieter ab."[208] Je höher hierbei der Elastizitätsgrad des Angebots ausfällt (flacherer Kurvenverlauf), umso günstiger ist es bei gegebener Gesamtarbeitsnachfragefunktion N_0, die sich im Gegensatz zur Angebotskurve A_0 negativ fallend verhält, um die Höhe des Lohnsatzes (l) bestellt. Ist das Arbeitsangebot (A) völlig unelastisch (Parallele (A_1) zur Ordinate), so verfiele der Lohn auf (l_1) bei einer Angebotsmenge von (A_1). Ist auf der anderen Seite die Arbeitsangebotskurve gegeben und es liegt eine unelastische Arbeitsnachfragekurve (N_1) vor, so steigt der Lohn auf (l_2) und die Arbeitskraftanbieter stellen die Arbeitsmenge (A_2) zur Verfügung.

---

[208]   Molitor, B., Lohn- und Arbeitsmarktpolitik, a.a.O., S. 49f.

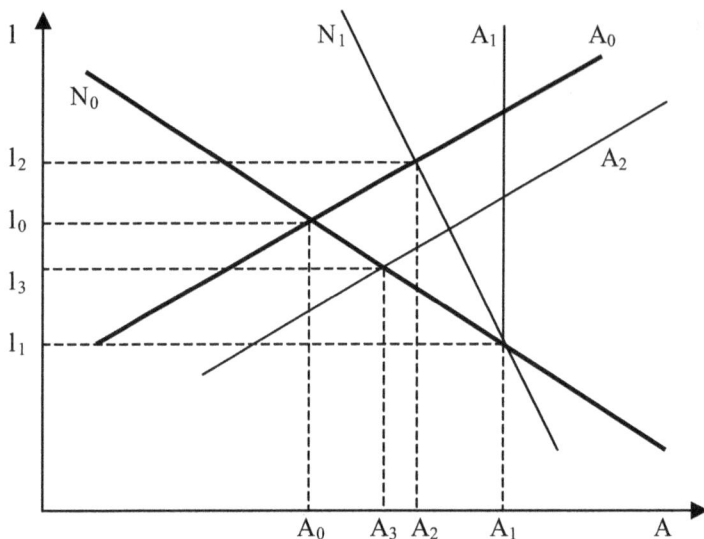

Abb. 3.9:   Arbeitsangebots- und Nachfragefunktionen

Kommt es ceteris paribus zu einer Erhöhung des Arbeitsangebotes durch eine Ausweitung des Erwerbspersonenpotentials bei konstanter Arbeitsnachfrage (N_0), so verschiebt sich die Angebotskurve von (A_0) nach (A_2) und der Lohn geht von (l_0) auf (l_3) zurück, bei einer angebotenen Arbeitsmenge von (A_3). Bei der Bestimmung des **optimalen Arbeitsangebots** wird dabei angenommen, dass der individuelle Nutzen des Arbeitnehmers eine **Funktion der Freizeit** sowie des **erreichbaren Einkommens** durch das Angebot an Arbeitszeit ist.[209] Der Arbeiter entscheidet sich dabei nutzenoptimal zwischen **Arbeitszeit** und **Freizeit**. Sowohl die Entscheidung für Freizeit, als auch die Entscheidung für Arbeitszeit – und damit für Einkommen und die Möglichkeit des Erwerbes von Konsumgütern – stiftet ihm einen subjektiv determinierten Nutzen.

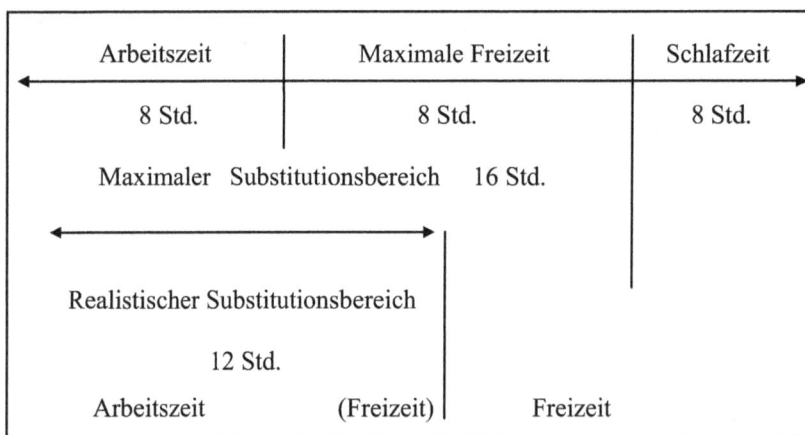

Arbeitszeit	Maximale Freizeit	Schlafzeit
8 Std.	8 Std.	8 Std.

Maximaler   Substitutionsbereich   16 Std.

Realistischer Substitutionsbereich

12 Std.

Arbeitszeit   (Freizeit)   Freizeit

Abb. 3.10:   Aufteilung Arbeits- und Freizeit

---

209   Zameck von, W., Finanzwissenschaft: Grundlagen der Stabilisierungspolitik, München und Wien 1996, S. 51ff.

Die Aufteilung des 24-Stunden-Tages erfolgt so nach Abzug der Schlafenszeit in *Arbeitszeit* und *Freizeit*. Dabei kann der Arbeitnehmer bei einem gegebenen Lohnsatz seine Arbeitszeit nicht unter eine Stundenanzahl absinken lassen, die sein **Existenzminimum** zum Lebensunterhalt abdeckt. Auf der anderen Seite wird die Substitutionsmöglichkeit von Arbeits- und Freizeit aus gesundheitlichen Gründen zum langfristigen Erhalt seiner Leistungsfähigkeit bzw. Arbeitskraft ebenfalls begrenzt. Die Gesamtzeit des Tages von 24 Stunden lässt sich deshalb wie folgt aufteilen:

Geht man mittelfristig von einem ökonomisch realistischen Substitutionsbereich zwischen Arbeits- und Freizeit von 12 Std. am Tag aus, so erreicht der Arbeitnehmer-Haushalt sein **Nutzenmaximum**, wenn der Grenznutzen der Freizeit mit dem des Arbeitseinkommens gleich groß ist bzw. die Grenzrate der Substitution von Einkommen durch Freizeit gleich dem Lohnsatz wird. Durch **Indifferenzkurven** (geometrischer Ort aller Einkommens-Arbeitszeit-Kombinationen, die bei gegebenen Lohnsatz (dieser ist als Reallohnsatz zu interpretieren) den gleichen Nutzen stiften) können theoretisch die unterschiedlichen Einkommens-Arbeitszeit-Kombinationen bestimmt werden.

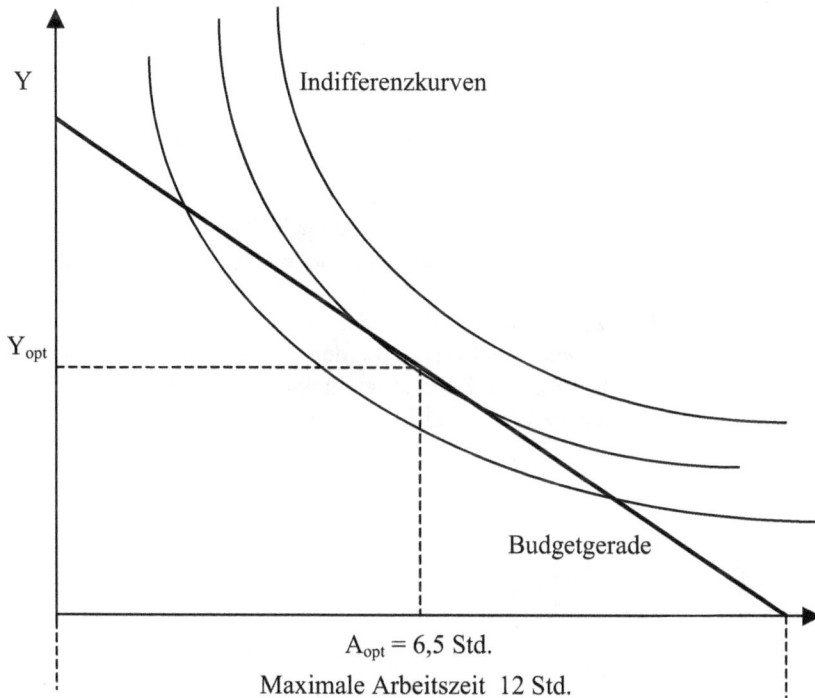

Abb. 3.11: Haushaltsoptimum aus Arbeitseinkommen und Freizeit

(1)   Maximaler

Substitutionsbereich $(12\,\text{Std.})$ = Arbeitszeit (A) + Freizeit (F)

Das Einkommen pro Tag Y (abgetragen auf der Ordinate) ergibt sich aus dem mathematischen Produkt von Lohnsatz (l) und Arbeitszeit (A). Auf der Abszisse wird in der zuvor gezeigten Abb. 3.11 das Arbeitsstundenangebot pro Tag bzw. die Freizeit pro Tag abgetragen.

(2) $Y = l \cdot A$

Löst man Gleichung (1) zur Arbeitszeit A auf und setzt das Ergebnis in Gleichung (2) ein, so erhält man die **Budgetgerade**:

$$(3) \quad Y \ = \ (12 \ - \ F)\,l$$

Die Budgetgerade zeigt das geometrische Verhältnis von höheren Einkommen und geringerer Freizeit. Bei einer Freizeit (F = 0) beläuft sich demnach das maximale Einkommen pro Tag auf

$$(4) \quad Y \ = \ 12 \ \cdot \ l$$

Im tangentialen Schnittpunkt der Budgetgerade mit einer Indifferenzkurve realisiert der Arbeitnehmer-Haushalt dann sein **Nutzenmaximum**. In der Abb. 3.11 unterstellt bei einer Arbeitszeit von 6,5 Stunden. Da der Lohnsatz (l) die Steigung der Budgetgerade bestimmt (vgl. Gleichung (3)), sind ein **Einkommens-** und **Substitutionseffekt** zu unterscheiden. Eine Lohnsatzsteigerung führt zu einer steileren Budgetgerade und zu anderen Optimalpunkten auf höherliegenden Indifferenzkurven et vice versa. Dies erklärt sich wie folgt: „Ein höherer Lohnsatz pro Arbeitsstunde verteuert die Freizeiteinheit; insofern entsteht eine Tendenz, Freizeit durch Arbeit zu substituieren: das Stundenangebot müsste steigen. Andererseits geht mit einer steigenden Lohnsumme der Grenznutzen zusätzlicher Einkommenseinheiten zurück, während der Grenznutzen der Freizeit mit der längeren Arbeitszeit zunimmt: von hier aus gesehen würde ein höherer Lohnsatz eine Einschränkung der Arbeitszeit veranlassen (*negativer Einkommenseffekt*). Der Nettowert aus den beiden gegensinnigen Effekten bestimmt das tatsächliche Mengenangebot des einzelnen Haushaltes bei gegebenen Lohnsatz."[210] Im Endergebnis impliziert demnach der *Substitutionseffekt* ein höheres Arbeitsangebot und der *Einkommenseffekt* ein niedrigeres. Wie demnach die **aggregierte Arbeitsangebotskurve** aller privaten Haushalte verläuft, hängt wesentlich vom **unterschiedlichen Wohlstands- und Einkommensniveau** der jeweiligen Haushalte ab. Erzielt ein Arbeitnehmer-Haushalt mal gerade ein **Mindesteinkommen** zur Sicherstellung des Existenzminimums unter Einsatz einer hohen Arbeitszeit, so ist es bei einem Anstieg des Lohnsatzes wahrscheinlich, dass der **Einkommenseffekt** überwiegt und demzufolge das Arbeitsangebot steigt. Grundsätzlich besteht aber für abhängig Beschäftigte immer ein **Arbeitszwang**. Insofern ist das Arbeitsangebot unelastisch bzw. starr (Vgl. Abb. 3.12).

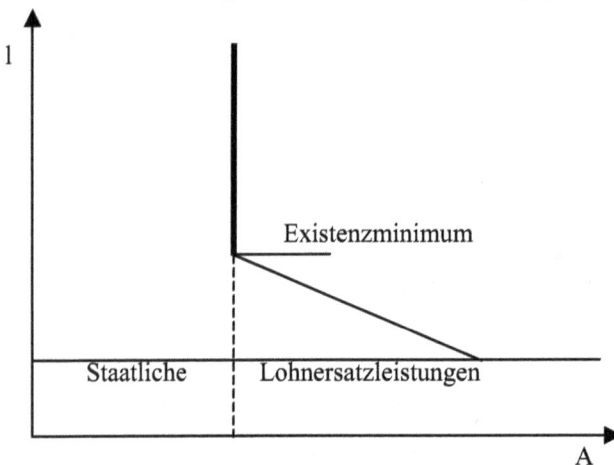

Abb. 3.12:   Anomales Arbeitsangebot

Molitor, B., Lohn- und Arbeitsmarktpolitik, München 1988, S. 44.

Erich Preiser führte im Grundsatz dazu bereits im Jahr 1933 aus:

„Die Ware 'unselbständiger Dienst' ist zwar eine Ware, weil sie auf dem Markte gekauft und verkauft wird. In jeder anderen Beziehung aber unterscheidet sie sich grundsätzlich von anderen Waren. Vor allem wird sie nicht 'produziert'; ihre Erzeugung richtet sich nicht nach der Nachfrage bzw. dem zu erwartenden Preis, das Angebot ist starr. Es läßt sich bei steigendem Preis nicht beliebig vermehren, bei sinkendem nicht vermindern. Wenn es im allgemeinen gilt, daß bei Überangebot und dementsprechender Preissenkung einer Ware ihre Erzeugung eingeschränkt und das Angebot so lange verringert wird, bis der Preis wieder auf seinen Normalstand kommt, ist das bei einem Überangebot der 'Ware Arbeitskraft' infolge der Unelastizität des Angebots eben nicht der Fall."[211]

Die Ursache für diese **Unelastizität des Angebots** der Ware Arbeitskraft liegt im wesentlichen darin begründet, dass die abhängig Beschäftigten – da sie keine Eigentümer der produzierten Produktionsmittel sind bzw. keine Verfügungsgewalt wie Manager darüber besitzen – permanent darauf angewiesen sind, ihre Arbeitskraft (täglich) zu verkaufen, um sich selbst reproduzieren zu können,[212] was nur möglich ist, wenn sie am *Arbeitsmarkt nachgefragt* werden, wobei die Arbeitsnachfrage von der Kapitalakkumulation bzw. den erwarteten Gewinnaussichten (Rentabilitäten) der Unternehmen abhängig ist. Arbeitnehmer sind dabei nicht nur strukturell dem Arbeitgeber unterlegen (vgl. Abschnitt 3.4.1), sondern es kommt auch zu einem **Lohnunterbietungswettbewerb**. Arbeitnehmer müssen demnach zu fast jedem Lohnsatz Arbeit anbieten. Dies macht sie durch Unternehmer jederzeit **erpressbar**. Selbst dann, wenn das Wertgrenzprodukt der Arbeit weit über dem momentan gezahlten Lohn liegt. Nicht selten verzichten selbst dann abhängig Beschäftigte auf Lohnerhöhungen oder nehmen sogar Lohnkürzungen hin, um angeblich ihren Arbeitplatz zu erhalten. Sinkt dabei der Lohn in Richtung **Existenzminimum**, wird sogar mehr an Arbeit angeboten, so dass in Folge der Lohn noch mehr sinkt und das Existenzminimum langfristig unterschritten wird (vgl. die Abb. 3.12). Letztlich führt ein freies Spiel der Marktkräfte zu einer Spirale von Lohnsenkungen und zu einer gleichzeitigen Steigerung des Arbeitsangebots. Dies beschreibt die **anormale Arbeitsangebotsfunktion**.

Daran ändern auch nur bedingt staatliche **Lohnersatzleistungen** (Arbeitslosengeld I und II sowie Sozialhilfe) etwas. Abhängig Beschäftigte und ihre Familien können über einen längeren Zeitraum von solchen Leistungen, die überdies noch ständigen Kürzungen unterliegen, kein sicheres und **planbares Leben** führen, während Unternehmer für sich und ihre **Investitionen** eine solche Planbarkeit von der Politik als Rahmenbedingungen ständig einfordern und auch erhalten. Und noch eine Asymmetrie wird hier politisch zwischen Unternehmern und Arbeitnehmern betrieben: Während Unternehmer ständig zum investieren und zur Schaffung von Arbeitsplätzen mit **Steuer-** und **Abgabensenkungen** staatlich angereizt (belohnt) werden, werden die abhängig Beschäftigten zur Arbeitsaufnahme mit Kürzungen der Lohnersatzleistungen **negativ angereizt** (bestraft). Nur die nackte *Not* führe hier, wie beim Lohnverständnis der *Merkantilisten* im 17. und 18. Jahrhundert (vgl. Abschnitt 2.3.1) zur Umsetzung des

---

[211] Preiser, E., Grundzüge der Konjunkturtheorie, Tübingen 1933, S. 87.

[212] Die Neoklassik unterstellt hier dagegen aufgrund der *Angebotsfunktion* (nur bei steigendem Lohnsatz wird mehr Arbeit angeboten), dass der jeweilige Arbeitnehmer über die ökonomischen Voraussetzungen verfügt, je nach Lohnsatz über seinen Arbeitseinsatz frei entscheiden zu können. Dies ist aber auf Grund der beschriebenen *Besonderheiten des Faktors Arbeit* nicht der Fall.

Arbeitszwangs bzw. zu einem Arbeitsangebot. „Denn schließlich gibt es keine Pflicht der Arbeitgeber, Arbeit zu *geben*, in eigentümlichem Gegensatz zu der in verschärfter Tonlage angemahnten Pflicht von Arbeitnehmern, Arbeit zu *nehmen*."[213]

3.4.5   Niedriglohnsektor

3.4.5.1 **Kombilöhne**
Nach der von *SPD/Bündnis 90/Die Grünen* umgesetzten **Agenda 2010** („Hartz-Gesetzeß"[214]) ist es in Deutschland zu einer enormen Ausweitung des **Niedriglohnsektors** gekommen.[215] Immer mehr Menschen (knapp sieben Millionen) arbeiten für einen Niedriglohn (vgl. Tab. 3). Davon rund 2,5 Millionen geringfügig Beschäftigte und 1,4 Millionen sozialversicherungspflichtige Teilzeitbeschäftigte. Darüber hinaus erhalten trotz einer vollen Arbeitsstelle rund 3 Millionen Vollzeitbeschäftigte nur einen geringen Lohn, der nicht die Reproduktionskosten abdeckt. Abhängig Beschäftigte müssen sich bei einer 40 Wochenstunde zu **Armutslöhnen** verkaufen, die bei Monatseinkommen von 700 bis 800 € brutto liegen. Hinzu kommt, dass über die Hälfte der Niedriglohnbezieher in **Teilzeit** arbeitet oder in wachsendem Maße in geringfügigen (prekären) Beschäftigungsverhältnissen[216] für den Lebensunterhalt sorgen muss.

Tab. 3:   Arm trotz Arbeit

Geringfügig Beschäftige	Sozialversicherungspflichtige	Vollzeitbeschäftigte
Rund 2,5 Millionen	Teilzeitbeschäftigte	Rund 3 Millionen
= 36 v.H.	Rund 1,4 Millionen	= 43 v.H.
	= 21 v.H.	

Niedrigstundenlöhne gepaart mit Kurzarbeitszeiten bilden dabei nicht nur heute eine existenzbedrohende **Kumulation von sozialen Nöten**, sondern sie führen auch im Alter zu einer heute bereits existierenden **Altersarmut**. Dem steht gegenüber:

„Der Lohn, das durch Erwerbsarbeit erzielte Einkommen, muss jedem und jeder abhängig Beschäftigten eine eigenständige Existenzsicherung und ein Leben in Würde und Unabhängigkeit ermöglichen. Armut trotz Vollzeiterwerbstätigkeit ist beschämend und

---

[213] Offe, C., Perspektivloses Zappeln. Oder: Politik mit der Agenda 2010, in: Blätter für deutsche und internationale Politik, Heft 7/2003, S. 812.

[214] Vgl. Wissentransfer, (Hrsg.), Radikalumbau des Arbeitsmarktes. „Moderne Dienstleistungen am Arbeitsmarkt" – Die Folgen der „Hartz-Reform", Hamburg 2003, Arbeitsgruppe Alternative Wirtschaftspolitik, Sondermemorandum: Gegen weiteren Kahlschlag bei der Arbeitsförderung – Hartz-Konzepte lösen Misere auf dem Arbeitsmarkt nicht, in: Memo-Forum Nr. 29/2002.

[215] Vgl. Manske, A., Heil, V., Wenn Arbeit arm macht. Der Niedriglohnsektor als Boombranche, in: Blätter für deutsche und internationale Politik, Heft 8/2007, S. 995 - 1.002.

[216] Geringfügige (prekäre) Beschäftigungen sind sozialversicherungs- und steuerrechtlich anders zu beurteilen als normale Beschäftigungsverhältnisse. Eine geringfügige Beschäftigung liegt nach § 8 Sozialgesetzbuch IV vor, wenn: das Arbeitsentgelt aus dieser Beschäftigung regelmäßig im Monat 400 € nicht übersteigt („Mini-Jobs") oder bei Überschreitung des Verdienstes von 400,01 € bis 800 € („Midi-Jobs") eine Beschäftigung vorliegt. Vgl. zu den rechtlichen Bedingungen: Pulte, P., Geringfügige Beschäftigung, 3. Aufl., Frankfurt a. M. 2007. Zu den ökonomischen Implikationen prekärer Beschäftigung vgl. Böckler Impuls, Prekäre Beschäftigung: Verunsicherung bis in die Mitte, Heft 17/2006.

menschenunwürdig. Die Missachtung der Menschenwürde ist ein Verstoß gegen die Grundregeln einer demokratischen Gesellschaft, des Sozialstaats und ein Verstoß gegen die europäische Sozialcharta.“[217]

Um jedoch im offensichtlich *politisch* gewollten und noch auszuweitenden *Niedriglohnsektor* (angeblich gibt es in Deutschland zu wenig Niedriglohnjobs) *Armutslöhne* zumindest weitgehend auszuschalten und um gleichzeitig sogenannte „einfache Arbeiten“ am unteren Ende der Lohnskala zur Beschäftigungsausweitung (Abbau der Arbeitslosigkeit) anzureizen (zu fördern), setzt die Politik seit Jahren auf **Kombilohnmodelle**.[218] Nach einem der ersten Modelle des *Bundesarbeitsministeriums* sollten 1998 *Langzeitarbeitslose* 73 v.H. ihres letzten Nettolohnes erhalten (77 v.H. für Arbeitslose mit Kindern), wenn sie einen sozialversicherungspflichtigen Niedriglohnjob annehmen. Das waren 20 Prozentpunkte mehr als die noch vor *Hartz IV* gezahlte *Arbeitslosenhilfe*. Arbeitslose hätten so mehr Anreiz eine Arbeit anzunehmen, wenn das erzielbare Arbeitseinkommen über ihrem *staatlichen Transferleistungsanspruch* liegen würde. Und die Unternehmen würden aufgrund des für sie auf Arbeitslosenhilfeniveau abgesenkten Lohns – ganz in neoklassischer Manier (Lohnsenkung schafft Arbeit) – mehr Arbeit nachfragen, die ansonsten auf Grund ihrer nur geringen *Produktivität* nicht nachgefragt würde. Damit auch der Arbeitnehmer einen Anreiz hat zu einem abgesenkten Nettolohn seine Arbeitskraft anzubieten, sollte der Staat die Differenz zum Niedriglohn aus Steuergeldern (Bundeshaushalt) finanzieren, wobei die Förderung für den einzelnen Arbeitnehmer auf zwei Jahre beschränkt sein sollte.[219] Bereits 1997 wurde zum Ausbau eines Niedriglohnsektors ein ähnliches Kombilohnmodell von der *Bundesvereinigung der Deutschen Arbeitgeberverbände* (BDA) vorgeschlagen.[220] Heute liegen eine Vielzahl weiterer noch nicht oder auch bereits erprobter Modelle vor.[221]

Auch das **Arbeitslosengeld II** (ALG II)[222] ist ein Kombilohnsystem, „dass immer mehr in Anspruch genommen wird. Etwa drei Millionen Menschen, die einer **Erwerbstätigkeit nachgehen** sind anspruchsberechtigt auf zusätzliche Leistungen des Arbeitslosengeld II. Rund eine Million macht davon Gebrauch. Darunter etwa 400.000 Vollzeitbeschäftigte. Die Mehrzahl sind jedoch Beschäftigte mit Minijobs oder anderen Teilzeittätigkeiten, die Arbeitslosengeld II mit geringen Erwerbseinkommen kombinieren. Seit der Einführung von Hartz IV muss praktisch **jede Arbeit angenommen werden**. Auch wenn man davon nicht

---

[217] Mönig-Raane, M., Sieben Thesen für eine gewerkschaftliche Mindestlohnpolitik in europäischer Perspektive, in: Sterkel, G., Schulten, T., Wiedemuth, J., (Hrsg.), Mindestlöhne gegen Lohndumping. Rahmenbedingungen – Erfahrungen – Strategien, Hamburg 2006, S. 13.

[218] Vgl. Bäcker, G., Hanesch, W., Kombilohn kein Schlüssel zum Abbau der Arbeitslosigkeit, in: WSI-Mitteilungen, Heft 10/1997, Berthold, N., Eine Brücke zur Beschäftigung, in: FAZ vom 5. September 1998, Weinkopf, C., Was leisten Kombilöhne?, in: Sterkel, G., Schulten, T., Wiedemuth, J., (Hrsg.), a.a.O., S. 80 - 103, dieselbe, Braucht Deutschland zusätzliche Kombilöhne?, in: Intervention. Zeitschrift für Ökonomie, Heft 2/2006, S. 201 - 209, Arbeitsgruppe Alternative Wirtschaftspolitik, Gut gemeint in die Sackgasse: Der Kombilohn, Memorandum 2006, Köln 2006, S. 230 – 247, Heise, A., Die Löhne sind nicht das Problem. Kombi- bzw. Niedriglöhne – eine Einschätzung aus makroökonomischer Perspektive, in: SPW – Zeitschrift für sozialistische Politik und Wirtschaft, Heft 154/2007, S. 27 - 31.

[219] Vgl. FAZ vom 14. August 1998.

[220] Vgl. WSI-Tarifhandbuch 1998, Köln 1998, S. 49ff.

[221] Weinkopf, C., Was leisten Kombilöhne?, in: Sterkel, G., Schulten, T., Wiedemuth, J. (Hrsg.), a.a.O., S. 80ff.

[222] Arbeitgeber nutzen nach Erkenntnissen des *Deutschen Städtetages* zunehmend die Möglichkeit aus, geringe Löhne zu zahlen und die Beschäftigten auf ergänzende Zahlungen aus dem steuerfinanzierten Arbeitslosengeld II (Hartz IV) zu verweisen. Mittlerweile seien insgesamt fast 1,2 Millionen ALG II-Empfänger erwerbstätig und erhielten zugleich Leistungen aus Hartz IV. Vgl. Hannoversche Allgemeine Zeitung vom 26. Juli 2007.

leben kann. Fast jede Arbeit gilt als zumutbar und bei Ablehnung drohen scharfe Sanktionen. Der Lohn wird dann mit ALG II aufgestockt. Für jedes noch so niedrig entlohnte Arbeitsangebot finden sich daher genügend Bewerber. Immer mehr Unternehmer nutzen den ALG II-Kombilohn aus, um noch niedrigere Löhne durchzusetzen. Denn wenn die Beschäftigten Anspruch auf ALG II haben, bedeuten 100 Euro weniger Lohn nur einen Verlust von 20 Euro im verfügbaren Einkommen. Davon geht ein verschärfter Druck zur Ausweitung von Armutslöhnen und von geringfügiger Beschäftigung zu Lasten von besser bezahlten Arbeitsplätzen aus. Deshalb können immer mehr Menschen von ihren Löhnen nicht mehr leben. Dadurch wachsen die Arbeitslosengeld II-Ausgaben, die eigentlich durch den Zwang zum Hinzuverdienst gesenkt werden sollten. Dies führt wiederum zu immer neuen Forderungen, die Leistungen, auch die Hinzuverdienstgrenzen weiter abzusenken."[223]

Trotz der vielen Modelle gibt es aber bis heute keine allgemein gültige Definition des Begriffs „Kombilohn". Fast immer wird jedoch betont, dass es beim Kombilohn um eine gezielte Unterstützung von **gering Qualifizierten** ginge, die auf dem Arbeitsmarkt besonders schlechte Chancen hätten oder um **Lohnanreize für Arbeitslose** ihre Arbeitskraft anzubieten sowie für **Unternehmer Arbeitskräfte bei abgesenkten Löhnen** nachzufragen. Weniger Einigkeit besteht darin, dass es sich bei Kombilöhnen um **Lohnsubventionen** handelt, die den „Faktor" Arbeit einzig für das Kapital verbilligen sollen. Das Kapital sei unter der „neoliberalen Regentschaft der ökonomischen Verhältnisse", die zu einer „Umkehrung marktwirtschaftlich-kapitalistischer Verhältnisse" geführt hat (vgl. Abschnitt 3.2.4), nicht mehr bereit, die vollen Reproduktionskosten der Arbeitnehmer zu zahlen.

Tatsache ist, das heute staatliche Lohnsubventionen in vielfältiger Form an abhängig Beschäftigte gewährt werden. Zu nennen sind hier u.a. *Wohngeld, Kindergeld, Sozialhilfe* als indirekte Formen einer Subventionierung oder direkt durch staatliche Lohnaufstockungen. Entweder durch eine Erhöhung der finanziellen Arbeitsanreize für Arbeitslose (durch Sozialabgaben- und Lohnsteuersenkungen) oder durch eine Senkung der Arbeitskosten für die Unternehmer durch Lohnzuschüsse. Manche Kombilohnmodelle beinhalten auch eine Kombination von beidem. Lohnsubventionen sind daher immer **Gewinnsubventionen**, da sie letztlich so oder so ein geringeres Lohnniveau möglich machen. Wird dies ganze noch aus einer Erhöhung der **Lohn-** und/oder **Umsatzsteuer** finanziert, so verschärft sich die eh schon bestehende Umverteilung von unten nach oben (vgl. Abschnitt 4.2). Die abhängig Beschäftigten zahlen dann für die Kombilohnmodelle allein. Verzichtet dagegen der Staat auf Steuererhöhungen, so kommt es zu erheblichen **finanziellen Belastungen der öffentlichen Haushalte.** „Kombilöhne mit dem Ziel der Subventionierung der Arbeitskraftnachfrage der Unternehmen bringen ebenfalls kaum zusätzliche **Beschäftigung**, weil die Arbeitskraftnachfrage nicht durch zu hohe Löhne, sondern durch zu geringe Nachfrage nach Gütern und Dienstleistungen beschränkt ist. Zusätzlicher Produktion aus subventionierter Beschäftigung steht keine hinreichende zusätzliche Nachfrage gegenüber, so dass es zu **Verdrängungskonkurrenz** gegenüber bestehender Produktion und Beschäftigung kommt. Kombilohnmodelle in Form reiner Lohnsubventionen verbessern in Zeiten von Massenarbeitslosigkeit darüber hinaus kaum die Beschäftigungschancen *gering Qualifizierter*, weil sie nichts an deren Schwächen in der Verdrängungskonkurrenz mit qualifizierteren

---

[223]   Ver.di, Bundesvorstand, Wirtschaftspolitische Informationen 1/2007, S. 3f.

Arbeitnehmern ändern. (...) Für den Einzelnen ist nach wie vor **Qualifizierung** der beste Schutz gegen – insbesondere dauerhafte – Arbeitslosigkeit. Der **Staat** muss dafür sorgen bzw. gewährleisten, dass Kinder und Jugendliche unabhängig von ihrer *sozialen* und *kulturellen Herkunft* grundsätzlich eine gute Bildung und Ausbildung erhalten. Dazu sind eine Ausweitung von Tagesbetreuung im Vorschulalter und Ganztagsschulen mit qualifizierten Pädagogen, eine Umlagefinanzierung der beruflichen Bildung, kostenlose Studienmöglichkeiten und hinreichendes BaföG, gesetzlich und tariflich gesicherte Weiterbildungsansprüche sowie gezielte Fortbildungs- und Umschulungsangebote für Arbeitslose und von Arbeitslosigkeit bedrohte Personen notwendig. Um die Beschäftigungschancen von Problemgruppen des Arbeitsmarktes zu verbessern, sind gezielte Förderung, Beratung und Eingliederungsmaßnahmen notwendig. Dazu gehören auch auf bestimmte Zielgruppen gerichtete und in der Regel befristet zu gewährende Lohnsubventionen. Solche Kombilohnmodelle, zu denen etwa das *'Hamburger Modell'* zählt, enthalten Qualifikationsbausteine und bieten so eine bessere Chance für den Übergang in unsubventionierte, existenzsichernde Beschäftigung auf dem ersten Arbeitsmarkt."[224]

3.4.5.2 Mindestlöhne

Zur Vermeidung von Armutslöhnen werden auch **gesetzliche Mindestlöhne** gefordert. Sie gehören zum Bereich staatlicher Regulierungen, deren Funktion es ist, beim Vorliegen eines Marktversagens für in diesem Fall soziale Mindeststandards bzw. Lohnhöhen zu sorgen. Verfällt der Lohn auf Grund eines Überschussangebots an Arbeit immer mehr und die Gewerkschaften sind im Rahmen von **kollektiven Tarifverträgen** (vgl. Abschnitt 3.6) – oder weil sie praktisch in den Branchen mit *Lohndumping* nicht präsent sind – nicht mehr in der Lage einen *armutssicheren Lohn* auszuhandeln, so stellt der Mindestlohn ein *tarifsubsidiäres* Instrument im Rahmen der ansonsten bestehenden **Tarifautonomie** dar. Der gesetzliche Mindestlohn entzieht damit den Tarifparteien nicht die grundsätzliche Arbeitsentgeltgestaltung. Es wird ihnen allenfalls ein kleiner Teil genommen. Oberhalb des Mindestlohns bleibt ein weiter Gestaltungsspielraum bestehen. Mindestlöhne gibt es schon lange. In England seit 1893 und in Frankreich seit 1950. In der *Europäischen Union* (EU 27) haben 20 Länder einen gesetzlichen Mindestlohn eingeführt (vgl. Tab. 4) und in weiteren sechs Ländern wirkungsähnliche funktionale Äquivalente. In **Deutschland** existiert ein gesetzlicher Mindestlohn bis heute nicht. Obwohl wir in der EU den größten Niedriglohnsektor ausweisen. Die Regierungskoalition aus CDU/CSU/SPD hat 2007 lediglich beschlossen das **Entsendegesetz**,[225] das derzeit nur für die Bau- und Reinigungsbranche gilt, auf weitere Branchen auszuweiten. Und zwar auf alle, in denen 50 v.H. der Beschäftigten tarifgebunden sind. Da beide Tarifparteien die Ausweitung beantragen müssen, können die Arbeitgeber aber die Anwendung selbst des Entsendegesetzes verhindern.

---

[224] Arbeitsgruppe Alternative Wirtschaftspolitik, Memorandum 2006, S. 245f.

[225] Das Gesetz über zwingende Arbeitsbedingungen bei grenzüberschreitenden Dienstleistungen (*„Arbeitnehmer-Entsendegesetz"*) von 1996 schreibt vor, dass die Rechtsnormen eines für allgemeinverbindlich erklärten Tarifvertrages auch für solche Arbeitsverhältnisse zwingend angewendet werden müssen, die zwischen einem ausländischen Unternehmen und seinen in Deutschland beschäftigten Arbeitnehmern bestehen. Aufgrund des Entsendegesetzes gibt es Mindestlohntarifverträge für das *Bauhauptgewerbe*, das *Dachdeckerhandwerk*, das *Maler- und Lackiererhandwerk* und das *Abbruch- und Abwrackgewerbe* sowie für die *Reinigungsbranche*.

Tab. 4:   Mindeststundenlöhne in Europa 2007 (in Euro)

Bulgarien	0,53
Rumänien	0,66
Lettland	0,99
Litauen	1,00
Slowakei	1,32
Estland	1,33
Polen	1,34
Ungarn	1,50
Tschechien	1,76
Portugal	2,82
Slowenien	3,02
Malta	3,47
Spanien	3,99
Griechenland	4,22
Belgien	7,93
Großbritannien	7,96
Niederlande	8,13
Frankreich	8,27
Irland	8,30
Luxemburg	9,08

Quelle: WSI-Tarifarchiv

Gegen Mindestlöhne wird vorgebracht, sie würden zu einer „**Mindestlohnarbeitslosigkeit**" führen (Vgl. Abb. 3.13). Würde der Lohn l_M staatlicherseits oberhalb eines markträumenden Gleichgewichtslohnes l_G festgelegt, so würde bei einer neoklassisch „*normal*" verlaufenden Arbeitsangebotsfunktion (bei steigendem Lohn wird mehr an Arbeit angeboten, et vice versa) von den Unternehmern **weniger an Arbeit nachgefragt** $q_1 < q_G$ und gleichzeitig von den abhängig Beschäftigten **mehr an Arbeit angeboten** $q_2 > q_G$. Hierbei ist stillschweigend unterstellt, dass der Gleichgewichtslohn exakt dem Wertgrenzprodukt der Arbeit entspricht (vgl. Abschnitt 3.4.2). In der *wirtschaftlichen Realität* ist aber die Angebotsfunktion eine andere. Hier muss der abhängig Beschäftigte zu fast jedem Lohn auf Grund eines unelastischen Angebots seine Arbeitskraft anbieten. Sinkt der Lohn l_E unter den Gleichgewichtslohn, so wird nicht weniger, sondern sogar mehr an Arbeit q_E angeboten. Genau hierum geht es bei Mindestlöhnen.

Weil der (l_E) bereits so weit gesunken ist, dass damit die Reproduktionskosten der Arbeitnehmer nicht mehr gewährleistet sind (*Existenzminimum*), muss der Staat dafür sorgen, dass der Lohn wieder das Gleichgewicht $l_G - q_G$ erreicht. Hier wird der Markt geräumt, d.h. das lohndrückende Überangebot an Arbeit $q_G - q_E$ wird abgebaut. Selbst wenn der Mindestlohn auf (l_M) angehoben würde, käme es nur zu einem *theoretischen Rückgang* der nachgefragten Arbeitsmenge von q_G nach q_1. Dies deshalb, weil realiter die Einführung von Mindestlöhnen nicht – wie hier bisher in der Abb. 3.13 implizit unterstellt – nur **angebotsseitig** zu betrachten, sondern ebenso die **Nachfrage** an den Güter- und Dienstleistungsmärkten zu berücksichtigen ist und diese wiederum abhängig von der Entwicklung an den Geld- und Kapitalmärkten ist. Arbeitsmärkte sind **derivative (abgeleitete) Märkte**. „Bei der Arbeitsnachfrage der Unternehmen handelt es sich stets um eine aus dem Markt absetzbaren Produktions- bzw. Dienstleistungsvolumen abgeleitete Nachfrage. Wenn es nicht zu einer Erhöhung des Produktions- und

Dienstleistungsvolumens insgesamt, also zu einer Steigerung des Sozialproduktes kommt, besteht die Gefahr, dass ein Niedriglohnsektor gesamtwirtschaftlich lediglich zu einer *Verdrängung von Arbeitskräften* führt. Vieles spricht dafür, dass die Unternehmen teurere durch

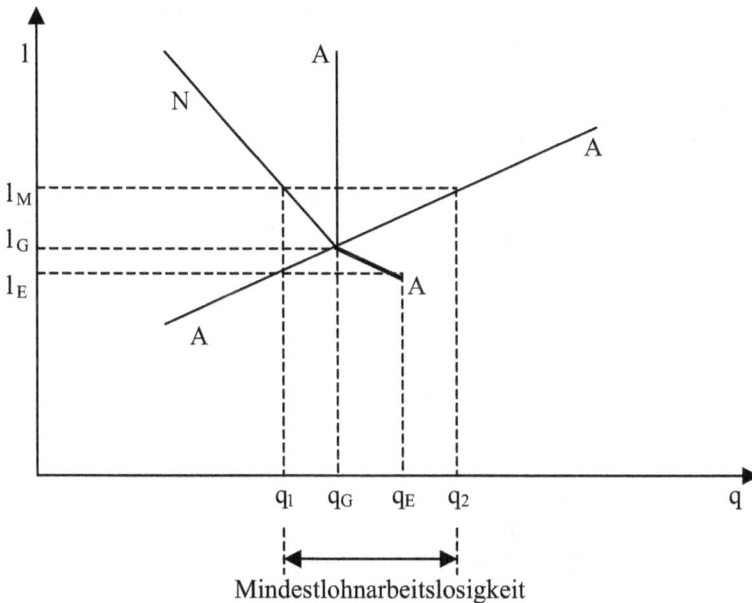

Abb. 3.13: Mindestlöhne

verbilligte Arbeit ersetzen, wenn sie Arbeitskräfte preiswerter beschäftigen können, als dass sie über eine Erschließung neuer Produkte und Dienstleistungen zusätzliche Arbeitsplätze schaffen."[226] Die einseitige Angebotsbetrachtung der Neoklassik greift deshalb zu kurz. Die Einführung eines Mindestlohns verbessert in Deutschland die **Einkommenssituation** von rund sieben Millionen Menschen, die heute im Niedriglohnsektor ihre Ware Arbeitskraft anbieten müssen. Menschen, die in Anbetracht ihrer nur geringen und unzureichenden Einkommen enorme **aufgestaute Konsumwünsche** haben und die auf Grund ihrer marginalen Sparquoten von Null alles zusätzliche Einkommen verausgaben werden. Dies wird die gesamtwirtschaftliche Nachfrage multiplikativ erhöhen und Beschäftigung schaffen. Auch wenn ein Teil der Unternehmen (insbesondere kleine mittelständische Unternehmen) auf die Einführung eines gesetzlichen Mindestlohns mit **Preissteigerungen** reagieren würden, weil sie nicht in der Gewinnzone arbeiten, so hätte kein Unternehmen – wie immer wieder von Seiten der Arbeitgeber und ihnen nahestehender Claqueure behauptet wird – einen **Wettbewerbsnachteil**. Alle hätten die gleiche zusätzliche Kostenbelastung. Nach der Einführung eines gesetzlichen Mindestlohns in *Großbritannien* im Jahr 1999 haben die Unternehmen die Mindestlöhne in einem beträchtlichen Maße aus ihren **Gewinnen** gezahlt. Sie sanken um 8 v.H. Dies hat aber nicht die Existenz der Unternehmen infrage gestellt. Die höheren Löhne konnten aus den Gewinnen ohne weiteres bezahlt werden, nachdem sich zuvor viele Unternehmen zu Lasten ihrer

---

[226] Bäcker, G., Niedriglöhne und Kombilöhne: Auf dem Weg zu einer anderen Gesellschaft, in: Werden. Jahrbuch für die Gewerkschaften , Berlin 2007, S. 122.

Beschäftigten an Armutslöhnen sittenwidrig bereichert hatten. Und auch das immer wieder gegen Mindestlöhne vorgetragene Scheinargument, dass für „einfache Arbeiten" nur ein dem jeweiligen Wertgrenzprodukt der Arbeit entsprechender geringer „Produktivitäts-Lohn" gezahlt werden kann, ansonsten käme es zu einer Vernichtung von Arbeitsplätzen im Niedriglohnsektor, stimmt so nicht. Im Mittelpunkt stehen hier rein kurzfristige **Kostenbetrachtungen** ohne die positiven Einkommens- und auch Motivationsrückwirkungen auf die bisher zu Armutslöhnen ausgebeuteten zu berücksichtigen.[227] Außerdem kann ein Unternehmen nicht das Wertgrenzprodukt eines *einzelnen Mitarbeiters* ermitteln. Es kommt immer nur **arbeitsteilig** zustande und läßt sich demnach auch nur in Summe einem Unternehmen zuordnen. Dies gilt erst recht für die gesamte Wirtschaft. Auch hier sind alle möglichen Berufe notwendig, nicht nur hochbezahlte Manager, sondern auch Reinigungskräfte, um nur ein Beispiel zu nennen. Alle verrichten arbeitsteilig gesellschaftlich notwendige Arbeit. Daher haben auch diejenigen, die diese Arbeit verrichten, Anspruch auf Respekt und eine adäquate Bezahlung, die allen ein menschenwürdiges Leben möglich machen. Wenn der Arbeitsmarkt dies von sich aus nicht leistet, wenn also ein **Marktversagen** vorliegt, so ist der **intervenierende Staat** eben mit der Setzung von **indexierten** Mindestlöhnen gefordert. Damit ist dann auch gewährleistet, dass der Mindestlohn mindestens ein Mal im Jahr an die aktuelle Entgeltentwicklung angepasst wird.

3.4.5.3   Grundeinkommen ohne Arbeit

Zur Bekämpfung des *Niedriglohnsektors* und der Massenarbeitslosigkeit wird seit längerem auch ein „Grundeinkommen ohne Arbeit"[228] oder ein „Bürgergeld"[229] kontrovers diskutiert. „Jeder Mensch soll die Freiheit haben, nicht arbeiten zu wollen." Wesentlich ist dabei die Ausgangsthese, dass der Arbeitsgesellschaft die Arbeit ausgehe[230] und das sogenannte „**Normalarbeitsverhältnis**"[231] immer mehr aufgehoben würde. Als Ersatz käme es verstärkt zu prekären Beschäftigungsverhältnissen. **Vollbeschäftigung** könne über **Wachstum** aus Sättigungserscheinungen und Produktivitätsentwicklungen nicht mehr erreicht werden und Wachstum sei auch aus ökologischen Gründen (Umwelt- und Rohstoffproblematik) kein mehr anzustrebendes Ziel. „Zwangsläufig müsse ein wachsender Teil der Bevölkerung im erwerbstätigen Alter seinen Lebensunterhalt aus Sozialleistungen beziehen. Daher sei eine Entkoppelung von Arbeit und Einkommen ebenso notwendig wie die Abkehr von einer an der Erwerbsarbeit anknüpfenden Sozialpolitik. Damit nicht eine wachsende Zahl von Menschen auf Sozialleistungen angewiesen seien, müßte ein staatlich garantiertes Einkommen geschaffen werden."[232] Von den **Befürwortern** eines Grundeinkommens wird auch angeführt, dass damit der **kapitalistische Zwang zur Arbeit** entfallen würde bzw. abhängig Beschäftigte nicht mehr jede Arbeit unter

---

[227]   Vgl. Hickel, R., Mindestlöhne sind keine Jobkiller, in: Frankfurter Rundschau vom 19. Juni 2007.

[228]   Vgl. Wiemeyer, J., Grundeinkommen ohne Arbeit?, in: Aus Politik und Zeitgeschichte, Heft 38/1988, S. 43 - 51, Opielka, M., Gerechtigkeit durch Sozialpolitik, in: Utopie kreativ, Heft 186/2006, S. 323 - 332, Unbehend, M., Emanzipation durch oder von Arbeit? Vollbeschäftigung ist kein emanzipatorisches Ziel, bedingungsloses Grundeinkommen könnte es sein, in: SPW – Zeitschrift für sozialistische Politik und Wirtschaft, Heft 156, S. 47 - 49, Arbeitsgruppe Alternative Wirtschaftspolitik, Statt bedingungslosem Grundeinkommen – armutsfeste Grundsicherung, in: Memorandum 2006, S. 261 - 283.

[229]   Vgl. DIW-Wochenbericht Nr. 32/1996: Auswirkungen der Einführung eines Bürgergeldes.

[230]   Vgl. Rifkin, J., Das Ende der Arbeit und ihre Zukunft, Frankfurt a. M. 1998.

[231]   Vgl. dazu ausführlich Bontrup, H.-J., Arbeit, Kapital und Staat, a.a.O., S. 123ff.

[232]   Wiemeyer, J., Grundeinkommen ohne Arbeit? a.a.O., S. 43.

unzureichenden Arbeitsbedingungen aufnehmen müssten. Durch das Grundeinkommen erhielte der Einzelne mehr individuelle Autonomie, sich gegen die kapitalistische Ausbeutung zu wehren und für eine lebenswertere Umwelt einzutreten. Es käme auch unter heutigen Bedingungen von Massenarbeitslosigkeit zu einer *Verknappung* der Ware Arbeitskraft, dies würde die Löhne der weiter Arbeit verrichtenden Beschäftigten erhöhen, was ansonsten nur schwer umsetzbar sei. Die **Gegner** des bedingungslosen Grundeinkommens setzen dagegen weiter auf einen **starken Sozialstaat**, der die ungerechten Ergebnisse des Marktes und Wettbewerbs korrigieren soll. Demnach ist der Sozialstaat zur „Sicherung der Marktmöglichkeiten der Bürger da. Er hat die Bürger zum Markt zurückzuführen, sie marktfähig zu halten. (...) Er bindet seine subsidiären Transferzahlungen an die überprüfbare Bereitschaft zur Beschäftigungsaufnahme und zur Selbstverantwortlichkeit."[233] Auch würde ein bedingungsloses Grundeinkommen von dem Postulat einer *staatlichen Vollbeschäftigungspolitik* ablenken und einen *„Sozialstaat light"* schaffen. Die Kosten die für ein Einkommen ohne Arbeit anfallen, würden für die möglichst ersatzlose Streichung aller sozialstaatlichen Transferzahlungen einschließlich der Rente dienen. In Analogie zum Steuerkonzept der „Flat-Tax" könnte es so zu einer Art *„Flat-Sozialstaat"* kommen.[234]

Die Arbeitsgruppe Alternative Wirtschaftspolitik fordert deshalb eine **bedarfsabhängige Grundsicherung** als Alternative zum „Grundeinkommen ohne Arbeit". Die Zumutbarkeitsregelungen für die Annahme eines Arbeitsangebotes sollten angemessen angelegt sein und sowohl einen Einkommens- als auch Qualifikationsschutz umfassen. Mit einer solchen Regelung im Rahmen einer bedarfsabhängigen Grundsicherung ist der Zwang, *jede* Arbeit anzunehmen, aufgehoben. Die Grundsicherung wäre dennoch weiterhin arbeitszentriert: Die Aufnahme einer *zumutbaren* Arbeit – d.h. sofern ein angemessen entlohntes, sozialversicherungspflichtiges Beschäftigungsverhältnis begründet wird und soziale Gründe (u.a. Kindererziehung) dem nicht im Wege stehen – kann in der Regel nicht verweigert werden. Nur wenn dies dennoch geschieht, sind Kürzungen der Grundsicherung angezeigt."[235] Auch wird von den Gegnern des Grundeinkommens das **Arbeitsverständnis** der Befürworter kritisiert. Durch Arbeit (Erwerbsarbeit) wird nicht nur ein Einkommen erzielt, sondern auch das **Selbstwertgefühl** und die Respektabilität des eigenen Lebens vermittelt. Die Menschen leben in gesellschaftlichen, arbeitsteiligen Zusammenhängen und gestalten in diesen ihren Lebensgewinnungsprozess miteinander und im Kontext mit der Natur. „Wie der Wilde mit der Natur ringen muss, um seine Bedürfnisse zu befriedigen, um sein Leben zu erhalten und zu reproduzieren, so muss es der Zivilisierte, und er muss es in allen Gesellschaftsformationen und unter allen möglichen Produktionsweisen" (*Karl Marx*). Die Einführung eines bedingungslosen Grundeinkommens wäre auch nicht ein „Kampf" gegen den **Niedriglohnsektor**, sondern würde ihn im Gegenteil ausdehnen und einen erheblichen Druck v.a. auf die unteren Lohngruppen haben. „Dann profitieren aber nicht in erster Linie erwerbslose Personengruppen, sondern die **Arbeitgeber**, die keine auskömmlichen Löhne mehr zahlen müssen, da sie darauf verweisen werden, dass ihre Beschäftigten aufgrund des bedingungslosen

---

[233] Kersting, W., Gerechtigkeit: Die Selbstverewigung des egalitaristischen Sozialstaats, in: Lessenich, S., (Hrsg.), Wohlfahrtsstaatliche Grundbegriffe. Historische und aktuelle Diskurse, Frankfurt a. M., New York 2003, S. 107.

[234] Vgl. Schäfer, C., Bedingungsloses Grundeinkommen – Absurde Utopie oder reale Möglichkeit, in: Schäfer, C, Seifert, H., (Hrsg.), Kein bisschen leise: 60 Jahre WSI, Hamburg 2006.

[235] Arbeitsgruppe Alternative Wirtschaftspolitik, Statt bedingungslosem Grundeinkommen – armutsfeste Grundsicherung, a.a.O., S. 280f.

Grundeinkommens lediglich eine zusätzliche Verbesserung ihres doch bereits gesicherten Lebensstandards anstreben."[236] Dies erklärt auch das Eintreten vieler Arbeitgeber und neoliberaler Ökonomen wie Politiker für ein Grundeinkommen ohne Arbeit. *Götz Werner*, Inhaber der DM-Drogeriemärkte sagt: „Nehmen wir an, eine Krankenschwester verdient 2.500 €. Nach Abzug des Bürgergeldes müsste das Krankenhaus ihr dann nur noch 1.200 € bezahlen." Auch der Präsident des *Hamburger Weltwirtschaftsinstituts*, *Thomas Straubhaar*, sieht vor allen Dingen den Vorteil, dass darüber die Löhne sinken könnten. „Die Löhne werden ins Rutschen kommen."[237] Und an anderer Stelle schreibt er: Das Grundeinkommen ist „ökonomisch effizient, weil es als Universaltransfer alle anderen Umverteilungsinstrumente und insbesondere alle sozialpolitisch motivierten Eingriffe in den Arbeitsmarkt überflüssig macht."[238]

Zwei weitere Argumente der Gegner eines bedingungslosen Grundeinkommens sind zum einen ein **motivationales** und zum anderen die **Nichtfinanzierbarkeit**. Was die Motivation anbelangt, so ist es geradezu naiv zu glauben die (noch) Beschäftigten würden von ihrem Einkommen (Produktionsergebnis) ganz einfach soviel abgeben, um alle die mitzuernähren, die nicht mehr aus freien Stücken arbeiten wollen. Man sieht bereits beim jetzigen bedarfsorientierten Sozialsystem die Kritik an der sogenannten „Versorgungsmentalität" oder der *„sozialen Hängematte"*. Die Gesellschaft als Ganzes würde ein solches „System" von arbeitenden und nichtarbeitenden nicht akzeptieren. Auch hätte ein Grundeinkommen verhängnisvolle demotivationale Wirkungen auf die **Jugend**. Warum sollten sich eigentlich Kinder in den Schulen und Studierende an Hochschulen noch anstrengen, wenn sie doch wissen, sie werden mit einem arbeitslosen Grundeinkommen von der Wiege bis zur Bahre versorgt? Angesichts der finanziellen Dimension eines Grundeinkommens ist abschließend, so die Kritik, dessen **Finanzierung** allenfalls theoretisch möglich. Bei einem Grundeinkommen von 1.000 € im Monat wären knapp 1.000 Milliarden € (eine Billion) jährlich aufzubringen. Angesichts dieser Dimensionen, so *Ulrich Busch*, entspräche dies „einem Anteil am Gesamtbudget der *öffentlichen Haushalte* von 95,4 v.H. Bezogen auf sämtliche Steuer und Beitragseinnahmen des Staates einschließlich der *Sozialversicherungssysteme* wären es 103,3 v.H., gemessen am Umfang der Sozialleistungen sogar 168,2 v.H. Also, selbst wenn durch die Einführung eines Grundeinkommens sämtliche bisherigen Sozialleistungen (Rente, Krankengeld, Arbeitslosengeld I und II, Kindergeld usw.) wegfielen, bleibe eine gewaltige Finanzierungslücke."[239]

---

[236]   Rünker, R., Vollbeschäftigung bleibt unser Ziel, in: SPW – Zeitschrift für sozialistische Politik und Wirtschaft, Heft 154, S. 16.

[237]   Zitiert bei: Schlecht, M., Grundsicherung, in: Urban, H.-J., (Hrsg.), ABC zum Neoliberalismus, Hamburg 2006, S. 112f.

[238]   Straubhaar, T., in: Die Tageszeitung (TAZ) vom 30. April/ 1. Mai 2007.

[239]   Busch, U., Schlaraffenland – eine linke Utopie? Kritik des Konzeptes eines bedingungslosen Grundeinkommens, in: Utopie kreativ, Heft 181/2005, S. 989f.

3.5 Erweiterte Ansätze in der Lohntheorie

3.5.1 Allgemeines

Die bisher dem neoklassischen Modell des Arbeitsmarktes zugrundeliegende Modellprämisse der *vollkommenen Konkurrenz* ist als unrealistisch einzustufen, so dass sich hieraus keine praxisrelevanten Ergebnisse zum Lohn bzw. zur Determinierung der Lohnhöhe ableiten lassen. Weiter besteht aufgrund des statischen Charakters der Theorie kein Anreiz für die Marktteilnehmer zu Aktionsparameterveränderungen. Denn *Lohnwettbewerb* – den die Neoklassik und heute neoliberale Ökonomen am Arbeitmarkt so vehement fordern – *entfällt* in ihrem eigenen Modellplatonismus, weil der Lohnsatz aufgrund des Mengenanpasserverhaltens ein Datum ist. Leistungswettbewerb unter den Anbietern von Arbeitsleistungen scheidet ebenso ex definitione aus, weil der Produktionsfaktor Arbeit als homogen unterstellt wird. Werbung um Arbeitskräfte erübrigt sich, weil volle Markttransparenz für alle Marktakteure besteht.

Arbeitsmärkte sind aber keine – wie die neoklassische Grenzproduktivitätstheorie immanent unterstellt – vollkommenen Märkte, sondern sie sind wie Güter- und Kapitalmärkte durch eine Fülle an **Unvollkommenheiten** geprägt und außerdem stark **segmentierte Märkte**. *Den* Arbeitsmarkt gibt es nicht, sondern immer nur bestimmte *Teilmärkte*. Die Arbeitsleistung ist nicht *homogen*, sondern höchst **heterogen**. Darauf hat schon *David Ricardo* im 19. Jahrhundert hingewiesen. Es gibt an den Arbeitsmärkten auch keine unendlich schnelle **Reaktionsmöglichkeit**, weder für die Anbieter noch für die Nachfrager von Arbeit und über eine vollkommene **Transparenz** am Arbeitsmarkt verfügt in der wirtschaftlichen Realität auch niemand.

Noch schwerwiegender ist die Kritik bezogen auf das jeweilige **Wertgrenzprodukt der Arbeit**, das den Lohnsatz für alle Arbeiter bestimmen soll. „Ganz einfach gesprochen versucht die neoklassische Theorie die Arbeitslöhne aus dem Wert des Grenzproduktes der Arbeit und den Grenzausgaben der Arbeit zu erklären. Ihre Aussagen bleiben jedoch in der theoretischen Sprache, die Theorie enthält keine Operationalisierungen der eben genannten entscheidenden theoretischen Begriffe. Anders ausgedrückt: Sie gibt vor allem keinen numerischen Wert für das Grenzprodukt der Arbeit an. (...) Die neoklassische Lohntheorie enthält also bis heute keine bewährten Aussagen über die zu erklärenden Phänomene: Sie erklärt die Höhe und die Verteilung der individuellen Arbeitslöhne nicht."[240] Außerdem berücksichtigt die neoklassische Grenzproduktivitätstheorie die weit ausgeprägten **Besonderheiten** der Ware Arbeitskraft bzw. die sich daraus ergebenden Unterschiedlichkeiten des Arbeitsmarktes im Verhältnis zum Gütermarkt nicht (vgl. dazu noch einmal Abschnitt 3.4.1).

3.5.2 Humankapitaltheorie

Mit der Humankapitaltheorie, die sich mit dem Arbeitsangebot beschäftigt, versucht die Neoklassik die Schwächen innerhalb der *Grenzproduktivitätstheorie* im Hinblick auf eine hier realitätsfremd unterstellte **Homogenität** des „Faktors" Arbeit auszuräumen, um damit

---

[240] Brinkmann, G., Ökonomik der Arbeit, a.a.O., S. 106.

gleichzeitig unterschiedliche **Lohnstrukturen** bzw. Einkommensunterschiede zwischen abhängig Beschäftigten erklären und rechtfertigen zu können. Dazu bedient sich die Theorie des **Investitionsgedankens**. So wie Unternehmer in Sachkapital investieren, so würden abhängig Beschäftigte in ihr **Arbeitsvermögen** (Humankapital[241]) investieren, um daraus auch eine möglichst maximale Rendite bzw. ein Einkommen zu erzielen. Seit 1920 hat sich nach Berechnungen des *Instituts für Arbeitsmarkt- und Berufsforschung*, Nürnberg, die Relation zwischen Sachkapital- und Humankapitalstock von 4,5 zu 1 auf 2,2 zu 1 im Jahr 1989 verringert.[242] Die Tendenz ist dabei weiter in Richtung Humankapital steigend. Dennoch gibt es hier Widersprüche. So wurden in den privaten Unternehmen seit Anfang der 1990er Jahre die Ausgaben für Erstausbildung und Weiterbildung aber auch für Forschung und Entwicklung nicht ausgeweitet, sondern eher gekürzt. Damit verbunden waren *Entlassungen* von hochqualifizierten Arbeitskräften. Auch der *Staat* hat sich in Sachen *Bildungsinvestitionen* kontraproduktiv zurückgehalten, wie internationale Vergleiche der Bildungsausgaben bezogen auf das jeweilige Bruttoinlandsprodukt überdeutlich machen.[243]

Dies ist besonders deshalb zu kritisieren, da laut Humankapaltheorie jeder Arbeitnehmer nur über einen gewissen Grundstock an Fertigkeiten verfügt, „der ihm angeboren ist oder aber in der Kindheit und während der allgemeinen Schulpflichtzeit beigebracht wurde. Dieser Grundstock ist jedoch nicht fix, sondern er läßt sich vergrößern, wenn eine weitergehende Ausbildung durchlaufen wird. Denn während einer solchen Ausbildung, die schulischer oder beruflicher Art sein kann, werden neue Fertigkeiten und Wissensbestandteile vermittelt, die die **Produktivität** des betreffenden Arbeitnehmers erhöht. Die Summe aus Wissen und Fertigkeiten eines Arbeitnehmers wird als Humankapital bezeichnet. In Analogie zum Sachkapital werden also die Zeit sowie die Sachgüter, die für den Erwerb einer produktivitätserhöhenden Ausbildung aufgewendet werden, als Investition in Humankapital bezeichnet. Weiterhin in Analogie zum Sachkapital unterliegt aber auch das Humankapital von Arbeitnehmern im Zeitablauf Abschreibungen, wenn Teile des Humankapitalbestandes an Wert verlieren: Erstens ist es möglich, daß das erlernte Wissen wieder vergessen wird, weil es nicht dauerhaft eingesetzt wird. Ursache hierfür sind beispielsweise freiwillige Erwerbsunterbrechungen oder Arbeitslosigkeit. Zweitens wird das Humankapital aber auch dann abgewertet, wenn es aufgrund von technischen Neuerungen veraltet oder obsolet wird."[244]

So wie sich die *Investition in Sachkapital* rechnen muss, soll sich auch die Investition in Humankapital lohnen. Zur Berechnung bedient man sich dabei der *Kapitalwertmethode*.

---

[241] Der Begriff *Humankapital* stammt von dem US-amerikanischen Ökonomen und Nobelpreisträger *Theodore W. Schultz* (1902 bis 1998), der als erster 1961 von „Investitionen in Humankapital" gesprochen hat. Er war sich anfangs nicht sicher, ob er den bis heute stritigen Begriff verwenden sollte, schließlich erinnerte er stark an die Erfahrung der USA mit dem System der Sklaverei, in dem die Sklavenhalter auch in Menschen „investiert" hatten.

[242] Vgl. Buttler, F., Tessaring, M., Humankapital als Standortfaktor. Argumente zur Bildungsdiskussion aus arbeitsmarktpolitischer Sicht, in: Mitteilungen zur Arbeitsmarkt- und Berufsforschung, Heft 4/1993, S. 467ff.

[243] Vgl. GEW, Gewerkschaft Erziehung und Wissenschaft, (Hrsg.), in: Die Unterfinanzierung des deutschen Bildungswesens, Transparent, Ausgabe 1/2006, Böckler Impuls, Gesellschaftliche Ungleichheit in der Schule erlernt, Heft 4/2007, sowie Böckler Impuls, Berufsausbildung: Generation in der Warteschleife, Heft 9/2007.

[244] Becker, S., Lohnstrukturen. Eine betriebswirtschaftliche Untersuchung, Dissertation, München und Mering 2000, S. 87.

$$K_0 = -I_0 + \sum_{t=0}^{n} \left(E_t - A_t \right) \frac{1}{(1+i)^t}$$

K = Kapitalwert,

I = Bildungsinvestition

$\left(E_t - A_t \right)$ = Einnahmenüberschuss der Bildungsinvestition in Periode t wenn $E_t > A_t$

$\dfrac{1}{(1+i)^t}$ = Abzinsungsfaktor der Periode t mit i = p/100 als Kalkulationszinsfuß

t = Periodenindex (t_o bis t_n)

Hierbei werden sämtliche Erträge E_t aus einer Bildungsinvestition I nach Abzug aller Ausgaben A_t auf einen einheitlichen Bezugspunkt (t) mit Hilfe eines Abzinsungsfaktors abgezinst (diskontiert), wobei sich der Abzinsungsfaktor aus dem verwendeten Kalkulationszinsfuß ableitet. Der Kalkulationszinsfuß gibt dabei die Höhe der geforderten Mindestverzinsung des durch die Bildungsinvestition gebundenen Kapitals an. Oder anders formuliert: „Aus Sicht eines Arbeitnehmers, der vor der Entscheidung steht, in seine weitere Ausbildung am Ende der allgemeinen Schulpflicht zu investieren, ist eine zusätzliche Investition dann lohnend, wenn die abgezinsten Kosten des Erwerbs einer weiteren Einheit an Humankapital niedriger oder gleich den abgezinsten zukünftigen Rückflüssen aus dieser zusätzlichen Investition sind. Er wird also so lange in den Erwerb von zusätzlichem Humankapital investieren, bis sich die marginalen Erträge und marginalen Kosten ausgleichen."[245]

Die Problematik dieser Berechnung liegt in der Schwierigkeit einer exakten Bestimmung der Erträge (Nutzen) und Ausgaben für eine *Bildungsinvestition* über einen in der Regel längeren Zeitraum, der bezogen auf einen Arbeitnehmer seine gesamte Lebensarbeitszeit umfasst und beeinflusst. Außerdem müssten bei einem Vergleich sämtliche alternativen Bildungsinvestitionen ebenfalls in Geld bzw. Preise bewertet und auf den Gegenwartswert diskontiert werden. Bei den Ausgaben sind *Opportunitätskosten* in Form entgangener Einkommen während der Ausbildungszeit auch zwischen unterschiedlichen Bildungsinvestitionen z.B. in eine *Hochschul-* oder *Berufsausbildung* im dualen System zu berücksichtigen und bei den *Erträgen* ist es u.a. im Hinblick auf die Einkommensentwicklung schwierig, kausale Beziehungen zwischen Einkommen und einem realisierten Bildungsgrad nach der Ausbildung abzuleiten, da Einkommensdifferentiale z.B. nicht nur durch Bildungsdifferentiale, sondern auch durch veränderte Arbeitsmarktsituationen (konjunkturell und/oder strukturell) begründet sein können. In die Ermittlung des Kapitalwerts gehen somit Erwartungen ein, wobei dann unter alternativen Bildungsinvestitionen die Investition zu wählen ist, die den *höchsten Kapitalwert* aufweist. Hierbei ist außerdem zu beachten, dass sowohl der jeweilige Betrag als auch die zeitliche Verteilung der Überschüsse aus einer Bildungsinvestition sowie die Höhe des angesetzten Kalkulationszinsfußes den *Kapitalwert* nachhaltig beeinflussen.

---

[245] Becker, S., Lohnstrukturen, a.a.O., S. 87.

3.5.3   Machttheoretische Ansätze

Auch die in der wirtschaftlichen Realität überall zu beobachtende Anwendung von **Macht** findet in der neoklassischen Grenzproduktivitätstheorie des Lohnes – mit der ihr inhärenten Marktform der vollkommenen Konkurrenz – keinen Platz. Die Kritik von *Oskar Morgenstern* gipfelt deshalb in der Feststellung:

„Zu den wichtigsten wirtschaftlichen Phänomen (...) gehören 'Macht', 'Ausnutzung einer Situation', 'Drohung' usw. Mit diesen weiß die neoklassische Wirtschaftstheorie nichts anzufangen. Man kann ihre Erscheinungsformen in keinem Modell unterbringen, solange man im Rahmen von Begriffen wie Grenznutzen und Grenzproduktivität verweilt."[246]

Um den Faktor *Macht* in der Lohntheorie adäquat zu berücksichtigen lag es nahe, den Arbeitsmarkt mit der Marktform des **bilateralen Monopols** zu identifizieren. Das Arbeitsangebot wird monopolistisch durch die *Gewerkschaften* und die Arbeitsnachfrage durch die *Arbeitgeberverbände* monopsonistisch vertreten. In der Marktform des bilateralen Monopols sind dabei fünf verschiedene potentielle Extrempositionen an realisierbaren Lohn-Mengen-Kombinationen möglich.[247] Wenn auch mit diesem Ansatz die Realität der Arbeitsmärkte besser abgebildet werden kann, so lässt sich dennoch eine genaue **Bestimmung der Lohnhöhe** nicht vornehmen, weil es das Charakteristikum des bilateralen Monopols ist, „daß der Lohn (...) indeterminiert ist, d.h. mit den Mitteln der ökonomischen Analyse nicht bestimmt werden kann, da die relativen Machtpositionen entscheiden."[248] Man kann lediglich sagen, das sich der Lohn irgendwo zwischen den beiden Extrempunkten des **Monopols** und **Monopsons** bewegt. „Die eigentliche Frage der Lohntheorie, von welchen Faktoren es abhängt, wo sich der Lohn innerhalb dieses weiten Spielraumes einstellt, bleibt damit im Rahmen der Theorie des bilateralen Monopols unbeantwortet."[249]

Zur Beseitigung dieser Schwäche erfuhr die Theorie des bilateralen Monopols eine Weiterentwicklung durch **Collective-Bargaining-Modelle**, die Gleichgewichtslösungen am Arbeitsmarkt nicht durch preis- und mengenbezogene Marktmechanismen sondern durch **Verhandlungsstrategien** zu erklären versuchen, indem berücksichtigt wird, dass auf das Ergebnis der Lohnverhandlungen in besonderem Maße die aktuelle Beschäftigungslage aber auch die Verhandlungsstärke und das -geschick der Verhandlungsparteien (Gewerkschaften und Arbeitgeberverbände) einwirken.

Der Begründer dieser Theorie war *John Richard Hicks* (1904 bis 1989).[250] Er hat nicht wie in der Theorie des bilateralen Monopols die Machtpositionen der Marktbeteiligten am marktbezogenen Monopolgrad gemessen, sondern am politischen **Organisationsgrad** und an der **Streikbereitschaft** der Beteiligten. „Auf der einen Seite wird angenommen, daß die **Arbeitgeber** ihren Entscheidungen in den Kollektivverhandlungen ein Kostenkalkül zugrunde legen: Sie sind nur in dem Maße zu Lohnerhöhungen bereit, als Lohnsteigerungen geringere Kostensteigerungen erwarten lassen als ein möglicher Streikausbruch. Auf der anderen Seite wird unterstellt, daß die Streikbereitschaft der Arbeitnehmer, die sich in der Streikhäufigkeit,

---

[246]   Morgenstern, O., Spieltheorie und Wirtschaftswissenschaft, 2. Aufl., Wien 1963, S. 123.

[247]   Vgl. Gerster, R., Ausbeutung, Dissertation, Zürich 1973, S. 149ff.

[248]   Ebenda, S. 153.

[249]   Külp, B., Lohntheorien, in: Handwörterbuch des Personalwesens, 2. Aufl., Stuttgart 1992, S. 1.308.

[250]   Vgl. Hicks, J. R., The Theory of Wages, 2. Aufl., London 1963.

in der Wahrscheinlichkeit eines Streikausbruches, in der Streikdauer und in der Streikintensität (Anzahl der am Streik beteiligten Arbeitnehmer) ausdrücken läßt, eine Funktion ihres Organisationsgrades ist."[251]

Mit *Walter Frerichs* lässt sich die Theorie von *Hicks* wie folgt zusammenfassen: Hierbei ist L_U die **Lohnangebotskurve (Konzessionskurve)** der Unternehmen in Abhängigkeit von der Streikdauer, mit der sie im Falle eines Zusammenbruchs der Verhandlung rechnen. Je länger die erwartete Streikdauer ist, desto konzessionsbereiter sind die Unternehmer. Dabei ist in der folgenden Abb. 3.14 (l_{Uo}) der Lohn, den sie ohne weiteres zu zahlen bereit sind, der allerdings weit unter dem Lohn (l_{Go}) liegt, den die Gewerkschaften sofort akzeptieren würden.

Auch die Gewerkschaften sind umso kompromissbereiter, je länger ihrer Vorstellung nach der zu erwartende Arbeitskampf dauern würde, wenn die Verhandlungen abgebrochen würden. Die **Lohnforderungskurve** (L_G) der Gewerkschaften ist daher nach unten geneigt. Im Schnittpunkt von (L_U) und (L_G) ergibt sich schließlich der von beiden Seiten vertretbare **Kompromiss-Nominallohnsatz** (l_o).[252]

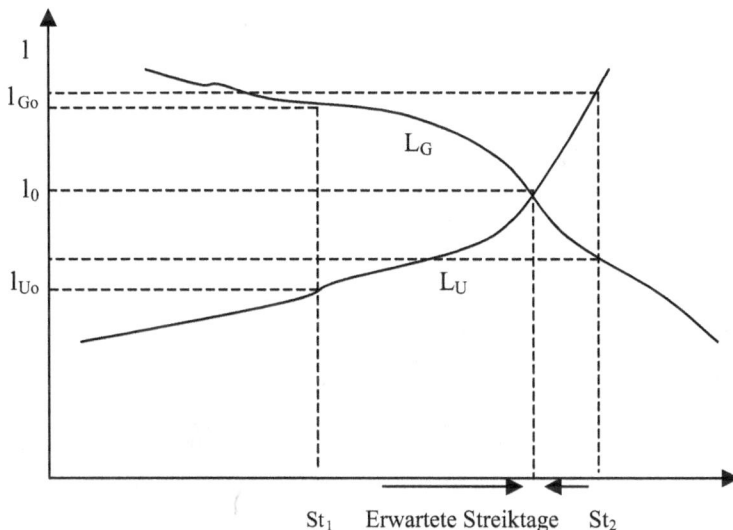

Abb. 3.14: Collective-Bargaining-Modell

Die von *John Richard Hicks* theoretisch formulierte Lohn-Verhandlungstheorie ist in Deutschland realiter in ein Regulierungssystem zwischen **Gewerkschaften** und **Arbeitgeberverbänden** eingebunden, dass versucht, die widerstreitenden Interessen zwischen Kapital und Arbeit kompromissfähig zu machen. Zur Durchsetzung der Machtinteressen setzen die Gewerkschaften – die sich Mitte des 19. Jahrhunderts konstituiert haben – die kollektive Arbeitsniederlegung, den **Streik** ein.[253] Die Streikfähigkeit einer Gewerkschaft hängt wesentlich von

---

[251] Külp, B. Verteilung, Theorie und Politik, a.a.O., S. 54.

[252] Frerichs, W., Einkommens- und Beschäftigungstheorie, Neuwied 1974, S. 114.

[253] Vgl. Grote, H., Der Streik, Taktik und Strategie, Köln 1952, Wohlgemuth, H. H., Staatseingriff und Arbeitskampf. Zur Kritik der herrschenden Arbeitskampfdoktrin, Köln, Frankfurt a. M. 1977, Rajewsky, X., Arbeitskampfrecht in der Bundesrepublik, Frankfurt a. M. 1970, Kittner, M., Streik und Aussperrung, Köln 1974, derselbe, Arbeitskampf, a.a.O., Boll, F., Streik und Aussperrung, in: Schroeder, W., Wessels, B., (Hrsg.), Die Gewerkschaften in Politik und Gesellschaft der Bundesrepublik Deutschland, a.a.O., S. 478 - 510.

ihrem **Organisationsgrad** (vgl. dazu Tab. 7 in Abschnitt 3.6.1) und ihrer **Finanzkraft** sowie von dem **Durchsetzungswillen der Gewerkschaftsführung** und der **Kampfbereitschaft der Mitglieder** ab. Diese Bedingungen (Abhängigkeiten) gelten auf der anderen Seite für die Arbeitgeber mit ihren jeweiligen Unternehmen im Rücken nicht. Sie können jederzeit aus dem Arbeitgeberverband austreten und verfügen dennoch über einen beträchtlichen strukturellen Machtvorteil gegenüber ihren abhängig Beschäftigten (vgl. Abschnitt 3.4.1). Trotzdem wird den Arbeitgebern nach herrschender Rechtsauffassung – basierend auf dem „Paritätsgrundsatz" – das Machtinstrument der **Aussperrung**[254] zur Durchsetzung ihrer Interessen bzw. zur Abwehr eines gewerkschaftlichen Streiks eingeräumt.

Tab. 5:   Streik- und Aussperrungshäufigkeit

Jahr	Streiks[1]		Aussperrungen[2]		Summe
	Beteiligte AN	Ausgefallene Arbeitstage	Betroffene AN	Ausgefallene Arbeitstage	ausgefallene Arbeitstage
		- in 1.000 -		- in 1.000 -	
1949 – 1959	1.899	10.450	-	-	10.450
1960 – 1969	1.184	3.340	-	-	
1970 – 1979	1.519	7.812	457	3.817	11.629
1980 – 1989	1.258	3.401	138	2.696	6.097
1990* - 1999	2.162	3.377	-	-	3.377
2000	7	11	-	-	11
2001	61	27	-	-	27
2002	428	310	-	-	310
2003	57	163	-	-	163
2004	101	51	-	-	51
2005	17	19	-	-	19

*Ab 1993 Deutschland, 1) Einschließlich gleichzeitiger Aussperrung, 2) Ohne gleichzeitige Ausfälle durch Streiks, Quelle: WSI Tarifhandbuch 2007, Köln 2007, S. 120, , Boll, F., Streik und Aussperrung, a.a.O., S. 506, eigene Berechnungen.

Unter dem Kampfinstrument **Streik**[255] wird allgemein die befristete kollektive Arbeitsniederlegung von Arbeitnehmern zur Durchsetzung geforderter Arbeits- und Einkommensverhältnisse (inkl. der Arbeitszeitfrage) verstanden. Bei der **Aussperrung** wird den Arbeitnehmern von den Unternehmern die Arbeitsmöglichkeit verweigert. Die *rechtlich* weiter bestehenden Arbeitsverhältnisse sind während der Aussperrung ausgesetzt. Unter einer „*kalten"* *Aussperrung* versteht man die Einstellung der Produktion in einem nicht *unmittelbar* zum Tarifgebiet

---

[254]   Die *Aussperrung* ist allerdings durch höchstrichterliche Rechtssprechung des *Bundesarbeitsgerichts* (BAG) auf das Prinzip der *Verhältnismäßigkeit* begrenzt. Werden z.B. ein Viertel der Beschäftigten des Tarifgebiets zum Streik aufgerufen, dann können die Arbeitgeber auch nur 25 v.H. der Arbeitnehmer aussperren. Die arbeitsrechtlichen Folgen der Aussperrung sind die gleichen wie beim Streik.

[255]   Das verfassungsmäßig garantierte *Streikrecht* wird durch höchstrichterliche Rechtsprechung in Deutschland äußerst restriktiv ausgelegt. Demnach sind *politische Streiks*, wilde Streiks spontaner Arbeitergruppen oder betrieblicher Gruppierungen sowie Sympathie- und Demonstrationsstreiks oder Streiks, für die der Rechtsweg zu Gerichten offen steht (wie z.B. in Fragen der Betriebsverfassung), verboten. Auch kann ein *Betriebsrat* nicht in einem Unternehmen zum *Streik* aufrufen. Dies kann nur die *Gewerkschaft*.

gehörenden Betrieb, der aufgrund der arbeitskampfbedingten *Fernwirkungen* die Fertigung nicht fortführen kann und daher seine Beschäftigten entlässt (vgl. dazu auch Abschnitt 3.6.3). Laut *Bundesarbeitsgericht* (Urteil des BAG vom April 1971) gilt für den **Arbeitskampf** die folgende juristische Diktion:

„Arbeitskämpfe dürfen nur insofern eingeleitet und durchgeführt werden, als sie zur Erreichung rechtmäßiger Kampfziele geeignet und sachlich erforderlich sind. Jede Arbeitskampfmaßnahme – sei es Streik, sei es Aussperrung – darf ferner nur nach Ausschöpfung aller Verhandlungsmöglichkeiten ergriffen werden; der Arbeitskampf muß also das letzte Mittel (ultima ratio) sein."

In Deutschland ist die **Streik-** und **Aussperrungshäufigkeit** nur gering (vgl. Tab. 5). Interessant sind dabei zwei Aspekte: Erstens, dass offensichtlich Zeiten von **Vollbeschäftigung** (1960 bis 1969) und Zeiten von **Massenarbeitslosigkeit** (1975 bis heute) zu keiner unterschiedlich hohen Streikaktivität geführt haben. Im Gegenteil. Unter Berücksichtigung der Wiedervereinigung, mit einer wesentlich höheren Beschäftigtenzahl, ist es sogar ab 1990 zu einer stark rückläufigen Arbeitskampftätigkeit gekommen.[256] Zweitens ist bezüglich der Arbeitskampfpraxis in Deutschland festzustellen, dass es keine Übertreibung ist, wenn wir sagen: Arbeitskampf im Deutschland der letzten 50 Jahre heißt „**Arbeitskämpfe in der Metallindustrie**". „Auf diesen Wirtschaftszweig (einschließlich der *Stahlindustrie*), in dem etwa 10 v.H. aller abhängig Beschäftigten tätig sind, entfielen 80 v.H. aller rund 39 Millionen in dieser Zeit arbeitskampfbedingt ausgefallenen Arbeitstage (davon etwa 90 v.H. aller Aussperrungstage). Die übrigen Branchen spielen im Vergleich dazu eine vollständig untergeordnete Rolle; sie alle kommen jeweils höchstens auf 5 v.H. aller Ausfalltage bzw. liegen deutlich darunter."[257]

Auch im **internationalen Vergleich** gibt es in Deutschland nur wenige Arbeitskämpfe und in Folge verlorene Arbeitstage, wozu nach Analyse vieler Forscher das **Tarifsystem** ebenso beiträgt wie die „sozialpartnerschaftliche Einbindung" durch die **Mitbestimmung**. Das *Institut der Deutschen Wirtschaft* in Köln[258] hat ermittelt, das der Durchschnitt der verlorenen Arbeitstage pro 1.000 Beschäftigten (Jahresdurchschnitte) für 22 Industriestaaten zwischen 1970 und 2000 bei 280 Tagen, in Deutschland bei 29, in Italien aber bei 741 Tagen lag. In Schweden lag das Arbeitskampfvolumen um das Dreifache, in Frankreich und Belgien um das Fünffache, in den USA um das Siebenfache, in Großbritannien um das Zehnfache, in Spanien und Griechenland um das Zwanzigfache und in Italien um das Fünfundzwanzigfache über dem deutschen Wert. In jüngerer Zeit zwischen 1996 und 2005 ist die Streikhäufigkeit in Deutschland noch einmal extrem auf durchschnittlich 2,4 Arbeitstage pro tausend Beschäftigte zurückgegangen. Kein anderes Land verzeichnete weniger Streiks. Selbst die traditionell friedliche Schweiz kam auf 3,1 ausgefallene Arbeitstage.[259]

---

[256] Dennoch wird offensichtlich in den politisch *konservativ-liberalen Lagern* an höchster Stelle über ein *Streikverbot* spekuliert, so jedenfalls geschehen durch den ehemaligen Fraktionsvorsitzenden der CDU/CSU, *Friedrich Merz*. Zitiert bei Negt, O., Wozu noch Gewerkschaften?, Eine Streitschrift. Göttingen 2004, S. 13. In einem Artikel der Wochenzeitung „Die Zeit" vom 26. Juni 2003 bringt die Rechtsanwältin *Gisela Wild* diese dem *Verfassungsrecht* (Artikel 9, Absatz 3 Grundgesetz) zuwiderlaufende Anschauung auf eine leicht fassliche rhetorische Frageformel: „Was gibt den Gewerkschaften ihre Macht, obschon nur noch um die 20 Prozent der Beschäftigten bei ihnen Mitglied sind? Es ist vor allem die Drohung mit Streik. Die Zeit ist reif, diesen Schrecken zu bannen und die Rechtsgrundlagen des Streiks in Frage zu stellen, auch wenn die Gewerkschaften aufheulen mögen."

[257] Kittner, M., Arbeitskampf, a.a.O., S. 655f.

[258] Vgl. Lesch, H., Arbeitskämpfe im internationalen Vergleich – Trends und Einflussfaktoren. in: IW-Trends, Heft 3/2001, S. 1 - 28.

[259] Vgl. Böckler -Impuls, Nr. 10/2007.

3.6   Zum kollektiven Flächentarifvertrag

3.6.1   Gewerkschaften und Arbeitgeberverbände

Eine Theorie der Gewerkschaften[260] und Arbeitgeberverbände[261] existiert bis heute nicht. Es gibt aber allgemeine **Funktions-** bzw. **Aufgabenbeschreibungen** für Gewerkschaften. *Karl Marx* bezeichnete 1867 die Gewerkschaften als „Organisationszentren der Arbeitsklasse" und schrieb ihnen damit eine Schlüsselrolle bei der Konstituierung einer proletarischen Klassenbewegung im immerwährenden „Guerillakrieg zwischen Kapital und Arbeit" zu. Er sah in den Gewerkschaften auch eine „organisierte Kraft zur Beseitigung des Systems der Lohnherrschaft und Kapitalherrschaft selbst."[262] Liberale Sozialreformer und „Kathedersozialisten",[263] zu denen u.a. die bedeutenden Nationalökonomen *Gustav von Schmoller* (1838 bis 1917), *Lujo (Ludwig Josef) Brentano* (1844 bis 1931) sowie *Adolph Wagner* (1835 bis 1917) und *Werner Sombart* (1863 bis 1941) zählen, „entwickelten eine Fülle von Ideen und Initiativen, um soziale Konflikte zu entschärfen und die **staatliche Intervention auf dem Arbeitmarkt** zu begründen. (...) An die Konzepte der bürgerlichen Sozialreformer knüpfte der Nationalökonom und Sozialphilosoph *Goetz Brief*s (1876 bis 1942) in der Weimarer Republik an, als er die Gewerkschaften als ‚**genossenschaftliche Solidargemeinschaften**' charakterisierte, die innergewerkschaftlich dem Prinzip der gegenseitigen Hilfe verpflichtet seien und auf dem Arbeitsmarkt als Interessenvertretung ‚besitzloser, auf Lohneinkommen gestellte(r) Arbeitnehmer' aufträten."[264] Den umfangreichsten **Aufgabenbereich** für Gewerkschaften formulierte der Arbeitsrechtler und Politikwissenschaftler *Franz L. Neumann* (1898 bis 1963) im Jahr 1935. Demnach seien Gewerkschaften

- erstens *Genossenschaften*, aufgebaut „auf dem Grundsatz der gegenseitigen Hilfe", die ihren Mitgliedern breit aufgefächerte Unterstützungsleistungen anböten und sich um ihre „Erziehung und Unterweisung" in „Kursen und Schulen der verschiedensten Art" kümmerten,
- zweitens *Kampfverbände*, die „der monopolistischen Gewalt des Privateigentums die kollektive Macht der organisierten Arbeit" entgegenstellen und „auf eine Beherrschung des Arbeitsmarktes zielen" und

---

[260] Vgl. Limmer, H., Die deutsche Gewerkschaftsbewegung, 7. Aufl., München 1976, Deppe, F., Fülberth, G., Harrer, H.-J., Geschichte der deutschen Gewerkschaftsbewegung, 2. Aufl., Köln 1978, Schneider, M., Kleine Geschichte der Gewerkschaften. Ihre Entwicklung in Deutschland von den Anfängen bis heute, Bonn 1989, Schroeder, W., Wessels, B., (Hrsg.), Die Gewerkschaften in Politik und Gesellschaft der Bundesrepublik Deutschland, Wiesbaden 2003. Eine knappe Zusammenfassung der Gewerkschaftsgeschichte findet sich bei Bontrup, H.-J., Volkswirtschaftslehre, a.a.O., S. 354 - 379.

[261] Zur geschichtlichen Herausbildung der Unternehmerverbände vgl. Stegmann, D., Unternehmerverbände (Geschichte), in: Handwörterbuch der Wirtschaftswissenschaft (HdWW), Bd. 8, Stuttgart, New York, Tübingen, Göttingen, Zürich 1988, S. 155 - 171, Keller, B., Einführung in die Arbeitspolitik, 5. Auflage, München, Wien 1997, S. 9 - 28.

[262] Vgl. Marx, K., in: Marx-Engels-Werke, Bd. 16, S. 197.

[263] Diese gründeten 1872 in Eisenach den „*Verein für Socialpolitik*". Wegen des Eintretens für *staatliche Interventionen* erhielt die Gruppe von Seiten der Liberalen den abwertend gemeinten Beinamen „*Kathedersozialisten*".

[264] Schönhoven, K., Geschichte der deutschen Gewerkschaften: Phasen und Probleme, in: Schroeder, W., Wessels, B., (Hrsg.), Die Gewerkschaften in Politik und Gesellschaft der Bundesrepublik Deutschland, Wiesbaden 2003, S. 41.

- drittens als *„politische Verbände"* auftreten, die auf die Gesetzgebung, die Verwaltung und die Rechtsprechung Einfluss nehmen.[265]

Nach dem Ende des **Zweiten Weltkrieges** am 8. Mai 1945 und dem Ende der totalitären (verbrecherischen) Gewaltherrschaft der Nationalsozialisten – von der sich das deutsche Volk nicht selbst befreien konnte[266] – knüpften Gewerkschaftstheoretiker in den **westlichen Demokratien** nur noch vereinzelt an die revolutionären Transformationsstrategien des **Marxismus** an. Dennoch wollten alle **politischen Parteien**[267] im Einklang mit den Gewerkschaften anfangs (zwischen 1945 und 1949 dem Gründungsjahr der Bundesrepublik Deutschland) von einem **kapitalistischen System** nichts mehr wissen. Die Wirtschaftshistorikerin *Marianne Welteke* stellt diesbezüglich fest:

> „Durch die Erfahrungen nationalsozialistischer Herrschaft war nach der Zerschlagung des Hitler-Faschismus 1945 in Deutschland die Glaubwürdigkeit des Kapitalismus als Wirtschafts- und Gesellschaftssystem erschüttert. Das galt vor allem für die Bevölkerungskreise, die die Hauptlast des Krieges zu tragen hatten. Bezeichnenderweise hat es nach dem Zusammenbruch keine Partei oder sonstige Gruppierung in Deutschland gegeben, die sich offen für eine Wiederherstellung kapitalistischer Verhältnisse eingesetzt hätte. Zwischen ‚zügellosem Kapitalismus' und ‚autoritärem Sozialismus' wurden von rechten und linken Parteien und von den Gewerkschaften ‚dritte' Wege gesucht und propagiert."[268]

Zumindest hat es neben der Etablierung einer sozialistischen Wirtschaftsgesellschaft in Ostdeutschland bzw. der *DDR* auch in **Westdeutschland** eine heftige ordnungspolitische Debatte über den zukünftigen Aufbau und die Gestaltung der Wirtschaft gegeben. Auf dem **Gründungskongress** des Deutschen *Gewerkschaftsbundes* (DGB) im Oktober 1949 in München wurde auf dem Höhepunkt der gewerkschaftlichen Debatte das erste **Grundsatzprogramm** des DGB verabschiedet und der Vorsitzende *Hans Böckler* (1875 bis 1951) gewählt. Das Programm

---

[265] Vgl. Neumann, F. L., Die Gewerkschaften in der Demokratie und der Diktatur (1935), in: Söllner, A., (Hrsg.), Neumann, Franz L. Wirtschaft, Staat, Demokratie, Aufsätze 1930 - 1954, Frankfurt a. M. 1978.

[266] Dies gelang nur durch den *militärischen Sieg* der Alliierten Truppen der USA, der Sowjetunion, Großbritanniens und Frankreichs. Die Bilanz des Zweiten Weltkrieges ist grausam. Etwa 50 Millionen Tote, 35 Millionen Versehrte und 20 Millionen verwaiste Menschen waren 1945 zu beklagen. Bergschicker, H., Deutsche Chronik 1933 bis 1945, Bilder, Daten, Dokumente, Berlin 1981, S. 534. Auf der *Potsdamer Konferenz* im Juli/August 1945 beschlossen die Alliierten eine völlige Abrüstung und Entmilitarisierung Deutschlands, die Vernichtung der nationalsozialistischen Organisationen und die Bestrafung der Kriegsverbrecher, sowie die Umgestaltung des politischen Lebens in Deutschland auf einer demokratischen Grundlage.

[267] In ihrem *„Ahlener Programm"* vom 3. Februar 1947 formulierte die CDU, dass „das kapitalistische Wirtschaftssystem den staatlichen und sozialen Lebensinteressen des deutschen Volkes nicht gerecht geworden ist." Als Konsequenz daraus wurde eine „gemeinwirtschaftliche Ordnung" gefordert. Der erste Ministerpräsident von Nordrhein-Westfalen, der CDU-Politiker *Karl Arnold*, sagte in seiner Regierungserklärung vom 17. Juni 1947: „Die Neuordnung der Wirtschaft soll erfolgen aus dem Geist der Verpflichtung des Einzelnen gegenüber dem Ganzen. Durch eine maßgebliche Beteiligung der Arbeitnehmer an der Betriebs- und Wirtschaftsführung soll die soziale Gleichberechtigung hergestellt, der Mensch ganz allgemein wieder in den Mittelpunkt der Wirtschaft gestellt und der Arbeit wieder ein tiefer Sinn und eine höhere Würde verliehen werden" (zitiert bei: Schulte, D., Ansprache 50 Jahre Montan-Mitbestimmung, in: Gewerkschaftliche Monatshefte, Heft 7/2001, S. 396).

[268] Welteke, M., Theorie und Praxis der Sozialen Marktwirtschaft. Einführung in die politische Ökonomie der BRD, Frankfurt a. M., New York 1976, S. 34.

basierte auf die vom *Allgemeinen Deutschen Gewerkschaftsbund* (ADGB) in den 1920er Jahren aufgestellten Forderungen nach der Einführung einer **Wirtschaftsdemokratie**.[269]

- Dabei sollte durch eine **Ordnungspolitik**, die Würde freier Menschen, die volle Beschäftigung aller Arbeitswilligen, der zweckmäßige Einsatz sämtlicher volkswirtschaftlicher Produktivkräfte und die Deckung des volkswirtschaftlichen Bedarfs gesichert werden.
- Durch **Mitbestimmung** sollten die organisierten Arbeitnehmer in allen personellen, wirtschaftlichen und sozialen Fragen, in der Wirtschaftsführung und Wirtschaftsgestaltung mitwirken.
- Die Schlüsselindustrien sollten in **Gemeineigentum** überführt werden, insbesondere der Bergbau, die Eisen- und Stahlindustrie, die Großchemie, die Energiewirtschaft, die wichtigsten Verkehrseinrichtungen und die Kreditinstitute.
- Außerdem sollte **soziale Gerechtigkeit** walten, durch eine angemessene Beteiligung aller Werktätigen am volkswirtschaftlichen Gesamtertrag und durch Gewährung eines ausreichenden Lebensunterhaltes für die infolge Alter, Invalidität oder Krankheit nicht Arbeitsfähigen. Eine solche wirtschaftpolitische Willensbildung und Wirtschaftsführung verlange nach einer **zentralen volkswirtschaftlichen Planung**, damit nicht private Selbstsucht über die Notwendigkeit der Gesamtwirtschaft triumphiert.[270]

Die Möglichkeit dies **gewerkschaftliche Neuordnungskonzept** in Westdeutschland der Wirtschaft überzustülpen, war allerdings auf Grund der ökonomischen Fakten (*Marshall-Plan, Währungsunion*) und der massiven politischen **Einflussnahme der Amerikaner** zur Wiederbelebung einer marktwirtschaftlich-kapitalistischen Ordnung von Anfang an so gut wie nicht vorhanden.[271] Nachdem dies auch die Gewerkschaften erkannt hatten, wollten sie aber wenigstens die **Mitbestimmung** in den Unternehmen retten (zu den einzelnen *Gesetzen* vgl. noch einmal Abschnitt 2.2). Aber auch hier mussten sie gravierende Abstriche von ihren „Münchener Forderungen" hinnehmen. Die **paritätische Mitbestimmung** konnte lediglich für Unternehmen mit mehr als 1.000 Arbeitnehmern für den Bereich *Kohle* und *Stahl* mit dem am 10. April 1951 vom Bundestag verabschiedeten „*Gesetz über die Mitbestimmung der Arbeitnehmer in den Aufsichtsräten und Vorständen der Unternehmen des Bergbaus und der Eisen und Stahl erzeugenden Industrie*", kurz „**Montanmitbestimmungsgesetz**", durchgesetzt werden. Ein Jahr später, bei der Verabschiedung des **Betriebsverfassungsgesetzes** am 11. Oktober 1952, das die Mitbestimmung in den anderen Wirtschaftszweigen regeln sollte, erlitten die Gewerkschaften eine weitere bittere Niederlage. Das Gesetz blieb weit hinter den aufgestellten Forderungen zurück. Statt der auch hier geforderten paritätischen Besetzung der Aufsichtsräte in Kapitalgesellschaften, wurde den Arbeitnehmern nur ein Drittel der Sitze zugesprochen (sogenannte „**Drittel-Parität**"). Außerdem wurden die Gewerkschaften durch das Betriebsverfassungsgesetz quasi aus den Unternehmen ausgeschlossen. Die nach dem Gesetz zu wählenden Betriebsräte standen auf

---

[269] Vgl. dazu das 1928 veröffentliche Gutachten: Naphtali, F., Wirtschaftsdemokratie. Ihr Wesen, Weg und Ziel, Berlin 1928 als auch die zu diesem Thema nach 1949 veröffentlichte Literatur: Vilmar, F., Wirtschaftsdemokratie – Zielbegriff einer alternativen Wirtschaftspolitik, in: Helmedag, F., Reuter, N., Der Wohlstand der Personen. Festschrift für Karl Georg Zinn, Marburg 1999, Bontrup, Arbeit, Kapital und Staat, Plädoyer für eine demokratische Wirtschaft, 3. Aufl., Köln 2006, Demirovic, A., Demokratie in der Wirtschaft. Positionen, Probleme, Perspektiven, Münster 2007.

[270] DGB-Gründungsprotokoll München 1949 , S. 318f.

[271] Vgl. dazu ausführlich: Welteke, M., Theorie und Praxis der Sozialen Marktwirtschaft, a.a.O., S. 18 - 34.

einmal zwischen den Unternehmensleitungen und den Gewerkschaften. Darüber hinaus bietet das Betriebsverfassungsgesetz bis heute den Betriebsräten keine Möglichkeit der **wirtschaftlichen Mitbestimmung**. Letztlich gilt das Primat der Eigentumsverfassung (Artikel 14 Grundgesetz in Verbindung mit § 903 BGB) und damit die freie Verfügung der Arbeitgeber über ihre Produktionsmittel (vgl. Abschnitt 2.2). Auch das im Mai 1976 vom Bundestag nach langen politischen Auseinandersetzungen verabschiedete **Mitbestimmungsgesetz**,[272] entsprach nicht den gewerkschaftlichen Forderungen. Gegenüber dem Montanmitbestimmungsgesetz wurde quasi die paritätische Mitbestimmung dadurch beseitigt, dass bei einer Pattabstimmung im Aufsichtsrat der immer von der Kapitalseite gestellte Aufsichtsratsvorsitzende ein *doppeltes Stimmrecht* besitzt. Auch die Regelungen bei der Bestellung und Abberufung des Arbeitsdirektors wurden nicht übernommen. Zusätzlich erhielten die *leitenden Angestellten*[273] auf der Arbeitnehmerbank gemäß dem **Sprecherausschussgesetz** von 1988 eine Sondervertretung.

Das auf **Wirtschaftsdemokratie** basierende Neuordnungskonzept der Gewerkschaften geriet auch unter Druck der sich neben den Gewerkschaften nach 1945 neu formierten **Arbeitgeberverbände**. Diese hatten sich, nachdem sie sich anfangs relativ uneinheitlich zonal und branchenmäßig entwickelten, schon 1948/49 ihre alten **Organisationsstrukturen** neu belebt und sofort sehr selbstbewusst auf die Politik eingewirkt.[274] „Durch die enge Kooperation mit der regierenden *CDU/CSU/FDP* gelang es dem 1950 offiziell gegründeten '*Bundesverband der Deutschen Industrie*' (BDI) und der '*Bundesvereinigung der deutschen Arbeitgeberverbände*' (BDA) auf die **staatliche Politik** in den fünfziger Jahren massiven Einfluß zu gewinnen."[275] Die Arbeitgeber fürchteten bei den „Sozialisierungstendenzen" um ihr Kapitaleigentum und damit um ihre **Herrschaft**, und setzten so alles daran zu einem marktwirtschaftlich-kapitalistischen Ordnungssystem zurückzukehren. Mit dem Wahlergebnis der ersten

---

[272] Gegen die Verabschiedung des Gesetzes liefen alle *Arbeitgeberverbände* über Jahre Sturm. Die BDA forderte von der Politik mindestens ein Stimmenübergewicht auf der Anteilseignerseite als absolut unverzichtbares Moment. Vgl. FAZ vom 9. Dezember 1975.

[273] Die *leitenden Angestellten*, definiert im § 5 Abs. 3 Betriebsverfassungsgesetz, haben sich in einem eigenen Spitzenverband, der „*Union der Leitenden Angestellten*" (ULA) zusammengeschlossen. Der ULA gehören acht Verbände an.

[274] „Es hat nicht einmal einen umfassenden Personalwechsel an der Spitze der bundesdeutschen Wirtschaft gegeben; *Alfried Krupp* und *Friedrich Flick*, Konzerneigentümer schon in der Weimarer Republik, Wehrwirtschaftsführer, Rüstungsmagnaten und Kriegsgewinnler im Faschismus, beide als Kriegsverbrecher in Nürnberg verurteilt, waren schon in den 1950er Jahren wieder Konzernherren und an der Wiederaufrüstung beteiligt. *Hermann Josef Abs*, zur Zeit des Faschismus Direktor der Auslandsabteilung der Deutschen Bank, wurde 1948 Chef der Kreditanstalt für Wiederaufbau; 1951 leitete er die deutsche Delegation bei der Londoner Schuldenkonferenz; 1952 wurde er Vorsitzender des Vorstandes bei der Deutschen Bank deren Ehrenpräsident er bis heute ist. *Hans-Günter Sohl*, 1943 stellvertretender Vorsitzender der Vereinigten Stahlwerke (und dort beteiligt am Panzerbau), saß schon 1948 wieder im Aufsichtsrat des Konzerns, baute in den 50er Jahren aus der August-Thyssen-Hütte den größten Stahlkonzern der BRD und wurde 1972 Präsident des Bundesverbandes der Deutschen Industrie. Der andere große Kapitalverband, die Bundesvereinigung der deutschen Arbeitgeberverbände wurde von 1969 bis 1973 von *Otto A. Friedrich* präsidiert: er gehörte von 1939 bis 1965 ununterbrochen dem Vorstand des Gummiunternehmens Phoenix AG an, leitete von 1942 bis 1945 die für die Rüstungsindustrie außerordentlich wichtige 'Reichsstelle für Kautschuk' und wurde 1951 von *Adenauer* zum 'Berater der Bundesregierung in Rohstofffragen' ernannt. Diese – den Grundtatbestand der strukturellen Kontinuität ergänzende – Liste personeller Kontinuitäten von Wirtschaftsführern im Faschismus und 'leitenden Männern der Wirtschaft' in der BRD läßt sich sehr lange fortsetzen:" Huffschmid, J., An den Grenzen des Wunders. Zur Leistungsfähigkeit kapitalistischer Wirtschaftslenkung, in: Blätter für deutsche und internationale Politik, Heft 1/1989, S. 58f.

[275] Alemann, U. v., Heinze, R. G., Verbände und Staat, Opladen 1979, S. 24f.

Bundestagswahl[276] am 14. August 1949, die von einer rechts-liberalen Koalition aus *CDU/CSU, FDP* und der *Deutschen Partei (DP)* gewonnen wurde, sahen sie sich am Ziel. Der kurzzeitige „sozialistische Spuk" der Nachkriegszeit in Westdeutschland war unter diesen kapitalorientierten politischen Machtverhältnissen beendet.

„Während die Gewerkschaften seit vielen Jahren prominenter Gegenstand akademischer Forschung sind, trifft dies auf die **Arbeitgeberverbände** nur begrenzt zu."[277] Ihr Aufstieg begann gegen Ende des 19. Jahrhunderts als **anti-gewerkschaftliche Klassenorganisation**. Arbeitgeberverbände vertraten aber auch von Anfang an **wirtschaftpolitische Interessen** gegenüber der staatlichen Bürokratie, den Parlamenten und Parteien. *Lobbyismus* ist bis heute ein wesentliches Thema.[278] Nach *Berndt Keller* haben sich drei „charakteristische Säulen unternehmerischer Interessenorganisation" herausgebildet. Zu unterscheiden ist zwischen

- „**Arbeitgeberverbänden**, die vor allem für die Sozialpolitik zuständig sind und der tarifpolitischen Interessenvertretung gegenüber den Gewerkschaften dienen bzw. Arbeitsmarktinteressen vertreten (Dach- bzw. Spitzenverband: *Bundesvereinigung der deutschen Arbeitgeberverbände* (BDA),

- **Unternehmerverbänden** bzw. Wirtschaftsverbänden, die vor allem die breit gefächerten gemeinsamen wirtschaftspolitischen Belange der gesamten Industrie (u.a. Steuerwesen, Wirtschaftsrecht) durch Lobbying gegenüber Parlament, Parteien und Öffentlichkeit verfolgen bzw. Produktmarktinteressen vertreten (Spitzenverband: *Bundesverband der deutschen Industrie* (BDI),

- sowie den **Kammern** (Industrie- und Handelskammern bzw. Handwerkskammern) als Vertretern der Interessen der gewerblichen Wirtschaft (Dachverband: *Deutscher Industrie- und Handelstag* (DIHT) bzw. *Zentralverband des Deutschen Handwerks*)."[279]

Die vier **Siegermächte**, die bis zur Gründung der Bundesrepublik im Jahr 1949 die Regierungsgewalt in vier eingerichteten Militärzonen übernahmen, hatten sofort nach Kriegsende ein großes Interesse an der schnellen Etablierung von freien **Gewerkschaften**, die sie als „ein wesentliches Element für eine demokratische Ordnung in Deutschland" und auch als „Gegenmacht zur deutschen Großindustrie" ansahen, die mit den Nationalsozialisten gemeinsame Sache gemacht hatte.[280] „Bis zur Gründung des Deutschen Gewerkschaftsbundes (DGB) diskutierte man die Organisationsform der schließlich konzipierten **Einheitsgewerkschaft**. Von einigen Großbetrieben abgesehen, war vor 1933 der **Berufsverband** üblich und die eigenen Organisationen der Angestellten und Beamten, mit ihrer arbeits- und sozialversicherungsrechtlichen Sonderstellung sowie ihrem traditionsgebundenen Standesbewusstsein.

---

[276] Bei der Wahl erzielten die einzelnen Parteien die folgenden Ergebnisse: CDU/CSU 31,0% (139 Mandate, SPD 29,2% (131), FDP/DVP/BDV 11,9% (52), KPD 5,7% (15), BP 4,2% (17), DP 4,0% (17), Z 3,1% (10), WAV 2,9% (12), DReP/DKP 1,8% (5), NG 1,0% (1), SSW 0,3% (1), Unabhängige 3,8% (2).

[277] Schroeder, W., Silvia, S. J., Gewerkschaften und Arbeitgeberverbände, in: Schroeder, W., Wessels, B., (Hrsg.), a.a.O., S. 245.

[278] Auch im Bereich *öffentlicher Nachfrage* wird permanent versucht die Nachfrageseite durch ein ausgeprägtes unternehmerisches *Lobbyismussystem* zu beeinflussen. Unternehmen und deren Interessenverbände („pressure groups") üben in vielen Branchen einen nachhaltigen Einfluss auf staatliche Auftragsvergaben aus, die vielfach an ein „Hoflieferantentum" eigentlich vergangener Tage erinnern. Vgl. Leif, T., Speth, R., Die fünfte Gewalt, Bonn 2006, Gammelin, C. , Hamann, G., Die Strippenzieher. Manager, Minister, Medien – Wie Deutschland regiert wird, Berlin 2005, Müller, U., Giegold, S., Arhelger, M., (Hrsg.), Gesteuerte Demokratie? Wie neoliberale Eliten Politik und Öffentlichkeit beeinflussen, Hamburg 2004.

[279] Keller, B., Einführung in die Arbeitspolitik, 5. Aufl., München, Wien 1997, S. 10.

[280] Vgl. Barkai, A., Das Wirtschaftssystem des Nationalsozialismus. Der historische und ideologische Hintergrund 1933 - 1936, Köln 1977.

Jetzt standen zur Diskussion: 1. Die '*Allgemeine Gewerkschaft*'; nach ihrem Organisationsprinzip waren in Niedersachsen die Gewerkschaften aufgebaut worden, auch im Rheinland hatte sie viele Anhänger. Sie sollte nur regional und nach Fachabteilungen für Arbeiter, Angestellte und Beamte gegliedert werden. 2. Die *Industriegewerkschaft* mit ihrem Grundsatz ein Betrieb – eine Gewerkschaft. Bis 1949 hatten sich schon zahlreiche gewerkschaftliche Industrieverbände konstituiert und erfolgreich gearbeitet, auch bevorzugten nun die Besatzungsmächte, insbesondere die Briten, das *Industriegewerkschaftsprinzip*, so daß sich dieses schließlich durchsetzte. Diese Organisationsform gestattete keine Sonderorganisation für Angestellte, und so kam es 1949 zur Abspaltung der **Deutschen Angestelltengewerkschaft** (DAG). Sie war 1947 in der britischen Zone entstanden und bis 1949 Teil des vorläufigen Zusammenschlusses der Gewerkschaften. Die DAG beharrte auf dem Anspruch, die spezifischen **Interessen der Angestellten** in einer eigenen Gewerkschaft zu vertreten, obwohl die Industrieverbände auch schon viele Angestellte neben den Arbeitern zu ihren Mitgliedern zählten."[281] Im DGB als Dachorganisation schlossen sich dann 1949 die **Einzelgewerkschaften** nach dem **Industriegewerkschaftsprinzip** unter dem Grundsatz der **Einheitsgewerkschaft**[282] zusammen. Die Einzelgewerkschaften blieben dabei weitgehend autonom in ihren Tarif- und Finanzfragen. Der Einheitsgedanke wurde allerdings durch Sonderorganisationen der Angestellten (DAG) und der Beamten im **Deutschen Beamtenbund** (DBB) beeinträchtigt. 1959 konstituierte sich zusätzlich noch der **Christliche Gewerkschaftsbund Deutschland** (CGB). Seit Mitte der 1980er Jahre haben **Gewerkschaftsfusionen** aus ursprünglich 17 Einzelgewerkschaften heute noch 8 bestehende zum Teil „Multibranchengewerkschaften" hervorgebracht (siehe die folgende Seite).[283] „Ressourcenmangel und das daraus folgende Bestreben, dem mit einer Konzentration von Mangelfaktoren (Mitglieder, Finanzen, Organisationsressourcen, Verbandsmacht, politischer Einfluss) zu begegnen, scheinen (...) die ausschlaggebenden Antriebe gewesen zu sein."[284] Für die deutschen Gewerkschaften sind die **Arbeitgeberverbände** die wichtigsten Adressaten, „um die Entlohnungs- und Arbeitsbedingungen in den Betrieben mitgestalten zu können. Denn im Gegensatz zu Ländern, in denen die primäre Lohnfindung auf der betrieblichen Ebene erfolgt, dominiert in Deutschland der durch Gewerkschaften und Arbeitgeberverbände ausgehandelte Branchen- oder Multibranchentarifvertrag. Gewerkschaften und Arbeitgeberverbände sind jedoch unter den Bedingungen des koordinierten deutschen Kapitalismus, wo sie eine Art ‚Konfliktpartnerschaft' (*Müller-Jentsch*) praktizieren, nicht nur durch den sogenannten **Flächentarifvertrag** (vgl. Abschnitt 3.6.3) verbunden.

---

[281] Limmer, H., Die deutsche Gewerkschaftsbewegung, 7. Aufl., München 1976, S. 72f.

[282] Das Prinzip der *Einheitsgewerkschaft* besagt: Jeder Arbeitnehmer kann ohne Berücksichtigung seines Alters, Geschlechts, seiner Konfession, Rasse oder Parteizugehörigkeit der zuständigen Einzelgewerkschaft beitreten, wenn er deren Satzung und Beschlüsse anerkennt.

[283] Mit dieser *Fusionswelle* einher geht eine nachhaltige organisationspolitische Diskussion um die Zukunft des heutigen *DGB* als Dachorganisation. Vgl. Teichmüller, F., Hörmann, S., Brauchen wir den DGB noch? in: Gewerkschaftliche Monatshefte, Heft 12/1998, S. 806 - 811.

[284] Müller, H.-P., Wilke, M., Gewerkschaftsfusionen: Der Weg zu modernen Multibranchengewerkschaften, in: Schroeder, W., Wessels, B., (Hrsg.), Die Gewerkschaften in Politik und Gesellschaft der Bundesrepublik Deutschland, a.a.O., S. 123.

Einzelgewerkschaften im DGB von 1949 bis heute
(Mitgliederstand: 31.12.2006)

IG Bau, Steine Erden	**IG Bauen-Agrar-Umwelt**
Gew. Gartenbau, Land- u. Forstwirtschaft	Mitglieder: 368.768
IG Bergbau und Energie	**IG Bergbau, Chemie u. Energie**
Gew. Leder	↑
IG Chemie, Papier, Keramik	Mitglieder: 728.702
IG Druck und Papier	**Ver.di**
Gew. Kunst	↑
Gew. Handel, Banken und Versicherungen	
Gew. Öffentliche Dienste, Transport und Verkehr	Mitglieder: 2.280.567
Deutsche Postgewerkschaft	
DAG	
IG Metall	**IG Metall**
Gew. Holz und Kunststoffe	↑
Gew. Textil und Bekleidung	Mitglieder: 2.332.720
Gew. der Eisenbahner Deutschlands	**Transnet**
	Mitglieder: 248.983
Gew. Erziehung und Wissenschaft	Mitglieder: 249.462
Gew. Nahrung, Genuss und Gaststätten	Mitglieder: 211.404
Gew. der Polizei	Mitglieder: 170.835
DGB gesamt	**Mitglieder: 6.585.774**

Darüber hinaus gibt es weitere Kooperationsbezüge, wie die gemeinsam verantwortete Struktur des **dualen Berufsbildungssystems**[285] und ihre starke Stellung in den **Sozialversicherungen**. Das Verhältnis zwischen Gewerkschaften und Arbeitgeberverbänden kann gewissermaßen als System kommunizierender Röhren gedeutet werden."[286] Als sich die **Gewerkschaften** weitgehend nach der Bundestagswahl 1949 mit den ökonomischen und politischen Verhältnissen abgefunden hatten – wenn auch im *Innenverhältnis* mit heftigsten Auseinandersetzungen unter den Funktionären und Mitgliedern, die mehr oder weniger bis heute anhalten[287] – kam es zu einer Akzentverlagerung der gewerkschaftlichen Programmatik „auf Probleme einer aktiven Interessenvertretung im System der privat-kapitalistischen Wirtschaftsordnung. Die Dynamik der westdeutschen Wirtschaftsentwicklung ließ neue Prioritäten in den Vordergrund treten, wobei es um die Durchsetzung von handfesten materiellen Forderungen bei **Lohn**, **Arbeitszeit** und **Urlaub** und damit auch darum ging, die im Grundgesetz garantierte

---

[285] Vgl. Bontrup, H.-J., Pulte, P., Handbuch Ausbildung. Berufsausbildung im dualen System, München, Wien 2002.

[286] Schroeder, W., Silvia, S. J., Gewerkschaften und Arbeitgeberverbände, a.a.O., S. 244.

[287] Diese *politischen Richtungskämpfe* werden zwischen den sogenannten „*Traditionalisten*", die im wesentlichen an den Forderungen des „Münchener Programms" festhalten, und den „*Reformisten*" geführt , die im Einklang mit den Arbeitgebern soziale Verbesserungen für die Beschäftigten innerhalb der *Sozialen Marktwirtschaft* realisieren wollen. Vgl. Standpunkt. Das Themenheft der IG Metall. Den Wandel vorantreiben, Heft 2, April 1996.

Sozialstaatlichkeit der Bundesrepublik Realität werden zu lassen. Die Gewerkschaften verzichteten nun auf eine visionäre Beschwörung einer besseren **Gesellschaft jenseits des Kapitalismus** und forderten (nur noch) die Teilhabe der Arbeitnehmer am wirtschaftlichen Wachstum."[288] Damit gaben sie gleichzeitig die wirtschaftstheoretische Debatte um die **Arbeitswerttheorie** auf (vgl. Abschnitte 2.4 bis 2.6) und akzeptieren seit dem das antagonistische kapitalistische **Lohn-Gewinn-Verhältnis**. Der Politologe *Josef Esser* stellt diesbezüglich zu Recht fest:

„Bezogen auf ihre Markt- und Kartellfunktion haben alle deutschen Gewerkschaften ihre Aufgabe darin gesehen, in antagonistischer Kooperation mit den Unternehmern und den Arbeitgeberverbänden jeweils eine Tarifpolitik zu betreiben, die jeweilige branchenspezifische Konkurrenzbedingungen berücksichtigte, technisch-ökonomische Rationalisierungen und Innovationen mittrug und makroökonomische Notwendigkeiten wie niedrige Inflationsraten, hohe Wachstumsraten und die Sicherung der internationalen Wettbewerbsfähigkeit zu ihren eigenen Zielen erhob. Unterstützt wurde dieser Mikro- und Mesokorporatismus durch die institutionelle Einbettung in die Betriebs- und Unternehmensmitbestimmung, durch die im Artikel 9 Grundgesetz verfassungsmäßig abgesicherte Tarifautonomie, die Existenz der Flächentarifverträge sowie die zunehmende Verrechtlichung der industriellen Beziehungen."[289]

Diese Gewerkschaftsfunktionen (Aufgaben) und ihr vollzogener Wandel zeigen sich auch in den bisher vom DGB verabschiedeten vier **Grundsatzprogrammen** aus den Jahren 1949, 1963, 1981 und 1996.[290] Vor dem Hintergrund der ersten größeren Wirtschaftskrise in der Bundesrepublik 1966/67 und durch den Eintritt der SPD in die erste Große Koalition von 1966 bis 1969 sowie „die von SPD-Wirtschaftsminister *Karl Schiller* (1911 bis 1994) propagierte „**Keynesianische Globalsteuerung**" (vgl. Abschnitt 4.7.2) wurden die Gewerkschaften zunächst stärker in die *gesamtwirtschaftliche Steuerung* integriert. „Äußeres Kennzeichen dieser 'kooperativen' Politik war der, wenn auch nicht begeisterte, sondern eher abwartende Eintritt in die von *Schiller* konzipierte '**Konzertierte Aktion**', die als ‚Clearing House' die ökonomischen Interessen von *Staat, Unternehmerverbänden* und *Gewerkschaften* abstimmen sollte."[291] Nach *Gerhard Lembruch* hat die „Konzertierte Aktion" aber nur in der *Rezessionsphase 1966/67* solange funktioniert, „als die These vom Zusammenhang zwischen Beschäftigungsniveau, Investitionen und Gewinnen einigermaßen unbestritten blieb. Je deutlicher aber im Gefolge des Konjunktureinbruchs seit 1974/75 Phänomene einer strukturellen, noch dazu sektoral differenzierten Wachstumskrise, mit *struktureller Arbeitslosigkeit* auf Teilarbeitsmärkten sichtbar wurden, je stärker in diesem Zusammenhang die Unternehmen zu arbeitsplatzsparenden Investitionen und zu Rationalisierung durch Intensivierung der

---

288   Schönhoven, K., Geschichte der deutschen Gewerkschaften: Phasen und Probleme, a.a.O., S. 53.

289   Esser, J., Funktion und Funktionswandel der Gewerkschaften in Deutschland, in: Schroeder, W., Wessels, B., (Hrsg.), Die Gewerkschaften in Politik und Gesellschaft der Bundesrepublik Deutschland, a.a.O., S. 77.

290   Im letzten *Grundsatzprogramm von 1996* eskalierten noch einmal die unterschiedlichen politisch-wirtschaftlichen Positionen um die grundsätzliche Haltung zur marktwirtschaftlich-kapitalistischen Ordnung. Der Kongress in Dresden einigte sich schließlich auf eine Kompromissformel der Antragskommission, in der nicht mehr von einer *„Sozialen Marktwirtschaft"*, sondern nur noch von *„Sozial regulierter Marktwirtschaft"* gesprochen wird, die keineswegs stabil und für alle Zeiten gesichert sei. Das herrschende Wirtschaftssystem habe weder die *Massenarbeitslosigkeit* beseitigt noch *soziale Gerechtigkeit* hergestellt.

291   Alemann, U. v., Heinze, R. G., Verbändepolitik und Verbändeforschung in der Bundesrepublik, in: dieselben, Verbände und Staat, a.a.O., S. 28.

Arbeit ihre Zuflucht nahmen, um so mehr wurde dem Versuch einer Koordinierung der Großorganisationen durch aufklärende Informationen der Boden entzogen, nämlich der Glaube an eine sich letztlich immer wieder herstellende Interessenkonvergenz."[292]

Neben der Unverbindlichkeit der Gesprächsrunden und der viel zu großen Teilnehmerzahl, war das Ende der „Konzertierten Aktion" insbesondere im Reduktionismus auf eine weitgehende **Disziplinierung gewerkschaftlicher Lohnforderungen** angelegt. „Bestrebungen der Gewerkschaften, den Themenbereich, der in der 'Konzertierten Aktion' behandelt werden sollte, auf weitere Bereiche der **Wirtschaftspolitik** auszudehnen, sind am Widerstand der Unternehmerseite gescheitert und fanden auch nicht die Unterstützung des die Regierung vertretenden Wirtschaftsministers. Probleme, die die *unternehmerische Entscheidungsfreiheit* hätten tangieren können, blieben daher ausgeschlossen – insbesondere also Fragen der *industriellen Strukturpolitik*. Auch das Instrumentarium einer *aktiven Arbeitsmarktpolitik* wurde nicht so entwickelt, daß die Gewerkschaften eine im Verhältnis zur Einkommenspolitik ins Gewicht fallenden Einfluß auf ihre konkrete Ausformung hätten nehmen können. Da aber die Einkommenspolitik sich in der 'Konzertierten Aktion' faktisch weitgehend auf die *Kontrolle der Lohnpolitik* beschränkte, *Preise* und erst recht *Gewinne* dagegen effektiv aussparte, lag es für die Gewerkschaften ständig nahe, hierin eine strukturelle Asymmetrie zu sehen, die allenfalls auf Grund der Hypothese des Zusammenhangs zwischen Lohnkosten, Investitionen und Beschäftigungsniveau zu rechtfertigen war."[293] So war dann auch die Verweigerung bzw. die Unternehmerklage gegen das *Mitbestimmungsgesetz von 1976* nur noch der äußere Anlaß für den *DGB* sich aus der „Konzertierten Aktion" zu verabschieden.

Im **Verteilungskampf** als Ergebnis des Lohn-Gewinn-Verhältnisses um die gesamtwirtschaftliche Wertschöpfung bzw. um das Volkseinkommen mussten die Gewerkschaften seit Gründung der Bundesrepublik Höhen und Tiefen hinnehmen. In den 1950er Jahren steig die **Lohnquote** zu Lasten der Gewinnquote leicht an. In den 1960er bis Mitte der 1970er Jahre konnte dann vor dem Hintergrund einer **Vollbeschäftigung** ein Anstieg der Lohnquote und damit eine wesentliche Umverteilung zu Gunsten der abhängig Beschäftigten realisiert werden. Dies änderte sich allerdings ab der **Wirtschaftskrise 1974/75**, die mit einem drastischen Anstieg der **Arbeitslosigkeit** verbunden war und die in den 1980er Jahren trotz – gegen große politische Widerstände – durchgesetzter **Arbeitszeitverkürzungen** (das Ziel war die Einführung der **35-Stunden-Woche**) nicht abgebaut werden konnte. Die durch die **Wiedervereinigung** noch stark gestiegenen Arbeitslosenzahlen (zählt man die verdeckte Arbeitslosigkeit und STILLE Reserve hinzu, so fehlen seit Anfang der 1990er Jahre in Deutschland ca. 6 bis 7 Millionen Arbeitsplätze) hat die *Gewerkschaften* in ihrer Durchsetzungsfähigkeit an der „Tariffront" weiter geschwächt. Der Druck der arbeitslosen „Reservearmee" hat zu einer immer größer werdenden **Angst** der Belegschaften um ihre Arbeitsplätze geführt. Die Arbeitslosigkeit (vgl. zur Entwicklung seit 1950 die Tab. 1 im Kap. 2.3) hat ebenfalls bei allen Einzelgewerkschaften zu starken *Mitgliederverlusten* beigetragen. Wie dringend die Bekämpfung der Massenarbeitslosigkeit geworden ist, belegen ein paar empirische Daten. Bereits mit der Gründung der Bundesrepublik startete die Arbeitslosigkeit 1950 auf einem hohen Niveau von fast 1,6 Millionen und erreichte im Jahr 1965 mit 147.000 registrierten Arbeitslosen ihr Minimum. Danach stieg die Arbeitslosigkeit in zwei großen Schüben. Zunächst mit der *Wirtschaftskrise 1974/75* auf ein Niveau von einer Million und mit der *Krise*

---

[292]   Lehmbruch, G., Wandlungen der Interessenpolitik im liberalen Korporatismus, in: Alemann, U. v., Heinze, R.G., Verbände und Staat, Opladen 1979, S. 57f.

[293]   Ebenda, S. 66.

1982/83 auf ein Niveau von zwei Millionen, dass dann gegen Ende der 1980er Jahre mit 1,89 Millionen Arbeitslosen in der alten Bundesrepublik wieder leicht unterschritten wurde. Seit der **Wiedervereinigung** 1991 hat es einen neuen Schub an zusätzlicher Arbeitslosigkeit in den neuen Bundesländern aber einen noch *stärkeren Anstieg* in den *alten Bundesländern* gegeben. Dennoch sind die statistisch insgesamt unterzeichneten **Arbeitslosenquoten** AQ[294] in Ostdeutschland fast doppelt so hoch wie in Westdeutschland (vgl. Tab. 6).

Tab. 6: Entwicklung der registrierten Arbeitslosigkeit seit der Wiedervereinigung - Jahresdurchschnittswerte in Tsd.-

Jahr	Westdeutschland			Ostdeutschland*			Deutschland		
	Index		AQ	Index		AQ	Index		AQ
1991	1.596	100	6,2	1.006	100	10,2	2.602	100	7,3
1995	2.427	152	9,1	1.184	118	14,8	3.612	139	10,4
2000	2.380	149	8,4	1.508	150	18,5	3.889	149	10,7
2001	2.319	145	8,0	1.531	152	18,8	3.852	148	10,3
2002	2.498	157	8,5	1.562	155	19,2	4.060	156	10,8
2003	2.753	172	9,3	1.624	161	20,1	4.376	168	11,6
2004	2.781	174	9,4	1.600	159	20,1	4.381	168	11,7
2005	3.246	203	11,0	1.617	161	20,6	4.863	187	13,0
2006	3.007	188	10,2	1.480	147	19,2	4.497	173	12,0

* Inkl. Berlin, Quelle: Statistisches Bundesamt, eigene Berechnungen.

Auf Grund der seit der Wirtschaftskrise 1974/75 bestehenden **Massenarbeitslosigkeit** wurden die Gewerkschaften immer mehr zur Öffnung der **Flächentarifverträge**, zu direkten Lohnsenkungen, Arbeitszeitverlängerungen ohne Lohnausgleich und zu Arbeitsflexibilisierungskonzepten gezwungen. Hinzu kam auf politischer Seite ein Programm des **staatlichen Sozialabbaus**.[295] Die Gewerkschaften gerieten vor dem Hintergrund der krisenhaften Entwicklung und nur schwacher Wachstumsraten der Wirtschaft immer mehr unter Druck. In den 1980er und 1990er Jahren konnten sie eine massive **Umverteilung** von den Lohn- und Gehaltseinkommen zu den Gewinneinkommen nicht verhindern. Die *Lohnquote* ging beständig zurück. Ende der 1990er Jahre hatte sie wieder das Niveau von Ende der 1950er/Anfang der 1960er Jahre erreicht.[296] Besonders extrem war die Umverteilung seit dem **Börsenabsturz 2001** und dem Zusammenbruch der sogenannten *New Economy*[297] im Jahr 2001 sowie der nachfolgenden fünfjährigen Stagnationsphase bis 2005.[298] Über den gesamten Zeitraum von 1950 bis 2006 legte aber dennoch die **Lohnquote** um 0,4 v.H. jahresdurchschnittlich zu (vgl. Kap. 4.3.2, Tab. 29).

---

[294] Zur *Definition* und *Messproblematik der Arbeitslosigkeit* vergleiche ausführlich Bontrup, H.-J., Zur Erfassungsproblematik der Arbeitslosigkeit, in: Das Wirtschaftsstudium, Heft 1/1998, S. 46 - 49.

[295] Butterwegge, C., Hickel, R., Ptak, R., Sozialstaat und neoliberale Hegemonie. Standortnationalismus als Gefahr für die Demokratie, Berlin 1998.

[296] Vgl. Welzmüller, R., Differenzierung und Polarisierung, Einkommensentwicklung in den 80er Jahren, in: Blätter für deutsche und Internationale Politik, Heft 12/1990, S. 1.479ff.

[297] Vgl. dazu das Schwerpunktheft der Zeitschrift für kritische Sozialwissenschaft (Prokla), New Economy – neuer Kapitalismus?, Heft 122/2001, Hickel, R., Die Risikospirale – was bleibt von der New Economy?, Frankfurt a. M. 2001.

[298] Vgl. Bontrup, H.-J., „Wer mehr Arbeit will, muss anders verteilen", in: Werden. Jahrbuch für die Gewerkschaften, Berlin 2007, S. 55 - 60.

Weitgehend selbstverschuldet gerieten die Gewerkschaften mit ihrer Dachorganisation (DGB) durch die betriebswirtschaftlichen Schwierigkeiten der **gemeinwirtschaftlichen Unternehmen** (*Neue Heimat* und *Co op*) in den 1980er Jahren in große Schwierigkeiten. „Der DGB versuchte 1986, die hoch verschuldete Neue Heimat zu veräußern und aus ähnlichen Gründen verkaufte die BGAG (Beteiligungsgesellschaft für Gemeinwirtschaft) im Jahr zuvor ihre Anteile an der Co op Gruppe. Beide Strategien scheiterten jedoch. Im Fall der Neuen Heimat an dem Widerstand der Gläubiger, die den DGB nicht nur zwangen, die Veräußerung zu revidieren, sondern auch Teile der Bank für Gemeinwirtschaft (BfG) zu veräußern, um genügend Liquidität für die Abwicklung der Neuen Heimat vorhalten zu können. Im Fall der Co op Gruppe stellte sich heraus, dass sich der Käufer als Verband der Konsumgenossenschaften selbst im Eigentum der Co op befand. Der Eigenerwerb der Anteile der BGAG durch die Co op Gruppe wurde anschließend zum Gegenstand des **Co op Prozesses**, eins der größten Wirtschaftsstrafverfahren der Nachkriegsgeschichte Deutschlands."[299]

Ab Beginn der 1990er Jahre wurden die Gewerkschaften durch eine politisch gewollte und neoliberal betriebene **Globalisierung** und **Liberalisierung** der Märkte und eine damit verbundene „**Standortdebatte Deutschland**" geschwächt, die schwerpunktmäßig von *neoliberalen Ökonomen*, der rechtsliberalen Regierungskoalition aus *CDU/CSU* und *FDP* sowie aus den *Arbeitgeberverbänden* mit massiver *medialer* Unterstützung[300] auf angeblich zu **hohe Lohn-** und **Lohnnebenkosten** fokussiert wurde (vgl. dazu ausführlich Abschnitte 3.7.3 und 4.2.3). Man müsse sich den Wettbewerbsbedingungen der international geöffneten Märkte anpassen und die Arbeitskosten senken. Und dies bei verlängerten Arbeitszeiten. Hinzu kam der **Europäisierungsprozess** mit einer *Wirtschafts- und Währungsunion* sowie der **Zusammenbruch der Sowjetunion** und der daraus entstehenden Öffnung bisher weitgehend für das westliche Kapital abgeschotteter Ostmärkte. Durch den Zusammenbruch der Sowjetunion muss überdies das Kapital nicht mehr zeigen, dass der Kapitalismus auch „*sozial*" sein kann. Zu erwähnen sich auch **technische Neuerungsprozesse** im Bereich der Informationstechnologien, die zu einem erhöhten **Rationalisierungsdruck** in allen Wirtschaftssektoren, auch im Dienstleistungssektor, geführt haben. Überlagert durch kapitalistisch allgemein strukturelle und konjunkturelle Krisen, einhergehend mit leeren Staatskassen bzw. einer zunehmenden **Staatsverschuldung**, die immer mehr zum **Abbau des Sozialstaats** instrumentalisiert wurde und wird (vgl. dazu ausführlich Abschnitt 4.9), gerieten die Gewerkschaften seit Mitte der 1990er Jahre fast in eine gesellschaftliche Legitimationskrise. Der Soziologe und Philosoph *Oskar Negt* stellt nicht nur rhetorisch die Frage: „Wozu noch Gewerkschaften?"[301]

Durch die von 1998 bis 2005 regierende rot-grüne Koalition aus *SPD/Bündnis 90/DieGrünen* und die von der Koalition umgesetzte **Agenda 2010**[302] – die auf der politischen Ebene 2007 zur **Gründung einer Linkspartei** geführt hat und ökonomisch zu einem weiteren massiven Ausbau des *Niedriglohnsektors* und zu damit immer mehr bestehenden prekären Beschäftigungs-

---

[299]   Hassel, A., Organisation: Struktur und Entwicklung, in: Die Gewerkschaften in Politik und Gesellschaft der Bundesrepublik Deutschland, a.a.O., S. 117.

[300]   Vgl. Müller, A., Strategien im Umgang mit der neoliberalen Vorherrschaft, in: Werden. Jahrbuch für die Gewerkschaften, a.a.O., S. 81 - 86.

[301]   Vgl. Negt. O., Wozu noch Gewerkschaften?, Eine Streitschrift. Göttingen 2004. Vgl. auch: Hensche, D., Wozu noch Gewerkschaften?, in: Blätter für deutsche und internationale Politik, Heft 8/2003, S. 903 – 906, Müller-Jentsch, W., Kapitalismus ohne Gewerkschaften?, in: Blätter für deutsche und internationale Politik, Heft 10/2006, S. 1.234 - 1.243.

[302]   *Agenda 2010*, Regierungserklärung von Bundeskanzler Schröder am 14. März 2003, in: Blätter für deutsche und internationale Politik, Heft 5/2003, S. 616 - 624.

verhältnissen (vgl. Abschnitt 3.4.5),[303] bei einer gleichzeitig eingetretenen *Verbetrieblichung* der Arbeitsbeziehungen (vgl. Kap. 3.6.4) – kam es sogar zu einem Bruch des traditionell bestehenden engen Verhältnisses zwischen der *SPD* und den *Gewerkschaften*.[304] Die rot-grüne Regierung unterzog die abhängig Beschäftigten einem **„sozialpolitischen Rollback"** mit „merkantilistischen Zügen" (vgl. Abschnitt 2.3.1). Der seit fast 50 Jahre gültige **soziale Konsens** zwischen Wirtschaft, Politik und Gewerkschaften scheint demnach aufgekündigt zu sein.[305]

Tab. 7:   Gewerkschaftliche Mitgliederentwicklung und Organisationsgrad- in 1.000, Organisationsgrad in v.H. der abhängig Beschäftigten plus Arbeitslosen -

Jahr	DGB	DAG	DBB	CGB	Gesamt
1951	5.912	344	234	erst 1959	6.490
	40,6 %	2,4 %	1,6 %	gegründet	44,6 %
1960	6.379	450	650	k.a.	7.479
	31,1 %	2,2 %	3,2 %		36,5 %
1970	6.713	461	720	191	8.085
	30,2 %	2,1 %	3,2 %	0,9 %	36,4 %
1980	7.883	495	821	297	9.496
	31,8 %	2,0 %	3,3 %	1,2 %	38,3 %
1990	7.938	573	799	309	9.619
	29,0 %	2,1 %	2,9 %	1,1 %	35,1 %
1991*	11.800	585	1.053	311	13.749
	33,0 %	1,6 %	2,9 %	0,9 %	38,4 %
1995	9.355	507	1.079	304	11.245
	26,9 %	1,5 %	3,1 %	0,9 %	32,4 %
2000	7.773	450	1.205	305	9.733
	20,1 %	1,2 %	3,1 %	0,8 %	25,2 %
2006	6.586	-**	1.276	286	8.148
	16,8 %		3,2 %	0,7 %	20,8 %

* Ab 1991 Gesamtdeutschland, ** DAG in Ver.di aufgegangen. Quelle: Statistisches Jahrbuch für die Bundesrepublik Deutschland, diverse Jahrgänge, eigene Berechnungen.

Als bedrohend für die Gewerkschaften wird auch die rückläufige Mitgliederstärke und -entwicklung anhand des **Organisationsgrades** angeführt.[306] Bezogen auf alle abhängigen Erwerbspersonen (abhängig Erwerbstätige plus Arbeitslose) ist der Brutto-Organisationsgrad[307] über alle Gewerkschaften seit 1951 bis 1990 in den Grenzen der alten Bundesrepublik

---

[303]   Vgl. dazu ausführlich: Arbeitsgruppe Alternative Wirtschaftspolitik, Memorandum 2006, Nach dem Hartz-Desaster – Arbeitsmarktpolitischer Neuanfang, Köln 2006, S. 214 - 229.

[304]   Vgl. Langkau, J., Matthöfer, H., Schneider, M., (Hrsg.), SPD und Gewerkschaften, Bd. 1, Zur Geschichte eines Bündnisses, Bd. 2, Ein notwendiges Bündnis, Bonn 1994.

[305]   Zur *wirtschaftspolitischen Paradigmen-Entwicklung* der letzten 50 Jahre vgl. ausführlich Hickel, R., Vom Rheinischen zum Turbo-Kapitalismus. 50 Jahre ökonomische Aufklärung, in: Blätter für deutsche und internationale Politik, Heft 12/2006, S. 1.461 - 1.479.

[306]   Vgl. Ebbinghaus, B. Die Mitgliederentwicklung deutscher Gewerkschaften im historischen und internationalen Vergleich, in: Schroeder, W., Wessels, B., (Hrsg.), Die Gewerkschaften in Politik und Gesellschaft der Bundesrepublik Deutschland, a.a.O., S. 174 - 203.

[307]   Zu den unterschiedlichen *Definitionen der gewerkschaftlichen Organisationsgrade* vergleiche ausführlich: Schroeder, W., Wessels, B., (Hrsg.), Die Gewerkschaften in Politik und Gesellschaft der Bundesrepublik Deutschland, a.a.O, S. 645 - 649.

von 44,6 v.H. auf 35,1 v.H. zurückgegangen. Mit der Wiedervereinigung stieg zwar kurzfristig der Organisationsgrad bis auf 38,4 v.H. an. Seit 1991 ist er aber wieder stark rückläufig. 2006 betrug er bezogen auf die 8 Einzelgewerkschaften innerhalb des DGB nur noch 16,8 v.H. und inkl. des Beamtenbundes (DBB) und des Christlichen Gewerkschaftsbundes Deutschlands (CGB) lag der Organisationsgrad noch bei 20,8 v.H. (vgl. Tab. 7). Im **internationalen Vergleich** liegt der Organisationsgrad etwa im Mittelfeld. Die höchsten Organisationsgrade mit ca. 80 v.H. erreichen die skandinavischen Länder *Schweden* und *Finnland*. Schlusslicht ist mittlerweile mit rund 10 v.H. *Frankreich*. Die *USA* kommen auf 15 v.H. und *Japan* liegt bei ca. 24 v.H.

3.6.2   Gewerkschaften sind nicht überflüssig

Frohlockende Kommentare von konservativ-liberalen Politikern, neoliberalen Ökonomen und Arbeitgebern sowie gleichgesinnten Medien, die sich über den **Substanzverzehr der Gewerkschaften** geradezu freuen, und die sich die Gewerkschaften ohnehin auf den „Kehrrichthaufen der Geschichte" wünschen, sind nicht nur gesellschaftspolitisch verantwortungslos, sondern entbehren, wie bisher aufgezeigt, auch jeglicher ökonomischer Vernunft. „Solange Kapital- und Marktlogik die Realitätsdefinitionen dieser Gesellschaft vorgeben, haben Gewerkschaften gleichsam den historischen Auftrag, die Lebensinteressen jener Menschen kollektiv zu vertreten, die als vereinzelte und in isolierter Konkurrenz kämpfende Individuen nicht fähig sind, aus eigener Kraft (ohne solidarische Hilfe anderer) würdige Lebensbedingungen herzustellen."[308] Gewerkschaften haben gerade heute vor dem Hintergrund einer forcierten von der „Politik gemachten" (*Karl Georg Zinn*) **Globalisierung** und **Liberalisierung**, die zu einer fast blinden *Markt-* und *Wettbewerbsgläubigkeit*[309] und zu einer „betriebswirtschaftlichen Kontaminierung der Gesellschaft" (*Oskar Negt*) geführt haben, ihre **Schutz-** und **Gestaltungsfunktion** besonders wahrzunehmen. Damit es nicht zu einer noch größeren Übermacht des Kapitals, der Unternehmer, in den betrieblichen Prozessen und auch in der Tarifpolitik kommt, sind starke Gewerkschaften notwendig. Die dramatisch zugenommene **Unterminierung der Arbeitskräfte** in den Arbeitsbedingungen und Arbeitsentgelten durch eine ausschließlich marktdeterminierte „Entgrenzung von Unternehmen und Arbeit" muss politisch gestoppt werden. Das ökonomisch grundsätzlich bestehende *Machtungleichgewicht* an den Arbeitsmärkten (vgl. Kap. 3.4.1) ist mittlerweile zu Gunsten der Arbeitgeber so weit ausgeprägt, dass man von einer marktwirtschaftlichen Pervertierung der Verhältnisse sprechen muss. **Gewerkschaften** wurden gegründet, „um die Risiken abzufedern, die aus dem **Warencharakter von Arbeit** für ihren Besitzer, den konkreten Menschen, entstehen. Dies gilt für die Bedingungen des Verkaufs, den Preis, den es zu erzielen gilt, um das Einkommen um damit die materielle Existenz zu sichern, und genauso auch für die Bedingungen der Nutzung von Arbeitskraft im Arbeitsprozess, um zu verhindern, dass lebendige Arbeit durch *maßlosen Gebrauch* geschädigt oder gar zerstört wird. Gewerkschaften haben zusammen mit anderen Teilen der Arbeiterbewegung also dazu beigetragen, dass Arbeitskraft ‚**dekommodifiziert**' wird, d.h. dass sie eben nicht wie eine *einfache Ware* behandelt wird, sondern besonderen Schutz erhält. Dieser Schutz wurde und wird – und das macht

---

[308]   Negt, O., Wozu noch Gewerkschaften?, a.a.O., S. 146f.

[309]   Vgl. Bontrup, H.-J., Wettbewerb und Markt sind zu wenig, in: Aus Politik und Zeitgeschichte, Heft 13/2007, Beilage zur Wochenzeitung: Das Parlament, S. 25 - 31.

die Gewerkschaften aus – in solidarischen Formen erkämpft. Das ist die **Kernkompetenz der Gewerkschaften** – und nichts anderes."[310]

Gewerkschaften sind aber auch Institutionen im Kontext der **Institutionenökonomik**.[311] Sie stellen **Kollektiv-** oder **öffentliche Güter** bereit. Hier gelten in Abgrenzung zu privaten Gütern zwei entscheidende Gütereigenschaften: Erstens das *Nicht-Ausschlussprinzip*, d.h. niemand kann wie bei privaten Gütern aufgrund des Privateigentums von ihrem Konsum ausgeschlossen werden und zweitens die *Eigenschaft der Nicht-Rivalität*, d.h., dass ein Individuum sie nutzen kann, ohne dass dieser Konsum das Nutzenniveau anderer Individuen reduzieren würde. Man stelle sich beispielsweise einen Deich vor, der alle hinter dem Deich befindlichen Bürger vor den Fluten des Meeres schützt, ganz egal, ob sie sich an den Kosten des Deichbaus beteiligt haben oder nicht. Die Nicht-Rivalität zeigt sich darin, dass sich das Schutzniveau für den Deich-Erbauer A nicht reduziert, obwohl auch der Nichtdeich-Erbauer B durch den Deich geschützt wird. Das strukturelle Problem bei der Produktion von Kollektivgütern kann dabei mit Hilfe des „**Gefangenendilemmas**" verdeutlicht werden (vgl. die folgende Abb. 3.15). Hierbei wird davon ausgegangen, dass alle Akteure über dieselben Handlungsoptionen, hier „*Kooperieren*" und „*Nicht-Kooperieren*", verfügen und ein *Individuum* als Zeilenwähler in der Matrix alle anderen Akteure als Spaltenwähler gegenüber steht. Der größte Nutzen für alle wird aber nur dann erreicht, wenn es zur Produktion des *Kollektivgutes*, hier einem Deichbau, kommt, also ein Gleichgewicht K-K (Kooperation) entsteht. Kooperieren bedeutet aber, sich an der Bereitstellung eines Kollektivgutes *freiwillig* zu beteiligen, während Nicht-Kooperieren für eine Nichtbeteiligung steht. Das Individuum hofft natürlich, dass sich alle anderen am Deichbau beteiligen (also kooperieren). Dann wäre nämlich seine (*individuelle*) Kooperation am Deichbau gar nicht mehr erforderlich und das Individuum könnte den Schutz des erbauten Deiches nutzen, ohne sich an den *Kosten* beteiligt zu haben. Das Problem bei dieser Option ist nur, dass alle anderen Akteure (potenziell Beteiligte) genauso denken und denselben Handlungsanreizen unterliegen, wie das Individuum. Es ist also damit zu rechnen, dass es zu einer Nicht-Kooperation und damit auf Basis einer freiwilligen Beteiligung zu *keinem Deichbau* kommt. Es entstünde die Gleichgewichtssituation NK-KN, also *zweimal* Nicht-Kooperation. Gleichwohl würden sich alle Bewohner (Akteure) besser stehen, wenn der Deich tatsächlich gebaut würde, es zur Kooperation und damit zum Gleichgewicht K-K käme.

		Kooperieren (K)	Nicht-Kooperieren (NK)
	Kooperieren (K)	KK	K KN
Individuum	Nicht-Kooperieren (NK)	NK K	NK KN

Abb. 3.15: Gefangenendilemma als N-Personen-Spiel

[310] Sauer, D., Die neue Unmittelbarkeit des Marktes. Arbeitspolitik im Dilemma, in: Gewerkschaftliche Monatshefte, Heft 5/2003, S. 258.

[311] Voigt, S., Institutionenökonomik, München 2002.

Zur Lösung des Problems wird im Sinne einer nutzenstiftenden Kooperation, hier der Bereitstellung des Kollektivgutes Deichbau, der **Staat (Politik)** ins Spiel gebracht, der in der Lage ist, *Kollektivgüter* bereitzustellen, weil er die Kompetenz hat, alle Bürger durch **Zwang** (Steuern) an der Finanzierung zu beteiligen. Geht man nun davon aus, dass auch **Gewerkschaften** ein Kollektivgut in Form von höheren Löhnen und verbesserten Arbeitsbedingungen für die Ware Arbeitkraft bereitstellen, das man auch „konsumieren" kann ohne ein *beitragszahlendes Gewerkschaftsmitglied* zu sein, so entsteht das „**Trittbrettfahrerproblem**". Alle Nicht-Mitglieder einer Gewerkschaft kommen auf Grund des Nicht-Ausschlussprinzips und der Nicht-Rivalität trotzdem in den Genuss der von den Gewerkschaften kollektiv durchgesetzten (erkämpften) Tariflohnerhöhungen, Arbeitszeitverkürzungen oder sonstiger verbesserter Arbeitsbedingungen.[312] Verhalten sich allerdings immer mehr abhängig Beschäftigte als „Trittbrettfahrer", treten also aus den Gewerkschaften aus oder erst gar nicht ein, so werden diese in den Auseinandersetzungen mit dem Kapital geschwächt und der realisierte Nutzen für *alle* Arbeitnehmer wird entsprechend geringer ausfallen oder sich sogar überhaupt nicht einstellen („Gefangenendilemma"). Trotzdem werden Arbeitnehmer, die eine Verschlechterung des bereitgestellten Kollektivgüterbündels beobachten, nur dann etwas dagegen unternehmen, wenn sie in der Lage sind, das **Problem des kollektiven Handelns** zu überwinden.

Hierbei gibt es aber nur drei **Optionen**. Die *erste* Option ist eine **symmetrische Organisierung**. Sie ist aber nur bei einer geringen Zahl potentieller Beteiligter möglich. Es ist unmittelbar einsichtig, dass der Deichbau leichter im kollektiv abstimmbar ist, wenn nur ein paar Beteiligte als Beitragende in Frage kommen, als wenn es Hunderte, Tausende oder noch mehr sind. Wenn sich einer von wenigen sperrt, können ihn die anderen viel leichter *sanktionieren*, als wenn beispielsweise tausend Nichtzahler von zehntausend Zahlenden sanktioniert werden müssten. Letzteres gilt für das gewerkschaftliche kollektive Handeln auch. Die Zahl der Beteiligten ist zu groß, als dass es hier zu einer Lösung des Problems kommen könnte. Es besteht eine **asymmetrische Organisierbarkeit** von Interessen. Arbeitgeber, der Zahl nach weniger, haben deshalb eindeutig Vorteile gegenüber der Masse von abhängig Beschäftigten und ihren Gewerkschaften in den Verhandlungen. Dies gilt insbesondere vor dem Hintergrund von *Massenarbeitslosigkeit*, die die Verhandlungsmacht schwächt. Kommt es zusätzlich noch zu einer **Entsolidarisierung** in den eigenen Reihen, so ist für die Gewerkschaften kein positives Verhandlungsergebnis – trotz eines *Streiks* – zu erzielen.

Die *zweite Option* zur Überwindung des Problems eines kollektiven Handelns besteht darin, neben dem kollektiven (öffentlichen) Gut gleichzeitig noch ein **privates Gut** mit **Ausschlussprinzip** anzubieten, in dessen Genuss man aber nur kommt, wenn man sich an der Bereitstellung des Kollektivgutes beteiligt. Dies ist zunächst einmal das von Gewerkschaften gezahlte *Streikgeld*. Außerdem versuchen Gewerkschaften durch ein Angebot *privater Güter* wie Versicherungs-, Beratungs- und sonstiger Individualleistungen, deren Nutzung ausschließlich den Mitgliedern vorbehalten ist, den Eintritt in die Gewerkschaften oder den Verbleib attraktiv zu machen und um damit eine Bereitschaft zu wecken, sind an den **Kosten** des Kollektivgutes „Gewerkschaften" zu beteiligen. Nichtmitglieder werden zwar von den „privaten Anreizgütern" ausgeschlossen, „jedoch stehen diese in keinem rationalen

---

[312] Würden die *Arbeitgeber* das kollektive Gut den *Nicht-Gewerkschaftsmitgliedern* verweigern, so käme es in den Unternehmen hochwahrscheinlich zu einhundertprozentigen gewerkschaftlichen Organisationsgraden, woran die Arbeitgeber natürlich kein Interesse haben. Außerdem ist eine Verweigerung des von den Gewerkschaften erkämpften kollektiven Gutes aus *personalwirtschaftlicher* (motivationaler) Sicht nicht umsetzbar.

Verhältnis zu den **Mitgliedsbeiträgen** von üblicherweise 1 v.H. der Bruttoentlohnung. Die Lösung des Grundproblems der *Kooperationssicherung* kann von solchen Anreizen nicht erwartet werden."[313] Außerdem kommt noch Folgendes hinzu: Durch die allgemeine wirtschaftliche Entwicklung werden die Arbeitnehmer in den Unternehmen zunehmend **segmentiert** und **entsolidarisiert**. Die Arbeit wurde immer mehr **individualisiert**. Eine gewerkschaftliche solidarische Interessenvertretung wird dadurch schwerer. Die Beschäftigten fühlen sich nicht mehr adäquat vertreten, so dass es letztlich zu *Gewerkschaftsaustritten* kommt, zumal wenn in den **Tarifverhandlungen** keine *realen Einkommenssteigerungen* oder *Arbeitszeitverkürzungen* mehr durchgesetzt werden. Diese sowohl ökonomisch (Verlust an Binnennachfrage) als auch gesellschaftspolitisch (Gefahr einer Radikalisierung) gefährliche Entwicklung ist aber nur dann zum Stoppen zu bringen, wenn der „Faktor" Arbeit über eine ausreichende **Gegenmacht** zum Kapital verfügt. Nur dann ist die alte gewerkschaftliche Forderung nach einer „Demokratisierung unternehmerischer Verhältnisse" auch umzusetzen. Dazu bedarf es u.a. mehr **Mitbestimmung** und nicht, wie vom *Arbeitgeberlager* gefordert, weniger betriebliche und unternehmerische Partizipation sowie ein Festhalten am System des Flächentarifvertrages. Um aber diese beiden arbeitszentrierten Postulate zukünftig vor dem Hintergrund der oben beschriebenen Probleme des Arbeitsmarktes, und im Hinblick einer Überwindung des Problems eines kollektiven Handelns, auch umzusetzen, wird eine **Pflichtmitgliedschaft** der abhängig Beschäftigten in den Gewerkschaften als mögliche *dritte Option* diskutiert. Unter der Kuratel einer Pflichtmitgliedschaft können Arbeitnehmer dann nur noch ein **Arbeitsverhältnis** mit einem Unternehmen konstituieren, wenn sie **Mitglied einer Gewerkschaft** sind. Es kommt zu einem „*closed shop*". Hierdurch würde der Bestand, die Existenz, der Institution Gewerkschaft als dringend notwendige gesellschaftliche *Gegenmacht zum Kapital* langfristig gesichert.[314] Ebenso müsste auf der Arbeitgeberseite eine *Pflichtmitgliedschaft im Arbeitgeberverband* vorgeschrieben werden, um eine Unterminierung der verfassungsrechtlich garantierten **Tarifautonomie** (vgl. Abschnitt 3.6.4) durch Verbandsaustritt zu verhindern. Eine Pflichtmitgliedschaft setzt allerdings einen politischen gesetzgeberischen Akt voraus. Dazu müßte Artikel 9 des Grundgesetzes, der die **Vereinigungs-** und **Koalitionsfreiheit** regelt, geändert werden. Bürger dürfen heute nicht gezwungen werden, wirtschaftlichen Vereinigungen beitreten zu müssen. Ferner ist es nicht erlaubt, Bürger aufgrund ihrer Mitgliedschaft oder Nichtmitgliedschaft zu diskriminieren. Wenn allerdings auf Arbeitgeberseite solche Pflichtmitgliedschaften erlaubt sind – siehe *Industrie- und Handelskammern* als auch *Handwerkskammern*[315] –, wieso sollte dies dann bei den Gewerkschaften nicht möglich sein bzw. mit Artikel 9 GG nicht in Einklang gebracht werden können?

---

[313] Pyhel, J., Warum ist man Gewerkschaftsmitglied? – Determinanten der Mitgliedschaftsneigung, in: WSI-Mitteilungen, Heft 6/2006, S. 341.

[314] Es geht nicht mehr um „*Zukunftsdebatten*", um „*Modernisierung*", um „*Gewerkschaften als lernende Organisationen*", wo hinter letztlich nur eine mehr oder weniger große Adaption an *neoliberale Verhältnisse* steht, sondern es geht bei den Gewerkschaften ums Ganze: nämlich ums *Überleben*.

[315] Diesbezüglich hat noch einmal das *Bundesverfassungsgericht* eine Rechtsbeschwerde gegen eine solche Zwangsmitgliedschaft in den Kammern zurückgewiesen. Diese Mitgliedschaft verstößt weder gegen Artikel 9 GG noch gegen Artikel 12 Abs. 1 GG. Vgl. BVerfG 1 BvR 541/57 sowie BverfG 1 BvR 1806/98.

3.6.3   Rechtliche Aspekte von Tarifverträgen

Lohnverhandlungen sind in Deutschland in ein vielfältiges Rechtssystem eingebunden. So unterliegt das **Arbeitsentgelt** im Rahmen eines zwischen Arbeitgeber und Arbeitnehmer abgeschlossenen **Arbeitsvertrages** (überwiegend geregelt in den §§ 611 bis 630 BGB) einer Reihe von gesetzlichen Bestimmungen.[316] Hierbei gilt z.B. im *Bürgerlichen Gesetzbuch* (BGB) gemäß § 611, dass eine vereinbarte Vergütung zu zahlen ist und sollte diese Vergütung nicht bestimmt sein, so regelt § 612 Absatz 2 BGB, dass die übliche Vergütung für eine erbrachte Arbeitsleistung als vereinbart gilt. Im *Handelsgesetzbuch* (HGB) regelt § 59, dass Handlungsgehilfen die dem jeweiligen Ortsgebrauch entsprechende Vergütung verlangen können und im § 10 Absatz 2 *Berufsbildungsgesetz* wird vorgeschrieben, dass Auszubildende von ihrem Arbeitgeber eine angemessene Vergütung erhalten müssen. Auch für eine nicht erbrachte Arbeitsleistung sieht der Gesetzgeber im Rahmen eines *Entgeltfortzahlungsgesetzes* bestimmte Entgeltansprüche des Arbeitnehmers vor.[317]

Im wesentlichen verpflichtet sich der Arbeitnehmer bei Abschluß eines Arbeitsvertrages zur **Arbeits-** und **Treuepflicht**, während der Arbeitgeber dem Arbeitnehmer gegenüber eine **Fürsorge-** und **Entlohnungspflicht** übernimmt. Als übergeordnete Norm gilt dabei das **Grundgesetz**. Da aufgrund von Artikel 3 GG für alle Bürger der Bundesrepublik von einem **Gleichheitspostulat** auszugehen ist, kann hieraus bezüglich des Arbeitsentgelts abgeleitet werden, dass für eine *gleiche Arbeit* auch ein *gleicher Lohn* zu zahlen ist. Gegen dies Grundrecht wird in der wirtschaftlichen Realität allerdings bis heute verstoßen. Insbesondere ist hier die Lohndiskriminierung von Frauen zu nennen.[318]

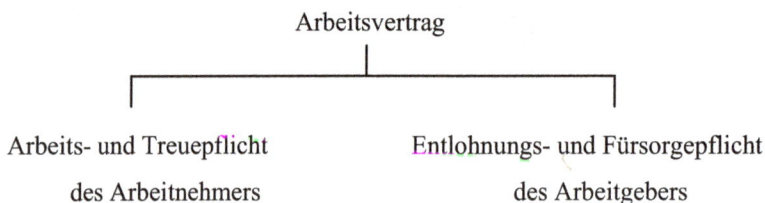

```
                        Arbeitsvertrag
                              |
        _____|_____
       |                                             |

Arbeits- und Treuepflicht           Entlohnungs- und Fürsorgepflicht

    des Arbeitnehmers                    des Arbeitgebers
```

Abb. 3.16:   Zum Wesen des Arbeitsvertrags

Die wichtigste Rechtsregelung für das Arbeitsentgelt stellt allerdings – *neben einzelvertraglichen Entgeltregelungen* – der **kollektive Tarifvertrag** dar. Dieser wurde durch das im April 1949 vom *Wirtschaftsrat* in den deutschen Besatzungszonen verabschiedete und später als Bundesgesetz für alle Länder der Bundesrepublik eingeführte **Tarifvertragsgesetz** (TVG), das lediglich aus 13 Paragraphen besteht, rechtlich determiniert.[319]

---

[316]   Vgl. Oechsler, A. W., Personal und Arbeit, 5. Aufl., München, Wien 1994.

[317]   Zu den 1996 gesetzlich beschlossenen Novellierungswirkungen des *Entgeltfortzahlungsgesetzes* vgl. Bontrup, H.-J., Veränderungen im EFZG - Erhöhung der Wettbewerbsfähigkeit oder Umverteilung? in: Arbeit und Arbeitsrecht (AuA), Heft 12/1996, S. 405ff., vgl. auch Birk, R., Die Lohnfortzahlung im Krankheitsfall im europäischen Vergleich, in: Emmerich, K., Hardes, H.-D., Sadowski, D., Sitznagel, E., (Hrsg.), Einzel- und gesamtwirtschaftliche Aspekte des Lohnes, a.a.O., S. 117 - 129.

[318]   Vgl. Jochmann-Döll, A., Gleicher Lohn für gleichwertige Arbeit, Dissertation, München 1990.

[319]   Zu den *verfassungsrechtlichen Grundlagen* des Tarifvertrages vgl. Kempen, O. E., Zachert, U., Tarifvertragsgesetz, Kommentar für die Praxis, 3. Aufl., Köln 1997, S. 43 - 130.

Unter einem **kollektiv** vereinbarten Tarifvertrag versteht man einen schriftlichen Vertrag, der typischerweise zwischen **Einzelgewerkschaften** und **Arbeitgeberverbänden** bzw. auch einzelnen Arbeitgebern (Unternehmen), dann als sogenannter *Firmentarifvertrag*, vereinbart wird. Aufgrund des hohen Themenspektrums haben sich heute unterschiedliche **Arten von Tarifverträgen** herausgebildet, die nach **Inhalten** differenziert wie folgt zusammengefasst werden können:

- **Lohn- und Gehaltstarifverträge**, in denen die Höhe des Arbeitsentgelts regelmäßig neu festgelegt wird.
- **Lohn- und Gehaltsrahmentarifverträge**. Hier werden grundsätzliche Fragen der Arbeitsbewertung, der Eingruppierung sowie Fragen der Lohn- und Gehaltsdifferenzierung bestimmt.
- **Manteltarifverträge**, enthalten Bestimmungen über die Arbeitsbedingungen. Hier werden Fragen der Arbeitszeit, des Urlaubs, der bezahlten Freistellung, Kündigungsfristen u.a. geregelt.
- **Spezielle Tarifverträge**, die nur einen bestimmten Inhalt regeln, wie z.B. die vermögenswirksamen Leistungen oder Urlaubs- und Rationalisierungsschutzabkommen.

Zur Zeit existieren in Deutschland rund 67.300 gültige Tarifverträge. „Lässt man so genannte Änderungs- und Parallelverträge außer Betracht, bleiben immer noch rund 40.800 *Ursprungstarifverträge*. Davon entfallen 36 v.H. auf *Verbandstarifverträge* und 64 v.H. auf *Firmentarifverträge*. Der weitaus größte Anteil der Beschäftigten wird von den Verbandstarifverträgen erfasst. Lediglich ein kleiner Teil der insgesamt gültigen Tarifverträge ist auf Antrag einer der beiden Tarifvertragsparteien für *allgemeinverbindlich* erklärt worden. Es sind insgesamt 446 Tarifabkommen, die sich auf 15 Wirtschaftsgruppen verteilen. Der größte Teil (182) gilt für die Wirtschaftsgruppe *Baugewerbe*."[320]

Inhalte eines Lohn- und Gehaltsrahmentarifvertrages

Metallindustrie Nordwürttemberg/Nordbaden

§ 1 Geltungsbereich

§ 2 Zielsetzung des Tarifvertrages

§ 3 Qualifizierung der Beschäftigten

§ 4 System der Bewertung

§ 5 Ausgangspunkt der Bewertung

§ 6 Eingruppierungsbestimmungen für Arbeiter

§ 7 Eingruppierungsbestimmungen für Angestellte

§ 8 Paritätische Kommission für Arbeiter und Angestellte

§ 9 Betriebsvereinbarungen für Arbeitsbewertungen und Tarifgruppen

§ 10 Sicherung der Eingruppierung

§ 11 Verdienstsicherung bei Abgruppierung

§ 12 Anrechnungs- und Besitzstandsklauseln

§ 13 Einführungsgrundsätze

§ 14 Außerkrafttreten von Tarifverträgen

§ 15 Inkrafttreten und Kündigung

---

[320] WSI- Tarifhandbuch 2007, S. 85.

Während die **Laufzeit** der Lohn- und Gehaltstarifverträge in der Regel ein Jahr beträgt, liegt die Laufzeit der anderen Vertragstypen bei mehreren Jahren. Dies gilt insbesondere für die Manteltarifverträge. Tarifverträge werden nach **Inhalten** auch nach dem persönlichen, fachlichen und regionalen **Geltungsbereich** differenziert. Im **persönlichen** Geltungsbereich unterscheiden Tarifverträge u.a. Angestellte und Arbeiter, Auszubildende und Teilzeitbeschäftigte. Beim **fachlichen** Geltungsbereich wird zwischen Firmentarifverträgen (Haustarife), Branchentarifverträgen (z.B. für die Eisen- und Stahlindustrie) oder Tarifverträgen für ganze Wirtschaftssektoren (wie die für die gesamte metallverarbeitende Industrie) unterschieden. Nach dem **regionalen** Geltungsbereich lassen sich die Tarifverträge in Bezirks-, Landes- und Bundestarifverträge einteilen.

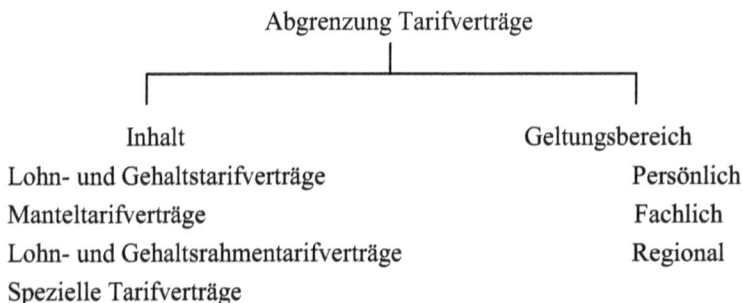

Abgrenzung Tarifverträge

Inhalt	Geltungsbereich
Lohn- und Gehaltstarifverträge	Persönlich
Manteltarifverträge	Fachlich
Lohn- und Gehaltsrahmentarifverträge	Regional
Spezielle Tarifverträge	

Abb. 3.17:   Abgrenzung Tarifverträge

Wichtigster Grundsatz für alle kollektiv vereinbarten Tarifverträge ist dabei nach **§ 77 Abs. 3 Betriebsverfassungsgesetz** deren absolute Priorität vor einzelbetrieblichen Absprachen in Form von Betriebsvereinbarungen.

Tarifvorbehalt gemäß § 77 Abs. 3 BetrVG

„Arbeitsentgelte und sonstige Arbeitsbedingungen, die durch Tarifvertrag geregelt sind oder üblicherweise geregelt werden, können nicht Gegenstand einer Betriebsvereinbarung sein. Dies gilt nicht, wenn ein Tarifvertrag den Abschluß ergänzender Betriebsvereinbarungen ausdrücklich zulässt."

Alle in Tarifverträgen ausgehandelten Ergebnisse stellen **Mindestbedingungen** („*Mindestlöhne und -gehälter*") dar, die nicht unter- wohl aber überschritten werden dürfen. Für alle Arbeitgeber, die dem jeweiligen vertragsschließenden Arbeitgeberverband beigetreten sind, und für alle zu den angeschlossenen Unternehmen zählenden Beschäftigten, die als Gewerkschaftsmitglieder registriert sind, gelten die Tarifverträge als *unmittelbare* und *zwingende* **Rechtsnormen**. Das sich in den Tarifverträgen darstellende Verhandlungsergebnis stellt somit ein betriebliches **Datum** dar und ist der Entscheidungssphäre des Managements entzogen. Liegt allerdings keine **Tarifbindung** vor, weil das Unternehmen keinem Arbeitgeberverband zugehörig ist, so kann das Unternehmen eine freie Gestaltung des Arbeitsentgelts vornehmen. Hier kann auf betrieblicher Ebene mit dem Betriebsrat – wenn denn einer vorhanden ist – ein **Haustarif** ausgehandelt werden. Dies wird der Betriebsrat aber hochwahrscheinlich ohne Unterstützung seiner zugehörigen Gewerkschaft nicht vollziehen, so dass es auch hier zu einer quasi „tariflichen Bindung" kommt. Ist im Unternehmen allerdings *kein Betriebsrat* vorhanden, und damit kein kollektiver Verhandlungspartner, so muss der Unternehmer die Arbeitsentgeltfrage mit jedem einzelnen Beschäftigten **einzelvertraglich** abstimmen, es sei denn, das Unternehmen erklärt sich bereit den in seiner Region und Branche abgeschlossenen Tarifvertrag freiwillig zu übernehmen. Existiert aber ein solcher allgemeiner Tarifvertrag nicht, verbleibt ebenfalls nur die individuelle (einzelvertragliche) Lösungsmöglichkeit der Entgeltfrage im Unternehmen übrig.

Die in der Regel jährlich stattfindenden **Tarifrunden** für die ca. 34,5 Millionen abhängig Beschäftigten in der Privatwirtschaft und im öffentlichen Dienst unterliegen einem bestimmen **Ablauf** und Rhythmus. Einige Wochen vor dem Auslaufen des Tarifvertrages setzt die **innergewerkschaftliche Diskussion** über mögliche Tarifforderungen ein. Hierbei spielen gesamtwirtschaftliche Daten und die ökonomische Entwicklung des jeweiligen Wirtschaftszweiges sowie die Entwicklung der Inflation eine wichtige Rolle. „Traditionell beziehen sich die Gewerkschaften bei der Begründung ihrer Lohnforderungen auf drei Elemente: Ausgleich der absehbaren **Preissteigerungsrate**, Teilhabe an der steigenden wirtschaftlichen Leistungskraft einer Branche, wie sie im Anstieg der **Arbeitsproduktivität** zum Ausdruck kommt, sowie eine zusätzliche '**Umverteilungskomponente**', die zur Korrektur des Verteilungsverhältnisses zwischen Gewinn- und Arbeitseinkommen zugunsten der abhängig Beschäftigten führen soll."[321] Nach der Festlegung bzw. Beschlussfassung über die Lohnforderung durch die jeweils zuständige **Tarifkommission**, die sich aus Vertretern der wichtigsten Betriebe des Tarifbereichs zusammensetzt, beginnt die **Tarifverhandlung**.

Phasen der Tarifverhandlungen

1. Phase: Darlegung und Begründung der Standpunkte
Beschäftigung mit Details der Forderungen/Angebote; Paketverhandlungen/Einzelverhandlungen – falls keine unüberwindlichen Schwierigkeiten vorhanden sind.

2. Phase: Reifung der Grundlagen
Formulierung der Ergebnisse; vorher: Tarifkommissionen müssen zustimmen – falls die Verhandlungssituation sich zuspitzt.

3. Phase: Entscheidungskrise
In der Regel dann, wenn eine Gewerkschaft eine Vorreiterfunktion hat. Evtl. Mobilisierungsprozess der Mitglieder der Gewerkschaft, u.U. Warnstreiks.

4. Phase: Schlichterspruch
Von beiden Seiten akzeptierter Schlichter kann Schlichterspruch fällen. Nach Scheitern der Schlichtung sind Tarifparteien von der Friedenspflicht befreit.

5. Phase: Arbeitskampf
Gewerkschaft: Schwerpunktsstreiks, Flächenstreiks, bundesweiter Streik oder rollende Streiks; Wechselstreiks
Arbeitgeber: reagieren mit Aussperrung

6. Phase: Vermittlung
Neutrale Persönlichkeit wird als Schlichter bestellt. Spitzengespräche: Verbandsspitzen versuchen die jeweiligen Positionen abzuklären. Dies ist in jeder Phase einer Tarifauseinandersetzung auf bezirklicher Ebene möglich.

7. Phase: Einigungsmöglichkeiten
Der Einigungsprozess ist geprägt durch Schlichtung, Friedenspflicht, Arbeitskampfmaßnamen und Vermittlung.

Quelle: Vgl. Oechsler, Personal und Arbeit, a.a.O., S. 45

---

[321] WSI-Tarifhandbuch 1998, S. 258f.

Diese Verhandlungen können sich in mehreren Runden über Monate hinziehen. „Die übergroße Mehrzahl der Tarifverhandlungen geht ohne reguläre **Arbeitskampfmaßnahmen** vonstatten. Häufiger sind dagegen Demonstrationen in Form kurzfristiger Arbeitsniederlegungen und *Warnstreiks*, die einen verhandlungsbegleitenden Druck auf die Arbeitgeberseite erzeugen sollen. Der neu abgeschlossene Tarifvertrag tritt ggf. rückwirkend in Kraft und schließt dadurch nahtlos an den abgelaufenen Vertrag an."[322] Kommt es in den Verhandlungsrunden abschließend zu keiner Einigung, so wird durch ein genau bestimmtes freiwilliges **Schlichtungsverfahren** versucht, die Einigung herbeizuführen. Eine **staatliche Zwangsschlichtung** ist dabei ausgeschlossen. „Die Schlichtungskommissionen sind paritätisch mit Vertretern der Verhandlungsparteien und einem bzw. zwei unparteiischen Vorsitzenden besetzt. Kommt es zu keiner Einigung bzw. wird der Vorschlag des vorsitzenden Schlichters nicht angenommen, wird das Verfahren ergebnislos beendet."[323] Ein Einigungszwang besteht auch hier nicht. Sind die Tarifverhandlungen auch nach dem Schlichtungsversuch gescheitert, kann die Gewerkschaft zum **Streik** aufrufen, wobei die sogenannte **Friedenspflicht** überwiegend bis zur Beendigung der Schlichtung eingehalten werden muss. Dem **Streikaufruf** geht in den meisten Fällen eine **Urabstimmung** voraus, die die Zustimmung der Gewerkschaftsmitglieder finden muss. „Ein Streik hebt nach allgemeiner Auffassung die Rechte und Pflichten aus dem Arbeitsverhältnis (vorübergehend) auf. Sie bleiben zwar bestehen, entfalten aber keine Wirkung. Ein Anspruch auf Lohnzahlung entfällt. Die Gewerkschaftsmitglieder erhalten aber von ihrer Gewerkschaft eine **Streikunterstützung**. Haben sich die Tarifvertragsparteien nach Arbeitskampf auf ein Ergebnis geeinigt, wird es in einer zweiten Urabstimmung den Mitgliedern vorgelegt. Zu einer Ablehnung des Verhandlungsergebnisses ist in der Regel eine Quote von mindestens 75 Prozent Nein-Stimmen erforderlich."[324]

3.6.4   Historische Herausbildung und Entwicklung des Flächentarifvertrages

Nach der nationalsozialistischen Herrschaft von 1933 bis 1945 wurde mit Gründung der Bundesrepublik im Jahr 1949 eine demokratische Neuordnung des **Tarifvertragssystems** geschaffen. Es basiert auf **Koalitionsfreiheit** (Artikel 9 Abs. 3 Grundgesetz). Die Koalitionsfreiheit soll die abhängig Beschäftigten in die Lage versetzen, sich *gleichberechtigt* an der Gestaltung der Arbeits- und Wirtschaftsbeziehungen zu beteiligen. Das Grundrecht auf Koalitionsfreiheit gilt nicht nur für den Einzelnen, es schützt auch den Zusammenschluss selbst, d.h. die Koalition und deren Betätigung. Der autonomen Regelung der Arbeits- und Wirtschaftsbeziehungen durch die Tarifvertragsparteien wird absolute Priorität eingeräumt. „Im Grundsatz anerkannt ist ferner, das Art. 9 Abs. 3 GG als individuelles Recht sowohl die **positive** wie die **negative Koalitionsfreiheit** schützt. Das Recht, einer Koalition fernbleiben zu dürfen und von ihren sozialpolitischen Regelungen nicht betroffen, durch ihre ‚Errungenschaften' und ‚zwangsbeglückt' zu werden, gilt der Mehrheitsauffassung in Rechtsprechung und Literatur als eine ebenfalls durch Art. 9 Abs. 3 GG geschützte, gleichstarke rechtliche Münze wie die positive Koalitionsfreiheit. Die **Gegenposition** sieht die verfassungsrechtliche

---

[322]   WSI-Tarifhandbuch 1998, S. 259.

[323]   Ebenda, S. 260

[324]   Ebenda, S. 261

Grundlage der *negativen Koalitionsfreiheit* dagegen in der – rechtssystematisch deutlich schwächeren – Garantie der allgemeinen Handlungsfreiheit in Art. 2 Abs. 1 GG: In der Tat ist schon vom Wortlaut des Art. 9 Abs. 3 GG her schwerlich einzusehen, inwieweit es als Beitrag *zur* ,Wahrnehmung und Förderung der Arbeits- und Wirtschaftsbedingungen' i.S. dieser Bestimmung angesehen werden kann, eine Vereinigung nicht zu bilden oder ihr fernzubleiben."[325]

> **Artikel 9 Abs. 3 Grundgesetz (Vereinigungs- und Koalitionsfreiheit)**
>
> Das Recht, zur Wahrung und Förderung der Arbeits- und Wirtschaftsbedingungen Vereinigungen zu bilden, ist für jedermann und für alle Berufe gewährleistet. Abreden, die dieses Recht einschränken oder zu behindern suchen, sind nichtig, hierauf gerichtete Maßnahmen sind rechtswidrig. Maßnahmen nach den Artikeln 12a, 35 Abs. 2 und 3, Artikel 87a Abs. 4 und Artikel 91 dürfen sich nicht gegen Arbeitskämpfe richten, die zur Wahrung und Förderung der Arbeits- und Wirtschaftsbedingungen von Vereinigungen im Sinne des Satzes 1 geführt werden.

Die Differenzierung in eine auch negative Koalitionsfreiheit hat in der wirtschaftlichen Praxis eine hohe Bedeutung. Sie entscheidet nach herrschender Auffassung u.a. darüber, ob man abhängig Beschäftigte in eine Gewerkschaft zum Eintritt zwingen kann (**Pflichtmitgliedschaft** (Vgl. Abschnitt 3.6.2)) oder ob Tarifabschlüsse nur **exklusiv den Gewerkschaftsmitgliedern** zustehen, weil darin schon ein unzulässiger Druck zum Gewerkschaftsbeitritt liegen könnte. So hat es bereits heftigste Auseinandersetzungen darüber gegeben, dass insbesondere die *IG Metall* bei Änderungstarifverträgen[326] ihre Mitglieder besser stellen wollte als Nichtmitglieder. So verlangte die IG Metall z.B. die Übernahme der Mitgliedsbeiträge ihrer Mitglieder durch die Arbeitgeber.

Aus der Koalitionsfreiheit wird eine **Tarifautonomie** abgeleitet, die drei Tatbestände umfasst:

1. sind die als Tarifparteien aufgeführten Verbände, die *Gewerkschaften* und die *Arbeitgeberverbände* berechtigt, in *freien Verhandlungen* Rahmenbedingungen für Lohnsätze und für die anderen Arbeitsbedingungen inkl. der Arbeitszeit auszuhandeln.
2. ist es den Tarifparteien gestattet *Kampfmaßnahmen* (Streik, Aussperrung) durchzuführen, um auf diese Weise die jeweiligen Interessen durchzusetzen.
3. schließlich verleiht der *Staat* den abgeschlossenen Tarifverträgen einen Schutz, der über den allgemein rechtlichen Schutz privatrechtlicher Verträge hinausgeht. Widerspricht z.B. ein individueller Arbeitsvertrag dem Tarifvertrag, so ist der individuelle Vertrag in ähnlicher Weise nichtig, als widerspräche er einem Gesetz (*„Prinzip der Unabdingbarkeit der Tarifverträge"*).

Die Tarifautonomie räumt dem **Staat** kein Recht ein, sich in die Tarifpolitik einzumischen. Alle Arbeitsbedingungen sollen autonom durch die Tarifvertragsparteien vereinbart werden. Dies gilt zwar *de jure*, nicht aber im *faktischen* Sinne. In der gesellschafts-geschichtlichen Realität war die deutsche Tarifpolitik mehr oder weniger den Einflüssen des Staates ausgesetzt. Für den Soziologen *Arno Klönne* kann deshalb auch nicht von einer „Parität" der Arbeitsmarktparteien beim Tarifkonflikt gesprochen werden.

---

[325] Blanke, T., Koalitionsfreiheit und Tarifautonomie: Rechtliche Grundlagen und Rahmenbedingungen der Gewerkschaften in Deutschland, in: Schroeder, W., Wessels, B., (Hrsg.), Die Gewerkschaften in Politik und Gesellschaft der Bundesrepublik Deutschland, a.a.O., S. 152f.

[326] Hierbei handelt es sich um eine Vereinbarung, die einen geltenden Tarifvertrag teilweise inhaltlich oder in Bezug auf seine formalen Kriterien verändert bei im Übrigen gleich bleibenden Regelungen.

„Staatliche Politik ist im Hinblick auf wirtschaftliche und soziale Fragen nicht 'neutral'; eben deshalb wirkt sich staatliches Handeln direkt oder indirekt auch auf die Kräfteverhältnisse zwischen den Kontrahenten in der Tarifauseinandersetzung aus. Im sozialgeschichtlichen Sinne handelt es sich demnach bei der Tarif-'Autonomie' um einen ständig wieder neu zu bestimmenden Handlungsspielraum zwischen den Arbeitsmarktparteien, mit variablen Machtverteilungen, unter anderem beeinflußt von der rechtsetzenden und wirtschafts- und sozialpolitisch und arbeitsmarktpolitisch intervenierenden Tätigkeit des Staates (inzwischen auch: supranationaler politischer Instanzen).“[327]

Auch als **öffentlicher Arbeitgeber** bei Bund, Ländern und Gemeinden kommt dem Staat im Rahmen der Tarifpolitik und Ausgestaltung eine offiziell anerkannte und aktive Rolle zu.

Wie schon zu Beginn der **Weimarer Republik** (1918 bis 1933), so kennt auch das heutige Tarifvertragssystem keine **staatliche Zwangsschlichtung**. In den ersten zwanzig Jahren der Bundesrepublik war die Machtbalance zwischen Kapital und Arbeit unter den Strukturbedingungen des Prinzips der Einheitsgewerkschaft, der Tarifautonomie in Verbindung mit der Möglichkeit eines Arbeitskampfes und vor dem Hintergrund einer wirtschaftlichen Prosperitätsphase (Jahre des sogenannten *„Wirtschaftswunders“* mit einer kurzen *Vollbeschäftigungsphase*) weitgehend ausgeglichen. „Schaut man sodann auf die ca. zwei Jahrzehnte danach, von Anfang der 1970er bis Anfang der 1990er Jahre zurück, so lassen sich zur Kräftekonstellation folgende Entwicklungsphasen grob unterscheiden: Während sich in den 1970er Jahren die individuellen und kollektiven Rechte sowie die Einkommensverteilung für die abhängig Beschäftigten per Saldo günstig gestalteten, kam es im Übergang zu den 1980er Jahren als Folge sozialökonomischer und politischer Krisen zu einer Tendenzwende. Die Anpassungs- und Modernisierungsstrategien von Unternehmern und Regierungen führten cum grano salis zu einer **Schwächung der Gewerkschaften**, der ein Machtzuwachs auf Seiten des Kapitals entsprach.“[328]

In den 1980er Jahren ragen zwei wesentliche **Konflikte** zwischen Kapital und Arbeit hervor. Einmal der Konflikt um die Einführung der **35-Stunden-Woche** und zum anderen die Auseinandersetzung um den **Streikparagraphen** 116 Arbeitsförderungsgesetz (AFG). Die Auseinandersetzung um den Streikparagraphen steht dabei in einem engen Zusammenhang mit dem nicht minder einzustufenden Konflikt um die **Arbeitszeitfrage**.[329] Der Arbeitsrechtler *Ulrich Zachert* führt dazu zurückblickend aus:

„Die Bundesregierung hatte den Gewerkschaften kurz vor Weihnachten 1985 eine Initiative mit einem neu gefaßten § 116 AFG präsentiert, der auf eine weitgehende **Abschaffung des Streikrechts auf kaltem Wege** hinauslief. Das löste zur Überraschung vieler eine Volksbewegung aus dem Stand gegen die Regierungspläne aus. Nachdem die Bundesregierung in Schwierigkeiten geriet, antwortete sie mit der Gegenoffensive wegen der Skandale um die

---

[327] Klönne, A., Tarif-„Autonomie“ in Deutschland - historisch betrachtet, in: WSI-Mitteilungen, Heft 8/1993, S. 489.

[328] Zachert, U., Tarifautonomie zwischen Wirtschaftsliberalismus und Wiederentdeckung des Individuums, in: WSI-Mitteilungen, Heft 8/1993, S. 482.

[329] Der § 116 AFG regelte den *Anspruch auf Arbeitslosengeld* der *mittelbar* von einem Arbeitskampf betroffenen Beschäftigten. Nach der Änderung des § 116 AFG darf das Arbeitslosengeld außerhalb des Kampfgebietes nicht gezahlt werden, wenn dort eine Forderung erhoben wird, die einer Hauptforderung des Arbeitskampfes nach Art und Umfang gleich ist, ohne mit ihr übereinstimmen zu müssen und wenn das Arbeitskampfergebnis aller Voraussicht nach in dem räumlichen Geltungsbereich des nicht umkämpften Tarifvertrages im wesentlichen übernommen wird.

'Neue Heimat' und die Gemeinwirtschaft. Im Ergebnis wurde die angestrebte Änderung des § 116 AFG im wesentlichen durchgesetzt. Die neugefaßte Regelung – leicht verwässert, trat jedoch in Kraft. Ein Streik ist im Kernbereich vernetzter Industrien für die Gewerkschaften erheblich risikoreicher geworden. IGM/DGB und einzelne Bundesländer haben beim Bundesverfassungsgericht gegen den neuen § 116 AFG geklagt."[330]

Im Jahr 1995 hat das *Bundesverfassungsgericht* die Klagen als unbegründet zurückgewiesen.[331]

Mit dem **Streik** der *IG Metall* im April/Mai 1984 sowie dem sogenannten *„Leber-Kompromiss"* gelang den Gewerkschaften der Einstieg in die 35-Stunden-Woche.[332] Die Arbeitszeit wurde auf 38,5 Stunden abgesenkt.[333] Dafür musste die IG Metall aber zum ersten Mal in ihrer Tarifgeschichte eine **Flexibilisierungskomponente** akzeptieren, deren Regelung individuell den Betrieben überlassen wurde. Eine schwere Niederlage erlitt die IG Metall dagegen 2003 bei dem Versuch die 35-Stunden-Woche auch in **Ostdeutschland** in der *Metall- und Elektroindustrie* einzuführen. Obwohl es hier berechtigte ökonomische Gründe gab,[334] die Arbeitszeit von 38 auf 35 Wochenstunden abzusenken, scheiterte der Arbeitskampf an dem nur äußerst geringen Organisationsgrad der IG Metall in den kleineren Ostbetrieben aber auch an der offensichtlich nicht vermittelbaren Notwendigkeit einer Arbeitszeitverkürzung bei den Arbeitnehmern in Ostdeutschland sowie an einer fehlenden Solidarität der Beschäftigten/Betriebsräte in westdeutschen Automobilzulieferbetrieben, die mittelbar über Zulieferungen in den Streik hineingezogen wurden.[335]

Mit dem Einstieg in die 35-Stunden-Woche war durch **Betriebsvereinbarung** für einzelne Arbeitnehmer bzw. Arbeitnehmergruppen auch eine längere Arbeitszeit möglich. Lediglich der Durchschnitt von 38,5 Stunden mußte für alle Beschäftigten eingehalten werden. Hieraus entwickelte sich 1988/89 ein arbeitsgerichtlicher Konflikt, der klären mußte, was für einen Arbeitnehmer im Austausch höher zu bewerten ist: **Zusätzlicher Lohn** oder **mehr Freizeit**.

Ein Arbeitnehmer aus der Computerbranche hatte eine Klage eingereicht, weil er mit einer Einkommenserhöhung über 1.000 DM brutto monatlich gegen eine Heraufsetzung seiner Arbeitszeit auf 40 Stunden pro Woche nicht einverstanden war. Diese Frage berührte das **Günstigkeitsprinzip** des § 4 Abs. 3 TVG, wonach in Arbeitsverträgen abweichende Abmachungen zum Tarifvertrag zu Lasten der Arbeitnehmer nicht möglich sind, wohl aber günstigere Standards als die tariflichen im individuellen Arbeitsvertrag vereinbart werden dürfen.[336] Das *Landesarbeitsgericht Baden-Württemberg* entschied den Fall *zu Gunsten* des klagenden Arbeitnehmers wie folgt:

---

[330] Zachert, U., Tarifautonomie zwischen Wirtschaftsliberalismus und Wiederentdeckung des Individuums, a.a.O., S. 483, zum veränderten § 116 AFG vergleiche auch: Bieback, K.-J., Mayer, U., Mückenberger, U., Zachert, U., Seegert, C., Anwendungsprobleme des neuen Paragraphen 116 AFG, in: Betriebs-Berater 1987, S. 677f.

[331] Vgl. zur Urteilsbegründung ausführlich: WSI-Tarifhandbuch 1996, Köln 1996, S. 42f.

[332] Endgültig eingeführt wurde sie aber erst ab 1995.

[333] Bis heute ist die 35 Stunden-Woche nur in Westdeutschland in den Branchen der *Eisen- und Stahlindustrie, Metall- und Elektroindustrie, Druckindustrie* und in der *Papier und Pappe verarbeitenden Industrie* umgesetzt (vgl. Tab. 8 in diesem Kap.).

[334] Vgl. Bontrup, H.-J., Marquardt, R. M., 35-Stunden-Woche in der ostdeutschen Industrie – eine ökonomische Nachlese, in: Wirtschaftsdienst, Heft 9/2003, S. 591 - 598.

[335] Vgl. Kittner, M., Arbeitskampf, a.a.O., S. 692f.

[336] Vgl. Joost, D., Tarifliche Grenzen der Verkürzung der Wochenarbeitszeit, in: Zeitschrift für Arbeitsrecht (ZfA), 1984, S. 573ff.

Tab. 8:   Tarifliche Wochen- und Jahresarbeitszeit 2006 nach Branchen (West/Ost)

Branchen	West		Ost	
	WAZ	Jahres-AZ	WAZ	Jahres-AZ
Landwirtschaft	40	1.798,2	40	1.795,7
Energie- und Wasserversorgung	36,8	1.604,9	38	1.656,8
Eisen- und Stahlindustrie	35	1.533,9	37	1.620,6
Chemische Industrie	37,5	1.642,5	40	1.752,0
Metallindustrie	35	1.532,1	38	1.664,4
KFZ-Gewerbe	36,1	1.584,7	36,9	1.625,2
Holz und Kunststoff verarb. Industrie [1]	35	1.531,7	38,3	1.694,3
Papier und Pappe verarb. Industrie	35	1.533,0	37	1.620,6
Druckindustrie	35	1.533,0	38	1.664,4
Textilindustrie	37	1.628,0	40	1.760,0
Bekleidungsindustrie [2]	37	1.621,3		
Süßwarenindustrie	38	1.656,8	39	1.719,9
Bauhauptgewerbe	40	1.756,9	40	1.756,3
Großhandel	38,5	1.693,1	39	1.717,3
Einzelhandel	37,5[3]	1.663,8	38,1	1.696,6
Versicherungsgewerbe (Innendienst)	38	1.656,8	38	1.656,8
Bankgewerbe	39	1.700,4	39	1.700,4
Priv. Transport- und Verkehrsgewerbe [4]	38,6	1.705,0	40	1.780,3
Hotel- und Gaststättengewerbe	39	1.731,0	39,5	1.769,8
Gebäudereinigerhandwerk	39	1.723,0	39	1.723,7
Öffentlicher Dienst	38,9	1.701,1	40	1.757,9
Bund, Länder, Gemeinden				
Deutsche Bahn AG Konzern [5]	39	1.731,6	39	1.731,6
Deutsche Telekom AG	38	1.482,4	38	1.482,4
Deutsche Post AG	38,5	1.709,4	38,5	1.709,4

Jahresarbeitszeit x Anzahl tariflicher Arbeitstage im Jahr : 5 x tarifliche Wochenarbeitszeit 1) 38,5 Std./W. Berlin-West, 2) Ost tarifloser Zustand seit 1995, 3) 37 Std./W. für 51.000 AN in Berlin, 4) Ohne Personenbeförderung, Schifffahrt, Häfen und Lagerhausbetriebe und ohne Berufsfahrer, für die regional unterschiedlich lange Wochenarbeitszeiten gelten, 5) Hier die Unternehmen: DB Fernverkehr AG, DB Regio AG, Railion Deutschland AG, DB Station Service AG, DB Netz AG, Quelle: WSI-Tarifhandbuch 2007, S. 113.

„Zwischen Entgeltansprüchen und Arbeitzeitregelungen fehle ein objektiver Sachzusammenhang. Deshalb könne das Günstigkeitsprinzip nicht zugrundegelegt werden. (...) Bei der Wertschätzung des Freizeitanspruchs und des Entgeltanspruchs sei von einem verständigen Arbeitnehmer bei Berücksichtigung der in der Metallindustrie verbreiteten Verkehrsanschauung auszugehen. In der gegenwärtigen Phase der Arbeitszeitverkürzung habe eine verlängerte Freizeit aus den verschiedensten Gründen für den Arbeitnehmer einen anderen, in der Regel höheren Stellenwert als ein korrespondierender Entgeltanspruch. Zum einen habe die Freizeit in zunehmenden Maße für den Arbeitnehmer größere Bedeutung erlangt. Er sei nicht ohne weiteres bereit, sich diese Freizeit auch durch ein höheres Entgelt abkaufen zu lassen. Andererseits könne nicht gesagt werden, daß ein höheres Einkommen für den Arbeitnehmer stets erstrebenswert ist, sei es nur deshalb, weil die Steuerprogression den Mehrverdienst zu sehr schmälere oder weil bereits ein ausreichendes Einkommen oder Vermögen vorhanden ist. Ferner sei gerade in der Metallindustrie auch bei einzelnen

Arbeitnehmern das Bestreben vorhanden, durch Arbeitszeitverkürzung neue Arbeitsplätze zu schaffen und auf einen höheren Verdienst zu verzichten. Dies führe dazu, daß Arbeitszeit und Mehrverdienst nicht miteinander verglichen werden könnten. Würde man dies tun, so wäre ein vom Gericht gefundenes Ergebnis rein spekulativ."[337]

Nach *Einspruch der Arbeitgeber* vor dem *Bundesarbeitsgericht* – die in dem Urteil eine Einschränkung der erzielten tariflichen Arbeitszeitflexibilisierung erblickten – und einem Signal, dass das Bundesarbeitsgericht (BAG) das Urteil aufheben würde, zog der Arbeitnehmer in Absprache mit der IG Metall die Klage zurück. Das Urteil des Landesarbeitsgerichts wurde so nicht rechtskräftig.

Die gerichtliche Auseinandersetzung **Arbeitszeit** versus **Lohn** verdeutlicht den sich seit 1984 – mit den Tarifabschlüssen über die Verkürzung der wöchentlichen Arbeitszeit in der Metall- und Druckindustrie – bis heute permanent verschärfenden Konflikt über eine „**Flexibilisierung**" und „**Verbetrieblichung**" der Tarifpolitik. In erster Linie hatten die Arbeitgeber dabei ein großes Interesse an der **Flexibilisierung der Arbeitszeit** und damit des Personaleinsatzes. Lohnfragen waren eher sekundär. Begründet wurde die Notwendigkeit einer Flexibilisierung der Arbeitszeit „mit dem wirtschaftlichen Zwang zur intensiveren Nutzung der vorhandenen Arbeitsplätze wegen der *steigenden Kapitalkosten pro Arbeitsplatz*, dem schnelleren *Altern der Produktionsanlagen* und der *kürzeren Produktlebenszyklen*. Den sich daraus ergebenden Zwängen zu kürzeren Amortisationszeiten sollte durch längere *Maschinenlaufzeiten* begegnet werden. (...) Als weitergehendes tarifpolitisches Ziel der BDA sollte die Arbeitszeit zu einem 'regulativen Instrument' gemacht werden, das differenziert je nach 'Absatz-, Beschäftigungs- und Wettbewerbslage eines Betriebes und der Arbeitsmarktlage der Region' eingesetzt werden kann."[338] Die sogenannte je Auftragslage „*atmende Fabrik*" wurde von den Arbeitgebern zur maßgeblichen Forderung erhoben.[339]

Der *Sachverständigenrat* (SVR), der sich bis heute in mehreren Gutachten durch tarifpolitische Empfehlungen in die Tarifautonomie eingemischt hat, forderte erstmals im Jahresgutachten 1988/89[340] auch eine „**Verbetrieblichung**" der Tarifverträge im Hinblick auf das **Arbeitsentgelt**. Diese Forderung lehnte allerdings die überwiegende Zahl der Arbeitgeber vor der deutschen Wiedervereinigung noch ab. Man befürchtete hiermit ein „Aushebeln des Kernstücks der Tarifautonomie". Da man sich aber andererseits eine größere **Differenzierung in der Lohnstruktur** wünschte, „sah die BDA die Lösung darin, daß Tarifverträge nur *Rahmen*- und *Mindestbedingungen* regeln, die konkrete Ausgestaltung jedoch den *einzelnen Unternehmen* überlassen bleiben sollte. Auf der Grundlage tariflicher Mindestlöhne könnten die Betriebe die *Effektivlöhne* in der Weise gestalten, daß ein 'marktgerechter Lohn', eine 'beschäftigungsgerechte Lohnstruktur', ja ein 'weltmarktorientiertes Lohnsystem' sich durchsetzen könnte, ohne die Ordnungs- und Schutzfunktion des Tarifvertrags aufgeben zu müssen."[341]

---

[337] LAG Baden-Württemberg, 14. Juni 1989, in: Der Betrieb 1989, S. 2.028.

[338] Müller-Jentsch, W., Das (Des-)Interesse der Arbeitgeber am Tarifvertragssystem, in: WSI-Mitteilungen, Heft 8/1993, S. 498.

[339] Vgl. Hartz, P., Das atmende Unternehmen. Jeder Arbeitsplatz hat einen Kunden, Frankfurt a. M., New York 1996.

[340] Sachverständigenrat zur Begutachtung der gesamtwirtschaftlichen Entwicklung (SVR), Jahresgutachten 1988/89, S. 173f.

[341] Müller-Jentsch, W., Das (Des-)Interesse der Arbeitgeber am Tarifvertragssystem, a.a.O., S. 498.

Die „**Flexibilisierungs-** und **Verbetrieblichungsdebatte**" der Tarifverträge wurde nach der **Wiedervereinigung** von den Arbeitgebern forciert. Vor dem Hintergrund einer abgewirtschafteten ehemaligen DDR gewann die Debatte um Arbeitszeit – aber insbesondere auch in Lohnfragen – an Schärfe. Die rechts-liberale *Bundesregierung* trägt 1991 hierzu nicht unbeträchtlich mit der von ihr eingesetzten „*Deregulierungskommission*" bei. In einem Gutachten fordert die Kommission eine Verlagerung der Tarifkompetenz von der tariflichen auf die **betriebliche Ebene.**[342] Aber auch von der politischen Opposition (*SPD*) wurde zur Bekämpfung der Arbeitslosigkeit eine größere Tarifflexibilität in Form eines „**zweiten Arbeitsmarktes**" mit untertariflichen Löhnen vorgeschlagen.[343]

Einen weiteren Höhepunkt in den tariflichen Auseinandersetzungen stellte zu Beginn des Jahres 1993 die **Kündigung der Metalltarifverträge** durch die Arbeitgeber in Ostdeutschland dar, womit erstmals ein Arbeitgeberverband während der Laufzeit einen rechtsgültigen Tarifvertrag aufkündigte und so die nach herrschender Rechtsauffassung den Tarifverträgen immanente **Friedenspflicht** verletzte. Anlaß dafür war die 1991 für die gesamte *ostdeutsche Metall- und Elektroindustrie* vereinbarte stufenweise Anpassung der Löhne und Gehälter sowie der Arbeitszeit an das Niveau Westdeutschlands bis zum 1. April 1994.[344] Vorausgegangen war seit Anfang der neunziger Jahre eine verstärkte **Austrittswelle** von ostdeutschen Unternehmen aus dem Arbeitgeberverband bzw. Drohungen, den Verband zu verlassen, sowie eine polemisch geführte Debatte um die „*Zukunftsfähigkeit des Industriestandortes Deutschland*". „Vor allem die gegenüber dem langwierigen Transformationsprozeß vergleichsweise schnelle Anpassung der Löhne an das Westniveau zum 1. April 1994 ist immer wieder scharf durch die Politik, viele Verbände und die vorherrschende Wirtschaftswissenschaft kritisiert worden."[345] Die *IG Metall* reagierte auf den Vertragsbruch mit **Streik**, der durch eine hohe Kampfbereitschaft der Mitglieder getragen wurde. Die Arbeitgeber konnten sich letztlich so mit ihren Forderungen – neunprozentige Lohnerhöhung statt der tarifvertraglich vorgesehenen 26 v.H., Öffnungsklauseln und Verzicht auf die Festlegung einer stufenweisen Anpassung der Ostlöhne an das Westniveau – nur teilweise durchsetzen. Zwar wurde die Lohnanpassung vom 1. April 1993 auf den 1. Juli 1996 gestreckt, aber statt der geforderten generellen Öffnungsklauseln, die eine Unterschreitung der tariflich festgelegten Löhne auf betrieblicher Ebene zugelassen hätten, wurde aus Sicht der Arbeitgeber nur eine sogenannte „**Härteklausel**" realisiert. Durch diese Klausel „können antragstellende Betriebe nach einem allerdings in der Verantwortung der Tarifvertragsparteien liegenden *Entscheidungsverfahren* und auf der Basis eines Kriterienkatalogs den mit dem Flächentarifvertrag gebotenen Mindestschutz unterschreiten."[346] Bis Ende 1996 wurden insgesamt 181 Härtefallregelungen beantragt und in 98 Fällen vereinbart.[347] Dass hierbei allerdings durch Lohnsenkungen drohende *Vergleiche* oder *Konkurse* von ostdeutschen Unternehmen verhindert werden konnten, wird durch eine empirische Untersuchung von *Rudolf Hickel* und *Wilhelm Kurtzke*

---

[342]   Zur kritischen Auseinandersetzung mit der Regulierungskommission vgl. Müller, G., Seifert, H., Deregulierung als Prinzip? in: WSI-Mitteilungen 1991, S. 494ff.

[343]   „*Engholm* (der damalige SPD-Parteivorsitzende, d.V.) schlägt Lohn auch unter Tarif vor", in: Frankfurter Rundschau vom 28. April 1993.

[344]   Vgl. Bispinck, R., Der Tarifkonflikt um den Stufenplan in der ostdeutschen Metallindustrie, in: WSI-Mitteilungen, Heft 8/1993, S. 469ff.

[345]   Hickel, R., Kurtzke, W., Tarifliche Lohnpolitik unter Nutzung der Härtefallregelung, Köln 1997, S. 14.

[346]   Ebenda, S. 17.

[347]   Ebenda, S. 25.

nicht verifiziert. Lohnsenkungen sind eben nur *ein* betriebswirtschaftlicher Faktor. Genauso müssen andere ökonomische Faktoren, wie die Marktsituation und Vertriebsorganisation, Unternehmensgröße, Finanzausstattung und Managementqualitäten beim Erfolg eines Unternehmens im Kontext berücksichtigt werden.

Seit Mitte der 1990er Jahre ist der Flächentarifvertrag in eine merkliche **Krise** geraden.[348] Die **Tarifbindung** verzeichnet einen starken Rückgang. In *Westdeutschland* sank der Anteil der von Tarifverträgen insgesamt erfassten Beschäftigten von 76 v.H. (1998) auf 67 v.H. (2005). In Ostdeutschland ging der Anteil im gleichen Zeitraum von 63 v.H. auf 53 v.H. zurück.

Tab. 9:   Tarifbindung der abhängig Beschäftigten 2005 in v.H.

Branche	Branchentarifvertrag		Haustarifvertrag		Kein Tarifvertrag (davon Orientierung der Löhne an einem Tarifvertrag)	
	West	Ost	West	Ost		
Landwirtschaft u.a.	58	18	3	4	40 (36)	79 (44)
Bergbau/Energie	79	64	12	25	9 (40)	11 (81)
Grundstoffverarbeitung	65	36	9	14	26 (66)	50 (52)
Investitionsgüter	62	25	9	16	29 (61)	59 (51)
Verbrauchsgüter	59	29	8	14	33 (54)	57 (52)
Baugewerbe	74	45	3	6	23 (66)	50 (61)
Handel/Reparatur	55	30	5	6	41 (49)	63 (50)
Verkehr/Nachrichten	49	27	18	27	33 (43)	47 (40)
Kredit/Versicherung	86	79	3	*	11 (60)	21 (37)
Dienste für Unternehmen	36	40	6	7	58 (31)	54 (34)
Sonstige Dienste	56	41	8	13	37 (49)	46 (49)
Org. oh. Erwerbszweck	55	33	8	20	37 (56)	48 (42)
Gebietskörperschaften Sozialversicherung	88	89	10	8	3 (62)	3 (66)
Insgesamt	**59**	**42**	**8**	**11**	**34 (48)**	**47 (48)**

* Nicht ausgewiesen wegen zu geringer Fallzahl. <u>Quelle</u>: WSI-Tarifhandbuch 2007, S. 91.

Der Rückgang fiel in den Jahren 1998 bis 2000 besonders deutlich aus, es folgte eine Phase der *relativen Stabilisierung* und im Jahr 2005 wiederum ein leichter Rückgang. Der Anteil der *Haustarifverträge* lag dabei in Westdeutschland bei 8 v.H. und in Ostdeutschland bei 11 v.H. (vgl. Tab. 9).

Wenn auch **Arbeitgeberverbände** einerseits beteuern, dass sie „die wichtige Rolle für die langanhaltende soziale und politische Stabilität in Deutschland" u.a. auch dem Flächentarifvertrag zuschreiben, so kann andererseits nicht übersehen werden, dass sie dem gegenwärtigen Tarifvertragssystem mit seinen Bindungen und Standardisierungen wesentlich kritischer gegenüberstehen als noch in den 1980er Jahren. Sieht man einmal von radikalen Äußerungen des ehemaligen BDI-Vorsitzenden *Olaf Henkel* ab, der öffentlich bezogen auf bestehende Tarifverträge zum Rechtsbruch aufrief,[349] so ist die zunehmende Kritik von **mittelständischen Unternehmern** schon ernster zu nehmen, die die Tarifabschlüsse insbesondere deshalb

---

[348] Vgl. Bispinck, R., Das deutsche Tarifsystem in Zeiten der Krise – Streit um Flächentarif, Differenzierung und Mindeststandards, in: WSI-Mitteilungen, Heft 7/2003, 395 - 403

[349] Vgl. Der Spiegel, Nr. 52/1997.

beklagen, weil sie zu sehr an den *Großunternehmen* orientiert wären. Kleinere Unternehmen wünschen sich mehr **Flexibilität**, die offensichtlich bereits Realität geworden ist. Das WSI-Tarifhandbuch führt dazu aus:

„Im Laufe der vergangenen Jahre haben die Tarifvertragsparteien in zahlreichen Wirtschaftszweigen und Tarifbereichen ganz unterschiedliche Regelungen getroffen, die im wesentlichen ein gemeinsames Charakteristikum aufweisen: Sie schaffen die Möglichkeit, von den einheitlichen und verbindlichen Standards des (Flächen-) Tarifvertrages abzuweichen. Das heißt, sie öffnen den Tarifvertrag für Anpassungen an spezifische betriebliche Verhältnisse."[350]

Trotz einer in den letzten Jahren in der Tat vielfältig vollzogenen **Öffnung des Flächentarifs** für betriebliche Lösungen[351] – insbesondere bezogen auf Arbeitszeitregelungen aber auch im Rahmen von Lohnvereinbarungen, nicht nur in Ostdeutschland – unterlaufen immer mehr Unternehmen *rechtswidrig* die Tarifabschlüsse oder treten aus den Arbeitgeberverbänden aus.[352] So stellt denn auch der Tarifexperte *Reinhard Bispinck* ernüchternd fest: Es gibt keine Bestandsgarantie für ein im Großen und Ganzen bewährtes System kollektiver Regulierung der Arbeits- und Einkommensbedingungen, wie es sich in den vergangenen Jahrzehnten in Deutschland entwickelt hat. Zwar ist ein plötzliches Kollabieren wenig wahrscheinlich, aber mittelfristig ist ein Szenario nicht auszuschließen, in dem das bestehende Tarifsystem an den Rändern weiter ausfranst und auch in den angestammten Kernbereichen immer mehr an faktischer Regulierungskraft verliert."[353]

Unternehmer bzw. Unternehmensleitungen setzen entgegen dem Flächentarifvertrag auf eine **„Verbetrieblichung"**. Sie könnten mit betrieblichen Mitbestimmungsträgern (*Betriebsräten*) „konstruktivere" – auf das jeweilige Unternehmen „individuell" abgestimmte – Lösungen besser vereinbaren, als dies zwischen externen Arbeitgeber-Verbandsfunktionären und Einzelgewerkschaften auf Branchenebene für mehr oder weniger große Tarifgebiete möglich wäre. Dies führe außerdem zu einer größeren **„vertikalen Solidarität"** in den Unternehmen zwischen Unternehmensleitung und Betriebsrat. Dies sei aus Mitbestimmungsgründen bewusst zu fördern. Der Flächentarifvertrag, so wird weiter argumentiert, sei zu **inflexibel**, um auf die unterschiedliche ökonomische Potenz aller Unternehmen in einer Branche und Region sowie auf Marktveränderungen adäquat reagieren zu können. Dies wäre aufgrund tiefgreifender struktureller Veränderungen in der Wirtschaft, insbesondere durch eine zunehmende internationale Globalisierung der Märkte, die zu einer steigenden Wettbewerbsintensität geführt habe, unbedingt notwendig. Außerdem böten die Flächentarifverträge keine ausreichende Differenzierungsmöglichkeit bei der Lohnstruktur. Hier geht es den Arbeitgebern insbesondere darum, sogenannten „Problemgruppen" unter den Arbeitslosen mit einer entsprechend geringen Arbeitsproduktivität durch niedrigere Einstiegstarife (= Lohnspreizung, vgl. *Kombilohn* eine Beschäftigung zu ermöglichen. Aus all dem wird letztlich die Empfehlung abgeleitet: Abschaffung oder zumindest eine weitgehende Flexibilisierung der Flächentarifverträge in Verbindung mit einer Verlagerung der Lohnverhandlungen auf die betriebliche Ebene. Unterstützt werden diese Positionen vom früheren Bundeskanzler

---

[350] WSI-Tarifhandbuch 1998, S. 119.

[351] Vgl. dazu ausgewählte tarifliche Differenzierungsbestimmungen, in: SVR-Gutachten 1998/99, S. 125 - 126.

[352] Vgl. Neubauer, R., Zum Überleben zuviel, in: Die Zeit, 31. März 1995; S. 27, Daniels, A., Unternehmer auf der Flucht, in: Die Zeit, 29. März 1996, S. 17.

[353] Bispinck, R., Das deutsche Tarifsystem in Zeiten der Krise – Streit um Flächentarif, a.a.O., S. 403.

Helmut Schmidt (SPD),[354] der ein Ende der Tarifautonomie von den Gewerkschaften und Arbeitgeberverbänden mit den folgenden Worten einfordert: *„Das Verbot für Unternehmen (§ 77 Abs. 3 BetrVG, d.V.), die Löhne ihrer Mitarbeiter selbst bestimmen zu können, gehört abgeschafft."*[355] Der Arbeitsrechtler und Historiker *Michael Kittner*, bemerkt dazu:

> „Zielrichtung wie Wortwahl lenkt uns direkt auf den ideologischen Ursprung der den Arbeitnehmern im Kapitalismus zugeschriebenen Stellung. Schmidt, in dieser Hinsicht vermutlich unwissender Seismograph des Zeitgeistes, paraphrasierte nämlich keinen anderen als Le Chapelier, der sein gegen die Arbeiter gerichtetes Gesetz u.a. damit begründete, daß nur die zwischen den jeweils konkret betroffenen Einzelnen frei ausgehandelte Vereinbarung ein legitimes Regelungsinstrument sei. So wünschbar Lohnerhöhungen möglicherweise sein könnten, sie dürfen nicht durch kollektive Aktionen durchgesetzt werden, mit denen die Freiheit der Arbeitgeber verletzt würde, oder in moderner Version: ,Kollektive Lohn- und Arbeitszeitvereinbarungen sind – die Freiheit unterdrückend – immer noch gesetzlich privilegiert."[356]

Dem wird von den **Befürwortern** des Flächentarifvertrages entschieden entgegengehalten: Den Arbeitgebern bzw. Arbeitsgeberverbänden ginge es bei der Diskussion um Flächentarifverträge lediglich um **niedrige Löhne und Gehälter**, und um unternehmerorientierte Arbeitsbedingungen wie flexiblere und längere Arbeitszeiten sowie um eine Beschneidung und Zurückdrängung der *Gewerkschaftsmacht*, d.h. um einen Abbau der **„horizontalen Solidarität"** innerhalb der Arbeitnehmerschaft. Außerdem sei die Argumentation der Arbeitgeber **ökonomisch** nicht nachvollziehbar: Erstens liege der Lohnbildung grundsätzlich ein *produktivitätsorientierter Ansatz* zugrunde. Eine solche Lohnbildung ist **verteilungs-** und **preisniveauneutral** (vgl. dazu ausführlich das Abschnitt 4.1.1). Hierbei kann im Rahmen einer „solidarischen Lohnpolitik"[357] nicht eine Branchen- oder gar eine einzelne Unternehmensproduktivität berücksichtigt werden, sondern die Flächentarifverträge müssen sich letztlich an einer **durchschnittlichen Produktivität der Gesamtwirtschaft** orientieren. Der ökonomische „Hebel" für eine sich dabei langfristig durchsetzende gesamtwirtschaftliche Produktivität ist der sogenannte tarifliche **„Pilotabschluss"** in einer Branche oder in einem Tarifgebiet.[358] In der Regel weichen die anderen Flächentarifabschlüsse von diesem „Pilotabschluss" nicht wesentlich ab. Dies wird empirisch über einen längeren Zeitraum betrachtet durch eine nur mäßige Streuung in der **sektoralen Tariflohnentwicklung** verifiziert. Die *Deutsche Bundesbank* stellt dazu fest: „Auf Stundenbasis gerechnet (...) erhöhten sich die Tarifverdienste in Westdeutschland von 1985 bis 1996 um 4,3 v.H. pro Jahr. Den stärksten Anstieg unter den größeren Wirtschaftszweigen verzeichnete dabei das Metallverarbeitende Gewerbe mit jahresdurchschnittlich 4,8 v.H. Am unteren Ende der Skala rangieren der Öffentliche Dienst, das Bankgewerbe (jeweils 3,7 v.H.) sowie der Bergbau (2,6 v.H.). Sieht man einmal vom 'Sonderfall' Bergbau ab, ergibt sich damit über den gesamten Zeitraum betrachtet eine beiderseitige Differenz von jeweils einem *halben Prozentpunkt* zum Gesamtdurchschnitt".[359] Der „Pilotabschluss"

---

[354] Helmut Schmidt war von 1974 bis 1982 Bundeskanzler in einer sozialliberalen Koalition aus SPD und FDP.

[355] FAZ vom 20. Oktober 2003.

[356] Kittner, M. Arbeitskampf, a.a.O., S. 721f.

[357] Vgl. Pfromm, H.-A., Solidarische Lohnpolitik, Zur wirtschaftlichen und sozialen Problematik tariflicher Lohnstrukturnivellierung, Köln, Frankfurt a. M. 1978.

[358] Pfromm, H.-A., Solidarische Lohnpolitik, a.a.O., S. 22f.

[359] Deutsche Bundesbank, Monatsbericht 10/1997, S. 23.

schließt somit weitgehend aus, das sich Lohnzuwächse weder spezifisch an einer Branche noch an der höchsten **Produktivität des Marktführers** bzw. an der geringsten Branchenproduktivität oder gar an der des jeweiligen **Grenzanbieters** in einer Branche ausrichten. Die bestehenden **Konkurrenzbedingungen** der Unternehmen untereinander werden somit durch die Tarifabschlüsse weitgehend nicht tangiert (vgl. Abb. 3.18).

Flächentarifverträge verschließen somit den Weg der Abschöpfung von *Gewinndifferentialen*, wie sie die **betriebliche Tarifpolitik** anstrebt. „Zentrale Verträge müssen zur Sicherung der *Vollbeschäftigung* auf die *Rentabilitätslage* sogenannter Grenzbetriebe Rücksicht nehmen."[360] Hiergegen könnte allerdings eingewandt werden, dass die am durchschnittlichen Produktivitätsanstieg der Gesamtwirtschaft orientierten Lohnsteigerungen sich im Bereich der unterdurchschnittlich produktiven Bereiche zwangsläufig *preissteigernd* auswirken müssen. Können die Unternehmen nämlich die gestiegenen Lohnstückkosten nicht über die Preise in den Markt bringen, werden sie *Gewinneinbußen* hinnehmen müssen.

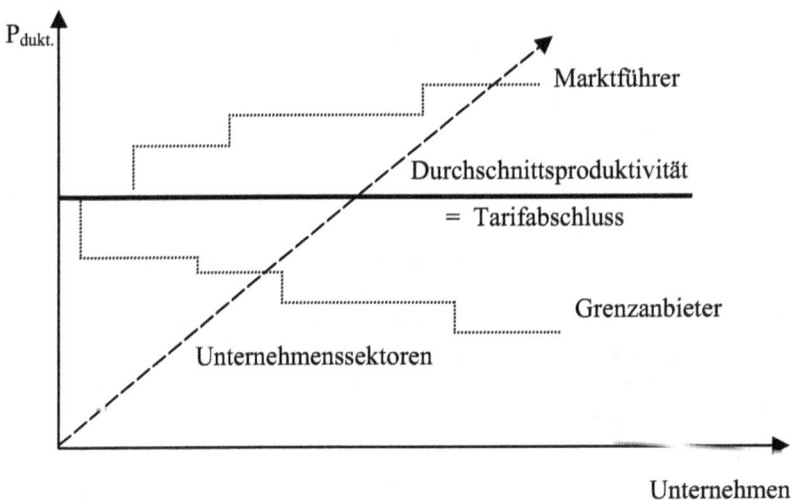

Abb. 3.18:   Unternehmensindividuelle Abweichungen vom Tarifabschluss

Sollte es dabei in bestimmten Branchen und Tarifbezirken (siehe neue Bundesländer) und insbesondere bei unternehmerischen *Grenzanbietern* aufgrund *struktureller Anpassungsprozesse* oder durch ein Absacken in die Verlustzone größere Probleme mit der Wettbewerbsfähigkeit geben, müssen und haben die Gewerkschaften ihre individuelle Unterstützung angeboten. Auf der anderen Seite könnten die **Preise** in den Branchen mit einer überdurchschnittlichen Produktivität entsprechend gesenkt werden. Sollte dies aufgrund von unternehmerischen **Marktmachtstrukturen** auf den Güter- und Dienstleistungsmärkten verhindert werden, weil bei monopolistischer oder oligopolistischer Konkurrenz durch Preissenkungen keine Absatzsteigerungen möglich sind und marktmächtige Unternehmen keine Veranlassung haben erzielte Produktivitätssteigerungen über die Preise an ihre Nachfrager weiterzugeben, so kann dieser in der wirtschaftlichen Realität zu beobachtende Tatbestand nicht der **Tarifpolitik** vorgehalten werden, sondern einer **verfehlten staatlichen Wettbewerbspolitik**, die derartige

---

[360]   Teichmann, U., Lohnpolitik, Stuttgart, Berlin 1974, S. 91.

Marktmachtstrukturen nicht verhindert hat bzw. bestehende nicht zerschlägt. Durch die Festlegung der Veränderungsraten der nominalen Tariflöhne und -gehälter in Höhe der *gesamtwirtschaftlichen Durchschnittsproduktivität* und nicht in Höhe einer Branchen- oder Unternehmensproduktivität wird außerdem eine **„horizontale Lohngerechtigkeit"** unter den Arbeitnehmern herbeigeführt. Dies ist schon allein deshalb wichtig, weil nicht alle Arbeitnehmer in einer Volkswirtschaft in der jeweils *produktivsten Branche* oder in dem *produktivsten Unternehmen* Arbeit finden und die Zugehörigkeit zu einer Branche oder einem Unternehmen für die abhängig Beschäftigten weitgehend zufallsbestimmt ist. Wenn jeder Wirtschaftszweig oder jedes Unternehmen die Löhne allein um das Maß seines eigenen Produktivitätsfortschritts erhöhen würde, dann gäbe es Jahr für Jahr in den Branchen und Unternehmen mit einer unterdurchschnittlichen Produktivität allenfalls bescheidene Lohn- und Gehaltserhöhungen. Der **Öffentliche Dienst**, der durch seine Tätigkeit zwar zur Produktivitätssteigerung in der privaten Wirtschaft nachhaltig beiträgt, diese Beiträge jedoch nicht in den Statistiken ausgewiesen werden können, da es für diese Tätigkeiten keine *Marktpreisbewertungen* gibt, würde deshalb kaum von Lohn- und Gehaltserhöhungen ausgehen können, während z.B. bestimmte Unternehmen des „Verarbeitenden Gewerbes" mit einer weit überdurchschnittlichen Produktivität die Einkommen – nicht selten mit zweistelligen Wachstumsraten – erhöhen könnten. Hierdurch käme es letztlich zu einer **Lohnkonkurrenz** zwischen den Branchen und Unternehmen um die guten (*hoch qualifizierten*) Mitarbeiter und damit zu einer Aufkündigung der „*solidarischen Lohnpolitik*". Außerdem würde sich dadurch die ohnehin schon wirtschaftlich schlechte Situation von Branchen und Unternehmen mit einer unterdurchschnittlichen Produktivität noch weiter verschlechtern. Hieran können letztlich auch die *Unternehmer* (zumindest die mit unterdurchschnittlichen Produktivitätsraten) kein Interesse haben. Der Widerspruch ist hierbei aber der, dass gerade diese Unternehmer eine verstärkte Verbetrieblichung der Lohn- und Arbeitszeitpolitik fordern. Man könnte deshalb auch sagen: Sie wissen nicht was sie tun bzw. fordern!

Zweitens regelt der Flächentarif nur nominale „Mindestlöhne" für eine ganze Branche. Daneben existiert in der betrieblichen Praxis eine **übertarifliche Entlohnung**. Aus der dabei entstehenden *absoluten Lohnspanne* („wage gap") und der *relativen Lohnspanne* („wage drift") (vgl. Abschnitt 3.7.4) läßt sich die Erkenntnis ableiten, dass wohl kaum von allgemein zu hohen Tariflöhnen gesprochen werden kann, wenn eine deutliche Mehrheit der Unternehmen übertariflich entlohnt. Außerdem ist auch für die **Lohnstruktur** zwischen den Branchen als auch innerhalb der Branchen eine hohe Differenzierungsspanne feststellbar. In der *Metallindustrie* gibt es beispielsweise zwölf unterschiedliche Lohngruppen, deren Spannbreite sich auf gut 80 bis 135 v.H. der mittleren Lohngruppe beläuft. Hieraus insgesamt eine mit den Flächentarifverträgen in Verbindung gebrachte Inflexibilität abzuleiten, läßt sich anhand der wirtschaftlichen Realität nicht nachvollziehen.[361]

Drittens würden die grundsätzlich konfliktbeladenen Lohnverhandlungen bei einer Abschaffung der Flächentarifverträge direkt in die *Betriebe* verlagert. Dabei ist zu berücksichtigen, dass in den *kleineren* und *mittleren Unternehmen* ein Betriebsrat nur selten vorhanden ist (vgl. Tab. 10) und die sogenannten „anderen Vertretungsorgane" (AVOs) häufig nicht einmal von den Arbeitnehmern gewählt, sondern von den *Unternehmensleitungen* eingesetzt werden. Insgesamt machen durch Wahl legitimierte reine Arbeitnehmervertretungen nur ein

---

[361] Zur *tariflichen Entgeltdifferenzierung* vgl. Lang, K., Meine, H., Ohl, K., (Hrsg.), Arbeit, Entgelt, Leistung, Handbuch Tarifarbeit im Betrieb, 2. Aufl., Köln 1997, S. 148ff., Jung, H., Personalwirtschaft, a.a.O., S. 564.

Viertel der AVOs aus.[362] Das **Betriebsklima** würde durch den innerbetrieblichen Streit um das Arbeitsentgelt stark belastet. Die Unternehmensleitungen müssten den *Betriebsräten* zudem die wirtschaftliche Lage der Unternehmen anhand von *Bilanzen, Gewinn- und Verlustrechnungen* und sonstigem wirtschaftlichen Datenmaterial jeweils lückenlos offen legen. Um diesen Punkt gibt es bereits heute heftigste Auseinandersetzungen. Hinzu käme ein nicht unbeträchtlicher **Zeit-** und **Kostenfaktor**, der die betriebliche Lohnfindung impliziert. Außerdem wäre den Betriebsräten ein heute durch das Betriebsverfassungsgesetz nicht gegebenes **Streikrecht** in den Unternehmen einzuräumen, wodurch die latente Gefahr von ständigen Arbeitskämpfen droht, die die *zwischenbetriebliche Zusammenarbeit* der Unternehmen auf Grund von Lieferketten belastet und zu volkswirtschaftlichen Fehlallokationen führt.

Tab. 10:   Vertretung durch Betriebsräte nach Betriebsgrößen (Angaben in v.H.)

Beschäftigte	10 - 19	20 – 49	50 - 99	100 - 199	200 - 499	500 u. mehr
Betriebsrat	7	23	44	66	73	94
AVOs	20	21	15	8	7	3
Keine kollektive Vertretung	73	56	41	26	14	3

Quelle: Ruhr-Universität Bochum, Hans-Böckler-Stiftung 2007.

Fasst man die Diskussion um den **Flächentarifvertrag** zusammen, so ist zu bezweifeln, ob sich die Arbeitgeber einen ökonomischen Gefallen tun, wenn sie eine noch größere als die bisher bereits bestehende Flexibilisierung und Dezentralisierung der Tarifverträge fordern. Die Gewerkschaften insgesamt sind vor dem Hintergrund von Massenarbeitslosigkeit und sich in der Wirtschaft vollziehender Strukturveränderungen stark verunsichert. Sie sind vielfach bereit, aus Gründen der **Beschäftigungssicherung** den Arbeitgebern entgegenzukommen. Diese Entwicklung läßt sich aber nicht unbegrenzt fortschreiben. Gegen eine grundsätzliche „*Modernisierung der Flächentarifverträge*" erheben allerdings auch die Gewerkschaften keine Einwände. Insbesondere soll dabei auf den produktionstechnischen und arbeitsorganisatorischen Wandel in der Wirtschaft (Stichworte: *Lean Production, Lean Management, Kaizen, Reengineering*)[363] mit neuen Rahmen- und Entgelttarifverträgen für alle Beschäftigten reagiert werden. Dazu gehören ganzheitlich (holistisch) orientierte Eingruppierungen (Aufhebung des Angestellten- und Arbeiterstatus) und deren Bezahlung sowie qualifikationsfördernde Arbeitssysteme, humane Arbeitsbedingungen und vereinbarte Leistungsbedingungen in allen Bereichen von Produktion und Verwaltung, erweiterte Beteiligungs-, Reklamations- und Mitbestimmungsrechte der Betroffenen und der Betriebsräte in allen Fragen von Eingruppierung und Qualifikation, von Gestaltung der Arbeits- und Leistungsbedingungen, von Arbeits- und Gesundheitsschutz, von Erfassung und Auswertung von Daten und ähnliches mehr.[364] Auch sind die Gewerkschaften gesprächsbereit, wenn es zu einer **Vereinfachung von Tarifverträgen** kommen soll. Nicht selten sind die Tarifverträge so kompliziert abgefasst, dass sie auf betrieblicher Ebene nur schwer verständlich und umsetzbar sind.

---

[362]   Vgl. Böckler Impuls, Heft 12/2007, S. 2.

[363]   Vgl. Lang, K., Ohl, K., Lean Production. Herausforderungen und Handlungsmöglichkeiten, Köln 1993, Traeger, D. H., Grundgedanken der Lean Production, Stuttgart 1994, Imai, M., Kaizen. Der Schlüssel zum Erfolg der Japaner im Wettbewerb, 11. Aufl., München 1993, Hammer, M., Champy, J., Business Reengineering. Die Radikalkur für das Unternehmen, 4. Aufl., Frankfurt a. M., New York 1994, Suzaki, K., Modernes Management im Produktionsbetrieb, Wien 1989.

[364]   Vgl. Lang, K., Meine, H., Ohl, K., (Hrsg.), Arbeit, Entgelt, Leistung, a.a.O., S. 19.

Dies alles impliziert aber – im Gegensatz zu den Forderungen der Arbeitgeberverbände und den ihnen nahestehenden Politik- und Wissenschaftsbereichen – das weitere grundsätzliche *Festhalten an überbetrieblichen Tarifabschlüssen.* Das *Dresdener Grundsatzprogramm des DGB* aus dem Jahr 1996 fasst dabei den Diskussionsstand folgendermaßen zusammen:

„Wir streben ein neues Verhältnis von Flächentarifverträgen und der jeweiligen Umsetzung in den Betrieben an. Flächentarifverträge sollen die differenzierten Bedürfnisse der Beschäftigten berücksichtigen sowie die unterschiedlichen Bedingungen der einzelnen Branchen und Unternehmen gestalten. Dazu wollen wir in die Flächentarifverträge geregelte Wahlmöglichkeiten aufnehmen, um erforderliche Differenzierungen zu ermöglichen."

Dennoch kann in der politischen Auseinandersetzung seit Mitte der 1990er Jahre nicht übersehen werden, das es innerhalb der Gewerkschaften um die zukünftige Ausrichtung der Tarifpolitik eine ganze Reihe von offenen Fragen und Problemen gibt und dass die Auffassungen darüber bis heute zum Teil weit auseinander gehen.[365] Hier sei nur die Frage bezüglich des Verhältnisses bzw. die jeweilige Bedeutung (Wichtigkeit) von *Lohn-* und *Arbeitszeitpolitik* (vgl. Abschnitt 4.12) oder auch die Frage nach *Gewinn-* und/oder *Kapitalbeteiligungen* erwähnt (vgl. Abschnitt 3.7.7).

3.7 Arbeitsentgelt in der Betriebswirtschaftslehre

3.7.1 Untersuchungsebenen der betrieblichen Lohnbildung

Im Gegensatz zu der seit über zweihundert Jahren in der Volkswirtschaftslehre geführten kontroversen Auseinandersetzung um die Frage des Lohn-Gewinn-Verhältnisses, beschäftigt sich die noch relativ junge Betriebswirtschaftlehre[366] – insbesondere im Bereich der speziellen Personalwirtschaftslehre[367] – erst in den letzten vierzig bis fünfzig Jahren vertieft mit dem **Arbeitsentgelt**. Geht es in der Volkswirtschaftslehre um Untersuchungen der Arbeitswertbestimmung und die Abgrenzung des Lohns zum Gewinn, Zins und Grundrente, sowie um die Frage nach der Lohnhöhe und ihre Wirkung auf Verteilung, Wachstum, Inflation und Beschäftigung, so steht in der *Betriebswirtschaftslehre* ausschließlich die Bestimmung des Lohnes für den **einzelnen Arbeitnehmer im Unternehmen** und die Bedeutung des Arbeitsaufwandes bzw. der **Personalkosten** inkl. der Lohnnebenkosten für die **Rentabilität eines Unternehmens** im Mittelpunkt der Betrachtung. Der Lohn bzw. die Lohnhöhe werden hier im wesentlichen als **Kostenfaktoren** einer auf **Gewinnmaximierung** ausgerichteten betriebswirtschaftlichen „Kunst- und Handlungslehre" (*Eugen Schmalenbach* (1873 bis 1955)) untersucht. Bezüglich des Lohnes gilt dabei – wie für alle anderen Kostenarten auch – das

[365] Vgl. WSI-Tarifhandbuch 1998, a.a.O., S. 129ff., König, O., Stamm, S., Wendl, M., (Hrsg.), Erosion oder Erneuerung? Krise und Reform des Flächentarifvertrages, Hamburg 1998, Bispinck, R., Abschied vom Flächentarifvertrag? Der Umbruch in der deutschen Tariflandschaft, in: Tarifhandbuch 2006, Frankfurt a. M. 2006, S. 41 - 46.

[366] Vgl. Hundt, S., Zur Theoriegeschichte der Betriebswirtschaftslehre, Köln 1977, Brockhoff, Geschichte der Betriebswirtschaftslehre. Kommentierte Meilensteine und Originaltexte, 2. Aufl., Wiesbaden 2002.

[367] Vgl. Krell, G., Geschichte der Personallehren, in: Wirtschaftswissenschaftliches Studium (WiSt), Heft 5/1998, S. 222 - 227.

„ökonomische Prinzip". Entweder wird ein bestimmter festgelegter Output (Ergebnis) mit geringstmöglichen Input (Mitteleinsatz) zu realisieren versucht oder umgekehrt mit einem vorgegebenen Input ein größtmöglicher Output. Die Lohnkosten müssen in jedem Fall über die Produktpreise im Markt rückvergütet werden.

Bei konstanten Absatzpreisen und einer konstanten Arbeitsproduktivität implizieren steigende Personalkosten sinkende Gewinne.

Hierin ist, sozusagen immanent, wie auch bei der gesamtwirtschaftlichen Betrachtung, der **Verteilungskonflikt** (vgl. Abb. 3.19) zwischen Kapital und Arbeit aus einzelwirtschaftlicher (betriebswirtschaftlicher) Sicht angelegt. Dass die einzelwirtschaftlichen Personalkosten aus makroökonomischer (kreislauftheoretischer) Sicht gleichzeitig **Einkommen und Kaufkraft** darstellen und wesentlich auf wirtschaftliche *Wachstums-* und damit *Beschäftigungsprozesse* Einfluß nehmen (vgl. dazu ausführlich das Kap. 4), kümmert weder den *einzelnen Unternehmer* noch die *Betriebs-* bzw. *Personalwirtschaftslehre*.

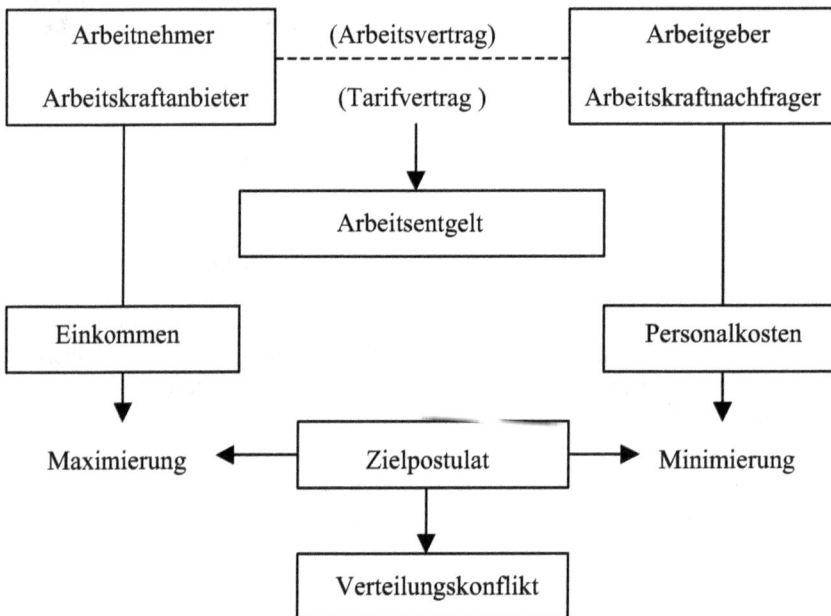

Abb. 3.19:   Einzelwirtschaftlicher Entgeltkonflikt

Daher werden beim Arbeitsentgelt in der Betriebswirtschaftslehre auch nur **zwei Untersuchungsebenen** unterschieden (vgl. Abb. 3.20). **Basis** dieser Ebenen stellen die zwischen Arbeitgeberverbänden und Einzelgewerkschaften in **Flächentarifverträgen** (vgl. Abschnitt 3.6) oder auf **einzelvertraglicher Ebene** (Einzelvertrag) zwischen Arbeitgeber und Arbeitnehmer individuell ausgehandelten nominalen Löhne und Gehälter dar.

```
              ┌─────────────────────────────────────────────────┐
              │       Kollektive Tariflöhne (Flächentarifvertrag) │
   Basis      │                                                   │
              │          oder individueller Einzelvertrag         │
              └─────────────────────────────────────────────────┘
                        │                          │
                        ▼                          │
                   Lohndrift                       │
                        │                          │
                        ▼                          ▼
   1. Ebene   ┌──────────────────────┐  ┌──────────────────────────┐
              │ Effektivlöhne         │  │ Arbeitsentgelt/Tarifentgelt│
              │ (Betrieblich)         │  │                          │
              └──────────────────────┘  └──────────────────────────┘
                        └──────────┐  ┌──────────┘
                            ┌──────────────────┐
                            │  Arbeitsleistung  │
                            └──────────────────┘

                        (Prinzip der Gleichbehandlung)
                        (Entgeltgerechtigkeit)

                        │                          │
                        ▼                          ▼
   2. Ebene   ┌──────────────────────┐  ┌──────────────────────────┐
              │  Anforderungsniveau   │  │   Leistungsintensität     │
              └──────────────────────┘  └──────────────────────────┘
                        │                          │
                        ▼                          ▼
              ┌──────────────────────┐  ┌──────────────────────────┐
              │ Anforderungsgerechtes │  │  Leistungsgerechtes       │
              │       Entgelt         │  │       Entgelt             │
              └──────────────────────┘  └──────────────────────────┘
```

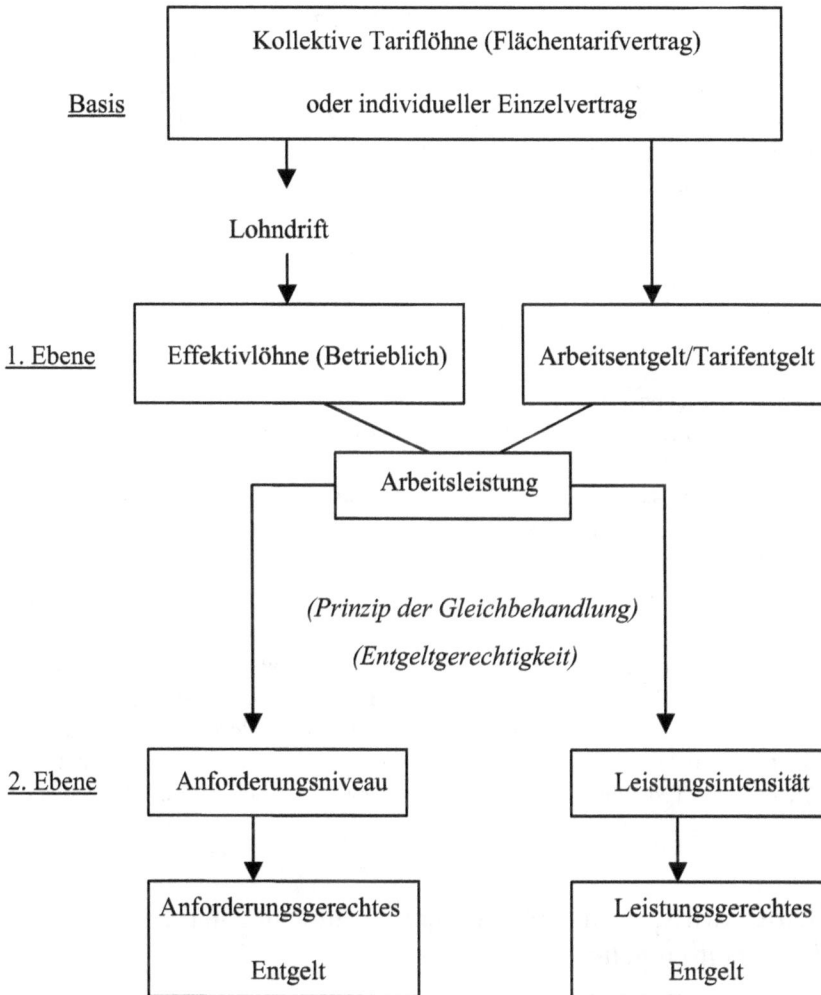

Abb. 3.20:   Untersuchungsebenen der betrieblichen Lohnbildung

Dabei bilden die Tarifverträge im Gegensatz zum Einzelvertrag für das einzelne Unternehmen ein betriebliches **Datum**. Sie sind nach unten nicht beeinflussbar, da der Flächentarifabschluss „*Mindestlöhne und -gehälter*" sowie eine Mindestausgestaltung der Arbeitsbedingungen, der Arbeitszeit, des Urlaubs, Sondervergütungen wie Weihnachts- oder Urlaubsgeld impliziert. Die **betriebliche Lohnbildung** baut hierauf additiv auf. Deshalb entsteht als **erste betriebswirtschaftliche Untersuchungsebene** die Frage nach einer **übertariflichen Bezahlung**. Hierbei wird die Lohndrift, die sich aus der Differenz zwischen den kollektiv ausgehandelten Tariflöhnen und den von den Unternehmen gezahlten Effektivlöhnen ergibt, untersucht (vgl. Abschnitt 3.7.4). Auf der **zweiten Untersuchungsebene** der betrieblichen Entgeltfindung stehen im wesentlichen zwei Fragenkomplexe im Mittelpunkt des Interesses. Erstens wie die **Arbeitsmotivation** durch das Arbeitsentgelt beeinflusst wird und zweitens Fragen nach der betrieblich immanenten **Entgeltgerechtigkeit**. Zum Komplex der Motivation des Arbeitsentgeltes gehören Fragen zu den unterschiedlichen materiellen **Anreizsystemen** (Zeitlohn,

Gehalt, Akkord-, Prämien- und Gruppenlohn) (vgl. Abschnitt 3.7.6) sowie Fragen nach einer unternehmerischen **Erfolgsbeteiligung** der Beschäftigten am Unternehmensergebnis (vgl. Kap. 3.7.7). Im Rahmen der betrieblichen Entgeltgerechtigkeit wird dagegen das **anforderungs-** und **leistungsgerechte Arbeitentgelt** (vgl. Abschnitt 3.7.5.2) untersucht. Hierbei wird insbesondere die Höhe des Entgelts in vertikaler als auch horizontaler Richtung unter den einzelnen Arbeitnehmern im Hinblick auf das Postulat *„gleiche Leistung – gleicher Lohn"* in den Mittelpunkt der Betrachtung gestellt.

Der **Betriebsrat** hat bei der Gestaltung der betrieblichen Entgeltfindung *Mitbestimmungsrechte* gemäß Betriebsverfassungsgesetz. So bestimmt § 87 Abs. 1 Nr. 10 und 11 BetrVG:

Der Betriebsrat hat, soweit eine gesetzliche oder tarifliche Regelung nicht besteht, in folgenden Angelegenheiten mitzubestimmen:

- In Fragen der betrieblichen Lohngestaltung, insbesondere bei der Aufstellung von *Entlohnungsgrundsätzen* und bei der Einführung und Anwendung von neuen *Entlohnungsmethoden* sowie deren Änderung.
- Bei der Festsetzung der *Akkord-* und *Prämiensätze* und vergleichbarer leitungsbezogener Entgelte, einschließlich der Geldfaktoren."

„Gleichwohl unterliegt das Mitbestimmungsrecht des Betriebsrates nach der gegenwärtigen Rechtsprechung einigen *Beschränkungen*. So ist die Entscheidung, ob das Entgelt variabel ausgestaltet werden soll oder nicht, Bestandteil des **Direktionsrechtes** des Arbeitgebers. Ebenso ist die Festlegung des umzuverteilenden Rahmens (Dotierungsrahmen/Entgelttopf) sowie die Festlegung des Zweckes, der mit dem variablen Einkommenssystem verfolgt wird, Sache des Arbeitgebers. Auch der beteiligte *Personenkreis* kann allein von der Unternehmensleitung bestimmt werden. Erst wenn Volumen, Zweck und begünstigte Personengruppe feststehen, muss der **Betriebsrat** am weiteren Verfahren beteiligt werden."[368]

3.7.2   Betriebswirtschaftliche Definition, Abgrenzung und Entwicklung des Arbeitsentgeltes

3.7.2.1   **Definition und Abgrenzung**

Die Betriebs- bzw. Personalwirtschaftslehre definiert allgemein als **Arbeitsentgelt** alle aus **nichtselbständiger Arbeit** erzielten Einkünfte. Hierbei handelt es sich insgesamt um eine **arbeitsvertragliche Vergütung**, die der Arbeitgeber dem Arbeitnehmer für Arbeitsleistungen entrichtet (leistungsbezogenes Arbeitsentgelt). Das Arbeitsentgelt ist dabei rechtlich in **tariflichen Kollektivvereinbarungen** oder in Form eines **Einzelvertrages** geregelt. *Außertarifliche Angestellte* (AT-Angestellte) erhalten fast immer einen sogenannten AT-Vertrag. Aber auch dieser baut auf tarifvertragliche Regelungen auf (vgl. Abschnitt 3.6.3).

Zum Arbeitsentgelt zählen neben dem **Lohn** für Arbeiter und dem **Gehalt** für Angestellte (*Beamte* erhalten nach dem *„Alimentationsprinzip"* staatliche Bezüge[369]) auch der **geldwerte Vorteil** bzw. der Sachbezug. Außerdem werden **Leistungszulagen, Prämien, Provisionen, Gratifikationen** und **Zuschläge** (z.B. für Mehrarbeit, Nacht- und Feiertagsarbeit, Schichtarbeit und

---

[368]   Fischer, U., Schröder, W., Neue Wege der Entgeltgestaltung, Frankfurt a. M. 2002, S. 55.

[369]   Vgl. speziell zur Beamtenbesoldung: Oechsler, W. A., Personal und Arbeit, a.a.O., S. 347ff.

Arbeitserschwernisse) dem Arbeitsentgelt zugeordnet. Neben diesem **direkten** leistungsbezogenen Arbeitsentgelt – oder dem „Entgelt für geleistete Arbeit" – zählt die Betriebswirtschaftslehre zum **Personalaufwand** auch die sogenannten **Lohnnebenkosten** (vgl. Kapitel 3.7.3),[370] die nicht unmittelbar im Zusammenhang mit der tatsächlich geleisteten Arbeit stehen.

	Grundlohn/Gehalt plus geldwerter Vorteil/Sachbezug
+	Tarifliche Leistungszulagen, Prämien, Zuschläge etc.
+	Gesetzliches Sozialentgelt (50% AN)
=	*Bruttolohn/-gehalt des AN*
+	Gesetzliches Sozialentgelt (50% AG)
+	Beiträge Berufsgenossenschaft (100% AG)
+	Tarifliche und freiwillig betriebliche Lohnnebenkosten
+	Sonstige Lohnnebenkosten (Ausfallzeiten u.a.)
=	*Personalaufwand des Unternehmens*

Das Arbeitsentgelt enthält auch **Sozialversicherungsbeiträge** für die Vorsorge bei *Krankheit, Pflege, Unfall, Rente* und *Arbeitslosigkeit*. Bis auf die Beiträge zur *Berufsgenossenschaft* teilen sich Arbeitgeber und Arbeitnehmer das entstehende „**Sozialentgelt**". Dieses wird prozentual auf das direkte sozialversicherungspflichtige Gehalt bzw. auf den Lohn aufgeschlagen. Sowohl für das Unternehmen als auch für die abhängig Beschäftigten ist das gesetzliche „Sozialentgelt" in der Höhe nicht beeinflussbar. Die prozentualen Aufschlagsätze werden gemäß den Anforderungen durch die **staatlichen Sozialversicherungsträger** und durch die **Politik** jährlich neu festgelegt. Außer dem gesetzlichen Sozialentgelt und einem **tarifvertraglich** bedingten Entgelt (z.B. als Weihnachts- und Urlaubsentgelt, Zuschüsse zur Förderung der Vermögensbildung in Arbeitnehmerhand) werden in vielen Unternehmen zusätzlich **freiwillig betriebliche Sozialleistungen** gewährt. In einer Untersuchung wurden allein über 100 solcher freiwilligen Sozialleistungen in Industriebetrieben ermittelt.[371] Dazu zählen u.a. die betriebliche Altersversorgung, Erholungseinrichtungen, betriebliche Kindergärten, Sportanlagen, Werksbüchereien, Belegschaftsverpflegung, Wohnungshilfen sowie persönliche Mitarbeiterhilfen in Härtefällen. Neben den gesetzlichen, tariflichen und betrieblich freiwillig veranlassten Lohnnebenkosten werden zusätzlich auch alle **Kosten für Ausfallzeiten** (*Feiertage, Urlaub, Krankheit* und sonstige persönliche Fehlzeiten) als Lohnnebenkosten betriebswirtschaftlich erfasst. Sie implizieren ein Arbeitsentgelt ohne das dahinter eine direkte Arbeitsleistung steht. Sie sind aber zur *Reproduktion der Arbeitskraft* notwendig.

Die Verrechnung sämtlicher von der Betriebswirtschaftslehre definierten **Lohnnebenkosten** ist aber nicht unumstritten. *Gerhard Brinkmann* schlägt deshalb eine Differenzierung und Zurechnung der Lohnnebenkosten zum Arbeitsentgelt gemäß der in der *Finanzwissenschaft* zur Anwendung kommenden Unterscheidung nach *privaten* und *öffentlichen Gütern* vor.[372] Da bei den **privaten Gütern** im Gegensatz zu den öffentlichen Gütern – hier gilt das „*Nichtausschlussprinzip*" und das „*Prinzip der Nichtrivalität*" – jeder Dritte von der Konsumtion ausgeschlossen werden kann, sind auch nur solche Lohnnebenkosten zum Arbeitsentgelt

---

[370] Häufig wird in der Literatur auch der Begriff „*Personalzusatzkosten*" oder „*Personalnebenkosten*" verwandt.

[371] Haberkorn, K., Zeitgemäße betriebliche Sozialleistungen, München 1973, vergleiche auch: Hemmer, E., Freiwillige Sozialleistungen der Betriebe, Köln 1983.

[372] Vgl. Brinkmann, G., Ökonomik der Arbeit, Bd. 3, Die Entlohnung der Arbeit, Stuttgart 1984, S. 33f.

zu rechnen, die eindeutig einem bestimmten Arbeitnehmer individuell zugerechnet werden können. Dazu zählt *Brinkmann* dann nur die folgenden Lohnnebenkosten: Gesetzliche Arbeitgeberbeiträge, bezahlte Freizeit, bezahlte Fehlzeiten, Sozialzulagen, Aufwand für Schwerbeschädigte, betriebliche Altersvorsorge, Arbeitskleidung, Wohnungshilfe, direkte Zuwendungen, Vermögensbildung, Fahrgeldzuschüsse etc., Deputate, Preisnachlässe und kostenlose Übernachtungen. Alle anderen Lohnnebenkosten dienen demnach einem **kollektiven Konsum** und besitzen den Charakter eines „öffentlichen Gutes". Sie stellen somit auch kein Arbeitsentgelt dar.

3.7.2.2   Nominale Entgelthöhe und -entwicklung

Um eine Vorstellung von der Höhe der in der Wirtschaft gezahlten Arbeitsentgelte zu bekommen, soll im Folgenden anhand der statistisch zur Verfügung stehenden **Bruttolohn- und -gehaltsumme** sowie anhand der **Nettolohn-** und **-gehaltssumme** die durchschnittliche Einkommensentwicklung je abhängig Beschäftigten seit der *Wiedervereinigung* für Deutschland aufgezeigt werden. Hierbei handelt es sich aber um reine **Nominalgrößen**. In der Verteilungslehre und für die abhängig Beschäftigten sind aber die **realen Werte**, die mit dem Nettoeinkommen gekauft werden können, also die **Kaufkraft**, entscheidend. Deshalb interessiert uns insbesondere der **Reallohn**, der den abhängig Beschäftigten verbleibt und seine Entwicklung. Nur wenn das **Preisniveau** konstant geblieben ist, steigt der in Gütern ausgedrückte reale Gegenwert in gleicher Weise wie das nominelle Einkommen. Um daher das **Realeinkommen** zu erhalten, muss man das Nominaleinkommen durch das jeweilige Preisniveau (Preisindex) dividieren.

Zunächst einmal zeigt die **Bruttolohn-** und **-gehaltssumme** das Bruttoeinkommen aus abhängiger Beschäftigung. Jeden Monat erhält der Arbeitnehmer auf dieser Basis seine Entgeltabrechnung. Das Bruttoeinkommen ergibt sich entweder aus kollektiven **tarifvertraglichen Vereinbarungen** (Vgl. Abschnitt 3.6) oder aus individuellen **einzelvertraglichen Festlegungen** zwischen Arbeitnehmern und Arbeitgebern. Hierbei sei noch einmal an die Effizienzlohntheorie (vgl. Abschnitt 3.4.1) erinnert und an die sich daraus ergebenen Unterschiede zwischen **Tariflöhnen** und **Effektivlöhnen** (vgl. Abschnitt 3.7.4). Die gezahlten Effektivlöhne liegen dabei in der Regel oberhalb der Tariflöhne. Addiert man nun zur Bruttolohn- und -gehaltssumme die **Sozialbeiträge der Arbeitgeber**, so erhält man gemäß Volkswirtschaftlicher Gesamtrechnung (VGR) die **Arbeitnehmerentgelte** (vgl. Abschnitt 4.2.2). Diese sind aus Sicht der Unternehmen die gesamten Personalaufwendungen (vgl. dazu noch einmal die unternehmensbezogene Wertrechnung und Abgrenzung innerhalb der Wertschöpfung im Abschnitt 3.2.2 und Abschnitt 3.4.3). Zieht man von der Bruttolohn- und -gehaltssumme die gezahlte **Lohnsteuer** und die **Sozialbeiträge der Arbeitnehmer** ab, so ergibt sich die **Nettolohn-** und **-gehaltssumme**. Unter Berücksichtigung der Inflationsrate zeigt sich dann das **Realeinkommen**, die tatsächliche Kaufkraft. Tab. 11 verdeutlicht diese differenzierten Arbeitsentgelte und ihre Entwicklung seit der Wiedervereinigung.

So ist das **Arbeitnehmerentgelt** je abhängig Beschäftigten , inkl. Sozialbeiträge der Arbeitgeber, von 1991 bis 2006 um jahresdurchschnittlich 2,1 v.H. gestiegen. Der Anteil der Bruttolöhne- und -gehälter am Arbeitnehmerentgelt hat sich nur marginal um einen Prozentpunkt von 81,8 v.H. auf 80,8 v.H. reduziert. D.h. im Umkehrschluss, um einen Prozentpunkt ist der **Anteil der Sozialbeiträge** am gesamten Arbeitnehmerentgelt gestiegen. Daher stiegen auch die **Bruttolöhne** und **-gehälter** je Arbeitnehmer jahresdurchschnittlich mit 2 v.H. fast gleich stark wie das Arbeitnehmerentgelt. 2006 Betrug der Bruttolohn bzw. das Bruttogehalt je

Arbeitnehmer 2.226 € im Monat. Die **Nettolöhne** und **-gehälter** legten dagegen nur um 1,6 v.H. zu. Dies deshalb, weil *Lohnsteuern* und *Sozialabgaben* den Anteil an den Bruttolöhnen und -gehältern von 69,4 v.H. im Jahr 1991 auf 65,2 v.H. im Jahr 2006 absenkten. Der **Nettolohn** bzw. das **Nettogehalt je Arbeitnehmer** lag so 2006 bei 1.442 € im Monat.

Tab. 11:   Arbeitsentgelthöhe und - entwicklung je abhängig Beschäftigten im Monat in €

Jahr	Arbeitnehmerentgelt		Bruttolöhne u. – gehälter			Nettolöhne u. – gehälter		
1991	2.008	-	1.643	81,8[1]	-	1.141	69,4[2]	-
1992	2.216	10,3	1.812	81,8	10,3	1.238	68,3	8,5
1993	2.307	4,1	1.890	81,9	4,3	1.295	68,5	4,6
1994	2.374	2,9	1.926	81,1	1,9	1.296	67,3	0,1
1995	2.458	3,5	1.986	80,8	3,1	1.305	65,7	0,7
1996	2.490	1,3	2.014	80,9	1,4	1.302	64,6	- 0,2
1997	2.509	0,8	2.017	80,4	0,2	1.285	63,7	- 1,3
1998	2.532	0,9	2.036	80,4	0,9	1.300	63,9	1,1
1999	2.561	1,1	2.065	80,6	1,4	1.323	64,1	1,8
2000	2.610	1,9	2.096	80,3	1,5	1.351	64,5	2,1
2001	2.651	1,6	2.134	80,5	1,8	1.396	65,4	3,3
2002	2.687	1,4	2.163	80,5	1,4	1.410	65,2	1,0
2003	2.729	1,6	2.190	80,2	1,2	1.419	64,8	0,7
2004	2.740	0,4	2.204	80,4	0,6	1.454	66,0	2,4
2005	2.738	- 0,1	2.210	80,7	0,3	1.458	66,0	0,3
2006	2.756	0,7	2.226	80,8	0,7	1.452	65,2	- 0,4
		2,1			2,0			1,6

1) Anteil Bruttolöhne u. –gehälter am Arbeitnehmerentgelt in v.H., 2) Anteil Nettolöhne an Bruttolöhne in v.H., Quelle: Statistisches Bundesamt, Volkswirtschaftliche Gesamtrechnung, eigene Berechnungen.

3.7.2.3   Managergehälter

Wenn man die Höhe und Entwicklung von Lohn- und Gehaltszahlungen aufzeigt, liegt es nahe sich im Vergleich die Managergehälter anzusehen. Dies schon alleine deshalb, weil Manager wie *Unternehmer* vor jeder Tarifrunde zur Mäßigung und Bescheidenheit bei den Arbeitsentgelten der abhängig Beschäftigten aufrufen, aber offensichtlich keine Probleme damit haben, sich selbst zu bedienen. Eine Sondererhebung des *Deutschen Instituts für Wirtschaftsforschung* (DIW) in Zusammenarbeit mit *Infratest Sozialforschung* kommt zu dem Ergebnis, „dass in Deutschland ein hohes Maß an **Ungerechtigkeitsempfinden** existiert; auch beim eigenen Einkommen hat insbesondere in Ostdeutschland die subjektive Entlohnungsungerechtigkeit ein hohes Niveau erreicht."[373] Dies Ungerechtigkeitsempfinden ist objektivierbar. Das zeigt ein Vergleich der Vorstandsbezüge aller **30 DAX-Unternehmen** mit den Bruttolöhnen und -gehältern der abhängig Beschäftigten in den Jahren 2001 und 2005 und die Entlohnung der Vorstandsvorsitzenden der DAX-Unternehmen im Jahr 2005 (vgl. Tab. 12).[374]

---

[373] Liebig, S., Schupp, J., Entlohnungsgerechtigkeit in Deutschland? Hohes Ungerechtigkeitsempfinden bei Managergehältern, in: DIW-Wochenbericht, Nr. 47/2004, S. 725.

[374] Vgl. Institut für sozial-ökologische Wirtschaftsforschung München, Bilanz 2006, Fakten und Argumente zur wirtschaftlichen Situation, in: ISW-Wirtschaftsinfo 39, S. 17.

2001	durchschnittlicher monatlicher Bruttolohn 2.134 €
	durchschnittliche monatliche Vorstandsbezüge (DAX) 97.000 €
	entspricht 45 Bruttolöhnen
2005	durchschnittlicher monatlicher Bruttolohn 2.210 €
	durchschnittliche monatliche Vorstandsbezüge (DAX) 142.000 €
	entspricht <u>64 Bruttolöhnen</u>

Tab. 12:   Gesamtbezüge der jeweiligen Vorstandsvorsitzenden (2005, in 1.000 €)

DAX-Unternehmen	
Deutsche Bank	11.900
RWE	11.843
SAP	6.085
E.ON	5.721
Allianz	5.328
Siemens	4.473
Adidas	4.167
Schering	3.524
TUI	3.460
Commerzbank	3.040
Metro	2.977
Hypo Real Estate	2.878
Volkswagen	2.835
Deutsche Post	2.697
Bayer	2.669
Deutsche Telekom	2.594
ThyssenKrupp	2.560
MAN	2.270
Continental	2.157
Deutsche Börse	2.148
Altana	2.036
Infineon	1.600
Lufthansa	1.343

<u>Quelle:</u> Böckler Impuls, Heft 15/2006, S. 2

Auch die *Schutzgemeinschaft der Kapitalanleger (SdK)* hat die im Jahr 2006 von den Aufsichtsräten noch einmal genehmigten Erhöhungen der Managervergütungen heftig kritisiert. Diese waren schon zwischen 2001 und 2004 um insgesamt 56 v.H. angehoben worden. Die Vorstände der 30 DAX-Unternehmen hätten im Jahr 2006 zusammen 560 Millionen € erhalten – 16,5 v.H. mehr als im Jahr 2005. Dabei seien **Pensionsansprüche** und mögliche Zuflüsse aus früheren **Aktienoptionsprogrammen**[375] nicht einmal eingerechnet, weil dafür die

---

[375]   Vgl. Jähnig, M., Aktienoptionen, in: Eyer, E., (Hrsg.), Report Vergütung. Entgeltgestaltung für Mitarbeiter und Manager, 2. Aufl., Düsseldorf 2002, S. 145 - 148. Wie dabei ein konkretes Aktienoptionsprogramm aussieht zeigt der Lufthansa Konzern. Vgl. dazu Ott, M., Die Aktienprogramme im Lufthansa Konzern, in: Wagner, K.-R., (Hrsg.), Mitarbeiterbeteiligung. Visionen für eine Gesellschaft von Teilhabern, Wiesbaden 2002, S. 372 - 380.

Unterlagen fehlen.[376] Trotz des am 3. August 2005 in Kraft getretenen „*Vorstandsvergü-tungsoffenlegungsgesetz*" (VorstOG), nachdem ein individualisierter Ausweis der Vorstandsvergütungen zu erfolgen hat, liegt immer noch keine vollständige **Transparenz** vor. Wenn 75 v.H. der auf der Hauptversammlung vertretenen Aktionäre zustimmen, kann auch zukünftig die Transparenz umgangen werden. Dann gilt die bisherige Regelung: Ausweis nur des *Gesamtaufwandes* für den Vorstand. Außerdem gilt das Gesetz nur für **Aktiengesellschaften**. Alle anderen Kapitalgesellschaften bleiben unverständlicherweise außen vor.

Wie ist es zu dieser Entwicklung gekommen? Sicher mit dazu beigetragen hat der Umstand, dass immer wieder in *Wissenschaft*, *Politik* und *Medien* so getan wird, als seien Manager und Unternehmer diejenigen, die über den Wert und die **Zukunft eines Unternehmens** durch ihre Arbeit so gut wie alleine entscheiden würden. Dass dies nicht so ist, wurde bereits hinlänglich in den bisherigen Kapiteln aufgezeigt. Die **neoliberale Grundstimmung** eines heute völlig unreflektierten *Markt-* und *Wettbewerbsdenkens* in der Gesellschaft hat ohne Frage auch einen hohen Anteil an der blinden Managergläubigkeit. Nun sind angestellte Manager in Kapitalgesellschaften (Vorstände in Aktiengesellschaften und Geschäftsführer in GmbH's) **keine Unternehmer im klassischen Sinn**, die neben ihrer Arbeitskraft auch *haftendes Eigenkapital* in die Unternehmen einbringen.[377] Sie vertreten nur die Unternehmerfunktion mit der Hergabe ihrer Arbeitskraft und erfüllen damit auch nur den einen Teil der Unternehmerfunktion. Mit eigenem Kapital haften sie in der Regel nicht und bei Verlusten wird ihnen auch nichts vom Gehalt abgezogen, allenfalls fällt die Tantieme, der **variable Gehaltsanteil**, bescheidener aus.

Dieser Tatbestand hat aus Sicht der **Kapitaleigner** (Shareholder) in Kapitalgesellschaften zu Problemen geführt. Die Manager würden nicht die **Shareholder-Interessen** in Form einer Maximalverzinsung des eingesetzten Eigenkapitals vertreten, sondern seien vielmehr auf ihre *eigenen Interessen* fixiert, auf hohe *Einkommen* und *Macht*, die nicht selten mit gesellschaftlichen Eitelkeiten gepaart sind. Die Anfang der 1990er Jahre initiierte **Shareholder Value Bewegung**, die mit einer Koppelung der Managervergütung an den **Aktienkurs** Manager in Anbetracht der **Principal-Agent-Theorie**[378] anreizen wollte,[379] führte in Folge zu einer fatalen allgemeinen Unternehmensentwicklung, die jetzt nur noch auf eine **kurzfristige Renditebefriedigung** setzt (vgl. Abschnitt 3.2.4). Alles wird dem Fetisch Aktienkurs in einer kurzfristigen Diktion geopfert; selbst dingend notwendige **Innovationsprozesse**. Dabei sind Aktienkurse nicht einmal ein geeignetes Instrument zur Messung eines Unternehmenserfolges,

---

[376] Vgl. Hannoversche Allgemeine Zeitung vom 27. Juli. 2007.

[377] Die Ausnahme sind hier *geschäftsführende Gesellschafter* in einer GmbH. Diese haben eine Doppelrolle als Gesellschafter und aktiver Geschäftsführer.

[378] Die *Principal-Agent-Theorie* beleuchtet die Beziehung zwischen Principal (Kapitaleigner) und Agent (Vorstand). Angenommen wird hierbei, dass Principal und Agent in einem *Vertragsverhältnis* stehen, dessen Vertrag der Principal dem Agenten anbietet. Basis dieses Vertrages sind die Aufgaben, die zu bearbeiten sind und die Vergütung. Man nimmt an, dass sowohl der Principal als auch der Agent immer so handeln, dass sie ihre *eigenen Vorteile* ausnutzen. Da aber eine Informationsasymmetrie sowie ein Interessenkonflikt zwischen Principal und Agent zum Vorteil des Agenten vorliegen, muss der Principal den Agenten mit einem *Anreizsystem* auf seine Seite ziehen. Vgl. Picot, A., Dietl, H., Franck, E., Organisation - Eine ökonomische Perspektive, 4. Aufl., Stuttgart 2005.

[379] Dabei erweist sich diese Orientierung als völlig *ineffektiv*, was den angestrebten Zweck anbelangt. Dies zeigt *Joachim Zimmermann*, der in einer *empirischen Untersuchung* herausgefunden hat, dass zwischen der Vorstandsvergütung und der Entwicklung der Aktienkurse als Indikator der Unternehmensperformance keine Korrelation besteht. Vgl. Zimmermann, J., Sind Managergehälter wirklich zu hoch?, in: Wirtschaftsdienst, Heft 6/2004.

„da lediglich ungefähr 30 v.H. der Dynamik der Aktienkurse sich auf *unternehmensrelevante Daten* zurückführen lassen. Vor allem der längerfristige Einfluss von **Spekulationen** verzerrt die Aussagekraft der Aktienkurse. Daraus ergibt sich durchaus die Gefahr, dass Manager versuchen, durch spekulative Geschäfte die Kurse zu ihren Gunsten nach oben zu treiben. Manager einer Kapitalgesellschaft wären demgegenüber gut beraten, ihren Erfolg an der längerfristigen Sicherung der Wettbewerbsfähigkeit und der Stärkung der Motivation der Beschäftigten sowie weiteren sozialen und ökologischen Zielen auszurichten. Dazu gehört auch die Anerkennung der *Sicherung von Arbeitsplätzen*"[380] (vgl. dazu Abschnitt 3.2.5 „Ein alternatives Unternehmensmodell"). Durch die Reduktion der Unternehmensentwicklung auf steigende Aktienkurse und Renditen werden die berechtigten Interessen der **Stakeholder** nicht mehr berücksichtigt. **Beschäftigte** werden entlassen, **Kunden** mit schlechten Produkten zu überzogenen Preisen bedient, **Lieferanten** bei Einkaufspreisen und sonstigen Beschaffungskonditionen geknebelt, dem **Staat** – teilweise durch Bilanzmanipulationen und Korruption – werden *Steuerzahlungen* vorenthalten und die **Öffentlichkeit** in Sachen Informationen und Umweltschutz hinters Licht geführt.

Wie hoch dürfen nun aber Managervergütungen sein? Hierfür gibt es keine wissenschaftlich ableitbare bzw. gültige Formel. Auch die **Grenzproduktivitätstheorie**, bei der der Einsatz einer zusätzlichen Arbeitskraft dann gewinnoptimal ist, wenn das Wertgrenzprodukt dem Nominallohnsatz entspricht (vgl. Abschnitt 3.4.2) ist zwar als Theorie zur Verschleierung des grundsätzlich bestehenden kapitalistischen **Lohn-Gewinn-Verhältnisses** tauglich (vgl. Kap. 2), nicht aber zur Ableitung bzw. Bestimmung der Lohnhöhe eines „einfach" Beschäftigten oder eines Managers in der wirtschaftlichen Realität. Allein die bei der Grenzproduktivitätstheorie unterstellten Prämissen eines vollkommenen Marktes und einer vollkommenen Konkurrenz machen die Theorie für die Praxis zur Einkommensfestlegung untauglich. Man kann eben realiter nicht den individuellen Lohn oder das Managergehalt mit der darauf rückrechenbaren (zusätzlichen) Wertschöpfung eines *ganzen Unternehmens* gleichsetzen. Hierzu fehlen sämtliche Daten. Eine unternehmerische Leistung ist immer eine **arbeitteilig** von *allen* Beschäftigten erbrachte Leistung. Eine individualisierte Rechnung ist schlicht nicht möglich und damit eine sogenannte „leistungsgerechte Entlohnung" nicht bestimmbar. Wie die große britische Ökonomin *Joan Robinson* bissig und zu Recht anmerkte, wird vielmehr die Formel „*Entlohnung nach Leistung*" auf den Kopf gestellt: Wer viel verdient, der leistet viel, und wenn er noch mehr verdient, dann ist das ein Zeichen für zusätzliche Leistung.

Auch das deutsche **Aktiengesetz** hilft bei der Bestimmung von *Vorstandsbezügen* nicht weiter. Hier „hat der Aufsichtsrat bei der Festsetzung der Gesamtbezüge des einzelnen Vorstandsmitglieds (Gehalt, Gewinnbeteiligungen, Aufwandsentschädigungen, Versicherungsentgelte, Provisionen und Nebenleistungen jeder Art) dafür zu sorgen, dass die Gesamtbezüge in einem angemessenen Verhältnis zu den **Aufgaben** des Vorstandsmitglieds und zur **Lage** der Gesellschaft stehen (§ 87 Abs. 1 AktG). Nach dem deutschen **Corporate Governance Kodex** gehören zur Angemessenheit der Vergütung auch **erfolgsabhängige Komponenten**:

„Kriterien für die Angemessenheit der Vergütung bilden insbesondere die Aufgaben des jeweiligen Vorstandsmitgliedes, seine persönliche Leistung, die Leistung des Vorstands sowie die wirtschaftliche Lage, der Erfolg und die Zukunftsaussichten des Unternehmens

---

[380] Hickel, R., Sind die Manager ihr Geld wert?, in: Blätter für deutsche und internationale Politik, Heft 10/2004, S. 1.202 - 1.203.

unter Berücksichtigung seines Vergleichsumfelds" (Regierungskommission Deutscher Corporate Governance Kodex 2006)."[381]

Nur was heißt hier „in einem angemessenen Verhältnis" oder „persönliche Leistung", „wirtschaftliche Lage" bzw. „Erfolg und die Zukunftsaussichten des Unternehmens unter Berücksichtigung seines Vergleichsumfelds"? Dies alles sind nur wenig operationale Indikationen für eine Bemessung von Vorstandsmitgliedern. Und wie sieht es bei **Geschäftsführern** aus? In ihrem bereits in 5. Auflage erschienenen Buch zur Gehaltsfestsetzung von GmbH-Geschäftsführern kommen Heinz Evers, Christian Näser und Frank Grätz zu dem ernüchternden Ergebnis, dass es bei Geschäftsführern in GmbH's nur eine „**relativ gerechte Vergütung**" geben könnte, d.h. eine solche, die im Vergleich zur Vergütung bestimmter anderer Personen oder Personengruppen als angemessen empfunden wird. Als Personen-Vergleichsgruppen nennen sie die „**unterstellten Mitarbeiter im eigenen Unternehmen**", hier in erster Linie die leitenden Angestellten, wobei sie die unterschiedlichen Stellenanforderungen und persönlichen Leistungen als Referenzgrößen benennen. Und zum zweiten nennen sie „**Geschäftsführer in gleichartigen Gesellschaften**".[382]

Die **betriebliche Praxis** hat – dies ist offensichtlich in Vergessenheit geraten – zur Bewertung von Managern auf höchster Ebene schon vor langer Zeit eine Formel entwickelt. Hierbei wurde im Jahr 1940 vom „*Verband der Deutschen Seiden- und Samtindustrie*" die sogenannte „Seifenformel" aufgestellt. Demnach sollte der jährliche „Unternehmerlohn" das 18-fache der Quadratwurzel eines Unternehmensumsatzes betragen.

$$\text{Unternehmerlohn} \ = \ 18 \cdot \sqrt{\text{Umsatz}}$$

Dies würde bedeuten, dass ein Unternehmen mit einem jährlichen Umsatz von beispielsweise 100 Mio. € einen kalkulatorischen Unternehmerlohn in Höhe von 180.000 € an einen Manager zahlen müsste. Bei einem Umsatz von 1 Mrd. € würde sich ein Wert von knapp 570.000 € ergeben. Diese Formel wurde aber als zu **undifferenziert** verworfen, weil sie nur den **Umsatz** als Einflussgröße berücksichtigt. Mit reinen Umsatzsteigerungen könnten so die Manager ihre Gehälter maximieren, ohne die Unternehmen wirklich weiterentwickelt zu haben und selbst bei **Verlusten** würden ihre Gehälter noch steigen. So wurde eine *differenziertere Formel* entwickelt, die neben dem Umsatz U auch die **Vorleistungen** (Materialaufwand, Abschreibungen und sonstige Vorleistungen) sowie den **Personalaufwand** L berücksichtigt. Hinzu kommt die **Umsatzrendite** G/U als auch der **Eigenkapitalumschlag** EK_U. Demnach gilt hier die Formel:

$$\text{Unternehmerlohn} \ = \ \left[\left(\frac{G}{U} \ \cdot \ EK_U \right) \cdot 100 \right] \ \cdot \ \frac{U}{\sqrt{V + L}}$$

U = Umsatz

G = Gewinn

G/U = Umsatzrendite

EK_U = Eigenkapitalumschlag

V = Vorleistungen (Materialaufwand, Abschreibungen, sonstige Vorleistungen)

L = Personalaufwand

---

[381] Chahed, Y., Müller, H.-E., Unternehmenserfolg und Managervergütung. Ein internationaler Vergleich, München und Mering 2006, S. 14.

[382] Vgl. Evers, H., Näser, C., Grätz, F., Die Gehaltsfestsetzung bei GmbH-Geschäftsführern, 5. Aufl., Köln 2001, S. 6.

Geht man beispielsweise von einem Umsatz in Höhe von 100 Mio. €, einem Materialaufwand von 35 Mio. €, Abschreibungen von 6 Mio. € und einem Personalaufwand von 25 Mio. € aus (dies entspricht einem Unternehmen mit etwa 750 Beschäftigten), und berücksichtigt einen Gewinn von 8 Mio. € sowie einen Eigenkapitalumschlag von 1,3mal, so ergäbe sich hier ein jährlicher Unternehmerlohn bzw. ein Managergehalt in Höhe von 128.000 €.

Aber auch dieser differenzierte „geformelte" Wert berücksichtigt noch nicht den **Fremdkapitaleinsatz** und die daraus aus dem Unternehmen abfließenden *Zinsen* sowie die wertschöpfungsbildenden **Miet-** und **Pachtzahlungen** (*Grundrente*). Außerdem wird der **Personalaufwand** L negativ in die Berechnung des Unternehmerlohns einbezogen. Dieser stellt aber eine unternehmerische *Wertschöpfung* dar, die *positiv* und nicht negativ zu werten ist. Ohne diesen Personalaufwand bzw. die sich dahinter verbergenden Beschäftigten gäbe es das ganze Unternehmen gar nicht. Die abhängig Beschäftigten sind als **Stakeholder** positiv in die Berechnung einzubeziehen. Daher wird hier die folgende Formel zur Bestimmung von Managergehältern vorgeschlagen:

$$\text{Unternehmerlohn} \;=\; \left[\left(\frac{G}{U} \;\cdot\; GK_U\right)\cdot 100\right] \;\cdot\; \frac{U}{\sqrt{W}}$$

GK_U = Gesamtkapitalumschlag

W = Wertschöpfung

In Erweiterung der bereits zuvor genannten Unternehmensdaten werden jetzt noch Zinsen in Höhe von 700.000 €, Miet- und Pachtzahlungen von 350.000 € und ein Gesamtkapitalumschlag von 0,9mal in die Berechnung einbezogen. Somit ergibt sich insgesamt eine Wertschöpfung W von 34.050.000 € und ein Unternehmerlohn (Managergehalt) in Höhe von 123.388 €. Wenn hier auch zur vorherigen Formel die Werte in etwa gleich groß sind, so stellt dennoch die letztere Formel den wesentlich differenzierteren Wert dar, so dass es bei veränderten Daten auch zu stärker abweichenden Ergebnissen kommt.

3.7.2.4   Einkommen Freier Berufe

Um neben den Managergehältern Einkommensunterschiede zwischen abhängig Beschäftigten und Selbständigen (anhand der Gruppe der Freien Berufe) aufzuzeigen, aber auch um Einkommensunterschiede innerhalb der Selbständigen zu dokumentieren, soll im Folgenden auch noch ein Vergleich der durchschnittlichen Bruttoeinkommen für einige wesentliche Freie Berufe vorgenommen werden. Zwar existiert keine allgemein anerkannte Definition des Freien Berufes, dennoch herrscht weitgehende Einigkeit darüber, dass ihm bestimmte Merkmale wie berufliche Selbständigkeit, Notwendigkeit einer hohen qualifizierten Ausbildung (meist akademisch) und das Tragen eines Geschäftsrisikos zugehörig sind. Laut Institut für Freie Berufe an der Universität Erlangen-Nürnberg (IFB) übten 2006 rund 783.000 Personen einen Freien Beruf aus. Im Jahr 1997 waren es noch 637.000. Dies entspricht einer Steigerung um fast 23 v.H. Bezogen auf alle Selbständigen in Deutschland (4.392.000 im Jahr 2006) machten die freien Berufe einen Anteil von 17,8 v.H. aus. Sie beschäftigten insgesamt etwa 2,7 Millionen sozialversicherungspflichtig Beschäftigte.[383] Die jüngsten Daten, die bezüglich des Einkommens zur Verfügung stehen, stammen aus der Einkommensteuerstatistik des Jahres 2001. Es handelt sich hierbei um jahresdurchschnittliche Bruttoeinkommen.

---

[383]   Vgl. Berufsorganisationen und amtliche Statistiken sowie die Statistik des IFB.

Tab. 13 zeigt u.a., dass die Zahnärzte und Ärzte mit Abstand die höchsten Einkommen erzielen. Bei einem Vergleich mit dem Bruttoarbeitnehmerentgelt je abhängig Beschäftigten, das 2006 inklusive der Arbeitgeberanteile zur Sozialversicherung bei 31.812 € lag, überstieg das Zahnärzteeinkommen diesen Wert um 77.748 € oder um 244,4 v.H. Beim Ärzteeinkommen waren es 64.599 € oder 203,1 v.H. Die Künstlerischen Berufe lagen dagegen um 16.511 € oder um 51,9 v.H. unter dem Durchschnittseinkommen der abhängig Beschäftigten.

Tab. 13:   Einkommensvergleich freier Berufe im Jahr 2001

Berufsgruppe	Jahreseinkünfte in €	Abweichung zum Bruttoeinkommen der abhängig Beschäftigten	
		in €	in v.H.
Zahnärzte	109.560	77.748	244,4
Ärzte	96.411	64.599	303,1
Wirtschaftsprüfer	70.339	38.527	121,1
Steuerberater	59.472	27.660	86,9
Rechtsanwälte/Notare	59.437	27.625	86,8
Tierärzte	39.858	8.046	25,3
Ingenieure/Techniker	35.858	4.046	12,7
Architekten	33.953	2.141	6,7
Heilpraktiker	31.102	- 710	- 2,2
Künstlerische Berufe	15.301	- 16.511	- 51,9
Freie Berufe insgesamt	42.952	11.140	35,0

Quelle: Destatis, Anfrage beim Statistischen Bundesamt.

Tab. 14:   Einkommensschichtung ausgewählter Freier Berufe im Jahr 2001

Bruttoeinkünfte Von...bis unter...€		Zahnärzte		Architekten		Künstlerische Berufe	
		Anzahl	in v.H.	Anzahl	in v.H.	Anzahl	in v.H.
1	- 25.000	3.488	8,4	28.597	44,7	46.088	77,0
25.000	- 50.000	5.427	13,3	16.265	25,4	7.453	12,5
50.000	- 75.000	6.799	16,7	8.260	12,9	2.540	4,3
75.000	- 100.000	6.317	15,5	4.240	6,6	1.241	2,1
100.000	- 150.000	8.840	21,7	3.708	5,8	1.118	1,9
150.000	- 250.000	6.767	16,6	1.896	2,9	726	1,3
250.000	- 500.000	2.757	6,8	857	1,3	384	0,6
500.000	- 1.000.000	356	0,9	188	0,3	123	0,2
1 Mio.	- 2. Mio.	27	0,1	49	0,1	46	0,1
2. Mio. oder mehr		0	0,0	3	0,0	11	0,0

Quelle: Destatis, Anfrage beim Statistischen Bundesamt.

Fasst man alle Freien Berufe zusammen, so lag deren Einkommen insgesamt um 11.140 € oder um 35 v.H. über dem jahresdurchschnittlichen Bruttoeinkommen aller abhängig Beschäftigten. Die Einkommen *innerhalb* der Freien Berufe schwanken vor dem Hintergrund der Durchschnittswerte aber relativ stark, wie Tab. 14 anhand von drei ausgewählten Berufsgruppen (*Zahnärzte, Architekten* und *Künstlerische Berufe*) zeigt. Demnach erzielen nur 8,4 v.H. aller Zahnärzte ein Brutto-Jahreseinkommen bis zu 25.000 €, während es bei den Architekten 44,7 v.H. und bei den Künstlerischen Berufen sogar 77,0 v.H. sind. Auch bei den höheren Einkommen zwischen 100.000 € und 250.000 € sind die Zahnärzte wesentlich besser gestellt. Hier kommen sie auf einen Anteil von 38,3 v.H., während bei den Architekten nur 8,7 v.H. und bei den Künstlerischen Berufen sogar nur 3,2 v.H. in dieser Einkommensklasse anzutreffen sind. Zwischen 1 Mio. und 2. Mio. sind die Anteile bei allen drei Freien Berufen mit 0,1 v.H. gleich groß und niedrig. Nur einmal halten die *Künstlerischen Berufe* bei den absoluten Zahlen mit 11 Künstlern die Spitze, die 2 Mio. € und mehr an Einkommen erzielten.

3.7.3 Diskussion zu hoher Lohnnebenkosten

3.7.3.1 Definition und Entwicklung

Der Begriff der sogenannten Lohnnebenkosten ist in den letzten Jahren verstärkt in die *politische Diskussion* und über die Medien ins Massenbewusstsein vorgedrungen. Die *rot-grüne Bundesregierung* (SPD/Bündnis 90/Die Grünen) erklärte 1998 in ihrem Koalitionsvertrag, dass sie dafür sorgen werde, „dass die Sozialabgaben gesenkt werden. Die Entlastung der Arbeit durch eine Senkung der gesetzlichen Lohnnebenkosten ist der Eckpfeiler unserer Politik für neue Arbeitsplätze. Dazu werden wir (...) Strukturreformen durchführen, um die Zielgenauigkeit und Wirtschaftlichkeit der Sozialen Sicherungssysteme zu verbessern." Auch die *schwarz-rote Bundesregierung* (CDU/CSU/SPD) machte 2005 in ihrem Koalitionsvertrag die Lohnnebenkosten zu einer wichtigen zu reduzierenden Zielgröße ihrer Politik. Die Lohnnebenkosten (Sozialversicherungsbeiträge) sollen hier „dauerhaft unter 40 v.H. gesenkt werden." Sowohl für Unternehmen als auch für Arbeitnehmer sei mittlerweile ein *„unerträgliches Niveau"* erreicht. Eine Senkung der Lohnnebenkosten würde nicht nur die Unternehmen von **Personalkosten** entlasten, sondern auch gleichzeitig den **Nettolohn** der Beschäftigten erhöhen. Durch die Personalkostenreduzierung stiegen die **Gewinne** und damit die Wettbewerbsfähigkeit der Unternehmen und die Beschäftigten verfügten über eine höhere Kaufkraft zur Ankurbelung der Nachfrage. Letztlich sei so mit mehr **Wachstum** und **Beschäftigung** zu rechnen.

Die Lohnnebenkosten werden auch *politisch* zur Beschneidung eines sogenannten „überbordenden" **Sozialstaats** instrumentalisiert. Die Beiträge der Arbeitgeber zur Sozialversicherung seien aus Wettbewerbsgründen für die deutsche Wirtschaft zu hoch. Der „soziale Konsum" an der volkswirtschaftlichen Wertschöpfung (vgl. Abschnitt 4.2.2) müsse reduziert werden. Deshalb wurde eine kaum noch überschaubare Vielzahl an *„Reformkonzepten"* zum Umbau des Sozialstaats entwickelt.[384] Eine nicht sozialstaatliche, sondern eine *arbeitsmarktpolitische Argumentation* zur Senkung der Lohnnebenkosten zielt auf eine staatliche **Subventionierung für Niedrigverdiener** ab. Hier soll der *Arbeitgeber* ebenfalls bei den Arbeitskosten entlastet und der abhängig Beschäftigte zur Arbeitsaufnahme durch erlassene Sozialabgaben angereizt werden (vgl. dazu noch einmal das Abschnitt 3.4.5.1 Kombilöhne).

---

[384] Vgl. Butterwegge, C., Krise und Zukunft des Sozialstaates, 3. Aufl., Wiesbaden 2006.

Differenziert man die Lohnnebenkosten nach dem *„Verursacherprinzip"*, so lassen sich **gesetzliche, tarifliche** und **„freiwillig"**[385] gezahlte **betriebliche Lohnnebenkosten** unterscheiden. Außerdem subsumiert man unter dem Begriff der Lohnnebenkosten die **Vergütung arbeitsfreier Tage**. Mit den **gesetzlichen Lohnnebenkosten**, auch als *„Sozialentgelt"* bezeichnet, wird der Schutz für vier wichtige Bereiche des menschlichen Lebens geschaffen. Dazu zählen **Krankheit** inkl. Lohnfortzahlung im Krankheitsfall (Beiträge zur *Krankenkasse*), **Arbeitslosigkeit** (Beiträge zur *Bundesagentur für Arbeit*), **Alter** (Beiträge an die *Rentenversicherungsträger*) und **Unfall** (Beiträge für *Berufsgenossenschaften*). Neu hinzugekommen ist ein Sozialentgelt für die **Pflege im Alter** (Beiträge zur Pflegeversicherung an die *Krankenkassen*).

Die **empirischen Daten** der Lohnnebenkosten werden von verschiedenen Institutionen erfasst und veröffentlicht.[386] Hierbei sind die Daten alle heftig umstritten. Selbst die amtlichen Zahlen des *Statistischen Bundesamtes* werden kritisiert.

> „Die Aussagekraft der amtlichen Statistik ist von vornherein insofern deutlich eingeschränkt, als nur ein Teil der Gesamtwirtschaft in die Untersuchung einbezogen wird, darüber hinaus bleibt der Bereich der Kleinbetriebe ausgeblendet."[387]

Außerdem differenziert das *Statistische Bundesamt*, auf deren Zahlen alle anderen Lohnnebenkosten-Konzeptionen und Veröffentlichungen aufbauen, das Arbeitsentgelt bzw. die Arbeitskosten in ein *„Entgelt für geleitete Arbeitszeit"* und quasi in Lohnnebenkosten fürs *„Nichtstun"*, als abgeleitete Lohnbestandteile. Damit steht aber die ökonomische Welt auf dem Kopf, wie zu Recht *Rainer Roth* feststellt. „Der gesamte Lohn, einschließlich der ‚Nebenkosten', beruht doch auf nichts anderem als auf ‚*geleisteter Arbeit'*. Der Lohn ist jedoch nicht das ‚Entgelt für geleistete Arbeit'. Er ist der *Preis für die Ware Arbeitskraft* und muss deren durchschnittliche Lebenshaltungskosten decken. Da Arbeitskräfte auch außerhalb der reinen Arbeitszeit leben, fallen bedauerlicherweise auch hier ‚Kosten' an. Der Lohn muss so hoch sein, dass auch diese Zeiten überstanden werden können. Auch wenn ein Teil des Lohns als z.B. ‚*Arbeitgeberbeitrag'* zur Sozialversicherung gezahlt wird, ist er doch ausschließlich ein ‚Arbeitnehmerbeitrag'. Die Lohnarbeiter erarbeiten ihren Lohn sowie die Einnahmen der Sozialversicherung in vollem Umfang selbst."[388] Auch *Thomas Schönwälder* stellt zur Definition und Abgrenzung der Lohnnebenkosten kritisch fest: „Die Grundlage des Arbeitskostenkonzeptes des *Statistischen Bundesamtes*, das ‚Entgelt für geleistete Arbeitszeit', kann keinerlei theoretische Einordnung beanspruchen. Angeboten wird ein Konstrukt, dem die absurde Vorstellung zugrunde liegt, abgeleiteten Lohnbestandteilen gehe keine Wertschöpfung voraus; diese seien den Unternehmen aufgezwungene oder freiwillig gewährte Zahlungen ohne ökonomischen Zusammenhang. Eine derartige Vorstellung ist nur bei einer Betrachtung ausschließlich aus der *einzelwirtschaftlichen Perspektive* möglich. Die Gliederung des Lohnes in einen direkt (individueller Lohn) und in indirekt (kollektiver Lohn) gezahlte Teile resultiert daraus, dass die *Erhaltung des Arbeitsvermögens* notwendig

---

[385] Bei den angeblich *„freiwillig"* gezahlten Lohnnebenkosten stehen aber nicht das Wohlergehen der Arbeitnehmer im Vordergrund, sondern die ökonomischen Gewinnvorteile des Unternehmers.

[386] Dazu gehören: Statistisches Bundesamt, Institut der deutschen Wirtschaft (IW), Deutsche Gesellschaft für Personalführung (DGFP), Institut für Mittelstandsforschung (IfM) und außerdem verschiedene Wirtschaftsverbände wie z.B. die Versicherungswirtschaft oder der Zentralverband der elektronischen Industrie.

[387] Schönwälder, T., Begriffliche Konzeption und empirische Entwicklung der Lohnnebenkosten in der Bundesrepublik Deutschland – eine kritische Betrachtung, Düsseldorf 2003, S. 21.

[388] Roth, Rainer, Arbeitslosigkeit in Deutschland. Nebensache Mensch, Frankfurt a. M. 2003, S. 413f.

zu einem in Teilen gesellschaftlich organisierten Prozess wird, der zwangsläufig aus der einzelwirtschaftlichen Perspektive nicht sinnvoll entschlüsselt werden kann. Im amtlichen Konzept wird darüber hinaus die *Vergütung arbeitsfreier Tage* (Feiertage, Urlaub, Krankheit) den (nicht aus Arbeitsverausgabung erwirtschafteten) Lohnnebenkosten zugerechnet. Ganz abgesehen von den Konsequenzen sozial- und wohlfahrtsstaatlicher Umverteilung für die Struktur des Lohnes wird hier der Lohn letztlich auf den für die unmittelbare physische Subsistenz notwendigen Aufwand reduziert. Damit wird nicht nur ignoriert, dass die Festlegung des Lohnes immer ein *gesellschaftliches Verhältnis* ist, sondern auch vielfältigen (grund-)gesetzlichen, also demokratisch gesetzten Regeln unterliegt."[389]

Das *Institut der deutschen Wirtschaft* (IW) hat auf Grund der Kritik an der Darstellung der Lohnnebenkosten reagiert und entschieden, die Lohnnebenkosten nicht mehr als Einzelgröße hervorzuheben, sondern stattdessen die Arbeitskostenstruktur näher zu dokumentieren. Dabei werden die einzelnen Kostenkomponenten in Prozent der **Bruttolöhne und -gehälter** (jahresbezogen) dargestellt. Anders als nach amtlicher Abgrenzung in der Arbeitskostenerhebung ist in den Bruttolöhnen und -gehältern hier die Lohnfortzahlung im Krankheitsfall enthalten, während die Sachleistungen nicht einbezogen sind. Somit entsprechen die Bruttolöhne und -gehälter dem auf der Verdienstabrechnung ausgewiesenen Jahresverdienst der abhängig Beschäftigten inkl. der *Sozialversicherungen* (Arbeitnehmeranteil). Das **Entgelt für geleistete Arbeitszeit** (Direktentgelt) bildet aber weiter die rechnerische Basis. Es wird einschließlich aller leistungs- und erfolgsabhängiger Sonderzahlungen ausgewiesen.

Tab. 15:   Struktur der Arbeitskosten im Jahr 2006 (Produzierendes Gewerbe Deutschlands)- Angaben in v.H. des kalenderbereinigten Bruttolohns und -gehalts -

Entgelt für geleistete Arbeitszeit (Direktentgelt)	76,2
(1) + Vergütung arbeitsfreier Tage	16,5
(2) + Sonderzahlungen	7,4
= Bruttolohn und -gehalt	100,0
(3) + Aufwendungen für Vorsorgeeinrichtungen	26,1
(4) + Sonstige Lohnnebenkosten	4,3
= Arbeitskosten insgesamt	130,4

Quelle: Statistisches Bundesamt, Institut der deutschen Wirtschaft, IW-Trends 2/2007.

Fürs IW bilden daher weiter die Positionen (1) bis (4) in der Tab. 15 die Lohnnebenkosten. Sie machten 2006 im *Produzierenden Gewerbe* Deutschlands 71,3 v.H. aus. Damit kommt es beim statistischen Ausweis zu einer **unechten Quote**, die ebenfalls einen manipulierenden Charakter hat. Hierbei werden die Lohnnebenkosten im Nenner nicht auf die *gesamten Arbeitskosten* (**echte Quote**), also inkl. der Lohnnebenkosten bezogen, sondern lediglich auf das *„Entgelt für geleistete Arbeitszeit"*. Dadurch fällt die Quotenbildung entsprechend geringer aus.

$$\text{Echte Quote} \quad = \quad \frac{\text{Lohnnebenkosten}}{\text{Entgelt für geleistete Arbeitszeit} \quad + \quad \text{Lohnnebenkosten}}$$

$$\text{Unechte Quote} \quad = \quad \frac{\text{Lohnnebenkosten}}{\text{Entgelt für geleistete Arbeitszeit}}$$

---

[389]   Schönwälder, T., Begriffliche Konzeption und empirische Entwicklung der Lohnnebenkosten, a.a.O., S. 35f.

Realiter macht dies im *westdeutschen Produzierenden Gewerbe* um die 30 Prozentpunkte unterschied aus. D.h. die falsche unechte Quote suggeriert einen wesentlich höheren Anteil an Lohnnebenkosten als die richtige echte Quote. Ihr Anteil an den gesamten Arbeitskosten betrug 1978 41,0 v.H. Bis 2006 gab es lediglich einen Anstieg um 0,9 Prozentpunkte auf 41,9 v.H. In Anwendung der unechten Quote ergibt sich dagegen eine Steigerung um 2,6 Prozentpunkte (vgl. Tab. 16).

Tab. 16:   Lohnnebenkosten im Produzierenden Gewerbe Westdeutschland

Jahr	Arbeitskosten/ Arbeitnehmer	Davon: Entgelt für geleistete Arbeitszeit	v.H.	Lohnneben- Kosten	Unechte Quote v.H.	Echte Quote v.H.
1978	19.656	11.588	59,0	8.068	69,6	41,0
1992	38.139	21.500	56,4	16.639	77,4	43,6
1996	43.806	24.714	56,4	19.092	77,3	43,6
2000	46.733	27.054	57,9	19.679	72,7	42,1
2004	51.858	29.922	57,7	21.936	73,3	42,3
2005	52.830	30.600	57,9	22.230	72,6	42,1
2006	53.840	31.260	58,1	22.580	72,2	41,9

Quelle: Institut der deutschen Wirtschaft, IW-Trends, verschiedene Ausführungen

Im *ostdeutschen Produzierenden Gewerbe* (hier liegen empirische Werte erst ab 1992 vor) fällt zunächst einmal auf, dass die Arbeitskosten je abhängig Beschäftigten im Jahr 1992 nur 54,5 v.H. der Arbeitskosten eines Arbeitnehmers im Westen ausmachten. Bis 2006 ist die Relation auf 65,5 v.H. angestiegen. Es hat also eine Annäherung stattgefunden, allerdings liegt das Arbeitskostenniveau Ostdeutschlands damit immer noch um knapp 35 Prozentpunkte unterhalb Westdeutschlands. Die *echte* Lohnnebenkostenquote liegt dagegen nahe der westdeutschen Quote, während die unechte Quote stark unter der Westdeutschen liegt. Dies ist darauf zurückzuführen, dass der Anteil des „Entgelts für geleistete Arbeitszeit" an den gesamten Arbeitskosten in Ostdeutschland größer ist als in Westdeutschland. Außerdem ist im produzierenden Gewerbe Ostdeutschlands sowohl bei der unechten (um 4,2 Prozentpunkte) als auch bei der echten Quote der Lohnnebenkosten (um 1,5 Prozentpunkte) ein Rückgang zwischen 1992 und 2006 festzustellen (vgl. Tab. 17).

Tab. 17:   Lohnnebenkosten im Produzierenden Gewerbe Ostdeutschland

Jahr	Arbeitskosten/ Arbeitnehmer	Davon: Entgelt für geleistete Arbeitszeit	v.H.	Lohnneben- Kosten	Unechte Quote v.H.	Echte Quote v.H.
1992	20.802	12.600	60,6	8.202	65,1	39,4
1996	27.805	16.996	61,1	10.809	63,6	38,9
2000	29.986	18.536	61,8	11.450	61,8	38,2
2004	33.922	20.967	61,8	12.955	61,8	38,2
2005	34.610	21.470	62,0	13.140	61,2	38,0
2006	35.290	21.930	62,1	13.360	60,9	37,9

Quelle: Institut der deutschen Wirtschaft, IW-Trends, verschiedene Ausführungen

Auch ein *internationaler Vergleich* zeigt (hier wird mit *echten Quoten* gerechnet, wobei aber wie in Tab. 15 ausgeführt nur die Aufwendungen für Vorsorgeeinrichtungen (Sozialversicherungen) und sonstige Lohnnebenkosten auf die Bruttolöhne und -gehälter bezogen werden), dass *Deutschland* mit seinen Lohnnebenkosten bzw. echten Quoten nicht zu hoch liegt. Bei uns zahlten die Arbeitgeber in der Privatwirtschaft 2004 (Durchschnitt aller Branchen) auf 100 € Bruttolohn und -gehalt zusätzlich gut 33 € Lohnnebenkosten. In der *Europäischen Union* (EU 27) lag der vergleichbare Wert – berechnet als gewichtetes Mittel – mit 36 € gut 3 € höher. Zwischen den EU-Ländern wurde eine große Spannweite der Lohnnebenkosten ermittelt: Auf 100 € zahlten die Arbeitgeber in *Schweden* mit über 51 € die höchsten Lohnnebenkosten, gefolgt von *Frankreich* mit über 50 €. Vor Deutschland lagen u.a. noch Belgien (46 €), Italien (46 €), Ungarn (44 €), Litauen und Griechenland (je 40 €), Tschechische Republik und Bulgarien (je 39 €), Spanien und die Slowakei (je 36 €) und Rumänien 35 €. Die geringsten Lohnnebenkosten wurden in *Malta* mit knapp 10 € ermittelt.[390]

3.7.3.2   Lohnnebenkosten und Produktivität

Was sagen aber die reinen Lohnnebenkosten-Quoten bezogen auf die **Wettbewerbsfähigkeit** bzw. im Hinblick auf mehr **Beschäftigung** aus? Wer lediglich behauptet die Lohnnebenkosten-Quoten seien zu hoch, der argumentiert ökonomisch genauso ins Leere wie derjenige, der schlicht behauptet, die Löhne und Gehälter seien zu hoch. Nicht das absolute, sondern das **relative Lohnniveau** ist die ökonomisch relevante Größe. Dies deshalb, weil bei den absoluten Arbeitskosten inkl. der Lohnnebenkosten nicht die **Leistung**, die diesen Kosten gegenübersteht, berücksichtigt wird. Daher müssen sowohl die direkten Lohnbestandteile als auch die Lohnnebenkosten in Relation zu der erzielten Leistung (Produktivität) gesetzt werden. Für die Unternehmen (Gewinn- und Wettbewerbssituation) zählt nur, wie viel Arbeitskosten für eine produzierte Ware und die sich dahinter verbergende Leistung aufgebracht werden muss, also die Höhe der **Lohnstückkosten**.

$$\text{Lohnstückkosten} \quad = \quad \frac{\text{Arbeitskosten je Stunde}}{\text{Leistung (Produktivität)}}$$

In allen **empirischen Untersuchungen** über die Höhe der Lohnstückkosten sind die Lohnnebenkosten in den jeweiligen Arbeitskosten enthalten. Die Berechnungen des *Ifo-Instituts* und des *Deutschen Institut für Wirtschaftsforschung* zeigten bereits Mitte der 1990er Jahre, dass die Produktivität bzw. Produktivitätsentwicklung in Deutschland das hohe Lohnniveau rechtfertigten, ja, dass die absoluten Lohnstückkosten in Deutschland deutlich niedriger lagen als in Frankreich, Großbritannien, den USA und Japan.[391] Auch seit Mitte der 1990er Jahre hat sich an dieser Vorteilsposition nichts geändert, wie die folgende Tab. 18 zeigt. Lediglich *Japan* weist zwischen 1995 und 2005 einen Rückgang der Lohstückkosten um 16,3 v.H. aus. Deutschland lag mit einem Anstieg von nur 2 v.H. direkt vor Japan. Den größten Anstieg der Lohnstückkosten hatte Großbritannien mit 31,0 v.H. vor Spanien mit 29,5 v.H. zu verzeichnen.

---

[390] Vgl. Statistisches Bundesamt, Lohnnebenkosten im europäischen Vergleich, Februar 2007.
[391] Vgl. Ifo-Schnelldienst Nr. 20/1996, S. 7f., Deutsches Institut für Wirtschaftsforschung (DIW), Wochenbericht Nr. 22/23 1996, S. 387ff.

Tab. 18: Lohnstückkosten im internationalen Vergleich - 1995 bis 2005, Veränderung in v.H. -

Großbritannien	31,0
Spanien	29,5
Italien	27,4
Niederlande	25,4
Dänemark	23,1
USA	21,3
Schweden	21,1
Belgien	13,5
Eurozone	13,4
Finnland	12,5
Frankreich	11,9
Österreich	2,6
Deutschland	**2,0**
Japan	- 16,3

Quelle: EU-Kommission, AMECO-Datenbank 2006.

Selbst unter Berücksichtigung von aufgetretenen *D-Mark-Aufwertungen* in den 1990er Jahren, und *Euro-Aufwertungen* danach, zeigte sich, dass die Höhe der Lohnstückkosten der **internationalen Wettbewerbsfähigkeit** der deutschen Wirtschaft nicht im Wege stand. Dies belegen empirisch eindeutig die **außenwirtschaftlichen Erfolge** Deutschlands. „Zum vierten Mal in Folge ist Deutschland bei der Warenausfuhr *Exportweltmeister.*[392] Trotz der aufstrebenden Exportnationen China, Indien und Vietnam konnte es in den vergangenen Jahren seinen Anteil am gesamten Welthandel auf über 10 v.H. erhöhen – bei einem Bevölkerungsanteil von 1,3 v.H. Der Wert der gesamten deutschen Ausfuhren (Waren und Dienstleistungen) überschritt 2006 erstmals die Billionengrenze: 1.040 Milliarden Euro – eine gigantische Zahl. 45 v.H. des Bruttoinlandsprodukts wurden exportiert; 1992 betrug dieser Wert erst 22 v.H. (vgl. dazu auch das Abschnitt 4.11.2).

Dieser außerwirtschaftliche Erfolg ist aber bitter und teuer erkauft worden. Und er ist für die Zukunft kein richtiger strategischer Weg, weil er die Handelspartner zu Reaktionen zwingt. Die deutsche Exportwirtschaft war der Profiteure der niedrigen Lohnstückkosten, die wiederum nur durch stark gedrückte **Löhne** und **Lohnnebenkosten** erkauft wurden und so zu einer **stagnierenden Binnennachfrage** und zusätzlicher **Massenarbeitslosigkeit** in Deutschland geführt haben. „Das Lohndumping in Deutschland verschafft der deutschen Exportindustrie im Euroraum einen beträchtlichen *Preisvorteil*, auf den die anderen Euroländer nicht wie früher durch *Wechselkursanpassungen* reagieren können. Gleichzeitig fehlt den deutschen Verbrauchern wegen verminderter Reallöhne, geschrumpfter Sozialleistungen und Renten das Geld, um mehr einzukaufen. Das mindert die Chancen für ausländische Exporteure, ihre Produkte auf dem deutschen Markt abzusetzen. Diese Strategie der Exportindustrie wird regierungspolitisch auf *merkantilistische* Art und Weise unterstützt. Nach Meinung von *Jean-Paul Fitoussi*, dem Leiter des führenden französischen *Wirtschaftsforschungsinstituts OFCE*,

---

[392] Vgl. Pfeiffer, H., Handelsherr Deutschland, Der Weltmarkt des Exportweltmeisters heißt Euro-Land, in: Blätter für deutsche und internationale Politik, Heft 5/1998, S. 618 - 620, Huffschmid, J., Deutsche Wirtschaftspolitik gegen den Rest der Welt, in: Blätter für deutsche und internationale Politik, Heft 7/2006, S. 773 - 777.

saniert sich Deutschland mit seiner Politik der *Mehrwertsteuererhöhung*[393] und der damit verbundenen Senkung der *Lohnnebenkosten* auf Kosten der Nachbarländer. Denn die höhere Mehrwertsteuer wirke zunächst wie ein Zoll: Sie verteuert die *Importe* der ausländischen Anbieter. Die Senkung der Lohnnebenkosten – teilweise finanziert aus den höheren Mehrwertsteuereinnahmen oder, wie im Falle der *Krankenversicherung* 2005, durch einseitige Beitragserhöhung der Versicherten bei gleichzeitiger Entlastung der Arbeitgeber – verschlimmere diesen Effekt noch. De facto bedeute es eine Subventionierung deutscher Exporteure bei gleichzeitiger Errichtung von Handelsschranken für Importe nach Deutschland, also *Merkantilismus*. Oder wie es Fitoussi formulierte: ,Was die Deutschen praktizieren, ist im Grunde nichts anders als eine *reale Abwertung*.' Frankreich ist Deutschlands wichtigster Handelspartner. Mit der Währungsunion sollten unilaterale Auf- und Abwertungen eigentlich vermieden werden. Nominal gibt es auch keine Wechselkursschwankungen mehr, real schon. Eine weitere negative Auswirkung kommt noch hinzu. Durch das *deutsche Lohndumping* und jetzt durch die Mehrwertsteuerbelastung wird in Deutschland die Kaufkraft geschwächt. Deutsche Verbraucher haben damit auch weniger Geld, Importgüter nachzufragen. Fitoussi über die Auswirkungen auf andere EU-Länder: ,Dadurch wird das Wachstum in den nächsten Jahren schwächer ausfallen.' Zudem werde in anderen Ländern, wie z.B. in *Frankreich*, über ähnliche Konzepte diskutiert, was zu einem gefährlichen Lohndumping und Steuersenkungs-Wettlauf führen kann."[394]

Bei einer zunehmenden indirekten Besteuerung zur Entlastung der Lohnnebenkosten im **Gesundheitssektor** muss darüber hinaus die weit vorangetriebene *Privatisierung* (Krankenhäuser, Zuzahlungen bei Arzneien u.a.) beachtet werden. Hierdurch entsteht zunehmend eine zusätzliche Quelle für Steuereinnahmen. Allein durch die Erhöhung der Mehrwertsteuer von 16 auf 19 Prozent sind auch die rund 234 Milliarden Umsatz der Gesundheitswirtschaft betroffen. Diese wird natürlich die Mehrwertsteuererhöhung an die Kunden (Patienten) weiterwälzen und hier zu realen Einkommensverlusten führen. Dies triff die *sozial Schwachen* besonders hart. Auch dadurch kommt es zu gigantischen Umverteilungen von unten nach oben.[395]

3.7.3.3   Lohnnebenkostensenkungen und die Folgen

Die Lohnnebenkostensenkungen versprechen nicht nur vermeintliche Vorteile für die Wirtschaft, sondern auch den *abhängig Beschäftigten* wird suggeriert, sie würden davon profitieren. Schließlich könnten sie dadurch eine höhere **Nettoentgeltposition** realisieren. Bei näherem Hinsehen ist das Ergebnis dann doch nicht so klar und eindeutig wie man zunächst einmal glauben könnte. Als erstes muss einmal die Frage beantwortet werden, *welche* der Lohnnebenkostenbestandteile konkret gekürzt werden sollen? Die *gesetzlichen* oder die *tarifvertraglich* bzw. die *betrieblich „freiwillig"* veranlassten Bestandteile?

Der **Staat** kann aufgrund der verfassungsrechtlich garantierten *Tarifautonomie* (vgl. Kap. 3.6) nur Einfluss bei den *gesetzlichen Lohnnebenkosten* geltend machen. Vereinbaren die Tarifparteien (Gewerkschaften und Arbeitgeberverbände) eine Absenkung der *tariflichen/betrieblichen* Lohnnebenkosten (z.B. durch eine Senkung der Urlaubstage oder des

---

[393] Zum 1. Januar 2007 wurde die *Mehrwertsteuer* von 16 v.H. auf 19 v.H. erhöht. Der ermäßigte Steuersatz für Lebensmittel u.a. verblieb bei 7 v.H.

[394] Institut für sozial-ökologische Wirtschaftsforschung München, Bilanz 2006, a.a.O., S. 9.

[395] Vgl. Goeschel, A., Export-Terror gegen den Sozialstaat: Wirtschaftskonzept des politischen Systems zerstört, in: Gesundheitspolitik, Management, Ökonomie, Heft 3/2007, S. 69ff.

Urlaubsgeldes), so müssen erstens **betriebswirtschaftliche Rückwirkungen** beachtet werden. Viele Bestandteile der Lohnnebenkosten sind in eine **Unternehmenskultur** eingebunden und wirken *motivierend* auf den betrieblichen Arbeitsprozess zur Realisierung einer hohen Produktivität und Produktqualität, die wiederum als Faktoren im Wettbewerbsprozess neben den Absatzpreisen entscheidend sind. Senkt man die Lohnnebenkosten ab, so wird dies negative Rückwirkungen auf die Arbeitsproduktivität haben. Zweitens verschlechtert sich durch die Absenkung der tariflich/betrieblich verursachten Lohnnebenkosten gleichzeitig die **Reproduktionsbasis** der abhängig Beschäftigten, ohne dass es zu einer Erhöhung der *Nettoarbeitsentgelte* kommt. Auch ist nicht davon auszugehen, dass die abgebauten Lohnnebenkosten über *niedrigere Produktpreise* von den Unternehmen weitergegeben werden, um so zumindest zu einer realen Aufwertung der Nettoentgelte beizutragen. Im Endergebnis steigen hochwahrscheinlich lediglich die *Gewinne* zu Lasten der Löhne.

Sollten die **gesetzlichen Lohnnebenkosten** gesenkt werden, so muss der Staat bzw. die Politik ebenfalls mehrere Fragen beantworten. Soll eine Absenkung der Beitragssätze zur Sozialversicherung mit einer **Verschlechterung der Leistungen** aus den Sozialversicherungssystemen (Rente, Krankheit inkl. Entgeltfortzahlung, Arbeitslosigkeit und Pflege) erkauft werden, oder soll die Absenkung *ohne* Leistungsverschlechterungen durch entsprechende **Steuererhöhungen** und/oder durch eine **Kreditaufnahme des Staates** (Problem der zusätzlichen Staatsverschuldung (vgl. Abschnitt 4.9)) gegenfinanziert werden? Im ersten Fall (Leistungseinschränkung) kommt es zwar bei den Gewinn- und Arbeitseinkommen zu einer *Nettoerhöhung*, die abhängig Beschäftigten müssen nun aber im Gegensatz zu den *Unternehmern* die Leistungseinschränkungen als **Versicherte** alleine tragen. Von einer Besserstellung der abhängig Beschäftigten kann hier demnach keine Rede sein. Im zweiten Fall einer **Steuererhöhung** als Gegenfinanzierung für abgesenkte Lohnnebenkosten – hierbei wird eine zusätzliche Staatsverschuldung ausgeschlossen – stellt sich die Frage, welche Steuern erhöht werden sollen: *indirekte Steuern*, also Verbrauchssteuern, oder *direkte Einkommens-, Gewinn-* und *Vermögenssteuern*? Bei Steuererhöhungen stellt sich zunächst einmal grundsätzlich die Frage, wer diese zahlt bzw. welche **Rück-** und **Verteilungswirkungen** zwischen und innerhalb der gesamtwirtschaftlichen Gewinn- und Lohnquote zu erwarten sind. Das damit beschriebene Problem der **Steuerinzidenz** ist bis heute wirtschaftswissenschaftlich nur unbefriedigend gelöst. „Einigkeit besteht praktisch nur darüber, daß die Wirkung der Steuern von der Verausgabung durch den Staat, von den Konsum- (bzw. Spar-)Quoten der Belasteten und von der Ausgestaltung der Steuern hinsichtlich Bemessungsgrundlage und Tarif (einschließlich Freibeträgen, Vergünstigungen) abhängen. Die Basis für eine darauf aufbauende Politik ist daher sehr eingeschränkt."[396] Da es durch eine **Weiterwälzung** der *indirekten Steuer* zu Preiserhöhungen kommt (kommen soll), müßte quasi der Adressatenkreis der Wirtschaftssubjekte, die von einer Absenkung der gesetzlichen Lohnnebenkosten profitiert, identisch der Gruppe sein, die diese Absenkung über höhere Preise finanziert. Dies ist aber nicht sichergestellt, so dass **Umverteilungswirkungen** hochwahrscheinlich sind. Auf jeden Fall werden bei verbrauchssteuerinduzierten Preiserhöhungen die *Gewinneinkommensbezieher* bessergestellt, weil sie einerseits zu fünfzig Prozent an der Absenkung der Lohnnebenkosten partizipieren und andererseits für sie eine steuerbedingte Preiserhöhung relativ weniger Belastung bedeutet, als dies bei den Lohn- und Gehaltsempfängern der Fall ist; allerdings muss hier natürlich auch innerhalb der Lohn- und Gehaltsempfängereinkommen differenziert werden.

---

[396] Brümmerhoff, D., Finanzwissenschaft, 7.Aufl., München, Wien 1996, S. 467.

Die Wirkung von **indirekten Steuererhöhungen** konnte noch bei der vorletzten *Mehrwertsteuererhöhung* empirisch beobachtet werden. Um einen weiteren Anstieg bei den Beiträgen zur **Rentenversicherung** abzuwenden, hatte die damalige rechtsliberale Regierung aus *CDU/CSU/FDP* eine Erhöhung der Mehrwertsteuer zum 1. April 1998 von 15 v.H. auf 16 v.H. beschlossen.[397] Hiermit sollte ein Teil der sozialen Leistungen, und damit Lohnnebenkosten, aus dem allgemeinen Steueraufkommen finanziert werden. Das *Deutsche Institut für Wirtschaftsforschung* (DIW) schätzte dadurch *Steuermehreinnahmen* von zukünftig etwa 7,5 Mrd. € jährlich. Das DIW ging in einer Untersuchung davon aus, dass bei einer *vollen Überwälzung* der Mehrwertsteuererhöhung auf die Endverbraucher das **Nettoeinkommen** der privaten Haushalte um rund 0,5 v.H. reduziert wird, bzw. Kaufkraft verloren geht. Dabei fällt allerdings die Inflationsbelastung nach *Haushaltsgruppen* völlig unterschiedlich aus. Die **unteren Einkommensbezieher** werden relativ mehr belastet als die oberen Einkommensbezieher.[398] Insbesondere werden hier die **Rentnerhaushalte** belastet, die einerseits in der Mehrzahl zu den unteren Einkommensbeziehern gezählt werden können und andererseits nicht von der Nichterhöhung der Rentenversicherungsbeiträge profitieren. Dies gilt auch für die **Beamtenhaushalte**, besonders mit einem kleinen und mittleren Einkommen. Auf die allgemeine wirtschaftliche Entwicklung (Wachstum und Beschäftigung) dürfte die steuerfinanzierte Konstanthaltung der Rentenversicherungsbeiträge tendenziell eine kontraktive Wirkung ausüben. Zwar hätte sich die Erhöhung der Rentenversicherungsbeiträge auch negativ auf die wirtschaftliche Entwicklung ausgewirkt, durch den größeren Adressatenkreis der Betroffenen bei der Mehrwertsteuererhöhung und aufgrund von höheren *marginalen Konsumquoten* bei den unteren Einkommensbeziehern ist allerdings davon auszugehen, dass der Effekt der Steuererhöhung im Saldo für **Wachstum** und **Beschäftigung** negativer ist.

Positive Wachstums- und Beschäftigungseffekte könnten dagegen durch eine Erhöhung der **direkten Steuern** (Einkommens-, Gewinn- und Vermögenssteuern) erzielt werden. Geht man zunächst einmal davon aus, das die privaten Haushalte die direkten Steuern nicht *rückwälzen*, d.h., dass sie die Steuern auch tragen, so gilt bei einer staatlichen Verausgabung der zusätzlich erhobenen direkten Steuern in gleicher Höhe das sogenannte „*Haavelmo-Theorem*" mit einer multiplikativen Wirkung auf das Wachstum des Sozialprodukts mit einem Faktor von eins.[399] Wird die Steuererhöhung dagegen nicht zu einer Staatsausgabenausweitung genutzt, sondern zur Gegenfinanzierung abgesenkter *gesetzlicher Lohnnebenkosten*, so dürfte der *Wachstums-* und damit *Beschäftigungseffekt* geringer sein. Fünfzig Prozent der Lohnnebenkostensenkung kommt nämlich den Gewinneinkommensempfängern mit geringeren marginalen Konsumquoten als der der Lohn- und Gehaltsempfänger zugute. Der hieraus resultierende negative Effekt für das Wirtschaftswachstum könnte nur dann überkompensiert werden, wenn die Einkommensteuererhöhung die höheren Einkommen wesentlich mehr als die unteren und mittleren Einkommen belastet oder eine entsprechende Erhöhung der *Vermögenssteuer*, und der *Erbschaftsteuer*, vorgenommen wird.

Auch übersieht die Forderung nach einer Absenkung der gesetzlichen Lohnnebenkosten die **gesamtwirtschaftlich-sektoralen** Wirkungsmechanismen. Werden beispielsweise Ausgabenkürzungen bei den gesetzlichen Krankenkassen für *Kuren* vorgenommen, fällt in den

---

[397]   Auf eine Erhöhung des ermäßigten Steuersatzes in Höhe von 7 v.H. auf Nahrungsmittel, Bücher, Zeitungen, Bildung u.a. wurde dagegen aus *sozialpolitischen Erwägungen* verzichtet.

[398]   Vgl. DIW-Wochenbericht Nr. 14/1998, S. 249 - 257.

[399]   Vgl. Bontrup, H. J., Volkswirtschaftslehre, a.a.O., S. 641.

Kurorten Nachfrage aus. Dieser Nachfrageausfall führt hier zu direkter Arbeitslosigkeit (Personalabbau in den Sanatorien) als auch zusätzlich über negative multiplikative Nachfrageeffekte zu indirekter **Arbeitslosigkeit** mit einem entsprechenden gesellschaftlichen Aufwand für die Unterstützung der Arbeitslosen (Steigerung der Arbeitslosenversicherungsaufwendungen die eigentlich als immanenter Bestandteil der Lohnnebenkosten gekürzt werden sollen). Ob dabei das eingesparte Geld bei Arbeitnehmern und Arbeitgebern kreislaufwirksam an anderer Stelle zurückfließt, ist dagegen völlig offen. Wird es *gespart* und über Kredite für Investitionen nicht wieder aktiviert bzw. in den Kreislauf zurückgegeben, vergrößert sich bereits mittelfristig das gesamtwirtschaftliche Angebot gegenüber der Nachfrage und die Arbeitslosigkeit nimmt auch in anderen Bereichen der Wirtschaft zu. Aber auch selbst bei einer Aktivierung der eingesparten Gelder muss sich die negative Wirkung für die Kurorte nicht durch eine positive Wirkung an anderer Stelle der Wirtschaft kompensieren. Dies hängt z.B. von der jeweiligen Kapital- bzw. Arbeitsintensität sowie von den marginalen Import- und Exportquoten in den positiv berührten Wirtschaftszweigen ab.

3.7.4 Exkurs: Demografiewandel benötigt keine Privatisierung – sondern Verteilungssolidarität

Der Sozialstaat in Deutschland müsse umgebaut werden. Manche sprechen auch vom Abbau. Vieles sei nicht mehr finanzierbar. Dies gelte zukünftig vor allem vor dem Hintergrund der rückläufigen **Bevölkerungsentwicklung**, die u.a. die Funktionsfähigkeit der *Sozialversicherungen* bedrohe. Die **Demografieentwicklung** wird hier in einem neoliberalen Duktus benutzt, um die bestehenden sozialen Sicherungssysteme als prinzipiell zukunftsuntauglich zu klassifizieren und für einen Umstieg zum *„eigenverantwortlichen Individuum"* bzw. für eine *„Privatisierung von Lebensrisiken"* zu sorgen. Alles könne nicht mehr über das **Solidaritätsprinzip** in Form *öffentlicher Güter* gelöst werden. Der Einzug des **Privaten** in den Sozialbereich sei ein Gebot der *Generationengerechtigkeit*. Es sei für die weniger werdenden *Jungen* unzumutbar, immer mehr *Alte* alimentieren zu müssen. Deshalb müssten die Älteren bereits jetzt dazu bereit sein, deutliche Abstriche bei ihrem Lebensstandard hinzunehmen und das Renteneinstiegsalter sei auf 67 Jahre anzuheben. Benötigt eine veränderte Demografie[400] aber wirklich eine zunehmende Privatisierung von allgemeinen Lebensrisiken oder ist nicht vielmehr eine vermehrte *Verteilungssolidarität* notwendig? Dies soll in dem folgenden Exkurs unter ökonomischen Gesichtspunkten untersucht werden.

Zunächst einmal ist der ökonomische Grundtatbestand (die Gesetzmäßigkeit) in Erinnerung zu rufen, dass jede Volkswirtschaft arbeitslos gewordene Menschen, alte, nicht mehr erwerbstätige Menschen, kranke und auch junge noch nicht Erwerbstätige zu alimentieren bzw. zu ernähren und zu versorgen hat und dass deren Zahl sich nicht durch einen Wechsel in der *Finanzierung des Sozialstaats* (Umlage- und/oder Kapitaldeckungsverfahren[401]) ändert. „Der

---

[400] Zu unterschiedlichen Aspekten der *demografischen Veränderung* vgl. ausführlich die Artikel in: Arbeit, Zeitschrift für Arbeitsforschung, Arbeitsgestaltung und Arbeitspolitik, Schwerpunktheft Nr. 4/2005.

[401] Diese Umwandlung ist aber trotzdem mit der „Reform" der *Gesetzlichen Rentenversicherung* (GRV) durch die *rot-grüne Bundesregierung* 2001 vollzogen worden. Seit dem Bestehen der Rentenversicherung wurde erstmals in Deutschland eine zum Teil *kapitalgedeckte Alterssicherung* eingeführt und damit ein bereits von der *Regierung Kohl* beabsichtigtes, aber nicht umgesetztes Projekt, realisiert. Gleichzeitig wurden die Rentenbeitragssätze zur Absenkung der Lohnnebenkosten durch eine als „ökologisch" verkaufte Steuerreform, die sie aber nicht war, durch die Besteuerung nicht regenerierbarer Energieressourcen, gegenfinanziert.

Trade-off zwischen der Entwicklung von Nettoeinkommen und Abgabenwachstum und zwischen Wohlfahrtssystem und Wirtschaftswachstum existiert unabhängig davon, ob staatliche Systeme – beitrags- oder steuerfinanziert – oder privat finanzierte Systeme existieren. Zwar ist die Sozialquote in den USA sehr niedrig, aber nur deshalb, weil diese Ausgaben von Haushalten und Unternehmen privat finanziert werden; es handelt sich trotzdem um konsumtive Ausgaben."[402] Selbst wenn man als Prämisse unterstellt, alle könnten fürs Alter durch ein *individuelles Sparen* vorsorgen, was realiter den meisten Arbeitnehmern auf Grund ihrer nur geringen Einkommen aus Arbeit nicht gelingt, so bliebe dies Sparen aus makroökonomischer Sicht lediglich ein *Nullsummenspiel*. Denn wenn alle sparen, hat keiner mehr. Dies beschreibt das keynesianisch inspirierte Theorem von *Gerd Mackenroth*.[403] Der Versuch, Einkommensteile zu sparen und sie in die Zukunft zu transferieren, gelingt hier nicht. Die Mehrersparnis löst nämlich keinesfalls automatisch eine *Mehrinvestition* aus. „Als volkswirtschaftliche Lösungsstrategie für das Problem der Versorgung einer alternden Bevölkerung ist eine von fast allen betriebene *kapitalgedeckte Altersvorsorge* deshalb schlicht unsinnig. Ein Verhalten, das für den Einzelnen sinnvoll ist, kann eben für die Gesamtheit oder die Volkswirtschaft sinnlos oder gar schädlich sein (hier gilt die „*einzelwirtschaftliche Rationalitätsfalle*", d.V.). Denn im Gegensatz zum Geldvermögen der Einzelnen ist das Geldvermögen einer Volkswirtschaft immer gleich Null. (...) Eine *allgemeine kapitalgedeckte Privatvorsorge* zur Abmilderung der wirtschaftlichen Folgen des demografischen Alterungsprozesses ist wirkungslos (...). Volkswirtschaftlich bringt sie keinen Wohlstandszuwachs gegenüber einem beitragsfinanzierten Rentensystem. Sie bewirkt freilich eine *Umverteilung* des Volkseinkommens zu Gunsten der *Gewinne* und zu Lasten der *Löhne* sowie krass auseinanderklaffende *Alterseinkommen*."[404] Allgemein kann man sagen, dass Vorteile von einer Privatisierung heute noch solidarisch per *Umlageverfahren* finanzierter Sozialsysteme nur die Unternehmer durch *höhere Gewinne* und die oberen Einkommensschichten haben, deren *Risiko-Kosten-Relation* sich verbessert. „Deren Risikoprämien sind niedriger, weil ihr Risiko dasselbe ist wie bei niedrigen Einkommen, die Prämien jedoch niedriger als beim Zwang zur Solidarität ausfallen und diese Schichten in solidarischen Umlageverfahren naturgemäß Nettozahler sind."[405]

Die private Vorsorge (Privatisierung) bewirkt darüber hinaus

- eine *Zunahme der gesamtwirtschaftlichen Sparquote*,[406] die ceteris paribus zu heutigen Konsumausfällen und damit zu noch weniger Wachstum und Beschäftigung führt,

---

[402]   Leibiger, J., Die Zukunft des Wohlfahrtsstaates im Lichte der Generationenbilanz, in: Intervention. Zeitschrift für Ökonomie, Heft 1/2006, S. 48f.

[403]   Vgl. Mackenroth, G., Die Reform der Sozialpolitik durch einen deutschen Sozialplan, in: Schriften des Vereins für Sozialpolitik, Bd. 4, Berlin 1952, S. 39 - 76.

[404]   Welzk, S., Die „Alterskatastrophe" und der Absturz der Renten, in: Blätter für deutsche und internationale Politik, Heft 6/2006, S. 719ff.

[405]   Leibiger, J., Die Zukunft des Wohlfahrtsstaates, a.a.O., S. 50.

[406]   Schon heute liegt in Deutschland die *Sparquote* über 10 v.H. Ein *Kapitalmangel* zur Finanzierung der Investitionen liegt nicht vor. Im Gegenteil: Seit 2002 kommt es auf Grund einer *positiven Leistungsbilanz* sogar zu einem *Kapitalexport*. „Doch nicht nur die deutsche Wirtschaft ist so gut abgepolstert wie selten zuvor. 'Sie schwimmen im Geld', schreibt der Internationale Währungsfonds (IWF) in seinem jüngsten Wirtschaftsausblick über die Unternehmen der sieben größten Industriestaaten. 2003 und 2004 hätten sie Ersparnisse von 1.300 Mrd. US-Dollar aufgehäuft, dieses Geld jedoch bislang zu großen Teilen nicht in Produktions-, sondern in *Finanzanlagen* investiert. Das bringe weder Wachstum noch Jobs, so der IWF" (Zitiert bei: Welzk 2006, S. 719).

- eine kontraproduktive nochmalige Stärkung der heute eh schon übermächtigen *Finanzmärkte* im Sinne eines „Shareholder- bzw. Finanzmarkt-Kapitalismus"[407],
- zusätzliche *Einnahme-(Gewinn)quellen* für Versicherungen, Banken, Finanzdienstleister und Fondsgesellschaften und
- eine gesamtwirtschaftlich verschlechterte *Kosten-Risiko-Relation*, weil die gesellschaftliche Summe aller Risiken gleich bleibt, die Gesamtkosten jedoch höher sind, denn *Wettbewerb der Kassen* und Privatversicherer bedeutet, dass jede Kasse mit eigener Verwaltung und Werbung ausgestattet werden muss und das die Konkurrenz unter ihnen einer Kontrolle, mithin einer zusätzlich zu finanzierenden Instanz bedarf. Diese Kosten bilden einen Abzug von den eigentlichen Versicherungsleistungen.

Außerdem resultieren die späteren Rentenzahlungen aus *verzinsten Kapitalanlagen*, die letztlich, wie jeder ökonomische Ertrag in einer Volkswirtschaft aus nichts anderem als aus der *Wertschöpfung* durch *Arbeit* und *Naturgebrauch* resultieren kann (vgl. dazu noch einmal Abschnitte 2.4 und 2.5). Wer auch sonst sollte die Rendite des Kapitals und das Leben der Nichterwerbstätigen jungen und alten, kranken und arbeitslosen Menschen bezahlen, wenn nicht die *arbeitende Generation*. Somit steht außer Zweifel, dass die *abhängig Beschäftigten* nicht nur ihre *Arbeitskosten*, das direkte Arbeitsentgelt plus der Lohnnebenkosten selbst verdienen, sondern darüber hinaus auch die *Besitzeinkommen*, den Mehrwert (Gewinn, Zinsen, Pacht und Miete) schaffen. Denn Geld und Kapital „*arbeiten*" nicht, sie „*erwirtschaften*" auch keine Rendite. Vielmehr stellen diese vermeintlich selbständigen, scheinbar durch Dinge verursachten Anteile der gesellschaftlichen Wertschöpfung nur unterschiedliche Erscheinungsformen des Mehrwerts, also menschlicher Mehrarbeit, dar. Wenn auch Arbeitgeber das Sozialentgelt bei Arbeitslosigkeit, Krankheit, Pflege und Rente als „*Sozialhilfe fürs Nichtstun*" diffamieren, so steht dennoch objektiv betrachtet ökonomisch mit *Adam Smith* Folgendes fest:

> „Die jährliche Arbeit eines Volkes ist die Quelle, aus der es mit allen notwendigen und angenehmen Dingen des Lebens versorgt wird, die es im Jahr über verbraucht. Sie bestehen stets entweder aus dem Ertrag dieser Arbeit oder aus dem, was damit von anderen Ländern gekauft wird. Ein Volk ist daher um so schlechter oder besser mit allen Gütern, die es braucht, versorgt, je mehr oder weniger Menschen sich in den Ertrag der Arbeit oder in das, was sie im Austausch dafür erhalten, teilen müssen. Zwei Faktoren bestimmen in jedem Land diese Pro-Kopf-Versorgung: Erstens die Produktivität der Arbeit als Ergebnis von Geschicklichkeit, Sachkenntnis und Erfahrung, und zweitens das Verhältnis der produktiv Erwerbstätigen zur übrigen Bevölkerung. Von beiden Umständen muß es jeweils abhängen, ob in einem Land das Warenangebot im Jahr über reichlich oder knapp ausfällt, gleichgültig, wie groß ein Land ist oder welchen Boden und welches Klima es hat."[408]

Diese ökonomische arbeitswertmäßige Gesetzmäßigkeit lässt sich formalisieren: Demnach sind das Bruttoinlandsprodukt einer Volkswirtschaft (BIP) pro Kopf abhängig von der Entwicklung der *Produktivität*, *Arbeitszeit*, *Arbeitslosigkeit*, *Erwerbsverhalten* und dem jeweiligen *Belastungsquotienten* (d.h. der Relation der Bevölkerungszahl im nichterwerbs-

---

[407] Vgl. Huffschmid, J., Politische Ökonomie der Finanzmärkte, 2. Aufl., Hamburg 2002, Bischoff, J., Zukunft des Finanzmarkt-Kapitalismus, Hamburg 2006.

[408] Smith, A., a.a.O., S. 3.

fähigen Alter zur Bevölkerung im erwerbsfähigen Alter). In Wachstumsraten ausgedrückt gilt hierbei:

$$w_{Y/B} = w_{AP} + w_{AZ} + w_{ALQ} + w_{EQ} + w_{BQ}$$

Y/B	=	BIP je Kopf der Bevölkerung
AP	=	Stundenproduktivität (BIP je Stunde Arbeitszeit)
AZ	=	durchschnittliche jährliche Arbeitszeit je Erwerbstätigen
ALQ	=	tatsächliche Arbeitslosenquote
EQ	=	Erwerbsquote (Anteil der Erwerbspersonen an den Erwerbstätigen)
BQ	=	Verhältnis der Bevölkerung unter 15 und über 64 Jahre an der Bevölkerung im erwerbsfähigen Alter
W	=	Wachstumsrate der jeweiligen Größe

Das Pro-Kopf-Einkommen steigt dabei, wenn die Summe aus ($W_{AP} + W_{AZ} - W_{ALQ} + W_{EQ}$) größer ist als W_{BQ}. Die entscheidenden Größen für die Bewältigung einer demografischen Veränderung sind demnach die *Produktivitätsentwicklung*, eine *Reduzierung der Arbeitslosigkeit* und eine *wachsende Erwerbsbeteiligung*.

In der Diskussion spielt insbesondere die Erwerbsbeteiligung und der Altenquotient[409] eine große Rolle. Demnach kommen noch heute ein Rentner auf fast vier Personen im erwerbsfähigen Alter von 15 bis 64 Jahren. Dieses Verhältnis soll sich bis zum Jahr 2050 etwa halbieren, so dass auf einen Rentner nur noch zwei Erwerbstätige kommen. Dies sind aber *potenzielle Zahlen*, die nicht die *tatsächlich Erwerbstätigen* berücksichtigen, was in Zeiten von Massenarbeitslosigkeit zu großen zahlenmäßigen Unterschieden führt. Heute sind nur knapp 69 v.H. der 15- bis 64-Jährigen beschäftigt. Somit stehen tatsächlich gegenwärtig nur 2,7 Erwerbstätige einer Person im Rentenalter gegenüber – bereits ein erheblicher Unterschied zu dem immer wieder genannten Verhältnis 4 : 1. Von einer zukünftigen Verdoppelung der „Alterslast" kann mit Blick auf die bereits *heute* bestehenden Verhältnisse deshalb gar nicht gesprochen werden. Käme es zu einem weitgehenden *Abbau der Arbeitslosigkeit*, so dass infolge statt heute nur 69 v.H. der 15- bis 64-Jährigen rund 83 v.H. beschäftigt wären, so würde sich der Altenquotient von 2,7 v.H. heute auf 1,6 v.H. im Jahr 2050 zwar verringern, aber nicht so dramatisch wie vielfach behauptet wird. Nach 2050 entschärft sich die Lage ohnehin wieder, da dann die *geburtenschwachen Jahrgänge* das Rentenalter erreichen werden.[410]

Keine vorliegende seriöse Prognoserechnung bezweifelt, dass vor dem Hintergrund der demografischen Entwicklung die erforderliche Wachstumsrelation bis zum Jahr 2050 trotz rückläufiger Bevölkerungszahlen in Deutschland möglich ist, wenn auch dabei das Wachstum des Pro-Kopf-Einkommens unterschiedlich hoch ausfällt. „Das BIP pro Kopf wird im Jahr 2050 unter der realistischen Annahme eines Produktivitätsfortschritts von 1,5 Prozent

---

[409] Der *Altenquotient* erfasst aber nur ein Teilproblem. Entscheidend ist in einer Gesellschaft das Verhältnis der Erwerbstätigen zu *allen* Nicht-Erwerbstätigen. Zu letzteren gehören aber nicht nur die Rentner, sondern auch diejenigen im noch nicht *erwerbsfähigen Alter*, also Kinder und Jugendliche. Eine alternde Gesellschaft zeichnet sich dadurch aus, dass zwar mehr Rentner aus dem Sozialprodukt zu versorgen sind, dafür aber auch *weniger Kinder* und *Jugendliche*. Insofern stehen zusätzlichen „Belastungen" auch „Entlastungen" gegenüber. Dies wird aber nur durch den *„Gesamtquotienten"* zum Ausdruck gebracht, der das Verhältnis von Erwerbstätigen zu allen Nichterwerbstätigen beschreibt.

[410] Vgl. Reuter, N., Demografische Entwicklung contra Sozialstaat? Eine ökonomische Potenzialanalyse, in: Intervention. Zeitschrift für Ökonomie, Heft 2/2004, S. 23ff.

im ungünstigsten Fall (die Arbeitslosigkeit bleibt konstant hoch) um 75 Prozent und im günstigsten Fall (die Arbeitslosigkeit verschwindet) um 111 Prozent höher als heute liegen. Diese Erhöhung der jährlichen Wertschöpfung ermöglicht es jeder Bürgerin und jedem Bürger, trotz der Alterung unserer Gesellschaft in den nächsten Jahrzehnten durchgehend auch Einkommenssteigerungen zu erhalten. Das heißt, die *Spielräume* zur Finanzierung des Sozialstaats werden in Wirklichkeit nicht kleiner, sondern erweitern sich weiterhin! Selbst wenn bis 2050 keine Fortschritte beim Abbau der Arbeitslosigkeit in Deutschland gemacht würden, ermöglichte der Anstieg des BIP pro Kopf auf 45.150 € bis zum Jahr 2050 Einkommenssteigerungen von real 1,2 Prozent pro Jahr für jede Bürgerin und jeden Bürger. Bei einem Abbau der Arbeitslosigkeit würde sich dieser Wert sogar auf 1,6 Prozent erhöhen – jeweils vorausgesetzt, der gesamte Einkommenszuwachs würde *gleichmäßig* auf alle Köpfe verteilt. Liegt der Produktivitätsfortschritt höher als die angenommnen 1,5 Prozent pro Jahr, würden sich die Spielräume noch erheblich erweitern."[411]

Dies ist aber eine *Durchschnittsberechnung*. Entscheidend wird auch hier die tatsächliche Verteilung der Pro-Kopf-Einkommen zwischen *Lohn und Gewinn*, zwischen *Arm und Reich* sowie *Jung und Alt* sein. Wenn es einzelnen Gruppen gelingt, Erhöhungen des individuellen Einkommens zu realisieren, die oberhalb der gesamten Einkommenssteigerungsraten liegen, müssen andere Gruppen automatisch entsprechend verzichten. Entscheidend für den **Erhalt des Sozialstaats** ist, dass die Früchte des gesellschaftlich arbeitsteilig generierten Produktivitätsfortschritts *allen* zugute kommen. Entwickelt sich hier allerdings die funktionale Verteilung weiter so disproportional zu den *Gewinn-* und *Vermögenseinkünften* aber auch zu den *höheren Lohn-* und *Gehaltseinkommen* wie in der Vergangenheit,[412] so ist das Schlimmste zu befürchten: Eine programmierte *Altersarmut*, die letztlich die soziale und womöglich auch die politische Stabilität im Lande gefährdet.

3.7.5 Übertarifliche Bezahlung – zum Phänomen der Lohndrift

Bei der unternehmerischen Entgeltpolitik ist der zwischen den Tarifpartnern ausgehandelte *kollektive Tarifvertrag* zunächst einmal die entscheidende Ausgangsgröße. Geht man von der vorherrschenden Tarifgebundenheit der Arbeitsentgelte in Deutschland aus, so können diese auf betrieblicher Ebene durch Vereinbarungen zwischen *Arbeitgeber* und *Betriebsrat* nicht unterschritten werden (§ 73 Abs. 3 BetrVG). Arbeitnehmer wie auch Betriebsräte können jedoch auf betrieblicher Ebene *höhere* als die in den Tarifverträgen kollektiv ausgehandelten „Mindestlöhne und -gehälter" vereinbaren. Hieraus entsteht eine *übertarifliche Bezahlung*. Diese ergibt sich aus der Differenz von Tarif- und Effektivlöhnen, auch als „*wage gap*" bezeichnet.[413]

$$\text{Effektivlohn} \quad (l_{Eff}) \quad = \quad 15 \, €\,/\,\text{Std.}$$

$$\updownarrow \qquad \text{Absolute Niveauspanne (wage gap)}$$

$$\text{Tariflohn} \quad (l_{TA}) \quad = \quad 14 \, €\,/\,\text{Std.}$$

---

[411] Reuter, N., Demografische Entwicklung contra Sozialstaat?, a.a.O., S. 27f.

[412] Vgl. Schäfer, C., Weiter in der Verteilungsfalle – Die Entwicklung der Einkommensverteilung in 2004 und davor, in: WSI-Mitteilungen, Heft 11/2005, S. 603 - 615, derselbe, Unverdrossene „Lebenslügen-Politik" – zur Entwicklung der Einkommensverteilung, in: WSI-Mitteilungen, Heft 11/2006, S. 583 - 599.

[413] Vgl. Brinkmann, G., Ökonomik der Arbeit, a.a.O., S. 113ff.

Die absolute Niveauspanne $\left(w_{SP}\right)$ beträgt demnach hier:

$$w_{SP} \;=\; l_{Eff} \;-\; l_{TA} \;=\; 15\,€/Std. \;-\; 14\,€/Std. \;=\; 1\,€/Std.$$

Von einer **relativen Niveauspanne** $\left(w_{SP}'\right)$ spricht man immer dann, wenn die absolute Niveauspanne auf das Effektivlohnniveau bezogen wird:

$$w_{SP}' \;=\; \frac{l_{Eff} \;-\; l_{TA}}{l_{Eff}} \cdot 100 \;=\; \frac{15\,€/Std. \;-\; 14\,€/std.}{15\,€/Std.} \cdot 100 \;=\; 4,6\text{ v.H.}$$

Dieser Ausdruck gibt die übertariflichen Bestandteile des Lohnes als Prozentsatz des Effektivlohnes an. Die Veränderungsrate der relativen Niveauspanne bildet dann die **Lohndrift** (wage-drift). Sie zeigt die Entwicklung des Auseinanderklaffens von Effektiv- und Tariflohn im Zeitablauf; also von Zeitpunkt t und t - 1. In absoluten Werten gilt hierbei:

$$w_{LD} \;=\; \left(l_{Eff}^{t} \;-\; l_{Eff}^{t-1}\right) \;-\; \left(l_{TA}^{t} \;-\; l_{TA}^{t-1}\right)$$

$$w_{LD} \;=\; \left(15\,€/Std. - 14,50\,€/Std.\right) - \left(14\,€/Std. - 13,80\,€/Std.\right) = 0,30\,€/Std.$$

oder ausgedrückt in relativen Werten:

$$w_{LD} \;=\; \left[\frac{l_{Eff}^{t} \;-\; l_{Eff}^{t-1}}{l_{Eff}^{t-1}} \;-\; \frac{l_{TA}^{t} \;-\; l_{TA}^{t-1}}{l_{TA}^{t-1}}\right] \cdot 100$$

$$w_{LD} \;=\; \left[\frac{15\,€/Std - 14,50\,€/Std.}{14,50\,€/Std.} - \frac{14\,€/Std. - 13,80\,€/Std.}{13,80\,€/Std.}\right] \cdot 100 = 2\text{ v.H.}$$

In unserem Beispiel liegt eine **positive Lohndrift** in Höhe von 2,0 v.H. vor.

Die *empirische Erfassung* einer Lohndrift ist allerdings nicht unproblematisch:

„Über die Höhe der übertariflichen Entlohnung – d.h. das als Lohnspanne bezeichnete absolute oder relative Ausmaß, in dem die effektiv gezahlten die tarifvertraglich vereinbarten Verdienste übersteigen – liegen in der Bundesrepublik kaum gesicherte und aktuelle empirische Erkenntnisse vor. Die von der amtlichen Statistik angebotenen laufenden Tarif- und Effektivverdienststatistiken sind wegen unterschiedlicher Abgrenzungen und Erhebungsmethoden nicht direkt vergleichbar. (...) Die letzten direkt vergleichbaren, offiziell ausgewiesenen Daten über Tarif- und Effektivverdienste stammen aus der Lohn- und Gehaltsstrukturerhebung des Statistischen Bundesamtes vom Oktober 1962. Danach lagen 1962 im Durchschnitt aller Wirtschaftszweige die Effektivverdienste der Männer um 14,0 Prozent und die der Frauen um 10,5 Prozent über den unter Einschluss aller Zuschläge ermittelten Tarifverdiensten. Das Ausmaß der übertariflichen Bezahlung differierte kaum zwischen verschiedenen Leistungsgruppen eines Wirtschaftszweiges, aber stark zwischen den einzelnen Wirtschaftszweigen. So streute z.B. die relative Lohnspanne der Männer von 0,9 Prozent im Braunkohlenbergbau bis 54,3 Prozent im Gaststätten- und Beherbergungsgewerbe. Diese Branchenunterschiede standen in keinem offensichtlichen Zusammenhang mit potentiellen Erklärungsfaktoren wie Arbeitskräftemangel, Lohnquote und Produktivität."[414]

---

[414] Schnabel, K., Übertarifliche Entlohnung: Einige Erkenntnisse auf Basis betrieblicher Effektivverdienststatistiken, in: Gerlach, K., Schettkat, R., (Hrsg.), Determinanten der Lohnbildung, Berlin 1995, S. 34f.

Als theoretische Erklärung für die übertarifliche Bezahlung finden sich in der Literatur drei unterschiedliche Gruppen von Erklärungsansätzen. Zu der ersten Gruppe zählen **marktbezogene Ansätze** (das Arbeitsentgelt muss sich am Marktlohn orientieren), die aus einer Überschussnachfrage an den Arbeitsmärkten und einer mangelnden Differenziertheit von Tarifverträgen in zwischenbetrieblicher Hinsicht eine übertarifliche Bezahlung ableiten.[415] Kollektive Tarifverträge umfassen als Geltungsbereich in der Regel eine größere Region und Branche. Der Abschluss orientiert sich dabei an einer **Durchschnittsproduktivität** und durchschnittlichen Ertragslage der Unternehmen (vgl. das Ende von Abschnitt 3.6.4), da die Tariflohnsteigerungsrate nicht so hoch sein darf, dass durch zu hohe *Lohnstückkostenbelastungen* bei einer größeren Zahl von Unternehmen wirtschaftliche Probleme auftreten, die womöglich zu Entlassungen führen. Da es aber immer Unternehmen gibt, deren Ertrags-, Arbeitsproduktivitäts- und Wettbewerbssituation eine höhere als die ausgehandelte tarifliche Lohnsteigerung zulässt, ist hier der Rahmen für eine übertarifliche Bezahlung gegeben. Kommt es am Arbeitsmarkt in Zeiten geringer Arbeitslosigkeit zu einer **Überschussnachfrage**, d.h., konkurrieren die Unternehmen um die knappen Arbeitskräfte, und will ein Unternehmen womöglich noch expandieren, so müssen sie bei der **Anwerbung neuer qualifizierter Mitarbeiter** genauso wie für die **Bindung** der bereits eingestellten (etablierten) Mitarbeiter an das Unternehmen höhere Löhne zahlen, als die allgemein und kollektiv in den Tarifverträgen ausgehandelten Löhne. Daneben wird argumentiert: dass das gezahlte Entgelt auch unabhängig von einer Überschussnachfrage **marktgerecht** sein muss. Ansonsten besteht grundsätzlich die Gefahr, dass ein Unternehmen das am **Markt angebotene Qualifikationsniveau** von potentiellen Mitarbeitern nicht abschöpft (Negativauslese) und dass bei einer nicht marktgerechten Entgeltanpassung die vorhandenen Mitarbeiter das Unternehmen mittelfristig verlassen (Verminderung von Fluktuationskosten).

Zur zweiten Gruppe der Erklärungsansätze einer Lohndrift zählen **Verhandlungsmodelle**.[416] Diese Modelle gehen davon aus, dass die individuelle **Verhandlungsmacht der Betriebsräte** in den Unternehmen aufgrund einer besseren Marktsituation des eigenen Unternehmens in Relation zur allgemeinen wirtschaftlichen Lage der Branche und damit zur Verhandlungsmacht der Gewerkschaften bei den kollektiven Tarifabschlüssen größer ist. Die Betriebsräte handeln demnach, sozusagen ex post, nach dem tariflichen „Mindestlohnabschluss" durch die Gewerkschaften zusätzlich höhere Effektivverdienste in ihren Unternehmen aus.

Die dritte Gruppe zur Erklärung der Lohndrift wird durch **Effizienzlohntheorien**[417] vorgenommen. Unterstellt wird dabei, dass die Lohnhöhe maßgeblich die *Leistungsintensität der Arbeit* bestimmt und hierüber das Produktionsergebnis in Quantität und Qualität beeinflusst werden kann. Eine freiwillige übertarifliche Entlohnung erhöht die **Arbeitsmotivation** und die Identifikation der Beschäftigten mit ihrem Unternehmen, baut Unzufriedenheiten

---

[415] Vgl. Hansen, B., Rehn, G., On wage-drift - A problem of money-wage dynamics, in: 25 Economic Essays in Honour of Erik Lindahl, Ekonomisk Tidskrift, Stockholm 1956, S. 87 - 138, Sachverständigenrat zur Begutachtung der gesamtwirtschaftlichen Entwicklung (SVR), Expansion und Stabilität, Jahresgutachten 1966/67, Külp, B., Verteilung. Theorie und Politik, a.a.O., S. 146f.

[416] Vgl. Holmlund, B., Skedinger, P., Wage bargaining and wage drift: Evidence from the Swedish wood industry, in: Calmfors, L., (Hrsg.), Wage Formation and Macroeconomic Policy in the Nordic Countries, Oxford 1990, S. 363 - 388, Holden, S., Wage drift in Norway: A bargaining approach, in: Calmfors, L., (Hrsg.), Wage Formation and Macroeconomic Policy in the Nordic Countries, Oxford 1990, S. 333 - 358.

[417] Vgl. Windisch, R., Effizienzlohntheorien, in: Das Wirtschaftsstudium (WISU), Heft 6/1998, S. 713 - 719, vgl. dazu auch das Kap. 3.4.1.

bei den Beschäftigten ab und senkt nicht zuletzt die Arbeitsüberwachungs- und Fluktuationskosten.[418]

3.7.6   Anforderungs- und leistungsorientiertes Arbeitsentgelt

3.7.6.1   Arbeitsmotivation und Entgeltgerechtigkeit

Neben den überbetrieblichen Fragen des Arbeitsentgelts in Form von kollektiv ausgehandelten Tarifverträgen sowie dem Phänomen einer Lohndrift dominieren auf der betrieblichen Ebene insbesondere Fragen nach einem **anforderungs- und leistungsorientiertem Arbeitsentgelt**. Erst hierdurch kommt es bei den abhängig Beschäftigten – die ca. 90 v.H. aller erwerbstätigen Inländer in Deutschland ausmachen – zu Einkommensunterschieden bzw. **Entgeltdifferenzierungen**. Dabei spielen eine **arbeitsplatz-** und **arbeitszeitadäquate** als auch eine individuelle **leistungsorientierte Bewertung von Arbeit** (Arbeits- und Leistungsbewertung) sowie die Differenzierung in unterschiedliche **Entgeltformen** wie u.a. *Zeit-, Akkord- und Prämienlöhne* eine wichtige Rolle.

Die Frage der **Bewertung von Arbeit** anhand verschiedener Arbeitsbewertungsverfahren vermittelt hierbei „den Eindruck 'objektiv' zu sein und den 'Wert der (menschlichen) Arbeit' nach 'objektiven' Kriterien zu bemessen und entsprechend zu bezahlen, wie schon der Name 'Arbeitsbewertung' ausdrückt. In Wirklichkeit geht es bei all diesen Verfahren und Regelungen aber immer nur um das Ergebnis *sozialer Auseinandersetzungen* und um Kompromisse, die in der *Verteilungsauseinandersetzung* gefunden wurden. Nie steht dabei der tatsächliche ‚Wert der Arbeit', sondern immer nur der 'Preis der Ware Arbeitskraft' auf der Tagesordnung."[419]

Die betriebliche Entgeltpolitik orientiert sich grundsätzlich an zwei Faktoren: an der **Arbeitsmotivation**[420] die durch das Arbeitsentgelt angeregt werden soll und an einer *vertikalen* und *horizontalen* **Entgeltgerechtigkeit**. Das heißt im Umkehrschluss, eine anforderungs- und leistungsgerechte Bezahlung der abhängig Beschäftigten wird an diesen beiden Faktoren im Rahmen einer rationalen (gewinnmaximalen) Unternehmenspolitik ausgerichtet.

Bei der **Motivation**, die ein hypothetisches Konstrukt darstellt, weil alles menschliche Handeln mit Ausnahme von *Affekthandlungen* letztlich motiviert ist, spielen zunächst einmal die Vorgaben und Regelungen sowie Begrenzungen in einem Unternehmen (Organisation) eine entscheidende Rolle. „Je nachdem, als wie gravierend diese Begrenzung angesehen wird, kommt man zu ganz unterschiedlichen Schlussfolgerungen. Sieht man in der Organisation im wesentlichen das *herrschaftliche Element*, das zur Aufrechterhaltung und Durchsetzung bestehender Abhängigkeitsverhältnisse dient, so käme motiviertes Handeln so gut wie gar nicht vor. Vielmehr stünde der Zwangscharakter der Organisation im Vordergrund. Diese Interpretation entspricht in etwa dem Marx'schen *Entfremdungsbegriff*, der der Entlarvung

---

[418] Vgl. Gerlach, K., Hübler, O., (Hrsg.), Effizienzlohntheorie, Individualeinkommen und Arbeitsplatzwechsel, Frankfurt a. M., New York 1989, Weiss, A., Efficiency wages: Models of unemployment, layoffs, and wage dispersion, Oxford 1991.

[419] Lang, K., Meine, H., Ohl, K., (Hrsg.), Arbeit, Entgelt, Leistung, a.a.O., S. 147f.

[420] Zur umfassenden Beschreibung der *Motivation* im Arbeitsprozess und zu den unterschiedlichen *Motivationstheorien* vergleiche Jung, H., Personalwirtschaft, 7. Aufl., München, Wien 2006, S. 359ff., Scholz, C., Personalmanagement, 4. Aufl., München 1994, S. 418ff., Oechsler, W. A., Personal und Arbeit, 8. Aufl., München, Wien 2006, S. 98ff., Schanz, G., Personalwirtschaftslehre, 2. Aufl., München 1993, S. 55ff.

kapitalistischer Herrschaftsverhältnisse dient. In der betriebswirtschaftlichen Managementliteratur wird hingegen *Organisation* als ein **Sozialgebilde** betrachtet, in dem sich Motivationsaufgaben im Hinblick auf das Funktionieren von Arbeit und Zusammenarbeit stellen. Dies kann zu der ideologischen Übertreibung führen, daß man Organisation überhaupt nur noch unter Funktionsaspekten und gar nicht unter Herrschaftsaspekten thematisiert."[421]

Ob allerdings die Arbeitsmotivation selbst unter der Prämisse eines herrschaftsfreien Sozialgebildes durch das Arbeitsentgelt als ein **extrinsischer Motivationsfaktor** angeregt (stimuliert) werden kann, darüber gibt es unterschiedliche theoretische Ansätze und Positionen. Die älteste Theorie geht dabei auf *Frederick Winslow Taylor* (1856 bis 1915) zurück, der den Produktionsprozess unter dem Aspekt der *Rationalisierung* des menschlichen Arbeitseinsatzes untersuchte und beschrieb. Die später als **Taylorismus** bezeichnete ingenieurwissenschaftliche Durchdringung der Arbeitsabläufe sieht im Arbeitsentgelt einen hohen Motivationsfaktor zur menschlichen Arbeitsleistung. Voraussetzung dafür sei allerdings die Arbeit und Arbeitsabläufe so einfach zu gestalten, dass sie ohne große Lernprozesse zu erledigen sind und der Mensch einen direkten Bezug zu seiner Leistung (überwiegend Mengenleistung) erkennt. Dies führte letztlich zu der Entwicklung von ausgefeilten *Akkord- und Prämienlohnsystemen* (vgl. Kap. 3.7.6.2 und 3.7.6.3).

Die „Theorie der Bedürfnispyramide" von *Maslow*[422] oder die von *Alderfer* entwicklelte „E-R-G-Theorie" (Existance, Relatedness and Growth)[423] sowie die „Zwei-Faktoren-Theorie" von *Herzberg/Mausner/Snyderman*[424] sprechen eher gegen den Ansatz von *Taylor*. Sie setzen auf mehr **immaterielle (intrinsisch) motivierte Anreizsysteme,**

- wie Lust an der Arbeit,
- Identifikation mit der Arbeit und dem Unternehmen,
- Arbeitszeitgestaltung,
- Aspekte der Personalführung etc.

Letztlich geht es bei allen **Motivationstheorien**[425] um die Frage, ob der Mensch *abhängige Arbeit* überwiegend nur leistet um *Geld* zu verdienen, und er deshalb auch nur über das Arbeitsentgelt zu motivieren ist (*Theorie des Arbeitsleids*), oder ob eine bestimmte Arbeitsmotivation mehr durch **intrinsische Faktoren** (wie personenimmanente Leistungsmotive), unabhängig oder zumindest weitgehend unabhängig vom Entgelt, ausgelöst wird (*Theorie der Selbstbestimmung*). In der betrieblichen Praxis zeigt es sich dabei immer wieder, dass zwar alle Theorien mehr oder weniger gute Erklärungsansätze beinhalten, aber keine praktikablen Handlungsanleitungen in Sachen Entlohnung darstellen.[426]

Insbesondere die intrinsischen Ansätze vergessen, dass der überwiegende Teil der Beschäftigten gar nicht die **Option** besitzt zwischen materiellen (extrinsischen) und immateriellen

[421] Wächter, H., Lohnanreiz und Arbeitsmotivation, in: Emmerich, K., Hardes, H.D., Sadowski, D., Sitznagel, E., (Hrsg.), Einzel- und gesamtwirtschaftliche Aspekte des Lohnes, a.a.O., S. 41.

[422] Vgl. Maslow, A. H., A Theory of Human Motivaton, in: Psychological Review 50 (1943), S. 370 - 396, sowie derselbe: Motivation and personality, 2. Aufl., New York 1970.

[423] Vgl. Alderfer, C. P., Existance, Relatedness and Growth, Human needs in Origanizational Settings, New York 1972.

[424] Vgl. Herzberg, F., Mausner, B., Snyderman, B., The motivation to work, New York 1959.

[425] Vgl. Jung, H., Personalwirtschaft, a.a.O., S. 374 - 399.

[426] Vgl. Franke, H., Entgeltpolitik, in: Spie, U., (Hrsg.), Personalwesen als Managementaufgabe, Stuttgart 1983, S. 272.

(intrinsischen) Anreizsystemen zu entscheiden, da die meisten Menschen täglich an **monotonen Arbeitsplätzen** mit starken negativen Umwelteinflüssen ohne jegliche Alternative sowie *fremdbestimmt* arbeiten müssen um ihre Reproduktion und die ihrer Familien zu sichern. Hier zählt wohl der Lohn eindeutig und ausschließlich als **extrinsische Motivation** für ertragenes Arbeitsleid. So fand auch das *Emnid-Institut* in einer Befragung 1987 heraus, dass etwa 75 v.H. der Befragten eine leistungsgerechte Bezahlung als höchsten Motivationsfaktor einstufen.[427] Unabhängig von theoretischen Erklärungsansätzen konnte auch die empirische Untersuchung von *Schlitzberger*[428] nachweisen, dass das Arbeitsentgelt in der betrieblichen Praxis einen entscheidenden Beitrag zur Arbeitsmotivation leistet, und zwar über alle Mitarbeitergruppen (Angestellte, Facharbeiter, Angelernte) hinweg.

Neben dem Zusammenhang von Arbeitsmotivation und Arbeitsentgelt spielt als zweiter grundsätzlicher Faktor einer betrieblichen Entgeltpolitik die **Entgeltgerechtigkeit** eine wichtige Rolle. Sie steht in einem engen Zusammenhang mit der „*Balance-Theorie*", auch als „Gerechtigkeitstheorie" bezeichnet, von *Adams*.[429] Hierbei geht es um **keine absolute Entgeltgerechtigkeit**, die von der Betriebswirtschaftslehre auch nicht als realisierbar angesehen wird, sondern um eine hierarchische Relativierung der Bezahlung in **vertikaler** und **horizontaler** Ausrichtung der jeweiligen Arbeitsorganisation. Demnach erwartet ein Beschäftigter eine seinem *Arbeitsplatz*, seiner *Leistung* und seiner *Qualifikation/Erfahrung* entsprechende Entlohnung. Diese vergleicht er mit dem Arbeitsentgelt von Kollegen auf gleicher hierarchischer Ebene (horizontal) als auch mit dem Arbeitsentgelt, das an Arbeitskollegen auf unteren sowie höheren Hierarchieebenen (vertikal) gezahlt wird. Sind dabei die von ihm subjektiv empfundenen Abstände im Arbeitsentgelt nicht äquivalent zur eigenen Disposition, so empfindet der Beschäftigte eine **Entgeltungerechtigkeit**, die auf seine Arbeitsmotivation negativ zurückwirkt.

3.7.6.2   Anforderungsorientierte Entgeltgestaltung

Um im Rahmen einer rationalen betrieblichen Entgeltpolitik sowohl dem Postulat der *Arbeitsmotivation* als auch dem der *Entgeltgerechtigkeit* genüge zu tun, verlangt die Betriebswirtschaftslehre bzw. die Personalwirtschaft eine **anforderungsorientierte Entlohnung** des „Faktors" Arbeit. Eine Entlohnung gilt dabei dann als anforderungsorientiert, „wenn in der Entgelthöhe die Anforderungen aus den jeweiligen **Arbeitsplatz- und -zeitbedingungen** zum Ausdruck kommen, die von einem in erforderlichen Maße geeigneten, geübten und voll eingearbeiteten Mitarbeiter, der seine Fähigkeiten ungehindert entfalten kann, erfüllt werden müssen."[430] Die Anforderungen aus dem **Arbeitsplatz** ergeben sich – *unabhängig* von der jeweiligen *Leistung* des Stelleninhabers – aus den *Arbeits-* bzw. *Stellenbeschreibungen*[431] gemäß der unternehmerischen *Aufbauorganisation*. Hierbei werden im Grundsatz von den

427 Zitiert bei Hopfenbeck, W., Allgemeine Betriebswirtschafts- und Managementlehre, 4. Aufl., Landsberg am Lech 1991, S. 279.

428 Vgl. Schlitzberger, H., Produktivitätssteigerung durch Zufriedenheit am Arbeitsplatz. Schriftenreihe des Institut für angewandte Arbeitswissenschaft e.V., Nr. 3, Köln 1975.

429 Adams, J. S., Towards an Understanding to Inequity, in: Journal of Abnormal and Social Psychology, 67. Jg., 1963, S. 422 - 436.

430 Hahn, D., Laßmann, G., Produktionswirtschaft, a.a.O., S. 113.

431 Vgl. Oechsler, W.A., Personal und Arbeit, a.a.O., S. 301ff., Jung, H., Personalwirtschaft, a.a.O., S. 189ff., RKW-Handbuch Personalplanung, a.a.O., S. 364ff.

Unternehmen immer höhere Anforderungen an die **Qualität der Arbeit** gestellt. Dies überträgt sich auf die gesamtwirtschaftliche **Bildungsstruktur**.

Für die jüngere Vergangenheit gilt dabei, dass sich die Qualifikationsstruktur im Sinn eines Trends zur *höheren Qualifikation* verschoben hat. Aber auch der Anteil der Jugendlichen, der ohne einen Hauptschulabschluss die Schule verlässt, ist nach wie vor sehr hoch und die Unternehmen stellen im Rahmen der *dualen Berufsausbildung* zu wenig **Lehrstellen** zur Verfügung.[432] Hinzu kommt weiter eine schon fast chronische *Unterfinanzierung* des deutschen Bildungswesens.[433] Ob allerdings die formal erreichte höhere Bildung auch mit einer wirklichen *Bildungsniveauerhöhung* verbunden ist, muss aufgrund immer heftiger werdender Klagen aus Wirtschaft und Schule/Hochschule über die Leistungsfähigkeit und Qualifikation der Schüler und Auszubildenden sowie Studenten bezweifelt werden. Im Wintersemester 1991/92 wurden seit Bestehen der Bundesrepublik zum ersten Mal mehr *Studenten* als *Auszubildende* im dualen System gezählt. Die reale Entwicklung an den Arbeitsmärkten steht dieser Entwicklung aber entgegen – was nicht ausschließt, dass es an einzelnen Teilarbeitsmärkten zukünftig zu einer *Verknappung* von Fachkräften kommen kann. So ist der Anteil der Arbeiter von 1996 bis 2005 zurückgegangen. Das gilt vor allem für *Facharbeiter*, weniger für Arbeiter mit *einfachen Jobs*. „In dieser Entwicklung kommt der *sektorale Wandel* zum Ausdruck, durch den das produzierende Gewerbe zugunsten des tertiären Sektors an Bedeutung verliert. Entsprechend gestiegen ist die Bedeutung der *Angestellten*. Dabei hat der Anteil von Tätigkeiten mit einfachen und mittleren Qualifikationsanforderungen zugenommen, während das relative Gewicht von *hoch qualifizierten Tätigkeiten* und Führungsaufgaben gleich geblieben ist. Die Tätigkeitsstruktur der *Beamten* hat sich von 1996 bis 2005 nicht verändert. Generell ist die Bedeutung *einfacher Jobs* gewachsen. Die Arbeitszeit je Beschäftigten ist in diesem Bereich geringer als bei hoch qualifizierten Tätigkeiten – nicht zuletzt wegen des Trends zu *geringfügiger Beschäftigung*.[434] Das sogenannte **Normalarbeitsverhältnis**, das eine auf Vollzeit abgestellte abhängige Beschäftigung unter kollektivvertraglichen Bedingungen des Arbeits- und Sozialrechts definiert und in Tarifverträgen seinen Niederschlag findet, wird immer mehr abgelöst durch **Teilzeit-** und **Leiharbeit, befristete Arbeit, Telearbeit** und Arbeitsformen der **Scheinselbständigkeit**, wobei letztere seit Beginn der 1990er Jahre stark zugenommen hat.[435] Allgemein sieht *Welsch* in Zukunft für die Arbeitnehmer ein mehr düsteres Szenarium, wenn er schreibt:

„Die Beschäftigten müssen sich in einem Prozeß der Klassenbildung behaupten. Auf der einen Seite bilden sich die **Kern-** bzw. **Stammbelegschaften**. Sie sind relativ klein, auf Dauer beschäftigt und verfügen über herausragende Qualifikationen bzw. Mehrfachqualifikationen, welche für das jeweils beschäftigende Unternehmen zentral sind. Von dieser Belegschaftsgruppe, in zunehmendem Umfang 'Wissensarbeiter' (knowledge workers), die die anspruchsvollen Informationstätigkeiten übernehmen, werden permanente und intensive Weiterbildungsangebote, gute Entlohnung und günstige Entwicklungsperspektiven gratifiziert werden. Auf der anderen Seite entstehen Randbelegschaften. Sie lassen sich

---

[432] Vgl. Brenke, K., Ausbildung ausweiten und effektiver gestalten, in: DIW-Wochenbericht Nr. 29/2007, S. 437 - 443.

[433] Quaißer, G., Ausgaben für Bildung: Die Unterfinanzierung des deutschen Bildungswesens, in: GEW, (Hrsg.), Transparent: Wirtschaftspolitik und Bildungsfinanzierung, Ausgabe 1/2006.

[434] Brenke, K., Zunehmende Lohnspreizung in Deutschland, in: DIW-Wochenbericht Nr. 6/2007, S. 75.

[435] Vgl. DIW-Wochenbericht Nr. 41/1997, 'Neue Selbständige' in Deutschland in den Jahren 1990 - 1995.

schnell vergrößern und verkleinern und dienen als Puffer, um die Leistungserstellung und die Personalkosten flexibel an die Schwankungen der Güter- und Dienstleistungsmärkte anzupassen. Zur **Randbelegschaft** zählen jedoch nicht nur Menschen, die weniger anspruchsvolle 'Lückenbüßerfunktionen' und Aushilfstätigkeiten bei schlechter Bezahlung und ohne soziale Absicherung durch das Unternehmen übernehmen, sondern zum Beispiel auch all jene hochqualifizierten, selbständigen Dienstleister, deren Kompetenzen das Unternehmen je nach Bedarf für eine gewisse Zeit nutzt und einkauft."[436]

Was bei aller Entwicklung letztlich dennoch bleibt, sind die kapitalistischen Produktions- und Verwertungsverhältnisse am Arbeitsmarkt. Hier werden sich nach wie vor Gewinnbezieher und Lohn- und Gehaltsempfänger gegenüberstehen. Die Last der schon heute gegebenen aber wohl noch zu erwartenden *Veränderungen in der Arbeitswelt* wird dabei von den abhängig Beschäftigten zu tragen sein.

Neben der *Arbeitsqualität* (inkl. dem Grad der Ausbildung) wird als zweite Komponente einer *anforderungsorientierten Entlohnung* die **Arbeitszeitbedingung** festgelegt. „Sie differenziert das Entgelt nach Dauer und zeitlicher Lage der Arbeit, sofern Dauer und/oder Lage der individuellen Arbeitszeit über die mit dem tariflichen Mindestlohn abgegoltene Normalarbeitszeit hinausgehen."[437]

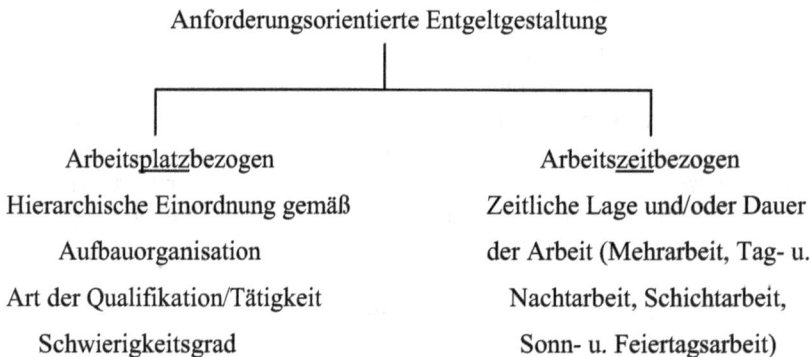

Anforderungsorientierte Entgeltgestaltung

Arbeitsplatzbezogen	Arbeitszeitbezogen
Hierarchische Einordnung gemäß	Zeitliche Lage und/oder Dauer
Aufbauorganisation	der Arbeit (Mehrarbeit, Tag- u.
Art der Qualifikation/Tätigkeit	Nachtarbeit, Schichtarbeit,
Schwierigkeitsgrad	Sonn- u. Feiertagsarbeit)

Abb. 3.21:   Anforderungsorientierte Entgeltgestaltung

Bei der zeitlichen Dauer und/oder Lage der Arbeitszeit werden die unterschiedlichen Belastungen der Beschäftigten in Form von Mehr-, Tag- und Nacht-, Schicht- sowie Sonn- und Feiertagsarbeit als anforderungsorientierte Entgeltgestaltung in Form von prozentualen **Zuschlagssätzen** auf das individuelle oder das Arbeitsentgelt einer bestimmten Lohngruppe (z.B. die des **Ecklohnes**, dazu ausführlich später) berücksichtigt. Die Bezahlung erfolgt hierbei nicht aus den *technisch-organisatorischen* Arbeitsplatzbedingungen, sondern bezogen auf die mehr **physiologischen** und **psychologischen** Auswirkungen auf die jeweilig betroffenen Mitarbeiter. Bei der Bestimmung des Arbeitsentgelts gemäß den Anforderungen an den Arbeitsplatz werden dagegen **summarische** oder **analytische Arbeitsbewertungen**

---

[436]   Welsch, J., Die Arbeitswelt der Informationsgesellschaft, in: Blätter für deutsche und internationale Politik, Heft 3/1997, S. 353.

[437]   Hahn, D., Laßmann, G., Produktionswirtschaft, a.a.O., S. 113f.

vorgenommen. Hierzu sind Methoden der qualitativen Analyse und Methoden der Quantifizierung entwickelt worden.[438]

„Eine **summarische Arbeitsbewertung** liegt vor, wenn die Anforderungen der Arbeit, des Arbeitsplatzes oder des Arbeitsbereiches in einer globalen Betrachtung erfasst werden und anhand von tariflich geregelten Eingruppierungsmerkmalen eingestuft werden. Eine **analytische Arbeitsbewertung** liegt vor, wenn die Anforderungen der Arbeit, des Arbeitsplatzes oder des Arbeitsbereiches in tariflich geregelte Einzelanforderungen untergliedert werden, diesen eine Rangstufe oder Wertziffer zugeordnet und aus der Summe der so zugeordneten Arbeitswerte eine Arbeitswertgruppe ermittelt wird."[439]

Letztlich geht es bei allen Verfahren um die Aufgabe, „die Anforderungen zu ermitteln, die eine Arbeit bei normaler Leistung an einen abhängig Beschäftigten stellt. Die mit Hilfe der Verfahren ermittelte Höhe der Anforderungen wird allgemein als **Arbeitswert** bezeichnet, welcher als *arbeitswissenschaftlicher* Begriff und nicht als *ökonomischer* Begriff zu verstehen ist. Der Schwierigkeitsgrad einer Tätigkeit ist bei dieser Vorgehensweise der Maßstab für die **relative Einstufung** einer Arbeitsverrichtung, d.h. ob ihr Arbeitswert höher oder niedriger eingestuft wird als der einer anderen Tätigkeit. Der Schwierigkeitsgrad bestimmt somit die relative Lohnhöhe."[440]

Methoden der qualitativen Analyse / Methoden der Quantifizierung	*summarisch* (Gesamtbewertung der Tätigkeit)	*analytisch* (Teilbewertung und Gewichtung einzelner Anforderungsarten)
Reihung (Sortieren nach dem Schwierigkeitsgrad der Tätigkeit)	*Rangfolgeverfahren*	*Rangreihenverfahren*
Stufung (Einsortieren in festgelegte Gruppen)	*Lohngruppenverfahren*	*Stufenwertzahlverfahren*

Abb. 3.22: Arbeitsbewertungsverfahren

---

[438] Vgl. dazu ausführlich Jung, H., Personalwirtschaft, a.a.O., S. 556ff., Bröckermann, R., Personalwirtschaft, Köln 1997, S. 195ff., Hahn, D., Laßmann, G., Produktionswirtschaft, a.a.O., S. 115ff.

[439] Lang, K., Meine, H., Ohl, K., (Hrsg.), Arbeit, Entgelt, Leistung, a.a.O., S. 167.

[440] Jung, H., Personalwirtschaft, a.a.O., S. 557.

Die summarische Arbeitsbewertung unterscheidet das Rangfolgeverfahren und das Lohn-gruppenverfahren. Bei beiden summarischen Verfahren werden die Arbeitsanforderungen einer Tätigkeit in ihrer **Gesamtheit** erfasst (*holistisches Konzept*). Beim **Rangfolgeverfahren** werden die einzelnen Arbeitsaufgaben in einem Unternehmen nach Abteilungen gegliedert und gemäß ihrem Schwierigkeitsgrad in eine Rangfolge gebracht, womit letztlich eine Bewertung aller Arbeitsaufgaben über das gesamte Unternehmen erfolgt. Danach werden die in Rangfolgen geordneten Arbeitsaufgaben den in den *Tarifabschlüssen* vereinbarten Lohn- und Gehaltsgruppen zugewiesen. Im Gegensatz dazu werden beim **Lohngruppenverfahren** für bestimmte Schwierigkeitsgrade von Stellen und Arbeitsaufgaben *Richtbeispiele* definiert, für die dann abgestufte Lohn- und Gehaltsgruppen gebildet werden. Die festgelegte Anzahl der Lohn- und Gehaltsgruppen bestimmt hierbei den angestrebten Genauigkeitsgrad der Bewertung. In der Praxis werden zwischen 6 und 14 Lohn- bzw. Gehaltsgruppen unterschieden. In der *Papiererzeugenden Industrie Baden-Württemberg* sind es beispielsweise beim *Lohn* 10 Gruppen und beim *Gehalt* 7 Gruppen. Als Beispiel vergleiche die folgende **Lohngruppenvereinbarung**:

Lohngruppe 1:
Einfache Arbeiten, die ohne jegliche Ausbildung nach einer Unterweisungszeit von in der Regel drei Tagen ausgeführt werden können.

Lohngruppe 2:
Einfache Arbeiten, die eine geringe Sach- und Arbeitskenntnis verlangen, aber ohne jegliche Ausbildung nach einer Unterweisungszeit von bis zu 1 Monat und einer entsprechenden Einarbeitungszeit ausgeführt werden können oder einfache Arbeiten der Lohngruppe 1 mit überwiegend zusätzlich belastenden Arbeitsbedingungen.

Lohngruppe 3:
Arbeiten, die eine Zweckausbildung oder ein systematisches Anlernen bis zu 6 Monaten, eine entsprechende Fertigkeit, Übung und Erfahrung verlangen, oder einfache Arbeiten der Lohngruppe 2 mit überwiegend zusätzlich belastenden Arbeitsbedingungen.

Lohngruppe 4:
Arbeiten, die ein Teilfacharbeiterkönnen verlangen, wie es durch eine abgeschlossene Anlernausbildung oder durch eine Zweckausbildung bzw. ein schematisches Anlernen mit zusätzlicher Berufserfahrung erzielt wird oder Arbeiten der Lohngruppe 3 mit überwiegend zusätzlich belastenden Arbeitsbedingungen.

Lohngruppe 5:
Facharbeiten, die berufliche Handfertigkeiten und Berufskenntnisse verlangen, wie sie entweder durch eine fachentsprechende, ordnungsgemäße Berufsausbildung oder durch eine abgeschlossene Anlernausbildung und zusätzliche Berufserfahrung erzielt werden.

Lohngruppe 6:
Schwierige Facharbeiten, die besondere Fähigkeiten und langjährige Berufserfahrung verlangen.

Lohngruppe 7:
Besonders schwierige und hochwertige Facharbeiten, die an das fachliche Können und Wissen besonders hohe Anforderungen stellen sowie Selbständigkeit und hohes Verantwortungsbewusstsein voraussetzen.

Lohngruppe 8:
Hochwertiges Facharbeiten, die meisterliches Können, absolute Selbständigkeit, Dispositionsvermögen, umfassendes Verantwortungsbewusstsein und entsprechende theoretische Kenntnisse erfordern.

Zur Bestimmung des **Arbeitsentgelts** werden dann die verschiedenen Lohngruppen von den Tarifparteien in ein *relatives Verhältnis* gesetzt. Als Basis wird der **Ecklohn** (vgl. Tab. 19), der einem Leistungsgrad von 100 v.H. entspricht, definiert und ausgewählt. „Nachdem durch die Arbeitsbewertung die Relationen zwischen den Schwierigkeitsgraden und damit die relativen Lohnhöhen bestimmt wurden, werden die absoluten **Geldwerte** für die Entlohnung ausgehandelt. Hierbei wird nicht über jede Lohngruppe verhandelt, es wird nur der Ecklohn berücksichtigt."[441] Ist beispielsweise der Ecklohn der Lohngruppe 7 zugeordnet worden und der absolute Geldwert beträgt hier 9 €, so verhandeln die Tarifparteien auf Basis des Ecklohns der Lohngruppe 7 die **Lohnerhöhung** für alle anderen Lohngruppen gemäß dem Lohngruppenverfahren mit aus. Beträgt diese Lohnerhöhung z.B. 3 v.H., so steigt der Ecklohn auf 9,27 €. Entsprechend relativ steigen dann auch die Arbeitsentgelte der einzelnen Lohngruppen, wobei die Relationen von Gruppe zu Gruppe gemäß dem jeweiligen Schwierigkeitsgrad (Leistungsgrad) der Arbeit gleich („linearer Zusammenhang") aber auch *progressiv*, *degressiv* sowie *linear-geknickt* verlaufen können.[442]

Tab. 19: Ecklohn und Stundenlohnbestimmung

Lohngruppe	2	3	4	5	6	7	8	9	10
Leistungsgrad in v.H.	85	86	88	92	96	*100* *Ecklohn*	108	118	133
Lohnsatz	7,65	7,44	7,92	8,28	8,64	9,00	9,72	10,62	11,97

Allgemein impliziert die prozentuale Festlegung von Lohnerhöhungen auf Basis des Ecklohns für die unteren Lohngruppen eine *absolut* geringere Lohnerhöhung und für die Lohngruppen oberhalb der Ecklohngruppe ein *absolut* stärkeres Ansteigen der Löhne. Die Gewerkschaften versuchen deshalb in den Tarifverhandlungen für die unteren Lohngruppen in Relation zum Ecklohn *überproportionale Lohnerhöhungen* durchzusetzen. Gleichzeitig bemühen sich die Gewerkschaften, die prozentualen Lohngruppenrelationen von der untersten Lohngruppe zur Ecklohngruppe zu verringern.

Im Unterschied zu den summarischen Arbeitsbewertungsmethoden sind die **analytischen Verfahren** wesentlich aufwendiger. Dafür vermeiden sie aber Mängel der summarischen Methoden, die darin liegen, „daß Stellen über relativ undifferenzierte globale Tätigkeitsangaben in eine *Rangordnung* gebracht bzw. in einen sehr pauschalen *Katalog* eingestuft werden. Auch kann ein *Vorurteil* beim Bewerter hinsichtlich der Wertigkeit der Stelle bzw. ihres Schwierigkeitsgrades bestehen. Summarische Verfahren sind folglich bezüglich der methodischen Gütekriterien **Objektivität**, **Reliabilität** und **Validität** mit Mängeln behaftet."[443] Die analytischen Verfahren (in Form eines **Rangreihen-** und **Stufenwertzahlverfahrens**[444]), die im Gegensatz zu den *summarischen Verfahren* nicht nach einer ganzheitlichen Bewertungsmethode sondern nach einer genauestens analysierten Methode vorgehen, zerlegen die Arbeitsschwierigkeiten bezogen auf die einzelnen Arbeitsanforderungsarten. Alle analytischen Verfahren gehen dabei mehr oder weniger auf das sogenannte „**Genfer Schema**" zurück, das 1950 zum ersten Mal auf einer internationalen Konferenz für Arbeitsbewertung in Genf anhand der im folgenden Kasten aufgeführten *Arbeitsanforderungsarten* festgelegt wurde.

---

[441] Jung, H., Personalwirtschaft, a.a.O., S. 563f.

[442] Zur Ermittlung des abgestuften anforderungsorientierten Arbeitsentgeltes vgl. Hahn, D., Laßmann, G., Produktionswirtschaft, a.a.O., S. 115ff.

[443] Oechsler, W. A., Personal und Arbeit, a.a.O., S. 312. Zu den grundsätzlichen *Gütekriterien von Personalbeurteilungssystemen* vgl. Curth, M. A., Lang, B., Management der Personalbeurteilung, 2. Aufl., München, Wien 1991, S. 9ff.

[444] Zur konkreten Anwendung vgl. Jung, H., Personalwirtschaft, a.a.O., S. 569ff., Lang, K., Meine, H., Ohl, K., (Hrsg.), Arbeit, Entgelt, Leistung, a.a.O., S. 176ff.

Genfer Schema

Geistige Anforderungen
Fachkenntnisse, Ausbildung, Erfahrung, Denkfähigkeit
Körperliche Anforderungen
Geschicklichkeit, Muskelbelastung, Belastung der Sinne und Nerven
Verantwortung
Betriebsmittel und Produkte, Sicherheit und Gesundheit, Arbeitsablauf
Arbeitsbedingungen
Temperatur, Nässe, Schmutz, Gase, Lärm, Beleuchtung, Lichtmangel, Unfallgefahr

Die *Anforderungsarten* werden je nach Schwierigkeitsgrad gewichtet und die den Anforderungsarten zugewiesenen Arbeitsaufgaben und -belastungen in ein Punktesystem eingeordnet (höchster Schwierigkeits- und Belastungsgrad gleich höchste Punktzahl).[445] Die so ermittelten Punktzahlen bestimmen dann durch die tariflich festgelegten Entgeltwerte pro Punktzahl das absolute *Arbeitsentgelt*. Der große Vorteil der *analytischen Arbeitsbewertung* ist sicher deren *Transparenz*. Aber auch die analytischen Arbeitsbewertungsverfahren sind mit methodischen Mängeln behaftet, wenn sie auch bezüglich der Gütekriterien *Objektivität*, *Reliabilität* und *Validität* zu besseren Werten führen als dies eine summarische Arbeitsbewertung erlaubt. Neben dem Problem der inhaltlichen Präzisierung von Anforderungsarten besteht bei der analytischen Bewertung auch das Problem der **Gewichtung** der einzelnen Anforderungsarten. Gegen beide Bewertungsmethoden (summarisch und analytisch) spricht, unabhängig von den jeweils methodischen Schwächen, außerdem der insgesamt hohe **Anpassungsaufwand** der einzelnen Arbeitsanforderungen durch veränderte organisatorische Arbeitsabläufe oder durch die Anwendung neuer Technologien. „Mit jeder Anforderungsänderung müssen *Stellenbeschreibungen* angepasst und erneut eine – summarische oder analytische – Arbeitsbewertung durchgeführt werden. Vor diesem Hintergrund wird Arbeitsbewertung, insbesondere analytische Arbeitsbewertung, zunehmend *unpraktikabel*."[446]

Deshalb sind **alternative Bewertungsmethoden** gefragt. Dies gilt umso mehr, als das durch veränderte **Technologien** und **Arbeitsorganisationsprozesse** (wie *Lean Production*, *Lean Management*, *CAD*, *BDE*, *KVP* und durch die vermehrte Einführung von *Gruppenarbeit*) von den Beschäftigten verlangt wird, sich ständig unterschiedlichen Tätigkeiten oder Arbeiten an verschiedenen Arbeitsplätzen zu stellen bzw. zu adaptieren. Das Schlagwort des **Hybridfacharbeiters** macht allgemein die Runde. Der ungelernte Arbeiter wird im Arbeitsprozess immer mehr obsolet. Gefragt sind *qualifizierte Mitarbeiter* die ubiquitär einsetzbar sind. „Diese besitzen vielfach mehrere Berufsausbildungen und verfügen über Kenntnisse in den Bereichen Mechanik, Pneumatik, Hydraulik, Elektrik, Elektronik sowie Optoelektronik. Ihre Arbeitsaufgabe umfasst neben dem Montieren und Programmieren von speicherprogrammierbaren Steuerungen auch die Optimierung der Funktionsabläufe von derart gesteuerten Maschinen, die Störungsdiagnose mit Fehlerbehebung, Prüf- und Einstellarbeiten, Pflege der technischen Dokumentation, Zusammenarbeit mit anderen Fachabteilungen und Herstellerfirmen sowie

---

[445]   Zur Illustration einer analytischen Arbeitsbewertung nach dem *Stufenwertzahlverfahren* vergleiche ausführlich Hahn, D., Laßmann, G., Produktionswirtschaft, a.a.O., S. 134ff.

[446]   Oechsler, W. A., Personal und Arbeit, a.a.O., S. 317

die Unterweisung von Mitarbeitern."[447] Extrem wird ein solcher flexibler Arbeitseinsatz mit Mehrfachqualifikation unter den Bedingungen von **Gruppenarbeit** (vgl. dazu auch als Arbeitsentgelt den *Gruppenakkord* in Abschnitt 3.7.6.2). Hierbei werden „verschiedene Arbeitsaufgaben einer Arbeitsgruppe übertragen, die für deren Ausführung verantwortlich ist. Dabei wird häufig angestrebt, alle Gruppenmitglieder so zu qualifizieren, dass sie in der Lage sind, die verschiedenen Aufgaben bzw. Arbeitsplätze innerhalb der Arbeitsgruppe abwechselnd ausführen zu können. Bei dieser Form der Gruppenarbeit können sich die Arbeitnehmer wechselseitig vertreten und sind somit universell einsetzbar. Ihnen wird kein einzelner Arbeitsplatz, sondern die Gesamtaufgabe der Gruppe als Tätigkeit übertragen."[448] Die bisherigen auf *Einzelarbeit* aufbauenden traditionellen anforderungsorientierten summarischen und auch analytischen Arbeitsbewertungsverfahren zur Entgeltdifferenzierung müssen daher zukünftig durch eine **qualifikationsorientierte Entlohnung** (*Qualifikationslohn, Potentiallohn*) ersetzt werden. Hierbei geht verstärkt die allgemeine Qualifikation eines Beschäftigten in die Lohnbestimmung ein, „ohne daß sie gleichzeitig auch durch die zu erfüllende Arbeitsaufgabe vom Arbeitnehmer abgefordert wird. Insofern fließt Qualifikation als ein vorhandenes, aber nicht notwendigerweise genutztes Potential in die Lohnbestimmung ein."[449] Beim Qualifikationslohn sollen letztlich *Mehrfachqualifikationen*, die aufgrund der veränderten Technologie und Arbeitsorganisationen im Arbeitsprozess notwendig geworden sind, honoriert werden, selbst wenn im Unternehmen bei der momentanen tatsächlichen Aufgabenerfüllung nicht die gesamte Qualifikation eines Mitarbeiters abgerufen wird. Qualifikationslöhne erhöhen die *personelle Flexibilität*, bieten einen *monetären Anreiz* zum Erwerb multifunktionaler Fähigkeiten und sind nicht zuletzt auch ein Anreizinstrument zur **Personalentwicklung**, da der Erwerb von Mehrfachqualifikation nicht nur die *berufliche Entwicklung* fördert, sondern auch die individuelle *Selbstentfaltung* erhöht und die Chancen auf dem allgemeinen *Arbeitsmarkt* verbessert.[450]

ERA-Entgeltabkommen in der Metall- und Elektroindustrie NRW	
Bewertungsstufen des Anforderungsmerkmals:	**Punkte:**
Mitarbeiterführung	
1. Die Erfüllung der Arbeitsaufgabe erfordert kein Führen.	0
2. Die Erfüllung der Arbeitsaufgabe erfordert, Beschäftigte fachlich anzuweisen, anzuleiten und zu unterstützen.	5
3. Die Erfüllung der Arbeitsaufgaben erfordert, Beschäftigte zur Zielerreichung zweckmäßig einzusetzen, zu unterstützen, zu fördern und zu motivieren.	10
4. Die Erfüllung der Arbeitsaufgaben erfordert, Ziele zu entwickeln und die Beschäftigten zweckmäßig zur Zielerreichung einzusetzen, zu unterstützen, zu fördern und zu motivieren.	20

---

[447] Hahn, D., Laßmann, G., Produktionswirtschaft, a.a.O., S. 145.

[448] Lang, K., Meine, H., Ohl, K., (Hrsg.), Arbeit, Entgelt, Leistung, a.a.O., S. 191.

[449] von Eckardstein, D., Von der anforderungsabhängigen zur qualifikationsorientierten Entlohnung?, in: Schanz, G., (Hrsg.), Handbuch Anreizsysteme in Wirtschaft und Verwaltung, Stuttgart 1988, S. 215 - 232.

[450] Vgl. Schanz, G., Personalwirtschaftslehre, a.a.O., S. 493.

Durch den technischen und organisatorischen Anforderungswandel haben sich auch immer mehr die Tätigkeiten und Arbeitsbedingungen von *Arbeitern* und *Angestellten* angeglichen. Es ist quasi zu einer Konvergenz gekommen, so dass die gewerkschaftliche Forderung nach **gemeinsamen Entgeltrahmentarifverträgen** mit einheitlichen Entgeltgruppen für Arbeiter und Angestellte rational begründbar ist.[451] Die IG BCE und die IG Metall, aber auch einzelne Unternehmen, wie z.B. die *Joseph Vögele AG*, haben bereits solche Entgeltrahmentarifverträge abgeschlossen.[452] Die Unterscheidung zwischen *Lohn* und *Gehalt* findet hier nicht mehr statt. So wurden beispielsweise in der *Metall- und Elektroindustrie Nordrhein-Westfalens* gemeinsame Bewertungsstufen und Anforderungsmerkmale (*Können, Handlungs- und Entscheidungsspielraum, Kooperation* und *Mitarbeiterführung* (vgl. dazu beispielhaft in dem auf Seite 183 angeführten Kasten das Merkmal „**Mitarbeiterführung**") festgelegt und diese mit Punktwerten versehen, die dann wiederum gemäß den Arbeitsaufgaben des einzelnen Mitarbeiters, auf Basis einer je Anforderungsmerkmal festgelegten Gesamtpunktspanne, zu einer individuellen Gesamtpunktzahl führt und über 14 Entgeltgruppen (vgl. Tab. 20) das entsprechende Arbeitsentgelt bestimmt.

Tab. 20:   ERA-Monatsgrundentgelttabelle (gültig ab 1. Juni 2008)

Entgeltgruppen (EG)						
1	2	3	4	5	6	7
Gesamtpunktspanne						
10-15	16-21	22-28	29-35	36-43	44-54	55-68
1.829,50	1.851,50	1.874,00	1.902,50	1.942,00	1.993,00	2.055,00
Entgeltgruppe (EG)						
8	9	10	11	12	13	14
Gesamtpunktspanne						
69-77	78-88	89-101	102-112	113-128	129-142	143-170
2.161,50	2.337,00	2.568,00	2.879,00	2.967,00	3.315,50	3.767,00
				3.296,50	3.510,50	4.002,50
					3.900,50	4.238,00
						4.709,50

Die Staffelungen in den *EG 12 bis 14* unterscheiden nach jeweiligen Beschäftigungsmonaten in den entsprechenden EG. Quelle: ERA-Entgeltabkommen vom 8. Mai 2007.

Das ganze *Bewertungsverfahren* ist dabei nach § 99 BetrVG **mitbestimmungspflichtig**.

3.7.6.3   Anforderungsorientierte Arbeitsbewertung im außertariflichen Bereich

Neben den tariflich eingruppierten Beschäftigten existiert in Unternehmen immer auch ein Kreis von **außertariflichen Angestellten** (sogenannte AT-Angestellte). Wie der Begriff „außertariflich" bereits verdeutlicht, unterliegt dieser Kreis der Angestellten nicht dem *Tarifvertrag*. Das Arbeitsentgelt wird hier in einem *Einzelarbeitsvertrag* festgelegt. AT-Mitarbeiter

---

[451]   Vgl. Meiser, M., Wagner, D., Zander, E., Personal und neue Technologien, Organisatorische Auswirkungen und personalwirtschaftliche Konsequenzen, München, Wien 1991, S. 132f.

[452]   Vgl. dazu das „*Entgelt-Rahmen-Abkommen*" (ERA) der IG Metall, (Hrsg.), ERA. Der neue Tarifvertrag, Punkt für Punkt mehr Gerechtigkeit, 3. Aufl., Düsseldorf 2003.

fallen aber trotzdem unter das Betriebsverfassungsgesetz (BetrVG), d.h. der *Betriebsrat* ist auch für die AT-Beschäftigten zuständig. Die Ausnahme hiervon bilden lediglich die **leitenden AT-Angestellten** in der Abgrenzung und Definition des § 5 Abs. 3 BetrVG. Auch mitbestimmungsrechtlich genießen sie eine Sonderstellung auf Grund des *Sprecherausschussgesetzes*. Dies allerdings nur in Kapitalgesellschaften und Genossenschaften die mit mehr als 2.000 Beschäftigten dem Unternehmensmitbestimmungsgesetz von 1976 unterliegen (vgl. Abschnitt 2.2).

Für alle AT-Beschäftigten stellt sich – genauso wie bei den tariflichen Mitarbeitern – die Frage nach einer *anforderungsorientierten Arbeitsbewertung*. Darüber hinaus muss eine *Abgrenzungsbewertung* zu den Tarifbeschäftigten gefunden werden. Die Anforderungen müssen auf jeden Fall höher liegen als die Anforderungen, die in der **höchsten Tarifgruppe** an die tariflich Beschäftigten gestellt werden.[453] Geht man hier beispielhaft von der höchsten Tarifgruppe 14 gemäß ERA-Entgeltabkommen in der *Metall- und Elektroindustrie Nordrhein-Westfalens* aus, so müsste der AT-Angestellte die im folgenden Kasten angegebenen Anforderungsmerkmale nicht nur erfüllen, sondern darüber hinaus noch beansprucht werden. Dies wäre sicher dann gegeben, wenn der AT-Angestellte über den tariflichen Bereich zusätzliche, auf das gesamte Unternehmen abstellende **Führungsaufgaben** (z.B. als Abteilungsleiter) wahrzunehmen hätte oder als **Spezialist** mit einem besonders hervorragendem Spezialwissen in sehr schwierigen, durch Vielfalt gekennzeichneten Aufgabenbereich (z.B. Forschung und Entwicklung) verantwortlich tätig wäre. „Auch das Ansehen der Funktion im Unternehmen und die Repräsentation des Unternehmens nach Außen spielen eine wichtige Rolle."[454]

<u>Höchste tarifliche Einstufung gemäß ERA-Entgeltabkommen</u>

Können

Arbeitskenntnisse

Arbeitsaufgaben, die ein Können erfordern, das durch ein Anlernen ab einem Jahr erworben wird.

Fachkenntnisse

Arbeitsaufgaben, die ein Können erfordern, das in der Regel durch eine abgeschlossene Universitätsausbildung erworben wird. Gleichwertig ist eine abgeschlossene Master-Ausbildung.

Berufserfahrungen

Arbeitsaufgaben, die zusätzlich zu den Fachkenntnissen Berufserfahrungen von mehr als drei Jahren erfordern.

Handlungs- und Entscheidungsspielraum

Die Erfüllung der Arbeitsaufgaben erfolgt weitgehend ohne Vorgaben selbstständig.

Kooperation

Die Erfüllung der Arbeitsaufgaben erfordert in hohem Maße Kommunikation, Zusammenarbeit und Abstimmung.

Mitarbeiterführung

Die Erfüllung der Arbeitsaufgaben erfordert, Ziele zu entwickeln und die Beschäftigten zweckmäßig zur Zielerreichung einzusetzen, zu unterstützen, zu fördern und zu motivieren.

---

[453]   Vgl. Franke, D., Der außertarifliche Angestellte, München 1991, S. 45f.

[454]   Jung, H., Personalwirtschaft, a.a.O., S. 574.

Die über den tariflichen Bewertungsbereich hinausgehenden Aufgaben werden in den **Tarifverträgen** meist durch einen *prozentualen Aufschlagswert*, den das AT-Entgelt über dem höchsten Tarifgehalt liegen muss, komplettiert. So legt beispielsweise der Lohn- und Gehaltsrahmentarifvertrag für die *niedersächsische Metallindustrie* fest, dass alle die zu den AT-Angestellten gezählt werden, „die aufgrund eines schriftlichen *Einzelarbeitsvertrages* als außertarifliche Beschäftigte gelten und deren Jahreseinkommen geteilt durch zwölf das höchste tarifliche Monatsgrundentgelt um mehr als 15 v.H. übersteigt. Dabei ist vom Jahreseinkommen der außertariflichen Beschäftigten ein Betrag für die Zahlungen abzuziehen, die den tariflichen Beschäftigten aufgrund tarifvertraglicher oder betrieblicher Regelungen allgemein zustehen."[455]

Mit einer solchen Regelung ist aber noch nicht der Abstand der einzelnen AT-Entgeltverträge *untereinander* festgelegt. Welche Stelle im Organisationsaufbau soll gemäß den damit spezifisch verbundenen Anforderungen wie bewertet werden? Durch eine **analytische Anforderungsbewertung** könnte dies bezogen auf das anforderungsdeterminierte Grundgehalt, das von einem *leistungsorientierten Zusatzgehalt* der AT-Angestellten zu unterscheiden ist, ermittelt werden. Eine Bewertung von festen Anforderungsmerkmalen bildet den Ausgangspunkt und legt so eine Differenzierung der einzelnen Arbeitsplätze (Stellen) fest. Hierbei werden alle AT-Stelleninhaber nach einem *Rangreihenverfahren* aufgelistet und in AT-Gehaltsstufen eingruppiert bzw. die Grundgehaltshöhe festgelegt.[456] Dieses Grundgehalt der AT-Angestellten gilt dann als sogenannter *fester* Gehaltsbestandteil, der sich vom *variablen Teil* des Gesamtgehaltes – ermittelt durch eine **Leistungsbeurteilung** – abgrenzt.

3.7.7   Leistungsorientierte Entgeltgestaltung

Basis eines **leistungsorientierten Entgelts** ist der *anforderungsorientierte Grundlohn* oder das *Gehalt*, die aufgrund einer *Arbeitsbewertung* und nicht aufgrund einer **Leistungsbeurteilung** (vgl. zur Abgrenzung den folgenden Kasten) zustande kommt. „Aufbauend auf diesem Grundlohn wird der **individuelle Leistungslohn** unter Einbeziehung des erfassten **Leistungsgrads** mit Hilfe von **Entgeltformen** ermittelt, die einen gedanklichen Zusammenhang zwischen dem erbrachten Leistungsgrad eines Arbeitnehmers und seinem Entgelt herstellen."[457]

Abgrenzung Arbeitsbewertung und Leistungsbeurteilung
„*Während durch **Arbeitsbewertungsverfahren** die Anforderungen der Stelle losgelöst vom Stelleninhaber bewertet werden, soll durch Verfahren der **Leistungsbeurteilung** individuellen Leistungsunterschieden Rechnung getragen werden, um diese finanziell zu honorieren. Dadurch wird versucht, dem Sachverhalt gerecht zu werden, daß zwei Stelleninhaber, die auf gleich bewerteten Stellen gleiches Grundentgelt beziehen, unterschiedlichen Einsatz bringen und deshalb Leistungsunterschiede aufweisen.*"[458]

---

[455]   Zitiert bei Lang, K., Meine, H., Ohl, K., (Hrsg.), Arbeit, Entgelt, Leistung, a.a.O., S. 172.

[456]   Ein solches Verfahren beschreibt ausführlich: Jung, H., Personalwirtschaft, a.a.O., S. 575f.

[457]   Hahn, D., Laßmann, G., Produktionswirtschaft, a.a.O., S. 158.

[458]   Oechsler, A.W., Arbeit und Personal, a.a.O., S. 317.

Als **Entgeltformen** werden neben dem **Zeitlohn** mit und ohne **Leistungszulagen** im gewerblichen Bereich und dem **Gehalt** im Verwaltungsbereich – als Sonderform des Zeitlohnes – die *leistungsreagiblen* Entgeltformen des **Akkord-**, **Prämien-** und **Pensumlohnes**
unterschieden. Beim Gehalt ist zusätzlich zwischen dem tariflich vereinbarten Gehältern und
den *AT-Gehältern* zu differenzieren (vgl. Abb. 3.23)

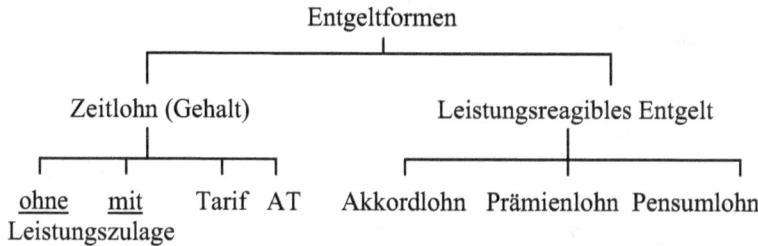

```
                          Entgeltformen
          ┌───────────────────┴───────────────────┐
   Zeitlohn (Gehalt)                   Leistungsreagibles Entgelt
  ┌───────┼───────┐                 ┌───────────┼───────────┐
 ohne    mit   Tarif  AT       Akkordlohn  Prämienlohn  Pensumlohn
Leistungszulage
```

Abb. 3.23:   Leistungsreagible Entgeltformen

Eine Untersuchung des *Arbeitgeberverbandes Gesamtmetall* ergab, dass 1992 51,5 v.H. aller
Arbeiter der westdeutschen Metallindustrie unter den Bedingungen des *Zeitlohnes* gearbeitet
haben. Der Anteil des *Akkordlohns* lag bei 35,6 v.H. und der des *Prämienlohns* bei 12,5 v.H.
Seit Anfang der 1970er Jahre ist dabei der Zeitlohnanteil mit gut 50 v.H. relativ stabil geblieben. Eine Verschiebung hat es dagegen zwischen Akkord- und Prämienlohn gegeben. Lag der
Akkordlohn 1971 noch bei einem Anteil von 43,5 v.H. und der des Prämienlohns bei 6,0 v.H.,
so betrug der Akkordlohnanteil 1992 noch 35,6 v.H. und der Prämienlohnanteil stieg auf
12,5 v.H.[459] In *Ostdeutschland* ist der Anteil des Prämienlohns im Vergleich zum Akkordlohn
sogar höher, „weil nach der Wende in vielen Unternehmen Prämienlohn eingeführt wurde.
Während beispielsweise in Niedersachen ca. 37 v.H. auf den Akkordlohn und ca. 12 v.H. auf
den Prämienlohn entfallen, liegen die entsprechenden Prozentsätze in Sachsen-Anhalt bei
6 v.H. und 31 v.H."[460] Die Werte dürften sich heute sowohl in West- als auch in Ostdeutschland weiter in Richtung **Prämienlohn** verschoben haben. Leider liegen hier keine neuen Werte vor. Dies ergab eine Anfrage beim *Statistischen Bundesamt* in Wiesbaden.

3.7.7.1   Zeitlohn und -gehalt

Der **Zeitlohn** bei Arbeitern und das **Tarifgehalt** bei Angestellten werden als reine von der
Arbeitszeit (Stunde, Schicht, Tag, Monat etc.) abhängige und damit *leistungsinreagible*
Entgeltformen eingestuft. Lohn bzw. Gehalt sind pro Zeiteinheit (z.B. Stundenverdienst)
konstant, d.h. der Gesamtverdienst verhält sich proportional zur Arbeitszeit unabhängig da-
von, ob während der Arbeitszeit der Leistungsgrad über- oder unterschritten wurde. Der
Bruttozeitlohn und das Bruttogehalt ergeben sich ohne Berücksichtigung von Sozialabgaben
(Arbeitnehmeranteil) und Steuern aus dem Lohnsatz pro Zeiteinheit multipliziert mit den
geleisteten Zeiteinheiten.

Zeitlohn = Lohnsatz pro Zeiteinheit · Anzahl geleisteter Zeiteinheiten

Die Bezahlung eines Beschäftigten erfolgt demnach lediglich aufgrund seiner **Anwesenheit**.
Es besteht kein unmittelbarer (direkter) Zusammenhang zwischen Lohn- bzw. Gehaltshöhe

---

[459]   Zitiert bei Lang, K., Meine, H., Ohl, K., (Hrsg.), Arbeit, Entgelt, Leistung, a.a.O., S. 228.
[460]   Ebenda, S. 228.

und erbrachter Leistung. Auch seine Einsatzbedingungen schreibt *Günther Schanz* „lassen zunächst vermuten, daß der Zeitlohn keine leistungsreagible Form der Vergütung darstellt. Angewandt wird er insbesondere dann, wenn

- sich die Arbeitsleistung der Messung entzieht,
- die Leistungsmenge durch Variation der Anstrengungen nicht beeinflusst werden kann, etwa deshalb, weil die Arbeitsgeschwindigkeit vom technischen System vorgegeben ist,
- sich die Aufgabeninhalte häufig ändern oder
- der Arbeitsprozeß öfters unterbrochen wird."[461]

Hans Jung nennt noch weitere Einsatzbedingungen für den Zeitlohn und das Gehalt. Demnach ist die Anwendung immer dann sinnvoll, wenn

- „ein Anreiz aus wirtschaftlichen Gründen nicht zweckmäßig ist (Tätigkeiten, die Sorgfalt, Gewissenhaftigkeit und Präzision erfordern),
- die Leistungsmessung mit hohen Kosten verbunden ist,
- wenn ein überhöhtes Arbeitstempo Gesundheitsschäden hervorrufen würde bzw. Unfälle oder Schäden an den Betriebsmitteln eintreten könnten,
- wenn aus arbeitsrechtlicher oder psychologischer Sicht eine Leistungslohnform nicht eingeführt werden kann,
- wenn nicht genügend qualifiziertes Personal für die Arbeitsvorbereitung und die Zeitwirtschaft zur Verfügung steht."[462]

Aus diesen Bedingungen und Anwendungen wird häufig abgeleitet: „Im Zeitlohn, da kann man es schon mal *ruhig gehen lassen*, da steht man sich besser als bei der *Hetze im Akkord*." Diese unsachliche Wertung wird nicht selten selbst von vielen abhängig Beschäftigten vertreten. Das dies so nicht richtig ist, zeigt zunächst einmal der Tatbestand, dass auch beim Zeitlohn und Gehalt der Lohnsatz pro Zeiteinheit gemäß einer **anforderungsorientierten Arbeitsbewertung** ermittelt wird. Insofern spricht man hier auch von einem „*Arbeitswertlohn*". Daneben liegt dem Zeitlohn und Gehalt eine für allgemein üblich gehaltene auch juristisch sanktionierbare „**Normalleistung**" zugrunde, woraus bereits geschlossen werden kann, dass von einer völlig fehlenden Leistungsbezogenheit (*Leistungsinreagibilität*) im Zeitlohn und Gehalt nicht gesprochen werden kann. „Wird von dem Mitarbeiter permanent ein *Leistungsgrad* in Höhe der Normalleistung realisiert, so führt auch der reine Zeitlohn zu einer leistungsorientierten Entlohnung. Wird dieser reine Zeitlohn überdies mit einer **Leistungszulage** kombiniert, so ist eine leistungsorientierte Entlohnung auch dann möglich, wenn der Mitarbeiter einen relativ konstanten, übernormalen Leistungsgrad realisiert."[463] Auch *empirisch* kann eindeutig festgestellt werden, dass verstärkt in den letzten zehn Jahren gerade im Zeitlohn- und Gehaltsbereich die Normalleistung durch eine erhöhte **Leistungsverdichtung** nach oben geschraubt wurde. Dazu haben beigetragen:

- Herkömmliche und computergestützte Leistungskontrollen durch Betriebsdatenerfassungs-(BDE)Systeme,
- Zeit- und Terminvorgaben (z.B. durch Just-in-time-Konzepte),
- veränderte Arbeitsorganisationen (Lean Management Konzepte, KVP (kontinuierliche Verbesserungsprozesse)),
- Gemeinkostenwertanalysen,

---

[461]   Schanz, G., Personalwirtschaftslehre, a.a.O., S. 495.

[462]   Jung, H., Personalwirtschaft, a.a.O., S. 578.

[463]   Hahn, D./Laßmann, G., Produktionswirtschaft, a.a.O., S. 159

- Arbeitszeitverkürzungen ohne Neueinstellungen sowie
- neue Methoden der Personalführung (z.B. Einführung von ziel- und prozessorientierten Leistungsbeurteilungen).[464]

Aufgrund der immanenten Leistungsbezogenheit im Zeitlohn und Gehalt verändern sich die **Lohnstückkosten** proportional zur in Anspruch genommenen Zeit, „d.h. sie *fallen* bei über-durchschnittlichem Leistungsgrad und damit abnehmendem Zeitverbrauch pro Leistungseinheit und *steigen* bei unterdurchschnittlichem Leistungsgrad und damit steigendem Zeitverbrauch pro Einheit.“[465] Beträgt dabei z.B. der Zeitlohn 15 €/Std. und wird eine Normalleistung (Produktion von 1 Stück pro Stunde) angenommen, so betragen die *Lohnstückkosten* 15 €/Std. Fertigt ein Beschäftigter aber 2 Stück/Std., so sinken die Lohnstückkosten auf 7,50 €/Std. Geht die Leistung des Beschäftigten auf ein halbes Stück zurück, so steigen dagegen die Lohnstückkosten auf 30 €/Std. Wird über den reinen Zeitlohn bzw. ein Grundgehalt hinaus noch eine **Leistungszulage** gewährt, nehmen die Lohnstückkosten einen degressiven zackenförmigen Verlauf an (vgl. Abb. 3.24).

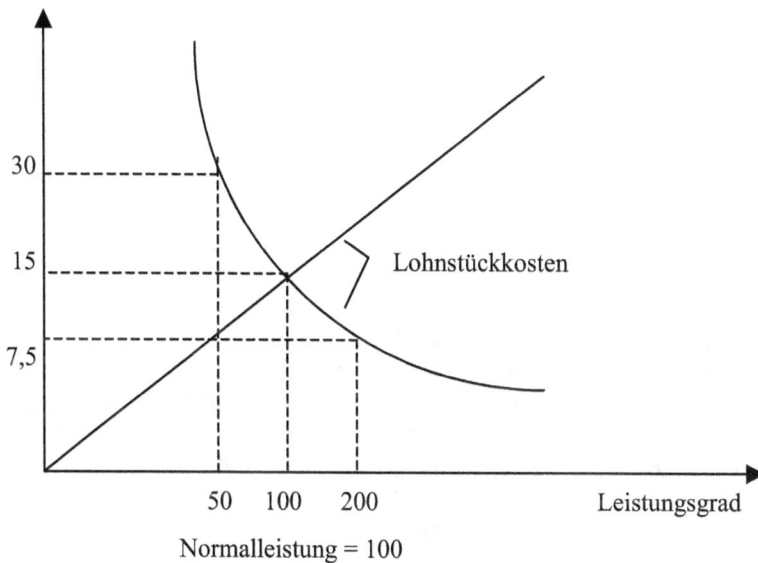

Abb. 3.24:   Lohnstückkostenverlauf und Leistungsgrad

Da sich beim Zeitlohn und Gehalt eine **Entgeltdifferenzierung** lediglich aufgrund einer anforderungsorientierten Arbeitsbewertung ergibt, wird versucht über **Leistungszulagen** einen zusätzlichen unmittelbaren (direkten) Lohn- bzw. Gehaltsanreiz zu erwirken. Solche Leistungszulagen sind in der Regel **tarifvertraglich** abgesichert. Sie können aber auch in betrieblich veranlassten *Betriebsvereinbarungen* geregelt werden.

Zur Bestimmung der Leistungszulagen ist eine **Leistungsbeurteilung** notwendig, die anders als bei rein *leistungsreagiblen Entgeltformen* wie z.B. dem Akkordlohn weniger mit strikt objektiven, d.h. quantifizierbaren Messgrößen operiert. Hier wird im Unterschied zur

---

[464]   Vgl. Lang, K., Meine, H., Ohl, K., (Hrsg.), Arbeit, Entgelt, Leistung, a.a.O., S. 238ff.
[465]   Jung, H., Personalwirtschaft, a.a.O., S. 578.

Arbeitsbewertung nicht die Arbeitsstelle, sondern die sich auf der Stelle *befindende Person* anhand von bestimmten **verhaltensorientierten Kriterien** (*Merkmalen*) beurteilt. „Diese verhaltensorientierten Beurteilungsskalen eignen sich zur Bewertung von *Führungs-, Planungs-* und *Forschungsaufgaben* mit kreativen Arbeitsinhalten, aber auch zur Beurteilung von Mitarbeitern hinsichtlich ihres Verhaltens in kritischen Situationen."[466]

Zwingender Bestandteil einer Leistungsbeurteilung ist nach § 82 Abs. 2 BetrVG das **Beurteilungsgespräch.** „Hier sind die Ergebnisse der Beurteilung dem Mitarbeiter darzulegen und zu erörtern. Das Beurteilungsgespräch dient im einzelnen

- dazu, dem Mitarbeiter seine Schwachstellen aufzuzeigen, ihm Anregungen für Lernaktivitäten zu geben,
- als positive Rückkopplung mit Verstärkungseffekt bei positiven Ergebnissen beziehungsweise vollzogenen Lernprozessen,
- zur Kontrolle des Beurteilungsverfahrens durch den Beurteilten sowie
- der Kommunikation über Aufgaben und Anforderungen im Unternehmen."[467]

In der tarifvertraglichen Praxis werden drei Methoden der **Leistungsbeurteilung** unterschieden:

- die einheitliche Leistungszulage,
- die pauschale Leistungsbeurteilung und
- die analytische Leistungsbeurteilung.

Bei der **einheitlichen Leistungszulage** erhalten alle Zeitlöhner die tarifvertraglich ausgehandelte gleiche prozentuale Leistungszulage ihrer jeweiligen anforderungsorientierten Lohn- bzw. Gehaltsgruppe. Wurde beispielsweise tarifvertraglich eine Leistungszulage von 15 v.H. im Durchschnitt aller Zeitlöhner eines Betriebes vereinbart, dann erhält jeder Zeitlöhner 15 v.H. seiner jeweiligen Lohngruppe als Leistungszulage. Bei der **pauschalen Leistungsbeurteilung** erhalten die Arbeiter und Angestellten unterschiedliche prozentuale Leistungszulagen, wobei der durchschnittliche Mindestwert (z.B. 15 v.H.) eingehalten werden muss. Die Beurteilung erfolgt durch die *Vorgesetzten* aufgrund einer pauschalen Beurteilung des Leistungsverhaltens ohne eine Differenzierung nach verschiedenen Kriterien (Merkmalen) vorzunehmen. Dies ist erst bei der **analytischen Leistungsbeurteilung** der Fall, die die Leistung nach verschiedenen Kriterien beurteilt und mit Punkten bewertet. Den so festgestellten Bewertungspunkten werden dann festgelegte Geldbeträge zugeordnet.

3.7.7.2   Akkordlohn

Der Akkordlohn lässt sich mit *Schanz* als der „Prototyp einer leistungsreagiblen Entgeltform" bezeichnen.[468] „Beim Akkordlohn wird eine feste Zeit je Produktionseinheit (*Zeitakkord*) oder ein fester Geldwert je Produktionseinheit (*Geldakkord*) der Entlohnung zugrunde gelegt. (...) Während sich bei Leistungsänderungen des Zeitlohns die Lohnkosten je Stück proportional verändern und der Stundenlohn konstant bleibt, bleiben bei Leistungsänderungen beim Akkordlohn die Lohnkosten je Stück konstant, und der Stundenlohn (l_{St}) ändert sich proportional zur Leistung (vgl. Abb. 3.25). Bei zunehmender Leistung nimmt der Zeitverbrauch je Stück

---

[466] Scholz, C., Personalmanagement, 4. Aufl., München 1994, S. 557

[467] Scholz, C., a.a.O., S. 557. Zum Beurteilungsgespräch als *Führungsinstrument* vgl. auch: Oechsler, W. A., Personal und Arbeit, a.a.O., S. 333ff.

[468] Vgl. Schanz, G., Personalwirtschaftslehre, a.a.O., S. 496.

ab und der Stundenverdienst zu."[469] Der Akkordlohn unterscheidet sich vom Zeitlohn deshalb, weil die Beschäftigten nicht für die *Dauer der Arbeitszeit*, sondern für die erbrachte **Mengenleistung** entlohnt werden. Beträgt beispielsweise der Akkordlohn 12 € je Stück (Lohnstückkosten = 12 €), so beträgt der Stundenlohn des Akkordarbeiters bei der Produktion von einem Stück in 60 Minuten ebenfalls 12 €/Std. Bei der Produktion von zwei Stück in 60 Minuten 24 €/Std. und bei drei Stück 36 €/Std. Der Zeitverbrauch je produziertem Stück nimmt progressiv ab. Bei einem Stück je Stunde sind es 60 Minuten, bei zwei Stück 30 Minuten und bei drei Stück nur noch 20 Minuten.

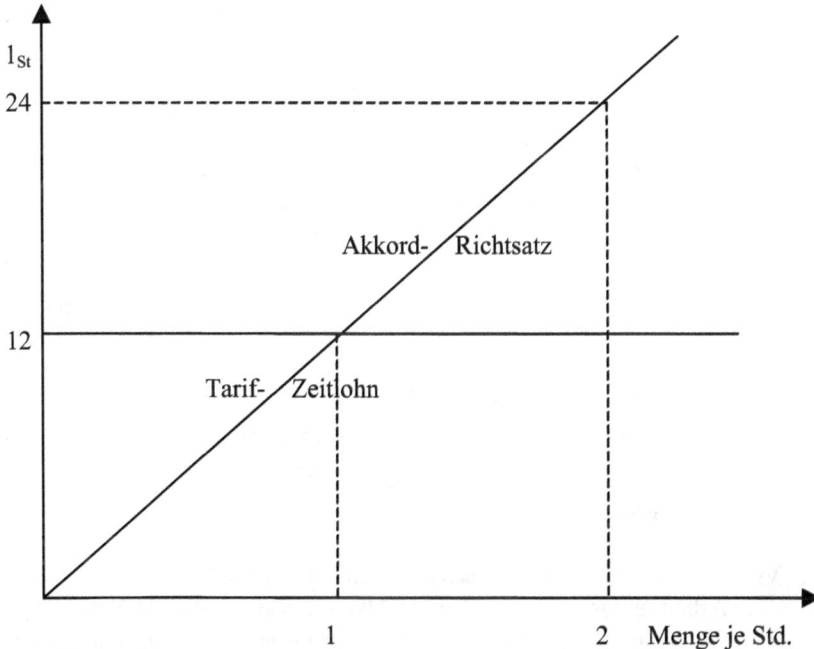

Abb. 3.25: Stundenverdienst beim Akkordlohn

Beim Akkordlohn werden nur „solche Arbeiten als **akkordfähig** bezeichnet, deren Ergebnisse in Abhängigkeit vom Arbeitseinsatz *mengenmäßig* erfassbar und deren Zeitbedarf aufgrund eines im voraus bekannten Ablaufs *meßbar* sind."[470] Der Akkordlohn ist sowohl für die Akkordarbeiter als auch für das Unternehmen mit Vor- und Nachteilen besetzt. *Jung* fasst diese in der folgenden Matrix zusammen:[471]

Anhand von **Arbeitszeitstudien** werden für die Akkordarbeiter **Vorgabezeiten** ermittelt, die auf einer sogenannten „*Normalleistung*" basieren, wobei die Vorgabezeit den Kehrwert der Normalleistung darstellt.

$$\text{Vorgabezeit} = \frac{1}{\text{Normalleistung}}$$

---

[469] Löffelholz, J., Lohn und Arbeitsentgelt, Wiesbaden 1993, S. 11.

[470] Hahn, D., Laßmann, G., Produktionswirtschaft, a.a.O., S. 160.

[471] Vgl. Jung, H., Personalwirtschaft, a.a.O., S. 583.

	Vorteile	Nachteile
Beschäftigte	Leistungsgerechte und leistungsfördernde Entlohnung mit unmittelbarem Leistungs-Verdienst-Verhältnis	Gefahr der Überschätzung der eigenen Leistungsfähigkeit Akkordrisiko bringt Lohnschwankungen (Folge: Es werden Sicherheitsreserven angelegt)
Unternehmen	Vorplanung der Arbeitsabläufe, des Arbeitskräfte- und Betriebsmittelbedarfs, der Termine, Lohn- und Gemeinkosten Gut funktionierende Fertigungssteuerung Aufdeckung betrieblicher Schwachstellen	Aufwand für Leistungspflege Anpassen der Vorgabezeiten und Arbeitswerte an den technischen Fortschritt Leistungszurückhaltung bei nicht mehr zutreffenden Akkorden Qualitätseinbußen wegen zu hohem Arbeitstempo

Abb. 3.26:   Vor- und Nachteile Akkordlohn

Der Aufbau einer Vorgabezeit im Akkordlohn setzt sich aus der **Grundzeit**, die alle Zeiten für die Ausführung der Arbeit umfasst, wozu neben der Haupttätigkeit auch alle Nebentätigkeiten und arbeitsablaufbedingte Wartezeiten zur Auftragsausführung gehören, und aus Erholungs- und Verteilzeiten zusammen.

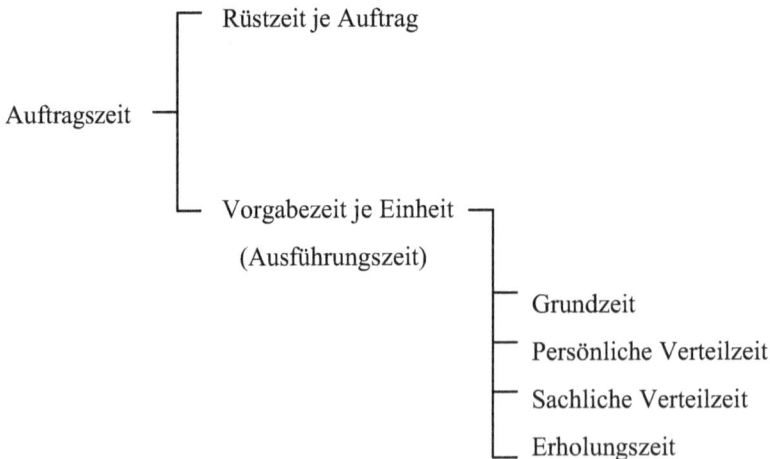

```
                    ┌─  Rüstzeit je Auftrag
                    │
Auftragszeit ──┤
                    │
                    └─  Vorgabezeit je Einheit ─┐
                         (Ausführungszeit)      │
                                                 ├─  Grundzeit
                                                 ├─  Persönliche Verteilzeit
                                                 ├─  Sachliche Verteilzeit
                                                 └─  Erholungszeit
```

Abb. 3.27:   Verteilung der Auftragszeit

Die **Erholungszeit** berücksichtigt das erholungsbedingte Unterbrechen der Arbeit und die **Verteilzeit** die mehr unregelmäßig auftretenden Störungen des Arbeitsablaufes aus persönlichen und sachlichen Gründen. Zur gesamten **Auftragszeit** gehören daneben auch die Rüstzeiten, die als Zeiten der Auftragsvorbereitung definiert sind. Sind die Vorgabezeiten ermittelt, so lässt sich anhand des **Leistungsgrades**, der bei Normalleistung mit 100 v.H. definiert ist, eine individuelle Leistungsbeurteilung des Akkordarbeiters vornehmen.

$$\text{Leistungsgrad} \; = \; \frac{\text{Vorgabezeit}}{\text{Istzeit}} \cdot 100$$

Liegt der Leistungsgrad über einhundert Prozent, so war die Leistung überdurchschnittlich, während bei einem Leistungsgrad unter einhundert Prozent die Leistung als unterdurchschnittlich einzustufen ist.

REFA-Normalleistung

„Unter REFA-Normalleistung wird eine Bewegungsausführung verstanden, die dem Beobachter hinsichtlich der Einzelbewegungen, der Bewegungsfolge und ihrer Koordinierung besonders harmonisch, natürlich und ausgeglichen erscheint. Sie kann erfahrungsgemäß von jedem in erforderlichem Maße geeigneten, geübten und voll eingearbeiteten Arbeiter auf die Dauer und im Mittel der Schichtzeit erbracht werden, sofern er die für persönliche Bedürfnisse und gegebenenfalls auch für Erholung vorgegebenen Zeiten einhält und die freie Entfaltung seiner Fähigkeiten nicht behindert wird."[472]

Die Normalleistung oder ein Leistungsgrad von einhundert Prozent wird dabei in den *Tarifverträgen* in Form von **Akkordrichtsätzen** als abgesicherter Mindestlohn garantiert, wobei die Akkordrichtsätze nach *Lohngruppen* gestaffelt sind. Hierzu wird in den Tarifverhandlungen zunächst einmal ein prozentualer **Akkordzuschlag** – beispielsweise von 15 v.H. – auf einen tariflichen Grundlohn vereinbart. Dies „soll die Bereitschaft zum Akkord honorieren und berücksichtigen, daß der Akkordarbeiter gegenüber dem Zeitlohnarbeiter eine höhere *Arbeitsintensität* aufweist. Der Akkordrichtsatz, der auch bei Leistungen unter der Normalleistung gezahlt wird, liegt somit höher als der tarifliche Grundlohn."[473]

Akkordrichtsatz   =   Tariflicher Grundlohn   +   Akkordzuschlag

Durch Multiplikation von *Akkordrichtsatz* mit dem individuellen *Leistungsgrad* errechnet sich der Stundenlohn des Akkordarbeiters.

Akkordlohn   =   Akkordrichtsatz   ·   Leistungsgrad

Der Stundenlohn beim Akkordlohn verhält sich dabei – wie aufgezeigt – immer *proportional* zur erzielten Mengenleistung, wobei die Lohnstückkosten konstant bleiben. Dies impliziert, dass beim Akkordlohn der Arbeiter die **volle Vergütung** für die Mehrleistung erhält.

Beim Akkordlohn sind grundsätzlich zwei Formen der Entlohnung zu unterscheiden. Der **Geld-** oder **Stückakkord** und der **Zeitakkord**. Wird im *Geldakkord* abgerechnet, so wird

---

[472] REFA-Verband für Arbeitsstudien, Methodenlehre des Arbeitsstudiums, Teil 2: Datenermittlung, 4. Aufl., München 1975, S. 136.

[473] Jung, H., Personalwirtschaft, a.a.O., S. 582.

ein Geldfaktor für die Erbringung einer bestimmten Arbeitsleistung (Arbeitsmenge z.B. Stück) vorgegeben. Der Geldfaktor ergibt sich aus:

$$\text{Geldfaktor} \quad = \quad \frac{\text{Akkordrichtsatz}}{\text{Normalleistung}} \quad \text{oder}$$

$$\text{Geldfaktor} \quad = \quad \text{Akkordrichtsatz} \quad \cdot \quad \text{Vorgabezeit}$$

Durch Multiplikation des Geldfaktors mit der Arbeitsmenge erhält man dann den Geldakkordlohn.

$$\text{Geldakkordlohn} \quad = \quad \text{Geldfaktor} \quad \cdot \quad \text{Arbeitsmenge}$$

Beim heute in der Praxis überwiegend angewandten *Zeitakkord*, wird dagegen eine feste Zeit je Produktionseinheit zugrunde gelegt. Hier lautet die Formel:

$$\text{Zeitakkordlohn} \quad = \quad \text{Arbeitsmenge} \cdot \text{Stückzeit} \left(\frac{\text{Vorgabezeit}}{\text{Stück}} \right) \cdot \text{Geldfaktor}$$

Zur Berechnung eines Akkordlohns soll von dem folgenden *Beispiel* ausgegangen werden. Ein Akkordarbeiter erhält zur Produktion eines Fertigungsteils eine **Vorgabezeit** von 4 Minuten pro Teil. Demnach kann er pro Stunde 15 Teile herstellen. Diese Vorgabezeit gilt als **Normalleistung** und wird mit einem **Akkordrichtsatz** von 100 v.H. seiner jeweiligen Lohngruppe vergütet,[474] wobei sich der Akkordrichtsatz aus einem 20-prozentigen Akkordzuschlag auf einen ausgehandelten tariflichen Grundlohn in Höhe von 14,00 €, also aus 16,80 € ergibt. Erbringt demnach der Akkordarbeiter die Normalleistung, so erhält er als Akkordlohn diesen Akkordrichtsatz von 16,80 € pro Stunde.

$$\text{Akkordlohn} \quad = \quad \text{Akkordrichtsatz} \quad \cdot \quad \text{Leistungsfaktor}$$
$$16,80\,€ \quad = \quad 16,80\,€ \quad \cdot \quad 1$$

Ist sein Leistungsgrad höher als der im Akkordrichtsatz unterstellte Leistungsgrad von 100 v.H.,[175] so erhöht sich entsprechend *proportional* sein Akkordlohn. Fertigt er z.B. nicht 15 Teile pro Stunde, sondern 20 Teile, so steigt sein Leistungsgrad von 100 v.H. auf 133,33 v.H.

$$\text{Leistungsgrad} \quad = \quad \frac{\text{Vorgabezeit}}{\text{Istzeit}} \quad \cdot \quad 100 \quad = \quad \frac{4}{3} \cdot 100 \quad = \quad 133,33 \text{ v.H}$$

Demnach erhöht sich sein Akkordlohn von 16,80 €/Std. auf 22,40 €/Std.

$$\text{Akkordlohn} \quad = \quad \text{Akkordrichtsatz} \quad \cdot \quad \text{Leistungsfaktor}$$
$$22,40\,€ \quad = \quad 16,80\,€ \quad \cdot \quad 1,3333$$

„Tarifrechtlich gesehen sind die möglichen Verdienstgrade im Akkord nicht begrenzt, da jede Akkordminute mit dem tariflichen Geldfaktor zu bezahlen ist (vgl. Urteil des Bundesarbeitsgericht vom 28. Juni 1961 - 4 AZR 423/59). Die 'Schallmauer' ist nicht das Ergebnis einer **rechtlichen Regelung**, sondern eines **lohnpolitischen Prozesses**. Sie hat auch nichts mehr mit einer angeblich wissenschaftlichen Ermittlung von Leistungsvorgaben zu tun. Ist es beispielsweise in einem Betrieb üblich, daß die Akkordarbeiter 145 v.H. abrechnen, so

---

[474] Die Festlegung der *Lohngruppe* berücksichtigt dabei den *anforderungsorientierten Bestandteil* des Entgeltes. Der Leistungsgrad dagegen den leistungsorientierten Teil.

[475] Ist er *niedriger* erhält er auf jeden Fall den *Akkordrichtsatz*.

wird die Interessenvertretung aktiv, falls diese Leistungsgrade nicht mehr erreicht werden können. Rechnet ein Akkordarbeiter höher ab als 145 v.H., bekommt er in der Regel Probleme mit der Geschäftsleitung und seinen Kollegen. Die Geschäftsleitung wird nach Möglichkeiten suchen, die Vorgabezeiten und damit die Leistungsgrade zu drücken. Die Kollegen werden dem Akkordarbeiter vorwerfen, daß er die Solidarität verletze und die 'Akkorde kaputtmache'."[476]

Empirisch liegen die Leistungs- bzw. Verdienstgrade der Akkordarbeiter nicht unbeträchtlich auseinander. Sie schwanken z.B. in der Metallindustrie zwischen 110 v.H. und 160 v.H. in den alten Bundesländern und liegen im Durchschnitt zwischen 115 v.H. und 135 v.H. in den neuen Bundesländern.[477] Da sich die Höhe des effektiven Akkordlohns entscheidend nach dem jeweiligen **Leistungsgrad** des Beschäftigten richtet, wobei neben seiner eigenen Ist-Leistung auch das Leistungsniveau der **Vorgabezeiten** einen ganz entscheidenden Einfluss ausübt, kommt es in der betrieblichen Praxis immer wieder bei der Bestimmung der Vorgabezeiten zu zahlreichen Problemen.[478] Dies gilt insbesondere in **ökonomischen Krisenzeiten** beim Vorliegen von *Massenarbeitslosigkeit*, in denen die Unternehmensleitungen nicht selten versuchen, den *Betriebsräten* die Zustimmung zu einer pauschalen Kürzung der Vorgabezeiten und damit zu einer Senkung der Leistungsgrade abzuringen.

Der *Betriebsrat* hat zur Abklärung der Vorgabezeiten nach § 87 Abs. 1 Ziff. 11 BetrVG – soweit eine tarifliche Regelung nicht besteht – ein **Mitbestimmungsrecht** über die Akkordsätze (Vorgabezeiten). In der Regel werden aber die Bestimmung und Veränderung von Vorgabezeiten anhand einer Festschreibung der Normalleistung, dem Verhältnis von Lohn und Leistung, sowie der einzelnen Bestandteile der Vorgabezeiten bis zum Reklamationsverfahren in den **Tarifverträgen** detailliert festgeschrieben.

Tarifliche Regelungen des Akkordlohns in der Metall- und Elektroindustrie

1. Vereinbarung einer proportionalen Lohn-Leistungs-Relation (Verhältnis 1 : 1)
2. Regelungen zur Methode der Vorgabezeitermittlung
3. Allgemeine Regelung der Normalleistung (100 v.H.), Vorgabezeiten müssen unterschritten werden können, d.h., sie müssen eine Verdienstchance enthalten.
4. Regelungen zu den Bestandteilen der Vorgabezeit (Rüstzeit, Grundzeit, persönliche und sachliche Verteilzeit, Erholungszeit)
5. Absicherung des Durchschnittverdienstes bei Störungen und Wartezeiten
6. Reproduzierbare Beschreibung der Arbeitsbedingungen, für die die Vorgabezeit gilt
7. Keine willkürliche Kürzung bestehender Vorgabezeiten: Kürzungen von Vorgabezeiten sind nur bei technisch-organisatorischen Änderungen zulässig
8. Reklamationsrecht der Akkordarbeiter oder des Betriebsrates von Vorgabezeiten, paritätische Akkordkommission.[479]

Der Akkordlohn ist neben der bisher beschriebenen Form des Einzelakkords auch als **Gruppenakkord** abrechenbar. Dies ist besonders deshalb von Bedeutung, weil aufgrund einer zu beobachtenden Zunahme von **Gruppenarbeit** in den Unternehmen nicht auf diese leistungso-

---

[476] Lang, K., Meine, H., Ohl, K., (Hrsg.), Arbeit, Entgelt, Leistung, a.a.O., S. 254.

[477] Vgl. Ebenda, S. 254f.

[478] Vgl. Ebenda, S. 256ff.

[479] Ebenda, S. 256.

rientierte Entlohnungsform verzichtet werden muss. Am Gruppenakkord sind allerdings bestimmte Voraussetzungen geknüpft, die sich mit *Bröckermann* wie folgt benennen lassen:[480]

- die Arbeitsgruppe muss stabil und überschaubar sein,
- die Mitglieder der Arbeitsgruppe müssen ähnliche Arbeiten verrichten
- sowie keine großen Leistungsunterschiede zeigen und
- die Entlohnung muss für jedes Gruppenmitglied transparent und kontrollierbar sein.

Sind diese Prämissen erfüllt, so liegt aufgrund der Gruppenarbeit ein hoher Grad an **horizontaler Sozialkontrolle** vor, in dem sich die Gruppenmitglieder bezüglich ihrer Leistungsabgaben untereinander selber kontrollieren. „Alle Gruppenmitglieder werden zu kooperativem Verhalten und schwächere zu größerer Leistung angeregt. Innerhalb der Arbeitsgruppe kann die Arbeitsleistung optimal gestaltet werden. Freilich werden leistungsstarke Mitglieder nicht selten unzufrieden."[481] Sind allerdings beim Gruppenakkord die Vorgabezeiten sehr knapp kalkuliert, so kann dies die Solidarität in der Arbeitsgruppe extrem beeinträchtigen und zu *kontraproduktiven Ergebnissen* führen. Dies reicht letztlich bis zu einem Hinausdrängen von leistungsschwächeren Arbeitskollegen, nicht selten verknüpft mit **Mobbingprozessen.**

Beispiel für einen Gruppenakkord				
Akkordarbeiter	Lohngruppe	Grundlohn + Akkordzuschlag 20 v.H.		Leistungsgrad	Akkordlohn
Facharbeiter	10	12,00 €	14,40 €	140 v.H.	20,16 €
Angelernter Arbeiter	7	9,00 €	10,80 €	↓	15,12 €
Hilfsarbeiter	4	7,50 €	9,00 €		12,60 €

Bei der **Bestimmung des Gruppenakkords** wird nicht die Vorgabezeit für einen einzelnen Mitarbeiter, sondern für die Gruppe als Ganzes ermittelt. Besteht beispielsweise die Arbeitsgruppe aus einem Facharbeiter, einem angelernten Arbeiter und einem Hilfsarbeiter, so wird der Leistungsgrad der gesamten Gruppe ermittelt (wie beim Einzelakkord) und unter Berücksichtigung der anforderungsorientierten Lohngruppeneinstufung der einzelnen Gruppenmitglieder individuell abgerechnet.

3.7.7.3   Prämienlohn

Aufgrund einer verstärkten Zunahme des Technikeinsatzes (NC- und CNC-Maschinen) im Produktionsprozess (arbeitssparender technischer Fortschritt) in Verbindung mit flexiblen Fertigungs- und Montagesystemen haben sich die Tätigkeitsstrukturen und die Anforderungen an die Beschäftigten in den Unternehmen grundlegend verändert. Die Arbeit beschränkt sich nicht mehr nur auf körperlich-manuelle Arbeit, sondern sie wird zunehmend von **planerischen** und **kontrollierenden Merkmalen** ergänzt und teilweise sogar längst dominiert. Hierdurch wird eine rein *mengenbezogene* Leistungsmessung, die eine auch mengenmäßige Beeinflussung des Produktionsergebnisses wie beim Akkordlohn impliziert, so gut wie unmöglich gemacht, zumal immer mehr **qualitative Ergebnisse** des Arbeitsprozesses in den Vordergrund rücken. Auch hieraus läßt sich die heutige Dominanz des *Prämienlohns* als leistungsreabile Entgeltform ableiten. Bereits 1958 definierte *Böhrs* den Prämienlohn in Abgrenzung zum Zeitlohn wie folgt:

---

[480]   Vgl. Bröckermann, R., Personalwirtschaft, a.a.O., S. 211
[481]   Ebenda, S. 211.

„Prämienlohn liegt vor, wenn zu einem vereinbarten Grundlohn, der nicht unter dem Tariflohn liegen darf, planmäßig ein zusätzliches Entgelt - die Prämie - gewährt wird, dessen
Höhe auf objektiv und materiell feststellbaren Mehrleistungen des Arbeiters beruht, die bei
reiner Zeitlohnarbeit ohne Leistungszulagen in der Regel nicht erwartet werden können.“[482]

Im Gegensatz zu den als Prämien gewährten **Leistungszulagen** beim **Zeitlohn**, die auf Basis
von Leistungsbeurteilungen durch Vorgesetzte festgelegt werden, stellt der Prämienlohn ein
Entgelt dar, das auf einer messbaren Mehrleistung eines Mitarbeiters beruht. Der Prämienlohn ist dabei sowohl eine **anforderungsorientierte** als auch eine **leistungsorientierte**
Lohnform. Er besteht demnach aus einem anforderungsorientierten Grundlohn und einer
leistungsorientierten Prämie.

Prämienlohn   =   Grundlohn   +   Prämie

In Abgrenzung zum Akkordlohn, der sich „immer proportional zur erbrachten Mengenleistung verhält, können mit dem Prämienlohn vielfältige Zusammenhänge zwischen Entgelt
und messbar erbrachter Leistung, die nicht nur auf die Menge beschränkt ist, hergestellt werden. Im Unterschied zum Akkordlohn ist der Verdienst im Prämienlohn nach oben begrenzt.“[483] Beim Prämienlohn kommt ebenfalls in Abgrenzung zum Akkordlohn hinzu, dass
die erbrachte Mehrleistung, die über der Normalleistung liegt, nicht immer *voll* dem Mitarbeiter zugute kommt, sondern nach einem definierten Schlüssel zwischen *Unternehmen* und
Mitarbeiter aufgeteilt wird.

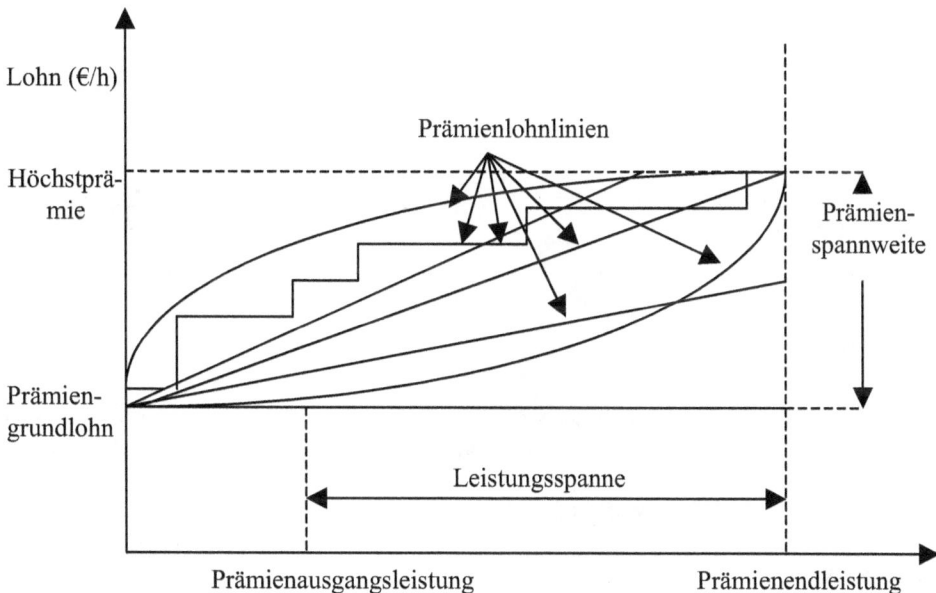

Abb. 3.28:   Prämienlohnlinien und Prämienspannweite

---

[482]   Böhrs, H., Arbeitsleistung und Arbeitsentlohnung, Wiesbaden 1958, S. 103. Allgemein zum Prämienlohnsystem
vergleiche: Voigtländer, E., Prämienlohn, 5. Aufl., Düsseldorf 1972, Wiesner, H., Der Prämienlohn in Theorie
und Praxis, Köln 1979, Kosiol, K., Leistungsgerechte Entlohnung, 2. Aufl., Wiesbaden 1962, S. 94 - 193.

[483]   Winnes, R., Prämienlohn, in: Gaugler, E., Weber, W., (Hrsg.), Handwörterbuch des Personalwesens, 2. Aufl.,
Stuttgart 1992, S. 1.930.

Je nach dem, welche **Prämienlohnlinien** im Rahmen einer **Leistungsspanne** vorliegen (vgl. Abb. 3.28) ergibt sich zwischen einem Prämiengrundlohn und einer Höchstprämie eine **Prämienspannweite**.[484]

„Die **Prämienlohnlinie** definiert den Verlauf des Prämienverdienstes zwischen **Prämien-ausgangslohn** und **Prämienendlohn** in Abhängigkeit von der Leistung. Je nach der An-reizwirkung, die erzielt werden soll, kann der **Prämienlohnlinienverlauf** sowohl unter-proportional, proportional oder überproportional sein, als auch degressiv, progressiv oder stufenförmig geführt werden."[485]

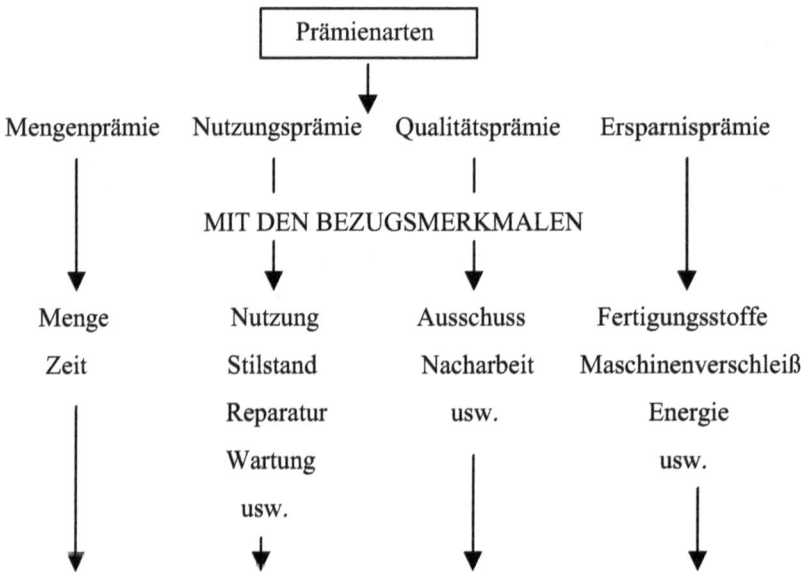

Prämienarten

Mengenprämie   Nutzungsprämie   Qualitätsprämie   Ersparnisprämie

MIT DEN BEZUGSMERKMALEN

Menge	Nutzung	Ausschuss	Fertigungsstoffe
Zeit	Stilstand	Nacharbeit	Maschinenverschleiß
	Reparatur	usw.	Energie
	Wartung		usw.
	usw.		

Kombination von zwei, möglichst nicht mehr als drei Bezugsmerkmalen

Abb. 3.29:   Prämienarten und kombinierte Prämien

Aus den jeweils definierten **Leistungszielen** lassen sich die unterschiedlichen **Prämienarten** bestimmen. Hierbei werden **Mengen-**, **Nutzungs-**, **Qualitäts-** und **Ersparnisprämien** mit unterschiedlichen *Bezugsmerkmalen* genannt, wobei sich dann durch eine Kombination von zwei bis drei solcher Bezugsmerkmale auch **kombinierte Prämien** ableiten lassen (vgl. Abb. 3.29).[486] Die folgende Beispielrechnung zeigt einen kombinierten Prämienlohn aus *Zeitersparnis* und *Qualitätsverbesserung*.

$$\text{Zeiteinsparungskennzahl} \ = \ \frac{\text{Sollzeit} \ - \ \text{Istzeit}}{\text{Sollzeit}} \ \cdot \ 100$$

---

[484]   Vgl. Jung, H., Personalwirtschaft, a.a.O., S. 585.

[485]   Ralf Winnes, Prämienlohn, a.a.O., S. 1.934.

[486]   Vgl. Bröckermann, R., Personalwirtschaft, a.a.O., S. 217.

$$\text{Zeiteinsparungskennzahl} = \frac{10 - 8}{2} \cdot 100 = 20 \text{ v.H.}$$

$$\text{Qualitätskennzahl} = \frac{\text{Ausschussmengen} - \text{Verbesserung}}{\text{Gesamtausbringungsmenge}} \cdot 100$$

$$\text{Qualitätskennzahl} = \frac{30 \text{ Stück}}{800 \text{ Stück}} \cdot 100 = 3,75 \text{ v.H.}$$

Die Zeitersparnis wird mit einem Faktor von 0,6 und die Qualitätsverbesserung mit einem Faktor von 0,4 gewichtet. Der Ertrag der Mehrleistung aus der Zeitersparnis wird zwischen Beschäftigten und Unternehmen je zur Hälfte aufgeteilt (50 : 50). Der **Grundlohn** (Istzeit x Std.-Lohn) soll bei einer Istarbeitszeit von 8 Std. und einem **Lohnsatz** von 12,00 €/Std. insgesamt 96,00 € betragen. Hieraus ergibt sich insgesamt ein Prämienlohn von:

$$\text{Prämienlohn} = \text{Grundlohn} + \underbrace{\left(\frac{\text{Sollzeit} - \text{Istzeit}}{2} \cdot \text{Lohnsatz} \right)}_{\text{Prämie}}$$

$$\text{Zeit} - \text{Prämienlohn} = 8 \text{ Std.} \cdot 12,00 \text{ €} + \frac{10 - 8}{2} \cdot 12,00 \text{ €}$$

$$\text{Zeit} - \text{Prämienlohn} = 96,00 \text{ €} + 12,00 \text{ €} = 108,00 \text{ €}$$

Zusätzlich gewährt das Unternehmen auf Grund der *Qualitätsverbesserung* von unter 4 v.H. eine Prämie von 10 v.H. auf den Grundlohn. Diese verbleibt zu 100 v.H. beim Arbeitnehmer. Demnach gilt:

$$\text{Kombinierter Prämienlohn} = \text{Grundlohn} + \text{Prämie} \cdot 0,6 + \text{Prämie} \cdot 0,4$$

$$\text{Kombinierter Prämienlohn} = 96,00 \text{ €} + (12,00 \text{ €} \cdot 0,6) + (9,60 \cdot 0,4) = 107,04 \text{ €}$$

Wie das Rechenbeispiel zeigt, sind kombinierte Prämienlohnsysteme relativ kompliziert und dadurch für den einzelnen Arbeitnehmer nur schwer durchschaubar. Außerdem führen sie in der Regel für die Arbeitnehmer zu schlechteren Verdienstergebnissen als bei der Berücksichtigung von nur einem Bezugsmerkmal. In unserem Beispiel wäre der isolierte *Zeit-Prämienlohn* in Höhe von 108 € aufgrund der Zeitersparnis um 0,96 € höher, als dies mit 107,04 € bei der Kombination aus *Zeitersparnis* und *Qualitätsverbesserung* der Fall ist.

Bei **Zeitersparnisprämien** spielen bei der Verteilung der Mehrleistung zwischen Arbeitnehmer und Arbeitgeber auch die **Bezugsgrößen** (Vorgabe- oder Istzeiten) eine entscheidende Rolle. Vergleicht man dazu die Prämienlohnsysteme von *Frederic A. Halsey* und *James Rowan*, so wird dies deutlich. Für Halsey gilt die **Istzeit** und für Rowan die **Vorgabezeit** als Bezugsgröße. Dies führt, wie die folgende Abb. 3.30 zeigt, zu völlig unterschiedlichen Ergebnissen.

Bei *Rowan* nimmt zwar der durchschnittliche Verdienst proportional zur ersparten Zeit zu (eine Zeitersparnis von 10 v.H. führt zu einer Prämie von 10 v.H.). Da aber auch die Anstrengung überproportional zunimmt, je größer die Zeitersparnis wird, erhält der Arbeitnehmer bei *Rowan* im Unterschied zu *Halsey* nicht die *volle Mehrleistung* vergütet. Wie man der

Abb. 3.30 entnehmen kann, wird bei *Rowan* für eine Mehrleistung von 100 v.H. nur eine Prämie in Höhe von 50 v.H. gezahlt. Der Arbeitgeber schöpft demnach 50 v.H. der Mehrleistung für sich ab. Bei einer Mehrleistung von 43 v.H. macht dies 13 v.H. aus. Die **Lohnstückkosten** sinken daher bei *Halsey* proportional zur ersparten Zeit, während sie bei *Rowan* überproportional zurück gehen.

Verbrauchte Istzeit	Prämiensystem Halsey $\dfrac{\text{Vorgabezeit} - \text{Istzeit}}{\text{Istzeit}}$	Prämiensystem Rowan $\dfrac{\text{Vorgabezeit} - \text{Istzeit}}{\text{Vorgabezeit}}$
90 Min.	$\dfrac{100 - 90}{90} \cdot 100 = 11\,\%$	$\dfrac{100 - 90}{100} \cdot 100 = 10\,\%$
80 Min.	25 %	20 %
70 Min.	43 %	30 %
60 Min.	66,7 %	40 %
50 Min.	100 %	50 %

Abb. 3.30:   Prämienlohnsysteme

Kritisch wird der Prämienlohn von den *Gewerkschaften* auch immer dann gesehen, wenn die **Prämienlohnlinien** relativ flach verlaufen, was bedeutet, dass das Lohn-Leistungs-Verhältnis einseitig zu *Gunsten der Arbeitgeber* verbessert wird (für 10 v.H. mehr Leistung gibt es nur 5 v.H. mehr Lohn). Da z.B. die Umstellung von Akkordlohnsystemen auf Prämienlohnsysteme zu *Produktivitätssteigerungen* zwischen 10 bis 20 v.H. führt,[487] ist diese Kritik berechtigt und verständlich. Auch häufig in der Praxis zu hoch angesetzte, d.h. nicht erreichbare **Prämienendleistungen** werden kritisiert, sowie nicht in Prozent des Tariflohns, sondern in *festen* Euro-Beträgen, ausgewiesene Prämienverdienste, die dazu führen, dass sich der Prämienverdienst bei einer allgemeinen Tariferhöhung nicht mit erhöht. Hierdurch kommt es zu einem inflationären „Auszerren" der Prämie.

Neben dem Halsey- und Rowan-Prämienlohnsystem sind auch noch das **Differential-Stücklohnverfahren** von *Frederic W. Taylor* und das von *Charles Bedaux* entwickelte **Bedaux-Prämien-System** zu nennen. Bei *Taylor* wird zunächst für die Normalleistung der Normal-Stücklohnsatz festgelegt. Daneben werden aber noch zwei weitere Stücklohnsätze ermittelt, und zwar ein um x-Prozent höherer und ein um y-Prozent verminderter Stücklohnsatz. Wird nun die Vorgabezeit erreicht oder sogar unterschritten oder wird die Normalarbeitsmenge erreicht oder überschritten, so gilt der erhöhte Prämiensatz; wird dagegen die Vorgabezeit überschritten oder die Normalarbeitsmenge nicht erreicht, so gilt der verminderte Prämiensatz. Es handelt sich beim **Taylor-System** um ein im Grunde modifiziertes Stücklohn-Prämiensystem, bei dem durch die Abstufung der Prämiensätze der Lohn bei Erreichen der Normalleistung sprunghaft erheblich steigt und einen sehr großen Anreiz zur Mehrleistung gibt.[488] Beim **Bedaux-System** wird die menschliche Arbeitsleistung ohne Rücksicht auf die Arbeitsmethode (Werkzeug und das zu verarbeitende Material) direkt bewertet. Bedaux „legt den Lohnberechnungen eine Normalarbeitsleistung zugrunde, die die Nutzzeit und die Erholungspausen umfasst; ferner berücksichtigt er die Größe der Arbeitsanstrengung, die Zeitdauer dieser Anstrengung und das erforderliche Arbeitstempo. Die auf diese Weise errechnete

---

[487]   Vgl. Gensch, I., Instrumente der Leistungsbeurteilung und - vergütung, in: Personal, Heft 3/1990, S. 105.

[488]   Vgl. Löffelholz, J., Lohn und Arbeitsentgelt, a.a.O., S. 29.

jeweilige Normalarbeitsmasse (das „Pensum") wird auf ein Maß von Minuten umgerechnet, und diese Norm, der *Bedaux-Punkt (B-Punkt)*, dient zur Messung der tatsächlichen Leistung. 60 B sind die Normalleistung für eine Stunde. Dafür wird ein *Grundlohn* gezahlt, der dem Arbeiter *garantiert* wird. Für die über 60 B hinausgehenden Punkte wird eine Prämie vergütet. Hat ein Arbeiter z.B. 3.200 B-Punkte in 40 Stunden (bei der Grundnorm von 60 B) erarbeitet, so wird durch Division der B-Punkte (Minutenleistung) durch 40 Stunden das Maß der tatsächlichen Leistung festgelegt, nämlich 80 B. Werden 60 B-Einheiten überschritten, so wird eine – je nach dem Einzelfall – proportional oder überproportional steigende Prämie gezahlt. Die Prämie kann je nach den Verhältnissen sehr verschieden gestaltet werden, so kann man z.B. von 80 B-Einheiten an (dem etwa vertretbaren Optimum) die Prämienkurve degressiv verlaufen lassen, um den Arbeiter nicht zu überfordern."[489]

Ein zwischen Akkord- und Prämienlohn angesiedeltes Entgeltanreizsystem ist der **Pensumlohn**. Auch dieser besteht aus einem Grundlohn und einem periodenfixen Pensumentgelt.

Pensumlohn = Grundlohn + periodenfixes Pensumentgelt

Das periodenfixe Pensumentgelt wird als leistungsbezogenes Entgelt auf ein planerisches (vorab) definiertes Arbeitsvolumen, auf eine **erwartete Leistung**, bezogen. Hierdurch wirkt sich ein Über- oder Unterschreiten der geplanten bzw. angenommenen Soll-Leistung nicht *sofort* (direkt), sondern nur in einer *zukünftigen* neu definierten Arbeitsperiode auf den Lohn aus. Der Pensumlohn ist somit zwar ein reagibler Leistungslohn, da er von dem erbrachten Arbeitsergebnis in Relation zum vorab bestimmten Arbeitsvolumen abhängig ist, er hat aber gleichzeitig während der Arbeitsperiode einen quasi „*Festlohncharakter*".[490]

Völlig anders als Akkord-, Prämien- und Pensumlöhne ist das **Gainsharing** (Verteilung („sharing") eines Zusatznutzens („gain")) einzustufen. Dies wurde in den 1930er Jahren von dem Gewerkschafter *Joseph W. Scanlon* in den USA entwickelt. Es basiert als eine Leistungsentlohnung auf *gruppenorientierte* Produktivitätssteigerungen, die zu einer *Win-Win-Situation* zwischen den Beschäftigten und dem Unternehmen führen sollen. „Der Unterschied zu Akkord oder traditionellen mengenorientierten Prämien besteht darin, dass dort das Mengenergebnis nicht zum Gesamtvolumen investierter Arbeitszeit ins Verhältnis gesetzt wird, sondern nur eine Relation zum produktiv nutzbaren *Teilvolumen der Arbeitszeit*. Diese scheinbar kleine Änderung zeitigt aber große Wirkungen. Ein Grundgedanke traditioneller Anreizentlohnung bestand seit *F.W. Taylor* darin, dass die konkrete Ausgestaltung und Planung aller betrieblichen Prozesse *alleinige Aufgabe* des Unternehmens ist. Das Management wählt aus den gegebenen Möglichkeiten den ‚einen besten Weg' aus und schreibt diesen zwingend vor. Dies hat zur Folge, dass die Beschäftigten sich um die *Gestaltung der Abläufe* und *Methoden* nicht nur nicht kümmern brauchen, – sie dürfen es eigentlich überhaupt nicht, da dies immer ein schlechterer als der ‚beste Weg' wäre. Dementsprechend beschränkt sich die Verantwortung der Beschäftigten auf den produktiv nutzbaren Zeitanteil. Dieser stellt bei Akkord den Input dar, aus dessen Nutzungsgrad sich dann der Akkord- oder Prämien-Mehrverdienst errechnet."[491]

Das Gainsharing versucht dagegen individuelle *Mitarbeiterziele* (sicheren Arbeitsplatz, hohes Einkommen, Aufstieg, Status u.a.) mit den *Gewinnzielen* von Unternehmen kompatibel zu machen. Dazu sollen die Beschäftigten ihr für den Arbeitsprozess wichtiges *Optimierungswissen* offen legen und es im Sinne eines **kontinuierlichen Verbesserungsprozesses (KVP)**

---

[489] Löffelholz, J., Lohn und Arbeitsentgelt, a.a.O., S. 31.

[490] Vgl. Jung, H., Personalwirtschaft, a.a.O., S. 588.

[491] Siegel, K., Produktivitätssteigerung im Team durch Gainsharing, in: Eyer, E., (Hrsg.), Vergütung, a.a.O., S. 74.

bereitstellen. Damit ist auch intendiert, die Mitarbeiter zu „Mitunternehmern" zu *„Arbeitskraftunternehmern"* zu machen. Dies verlangt aber nach einer partizipativen Unternehmenskultur, nach Mitsprache und **Mitbestimmung** im Hinblick auf Arbeitsgestaltung z.B. durch *teilautonome Arbeitsgruppen* und einen *partizipativen Führungsstil*, womit sich in der Praxis viele Unternehmen schwer tun. Die Beschäftigten und ihre Gewerkschaften sehen beim Gainsharing im Verhältnis zu Akkord- und Prämienlohnsystemen, wo letztlich jede Verbesserung einer Arbeitsmethode über kurz oder lang mit einer *Leistungsverdichtung* einher geht, keine wirkliche Beteiligung an den erzielten Vorteilen. Denn auch hier implizieren die **Produktivitätsgewinne**, die nur zu 50 v.H. den Beschäftigten zufließen sollen, eine Lohnkostenreduktion, da sich die Prämienhöhe letztlich nur aus den eingesparten Lohnkosten ermittelt.

3.7.7.4   Variables Entgelt für AT-Angestellte

In den letzten Jahren ist in der Praxis ein Trend zu einer verstärkten *variablen Vergütung* bei den AT-Angestellten (vgl. Abschnitt 3.7.6.3) zu beobachten. „Zum einen hoffen die Unternehmen, über eine sinnvoll gestaltete variable Vergütung zu einer stärkeren **Leistungsorientierung** und damit zu den benötigten besseren Ergebnissen zu gelangen. Zum anderen werden die anstehenden Gehaltserhöhungen und die damit verbundenen *Fixkostenerhöhungen* in Frage gestellt."[492] Durch die leistungsabhängige Verknüpfung von Unternehmenserfolg bzw. Leistung und Arbeitsentgelt soll außerdem die **Identifikation** der AT-Angestellten mit dem Unternehmen hergestellt und erhöht werden.

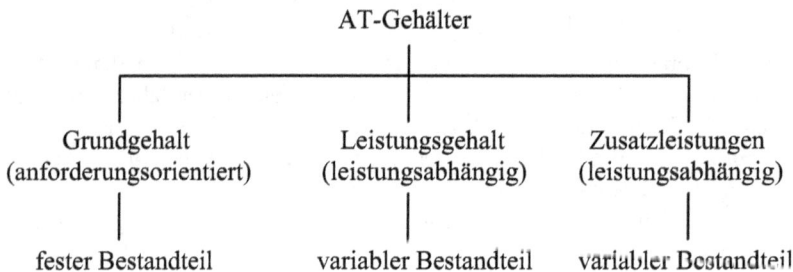

AT-Gehälter

Grundgehalt (anforderungsorientiert)	Leistungsgehalt (leistungsabhängig)	Zusatzleistungen (leistungsabhängig)
fester Bestandteil	variabler Bestandteil	variabler Bestandteil

Abb. 3.31:   Zusammensetzung AT-Gehälter

Die Interessen des Unternehmens leiten sich aus den jeweils geltenden *Unternehmenszielen* ab, die natürlich final betrachtet auf eine **Profitmaximierung** abgestellt sind. Dadurch geraten die Interessen der Führungskräfte regelmäßig in Konflikt mit den Interessen der „normal" Beschäftigten. Um die AT-Führungskräfte im Profit-Interesse der Kapitaleigner anzureizen sollen sie neben einem *anforderungsorientierten Grundgehalt*, als fester (konstanter) Bestandteil,[493] zusätzlich eine **leistungsabhängige** (variable) **Bezahlung** erhalten, die weitgehend auch den Unternehmenserfolg widerspiegelt. **Komponenten** sind dabei ein **Leistungsgehalt** und „diverse **Zusatzleistungen** wie beispielsweise *Altersversorgung, Firmenwagen, Versicherungen* oder *Weiterbildungsmöglichkeiten*; hinzu kommen prestigeorientierte Anreize wie aufwendige *Büroausstattung* oder *Chauffeur*."[494] Hierbei überlässt man es immer mehr den AT-Angestellten in Form eines **„Cafeteria-Modells"** – eine US-amerikanische

---

[492]   Maess, K., Maess, T., Das Personaljahrbuch '97, Berlin 1997, S. 185.

[493]   Vgl. dazu noch einmal das Kap. 3.7.6.3 „Anforderungsorientierte Arbeitsbewertung im außertariflichen Bereich".

[494]   Scholz, C., Personalmanagement, a.a.O., S. 564.

Erfindung der 1960er Jahre – zwischen diversen Entgelt- und Sozialleistungen im Rahmen des festgestellten AT-Gesamtgehaltes selbst auszuwählen.[495]

Bezüglich einer Bestimmung des Gesamtgehaltes für das *Top-Management* (Vorstand, Geschäftsführer) sei noch einmal auf das Abschnitt 3.7.2.3 (Managergehälter) verwiesen. Der *leistungsabhängige (variable) Teil* des Gesamtgehaltes eines AT-Angestellten unterhalb des Top-Managements wird heute immer mehr nach einem **zielorientierten Leistungsbeurteilungssystem**[496] bemessen, wobei vorab festzulegen ist, wie groß der variable Teil am Gesamtgehalt sein soll. Hierfür gibt es keine allgemeingültigen (wissenschaftlichen) Richtlinien. Empirische Untersuchungen zeigen allerdings, dass sich der variable Anteil mit der **hierarchischen Position** einer AT-Führungskraft verändert.[497] Je höher die Position, umso größer ist auch der variable Anteil. Denkbar wäre beispielsweise die in der folgenden Abb. 3.32 gezeigte differenzierte hierarchisch abgestufte Einteilung.

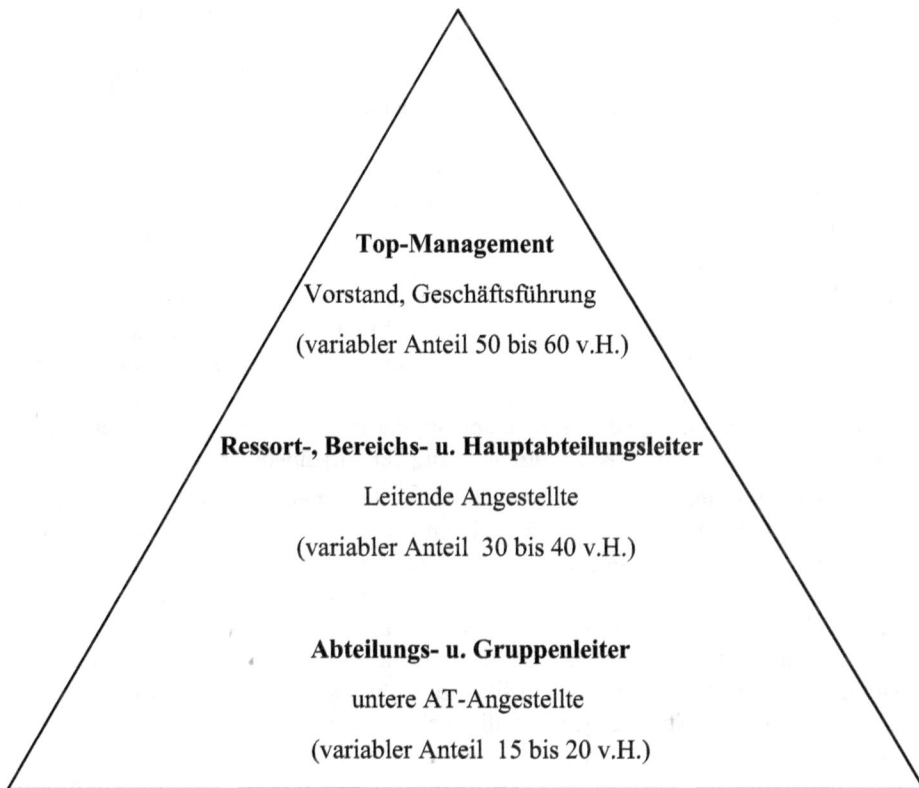

Top-Management

Vorstand, Geschäftsführung

(variabler Anteil 50 bis 60 v.H.)

Ressort-, Bereichs- u. Hauptabteilungsleiter

Leitende Angestellte

(variabler Anteil 30 bis 40 v.H.)

Abteilungs- u. Gruppenleiter

untere AT-Angestellte

(variabler Anteil 15 bis 20 v.H.)

Abb. 3.32: Variabler Gehaltsbestandteil bei Führungskräften nach Hierarchieebenen

---

[495] Vgl. Jung, H., Personalwirtschaft, a.a.O., S. 882ff., Schanz, G., Personalwirtschaftslehre, a.a.O., S. 508ff., Oechsler, W. A., Personal und Arbeit, a.a.O., S. 360ff.

[496] Vgl. dazu ausführlich Bontrup, H.-J., Zdrowomyslaw, N., Zur Implementierung eines Leistungsbeurteilungssystems für Führungskräfte, in: Der Betriebswirt, Heft 1/1996, S. 29f., Kadel, P., Köstermann, H., Weitbrecht, H., Neue Vergütung außertariflicher Angestellter bei der Boehringer Mannheim GmbH, in: Personal, Heft 6/1993, S. 262ff., Zander, E., Knebel, H., Praxis der Leistungsbeurteilung, 3. Aufl., Heidelberg 1993.

[497] Vgl. Swoboda, P., Walland, G., Zur Erfolgsabhängigkeit der Managerentlohnung in Österreich und zur Transparenz des österreichischen Managermarktes, in: Journal für Betriebswirtschaft, 37. Jahrgang, 1987, S. 210 - 226.

Demnach läge der *variable Anteil* des Gesamtgehalts im *Top-Management* bei 50 v.H. bis 60 v.H., während *Abteilungs- und Gruppenleiter* auf einen variablen Anteil von 15 v.H. bis 20 v.H. festgelegt würden. Dazwischen sind die *Ressort-, Bereichs- und Hauptabteilungsleiter* mit variablen Anteilen am Einkommen von 30 v.H. bis 40 v.H. einzustufen.

3.7.8　　Arbeitsentgelt und Erfolgsbeteiligung

3.7.8.1　　Abgrenzung immaterielle und materielle Beteiligung

Neben einer leistungsorientierten variablen Entgeltgestaltung für Führungskräfte – also nur für einen herausgehobenen Teil einer Belegschaft – ist auch eine grundsätzliche Beteiligung *aller* Beschäftigten am Unternehmenserfolg (*Gewinn*), über ihrem ansonsten vertraglich (einzelvertraglich oder tariflich) vereinbarten Arbeitsentgelt hinaus, zu diskutieren. Dies ist übrigens nicht neu (vgl. Kap. 3.7.8.4), wobei zunächst einmal festzustellen ist, dass der allgemeine Begriff der **Mitarbeiterbeteiligung** heute weit gefasst wird. Spätestens nach dem Zweiten Weltkrieg wurde neben der **monetären** (materiellen) **Partizipation** auch eine **immaterielle Mitarbeiterbeteiligung** diskutiert und gefordert. Hierbei geht es sowohl um eine gesetzlich verankerte **Mitbestimmung** (vgl. Abschnitt 2.2) als auch neuerdings um eine Konzeption, die den Beschäftigten als „**Mitunternehmer**" betrachtet,[498] wofür sich insbesondere die 1950 gegründete *Arbeitsgemeinschaft zur Förderung der Partnerschaft in der Wirtschaft e.V. (AGP)* nachhaltig einsetzt. Wissenschaftliche Unterstützung erhielt die AGP von *Fischer*[499] und *Hartmann*[500], die sich in den 1950er Jahren erstmals mit dem Thema des „Mitunternehmers" beschäftigten. Alle immateriellen Mitarbeiterbeteiligungskonzeptionen, wozu man auch das betriebliche *Co-Management* durch *Betriebsräte* zählen kann,[501] zielen mehr oder weniger auf eine mitverantwortungsbezogene Partizipation der Arbeitnehmer an unternehmensrelevanten Entscheidungsprozessen ab, die letztlich und konsequenterweise in eine **monetäre Erfolgs-** und/oder **Kapitalbeteiligung** der Arbeitnehmer münden.

Die Vorstellungen über theoretisch erdachte immaterielle (arbeitnehmerorientierte) Partizipationsprozesse gehen allerdings in der Praxis – nicht zuletzt ideologisch bedingt – noch weit auseinander, wobei es im Folgenden ausschließlich um die *materielle* (monetäre) Variante gehen soll, also um Erfolgs- und/oder Kapitalbeteiligungen. Hierbei sind beide Beteiligungsformen, die Beteiligung am *Erfolg* und die Beteiligung am *Kapital*, als eigenständig zu betrachten. Eine Erfolgsbeteiligung impliziert nicht zwingend eine Kapitalbeteiligung am Produktivvermögen – sozusagen als „Mittel zum Zweck" bzw. als „Mittelaufbringung zur Finanzierung einer kapitalmäßigen Beteiligung" der Arbeitnehmer. Diese Differenzierung ist bei der Beurteilung von monetären Beteiligungsmodellen immer streng auseinander zu halten.

---

[498]　Vgl. Gaugler, E., Mitarbeiter als Mitunternehmer - Die historischen Wurzeln eines Führungskonzepts und seine Gestaltungsperspektiven in der Gegenwart, in: Wunderer, R., (Hrsg.), Mitarbeiter als Mitunternehmer. Grundlagen, Förderinstrumente, Praxisbeispiele, Neuwied 1999, S. 3 - 21, Kuda, E., Strauß, J., (Hrsg.), Arbeitnehmer als Unternehmer?, Hamburg 2002.

[499]　Vgl. Fischer, G., Partnerschaft im Betrieb, Heidelberg 1955.

[500]　Vgl. Hartmann, R. S., Die Partnerschaft von Kapital und Arbeit, Köln, Opladen 1958.

[501]　Vgl. Klitzke, U., Betz, H., Möreke, M., (Hrsg.), Vom Klassenkampf zum Co-Management?, Perspektiven gewerkschaftlicher Betriebspolitik, Hamburg 2000.

Formen der Mitarbeiterbeteiligung

```
                    Formen der Mitarbeiterbeteiligung
                                  |
            ┌─────────────────────┴─────────────────────┐
         materiell                                  immateriell
            |                                            |
    ┌───────┴────────┐                      ┌────────────┴──────────┐
Erfolgsbeteiligung  Kapitalbeteiligung   gesetzliche        Mitunternehmer-
                    |                     Mitbestimmung         modelle
          ┌─────────┴──────────┐
  direkte und indirekte    überbetriebliche
  betriebliche Beteiligungen    Tariffonds
```

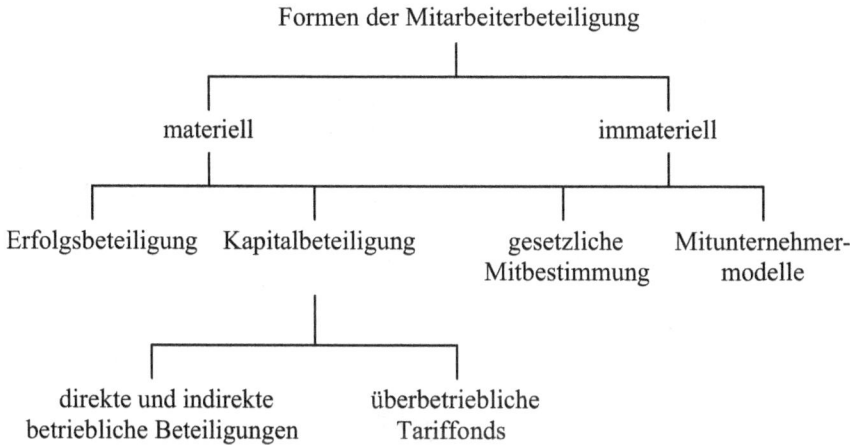

Abb. 3.33:   Allgemeine Formen der Mitarbeiterbeteiligung

Bei der Kapitalbeteiligung sind außerdem eine **betriebliche** und eine **überbetriebliche** Form zu unterscheiden. Bei der betrieblichen Beteiligungsform werden ausschließlich die Beschäftigten am **Kapital** ihres arbeitgebenden Unternehmens beteiligt. Dies kann durch eine *offene* oder *stille* **direkte** Beteiligung oder durch eine **indirekte** Mitarbeiter-Beteiligung geschehen, bei der zwischen dem Mitarbeiter und dem arbeitgebenden Unternehmen eine Beteiligungs-institution – z.B. in Form einer Mitarbeiter-Beteiligungs-GmbH oder einer BGB-Gesellschaft – geschoben wird, die sich dann wiederum an dem arbeitgebenden Unternehmen beteiligen kann. Auch an der Mitarbeiter-Beteiligungs-Gesellschaft ist eine *offene* oder *stille* Beteiligung möglich. Im Gegensatz dazu liegt eine von den *Gewerkschaften* (und seit kurzem auch von der *SPD* in Form eines „Deutschlandfonds"[502]) favorisierte *überbetriebliche Kapitalbeteiligung* immer dann vor, wenn sich Arbeitnehmer an einem bundesweiten, regionalen oder branchenbezogenen **Tariffonds** beteiligen. Mit dem überbetrieblichen Tariffonds, so wird argumentiert, würden vier wesentliche Einwände gegen eine unternehmensbezogene direkte oder auch indirekte Kapitalbeteiligung ausgeschlossen: Erstens die Reduktion des *„doppelten Risikos"* (Kumulierung von Arbeitsplatz- und Kapitalanlagerisiko) der Arbeitnehmer in ihrem arbeitgebenden Unternehmen, das immer wieder von den Gewerkschaften betont wird. Zweitens die Sicherstellung der *Handelbarkeit* (Fungibilität) der Kapitalanteile bei z.B. Unternehmenswechsel der Beschäftigten. Drittens eine *offene Beteiligungsmöglichkeit* aller abhängig Beschäftigten, auch der des **öffentlichen Dienstes** und viertens eine Minimierung von *administrativen Kosten* von Mitarbeiterbeteiligungsmodellen aus Sicht der Unternehmen (insbesondere wegen der Teilnahme mittelständischer Unternehmen). Gegen überbetriebliche Fonds wird auf eine Trennung zwischen Beschäftigten und arbeitgebenden Unternehmen und damit auf *Identifikations- und Motivationsverluste* bei den Beschäftigten verwiesen.

---

[502]   SPD, (Hrsg.), Deutschlandfonds für Arbeitnehmerinnen und Arbeitnehmer. Eckpunkte für mehr Mitarbeiterbe-teiligung, Bericht der gemeinsamen „Arbeitsgruppe Mitarbeiterbeteiligung" von SPD-Parteivorstand und SPD-Bundestagsfraktion, Berlin, Juni 2007.

3.7.8.2   Motive für betriebliche Erfolgs- und/oder Kapitalbeteiligungen

Die klassische Nationalökonomie hat mit ihrer **Arbeitswerttheorie** (vgl. Abschnitte 2.4 und 2.5) das entscheidende *Motiv* für eine Erfolgs- und/oder Kapitalbeteiligung geliefert: Die abhängig Beschäftigten erhalten nicht den vollen **Wert ihrer Arbeit**, sondern nur einen **Lohn für ihre Arbeitskraft** obwohl nur durch lebendige Arbeit in Verbindung mit Naturgebrauch eine Wertschöpfung, ein Neuwert, generiert werden kann. Dadurch sind abhängig Beschäftigte systematisch nicht in der Lage am in kapitalistischen Ordnungen entscheidenden *Kapital* (Geld- und/oder Sachkapital) zu partizipieren. Ihnen gehört es *eigentumsrechtlich* nicht und ist deshalb auch ihrer Einflusssphäre (Verfügungsgewalt) entzogen (vgl. Abschnitt 2.2). Reale Lohnerhöhungen, und seien sie auch höher als die Produktivitätsrate mit einem *Umverteilungseffekt*,[503] bleiben in der *Konsumgütersphäre* verhaftet. Sie schaffen es nicht hier auszubrechen und in die *Kapitalsphäre*, in die Investitionssphäre, einzudringen (vgl. Abschnitte 2.6 und 4.1.1). Dies kann auch nicht durch eine noch so gute *gesetzliche Mitbestimmung* verändert werden. Schließlich würde diese auf Grund des *Kapitaleigentums* nicht verhindern können, dass das Kapital aus dem jeweilig mitbestimmten Unternehmen abgezogen und in eine andere Verwendungsrichtung gebracht wird.

Zu Beginn des 20. Jahrhunderts sprach sich auch die *Betriebswirtschaftlehre* für eine materielle Partizipation der abhängig Beschäftigten an den Gewinnen der Unternehmen aus. Bei dem hier vorliegenden *Selbstverständnis* der ersten betriebswirtschaftlichen Autoren (*Schmalenbach, Nicklisch, Dietrich* u.a.) wurde die Auffassung vertreten, dass es nicht die Aufgabe der Betriebswirtschaftslehre sei, zuzuschauen, „ob und wie irgend jemand sich ein Einkommen oder Vermögen verschafft. Sinn unserer Lehre, schrieb *Eugen Schmalenbach* (1873 bis 1955), ist lediglich zu erforschen, wie und auf welche Weise der Betrieb seine gemeinwirtschaftliche Produktivität beweist."[504] Für *Heinrich Nicklisch* (1876 bis 1946) ist es die Aufgabe von Unternehmen eine **wirtschaftliche Bedarfsdeckung** sicherzustellen und nicht dafür Sorge zu tragen, möglichst maximale Gewinne zu erzielen. Gewinn könne auf „anständige oder unanständige Weise (z.B. durch Raubbau an Natur und Menschen) entstehen. **Wirtschaftlichkeit** ist immer anständig."[505] Die Verteilung von Gewinn wird hier noch aus der Vorstellung vom Unternehmen als **Gemeinschaft** von Kapital und Arbeit abgeleitet. So fordert auch *Rudolf Dietrich* (1896 bis 1974) in konsequenter Haltung: Empfänger des Gewinns sei das Unternehmen und nicht, wie allgemein angenommen, dessen Kapitaleigner. Die Beschäftigten hätten, weil sie ihre Arbeitskraft und ihr geistiges Kapital im Betrieb einsetzten, die gleichen Eigentumsrechte am Ertrag wie der „Betriebsherr". Deshalb sei dieser auch weder den Beschäftigten noch dem Gewinn gegenüber uneingeschränkter Herrscher.[506] Eine ähnliche Argumentation vertritt Nicklisch: Vom Standpunkt

---

[503]   Die Arbeitgeber akzeptieren in den Tarifverhandlungen aber keine nominalen Lohnerhöhungen oberhalb der *Produktivitäts*- plus einer *Inflationsrate*. Setzen die Gewerkschaften dies trotzdem in Zeiten von Vollbeschäftigung durch, so käme es zu einem *inflationären Effekt*, der durch eine entsprechend *restriktive Geldpolitik* der Nationalbank (EZB) unterbunden und somit am Ende über eine entsprechende Wachstums- und Beschäftigungsbegrenzung nur den Arbeitnehmern schaden würde. Zunächst über steigende Preise (Kaufkraftverlust) und dann durch Arbeitslosigkeit.

[504]   Schmalenbach, E., Dynamische Bilanz, 5. Aufl., Leipzig 1931, S. 94.

[505]   Nicklisch, H., Die Betriebswirtschaft, 7. Aufl., Stuttgart 1932, S. 6.

[506]   Vgl. Dietrich, R., Betriebs-Wissenschaft, München, Leipzig 1914, S. 402.

der „Betriebsgemeinschaft"[507] betrachtet seien Löhne und Gehälter keine Kosten, sondern **vorgeschossene Ertragsanteile**.[508] Lohn- und Gehaltszahlungen bildeten deshalb nur den ersten Akt der Ertragsverteilung. Den zweiten Akt „Maßnahmen der Gewinnverteilung" auf die Arbeitnehmer, die Nicklisch als „natürliches Recht" bezeichnet.

Die Zielvorstellungen gehen heute in eine ähnliche Richtung. Dabei lassen sich im wesentlichen **steuer-** und **finanzpolitische** sowie **personalpolitische Motive** unterscheiden. Daneben werden in der Literatur immer wieder übergeordnete **gesellschaftspolitische Aspekte** angeführt, die letztlich zu einer höheren Verteilungsgerechtigkeit zwischen Kapital und Arbeit im Einkommen und Vermögen, sowie dadurch zu einer Sicherung und Stabilisierung der sozialen marktwirtschaftlichen Ordnung beitragen würden.[509] Den größten Raum nehmen neuerdings **personalpolitische Aspekte** ein. Dazu gehört die Verstärkung der *Identifikation* und des Interesses am Unternehmen zur Minimierung der Fluktuation und Fehlzeitenverringerung sowie die positive Einflussnahme auf die Unternehmenssituation am Arbeitsmarkt zur Rekrutierung qualifizierter Mitarbeiter. Auch soll es durch eine betriebliche Erfolgs- und/oder Kapitalbeteiligung zu einer *Motivationserhöhung* bei den Beschäftigten zur Steigerung der Arbeitsleistung, der Produktivität sowie der Einsatzbereitschaft und zu einem erhöhten Kostenbewusstsein in dem arbeitgebenden Unternehmen kommen. Dabei soll mit betrieblichen Beteiligungsmodellen ein größeres allgemeines unternehmerisches Denken angeregt werden. Ob sich dies allerdings bezogen auf alle Mitarbeiter im Unternehmen erreichen lässt, ist wissenschaftlich nicht abschließend zu beantworten. Dies gilt insbesondere für eindeutige kausale Beziehungen bzw. für funktionale Verbindungslinien zwischen einer Beteiligung und erhöhten Leistungssteigerungen. *Hans J. Schneider* und *Ewald Zander* kommen diesbezüglich zu dem Ergebnis, dass Erfolgsbeteiligungsmodelle kein Ersatz für irgendeine Form der Leistungsentlohnung sind und dass Motivationseffekte aus einer Mitarbeiter-Beteiligung nur langfristig über eine *Kapitalbeteiligung* zu realisieren wären. Ersteres ergibt sich aus dem unterschiedlichen Charakter einer Erfolgsbeteiligung und einem Leistungslohnsystem. „Beim Leistungslohn ermittelt sich ein Akkordzuschlag bzw. eine Prämie für jeden Mitarbeiter *gesondert*. Bei der Erfolgsbeteiligung wird ein *Gesamterfolgsanteil* berechnet, der dann nach verschiedenen Verteilungsmechanismen auf die einzelnen Beschäftigten verteilt wird. Der Gesamtzusammenhang zwischen Leistung und erzieltem Erfolg ist nicht so deutlich wie beim Leistungslohn."[510] Der *langfristige Wirkungszusammenhang* über eine Kapitalbeteiligung soll sich dagegen dadurch ergeben, dass der erzielbare Motivationseffekt nicht in erster Linie materiell, sondern eher über das *Bewusstsein* beim Mitarbeiter, „beteiligt" (*Miteigentümer im Unternehmen*) zu sein, wirkt.

---

[507] Der Begriff „*Betriebsgemeinschaft*" findet sich zuerst bei *Rudolf Dietrich*. *Nicklisch* hat ihn betriebswirtschaftlich ausgebaut. Er betont dabei den wertschaffenden Charakter der Arbeit, lehnt entsprechend den liberalistischen Lohnmechanismus als Lohnfindungsgrundlage ab, fordert eine Ertragsbeteiligung der Beschäftigten, bestreitet eine Berechtigung des Kapitalgewinns ohne eigene Arbeit und begrüßt die Mitbestimmungsregelungen des Betriebsrätegesetzes von 1920 und des Artikels 165 der Weimarer Verfassung über die Einrichtung von Arbeiter- und Wirtschaftsräten auf betrieblicher, bezirklicher und volkswirtschaftlicher Ebene. (Vgl. Krell, G., Vergemeinschaftende Personalpolitik, München und Mering 1994, S. 57ff.).

[508] Vgl. Nicklisch, H., Die geistige Haltung der Betriebswirtschaftler, in: Der praktische Betriebswirt, Heft 5/1934, S. 489.

[509] Vgl. Schneider, H. J., Guski, H.-G., Betriebliche Vermögensbeteiligung in der Bundesrepublik Deutschland. Teil II: Ergebnisse, Erfahrungen und Auswirkungen in der Praxis, Köln 1983.

[510] Schneider, H. J., Zander, E., Erfolgs- und Kapitalbeteiligung der Mitarbeiter in Klein- und Mittelbetrieben, 4. Aufl., Freiburg i. Br. 1993, S. 59.

3.7.8.3   Staatliche Förderung von Kapitalbeteiligungen

Die staatliche Förderung von Kapitalbeteiligungen hält sich in Deutschland in engen Grenzen. Zur Zeit gibt es hier zwei Wege. Einmal wird die Kapitalanlage von Beschäftigten – an ihren arbeitgebenden Unternehmen (hierzu zählen Aktien, GmbH-Anteile, Genossenschaftsguthaben, stille Beteiligungen, Genussrechte/-scheine und Arbeitnehmer-Darlehen) oder durch überbetriebliche Anlageformen (förderwürdig sind hier Bausparverträge, börsennotierte Aktien und Anteile an Aktien- und Rentenfonds, während Lebensversicherungen nicht staatlich bezuschuss werden) – nach dem **Fünften Vermögensbildungsgesetz** (VermBG, Arbeitnehmersparzulage) auf Basis von Einkommensgrenzen (Ledige 17.900 €, Verheiratete 35.800 €) gefördert. Nach dem *Vermögensbildungsgesetz* hat der Arbeitnehmer einen Anspruch gegen seinen Arbeitgeber auf Abschluss einer vermögenswirksamen Anlage von seinem versteuerten und sozialversicherungspflichtig verbeitragten Nettolohn in Höhe von maximal jährlich 400 €. Dazu schießt der Staat ebenfalls maximal 72 € zu.[511] Die staatliche Arbeitnehmersparzulage wird nach einer Sperrfrist von sechs Jahren steuer- und sozialabgabenfrei gezahlt. Außerdem muss die Kapitalanlage im arbeitgebenden Unternehmen mit einer *Insolvenzsicherung* versehen werden, wobei allerdings eine Nichtbeachtung sanktionsfrei bleibt. Im Jahr 2005 hat der Staat insgesamt lediglich 390 Mio. € (2008 werden Ausgaben in Höhe von 260 Mio. € angenommen) für eine Vermögensbeteiligung in Arbeitnehmerhand verausgabt. Davon entfielen gut ein Drittel auf inner- und außerbetriebliche Beteiligungen. Neben dem Vermögensbildungsgesetz kann jeder Arbeitgeber *freiwillig* seinen Beschäftigten eine Kapitalbeteiligung an seinem Unternehmen verbilligt (unter Wert) oder gar kostenlos gewähren. Beides stellt aber einen geldwerten Vorteil für den Mitarbeiter dar, der somit von ihm zu versteuern wäre und auch sozialversicherungspflichtig ist. Hier greift dann nach § 19a des **Einkommensteuergesetzes** eine staatliche Förderung. Maximal 135 € jährlich bleiben hier steuer- und abgabenfrei.[512] Derzeit werden so rund zwei Millionen Arbeitnehmer in ca. 3.600 Unternehmen gefördert. Für den Staat kam es hierdurch 2005 etwa zu 80 Mio. € *Steuermindereinnahmen* und zu rund 110 Mio. € Ausfälle in den Sozialversicherungen.

Neben der Förderung von Kapitalbeteiligungen kann auch im Rahmen einer *Entgeltumwandlung* der Arbeitnehmer zum Zwecke des Aufbaus von Anwartschaften in der **betrieblichen Altersversorgung** mit einer staatlichen Unterstützung rechnen. Hier sind jährlich bis zu 4.320 € aus dem Bruttolohn oder -gehalt steuerfrei umwandelbar und bis zu 4 v.H. der Beitragsbemessungsgrenze in der gesetzlichen Rentenversicherung (2007: 2.520 €) auch von den Sozialabgaben befreit. Daneben bestehen Fördermöglichkeiten bei der sogenannten „Riester-Rente".

3.7.8.4   Entstehung und Verbreitung von Erfolgs- und/oder Kapitalbeteiligungen

Die ersten Gewinnbeteiligungen hat es bereits gegen Ende des 18. Jahrhunderts gegeben. 1791 wandelten die Inhaber der *Casseler Textilfabrik Agathof* das Unternehmen in eine Stiftung mit einer sozialen Zwecken dienenden Beteiligung der Beschäftigten am Gewinn des

---

[511] Die Höchstfördersummen sind durch das Haushaltsbegleitgesetz 2004 und durch den staatlichen Subventionsabbau (auf Basis der sog. *„Koch/Steinbrück-Liste"*) von 480 € auf 400 € oder von 20 v.H. auf 18 v.H. gekürzt worden.

[512] Der steuer- und abgabenfreie Höchstbetrag wurde hier auf Grund des Haushaltsbegleitgesetzes 2004 von 154 € auf 135 € gesenkt.

Unternehmens um. In der ersten Hälfte des 19. Jahrhunderts gewann die Idee zunehmend an Bedeutung.[513] Immerhin lagen in 80 Unternehmen zur Jahrhundertwende Gewinnbeteiligungen vor.[514] Neumeyer hat 1951 eine Liste deutscher Industrieunternehmen veröffentlicht, die in der Zeit von 1840 bis 1928 eine Gewinnbeteiligung eingeführt haben.[515] Die Sinnhaftigkeit von Gewinn- und/oder Kapitalbeteiligungen beschrieb als Nationalökonom *Heinrich von Thünen* (1783 bis 1850) ebenso wie *Robert von Mohl* (1798 bis 1862), der 1835 ihre *gesetzliche Einführung* verlangte.[516] *Thünen* setzte die Theorie außerdem 1847 auf seinem *Gut Tellow in Mecklenburg* in Form eines monetären Beteiligungsmodells um. Damit strebte er klare Ziele an: 1. Integration und Identifikation der Arbeiter mit dem Unternehmen; 2. Erhöhung der Kaufkraft der Arbeitnehmer durch Ausbezahlung der Zinsen für die thesaurierten Erfolgsanteile bis zur Pensionierung; 3. Vermögensansammlung für die nachberufliche Lebensphase der Arbeitnehmer und zur Vererbung an die nachfolgenden Generationen.[517] „Etwa ein halbes Jahrhundert nach Thünen gründete der Physiker und Unternehmer *Ernst Abbe* (1840 bis 1905) die *Carl-Zeiss-Stiftung*, aus deren Gewinn ab 1896 den Arbeitern und Angestellten – nicht jedoch den Angehörigen der Geschäftsleitung – proportional zu ihrem Lohn ein Anteil zufloss. Eine ähnlich innovative Leistung vollbrachte *Heinrich Freese* der 1888 zunächst die höheren Angestellten seines Unternehmens, zwei Jahre später dann auch die gesamte Arbeiterschaft am erwirtschafteten Jahresgewinn beteiligte."[518] Ein Gutachten von *Plener* (1874) auf Veranlassung des *Vereins für Socialpolitik* kam genauso wie die Untersuchungen von *Gilman/Katscher* (1891) und *Marshall* (1892) zu eindeutig positiven Ergebnissen bei der Einführung von Gewinnbeteiligungsmodellen. Auch andere Autoren wie *Brentano*, *Schmoller* und *Wagner* befürworteten gegen Ende des 19. Jahrhunderts Gewinn- und/oder Kapitalbeteiligungen von Arbeitnehmern.[519]

In der Bundesrepublik Deutschland ist nach dem Zweiten Weltkrieg kein empirisch relevanter *Penetrierungsgrad* von Erfolgs- und/oder Kapitalbeteiligungen erreicht worden.[520] Auch die *EU-Kommission*, die sich seit 1991 mit Gewinn- und/oder Kapitalbeteiligungen von Arbeitnehmern in so genannten PEPPER-Berichten („Promotion of Employee Participation in Profits and Enterprise Results") beschäftigt, konnte hieran nichts ändern. Laut EU sollen Gewinnbeteiligungen als *echte* Partizipationen unternehmensbezogen der gesamten Belegschaft, oder wenigstens einem großen Teil, zugute kommen und regelmäßig gewährt werden. Hierbei

---

[513] Vgl. Siegler, A., Der Beteiligungsgedanke im 19. und frühen 20. Jahrhundert und seine Beurteilung durch die organisierte Arbeitnehmerschaft. Parallelen zur Entwicklung der Gegenwart?, in: Die Betriebswirtschaft, Jahrg. 1979, S. 143 - 153.

[514] Vgl. Löffelholz, J., Lohn und Arbeitsentgelt, a.a.O., S. 34.

[515] Neumeyer, W. W., Die deutschen Industriebetriebe, die in der Zeit von 1840 bis 1928 eine Gewinnbeteiligung eingeführt haben, in: Zeitschrift für Betriebswirtschaft, Jahrgang 1951, S. 270ff.

[516] Thünen von, H., Der naturgemäße Arbeitslohn und dessen Verhältnis zum Zinsfuß und zur Landrente, Rostock 1850, Mohl von, R., Über die Nachteile, die sowohl dem Arbeiterstande selbst, als dem Wohlstande und der Sicherheit der gesamten bürgerlichen Gesellschaft von dem fabrikmäßigen Betriebe der Industrie zugehen, und über die Nothwendigkeit gründlicher Vorbeugungsmittel, in: Raus's Archiv der politischen Ökonomie, Heidelberg 1835, S. 141 - 203.

[517] Vgl. Gaugler, E., Mitarbeiter als Mitunternehmer - Die historischen Wurzeln eines Führungskonzepts und seine Gestaltungsperspektiven in der Gegenwart, a.a.O., S. 12.

[518] Schanz, G., Personalwirtschaftslehre, a.a.O., S. 521.

[519] Vgl. Gaugler, E., Mitarbeiter als Mitunternehmer, a.a.O., S. 19.

[520] Vgl. Schuler, G., Michael Lezius: Porträt. Der Pionier und Visionär der Mitarbeiterbeteiligung wird 60 Jahre, in: Wagner, K-R., (Hrsg.), Mitarbeiterbeteiligung. Visionen für eine Gesellschaft von Teilhabern, Wiesbaden 2002, S. 5ff.

wird zwischen einer geldmäßigen Gewinnbeteiligung und einer so genannten aufgeschobenen Gewinnbeteiligung unterschieden; bei letzterer handelt es sich um eine Kapitalbeteiligung. Diese soll in erster Linie im arbeitgebenden Unternehmen erfolgen, wobei allerdings auch die Verwendung der Gewinnbeteiligung an anderen Unternehmen nicht ausgeschlossen wird.[521]

Obwohl keine exakten bzw. nur ungenügende empirische Daten vorliegen, und auch bei empirischen Untersuchungen nicht immer deutlich wird was überhaupt eine Gewinn- und/oder Kapitalbeteiligung ist und was damit letztlich gemessen wird, dürfte bezogen auf **echte Gewinnbeteiligungsmodelle** die Zahl der Unternehmen in Deutschland nur marginal sein.[522] Zwar werden „ergebnisabhängige Erfolgsbeteiligungen" gezahlt, dies sind aber keine *echten* Gewinnbeteiligungen, die nur aus einem **versteuerten Gewinn** gezahlt werden und dieser zwischen Kapital und Arbeit aufgeteilt wird (vgl. Abschnitt 3.7.8.5.2.1). Echte Gewinnbeteiligung impliziert *Gewinnverwendung nach Steuern*. Streng von diesen echten Gewinnbeteiligungen abzugrenzen sind die sogenannten „variablen Erfolgsbeteiligungen", die von *Arbeitgebern* und ihren Verbänden sowie von zumeist neoklassischen Ökonomen propagiert und gefordert werden. Hierbei soll es zu einer Umsetzung von ertrags- bzw. gewinnabhängigen Entgeltgestaltungen in Flächen- oder Haus(Firmen-)tarifverträgen kommen. Ziel ist immer, durch *Lohnflexibilisierungen* und *Lohnsenkungen* die so genannte „Mindestlohnarbeitslosigkeit" zu bekämpfen (vgl. Kap. 4.6). Beim Vorliegen von Löhnen oberhalb eines markträumenden Gleichgewichtslohns müssten – so wird neoklassisch argumentiert – die realen Lohnabschlüsse unterhalb der Produktivitätsrate liegen. Dies soll auch verdeckt über *unechte Gewinnbeteiligungen* durchgesetzt werden. Arbeitnehmer sollen dabei Lohneinbußen bei schlechter wirtschaftlicher Lage hinnehmen. Die Unternehmen könnten dann durch Lohnkürzungen ihre Position im Wettbewerb besser anpassen und Arbeitsplätze sicherer machen, weil durch die Übernahme eines Einkommensrisikos der Arbeitnehmer das Beschäftigungsrisiko minimiert würde. Dies wird heute vielfach in *Öffnungsklauseln* von Tarifverträgen praktiziert (vgl. Kap. 3.6.5). In Gewinnzeiten käme es dagegen zu einem Verteilungsvorteil für Arbeitnehmer. Die Einkommen könnten oberhalb der ansonsten tariflich vereinbarten Entgelte liegen. Dies entspricht aber lediglich schon immer gewährten *übertariflichen Lohnzahlungen* in Form von Effektivverdiensten, die auf Grund einer *Lohndrift* (vgl. Kap. 3.7.4) von den Tarifverdiensten abweichen. Eine solche „gewinnabhängige Entgeltzahlung" hat aber nichts mit einer echten Gewinnbeteiligung zu tun. Im Gegensatz dazu handelt es sich hier um pseudonyme (unechte) „Gewinnbeteiligungen", die neben dem *Arbeitsplatzrisiko* den Arbeitnehmern auch noch ein *Einkommensrisiko* zusätzlich als „doppeltes Risiko" aufbürden wollen und die dazu beitragen, dass sich Flächentarifverträge noch weiter auflösen. Damit wird womöglich eine gesamtwirtschaftliche *Deflationsgefahr* geschürt.

Auch die in einer jüngsten Untersuchung durch das *Wirtschafts- und Sozialwissenschaftliche Institut* (WSI) festgestellten Ergebnisse bezüglich „gewinnabhängiger Vergütungsmodelle" stellen lediglich auf am Unternehmenserfolg festgemachte „Sonderzahlungen" an Mitarbeiter ab, die als *Personalaufwand* verbucht werden und so *gewinnmindernde* und damit fürs Unternehmen *steuersenkende* Wirkungen entfalten. Echte Gewinnbeteiligungen wurden hier

---

[521] Vgl. Kommission der Europäischen Gemeinschaften, Der Pepper-Bericht, in: Uvalic, M., (Hrsg.), Der „Pepper-Bericht": Die Förderung der Gewinn- und Betriebsergebnisbeteiligung der Arbeitnehmer, Luxemburg 1991.

[522] Vgl. Bellmann, L., Möller, I., Gewinn- und Kapitalbeteiligung der Mitarbeiter – Die Betriebe in Deutschland haben Nachholbedarf, IAB-Kurzbericht Nr. 13/5. September 2006.

nicht untersucht. Aber auch unechte Gewinn- bzw. Erfolgsbeteiligungen erhalten nur eine *Minderheit der Arbeitnehmer* und vor allem hier nur hoch qualifizierte Angestellte. Gering Qualifizierte sowie Frauen und Beschäftigte in Kleinbetrieben gehen dagegen zumeist leer aus. Auch die Zahlungen schwanken nach der Qualifikation stark, von durchschnittlich 6.600 € jährlich bis knapp 550 €. Gut ein Drittel (36 v.H.) der Unternehmen mit mindestens 20 Beschäftigten und Betriebsrat zahlt Erfolgsbeteiligungen – zumindest einem Teil der Mitarbeiter. Große Unternehmen tun dies öfter als kleine. In den Unternehmen mit mehr als 2.000 Beschäftigten haben laut WSI 75 v.H. der Betriebe „vom Betriebsergebnis abhängige Einkommensbestandteile" im Programm. Auch zwischen den Branchen gibt es erhebliche Unterschiede. Während ein Großteil der *Banken* und *Versicherungen* (67 v.H.) bei guter Ertragslage mehr zahlt, gibt es nur in 20 v.H. der Bauunternehmen eine Erfolgsbeteiligung.[523] Auch bei den **Kapitalbeteiligungen** schätzt man die Zahl der Unternehmen auf nur etwa 2.500 mit gut 2 Millionen von insgesamt rund 34,5 Millionen Arbeitnehmern (5,8 v.H.) und rund 12,5 Milliarden € Beteiligungskapital. Von diesen 12,5 Milliarden € entfallen aber allein fast elf Milliarden € oder 88 v.H. auf *Belegschaftsaktien*, die von ca. 1,6 Millionen abhängig Beschäftigten gehalten werden.[524]

Der nur geringe **Verbreitungsgrad** von Gewinn- und/oder Kapitalbeteiligungen ist zunächst einmal wenig überraschend. Denn wieso sollen abhängig Beschäftigte am Gewinn und/oder Kapital von Unternehmen beteiligt werden? Dies impliziert ein zutiefst *nicht systemkonformes* unternehmerisches Verhalten, sondern ist eher ein „systemverändernder Faktor" in Richtung *Sozialismus*. Schließlich gesteht man in marktwirtschaftlich-kapitalistischen Ordnungen den Gewinn auf Grund der unternehmerischen Leistung, des unternehmerischen Kapitalrisikos und auftretender Opportunitätskosten ausschließlich den *Kapitaleignern* (Shareholdern) zu (vgl. Kap. 3.2.1). Warum sollten sie den Gewinn mit ihren Beschäftigten teilen, wenn es doch eher eine unternehmerische (permanente) Zielsetzung ist, die Löhne und die so genannten Lohnnebenkosten (vgl. Kap. 3.7.3) zu senken, um so ceteris paribus mehr Gewinn und Kapital für sich selbst zu realisieren bzw. maximale Kapitalrenditen im Kapitalakkumulationsprozess zu erzielen? In einem Vortrag an der Universität Freiburg i.Br. über die „Beteiligung der Arbeiter am Fabrikgewinn" setzte sich bereits 1837 *Ritter von Buß* mit dieser Frage kritisch auseinander und kam zu dem Ergebnis, dass die Gewinnbeteiligung ein **Widerspruch** zum Grundgedanken kapitalistischer Ordnungssysteme sei. Der Unternehmer würde dies als einen „Eingriff in die unternehmerische Freiheit" und in sein „Eigentum" nicht akzeptieren. Schließlich müsse man den Gewinn als „Ersatz für erlittene Verluste" und als „Wagnisprämie" verstehen.[525] Bis heute sind denn auch echte Gewinn- und/oder Kapitalbeteiligungen von einer tiefen Ablehnung im *Arbeitgeberlager* gekennzeichnet.[526] Dies gilt erstaunlicherweise auch für die *Gewerkschaften*. Das diese im Hinblick auf *unechte* Gewinnbeteiligungen, die nur einer **Lohnflexibilisierung** nach unten dienen sollen, skeptisch gegenüber eingestellt sind, in verständlich, warum die Ablehnung aber auch in Bezug auf *echte* Gewinn- und/oder Kapitalbeteiligungen besteht, ist dagegen nicht nachvollziehbar (vgl. dazu Kap. 3.7.8.5).

---

[523] Vgl. Bispinck, R., Bezahlung nach Erfolg und Gewinn – Verbreitung und tarifliche Regulierung, in: WSI Tarif-Handbuch 2007, Frankfurt a. M. 2007, S. 57 - 81.

[524] Vgl. Tofaute, H., Arbeitnehmerbeteiligung am Produktivkapital, in : WSI-Mitteilungen, Heft 6/1998, S. 371 - 381.

[525] Zitiert bei Gaugler, E., Mitarbeiter als Mitunternehmer, a.a.O., S.18.

[526] Vgl. Maier-Mannhart, H., (Hrsg.), Mitarbeiterbeteiligung, München, Landsberg a.L. 1996.

Anfangs waren den Gewerkschaften „Gewinn- und/oder Kapitalbeteiligungs-Experimente" – vor allem wegen der Gefahr einer *Entsolidarisierung der Arbeitnehmer* – grundsätzlich ein Dorn im Auge. Immer wurde auch das *„doppelte Risiko"* betont. Zu einem nicht unbeträchtlichen Diskurs sowohl in Wissenschaft, Politik als auch zwischen den Gewerkschaften und Arbeitgeberverbänden um eine monetäre Beteiligung der Arbeitnehmer am Gewinn und/oder Kapital der Unternehmen kam es in Deutschland aber erst nach dem Zweiten Weltkrieg.[527] Dieser Diskurs machte sich nicht zuletzt an einem wissenschaftlichen Gutachten (dem sog. *„Krelle-Gutachten"*[528]) – erstellt im Auftrag des *Bundesministeriums für Arbeit und Sozialordnung* – fest, das zu dem Ergebnis kam, dass 1,7 v.H. der bundesdeutschen Bevölkerung im Jahr 1960 über 70 v.H. des Produktivvermögens besaß.[529] Trotz dieser völlig ungleichen **Vermögenskonzentration** lehnten die Gewerkschaften aber jede Form einer Gewinn- und/oder Kapitalbeteiligungspolitik ab. Dies mündete letztlich in die programmatische Forderung: „Wir wollen keine *Vermögenseinbildung*, wir wollen *mehr Lohn*". Man sprach sich für eine **„produktivitätsorientierte Lohnpolitik"** aus (vgl. Kap. 4.1.1), die mit einer darüber hinausgehenden Umverteilungskomponente in Form eines vermögenswirksamen Zuschlags, sozusagen als **Investivlohn** zu ergänzen sei.

Heute ist die *Position der Gewerkschaften* bezüglich einer *Teilhabe* der Arbeitnehmerschaft am Produktivvermögen eine andere, zumindest muss sie als ein komplexes und differenziertes Gebilde eingestuft werden.[530] Dies wurde noch einmal auf dem *DGB-Bundeskongress* im November 1996 in Dresden bei der Beschlussfassung über ein neues DGB-Grundsatzprogramm deutlich. Hier stand u.a. auch eine „gerechtere Beteiligung der Arbeitnehmer am Produktivvermögen" im Mittelpunkt der Beratungen.[531] Dabei legten die Gewerkschaften in der Auseinandersetzung um eine *„Vermögenspolitik in Arbeitnehmerhand"* eindeutige Prioritäten fest. Kritisiert wurden die bisher von der Politik seit Anfang der 1960er Jahre verabschiedeten **Vermögensbildungsgesetze** (vgl. Kap. 3.7.8.3), die alle eindeutig als untauglich eingestuft wurden, um auch nur marginal an der nach wie vor hohen Produktivvermögenskonzentration in Deutschland etwas zu verändern. Alle vermögenswirksamen Leistungen aus den bisherigen Gesetzen zur Vermögensbildung wurden in der Vergangenheit zudem zu 90 v.H. nicht in Produktivvermögen, sondern in Form des *Geld- und Bausparens* von den Arbeitnehmern angelegt.[532]

Vor diesem Hintergrund ist das Jahr 1999 fast als ein *Paradigmenwechsel* in Sachen materieller Beteiligung der Arbeitnehmer einzustufen. Zum ersten Mal kam es hier zu einer gemeinsamen Erklärung zwischen dem *Bundesverband der Arbeitgeberverbände* (BDA) und dem *Deutschen Gewerkschaftsbund* (DGB) hinsichtlich einer größeren materiellen Partizipation

---

[527] Vgl. Pitz, K. H., Das Nein zur Vermögenspolitik, Reinbek 1974, Tofaute, H., Arbeitnehmerbeteiligung am Produktivkapital, a.a.O., S. 371 - 381.

[528] Vgl. Krelle, W., Schunck, J, Siebke, J., Überbetriebliche Ertragsbeteiligung der Arbeitnehmer, Bd. I und II, Tübingen 1968.

[529] An dieser ungleichen Verteilung hat sich bis heute nichts geändert. Nach seriösen Schätzungen auf Basis der Krelle-Untersuchungen besitzen heute nach der Wiedervereinigung etwa 3 v.H. der bundesdeutschen Haushalte über 80 v.H. des *Produktivvermögens* in Deutschland. Vgl. dazu Bundestags-Drucksache 13/8403 vom 18. August 1997.

[530] Vgl. Peters, J., Gewinnabhängige Lohnelemente, in: Gewerkschaftliche Monatshefte, 5/1999, S. 316ff.

[531] Vgl. DGB (Hrsg.), Die Zukunft gestalten. Grundsatzprogramm des Deutschen Gewerkschaftsbundes. Beschlossen auf dem 5. Außerordentlichen Bundeskongress vom 13. bis 16. November in Dresden, Düsseldorf 1997, S. 20.

[532] Vgl. Tofaute, H., Arbeitnehmerbeteiligung am Produktivkapital, a.a.O., S. 373.

der abhängig Beschäftigten an den jeweiligen Unternehmensergebnissen. In der Erklärung heißt es, dass

„auf der Grundlage der Flächentarifverträge (...) auf betrieblicher Ebene eine stärkere Beteiligung der Beschäftigten am Unternehmenserfolg angestrebt und damit der unterschiedlichen Ertrags- und Wettbewerbssituation der Unternehmen Rechnung getragen werden" soll.[533]

Unklar bleibt hier aufgrund der nicht exakten Definition von „Beteiligung" allerdings, wie dies im Einzelnen konkret aussehen soll.

3.7.8.5 Erfolgsbeteiligungen

3.7.8.5.1 Unterschiedliche Formen der Erfolgsbeteiligungen

Im Folgenden werden die unterschiedlichen Facetten eines Beteiligungssystems und die bei einer Einführung zu beachtenden Problempunkte aufgezeigt. Dabei ist zunächst einmal die betriebliche **Erfolgsbeteiligung** der Mitarbeiter vom vertraglichen **Arbeitsentgelt** abzugrenzen, das für eine individuell geleistete Arbeit entrichtet wird. Die Erfolgsbeteiligung wird den Beschäftigten eines Unternehmens bei der Realisierung eines betrieblichen Erfolges *über* das eigentliche Arbeitsentgelt hinaus gewährt und monatlich, quartalsweise oder, wie in der Regel üblich, einmal jährlich ausbezahlt.[534] Da die Erfolgsbeteiligung – im Gegensatz zu einer individuellen Leistungsentlohnung – kein Bestandteil des eigentlichen Arbeitsentgeltes darstellt, kann sie strenggenommen auch nicht dem *Personalaufwand* zugeordnet werden. Mitarbeiterbezogene Erfolgsbeteiligungen stellen vielmehr eine Form der **Gewinnverwendung** dar. Deshalb gilt nur die enge Definition einer Erfolgsbeteiligung als eine *echte Gewinnbeteiligung*, wenn der Gewinn eines Unternehmens vor der Verteilung zwischen Kapital und Arbeit einer **Versteuerung** unterzogen wurde. Echte Gewinnbeteiligung heißt also Verteilung des *Gewinns nach Steuern.*

Bei der Erfolgsbeteiligung sind daher unterschiedliche **Formen** (vgl. Abb. 3.3.4) wie die Leistungs-, Ertrags- und Gewinnbeteiligung zu unterscheiden. Von einer **Leistungsbeteiligung** spricht man immer dann, wenn die Beschäftigten an einer vermehrten Produktion, an einer Steigerung der Produktivität oder an einer Kostenersparnis partizipieren. Diese Form der Erfolgsbeteiligung dominierte in den 1950er Jahren, als es vor allem um eine kostengünstige Ausweitung der Produktion ging. Mit dem Aufkommen von *Käufermärkten* gegen Ende der 1960er Jahre gewannen dann immer mehr die Absatz- bzw. Markteinflüsse an Bedeutung, wodurch verschiedene Formen der **Ertragsbeteiligung** in den Mittelpunkt rückten.

---

[533] Zitiert bei Putzhammer, H., Frischer Wind für alte Forderungen, in: Mitbestimmung, Heft 3/2001, S. 17.

[534] Vgl. Klötzl, G., Schneider, H., Mitarbeiter am Erfolg beteiligen, München 1990, Esser, K., Falthauser, K., Beteiligungsmodelle, München 1974, Jung, H., Personalwirtschaft, München, Wien 1995, S. 595ff., Hentze, J., Personalwirtschaftslehre 2, 5. Aufl., Bern, Stuttgart 1991, S. 120ff., Schultz, R., Erfolgsbeteiligung der Arbeitnehmer, in: Handwörterbuch des Personalwesens, 2. Aufl., Stuttgart u.a. 1992, S. 818 - 827.

```
                    ┌─────────────────────────────────┐
                    │  Formen der Erfolgsbeteiligungen │
                    └─────────────────────────────────┘
                                     │
        ┌────────────────────────────┼────────────────────────────┐
┌───────────────────────┐  ┌──────────────────────┐  ┌──────────────────────┐
│  Leistungsbeteiligung │  │  Ertragsbeteiligung  │  │   Gewinnbeteiligung  │
└───────────────────────┘  └──────────────────────┘  └──────────────────────┘
```

Produktionsseite   Marktseite   Produktions- u. Marktseite

Produktionsoutput   Umsatz   Kalkulatorischer Gewinn

Produktivität   Gesamtleistung   Handelsrechtlicher oder

Kostenersparnis   Rohertrag   steuerrechtlicher Gewinn

                                  Wertschöpfung   Gewinn nach Steuern

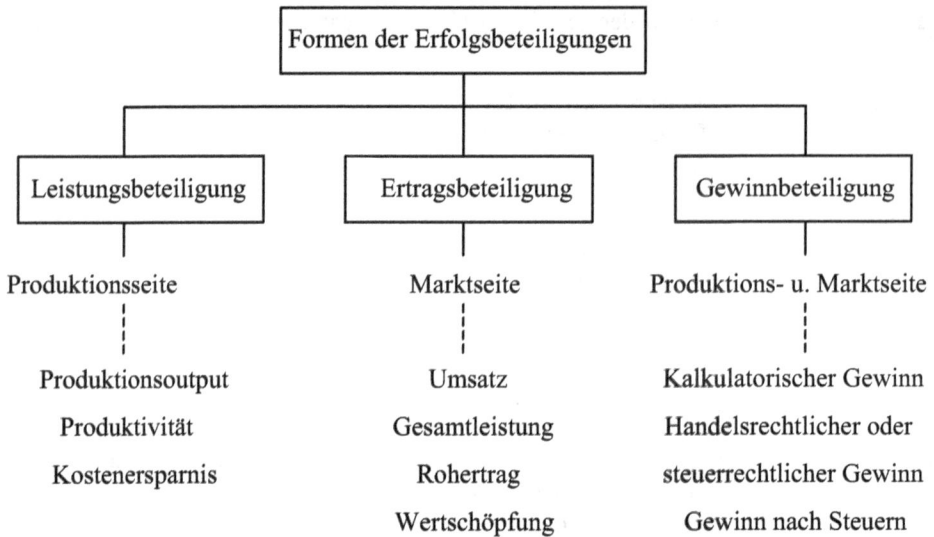

Abb. 3.34:   Formen der Erfolgsbeteiligungen

Bei der Ertragsbeteiligung wird die **Umsatz-, Gesamtleistungs- Rohertrags-** und **Wert-schöpfungsbeteiligung** unterschieden. Zur Abgrenzung dieser Bemessungsgrößen vergleiche die folgende Abb. 3.35 (Formen und Abgrenzungen der Ertragsbeteiligungen). Berücksichtigt man bei der Erfolgsbeteiligung sowohl die Produktions- bzw. die Kostenseite als auch die Markt- und damit Umsatzseite, so liegt eine **Gewinnbeteiligung** vor. „*Leistungs- und Ertragsbeteiligungen* beinhalten das Manko, daß sie sich einseitig am Markt bzw. an der betrieblichen Leistung orientieren. Dies kann dazu führen, daß Erfolgsanteile entstehen, ohne daß letztendlich die Ertragssituation des Unternehmens dies rechtfertigt. Gewinnbeteiligungssysteme dagegen bringen markt- und innerbetriebliche Erfordernisse unter einen Hut und führen nur dann zu Gewinnanteilen, wenn 'schwarze Zahlen' geschrieben werden."[535]

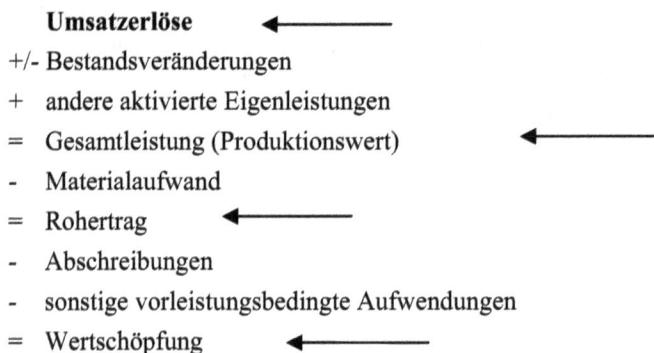

> **Umsatzerlöse**   ◄────────
>
> +/- Bestandsveränderungen
>
> \+   andere aktivierte Eigenleistungen
>
> =   Gesamtleistung (Produktionswert)   ◄────────────
>
> -   Materialaufwand
>
> =   Rohertrag   ◄────────
>
> -   Abschreibungen
>
> -   sonstige vorleistungsbedingte Aufwendungen
>
> =   Wertschöpfung   ◄────────

Abb. 3.35:   Formen und Abgrenzungen der Ertragsbeteiligungen

---

[535] Schneider, H. J., Betriebliche Partnerschaft und Mitarbeiterbeteiligung, in: Wunderer, R., (Hrsg.), Mitarbeiter als Mitunternehmer. Grundlagen, Förderinstrumente, Praxisbeispiele, Neuwied 1999, S. 69.

3.7.8.5.2   Gewinnbeteiligung und ihre Verteilungsproblematik

3.7.8.5.2.1   Gewinnausgangs- und Verteilungsbasis

Bei der Mitarbeitergewinnbeteiligung werden in Theorie und Praxis unterschiedliche **Gewinnbegriffe** zugrunde gelegt.[536] Hier soll eine möglichst objektive Größe gefunden werden, die eine „gerechte" Verteilung des Gewinns auf *Kapital* und *Arbeit* impliziert. Die Ausrichtung kann grundsätzlich an einer *kalkulatorischen Gewinngröße* des internen Rechnungswesens oder am handels- oder steuerrechtlichen *Bilanzgewinn* des externen Rechnungswesens erfolgen (vgl. Kap. 3.3). Aufgrund engerer steuerrechtlicher Bewertungsvorschriften beispielsweise bei den Beständen an unfertigen und fertigen Erzeugnissen im Vermögen aber auch bei den Rückstellungen im Kapital eines Unternehmens, sollte aber immer der **steuerrechtliche Jahresabschluss** zum Ansatz kommen. Für den Steuerbilanzgewinn[537] spricht auch eine emotionale „*Vertrauensgröße*" bei den Mitarbeitern und Betriebsräten. Schließlich ist der steuerrechtlich ausgewiesene Gewinn ein vom *Finanzamt (Staat)* auf seine Richtigkeit geprüfter Gewinn. Wie schon mehrfach erwähnt, muss dann dieser Gewinn bei einer *echten Gewinnbeteiligung* versteuert werden. Dies bildet sozusagen die **Ausgangsbasis** für eine Verteilung zwischen Kapital und Arbeit. Dieser versteuerte Gewinn ist aber noch im Hinblick auf den Fortbestand des Unternehmens bei einer dynamischen Betrachtung (Periodenabgrenzung) zu problematisieren. Dies deshalb, weil der ausgewiesene Gewinn eine ausschließlich *vergangenheitsorientierte* auf eine zurückliegende Rechnungsperiode bezogene Größe darstellt. Damit wird eine ex ante Risikostruktur für das jeweilige Unternehmen (Wirtschaften vollzieht sich unter *Unsicherheit*) eliminiert. Daher ist es zur **Zukunftsvorsorge** sinnvoll und notwendig eine *Risikorücklage* aus dem erwirtschafteten und versteuerten ex post Gewinn zu bilden. Diese Risikorücklage vermindert den verteilungsfähigen Gewinn, wobei die Frage entsteht, wem diese *Gewinnthesaurierung*, die zu einer Erhöhung des Eigenkapitals führt, eigentumsrechtlich gehört? Die Antwort kann hier nur lauten, dem *Unternehmen*, was ausschließt, dass die Kapitaleigner von diesen Thesaurierungen zukünftig *Gewinnausschüttungen* vornehmen können. Dazu wäre ein eigener „Eigenkapital-Topf" aufzumachen, aus dem immer dann zuerst entnommen würde, wenn das haftende Eigenkapital des Unternehmens durch Verluste angegriffen wird.

Da aus dem *Gewinn nach Steuern* im Rahmen der Rechnungslegung bereits *vorab* die **Beschäftigten** einen Ertrag aus der Wertschöpfung in Form von Lohn- und Gehaltszahlungen erhalten haben und auch die **Fremdkapitalgeber** mit Zinszahlungen sowie die **Grundstücks-** und **Bodenverpächter** mit Miet- und Pachtzahlungen (Grundrente, Leasing) bedacht wurden als auch der **Staat** (Fiskus) seine Steuern erhalten hat, ist aber bisher das **Eigenkapital** noch nicht bedient worden. Ein weiterer Korrekturposten des *verteilungsfähigen Gewinns* ist daher eine **angemessene Eigenkapitalverzinsung**. Die Bestimmung der Höhe einer vorab verrechneten Eigenkapitalrentabilität könnte dabei wie folgt vorgenommen werden: Beträgt das bilanziell ausgewiesene Eigenkapital in einem Unternehmen beispielsweise 8 Mio. € und der steuerrechtlich ausgewiesene Gewinn nach Steuern beläuft sich auf

---

[536] Vgl. Zdrowomyslaw, N., Kairies, K., Gewinn - was ist das ?, in: Der Betriebswirt, Heft 1/1993, S. 18ff.

[537] Die *Steuerbilanz* ist eine Erfolgsbilanz für die Gewinnermittlung. Sie ist eine zweite Form der Jahresbilanz und allein an die Finanzverwaltung adressiert. Den Begriff „Steuerbilanz" gibt es im Gesetz nicht. Der Betrieb ist daher nicht verpflichtet, eine gesonderte Steuerbilanz aufzustellen. Es genügt, wenn beim Finanzamt die *Handelsbilanz*, die unter Beachtung der steuerrechtlichen Bewertungsvorschriften korrigiert worden ist, eingereicht wird.

1 Mio. €, so beträgt die Eigenkapitalrentabilität 12,5 v.H. oder in absoluten Zahlen 125.000 €. Dieser Betrag würde dann neben der Risikovorsorge vom versteuerten Gewinn abgezogen und der Restbetrag könnte zwischen *Kapital* und *Arbeit* zur Verteilung kommen.

Analog dem Lohn und Gehalt, als Einkommen des „Faktors" Arbeit, muss für die Kapitaleigner in Einzelunternehmungen und Personengesellschaften (OHG, KG), in denen die Eigentümer als Geschäftsführer ihre *Arbeitskraft* einbringen, außerdem noch ein **kalkulatorischer Unternehmerlohn** in Abzug gebracht werden.[538] Dagegen zu rechnen wären hier allerdings die während eines Geschäftsjahres als *Privatentnahmen* entnommenen Gewinne.

Zur Veranschaulichung der Ermittlung einer **Gewinnverteilungsbasis** sei von einer fiktiven Unternehmenssituation ausgegangen. Ein Unternehmen erwirtschaftet mit 450 Beschäftigten einen Umsatz von 90 Mio. €. Die Materialaufwendungen belaufen sich auf 45,5 Mio. €. Bestandsveränderungen liegen nicht vor, auch keine sonstigen aktivierten Eigenleistungen. Abschreibungen auf Sachanlagen sind in Höhe von 7,5 Mio. € angefallen und die sonstigen Vorleistungen betragen 8 Mio. €. Von der Wertschöpfung entfallen auf Löhne und Gehälter 16,2 Mio. €, auf Zinszahlungen 4 Mio. € und auf Miet- und Pachtzahlungen (Leasinggebühren) 0,6 Mio. €. Der Gewinn vor Steuern beträgt 8,2 Mio. € und die Steuerzahlungen (Körperschaft- und Gewerbesteuer) liegen bei 2,4 Mio. €. Der Gesamtkapitaleinsatz beläuft sich auf 75 Mio. €, davon 32,5 Mio. € haftendes Eigenkapital. In dem Eigenkapital sind bereits 2,4 Mio. € aus alten Gewinnthesaurierungen zur Risikovorsorge enthalten. Als neue Risikovorsorge wird ein Satz von 10 v.H. des versteuerten Gewinns festgelegt. Wie hoch ist demnach der *verteilungsfähige Gewinn*? Er beträgt 4,19 Mio. € (vgl. Abb. 3.36).

Umsatzerlöse	**90,0** (in Mio. €)
Gesamtleistung	90,0
Materialaufwand	45,5
Rohertrag	**44,5**
Abschreibungen	7,5
Sonstige Vorleistungen	8,0
Wertschöpfung	**29,0**
Löhne/Gehälter	16,2
Zinsaufwand	4,0
Mieten/Pachten/Leasinggebühren	0,6
Gewinn vor Steuern	8,2
Steuern	2,4
Gewinn nach Steuern	**5,8**
Risikovorsorge 10 v.H.	0,58
Eigenkapitalrentabilität =	1,03
Gewinn v. Steuern : Eigenkapital	
5,8 : 32,5 = 17,8 v.H.	
zu verteilender Gewinn	**4,19**

Abb. 3.36:   Modellrechnung einer möglichen Gewinnverteilung

---

[538]   Die Höhe eines solchen *kalkulatorischen Unternehmerlohns* kann sich dabei z.B. an durchschnittliche Geschäftsführergehälter vergleichbarer Unternehmen in der Rechtsform einer Kapitalgesellschaft ausrichten. Vgl. dazu auch die Problematik der *Managergehälter* (Kap. 3.7.2.3).

Danach müsste dann noch die Frage entschieden werden, wie der verteilungsfähige Gewinn letztlich auf die Produktionsfaktoren Arbeit und Kapital funktional zu verteilen ist. Dies entzieht sich einer wissenschaftlich objektiven Betrachtung.[539] Von daher sollte die Verteilung im Einvernehmen durch *Verhandlung* mit der Arbeitnehmer-Interessenvertretung gefunden werden. In der Praxis hat sich dabei weitgehend eine **paritätische Aufteilung** des verteilungsfähigen Gewinns von 50 zu 50 durchgesetzt.[540]

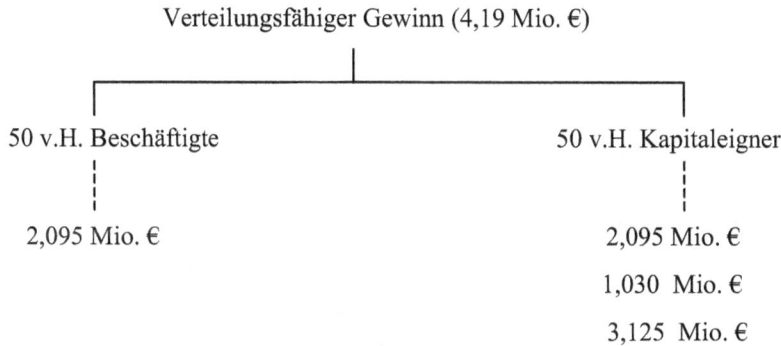

Verteilungsfähiger Gewinn (4,19 Mio. €)

50 v.H. Beschäftigte   50 v.H. Kapitaleigner

2,095 Mio. €   2,095 Mio. €

1,030 Mio. €

3,125 Mio. €

In unserem Beispiel-Unternehmen würde sich demnach der verteilungsfähige Gewinn zu jeweils 2,095 Mio. € zwischen Kapital und Arbeit aufteilen. Hinzu kämen aber bei den Kapitaleignern auf Grund der Eigenkapitalrendite 1,030 Mio. €, so dass sie insgesamt aus dem versteuerten Gewinn in Höhe von 5,8 Mio. € einen Betrag von 3,125 Mio. € erhalten würden. Haben sich die Arbeitnehmer in der Vergangenheit mit einer **Kapitalbeteiligung** eingebracht, so würden sie natürlich auch hier als Kapitaleigner entsprechend partizipieren.

3.7.8.5.2.2   Verteilung des Gewinns auf die einzelnen Beschäftigten

Bei der Verteilung des Gewinns auf die *einzelnen Mitarbeiter* entsteht ein weiteres Verteilungsproblem. Grundsätzlich könnte die Verteilung durch eine **Kollektivbeteiligung** in Form von quasi „öffentlichen Gütern" für allgemeine soziale Einrichtungen im Unternehmen (Werkserholungsheim, Betriebskindergarten, Sportstätten u.a.) verwandt werden, die dann allen Mitarbeitern zugute kommen würden. Hierdurch entfiel das individuelle Zurechnungsproblem einer Gewinnbeteiligung. Langfristig erschöpft sich jedoch eine Gewinnverwendung in derartige kollektive Sozialeinrichtungen. Außerdem würden sich eigentumsrechtliche Zurechnungsfragen ergeben. Wem gehören diese Einrichtungen? Dem *Unternehmen*, *Unternehmer* oder den *Mitarbeitern*, und wer kommt für den Verwaltungs- und Instandhaltungsaufwand auf? Eine Kollektivbeteiligung erscheint daher kaum umsetzbar und ist auch von den Mitarbeitern in der Praxis nur in Grenzen gewollt, so dass eine **Individualbeteiligung** dominiert.

Aber auch hier entstehen nicht unbeträchtliche Fragen und Probleme. Welche Mitarbeiter sollen beteiligt werden, alle – auch die *Auszubildenden* – oder nur die ab einer bestimmten *Betriebszugehörigkeit*? Wie ist der *soziale Status* (verheiratet, Kinderzahl u.a.) zu berücksichtigen? Soll grundsätzlich eine *nichtleistungsorientierte* Verteilung nach Köpfen ohne

---

[539]   Am ausführlichsten hat sich damit befasst: Vgl. Knödler, W., Hilfswerte der Ertragsaufteilung auf die Produktionsfaktoren, Dissertation, München 1969.

[540]   Vgl. Schneider, H. J./Zander, E., Erfolgs- und Kapitalbeteiligung, a.a.O., S. 92.

Berücksichtigung der Hierarchiestufen und damit auch Einkommensstufen vorgenommen werden, oder sollen individuelle leistungsbezogene Verteilungsschlüssel über *Leistungsbeurteilungssysteme* zur Anwendung kommen? Auch bei der Lösung dieses zweiten Verteilungsproblems kann es sich offensichtlich nur um *Kompromisslösungen* handeln, die letztlich von den jeweiligen unternehmensindividuellen Verhältnissen abhängen. Würde beispielsweise in unserer obigen Beispielrechnung „nach Köpfen" verteilt, so würde jeder der 450 Beschäftigten eine Gewinnbeteiligung von 4.656 € (2,095 Mio. € : 450) erhalten. Bei einem durchschnittlichen Bruttoentgelt in Höhe von 2.400 € monatlich (16,2 Mio. € Personalaufwand - 20 v.H. Arbeitgeberbeiträge zur Sozialversicherung = 12,96 Mio. € : 450 : 12 Monate), entspräche dies demnach 13,94 Monatsgehälter (4.656 € : 2.400 € = 1,94).

3.7.8.5.3   Gewinnbeteiligung versus Verlustbeteiligung

Ein weiterer Problembereich bildet die Verlustbeteiligung. Hier wird meist von einer breiteren Öffentlichkeit argumentiert, dass selbstverständlich eine Gewinnbeteiligung der Arbeitnehmer auch eine Verlustbeteiligung nach sich ziehen müsse. Eine derartige Argumentation trifft jedoch nicht zu, solange die Gewinnbeteiligung nicht auch in eine **Eigenkapitalbeteiligung** der Mitarbeiter am arbeitgebenden Unternehmen umgewandelt wird. Zur Verlusttragung sind laut *Gesellschaftsrecht* nur diejenigen verpflichtet, die einem Unternehmen *Eigenkapital* zur Verfügung stellen, womit sie automatisch auch Beteiligungsrechte an der unternehmerischen Willensbildung erwerben. Beides liegt aber bei einem ausschließlichen *Gewinnbeteiligungsmodell* nicht vor. Die Mitarbeiter erwerben dadurch weder Eigenkapital noch haben sie einen finalen Rechtsanspruch auf Teilhabe an der unternehmerischen Willensbildung. Es ist somit völlig sinnwidrig von Verlustbeteiligung der Arbeitnehmer zu reden, ohne dass sie eigenkapitalmäßig und geschäftsführend am Unternehmen beteiligt sind. „Übrigens fehlt selbst bei solchen *Vorstandsmitgliedern*, deren Gehalt sich aus einem Fixum und einer Gewinnbeteiligung (Tantieme) zusammensetzt, regelmäßig auch die Verlustbeteiligung."[541] Die Gewinnbeteiligung ist, wie es auch die zuvor gezeigten Gewinnverteilungsrechnungen deutlich gemacht haben, lediglich eine gewinnabhängige, das *kontraktbestimmte Arbeitsentgelt* übersteigende Erfolgsprämie für den einzelnen Mitarbeiter. Bereits 1958 schrieb *Hartmann* zur Verlustbeteiligung der Arbeitnehmer: „Während (...) zwar 'Verlust' das Gegenteil von 'Gewinn' ist, so ist doch 'Verlustbeteiligung' nicht das Gegenteil von 'Gewinnbeteiligung'. Ihr Gegenteil ist vielmehr 'keine Gewinnbeteiligung', und dies ist nicht gleichbedeutend mit 'Verlustbeteiligung'. Die 'logische' Verbindung von Gewinnbeteiligung und Verlustbeteiligung ist somit falsch."[542]

3.7.8.5.4   Von der Gewinn- zur Kapitalbeteiligung

Wie bereits zu Beginn der Ausführungen angemerkt, sind Erfolgs- und/oder Kapitalbeteiligungen von Arbeitnehmern streng auseinander zu halten. Die Erfolgsbeteiligung wird erst dann zu einer Kapitalbeteiligung, wenn die Mitarbeiter ihre Gewinnanteile im arbeitgebenden Unternehmen belassen bzw. zur Verfügung stellen. Entweder kann dies geschehen durch eine **direkte Kapitalbeteiligung**, wodurch neben einem bestehenden *Arbeitsvertrag* ein zweiter schuldrechtlicher *Gesellschaftsvertrag* tritt oder durch eine **indirekte Kapitalbeteiligung**.

---

[541]   Schultz, R., Erfolgsbeteiligung der Arbeitnehmer, in: Handwörterbuch des Personalwesens, 2. Aufl., Stuttgart u.a. 1992, S. 824.

[542]   Hartmann, R. S., Die Partnerschaft von Kapital und Arbeit, a.a.O., S. 86.

Diese sieht vor, eine Beteiligungsgesellschaft zwischen das arbeitgebende Unternehmen und dem Beschäftigten zu schalten – häufig in der Rechtsform einer GmbH oder in Form eines überbetrieblichen Tariffonds. Hier werden die Mittel gesammelt und anschließend dem jeweiligen arbeitgebenden Unternehmen oder bei einem **Tariffonds** auch anderen Unternehmen zur Verfügung gestellt. Hierdurch kommt es für den Mitarbeiter zu einer Trennung des arbeitsvertraglichen und des gesellschaftsrechtlichen Verhältnisses, das ihm eine größere Flexibilität und Unabhängigkeit verschafft und das „doppelte Risiko" auflöst.

Die Beteiligung kann dabei immer entweder in Form von **Eigen-** oder **Fremdkapital** oder auch durch **Mischformen** erfolgen. Bei den Mischformen in Form von *Genussrechten* oder *stillen Beteiligungen* sind erhebliche Gestaltungsspielräume bezüglich des Kapitalcharakters und der Mitwirkungsrechte gegeben. Sie können vertraglich bzw. betriebswirtschaftlich als Eigenkapital konstruiert werden, bleiben aber juristisch und steuerrechtlich in jedem Fall Fremdkapital.[543]

Bei einer **Fremdkapitalbeteiligung** – z.B. durch ein *Mitarbeiter-Darlehen* – haben die Beschäftigten wie alle übrigen Fremdkapitalgeber (z.B. Banken) auch, unabhängig von der zukünftigen *Gewinn-* und *Verlustsituation* des Unternehmens, einen Rechtsanspruch auf die *Verzinsung* ihres zur Verfügung gestellten Kapitals. Hierzu muss bezüglich der Höhe des Zinssatzes eine vertragliche Vereinbarung geschlossen werden. „Die Höhe des Zinssatzes für Fremdkapitalbeteiligungen liegt in der Regel zwischen dem Zinssatz, den die Unternehmen bei Kreditaufnahme zahlen müssten und dem Zinssatz, den die Mitarbeiter bei einer Anlage von z.B. festverzinslichen Wertpapieren erzielen. Dabei finden sich Vereinbarungen, die den Zinssatz für die gesamte Laufzeit festschreiben ebenso wie Vereinbarungen, die die Höhe des Zinses an bestimmte Entwicklungsgrößen koppeln. Derartige Entwicklungsgrößen können innerbetrieblich orientiert (z.B. Ertragslage) oder auf den Markt gerichtet sein (z.B. Diskontsatz, Spareckzins)."[544] Außerdem hat der Mitarbeiter einen Anspruch auf Rückerstattung (Tilgung) eines nur befristet überlassenen Fremdkapitals. Das Risiko, sein eingesetztes Fremdkapital zu verlieren, beschränkt sich auf den *Insolvenzfall.* Selbst dieses Risiko ist aber bei einem Mitarbeiter-Darlehen oder einer Mitarbeiter-Schuldverschreibung wegen einer **gesetzlichen Absicherungspflicht** durch eine *Bankbürgschaft* ausgeschlossen. Durch die Anlage der Gewinnanteile in das Fremdkapital des arbeitgebenden Unternehmens entstehen keinerlei gesellschaftsrechtliche Mitsprache- und Mitentscheidungsrechte am Unternehmen. Dies ist bei einer **Eigenkapitalbeteiligung** anders. Hierbei werden die Beschäftigten zu **Miteigentümern** ihres arbeitgebenden Unternehmens, wodurch sie auch für jeden **Verlust** – unabhängig vom Insolvenzfall – mit ihrem Eigenkapitalanteil haften. Dies impliziert gleichzeitig aber die Möglichkeit einer gesellschaftsrechtlichen Einflussnahme.

Fragen zur Kontrolle und Vertiefung

1. Nennen Sie Besonderheiten des Faktors Arbeit.
2. Erklären Sie den wesentlichen Unterschied zwischen der subjektiven Wertlehre und der Arbeitswerttheorie.
3. Was besagt das Wertparadoxon?
4. Wie erklärt die Betriebswirtschaftslehre den Gewinn?

---

[543] Zu den Vor- und Nachteilen vergleiche ausführlich die Schrift des *Bundesministeriums für Arbeit und Sozialordnung*: Mitarbeiterbeteiligung am Produktivvermögen, Bonn 1998, S. 8 - 10.

[544] Schneider, H., Kapitalbeteiligung der Arbeitnehmer, in: Handwörterbuch des Personalwesens, 2. Aufl., Stuttgart u.a. 1992, S. 1.108.

5. Wie ist der kombinierte Gewinnaufschlagssatz definiert?

6. Ein Unternehmen möchte einen ROI in Höhe von 15 v.H. auf das eingesetzte Gesamtkapital erzielen. Der Gesamtkapitaleinsatz beträgt 15 Mio. €. Wie muss das Unternehmen den Absatzpreis kalkulieren, wenn der Vertriebsleiter eine Absatzmenge von 800 Stück/Jahr plant und die gesamte Menge mit Fixkosten von 5 Mio. €/Jahr und totalen variablen Stückkosten in Höhe von 16.500 € hergestellt werden kann? Wie groß sind der Stückgewinn und die Umsatzrendite? Bestimmen Sie auch den Kapitalumschlag und den ROI.

7. Unter Berücksichtigung welchen Kostenbegriffs (pagatorisch oder wertmäßig) ist der Gewinnausweis am größten? Begründen Sie Ihr Ergebnis.

8. Erklären Sie den Zinseszinseffekt bei Gewinnverrechnungen anhand der „Verordnung PR Nr. 30/53 über die Preise bei öffentlichen Aufträgen vom 21. November 1953" in Verbindung mit der Anlage zur Verordnung der „Leitsätze für die Preisermittlung auf Grund von Selbstkosten" (LSP).

9. Worin besteht zwischen einer Brutto- und Nettosubstanzerhaltung der Unterschied? Erlaubt das deutsche Steuerrecht eine dieser beiden Konzeptionen bei der Bilanzierung?

10. Welcher Ökonom entwickelte die „Lehre vom Grenznutzen" und wie lauten die zwei von ihm aufgestellten Gesetze? Erklären Sie diese beiden Gesetze. Nennen Sie auch die Schwachpunkte des theoretischen Ansatzes.

11. Welche Theorie wurde bezogen auf den „Faktor" Arbeit aus der „Lehre vom Grenznutzen" abgeleitet?

12. Wann ist das Gewinnmaximum bezogen auf den „Faktor" Arbeit realisiert bzw. wann ist die Ausbeutungsrate am Größten?

13. Gegeben sei die folgende Produktionsfunktion: $Y_A = 5\ A^{0,4}$. A = Arbeitseinsatz gemessen in Stunden. Der Absatzpreis für die hergestellten Güter soll 30 € betragen. Als Kosten werden aus Vereinfachungsgründen nur Lohnkosten in Höhe eines Lohnsatzes von 22 €/Std. kalkuliert. Bestimmen Sie die gewinnmaximale Arbeitsmenge in Stunden. Wie groß ist hier der Gesamtgewinn aus dem Arbeitseinsatz?

14. Was beschreibt die „anomale Reaktion" der Arbeitsangebotsfunktion?

15. Was spricht gegen die neoklassische Grenzproduktivitätstheorie des Lohnes?

16. Wovon gehen Collective-Bargaining-Modelle aus?

17. Nennen Sie übergeordnete Arbeitnehmerdachorganisationen.

18. Wann wurde der DGB gegründet und wo fand der Gründungskongress statt?

19. Welche übergeordneten Arbeitgeberverbände kennen Sie?

20. Nennen Sie die Mitbestimmungsgesetze.

21. Welche Restriktionen sind bei den Mitbestimmungsgesetzen zu beachten?

22. Was verstehen Sie unter einem „neutralen Mann"?

23. Woran scheiterte die „konzertierte Aktion"?

24. Wie hat sich der gewerkschaftliche Organisationsgrad im DGB zwischen 1951 und 2006 entwickelt?

25. Erklären Sie den Begriff der Tarifautonomie.

26. Was ist ein Flächentarifvertrag und wie unterscheidet er sich vom Firmentarifvertrag?

27. Was besagt § 77 Abs. 3 Betriebsverfassungsgesetz?

28. Was ist eine Aussperrung?

29. Besitzen Betriebsräte ein Streikrecht?

30. Wozu sollen tarifliche Öffnungsklauseln dienen?

31. Was ist ein Pilotabschluss?

32. Skizzieren Sie den einzelwirtschaftlichen Verteilungskonflikt.
33. Grenzen Sie das Arbeitsentgelt von den Lohnnebenkosten ab.
34. Definieren Sie den Bruttolohn. Was ist der nominale Nettolohn und wie grenzt er sich vom realen Nettolohn ab?
35. Definieren Sie die echte Lohnnebenkostenquote.
36. Welche gesamtwirtschaftlichen Zusammenhänge sind bei einem Absenken der Lohnnebenkosten zu beachten.
37. Vor einer Tarifrunde betrug in einem Unternehmen der durchschnittliche Effektivlohn 23 €/Std. Der Tariflohn lag bei 22 €. In der Tarifrunde einigten sich Gewerkschaft und Arbeitgeberverband auf eine Lohn- und Gehaltserhöhung von 3 v.H. (Laufzeit des Vertrages 12 Monate). Wie hoch war die absolute und relative Niveauspanne (wage gap) vor dem Tarifabschluss? Bestimmen Sie die Lohndrift nach dem Tarifabschluss, wenn das Unternehmen die Tariferhöhung auf den Effektivverdienst voll weiter gibt, also nicht gegen rechnet. Wie hoch ist dann die Lohndrift, wenn das Unternehmen die Effektivlöhne absolut um nur 0,30 € erhöht?
38. Was ist unter einer anforderungsorientierten Entlohnung zu verstehen?
39. Was versteht die Betriebswirtschaftslehre unter relativer Entgeltgerechtigkeit?
40. Definieren Sie die Methode der summarischen Arbeitsbewertung.
41. Wie ist der Ecklohn definiert?
42. Was impliziert eine leistungsorientierte Entgeltgestaltung?
43. Was sind leistungsreagible Entgeltformen?
44. Zur Bestimmung eines Akkordlohns (Zeitakkord) ist von den folgenden Daten auszugehen: Grundzeit 0,15 Min., persönliche Verteilzeit 0,08 Min., sachliche Verteilzeit 0,10 Min., Erholungszeit 0,05 Min. Diese Vorgabezeiten sind als Normalleistung definiert und werden mit einem Akkordrichtsatz vergütet. Der Tarifliche Grundlohn liegt bei 18 €/Std. plus einem Akkordzuschlag von 1,80 €/Std. Wie hoch ist bei einer gemessenen Ist-Leistung von 0,30 Min. der effektive Akkordlohn?
45. Was sind die wesentlichen Unterschiede zwischen einem Akkord- und einem Prämienlohn?
46. Wie hoch ist der Prämienlohn für eine Zeitersparnis in Höhe von 1,5 Std. bei einer Sollzeit von 9 Std., wenn der Grundlohn bei 18 €/Std. liegt und ein Aufteilungsfaktor von 60 v.H. zugunsten der Arbeitnehmer festgelegt wurde.
47. Was ist der Unterschied zwischen einer Erfolgs- und Kapitalbeteiligung?
48. Welche Formen der Erfolgsbeteiligung kennen Sie?
49. Warum impliziert eine Gewinnbeteiligung nicht auch eine Verlustbeteiligung?
50. Was verstehen die Gewerkschaften im Zuge einer Kapitalbeteiligung unter einem „Doppelten Risiko"?

4 Zur Makroökonomie des Lohn-Gewinnverhältnisses

Die bisher mehr *einzelwirtschaftlichen* bzw. mikroökonomischen Betrachtungen des Lohnes und Gewinns sollen nun im makroökonomischen Kontext untersucht werden. Hierbei spielt insbesondere der Zusammenhang von *Lohnhöhe, Gewinn* und *Beschäftigung* eine herausragende Rolle. Dies wird anhand neoklassischer und keynesianischer Modellbetrachtungen deutlich bzw. gezeigt. Da die Lohn- und Gewinnhöhe die *Einkommensverteilung* determiniert, stellt sich unweigerlich die Frage, unter welchen makroökonomischen Verteilungsrelationen zwischen Gewinn- und Lohnquote ein gleichgewichtiges, d.h. ein *Vollbeschäftigung* garantierendes Wirtschaftswachstum in kapitalistischen Ordnungen realisiert werden kann oder ob auch Gleichgewichtssituationen auf Güter- und Kapitalmärkten mit Unterbeschäftigung auf Arbeitsmärkten möglich sind. In diesem Kontext spielt die *Profitrate*, die Verzinsung des eingesetzten Kapitals, und ihre Determinanten die wohl wichtigste Rolle. Vor dem Hintergrund einer zunehmenden Globalisierung (Europäisierung) der Wirtschaft rückt das Lohn- und Gewinnverhältnis außerdem immer mehr in ein *internationales Blickfeld* und auch die *Arbeitszeitfrage* wird immer wichtiger.

4.1 Lohn, Gewinn und Einkommensverteilung

4.1.1 Produktivitätsorientierte Lohnpolitik

Die **Einkommensverteilung** zwischen Kapital und Arbeit bezogen auf das Volkseinkommen (Nettosozialprodukt zu Faktorkosten)[545] wird in der Neoklassik durch das „Wertgrenzprodukt der Arbeit" bestimmt (vgl. dazu noch einmal den Abschnitt 3.4.2). Entspricht der Lohn diesem Wertgrenzprodukt, so realisiert das Unternehmen sein Gewinnmaximum bei Ausbeutung des „Faktors" Arbeit. Gleichzeitig ist damit eine bestimmte Verteilung des Volkseinkommens gegeben. *Lohnveränderungen* werden aus der Veränderungsrate der **Produktivität** bestimmt. Dies soll im Folgenden anhand einer Modellrechnung gezeigt werden. Hier wird die Wochenproduktion eines Gutes in Höhe von 5.000 Einheiten mit 500 Beschäftigten bewältigt. Die durchschnittliche Wochenarbeitszeit pro Mitarbeiter beträgt 40 Std./Woche. Dies ergibt ein wöchentliches Arbeitsvolumen von 20.000 Stunden. In dem Modell soll aus Vereinfachungsgründen nur der Produktionsfaktor Arbeit eingesetzt werden. Die Arbeitsproduktivität beträgt dann 0,25 Stück/Std. Bei einem Nominallohnsatz von 15 €/Std. entsteht eine Lohnsumme von 300.000 €. Die Lohnstückkosten betragen dann 60 €/Stück.

---

[545] Zur kreislauftheoretischen Ableitung des Volkseinkommens vgl. Bontrup, H.-J., Volkswirtschaftslehre. Grundlagen der Mikro- und Makroökonomie, 2. Aufl., München, Wien 2004, S. 83ff.

Ausgangsmodell	
Produktion	5.000 Stück
Beschäftigte	500 Beschäftigte
Arbeitsvolumen	20.000 Std. (500 x 40 Std./Beschäftigten)
Arbeitsproduktivität	0,25 Stück/Std. (5.000 : 20.000) oder
	4 Std./Stück (20.000 : 5.000)
Lohnsatz	15 €/Std.
Lohnsumme	300.000 € (20.000 Std. x 15 €/Std.)
Lohnstückkosten	60 €/Stück (300.000 € : 5.000 Stück)
Verkaufspreis	80 €
Verkaufserlöse	400.000 € (5.000 Stück x 80 €)
Gewinnsumme	100.000 € (400.000 € - 300.000 €)
Gewinnquote	25 v.H. (100.000 € : 400.000 € x 100)
Lohnquote	75 v.H. (300.000 € : 400.000 € x 100)

Wird die gesamte Produktion (keine Lagerhaltung) zu einem Verkaufspreis von 80 € verkauft, so werden insgesamt 400.000 € Verkaufserlöse realisiert. Die Gewinnsumme beträgt dann 100.000 €. Dies ergibt eine Gewinnquote von 25 v.H. und eine Lohnquote von 75 v.H.

Kommt es auf Basis dieser Ausgangssituation zu einer *Produktivitätssteigerung*, indem statt 5.000 Stück mit unverändert 500 Beschäftigten und einem Arbeitsvolumen von 20.000 Stunden jetzt 5.200 Stück gefertigt werden, dann erhöht sich die Arbeitsproduktivität von 0,25 Stück/Std. auf 0,26 Stück/Std. oder um 4 v.H.

Lohnsatz steigt in Höhe des Produktivitätszuwaches	
Produktion	5.200 Stück
Beschäftigte	500 Beschäftigte
Arbeitsvolumen	20.000 Stunden (500 x 40 Std./Beschäftigten)
Arbeitsproduktivität	0,26 Stück/Std. (5.200 : 20.000) oder
	4 v.H. (0,25 Stück/Std. zu 0,26 Stück/Std.)
Lohnsatz	15,60 €/Std. (15 €/Std. + 4 v.H.)
Lohnsumme	312.000 € (20.000 Std. x 15,60 €/Std.)
Lohnstückkosten	60 €/Stück (312.000 € : 5.200 Stück)
Verkaufspreis	80 €
Verkaufserlöse	416.000 € (5.200 Stück x 80 €)
Gewinnsumme	104.000 € (416.000 € - 312.000 €)
Gewinnquote	25 v.H. (104.000 € : 416.000 € x 100)
Lohnquote	75 v.H. (312.000 € : 416.000 € x 100)

Wie wirkt sich nun aber diese Produktivitätssteigerung von 4 v.H. auf die *Verteilung* zwischen Gewinn- und Arbeitseinkommen sowie auf die Preise bzw. auf das *Preisniveau* aus? Hierbei sind drei Fälle zu unterscheiden:

- Der Lohnsatz *steigt* in gleicher Höhe wie die Produktivitätsrate.
- Die Lohnsteigerung fällt *geringer* als die Produktivitätssteigerung aus.
- Die Lohnsteigerung liegt *oberhalb* dem Anstieg der Produktivitätsrate.

Steigt der Lohnsatz in der gleichen Höhe wie die Produktivität zunimmt, so bleiben die *Stückkosten* konstant und der *Gewinn* steigt ebenfalls in Höhe der Produktivitätsrate. Die Gewinnquote als auch die Lohnquote ändern sich nicht. Es kommt also zu keiner Verteilungs- und Preisveränderung (siehe die Berechnungen im Kasten auf Seite 224). Voraussetzung ist dabei allerdings, dass auch die Mehrproduktion von 200 Stück am Markt zum *alten Preis* von 80 € verkauft werden kann. Dies ist aber kein Problem, da sich an den *alten Verteilungsrelationen* nichts verändert hat. Der Wertzuwachs von 16.000 € (400.000 € : 416.000 €) verteilt sich zu 12.000 € (75 v.H. von 16.000 €) auf Löhne/Gehälter und zu 4.000 € (25 v.H. von 16.000 €) auf die Gewinneinkommen. Das *Mehrprodukt* wird demnach bei einer unterstellten Sparquote von Null voll absorbiert und entweder konsumiert oder investiert.

Liegt dagegen die Lohnsteigerung *unterhalb* des Anstiegs der Produktivitätsrate, so kommt es zu einer **Umverteilung** von unten nach oben. Die Lohnquote sinkt, während die Gewinnquote steigt. Umgekehrt verhält es sich, wenn die Lohnzuwächse *oberhalb* des Produktivitätsanstiegs ausfallen. Hier steigt die Lohnquote zu Lasten der Gewinnquote.

4.1.2   Kostenniveauneutrale Lohnpolitik

Von der verteilungs- und preisneutralen „produktivitätsorientierten Lohnpolitik", ist die vom *Sachverständigenrat (SVR)* entwickelte „kostenniveauneutrale Lohnpolitik" zu unterscheiden.[546] Da in den Unternehmen die Lohnkosten nicht die einzigen Kosten sind (der *direkte* Kostenanteil schwankt von Branche zu Branche unterschiedlich zwischen ca. 10 v.H. und 60 v.H.[547]), sollte nach Auffassung des *SVR* der produktivitätsorientierte Lohnerhöhungsspielraum sowohl durch „**Abschläge**", als auch durch „**Zuschläge**" bei den „Nichtlohnkosten" korrigiert werden. Wenn andere Kosten (wie Materialkosten, Kapitalkosten (Zinsen und Abschreibungen)), der Unternehmen sinken, wird die Rate des Produktivitätsfortschritts mit einem „Zuschlag" versehen, die Löhne dürfen also etwas stärker steigen als die Produktivität. Im umgekehrten Fall wird die Produktivitätssteigerung mit einem „Abschlag" versehen, so dass sich die Löhne nur im geringeren Umfang als die Produktivität erhöhen dürfen. Steigen beispielsweise die Zinsaufwendungen für aufgenommenes Fremdkapital in den Unternehmen, weil die *Zentralbank* durch eine *restriktive Geldpolitik* (vgl. Abschnitt 4.5) die Zinsen erhöht hat, so müssten diese Kapitalkostensteigerungen in Form eines „Abschlages" bei der Produktivitätsrate und damit bei den Lohnsteigerungen in Ansatz gebracht werden. Sinken die Kapitalkosten, gilt umgekehrtes. Damit werde sichergestellt, dass die Gesamtkosten je Produktionseinheit, die *totalen Stückkosten*, konstant bleiben.

Als einen besonderen „Zu- oder Abschlag" zum Produktivitätszuwachs innerhalb der Arbeitskosten sieht der *SVR* die **Arbeitgeberbeiträge zur Sozialversicherung** als sogenannte Lohnnebenkosten (vgl. Abschnitt 3.7.3) an: Steigen hier die Beitragssätze, so sollte die Mehrbelastung für die Unternehmer bei der Lohnerhöhung abgezogen werden. Im umgekehrten Fall

---

[546] Vgl. Jahresgutachten 1964, Ziffer 248ff.

[547] *Indirekt* sind die *Lohnkostenanteile* an den *Gesamtkosten* eines Unternehmens natürlich höher, weil auch in anderen *Kostenarten*, wie den *Materialkosten* oder *Abschreibungen*, Löhne und Gehälter enthalten sind. Diese sind bereits bei anderen Unternehmen als direkte Lohnkosten verrechnet worden. Hier zeigt sich der Unterschied zwischen einer *einzelwirtschaftlichen* und einer *gesamtwirtschaftlichen* Betrachtung. Einzelwirtschaftlich erscheinen nur die direkt im jeweiligen Unternehmen verrechneten Lohnkosten. Entsprechend niedrig oder hoch fällt hier die *Lohnquote* aus. Gesamtwirtschaftlich, über alle Unternehmen aggregiert, entspricht der *Lohnaufwand* aber dem Anteil am Volkseinkommen, der *Bruttolohnquote* (vgl. Abschnitt 4.2.2), die sich immer zu eins oder einhundert Prozent mit der *Bruttogewinnquote* ergänzt.

könnten die Löhne entsprechend steigen. Auch die *außenwirtschaftlichen Beziehungen* sollen bei kostenniveauneutralen Lohnerhöhungen eine Berücksichtigung finden. Hier wird auf den **Terms-of-Trade-Effekt** bezug genommen:

$$\text{Terms of Trade} \;=\; \frac{\text{Preisniveau}_{\text{Exportgüterpreise}}}{\text{Preisniveau}_{\text{Im portgüterpreise}}} \quad (\text{in } \text{€})$$

Dieser beschreibt die Relation (das Austauschverhältnis) des Exportgüterpreisindexes zum Importgüterpreisindex in einer einheitlichen Währung also z.B. in Euro. Verbessert (verschlechtert) sich das Austauschverhältnis von Exportgüterpreisen zu Importgüterpreisen, müssten zusätzliche (verringerte) Lohnerhöhungen gewährt werden. Dies wäre völlig identisch mit den Veränderungen der *Produktivität*. Verschlechtern sich die Terms of Trade, so kann das ins Ausland abfließende Geld nicht noch einmal im Inland verteilt werden, et vice versa.

Letztlich zielen die Konzepte der „produktivitätsorientierten" und „kostenniveauneutralen" Lohnpolitik auf die Kostenseite ab, weshalb man sie auch als **„angebotsorientierte Lohnmodelle"** bezeichnen kann. Die Nachfrageseite des Lohnes (**„Kaufkrafttheorie des Lohnes"**) wird zwar berücksichtigt, dies aber nur im Rahmen eines Festschreibens an der gegebenen *Verteilungssituation* zwischen Lohn- und Gewinnquote. Daher fordern die Gewerkschaften eine sogenannte **„expansive Lohnpolitik"**, die davon ausgeht, die Verteilungsrelationen zu Gunsten der abhängig Beschäftigten zu verbessern, d.h. die Gewinnquote zu senken und die Lohnquote zu erhöhen. Umgekehrt fordern die Arbeitgeberverbände eine **„wettbewerbsorientierte Lohnpolitik"**, in Form einer Umverteilung von den Löhnen zu den Gewinnen. Dieser funktionale Verteilungskampf zwischen Kapital und Arbeit – immanent im Kapitalismus angelegt – entscheidet sich letztlich am Arbeitsmarkt über die **Machtfrage** (vgl. Abschnitt 3.5.3). Insbesondere in Zeiten hoher *Arbeitslosigkeit* entsteht hier ein Druck auf die Arbeitseinkommen, wozu *Elmar Altvater* feststellt, „daß der Lohnentwicklung Grenzen auferlegt werden, daß die Arbeitsintensität ansteigt, daß die Fluktuationsrate sich verringert, daß Dequalifizierungsprozesse 'reibungsloser' vollzogen werden können, daß die 'Krankheitsrate' zurückgeht. Das Millionenheer der industriellen Reservearmee tut also nach wie vor seine Wirkung, nämlich auf Kosten der Lohnarbeiterklasse die Krise des Kapitals zu beheben. Der Druck der Reservearmee als Anbieter von Arbeitskraft auf dem Arbeitsmarkt ist die Bedingung dafür, daß auch die Ausbeutung der noch beschäftigten Arbeitskräfte gesteigert werden kann."[548] Dennoch zeigt die Entwicklung der **funktionalen Einkommensverteilung** im langfristigen (säkularen) Trend der letzten 150 Jahre in Deutschland – wenn auch mit mehr oder weniger starken Schwankungen – eine bemerkenswerte *Steigerung der Lohnquote* um über 20 Prozentpunkte.[549]

---

[548]   Altvater, E., Arbeitsmarkt und Krise, in: Bolle, M., Arbeitsmarkttheorie und Arbeitsmarktpolitik, Opladen 1976, S. 53.

[549]   Vgl. Külp, B., Verteilung, Theorie und Politik, 3. Aufl., Stuttgart, Jena 1994 , S. 238f, sowie Schäfer, C., Unverdrossene „Lebenslügen-Politik" – Zur Entwicklung der Einkommensverteilung, a.a.O., S. 583.

4.2 Empirische Werte zur Einkommensverteilung

4.2.1 Messprobleme

Im Folgenden sollen die theoretisch abgeleiteten Erkenntnisse zur Einkommensverteilung anhand von empirischen Daten aus der jüngeren Vergangenheit (seit der deutschen Wiedervereinigung) untersucht werden. Hierbei stößt man auf nicht unbeträchtliche Probleme. Dies gilt insbesondere für eine differenzierte Analyse der von den Unternehmen erzielten **Gewinne**. Zwar liegen anhand der „Volkswirtschaftlichen Gesamtrechnung" (VGR), die vom *Statistischen Bundesamt*, Wiesbaden, veröffentlicht wird, hoch aggregierte Daten zum „Einkommen aus Unternehmertätigkeit und Vermögen" und zum „Arbeitnehmerentgelt" vor, nicht jedoch in einer Differenzierung nach Wirtschaftssektoren und Branchen sowie einzelnen Berufsgruppen. So wäre es sicher mehr als nur interessant zu erfahren, welcher Sektor und welche Branche innerhalb der Volkswirtschaft welchen **Gewinn** und welches **Arbeitseinkommen** erwirtschaftet. Auch würde in ihrer Gesamtheit eine detaillierte Auflistung der Arbeitseinkommen nach Berufsgruppen (wie z.B. bei den Freien Berufen, vgl. Abschnitt 3.7.2.4)) und eine Darlegung der **personellen Einkommensverteilung** viel zur Auflösung heute nur „nebulöser" Erkenntnisse zur Einkommensverteilung und deren Spielräume für eine Umverteilung sowohl *innerhalb* der Arbeitseinkommen als auch *zwischen* den Größen Lohn und Gewinn beitragen. Leider fehlen in Deutschland bis heute derartige Daten,[550] obwohl für den *Sachverständigenrat* (SVR) seit 1963 ein gesetzlicher Auftrag besteht, die Verteilung der Einkommen und Vermögen in Deutschland differenziert zu untersuchen und entsprechend darzustellen. Im Jahresgutachten 2006/2007 ist der SVR zumindest in Ansätzen dieser Verpflichtung durch eine Untersuchung der *personellen Einkommensverteilung* nachgekommen.[551]

4.2.2 Vom Bruttoinlandsprodukt zum verfügbaren Einkommen

Aus den *Faktoreinkommen* der Produktionsfaktoren Arbeit, Boden und Kapital leitet sich die **funktionale Einkommensverteilung** ab. Dahinter verbirgt sich letztlich in einer geldlosen Betrachtung die Frage, wer in einer Volkswirtschaft welchen Anteil am produzierten bzw. erarbeiteten Güterberg erhält bzw. welche Wirtschaftssubjekte wie viel konsumieren und sparen können. Bei Lohnzahlungen, Gewinnausschüttungen, Steuerzahlungen, Zahlungen von staatlichen Sozialtransfers in Form von Kindergeld, Renten usw. handelt es sich vordergründig um die Verteilung von **Geld** als monetäres Einkommen, dahinter steht indessen immer die Verteilung der gesellschaftlich-arbeitsteilig (gemeinsam) erstellten Güter und Dienste. Wäre dies anders, so käme es zu rein *inflatorischen Effekten*. Real kann nun einmal nur die produzierte Gütermenge und die sich dahinter verbergende Arbeitsmenge verteilt werden.

Wie groß ist aber diese zu verteilende Menge? Sie entspricht nicht dem **Bruttoinlandsprodukt** bzw. dem **Bruttonationaleinkommen**. Ein Teil dieser gesamten Wirtschaftsleistung dient in Form von *Abschreibungen* lediglich zur Kompensation eines Werteverzehrs an

---

[550] Auch die in der „Einkommens- und Verbrauchsstichprobe" (EVS) erhobenen Daten sind in ihrer Differenzierung völlig unzureichend. Hinzu kommt noch, dass hier alle privaten Haushalte ab einem monatlichen Nettoeinkommen von über 18.000 € nicht einmal in die Auswertung einbezogen werden. Die Datenproblematik gilt genauso für die zweite seit Anfang der neunziger Jahre über ein „Sozio-oekonomisches Panel" (SOEP) zur Verfügung stehende Untersuchung zur Einkommensverteilung.

[551] Vgl. SVR, (Hrsg.), Jahresgutachten 2006/2007, S. 429 - 447.

Gebäuden, und Maschinen u.a. Das nach *Abschreibungen* sich ergebene **Nettonationaleinkommen** ist aber auch noch nicht eine brauchbare Verteilungsgröße, weil hier auf der einen
Seite Teile des Nettonationaleinkommens in Form von *indirekten Steuern* (Verbrauchssteuern) unmittelbar an den Staat abgeführt werden und auf der anderen Seite der Staat bestimmte *Subventionen* an Unternehmen als Einkommenszahlungen leistet. Berücksichtigt
man dies, so erhält man schließlich die gesamtwirtschaftliche Verteilungsbasis in Form des
Volkseinkommens. Das Volkseinkommen teilt sich dann *funktional* zwischen Arbeit und
Kapital in die **Arbeitsnehmerentgelte** und in das **Unternehmens- und Vermögenseinkommen** auf. In den Arbeitnehmerentgelten enthalten sind auch die *Arbeitgeberbeiträge*
zur Sozialversicherung.

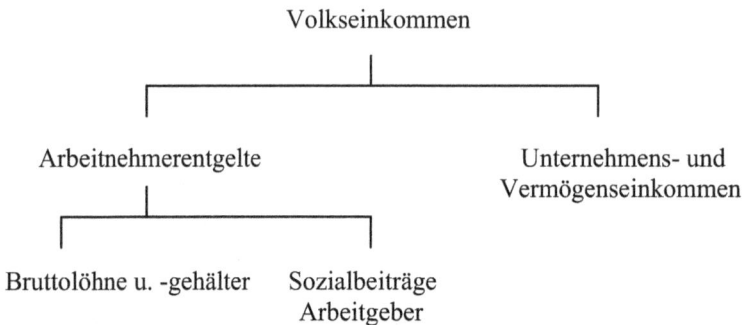

Volkseinkommen

Arbeitnehmerentgelte

Unternehmens- und
Vermögenseinkommen

Bruttolöhne u. -gehälter   Sozialbeiträge
Arbeitgeber

Abb. 4.1:   Ableitung der Bruttolohn- und Bruttogewinnquote

Statistisch vereinfachend wird das Volkseinkommen als marktbezogenes **Primäreinkom-
men** in eine **Bruttolohnquote** und eine **Bruttogewinnquote** ausgedrückt:

$$\text{Bruttolohnquote} \ = \ \frac{\text{Arbeitnehmerentgelte}}{\text{Volkseinkommen}} \ \cdot \ 100$$

$$\text{Bruttogewinnquote} \ = \ \frac{\text{Unternehmens} - \text{u. Vermögenseinkommen}}{\text{Volkseinkommen}} \ \cdot \ 100$$

Beide Quoten ergänzen sich mathematisch immer zu Eins oder in Prozent zu Einhundert.
Bei der Interpretation der Bruttolohn- und Bruttogewinnquoten ist allerdings folgendes zu
beachten.

- Zwischen den Quoten sind **Querverteilungen** zu berücksichtigen. So gehen beispielsweise die Millionengehälter der Topmanager in die Lohnquote ein, während die sicher nur bescheidenen Gewinne vieler kleiner Selbständigenunternehmen in der Gewinnquote zur
Verrechnung kommen. Auch beziehen Arbeitnehmerhaushalte nicht nur Arbeitseinkommen, sondern verfügen ebenso über *Zins-* sowie *Miet-* bzw. *Pachteinkünfte*. Da auch Selbständige ihre Arbeitskraft im Wirtschaftsprozess einsetzen, dies aber in der Verrechnung
der Gewinnquote untergeht, wird in Abweichung zur Lohnquote zusätzlich auch eine
sogenannte **Arbeitseinkommensquote** gebildet.[552] Da für den „Lohn" der selbständigen
Arbeitskraft (*kalkulatorischer Unternehmerlohn*) keine empirischen Werte zur Verfügung
stehen, setzt man das durchschnittliche Arbeitsentgelt eines abhängig Beschäftigten an.

---

[552]   Zur Berechnung dieser *Arbeitseinkommensquote* vgl. das Jahresgutachten 2006/2007 des SVR, S. 455ff.

- Auch sind bei der Lohn- und Gewinnquote im Zeitablauf Veränderungen in der **Erwerbstätigenstruktur** zu beachten. Steigt beispielsweise die Zahl der Selbständigen bei einer konstanten Gesamtzahl an Erwerbstätigen (= Abnahme der Arbeitnehmerquote), so wird die Lohnquote selbst bei einer konstanten Lohnsumme sinken. Deshalb werden die Bruttolohn- und Bruttogewinnquoten um diesen Effekt bereinigt und in sogenannte **bereinigte Lohn- und Gewinnquoten** umgewandelt.

Die sich aus dem gesamtwirtschaftlichen Volkseinkommen ableitbaren **Faktoreinkommen** ergeben sich am Markt aus den jeweiligen *Faktorpreisen* multipliziert mit den Angeboten an *Produktionsfaktoren* (Faktorangeboten). Also als Lohn-, Zins-, Miet-/ Pacht- und Gewinneinkommen. Hierauf liegen aber noch *direkte Steuern* und *Sozialabgaben*. Zieht man diese ab, so spricht man von einer *sekundären Verteilung* in Form von **Nettoeinkommen**, von einer **staatlichen Umverteilung** der primären Markteinkommen.

<u>Primär- und Sekundärverteilung 2006</u>

(- in Mrd. € -)

Bruttoinlandsprodukt	2.309,1
Bruttonationaleinkommen	2.335,0
- Abschreibungen	334,4
= Nettonationaleinkommen	2.000,6
- Produktions- u. Importabgaben, abzgl. Subventionen	253,7
= Nettosozialprodukt zu Faktorkosten (Volkseinkommen)	1.746,9

Primärverteilung	Arbeitnehmerentgelt		Unternehmens- u. Vermögenseinkommen
(Markteinkommen)	1.145,7		601,2
	(Bruttolohnquote 65,6 v.H.)		(Bruttogewinnquote 34,4 v.H.)

Arbeitnehmerentgelt	1.145,7	
- Sozialabgaben Arbeitgeber	220,4	
= Bruttolöhne und -gehälter	925,3	
- Sozialabgaben Arbeitnehmer	159,1	
- Steuern	162,4	
= Nettolöhne und -gehälter	603,8	
+ Monetäre Sozialleistungen	377,2	
= Masseneinkommen	980,9	
+ Betriebsüberschuss, Selbstständigen- u. Vermögenseinkommen	527,3	
= verfügbares Einkommen	1.508,2	

Privater Konsum	1.348,7	Ersparnis	159,5

Die Arbeitnehmerentgelte werden nach Abzug der *Sozialabgaben der Arbeitgeber* zu **Bruttolöhnen und -gehältern** der Arbeitnehmer. Zieht man hiervon wiederum die *Sozialabgaben der Arbeitnehmer* und die *direkten Steuern* ab, so erhält man die **Nettolöhne und -gehälter**. Aus den staatlichen Einnahmen (Sozialabgaben und Steuern) werden u.a. Transfereinkommen (z.B. Altersrenten, Krankengeld, Kindergeld, BaföG) möglich, die in der volkswirtschaftlichen Gesamtrechnung als **monetäre Sozialleistungen** (netto) ausgewiesen werden. Diese und die Nettolöhne und -gehälter der abhängig Beschäftigten ergeben in Summe das **Masseneinkommen**. Addiert man dazu den **Betriebsüberschuss** und das **Selbständigen- und Vermögenseinkommen** (netto), so ergibt sich das **verfügbare Einkommen** der privaten Haushalte, das entweder *konsumiert* oder *gespart* werden kann (vgl. dazu die Primär- und Sekundärverteilung 2006 auf Siete 229).

4.2.3   Daten zur gesamtwirtschaftlichen Verteilung

Im Folgenden soll die gesamtwirtschaftliche Verteilung *des Volkseinkommens* seit der Wiedervereinigung von 1991 bis 2006 aufgezeigt werden. Hierbei geht es zunächst um die *funktionale Verteilung* des primären Markteinkommens auf *Arbeitnehmerentgelte* und auf das *Unternehmens- und Vermögenseinkommen*. Wie den folgenden Tab. 21 und 22 zu entnehmen ist, stieg das Volkseinkommen zwischen 1991 und 2006 um insgesamt 554,3 Mrd. €. Um diesen Betrag oder um 46 v.H. ist Deutschland in diesem Zeitraum in Summe reicher geworden. Der jahresdurchschnittliche Anstieg des **Volkseinkommens** lag bei 2,6 v.H. Die 34,5 Millionen abhängig Beschäftigten erhielten von diesem Zuwachs 298,7 Mrd. € oder 53,9 v.H. und die knapp 4,4 Millionen Selbstständigen und eine nicht bekannte Zahl an Vermögenseinkommensbeziehern 255,6 Mrd. € oder 46,1 v.H. Das Volkseinkommen je Erwerbstätigen lag 2006 bei 44.804 €. Das Arbeitnehmerentgelt, inkl. der Arbeitgebersozialbeiträge, je abhängig Beschäftigten bei 33.115 €. Das Unternehmens- und Vermögenseinkommen je Selbständigen und der Zahl der Vermögenseinkommensempfängern war dagegen mit 136.885 um gut 4,1 mal so hoch.

Das Arbeitnehmerentgelt stieg zwischen 1991 und 2006 um 35 v.H. oder jahresdurchschnittlich um 2,0 v.H., während die Unternehmens- und Vermögenseinkommen um 74 v.H. oder jahresdurchschnittlich um 3,7 v.H. zulegten. Herausragend ist das Jahr 2005. Zum ersten Mal in der Geschichte der Bundesrepublik Deutschland ging hier *absolut* das Arbeitnehmerentgelt um 7,6 Mrd. € oder um 0,7 v.H. zurück. D.h., der Unternehmens- und Vermögenseinkommenszuwachs war größer als der Zuwachs des Volkseinkommens in diesem Jahr. Die relative Einkommenssituation der Arbeitnehmer hat sich gegenüber den Selbständigen und Vermögenseinkommensbeziehern aber auch zwischen 1991 und 2006 insgesamt verschlechtert.

Es kam zu einer **Umverteilung** von unten nach oben. Die tatsächliche **Bruttolohnquote** ging entsprechend seit 1991 um 5,4 Prozentpunkte von 71,0 v.H. auf 65,6 v.H. zurück. Die **Bruttogewinnquote** stieg entsprechend um 5,4 Prozentpunkte von 29,0 v.H. auf 34,4 v.H. Die *strukturbereinigte* Bruttolohnquote nahm auf Grund einer Abnahme der Arbeitnehmer an den Erwerbstätigen um 2,4 Prozentpunkte von 71,0 v.H. auf 67,2 v.H., also um 3,8 Prozentpunkte, ab (vgl. Tab. 23).

Tab. 21: Entwicklung des Volkseinkommens und seine Verteilung

Jahr	Volkseinkommen			Arbeitnehmerentgelt			Unternehmens- und Vermögenseinkommen		
	absolut Mrd. €	Index	je Erwerbs-tätigen in €	absolut Mrd. €	Index	je Arbeit-nehmer in €	absolut Mrd. €	Index	je Selbst-ständigen in €
1991	1.192,6	100	30.845	847,0	100	24.101	345,6	100	98.182
1992	1.269,8	106	33.358	917,2	108	26.594	352,6	102	98.574
1993	1.287,7	108	34.301	938,8	111	27.680	348,9	101	96.248
1994	1.341,0	112	35.771	961,9	114	28.490	379,1	110	101.772
1995	1.397,2	117	37.213	997,0	118	29.500	400,2	116	106.748
1996	1.417,7	119	37.872	1.006,6	119	29.859	411,1	119	109.861
1997	1.438,6	121	38.476	1.010,7	119	30.104	427,9	124	112.133
1998	1.466,1	123	38.751	1.032,3	122	30.389	433,8	126	112.238
1999	1.487,3	125	38.793	1.059,5	125	30.726	427,8	124	110.915
2000	1.524,4	128	39.049	1.100,0	130	31.319	424,4	123	108.404
2001	1.560,8	131	39.807	1.120,6	132	31.812	440,2	127	110.520
2002	1.576,1	132	40.419	1.128,3	133	32.245	447,8	130	111.866
2003	1.597,0	134	41.340	1.131,7	134	32.748	465,3	135	114.240
2004	1.650,6	138	42.255	1.136,8	134	32.884	513,8	149	121.696
2005	1.675,1	140	43.255	1.129,2	133	32.854	545,9	158	125.321
2006	1.746,9	146	44.804	1.145,7	135	33.115	601,2	174	136.885

Quelle: Statistisches Bundesamt, Fachserie 18, Reihe 1.1, 2006, eigene Berechnungen.

Tab. 22: Entwicklung des Volkseinkommens und seine Verteilung (Veranderungen z. Vorjahr)

Jahr	Volkseinkommen			Arbeitnehmerentgelt			Unternehmens- und Vermögenseinkommen		
	absolut Mrd. €	v.H.	je Erwerbs-tätigen in €	absolut Mrd. €	v.H.	je Arbeit-nehmer in €	absolut Mrd. €	v.H.	je Selbst-ständigen in €
1992	77,2	6,5	1.897	70,2	8,3	2.035	7,0	2,0	1.957
1993	17,9	1,4	477	21,6	2,4	637	- 3,7	- 1,1	- 1.021
1994	53,3	4,1	1.422	23,1	2,5	684	30,2	8,7	8.107
1995	56,2	4,2	1.497	35,1	3,7	1.039	21,1	5,6	5.628
1996	20,5	1,5	548	9,6	1,0	284	10,9	2,7	2.913
1997	20,9	1,5	559	4,1	0,4	122	16,8	4,1	4.403
1998	27,5	1,9	727	21,6	2,1	636	5,9	1,4	1.527
1999	21,2	1,4	553	27,2	2,6	789	- 6,0	- 1,4	- 1.556
2000	37,1	2,5	950	40,5	3,8	1.153	- 3,4	- 0,8	- 868
2001	36,4	2,4	928	20,6	1,9	584	15,8	3,7	3.967
2002	15,3	1,0	392	7,7	0,7	220	7,6	1,7	1.899
2003	20,9	1,3	541	3,4	0,3	98	17,5	3,6	4.297
2004	53,6	3,5	1.382	5,1	0,5	148	48,5	10,3	11.487
2005	24,5	1,5	633	- 7,6	- 0,7	- 221	32,1	6,2	7.369
2006	71,8	4,3	1.841	16,5	1,5	477	55,3	10,1	12.591
	554,3	2,6		298,7	2,0		255,6	3,7	

Quelle: Statistisches Bundesamt, Fachserie 18, Reihe 1.1, 2006, eigene Berechnungen.

Tab. 23:   Entwicklung der Bruttolohn- und Bruttogewinnquoten (in v.H.)

Jahr	Tatsächliche Bruttolohnquote	Tatsächliche Bruttogewinnquote	Arbeitnehmerquote		Strukturbereinigte Bruttolohnquote*
			v.H.	Index	
1991	71,0	29,0	90,9	100,0	71,0
1992	72,2	27,8	90,6	99,7	72,4
1993	72,9	27,1	90,6	99,7	73,1
1994	71,7	28,3	90,1	99,4	72.1
1995	71,4	28,6	90,0	99,0	72,1
1996	71,0	29,0	90,0	99,0	71,7
1997	70,3	29,7	89,8	98,8	71,2
1998	70,4	29,6	89,8	97,8	72,0
1999	71,2	28,8	90,0	99,0	71,9
2000	72,2	27,8	90,0	99,0	72,9
2001	71,8	28,2	89,9	98,9	72,6
2002	71,6	28,4	89,8	98,8	72,5
2003	70,9	29,1	89,5	98,5	72,0
2004	68,9	31,1	89,1	98,0	70,3
2005	67,4	32,6	88,8	97,7	69,0
2006	65,6	34,4	88,7	97,6	67,2

Quelle: Statistisches Bundesamt, Fachserie 18, Reihe 1.1, 2006, eigene Berechnungen, *Bruttolohnquote bereinigt: bei konstant gehaltenem Anteil der Arbeitnehmer an den Erwerbstätigen des Jahres 1991.

Neben dieser marktbezogenen Primärverteilung interessiert als nächstes die empirische Entwicklung der **Sekundärverteilung**. Hierzu soll das Einkommen (verfügbare Einkommen) der *privaten Haushalte* vor und nach **staatliche Umverteilung** aufgezeigt werden. Nach Abzug der *Arbeitgebersozialbeiträge* vom Arbeitnehmerentgelt erhalten wir zunächst einmal die **Bruttolöhne** u. -gehälter. Diese stiegen zwischen 1991 und 2006 jahresdurchschnittlich um 1,9 v.H. Zieht man vom Bruttoentgelt die *Sozialabgaben der Arbeitnehmer* und die *Steuern* ab, so liegen die **Nettolöhne** u. -gehälter vor. Hier kam es nur noch zu einem jahresdurchschnittlichen Anstieg in Höhe von 1,5 v.H. seit 1991. Auffallend ist hier, dass die **Sozialabgaben** der Arbeitgeber mit 43 v.H. wesentlich geringer anstiegen als die der Arbeitnehmer mit 61 v.H. (vgl. Tab. 24). Von einer *paritätischen Finanzierung* der Sozialversicherungen kann demnach keine Rede mehr sein. Insbesondere die **Agenda 2010** der *rot-grünen Bundesregierung* hat dies bewirkt. Der Belastungsanstieg bei den Sozialbeiträgen für Arbeitnehmer kompensiert nur teilweise den Belastungsrückgang bei der **Lohnsteuer** in den Jahren 2004 und 2005. Insgesamt fiel der Anteil der Nettolöhne und -gehälter in Relation zu den Bruttolöhnen und -gehältern zwischen 1991 und 2006 von 69,4 v.H. auf 65,3 v.H., also um 4,1 Prozentpunkte.

Um zum **Masseneinkommen** der privaten Haushalte, das zwischen 1991 und 2006 um jahresdurchschnittlich 2,3 v.H. anstieg (vgl. Tab. 25), zu kommen, werden zu den Nettolöhnen u. -gehältern die **monetären Sozialleistungen** addiert. Dazu gehören u.a. die Renten- und Pensionszahlungen, Arbeitslosengeld I und II, Sozial- und Jugendhilfe, Wohngeld, Kindergeld, BaföG. Stiegen die Nettolöhne u. -gehälter zwischen 1991 und 2006 insgesamt lediglich um 26 v.H. und jahresdurchschnittlich um 1,5 v.H., so nahmen im selben Zeitraum die monetären Leistungen um 73 v.H. bzw. im Jahresdurchschnitt um 3,7 v.H. zu (vgl. Tab. 25).

Tab. 24: Einkommen der privaten Haushalte <u>vor</u> und <u>nach</u> staatlicher Umverteilung (in Mrd. €)

Jahr	Arbeitnehmer-entgelt		Sozialabgaben Arbeitgeber		Bruttolöhne u. -gehälter		Sozialabgaben Arbeitnehmer		Steuern		Nettolöhne u.- gehälter	
						Index				Index		Index
1991	847,0	100	154,0	100	693,0	100	99,1	100	112,8	100	481,1	100
1992	917,2	108	167,3	109	749,9	108	108,9	110	128,7	114	512,3	106
1993	938,8	111	169,7	110	769,1	111	113,1	114	129,1	114	526,9	110
1994	961,9	114	181,7	118	780,2	113	120,7	122	134,7	119	524,9	109
1995	997,0	118	191,7	124	805,3	116	126,0	127	150,3	133	529,1	110
1996	1.006,6	119	186,4	121	814,2	117	130,4	132	157,2	139	526,6	109
1997	1.010,7	119	197,9	129	812,8	117	136,2	137	158,8	141	517,9	108
1998	1.032,3	122	202,5	131	829,8	120	138,1	139	161,8	143	529,9	110
1999	1.059,5	125	204,9	133	854,6	123	139,9	141	167,1	148	547,5	114
2000	1.100,0	130	216,6	141	883,4	127	142,5	144	171,3	152	569,6	118
2001	1.120,6	132	218,6	142	902,0	130	144,6	146	167,4	148	590,0	123
2002	1.128,3	133	220,1	143	908,2	131	146,4	148	169,8	151	591,9	123
2003	1.131,7	134	223,6	145	908,1	131	149,4	151	170,0	151	588,6	122
2004	1.136,8	134	222,5	144	914,3	132	150,7	152	160,5	142	603,1	125
2005	1.129,2	133	217,8	141	911,4	132	152,6	154	157,3	139	601,4	125
2006	1.145,7	135	220,4	143	925,3	134	159,1	161	162,4	144	603,8	126
∅	2,0 v.H.		2,4 v.H.		1,9 v.H.		3,2 v.H.		2,4 v.H.		1,5 v.H.	

Quelle: Statistisches Bundesamt, Fachserie 18, Reihe 1.1, 2006, eigene Berechnungen.

Tab. 25: Einkommen der privaten Haushalte <u>vor</u> und <u>nach</u> staatlicher Umverteilung (in Mrd. €)

Jahr	Nettolöhne u-Gehälter		Monetäre Sozial-leistungen*		Massen-einkommen		Betriebsüberschuss Selbständigen- und Vermögensein-kommen**		verfügbares Einkommen	
		Index		Index		Index		Index		Index
1991	481	100	218	100	699	100	302	100	1.001	100
1992	512	106	242	111	755	108	318	105	1.073	107
1993	527	110	261	120	788	113	327	108	1.115	111
1994	525	109	271	124	796	114	359	119	1.155	115
1995	529	110	283	130	812	116	376	125	1.188	119
1996	527	109	306	140	833	119	380	126	1.213	121
1997	518	108	314	144	832	119	401	133	1.233	123
1998	530	110	320	147	849	122	404	134	1.253	125
1999	548	114	331	152	878	126	408	135	1.286	128
2000	570	118	340	156	910	130	412	136	1.322	132
2001	590	123	354	162	944	135	430	142	1.374	137
2002	592	123	368	169	960	137	425	141	1.385	138
2003	589	122	377	173	966	138	445	147	1.411	141
2004	603	125	378	173	981	140	455	151	1.436	143
2005	601	125	378	173	979	140	481	159	1.460	146
2006	604	126	377	173	981	140	527	175	1.508	151
∅	1,5 v.H.		3,7 v.H.		2,3 v.H.		3,8 v.H.		2,7 v.H.	

Quelle: Statistisches Bundesamt, Fachserie 18, Reihe 1.1, 2006, eigene Berechnungen, * der Sozialversicherungen, der Gebietskörperschaften einschließlich privater Organisationen ohne Erwerbszweck und der Arbeitgeber und privater Sicherungssysteme, ** nach empfangenen abzüglich geleisteter Transfers.

Auffallend ist auch hier der **Umverteilungseffekt** von unten nach oben, wenn man sich den *Betriebsüberschuss* und das *Selbständigen- und Vermögenseinkommen* anschaut. Dies ergibt sich als Differenz von Masseneinkommen und verfügbarem Einkommen der privaten Haushalte. So stieg der Betriebsüberschuss und das Selbständigen- und Vermögenseinkommen um 75 v.H., während das verfügbare Einkommen mit 51 v.H. wesentlich geringer zulegte. Da auch das Wachstum der Nettolöhne u. -gehälter mit 26 v.H. unterhalb der Wachstumsrate des Masseneinkommens mit 40 v.H. lag, mussten die *abhängig Beschäftigten* die ganze Last der staatlichen Umverteilung tragen, während die Selbständigen und Vermögenseinkommensbezieher entlastet wurden (vgl. Tab. 25).

Eine differenzierte Analyse zeigt die **personelle Einkommensverteilung**. Hier liegen neuere Daten für den Zeitraum von 1991 bis 2004 vor. Auch getrennt für West- und Ostdeutschland.[553] Bei der Messung der personellen Einkommensverteilung finden sich in der Literatur verschiedene Maßstäbe zur Bestimmung des Differenzierungsgrades bzw. Konzentrationsgrades des Einkommens nach Einkommensklassen. So haben sich die *Pareto-Konstante*, die *Gini-Konstante* und die *Lorenzkurve* herausgebildet.[554] Hier wird jeweils die Zahl der Einkommensempfänger in absoluten oder prozentualen Größen, in einem logarithmischen oder einem nichtlogarithmischen Maßstab, gemessen, und die jeweilige Anzahl der Einkommensempfänger auf das Durchschnittseinkommen oder auf die Summe der Einkommen aller Einkommensempfänger bezogen. Zur empirischen Erfassung von **Einkommensungleichheit** und **Armut** hat das *Statistische Bundesamt* und das *Statistische Amt der Europäischen Gemeinschaften* (Eurostat) bestimmte Messverfahren entwickelt, die auch im ersten und zweiten *Armuts- und Reichtumsbericht der Bundesregierung* berücksichtigt wurden.[555] Die Daten entstammen dem **Sozio-oekonomischen Panel** (SOEP), das seit 1984 für Deutschland jährlich erhoben wird. Dabei werden alle individuellen Bruttoeinkommen der privaten Haushalte als **Markteinkommen** aufaddiert. Zum Markteinkommen zählen das *Einkommen aus abhängiger und selbständiger Beschäftigung* sowie aus *Vermögen* und *private Transfers* (beispielsweise private Unterstützungsleistungen von Eltern oder geschiedenen Ehepartnern). Die Einkommen aus abhängiger Beschäftigung enthalten nicht die *Sozialabgaben der Arbeitgeber*, sind also lediglich die Bruttolöhne und -gehälter. Zum Vermögenseinkommen zählen neben den Kapitaleinkommen (Zinsen und Dividenden sowie die um den Finanzierungs- und Instandhaltungsaufwand reduzierten Einkünfte aus Vermietung und Verpachtung) der Mietwert des selbst genutzten Wohneigentums. Des Weiteren umfasst das Markteinkommen *Einkünfte aus privaten Renten*. Neben dem Markteinkommen wird auch das **Haushaltsnettoeinkommen** bestimmt. Dies ergibt sich aus dem Markteinkommen nach Abzug der *Einkommensteuer* (inkl. Solidaritätszuschlag) und den *Sozialabgaben* zur Sozialversicherung (Arbeitnehmeranteil). Hinzu kommen die *Renten der Gesetzlichen Rentenversicherung*, *Pensionen* sowie *soziale staatliche Transferleistungen* wie Sozialhilfe, Wohn- und Kindergeld, Unterstützungen von der Bundesanstalt für Arbeit (ALG I und II), Leistungen nach dem BaföG u.a. Die Einkommenssituation von privaten Haushalten mit unterschiedlich vielen Personen, wird durch eine Umrechnung in sogenannte

---

[553]   Vgl. Frick, J. R., Grabka, M. M., Zur Entwicklung der Einkommen privater Haushalte in Deutschland bis 2004, in: DIW-Wochenbericht Nr. 28/2005, S. 429 - 436, Sachverständigenrat (SVR), Jahresgutachten 2006/2007, Widerstreitende Interessen – ungenutzte Chancen, Wiesbaden 2006, S. 428 - 447.

[554]   Vgl. dazu ausführlich: Külp, B., Verteilung, Theorie und Politik, a.a.O., S. 7ff.

[555]   Vgl. Bundesregierung, (Hrsg.), Lebenslagen in Deutschland – Zweiter Armuts- und Reichtumsbericht, BT-Drucksache 15/5015.

Äquivalenzeinkommen – das sind unter *Bedarfsgesichtpunkten* modifizierte Pro-Kopf-Einkommen – vergleichbar gemacht. Die *OECD* hat dazu eine Skala vorgeschlagen, wonach der Haushaltsvorstand mit 1 gewichtet wird und jede weitere erwachsene Person mit 0,5 sowie Kinder mit 0,3. Als Kind gilt hierbei, wer das 14. Lebensjahr noch nicht vollendet hat. So hat ein Haushalt mit drei Erwachsenen und zwei Kindern das 2,6-fache Einkommen eines Einpersonenhaushalts nötig, um statistisch den gleichen Lebensstandard zu erlangen.

Als **einkommensarm** gilt hierbei dann ein privater Haushalt, wenn er unter die **Armutsgrenze** fällt. Diese liegt nach einer europäischen Konvention bei 60 v.H. des Medians der jährlichen **Haushaltsnettoäquivalenzeinkommen**. Um zusätzlich die *Armutsintensität* zu messen, die zeigt, wie stark das Einkommen der Armen von der Armutsschwelle abweicht, wird ein sogenanntes *FGT-2-Maß* ermittelt. Hierbei werden in Armut lebende Personen umso stärker gewichtet, je weiter ihr Einkommen unterhalb der Armutsschwelle liegt. Um die unterschiedlichen Einkommensniveaus zeitlich vergleichbar zu machen, werden alle Einkommen zu Preisen des Jahres 2000 deflationiert.

Das *Deutsche Institut für Wirtschaftsforschung* (DIW) stellt in einer umfangreichen empirischen Untersuchung für den Zeitraum von 1992 bis 2004 hinsichtlich der *Einkommensverteilung* und der vorliegenden *Massenarbeitslosigkeit* folgendes fest:

„Vor dem Hintergrund der Entwicklung der Arbeitslosigkeit muss die Veränderung der **Markteinkommen** gesehen werden, die in den neuen Ländern nach wie vor fast ausschließlich aus Erwerbseinkommen bestehen. In den alten Ländern sind Kapitaleinkommen und private Renten deutlich häufiger und in höherem Umfang zu finden. Die zunehmende Arbeitslosigkeit in den neuen Ländern führt insofern fast zwangsläufig auch zu einem Rückgang der mittleren Markteinkommen (gemessen am Median). Seit dem 1995 erreichten Höchststand der Markteinkommen in Ost-Deutschland – damals betrug der Median mehr als 13.900 Euro – ist dieses Einkommen fast durchgängig gesunken und liegt derzeit bei weniger als 11.500 Euro – das ist der niedrigste seit dem Mauerfall gemessene Wert. Dies entspricht nur noch 63 v.H. des Westniveaus; 1995 wurden hier noch 79 v.H. erreicht."[556]

Auch der *Sachverständigenrat* (SVR) bestätigt mit seinen Untersuchungen eine stark wachsende Ungleichheit in der Verteilung der marktmäßig erwirtschafteten Einkommen zwischen Ost- und Westdeutschland aber auch innerhalb der jeweiligen neuen und alten Bundesländer zwischen 1991 und 2004 anhand des **Gini-Koeffizienten**. Der Gini-Koeffizient ist dabei auf Werte zwischen 0 und 1 normiert. Null bedeutet eine vollkommene Gleichverteilung der Einkommen und 1 eine maximale Ungleichverteilung. So stieg der Gini-Koeffizient beim **Markteinkommen** in Westdeutschland zwischen 1991 und 2004 von 0,413 auf 0,476 um 6,3 Prozentpunkte und in Ostdeutschland sogar von 0,374 auf 0,536 oder um 16,2 Prozentpunkte

---

[556] Frick, J. R., Grabka, M. M., Zur Entwicklung der Einkommen privater Haushalte in Deutschland bis 2004, a.a.O., S. 433.

extrem stark an.[557] Nicht ganz so stark war dagegen die Zunahme der Ungleichverteilung beim realen **Haushaltsnettoäquivalenzeinkommen**. Dies lag im Jahr 2004 absolut bei 19.400 € in Westdeutschland und mit gut 80 v.H. davon (15.500 €) in Ostdeutschland. Dabei ist Ostdeutschland auf das relative Niveau von 1994 zurückgefallen, nachdem im Zuge des innerdeutschen Angleichungsprozesses bereits 1998 rund 85 v.H. des westdeutschen Durchschnittseinkommens erreicht worden waren.[558] Gemäß *Gini-Koeffizienten* stieg die Ungleichverteilung des *Haushaltsnettoäquivalenzeinkommens* in Westdeutschland von 0,262 auf 0,294 um 3,2 Prozentpunkte und in Ostdeutschland von 0,204 auf 0,250 oder um 4,6 Prozentpunkte (vgl. Tab. 26).

Tab. 26:   Einkommensverteilung Markt- und Nettoeinkommen (Gini-Koeffizient)

Jahr	Markteinkommen		Haushaltsnettoäquivalenzeinkommen	
	Westdeutschland	Ostdeutschland	Westdeutschland	Ostdeutschland
1991	0,413	0,374	0,262	0,204
1994	0,443	0,441	0,284	0,222
1997	0,448	0,467	0,270	0,216
2000	0,452	0,483	0,274	0,219
2002	0,461	0,522	0,287	0,240
2004	0,476	0,536	0,294	0,250

Quelle: SVR Gutachten 2006/2007, S. 433.

Betrachtet man separat nur die Entwicklung der *Bruttostundenlöhne* aller Arbeitnehmer, so ist es auch hier zu einer zunehmenden **Lohnspreizung** gekommen. Von 1996 bis 2005 von 16,7 v.H. auf 18,8 v.H. „Mitte der 1990er Jahre war die Lohnspreizung innerhalb West- und Ostdeutschlands gleich groß. Für Deutschland insgesamt zeigte sich eine stärkere Ungleichheit als in den beiden Landesteilen; dies resultierte aus dem Lohngefälle zwischen West und Ost. Seitdem ist die Lohnspreizung gewachsen, in Ostdeutschland deutlich stärker als in Westdeutschland. Dabei hat in den alten Bundesländern die *geringfügige Beschäftigung* eine größere Rolle gespielt als in Ostdeutschland. Aus der Perspektive der Arbeitnehmer sind indes nicht die Brutto-, sondern die **Nettolöhne** entscheidend. Wegen der *Steuerprogression* wäre zu erwarten, dass die Spreizung bei den Nettolöhnen geringer ausfällt als bei den Bruttolöhnen. Dies war jedoch Mitte der 1990er Jahre in Deutschland nicht der Fall. Der Effekt der Steuerprogression wurde offenbar durch die unterschiedliche Besteuerung der Lohneinkünfte innerhalb einer Familie sowie durch die Anrechnung von Kindern ausgeglichen. Seit

---

[557]   Während zwischen 1992 und 2001 das durchschnittliche *reale Markteinkommen in Gesamtdeutschland* konstant geblieben ist, „gab es für die *Reichen* nennenswerte Einkommenszuwächse. Die 10 v.H. der Bevölkerung mit den höchsten Einkommen, auf die im Jahr 2001 mehr als 40 v.H. des gesamten Markteinkommens entfielen, konnten ihren Anteil am Gesamteinkommen seit Anfang der 1990er Jahre um gut 7 v.H. erhöhen. Die ‚ökonomische Elite', die 650 einkommensstärksten Personen, die ein Durchschnittseinkommen von 15 Mill. Euro erzielten, steigerte ihr Markteinkommen im Zeitraum 1992 bis 2001 real um etwa ein Drittel, die kleine Gruppe der 65 Superreichen sogar um über 50 v.H. Zu den Beziehern sehr hoher Einkommen gehören in Deutschland zu einem weit höheren Anteil *Unternehmer*, als dies in den USA oder in Frankreich der Fall ist. Allerdings hat der Anteil der *Manager* (vgl. Kap. 3.7.2.3) an den Beziehern von Top-Einkommen von 1992 bis 2001 zugenommen." Bach, S., Steiner, V., Zunehmende Ungleichheit der Markteinkommen: Reale Zuwächse nur für Reiche, in: DIW-Wochenbericht Nr. 13/2007, S. 198.

[558]   Frick, J. R., Grabka, M. M., Zur Entwicklung der Einkommen privater Haushalte in Deutschland bis 2004, a.a.O., S. 431.

1996 hat auch bei den Nettolöhnen die Spreizung zugenommen, aber nur halb so stark wie bei den Bruttolöhnen. Dabei sind in Westdeutschland die Unterschiede erst in den letzten Jahren etwas größer geworden. Im Osten ist dagegen die Lohnspreizung im Zeitverlauf – unter Schwankungen – deutlich gewachsen. Die Differenz in den Bruttolöhnen zwischen den 10 v.H. der Arbeitnehmer, die die höchsten Löhne erhalten, und den 10 v.H., die die niedrigsten Löhne erhalten, hat von 1996 bis 2005 erheblich zugenommen. Gewachsen sind auch die Abstände der **Geringverdiener** zum mittleren Lohn, dies verweist auf die Ausweitung des **Niedriglohnsektors** (vgl. Abschnitt 3.4.5). Kaum verändert hat sich dagegen der Abstand der am besten verdienenden 10 v.H. der Arbeitnehmer zum mittleren Lohn. Die Zunahme der Lohnspreizung ist demnach darauf zurückzuführen, dass sich die relative Position der Bezieher niedriger Löhne weiter verschlechtert hat."[559]

Durch die bis 2004 noch nicht voll durchgeschlagenen Auswirkungen der von der *rot-grünen Bundesregierung* im Jahr 2001 eingeleiteten **Agenda 2010** dürften sich in den folgenden Jahren die Werte der *ungleichen Einkommensverteilung* noch stark zunehmend verschlechtern. Bereits bis 2004 hatte die Ungleichverteilung zu einer heftigen Zunahme der **relativen Einkommensarmut** geführt. Von 1994 bis 2004 liegt hier für Deutschland ein Anstieg um 3,5 Prozentpunkte von 13,8 v.H. auf 17,3 v.H. vor. „Die Zunahme der **Armutsquote** fällt im genannten Zeitraum in den neuen Bundesländern mit 6,0 Prozentpunkten auf 21,3 v.H. deutlich stärker aus als im früheren Bundesgebiet mit 3,1 Prozentpunkten auf 16,5 v.H. Im Jahr 2004 lebte somit in Westdeutschland etwa jeder *Sechste* unterhalb der Armutsschwelle, in Ostdeutschland dagegen mehr als jeder *Fünfte*."[560] Auch die **Armutsintensität**, gemessen am FGT2-Maß, ist gestiegen und fiel 2004 seit 1992 in Ostdeutschland zum ersten Mal höher aus als in Westdeutschland. Dennoch waren 2004 die Einkommen der Personen die unterhalb der Armutsschwelle leben müssen in Ostdeutschland immer noch gleicher verteilt als im Westen. Aber auch hier ist eine Konvergenz festzustellen.[561]

4.3 Verteilungsneutraler Spielraum und Profitrate

4.3.1 Vom Nominal- zum Reallohn

Bisher wurde bei allen theoretischen Überlegungen sowie der empirischen Darstellung der Einkommenssituation ein **Nominaleinkommen** bzw. ein Nominallohn unterstellt. In der wirtschaftlichen Realität entscheidet aber nur der jeweilige **Reallohn** über die *Kaufkraft* der Arbeitnehmer. Daher muss die Summe der **Preisbildung** durch die Unternehmen, das *Preisniveau* berücksichtigt werden. Wird der Nominallohn (l) durch das Preisniveau (P) dividiert, ergibt sich der Reallohn. Für das Preisniveau wird in der Regel der *„Preisindex für die Lebenshaltung aller privaten Haushalte"* zugrundegelegt. Über die Höhe des zukünftigen Preisindex besteht aber bei den Arbeitnehmern *Unsicherheit*, so dass die Beschäftigten bzw. die *Gewerkschaften* bei der Bestimmung des Reallohns in den Tarifverhandlungen von **Erwartungen** bezüglich

---

[559] Brenke, K., Zunehmende Lohnspreizung in Deutschland, in: DIW-Wochenbericht Nr. 6/2007, S. 76.

[560] SVR-Gutachten 2006/2007, S. 438.

[561] Vgl. Frick, J. R., Grabka, M. M., Zur Entwicklung der Einkommen privater Haushalte in Deutschland bis 2004, a.a.O., S. 431.

einer Inflationsrate (antizipatorisch) ausgehen müssen. Dadurch das sich letztlich der Reallohn vermittelt über die **Preisbildung** der Unternehmen auf den Gütermärkten herausbildet, ist der Reallohn auch **kein autonomes Ergebnis des Arbeitsmarktes** – wie dies die Neoklassik implizit in ihrem Theoriengebäude unterstellt (dazu noch später). Deshalb kann jeder von der Gewerkschaft mit dem Arbeitgeberverband ausgehandelte nominale Tarifabschluss, wie der Ökonom und Soziologe *Werner Hofmann* konstatiert, über anschließende (ex post) Preissteigerungen durch die Unternehmen real wieder entwertet werden.

> „An den Märkten der Konsumgüter, wo den geschlossen operierenden taktischen Einheiten des verbündeten Kapitals nichts gegenübersteht als eine zersplitterte, unkundige und ohnmächtige Verbraucherschaft, kann jeder Erfolg der Lohnfront ohne viel Lärm zunichte gemacht werden. - Ohne daß es nötig wäre, mit den Gewerkschaften aufzuräumen, ohne spektakuläre Schritte gelangt das Kapital heute an sein Ziel."[562]

Auch *Hermann Adam* stellt diesbezüglich fest:

> „Der Preis kann somit als die Waffe der Unternehmer angesehen werden, mit der sie im Kampf um die Einkommensverteilung die Bestrebungen der Gewerkschaften, den Arbeitnehmern einen höheren Anteil am Sozialprodukt zu verschaffen, zunichte machen können."[563]

Dies veranschaulicht das folgende Rechenbeispiel auf Basis des bereits bekannten Ausgangsmodells zur Einkommensverteilung (vgl. Abschnitt 4.1.1). Hier wird deutlich, was **verteilungsmäßig** passiert, wenn die Gewerkschaften die ex post Preissteigerungsrate der Unternehmen in den Tarifverhandlungen nicht richtig antizipiert haben. Steigt nämlich im Vergleich zum Ausgangsmodell der Preis um 3 €/Stück von 80 € auf 83 €/Stück, so kommt es zu einer *Gewinnsteigerung* nicht nur in Höhe der Produktivitätssteigerung um 4 v.H., sondern in Höhe von 15 v.H., die zu einem Ansteigen der *Gewinnquote* von 25 v.H. auf 27,7 v.H. und demnach zu einem Sinken der Lohnquote von 75 v.H. auf 72,3 v.H. führt. Würden also die Gewerkschaften bei ihren nominalen Lohnverhandlungen keine **Preissteigerungsrate** oder auch nur eine nicht richtig antizipierte Rate berücksichtigen, so käme es zu einer **Umverteilung** von den Löhnen zu den Gewinnen. Könnten die Gewerkschaften dagegen im Umkehrschluss gesichert davon ausgehen, dass nach dem nominalen Lohnabschluss die Preise von den Unternehmen nicht angehoben werden – wofür es wie gezeigt bei einer produktivitätsorientierten Lohnpolitik keinen Grund gibt – wäre eine antizipierte Preissteigerungsrate überflüssig.

Produktivitätssteigerung mit anschließender Preissteigerung	
Produktion	5.200 Stück
Beschäftigte	500 Beschäftigte
Arbeitsvolumen	20.000 Std. (500 x 40 Std./Beschäftigten)
Arbeitsproduktivität	0,26 Stück/Std. (5.000 : 20.000) oder
	4 Std./Stück (20.000 : 5.000)
Produktivitätssteigerung	4 v.H.
Lohnsatz	15,60 €/Std. (15 €/Std. + 4 v.H.)

---

[562] Hofmann, W., Industriesoziologie für Arbeiter, Heilbronn 1988, S. 110.

[563] Adam, H., Der Kampf um Löhne und Gewinne, 2. Aufl., Köln 1976, S. 50.

Lohnsumme	312.000 € (20.000 Std. x 15,60/€ Std.)
Lohnstückkosten	60 €/Stück (312.000 € : 5.200 Stück)
Verkaufspreiserhöhung	3 €/Stück
Verkaufspreis	83 €
Verkaufserlöse	431.600 € (5.000 Stück x 83 €)
Gewinnsumme	119.600 € (431.600 € - 312.000 €)
Gewinnsummensteigerung	15 v.H.
Gewinnquote	27,7 v.H. (119.600 € : 431.600 € x 100)
Lohnquote	72,3 v.H. (312.000 € : 431.600 € x 100)

Bei der Inflationsrate ist allerdings zu beachten, dass die *statistisch erfasste* Preissteigerung den *tatsächlichen Preisauftrieb* aus einer Reihe von Gründen *überzeichnet*:

„Es ist für die Statistiker in der Regel schwierig, Qualitätsverbesserungen angemessen zu berücksichtigen. Um wie viel Prozent ist ein PC des Jahres 2002 leistungsfähiger als ein PC des Jahres 1998? Durch die Einführung völlig neuer Produkte (z.B. das Handy in den neunziger Jahren), die zunächst exorbitante Preise und dann mit der Massenproduktion einen starken Preisverfall aufwiesen, wird der Preisauftrieb tendenziell unterzeichnet, da diese in der Anfangsphase überhaupt nicht im Preisindex enthalten sind. Da der Preisindex für die Lebenshaltung als ein Laspeyres-Index mit einem über viele Jahre konstanten Wägungsschema arbeitet, kann er Änderungen der Verbrauchsstruktur, die sich nicht zuletzt durch Änderungen der relativen Preise ergeben, nicht zeitnah berücksichtigen. Viele Konsumenten kaufen Güter zu reduzierten Preisen („Sonderangebote"). Die Mitarbeiter des Statistischen Bundesamtes registrieren jedoch grundsätzlich nur die regulären Preise. Es ist sehr schwierig, die auf diese Weise entstehenden Verzerrungen bei der Preismessung exakt zu bestimmen. Es besteht jedoch ein gewisses Einvernehmen, dass es sich dabei insgesamt um einen Betrag von etwa 0,5 bis 2 Prozentpunkten handelt, um die der Preisindex die tatsächliche Teuerung überzeichnet."[564]

Trotz dieser Überzeichnung der Preissteigerungsrate muss aber die Inflationsrate in den Lohnerhöhungsspielraum einbezogen bzw. eine antizipierte Inflationsrate berücksichtigt werden, da es sonst zu einer **Umverteilung** zu Lasten der Arbeitnehmer bzw. der Lohnquote käme.

Produktivitätsorientierte Lohnpolitik bedeutet demnach:

Nominallohnerhöhung = Produktivitätsrate + Inflationsrate oder

Reallohnerhöhung = Produktivitätsrate

Steigt die Produktivität beispielsweise um 1,8 v.H. und das Preisniveau legt um 1,6 v.H. zu, so müssen auch die Nominallöhne um 3,4 v.H. angehoben werden. Die Gewinne würden dann ebenfalls um 3,4 v.H. steigen. Stiegen dagegen die Nominallöhne nur um 2,8 v.H., so käme es zu einer *Umverteilung* zu den Gewinnen. Liegt die Nominallohnerhöhung oberhalb der Produktivitätsrate plus Inflationsrate, so würde die Lohnquote zu Lasten der Gewinnquote zulegen.

---

[564] Bofinger, P., Grundzüge der Volkswirtschaftslehre, München 2003, S. 406.

Dennoch wird eine neben der Produktivitätsrate in den Tarifverhandlungen berücksichtigte antizipierte *Inflationsrate* von neoliberalen Ökonomen, allen voran vom *Sachverständigenrat* (SVR), kritisch beurteilt. Im einzelnen führt der SVR diesbezüglich folgendes aus:

- Erstens dürften Preissteigerungen, die auf eine Erhöhung der **indirekten Steuern** oder auf eine Erhöhung der **Einfuhrpreise** zurückgingen, über Lohnerhöhungen nicht kompensiert werden, da dieser Teil des Sozialprodukts bereits verteilt sei. Hierzu ist anzumerken, dass auf der anderen Seite dann aber auch im Sinne einer „*kostenniveauneutralen*" Lohnpolitik bei einem Sinken der indirekten Steuern und Einfuhrpreise die Nominallöhne oberhalb der ausgewiesenen Inflationsrate erhöht werden müssten, weil sonst die Gewinnquote zu Lasten der Lohnquote langfristig steigen würde.

- Zweitens müssten die Tarifvertragsparteien den unterschiedlichen **Preisüberwälzungsspielraum** auf *inländischen* und *ausländischen Märkten* berücksichtigen. Wenn exportierende Unternehmen diesen – aufgrund einer hohen internationalen Wettbewerbsintensität – nicht hätten, könnte auch hierfür kein inflationärer Lohnausgleich gewährt werden. Dies würde ebenso für *aufwertungsbedingte* Lohnstückkostensteigerungen gelten (vgl. Abschnitt 4.1.1). „Die Tarifvertragsparteien müssen eine reale Aufwertung (...) im Blick haben, die Lohnpolitik muß ihren Beitrag zur Wiederherstellung der internationalen Wettbewerbsfähigkeit leisten, so bitter dies verständlicherweise für die Arbeitnehmer auch sein mag, weil sie diesen Anstieg der Lohnstückkosten nicht verursacht haben. Sie müssen aber auch sehen, daß ihnen die Aufwertung Vorteile an anderer Stelle bringt: Einfuhrgüter werden billiger, Reisen ins Ausland werden beispielsweise preisgünstiger, das allgemeine Preisniveau im Inland steigt weniger."[565] Auf *inländischen Märkten* kann das **Wettbewerbsargument** nicht gelten. Schließlich sind alle Unternehmen gleich von einer Lohnerhöhung tangiert. Hier kommt es zu einem Nullsummenspiel. „Hinzu kommt der **Gewöhnungseffekt** bei einem periodisch sich wiederholenden, also voraussehbaren Ritual der Lohnschübe. Wenn die Öffentlichkeit erst internalisiert hat, daß erzwungenen Lohnanhebungen gewöhnlich Preisbewegungen folgen, können die Produzenten die Gelegenheit sogar benutzen, um *andere Kostensteigerungen*, die sie bislang schon drückten, im gleichen Zuge in den Produktpreisen weiterzugeben. Der einzelne Käufer vermag im akuten Fall schwerlich zuzurechnen, was am Preisanstieg des nachgefragten Gutes lohnkostenbedingt ist oder auf andere Anlässe zurückgeht."[566] Bezüglich der aufwertungsbedingten Lohnstückkostensteigerungen müssten im Fall von *abwertungsbedingten Lohnstückkostensenkungen* dann auch die Nominallöhne stärker steigen als die Produktivitäts- und Inflationsrate zugelegt haben.

- Drittens enthielte eine antizipierte Preissteigerungsrate eine **Fehlerwahrscheinlichkeit**. Bei einer Überschätzung käme es zu einer zu starken Erhöhung des Reallohnes, gegebenenfalls zu zusätzlichen Preisauftriebstendenzen. Der umgekehrte Fall spielt dagegen für den *SVR* keine Rolle. Dem könnte man aber in beide Richtungen mit einem **Indexlohn** entgegenwirken. Demnach würde bei einer falsch eingeschätzten Inflationsrate über einen Indexlohn ein „zu wenig" oder ein „zu viel" an berücksichtigter Inflation im letzten Nominallohnabschluss in der nächsten Tarifrunde entsprechend durch Zu- oder Abschläge berichtigt.

---

[565] SVR, Jahresgutachten 1996/97, Tz. 316, vgl. dazu auch Siebert, H., Lohnzurückhaltung, Aufwertung und Beschäftigung, in: Wirtschaftswissenschaftliches Studium (WiSt), Heft 2/1997, S. 70ff.

[566] Molitor, B., Lohn- und Arbeitsmarktpolitik, a.a.O., S. 102.

- Viertens müsste die Lohnpolitik bei einer allgemein notwendigen Rückführung der Preissteigerungsrate einen Beitrag leisten, „denn die Alternative wäre, daß die **Geldpolitik** restriktiv würde, was die Beschäftigungsrisiken vergrößern würde."[567] Genauso könnte man dies dann aber auch von der **Preispolitik** verlangen. Dies gilt insbesondere in einer *vermachteten* (oligopolisierten und monopolisierten) Wirtschaft mit privat administrierten Machtpreisen (vgl. Abschnitte 3.2.3 u. 3.2.4).

Wie haben sich nun aber die durchschnittlich jährlichen **Nettorealverdienste** der abhängig Beschäftigten als auch die **Verteilung** im Hinblick auf die **Lohn-** und **Gewinnquote** in Deutschland nach der Wiedervereinigung tatsächlich entwickelt? Wie schon in Abschnitt 4.2.3 (Tab. 24 und 25) gezeigt wurde, legte die *Nettolohn- und -gehaltssumme* zwischen 1991 und 2006 um insgesamt 26 v.H. oder jahresdurchschnittlich um 1,5 v.H. zu (vgl. dazu auch den nominalen Anstieg der monatlichen Nettolöhne u. -gehälter in Abschnitt 3.7.2.2, Tab. 11). Zieht man von diesem nominalen Anstieg die jeweilige jährliche **Inflationsrate** (Preisindex für die Lebenshaltung) ab, so erhält man erst den **Nettoreallohn** bzw. seinen Anstieg und die damit verbundene *Kaufkraft des Einkommens* (vgl. Tab. 27).

Tab. 27:   Veränderung der realen Nettolöhne und -gehälter in Deutschland

Jahr	Nettolöhne u.-gehälter		Preisindex für die Lebenshaltung	Reale Nettolöhne u.-gehälter		
	in Mrd. €				in Mrd. €	
	absolut	Index	Index	Index	absolut	v.H.
1991	481	100	100,0	100,0	481,0	-
1992	512	106	105,1	101,3	487,2	1,3
1993	527	110	109,8	99,8	480,0	- 1,5
1994	525	109	112,8	96,8	465,4	- 3,0
1995	529	110	114,8	95,8	460,8	- 1,0
1996	527	109	116,4	94,1	452,7	- 1,8
1997	518	108	118,6	90,8	436,8	- 3,5
1998	530	110	119,7	92,1	442,8	1,4
1999	548	114	120,4	94,6	455,1 '	2,8
2000	570	118	122,7	96,8	465,5	2,3
2001	590	123	125,2	97,9	470,9	1,2
2002	592	123	126,9	97,0	466,5	- 0,9
2003	589	122	128,2	95,5	459,4	- 1,5
2004	603	125	130,3	96,2	462,8	0,7
2005	601	125	132,8	94,1	452,6	- 2,2
2006	604	126	134,9	93,1	447,7	- 1,1
∅	1,5 v.H.				- 0,5 v.H.	

Quelle: Statistisches Bundesamt, Volkswirtschaftliche Gesamtrechnung, eigene Berechungen.

Demnach hatten die nominalen Nettolöhne und -gehälter aus dem Jahr 1991 in Höhe von 481,0 Mrd. € auf Grund der jährlichen Inflationsraten im Jahr 2006 nur noch eine **reale Kaufkraft** von 447,7 Mrd. €. Jahresdurchschnittlich gingen die **realen Nettolöhne** und **-gehälter** zwischen 1991 und 2006 um 0,5 v.H. zurück. Unter Berücksichtigung von **Produktivitäts-** und **Inflationsrate** zeigt sich empirisch für Deutschland nach der *Wiedervereinigung*

---

[567]   SVR, Jahresgutachten 1996/97, Textziffer 314.

eine eindeutige **Umverteilung** zu den Gewinn- und Vermögenseinkommen. Die Verteilungsbilanz fällt für die anhängig Beschäftigten negativ aus. Im Jahresdurchschnitt wurde der verteilungsneutrale Spielraum zwischen 1991 und 2006 um 2,3 Prozentpunkte zu Lasten der
Arbeitnehmer verfehlt. Die nominalen Löhne und Gehälter hätten jahresdurchschnittlich um
3,9 v.H. steigen müssen. Tatsächlich stiegen sie aber nur um 1,6 v.H. (vgl. Tab. 28).

Tab. 28:   Entwicklung des Verteilungsspielraums - Veränderungsraten zum Vorjahr in v.H. -

Jahr	Produktivität[1]	Verbraucher-preise[2]	Verteilungs-spielraum	Nominaler Nettolohn[3]	Verteilungs-postion Arbeitnehmer
1991	-	-	-	-	-
1992	2,5	5,1	7,6	8,5	0,9
1993	1,6	4,5	6,1	4,6	- 1,5
1994	2,9	2,7	5,6	0,1	- 5,5
1995	2,6	1,8	4,4	0,7	- 3,7
1996	2,3	1,4	3,7	- 0,2	- 3,9
1997	2,5	1,9	4,4	- 1,3	- 5,7
1998	1,2	0,8	2,0	1,1	- 0,9
1999	1,4	0,6	2,0	1,8	- 0,2
2000	2,6	1,9	4,5	2,1	- 2,4
2001	1,8	2,0	3,8	3,3	- 0,5
2002	1,5	1,4	2,9	1,0	- 1,9
2003	1,2	1,0	2,2	0,7	- 1,5
2004	0,7	1,6	2,3	2,4	0,1
2005	1,3	1,9	3,2	0,3	- 2,9
2006	2,0	1,6	3,6	- 0,4	- 4,0
JD	1,9	2,0	3,9	1,6	- 2,3

JD = Jahresdurchschnitt, Quelle: Statistisches Bundesamt, Volkswirtschaftliche Gesamtrechnung, eigene Berechnungen. 1) Bruttoinlandsprodukt (preisbereinigt, Kettenindex 2000 = 100) je Erwerbstätigenstunde,
2) Verbraucherpreisindex für die Lebenshaltung, 3) je abhängig Beschäftigten (im Jahresdurchschnitt monatlich).

Auch in der **Europäischen Union** (EU) ist ein solcher Trend von Umverteilung zu den Ge-
winn- und Vermögenseinkommen zu beobachten. *Thorsten Schulte* hat dies in seiner Dissertation ausführlich über einen längeren Zeitraum empirisch untersucht. Er stellt fest:

„Bis Mitte der 1970er Jahre wird der neutrale Verteilungsspielraum durch die Realloh-
nentwicklung in der Regel ausgeschöpft. In insgesamt drei Jahren haben die Reallohnzuwächse den Produktivitätsfortschritt deutlich überschritten (1970: + 3,5 Prozentpunkte,
1971: 2,1 Prozentpunkte und 1975: + 3,9 Prozentpunkte) und damit zu einer bislang ein-
malig positiven Verteilungsbilanz beigetragen. Mitte der 1970er Jahre kommt es hingegen
zu einer **lohnpolitischen Trendwende**, nach der die Reallohnzuwächse kaum mehr in der
Lage sind, den neutralen Verteilungsspielraum auszuschöpfen. Die Verteilungsbilanz ist
dementsprechend in den meisten Jahren nach 1997 negativ und führt zu einer massiven
Umverteilung von Arbeits- zu Kapitaleinkommen. Im EU-Durchschnitt bleiben die Reallohnzuwächse in den 1980er und 1990er Jahren um jährlich 0,8 bzw. 0,9 Prozentpunkte
hinter dem Produktivitätsfortschritt zurück. Den vorläufigen Höhepunkt bildet dabei das
Jahr 1994 mit einer negativen Verteilungsbilanz von - 3,0 Prozentpunkten. Die Entwicklung der Verteilungsbilanzen in den verschiedenen EU-Staaten weist von Ausnahmen

abgesehen einen gleichförmigen Trend auf. In den 1960er Jahren gibt es mit **Griechenland** nur ein einziges EU-Land, in dem entgegen der allgemeinen Entwicklung eine deutlich negative Verteilungsbilanz besteht. In den 1980er Jahren gibt es mit **Finnland, Griechenland** und **Großbritannien** drei EU-Staaten, die entgegen dem allgemeinen Trend eine positive Verteilungsbilanz aufweisen. In den 1990er Jahren verfügen schließlich lediglich **Belgien** über eine ausgeglichene und **Portugal** über eine positive Verteilungsbilanz, während sie in allen anderen EU-Staaten negativ ist."[568]

4.3.2   Von der Profitquote zur Profitrate

4.3.2.1   Theoretische Grundlagen

In kapitalistischen Ordnungssystemen entscheidet aber nicht nur die *Verteilung* des Volkseinkommens zwischen Kapital und Arbeit über die wachstumsdeterminierenden **Investitionen**, sondern privatwirtschaftliches Entscheidungskalkül für eine Investition ist letztlich auf Basis einer dynamisierten Wirtschaftlichkeitsberechnung ein abgezinster *Kapitalwert*. Die Rentabilität lässt sich dabei als **Profitrate**[569], als die Summe des absolut erzielten *Gewinns* in Relation zum *Kapitaleinsatz* (Investitionssumme) ausdrücken. Will man nicht nur die einzelwirtschaftliche, sondern auch die *gesamtwirtschaftliche* Profitrate (r) anhand statistisch verfügbarer Daten untersuchen, so lässt sich diese unter Berücksichtigung der **Verteilungsverhältnisse** (Lohn- zu Gewinnquote), der **Arbeitsproduktivität** Y/A und der **Kapitalintensität** K/A, wie folgt ableiten:

$$(1) \quad r \; = \; \frac{\frac{Y}{A}\left(1 \, - \, q_L\right)}{\frac{K}{A}}$$

r = Profitrate (Kapitalrentabilität)

Y = Volkseinkommen

K = Kapitalstock (Bruttoanlagevermögen)

A = Erwerbstätige

$1 - q_L$ = Profitquote

q_L = Lohnquote

Im Ergebnis zeigt sich, dass solange die Profitquote $(1 - q_L)$ und die Arbeitsproduktivität Y/A stärker steigen als die Kapitalintensität K/A, die Profitrate (r) nicht sinkt. In Wachstumsraten (w) ausgedrückt ergibt sich demnach folgende Beziehung:

$$(2) \quad w\,r \; = \; w\frac{Y}{A} \; + \; w\left(1 \, - \, q_L\right) \; - \; w\frac{K}{A}$$

Steigt die Kapitalintensität K/A stärker als die Arbeitsproduktivität, so ist dies gleichbedeutend mit dem gesamtwirtschaftlichen Ergebnis, dass der **Kapitalkoeffizient** K/Y, der das Verhältnis zwischen Kapitalstock (K= Bruttoanlagevermögen) und dem Volkseinkommen Y

---

[568]   Schulten, T., Solidarische Lohnpolitik in Europa, a.a.O., S. 186ff., ders., Europäischer Tarifbericht des WSI – 2006/2007, in: WSI-Mitteilungen, Heft 9/2007, S. 475 - 482.

[569]   Dies bezieht sich sowohl auf die *Eigen-* als auch auf die *Gesamtkapitalrentabilität*.

anzeigt, steigt bzw. der mathematische Kehrwert des Kapitalkoeffizienten, die **Kapitalpro-duktivität** Y/K sinkt. Die Profitrate (r) in Gleichung (3) lässt sich dabei aus dem mathematischen Produkt von Profitquote $q_P = 1 - q_L = G/Y$ (G = absolute Gewinnsumme) und Kapitalproduktivität Y/K bestimmen.

$$(3) \quad r = \frac{G}{Y} \cdot \frac{Y}{K} = \frac{G}{K}$$

Unter Verteilungsaspekten gilt:

$$(4) \quad r = \frac{G}{K} = \frac{(1 - q_L) \, Y}{K}$$

Für die **Lohnquote** q_L ergibt sich dann die folgende Gleichung:

$$(5) \quad q_L = \frac{1 - r \cdot K}{Y}$$

Dies macht insgesamt deutlich, dass eine konstante Profitrate (r) bei einem steigenden Kapitalkoeffizienten K/Y (= sinkende Kapitalproduktivität Y/K) nur dann möglich ist, wenn die Lohnquote q_L *sinkt* bzw. die Gewinnquote q_G *steigt*. Auf der anderen Seite ermöglicht aber auch ein sinkender Kapitalkoeffizient – und damit eine zunehmende Kapitalproduktivität – eine steigende Lohnquote ohne das die Profitrate zurückgeht. Soll dagegen die Profitrate zulegen, so muss bei einer zumindest konstanten Lohnquote der Kapitalkoeffizient sinken bzw. die Kapitalproduktivität steigen.

4.3.2.2   Empirischer Verlauf der Profitrate

Um die **Profitrate** dreht sich im Kapitalismus alles. Hierauf basiert das gesamte System. Darauf haben schon die großen Nationalökonomen *Adam Smith*, *David Ricardo* und *Karl Marx* hingewiesen. Auch der **Staat** kann sich dem Einfluss dieser Größe nicht entziehen. Er hängt über *Steuereinnahmen* von der Bereitschaft zur Akkumulation, d.h. von der sich immer wiederholenden **Investition** aus realisierten Profiten der Unternehmen ab (vgl. noch einmal Abb. 2.8 in Abschnitt 2.5). Für die klassischen Ökonomen geht die Profitrate langfristig (tendenziell) zurück. *Adam Smith* begründete dies damit, dass eine wachsende Akkumulation den Wettbewerb der Unternehmer vergrößere und damit die Gewinnchancen verringere. *David Ricardo* führte den Fall der Profitrate – in Anlehnung an das Bevölkerungsgesetz von *Robert Malthus* –auf die Inanspruchnahme immer schlechterer Bodenqualitäten zurück, die in Anbetracht der steigenden Bevölkerungszahlen bebaut werden müssten. Da der Profit ein Residualeinkommen darstelle, müsse bei gleichbleibendem durchschnittlichen Lohnsatz die Profitrate fallen. Für *Karl Marx* ist die Profitrate im Kapitalismus langfristig ebenfalls nicht stabil. Ein arbeitssparender technischer Fortschritt führe zu einem Anstieg in der organischen Zusammensetzung des Kapitals. Hierdurch käme es zu einem *„tendenziellen Fall der Profitrate"* und damit letztlich zur immanenten Auflösung der kapitalistischen Ordnung (vgl. Abschnitt 2.5.2). Ob sich dieser Verfall einer **Durchschnittsprofitrate** für die kapitalistische Welt bis heute verifizieren lässt, ist wissenschaftlich umstritten. Dies liegt auch an fehlenden exakt vergleichbaren (langfristigen) Datenreihen zur Bestimmung der Profitrate. *Karl Georg Zinn* stellte diesbezüglich 1978 fest:

„Die Datenlage über die langfristige Entwicklung der Kapitalrentabilität(en) in den kapitalistischen Ländern ist (...) so unzureichend, daß wohl erst noch umfangreiche Forschungen in dieser Richtung unternommen werden müssen, ehe sich genauere empirische Aussagen über die Profitratenentwicklung machen lassen. Symptomatisch für diese schlechte Datensituation ist es etwa, wenn sich in dem umfangreichen Band zur historischen Wirtschaftsstatistik der europäischen Länder, (...) zur Profit- und Rentabilitätsentwicklung überhaupt keine Angaben finden. Der Profit, also der Dreh- und Angelpunkt des Kapitalismus, ist empirisch kaum wahrnehmbar."[570]

Vor diesem Hintergrund erstaunt es nicht, dass zwar einige empirische Untersuchungen – auch im internationalen Vergleich[571] – zum Verlauf der Profitrate vorliegen, diese aber allesamt zu unterschiedlichen Ergebnissen kommen. *Gillmann* – dessen vorliegende Untersuchung sich auf das *Verarbeitende Gewerbe* in den USA von 1849 bis 1963 bezieht – kommt zu dem Schluss, dass sich die Tendenz vom tendenziellen Fall der Durchschnittsprofitrate aufgrund eines im wesentlichen **kapitalsparenden technischen Fortschritts** – der zu einer Senkung der „organischen Zusammensetzung des Kapitals führt" – nicht verifizieren lässt.[572] *Nikolaus Dinkelacker* und *Harald Mattfeldt*, die **Deutschland** in der Periode von 1850 bis 1913 untersucht haben, konnten auch hier keine signifikanten Anzeichen für einen „tendenziellen Fall" ermitteln. Sie Schreiben: „Vielmehr ist diese von uns als Profitrate bezeichnete Kennziffer trendmäßig (,tendenziell') im Gesamtzeitraum wie in den jeweiligen Teilperioden gestiegen. Die Komponentenanalyse ergab, dass die Entwicklung der Profitrate wesentlich durch die Lohn- bzw. Profitquote bestimmt war und nicht durch die *Kapitalintensität* (,organische Zusammensetzung des Kapitals'). Letztere hatte sogar den geringsten Einfluss auf den Entwicklungspfad der Profitrate."[573] Untersuchungen für den Zeitraum nach dem Zweiten Weltkrieg – für die alte Bundesrepublik – von *Dirk Ipsen, Elmar Altvater, Jürgen Hoffmann* und *Willi Semmler* sowie von *Stephan Krüger* bestätigen dagegen die Marx'sche Trend-Prognose im Zeitraum von 1950 bis 1977 für das *Verarbeitende Gewerbe* sowie für ausgesuchte Industriezweige.[574] *Harald Mattfeldt* hat diese Ergebnisse noch einmal überprüft und in einer jüngeren Veröffentlichung für den Zeitraum bis Mitte der 1970er Jahre weitgehend bestätigt. Für den Zeitraum danach ist das Profitratenfallgesetz nicht mehr eindeutig erkennbar.[575] Auch *Karl Georg Zinn* zeigt für die Bundesrepublik im Zeitraum von 1960 bis 1974 einen Fall der Profitrate ohne hierin allerdings die von *Marx* aufgestellte langfristige Gesetzmäßigkeit beweisen zu wollen.[576] Ebenso stellt der *Sachverständigenrat* (SVR) bezogen auf alle Unternehmen außer Land- und Forstwirtschaft sowie Fischerei seit 1960 eine sinkende Kapitalrendite fest.[577] *Rainer Roth*, der seinen Berechnungen eine Bruttoprofitrate für das Verarbeitende Gewerbe zugrundegelegt hat, bestätigt im Zeitraum von 1970 bis 1995 ebenfalls eine fallende Tendenz

---

[570] Zinn, K.-G., Der Niedergang des Profits, Köln 1978, S. 143.

[571] Vgl. Brenner, R., Boom und Bubble. Die USA in der Weltwirtschaft, Hamburg 2002.

[572] Vgl. Gillmann, J.M., Das Gesetz des tendenziellen Falls der Profitrate, Frankfurt a. M. 1969.

[573] Dinkelacker, N., Mattfeldt, H., Trend- und Komponentenanalyse der Profitrate für Deutschland von 1850 bis 1913, Discussion Paper des Zentrums für Ökonomische und Soziologische Studien an der Universität Hamburg, Hamburg 2006, S. 23.

[574] Vgl. Ipsen, D., Die Stabilität des Wachstums. Theoretische Kontroversen und empirische Untersuchungen zur Destabilisierung der Nachkriegsentwicklung, Frankfurt a.M., New York 1983, Altvater, E., Hoffmann, J., Semmler, W., Vom Wirtschaftswunder zur Wirtschaftskrise, Berlin 1979, Krüger, S., Allgemeine Theorie der Kapitalakkumulation. Langfristige Entwicklung und konjunktureller Zyklus, Hamburg 1986.

[575] Vgl. Mattfeldt, H., Tendenzieller Fall der Profitrate? Zur makroökonomischen Rentabilitätsentwicklung in der Bundesrepublik Deutschland, in: Lambrecht, L., Lösch, B., Paech, N., Hegemoniale Weltpolitik und Krise des Staates, Frankfurt a. M 2006, S. 49 - 61.

[576] Vgl. Zinn, K.-G., Der Niedergang des Profits, Köln 1978, S. 142ff.

[577] Vgl. SVR-Gutachten 1998/99, S. 287.

der Kapitalrentabilität.[578] *Rudolf Hickel* kommt dagegen in einer Untersuchung für die alte Bundesrepublik bezogen auf Produktionsunternehmen des Verarbeitenden Gewerbes im Zeitraum von 1950 bis 1984 – in Anbetracht eines **arbeits-** *und* **kapitalsparenden technischen Fortschritts** – zu einem differenzierten Ergebnis. Er schreibt:

„Es scheint sich mit der Diffusion der Mikroelektronik ein technischer Wandel, der zugleich arbeits- und kapitalsparend wirkt, durchzusetzen. Wenn diese Tendenz sich gesamtwirtschaftlich verallgemeinern sollte, dann wäre die technologisch-ökonomische Begründung, die hinter dem Gesetz vom Profitratenfall steht, unzutreffend. Zieht man zur Begründung die Entwicklung der relevanten Größen von 1950 bis 1980 hinzu, dann lassen sich grobschlächtig Phasen definieren: Entsprechend dem Wachstum der Kapitalintensität sowie der Erwerbstätigenproduktivität ist im gesamtwirtschaftlichen Durchschnitt die Profitrate in den fünfziger Jahren gestiegen. Der danach jedoch einsetzende Rückgang der Profitrate hat sich seit Anfang der sechziger Jahre verlangsamt, um schließlich auf einem vergleichsweise stabilen Wert zu verharren."[579]

Helmut Görgens und *Jan Priewe* stellen in ihren Untersuchungen für die Bundesrepublik bis zum Jahr 1985 eine eher relative Konstanz der Profitrate fest.[580] Eine Untersuchung des *Deutschen Gewerkschaftsbundes* (DGB) zeigt für den Zeitraum von 1971 bis 1997 ebenfalls eine differenzierte Entwicklung der hierbei zugrundegelegten und definierten Netto-Kapitalrendite.[581] Von 1971 bis 1982 fiel diese. Ab 1983 nahm sie wieder zu. Auch nach der *Wiedervereinigung* mit der DDR kam es in Gesamtdeutschland bis 1997 zu keinem Fall der Profitrate, wenn auch zunächst aufgrund der schlechten Ertragslage der ostdeutschen Unternehmen die Rentabilität bis 1993 zurückging. Bis 1997 stieg die Profitrate anhand der Untersuchungsergebnisse aber wieder an.[582]

Vor dem Hintergrund dieser Ergebnisse soll im Folgenden durch eine **eigene Untersuchung** die Entwicklung der Profitrate von 1950 bis 2006 analysiert werden. Hierbei werden die einzelnen Komponenten (vgl. Abschnitt 4.7.1) Profitquote $q_P = 1 - q_L$, Arbeitsproduktivität Y/A und Kapitalintensität K/A und ihre Wirkungen auf die Profitrate (r) analysiert. Bei der Profitquote wurde die funktionale Verteilung des *Volkseinkommens* zwischen Kapital und Arbeit zugrunde gelegt. Der **Gewinn** bezieht sich demnach auf das **Unternehmens- und Vermögenseinkommen** gemäß Volkswirtschaftlicher Gesamtrechnung (VGK). Hierbei handelt es sich nicht um eine betriebswirtschaftliche (einzelwirtschaftliche) Gewinngröße, sondern um das **gesamtwirtschaftliche Überschussprodukt** aus Gewinn, Zins und Grundrente (vgl. dazu noch einmal die Abschnitt 3.4.3 und 4.2.2). Dies erklärt das hohe Niveau der Profitrate. Die **Arbeitsproduktivität** wurde durch Division des Volkseinkommens durch die Zahl der Erwerbstätigen (abhängig Beschäftigte plus Selbstständige) ermittelt. Zur Ermittlung der

---

[578]   Vgl. Roth, R., Das Kartenhaus, a.a.O., S. 26.

[579]   Hickel, R., Ein neuer Typ der Akkumulation? Hamburg 1987, S. 103.

[580]   Vgl. Görgens, H., Ist die Ursache der Beschäftigungskrise eine Gewinn- und Rentabilitätskrise? in: WSI-Mitteilungen, Heft 2/1986, ders., Die Entwicklung von Löhnen, Gewinnen und Kapitalrendite in der BRD, in: Gewerkschaftliche Monatshefte, Heft 6/1987, S. 353ff., ders., Kapitalrentabilität bei derzeitiger Massenarbeitslosigkeit so hoch wie bei früherer Vollbeschäftigung, in: WSI-Mitteilungen, Heft 10/1995, S. 633ff., Priewe, J., Krisenzyklen und Stagnationstendenzen in der Bundesrepublik Deutschland, Köln 1988.

[581]   Bei der *Netto-Kapitalrendite* wurde von einer Bereinigung der „Einkommen aus Unternehmertätigkeit und Vermögen" ausgegangen, das der sogenannten Gewinnquote gesamtwirtschaftlich zugrunde liegt. Gleichzeitig wurden von den Bruttogewinnen die Steuern abgezogen. Die Nettogewinne ohne Wohnungsvermietung wurden dann auf das entsprechende Nettoanlagevermögen zu Wiederbeschaffungspreisen bezogen.

[582]   Vgl. Deutscher Gewerkschaftsbund, (Hrsg.), Informationen zur Wirtschafts- und Strukturpolitik, 2/1998, S. 18

Kapitalintensität ist der Kapitalstock (Bruttoanlagevermögen) ebenfalls durch die Zahl der Erwerbstätigen dividiert worden. Bei den Berechnungen sind ausschließlich Bruttogrößen in *jeweiligen Preisen* zugrundegelegt worden. Um über den Zeitraum von 1950 bis 2006 eine differenziertere Analyse vornehmen zu können, wurden die folgenden Zeiträume betrachtet.

1950 - 1959   (ohne Saarland und Berlin)

1960 - 1969   (alte Bundesrepublik)

1970 - 1979   (alte Bundesrepublik)

1980 - 1990   (alte Bundesrepublik)

1991 - 1999   (Deutschland)

2000 - 2006   (Deutschland)

Abstrahiert man bei den Untersuchungen zunächst von den *zyklischen Schwankungen* bzw. Veränderungen und betrachtet den gesamten langfristigen Zeitraum von 1950 bis 2006, so lässt sich der von *Karl Marx* prognostizierte „tendenzielle Fall der Profitrate" für Deutschland nach dem Zweiten Weltkrieg nicht verifizieren. Vergleiche dazu den Verlauf in der folgenden Abb. 4.2. Im langfristigen Trend zwischen 1950 und 2006 ergibt sich anhand einer linearen Regressionsberechnung ein Funktionswert von (Y = 0,0046x – 8,7953) bei einem Bestimmtheitsmaß von (R^2 = 0,8262).

Die höchste Verzinsung des eingesetzten Kapitals wurde im Jahr 2006 mit 51,7 v.H. und die geringste Verzinsung mit 19,2 v.H. im Jahr 1950 realisiert. Über den gesamten Untersuchungszeitraum betrug die jahresdurchschnittliche Wachstumsrate der Profitrate 1,9 v.H.

Profitrate

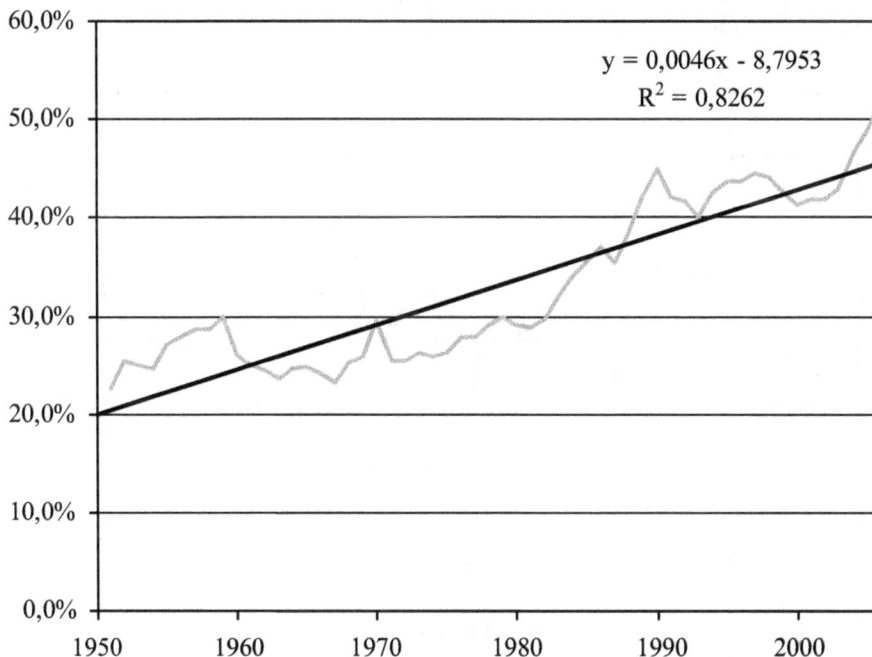

$$y = 0{,}0046x - 8{,}7953$$
$$R^2 = 0{,}8262$$

Abb. 4.2:   Profitrate von 1950 bis 2006

Betrachten wir die einzelnen oben angeführten **Zeitabschnitte**, so lag das Wachstum der Profitrate in den 1950er Jahren jahresdurchschnittlich bei 5,2 v.H. Negative Wachstumsraten wurden mit - 1,5 v.H. nur im Zeitraum von 1960 bis 1969 erzielt. Von 1970 bis 1979 betrug das jahresdurchschnittliche Wachstum der Profitrate 1,7 v.H. und von 1980 bis 1990 lag es bei 3,8 v.H. Nach der *Wiedervereinigung* schwächte sich der Wachstumswert von 1991 bis 2006 auf 0,9 v.H. ab. Von 1991 bis 1999 war er sogar mit - 0,6 v.H. negativ. Dafür aber von 2000 bis 2006 mit 2,8 v.H. wieder stark positiv.

Interessante Ergebnisse liefert auch die **Komponenten-Analyse**. In keinem Zeitabschnitt zwischen 1950 und 2006 war die Wachstumsrate der **Kapitalintensität** größer als die durchschnittliche Wachstumsrate der **Arbeitsproduktivität**. Das Marx'sche Gesetz eines Ansteigens der *„organischen Zusammensetzung des Kapitals"* (vgl. Abschnitt 2.5) trifft hier demnach nicht zu. Sieht man einmal vom Zeitraum 1960 bis 1969 ab, hier hoben sich, wie schon erwähnt, das Wachstum der Arbeitsproduktivität und das Wachstum der Kapitalintensität auf, so war in allen anderen Zeitabschnitten die Wachstumsrate der *Arbeitsproduktivität* größer als die Wachstumsrate der *Kapitalintensität*. Hierdurch kam es zu einem *positiven Effekt* auf die Profitrate. Seit der *Wiedervereinigung* ist es allerdings zu einer merklichen Abschwächung dieses Zusammenhangs gekommen. Von 1991 bis 2006 lag die Wachstumsrate der Arbeitsproduktivität nur noch um 0,6 Prozentpunkte über der Wachstumsrate der Kapitalintensität.

Bestimmungsgründe der Profitrate

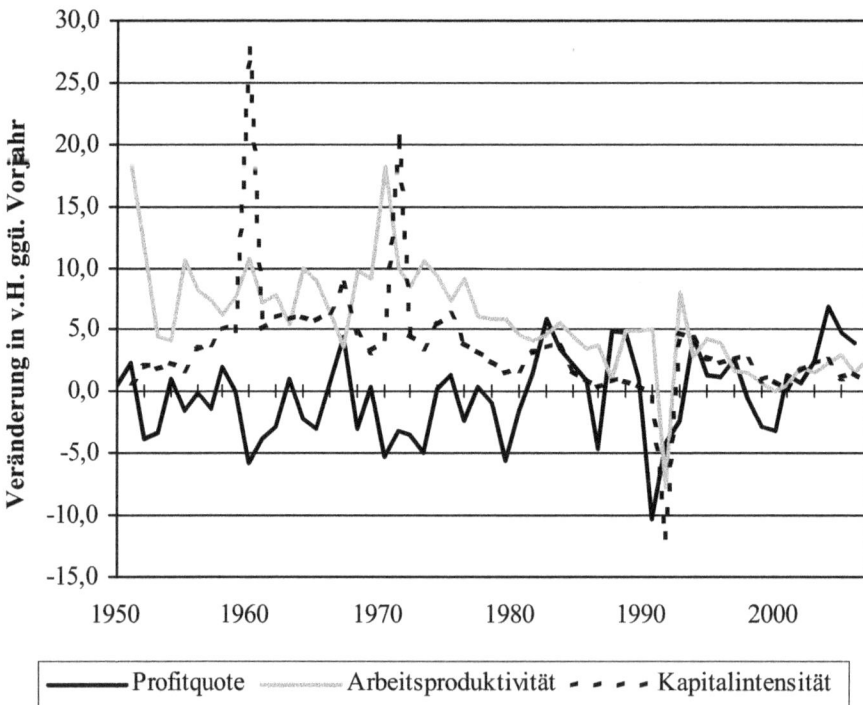

Abb. 4.3:   Bestimmungsgründe der Profitrate

Dies Ergebnis erklärt sich aus zwei Tatbeständen:

- Erstens aus einem nicht nur arbeitssparenden technischen Fortschritt, sondern auch aus einem **kapitalsparenden technischen Fortschritt**, der durch einen immer preiswerter werdenden Kapitalstock im Bereich der elektronischen Anlagen zu verzeichnen war und ist (neuer Akkumulationstyp).
- Hinzu kommt zweitens ein enormer **Strukturwandel** hin zum tertiären *Dienstleistungssektor*. Hier ist anders als im sekundären Industriesektor nicht ein so großer Kapitalstock zur Schaffung einer Einheit Volkseinkommens notwendig.

Beide Faktoren haben damit, zumindest tendenziell, eine positive Wirkung auf die Entwicklung der Profitrate in Deutschland gehabt.

Tab. 29: Komponenten der Profitrate in jahresdurchschnittlichen Wachstumsraten (in v.H.)

Zeitraum	Arbeitsproduktivität	Profitquote	Kapitalintensität	Profitrate
1950 bis 1959[1]	8,6	- 0,5	2,9	5,2
1960 bis 1969	7,8	- 1,5	7,8	- 1,5
1970 bis 1979	9,0	- 1,8	5,5	1,7
1980 bis 1990	4,2	1,1	1,5	3,8
1991[2] bis 1999	1,6	- 1,3	0,9	- 0,6
2000 bis 2006	1,9	2,4	1,5	2,8
1991 bis 2006	1,8	0,3	1,2	0,9
1950 bis 2006	5,7	- 0,4	3,4	1,9

1) Ohne Saarland und Berlin, 2) Ab 1991 Gesamtdeutschland, Quelle: Statistisches Bundesamt, Volkswirtschaftliche Gesamtrechnung, eigene Berechnungen.

Wie hat nun aber die Komponente der **Verteilung** auf die Profitrate gewirkt? Hier war der Effekt bis Ende der 1970er Jahre negativ. Die **Profitquote** zeigt über den gesamten Zeitraum von 1950 bis 1979 einen negativen Wachstumstrend. Die **Lohnquote** ist im Gegensatz dazu von 58,3 v.H. im Jahr 1950 auf 73,4 im Jahr 1981 tendenziell angestiegen. Dieser Wert war gleichzeitig der *höchste Wert der Lohnquote* zwischen 1950 und 2006. Im Zeitraum von 1980 bis 1990 (alte Bundesrepublik) kippt dann aber die Verteilung zu Gunsten des Kapitals. Die jahresdurchschnittliche Wachstumsrate der Profitquote ist mit 1,1 v.H. positiv und stärkt damit den Effekt auf die Profitratenentwicklung. Auch seit der *Wiedervereinigung* von 1991 bis 2006 bewirkt die Profitquote mit einer Wachstumsrate von 0,3 v.H. einen positiven Effekt. Von 1991 bis 1999 steigt allerdings noch die Lohnquote. Dafür kommt es aber ab 2000 zu einer *extremen Umverteilung* zur Profitquote, so dass diese jahresdurchschnittlich um 2,4 v.H. wächst. Zu den einzelnen Ergebnissen der gesamtwirtschaftlichen Komponenten zur Determinierung der Profitrate vergleiche die Tab. 29.

4.4 Beschäftigungsniveauneutrale Lohnpolitik

Neben Kritik an der Berücksichtigung einer antizipierten Inflationsrate in den Tarifverhandlungen, wird auch immer wieder von *neoliberalen Ökonomen* der Verzicht auf eine *volle* Weitergabe der *Produktivitätssteigerungen* in den Löhnen und Gehältern eingefordert. Hier wird zweifach argumentiert:

- Erstens kämen vielfach Produktivitätssteigerungen nur dadurch zu Stande, weil die Unternehmen Beschäftigte entlassen hätten und so mit weniger Beschäftigten den gleichen Output produzieren würden. Es entstünde somit eine **„Entlassungsproduktivität"** (der Begriff wurde zum *Unwort* des Jahres 2005 erklärt).
- Zweitens müssten Lohnabstriche solange vorgenommen werden, wie das Gleichgewicht an den Arbeitsmärkten durch vorliegende **Arbeitslosigkeit** gestört sei. Nur durch eine *Umverteilung* zu den Gewinnen, indem der verteilungsneutrale Spielraum von Reallohn und Produktivität nicht ausgeschöpft würde, hätten die Unternehmen eine Veranlassung mehr Arbeitskräfte einzustellen.

Zur modifizierten Produktivitätsrate auf Grund einer *„Entlassungsproduktivität"* führt der *Sachverständigenrat* (SVR) in seinem Jahresgutachten 1996/97 näheres aus:

„Die um den Abbau der Beschäftigung korrigierte Zuwachsrate der Durchschnittsproduktivität ergibt sich unter der Annahme einer linear-homogenen Produktionsfunktion, indem zu der tatsächlichen Zuwachsrate der Durchschnittsproduktivität die Veränderungsrate der Beschäftigung multipliziert mit eins minus Lohnquote addiert wird."[583]

Setzt man diese Forderung des *SVR* formal um, so ergibt sich der folgende Zusammenhang:

$$\Delta l \;=\; \Delta \alpha \;+\; \Delta \beta \left(1 \;-\; q_L \right)$$

$\Delta l \;=\;$ Nominallohnzuwachs

$\Delta \alpha \;=\;$ Veränderung der Arbeitsproduktivität

$\Delta \beta \;=\;$ Veränderung der Beschäftigung

$q_L \;=\;$ Lohnquote

Steigt beispielsweise die Durchschnittsproduktivität um 4 v.H. bei einem Beschäftigungsrückgang um ebenfalls 4 v.H. und die Lohnquote beträgt 75 v.H., so beläuft sich die um den Beschäftigungsabbau bereinigte (modifizierte) Zuwachsrate der Durchschnittsproduktivität lediglich auf 3,0 v.H.

$$\Delta l \;=\; 4 \;-4 \left(1 \;-\; 0,75 \right) \;=\; 4 \;-\; 1 \;=\; 3$$

Der Nominallohn (l) könnte deshalb – ginge es nach dem *SVR* – nur um 3,0 v.H. statt um 4 v.H. steigen. Überträgt man die *SVR-Forderung* auf das Verteilungsmodell in Abschnitt 4.1.1, so müsste die Beschäftigtenzahl von 500 um 4 v.H. auf 480 abgebaut werden. Das Arbeitsvolumen pro Woche ging bei einer 40-Stundenwoche pro Beschäftigten auf 19.200 Stunden zurück (480 x 40 Std. = 19.200). Bei gleicher Produktion von 5.000 Einheiten entspräche dies einer Produktivitätssteigerung von 4 v.H. (5.000 : 19.200). Würden die **Gewerkschaften** in den Tarifverhandlungen nun aber nur eine 3-prozentige Anhebung des Lohns von 15,00 €/Std. auf 15,45 €/Std. statt auf 15,60 €/Std. akzeptieren, so käme es zu einer **Umverteilung zu Gunsten der Gewinne**. Die Gewinnquote steigt von 25 v.H. auf 25,8 v.H., während die Lohnquote von 75 v.H. auf 74,2 v.H. fällt. Die *Verteilungsneutralität* der produktivitätsorientierten Lohnpolitik würde also verletzt. Die Unternehmen hätten nur Vorteile und die Beschäftigten nur Nachteile: So wird die Produktivitätserhöhung durch die *Entlassung von Beschäftigten* nicht nur den von dieser Entlassung betroffenen Mitarbeitern aufgebürdet – sie verlieren ihren Arbeitsplatz und werden arbeitslos – sondern den *verbliebenen Beschäftigten*

---

[583] SVR, Jahresgutachten 1996/1997, Textziffer 315.

wird auch noch eine höhere *Arbeitsintensität* zugemutet. Als „Belohnung" dafür sollen dann die noch Beschäftigten nicht einmal *verteilungsneutral* an der durch die Entlassung der Beschäftigten gestiegenen Produktivität partizipieren.

Unabhängig von einer „Entlassungsproduktivität" ist aber auch ein Lohnverzicht (Abschluss unterhalb der Produktivitätsrate) für den *SVR* in Zeiten von **Arbeitslosigkeit** notwendig.

> „Die Anforderungen, die aus gesamtwirtschaftlicher Sicht an eine Lohnpolitik gestellt werden müssen, die nicht nur zur Sicherung von Beschäftigung beiträgt, sondern auch hilft, daß neue, rentable Arbeitsplätze entstehen können, sind hoch. In der gegenwärtigen Ungleichgewichtssituation auf dem Arbeitsmarkt bedarf es eines lohnpolitischen Kurses, der verläßlich mittelfristig orientiert ist. Das heißt zum einen, daß ein *Abschlag von einem produktivitätsgerechten Lohn* vorzunehmen ist, zum anderen, daß dies über einen längeren Zeitraum hinweg (...) zu geschehen hat, also beispielsweise für etwa drei bis vier Jahre."[584]

Ohne Umverteilung in Richtung Unternehmensgewinne sei die Arbeitslosigkeit nicht zu reduzieren. Zu positiven Beschäftigungseffekten käme es also nur, wenn die *Gewerkschaften* auch hier einen „Abschlag von der Produktivität" akzeptieren würden; der Lohnzuwachs demnach geringer ausfallen würde als die Wachstumsrate der Produktivität. Die hierdurch ausgelöste Gewinnsteigerung inspiriere dann zu mehr *Investitionen* und damit letztlich auch zu mehr *Beschäftigung*. Es müssten die **Gewinne** heute nur kräftig steigen um morgen **Investitionen** auszulösen die wiederum übermorgen **Beschäftigung** bzw. Arbeitsplätze nach sich ziehen (**„GIB-Formel"**). Das *Deutsche Institut für Wirtschaftsforschung* (DIW) stellt hierzu kritisch fest:

> „Die These einer generellen Reallohnzurückhaltung – denkt man sie zu Ende – hat enorme Konsequenzen. Wenn die Reallöhne bei Unterbeschäftigung, ganz gleich welche Ursachen die Arbeitslosigkeit hat, immer hinter der Produktivitätszunahme zurückbleiben müssen, bei Vollbeschäftigung aber lediglich im 'Ausmaß des Produktivitätsfortschritts' zunehmen dürfen, sinkt der Anteil der Arbeitnehmereinkommen am Volkseinkommen permanent. Bei Arbeitslosigkeit muß die Lohnquote nämlich nach dieser These sinken, bei Vollbeschäftigung muß sie konstant bleiben. Eine Empfehlung für die Lohnpolitik, die einen abnehmenden Trend der Lohnquote zur Folge hat, ist aber abwegig, weil am Ende selbst eine Lohnquote von Null nicht mehr ausgeschlossen werden kann. Nur eine ins Absurde gesteigerte Vernachlässigung der Nachfrageseite einer Marktwirtschaft kann zu einer solchen Empfehlung führen."[585]

Obwohl in der wirtschaftlichen Realität die *Gewinnquote* – wie gezeigt (vgl. Abschnitt 4.2.3, Tab. 23) – kräftig gestiegen ist, haben aber die Unternehmen dennoch nicht gemäß der neoliberalen „GIB-Logik" reagiert. Eine rein **angebotsorientierte** bzw. **kostenorientierte Lohnpolitik** ist offensichtlich nicht hinreichend um die Unternehmen zu mehr beschäftigungsschaffende Realinvestitionen zu bewegen. Die **Investitionsquote** (Anteil der Bruttoanlageinvestitionen am Bruttoinlandsprodukt) sank in den letzten Jahren der Umverteilung zu den Gewinnen immer mehr ab. 2003 fiel sie erstmals unter die 18-Prozent-Marke mit weiter sinkender Tendenz. Dies ist nicht erstaunlich, wenn man davon ausgeht, dass Unternehmen nur dann real in zusätzliche Gebäude und Maschinen (Kapazitäten) investieren, wenn dafür auch

---

[584] SVR, Jahresgutachten 1996/97, Textziffer 313.

[585] DIW-Wochenbericht Nr. 27/1998, S. 497.

eine entsprechende **kaufkräftige Nachfrage** vorhanden ist. Diese wird aber durch Reallohnerhöhungen unterhalb der jeweiligen Produktivitätsrate beschnitten, so dass letztlich immer mehr Nachfrage ausfallen muss und die Unternehmen – die zunächst noch steigende Gewinne (auf Grund der Umverteilung) erzielen konnten –nicht mehr in beschäftigungsschaffende Kapazitäten investieren, sondern ihre Gewinne in **Finanzinvestitionen** parken. Mittel- und langfristig sind durch eine Umverteilung zu den Gewinnen aber auch die Unternehmen *selbst*, wenn auch nicht alle, so aber doch vor allen Dingen die *mittelständischen Unternehmen*, die Verlierer. Dadurch das immer mehr Nachfrage wegbricht, lasten sie schließlich nicht einmal mehr ihre bestehenden Kapazitäten aus. Hierdurch steigen die Stückkosten und selbst bei konstanten Preissetzungen erleiden sie Gewinneinbußen und viele Unternehmen sogar solch hohe Verluste, dass sie **Insolvenz** anmelden und aus dem Markt ausscheiden müssen.

Außerdem ist bei jeder selbst getätigten Investition in zusätzliche Produktionskapazitäten (*Erweiterungsinvestitionen*) ein **Rationalisierungseffekt** zu berücksichtigen. Dieser führt zu einem Abbau an Arbeitsplätzen wenn es nicht zu entsprechenden **Arbeitszeitverkürzungen** je Beschäftigten kommt (vgl. Abschnitt 4.12).

4.5   Der Einfluss der Geldpolitik

Wie bereits angedeutet, muss auch die Geldpolitik bei der Lohn- und Beschäftigungspolitik beachtet werden. Dies kann anhand der von dem US-amerikanischen Ökonom *Irving Fisher* (1867 bis 1947) aufgestellten **Quantitätsgleichung des Geldes**, die eine tautologische Beziehung beschreibt, aufgezeigt werden: Die nominale (zirkulierende) Geldmenge (M) mal der Umlaufgeschwindigkeit des Geldes (v) ist gleich dem Preisniveau (P) mal dem realen Bruttosozialprodukt (Y_R), also dem nominalen Bruttosozialprodukt $(Y_R \cdot P)$.

$$M \cdot v = Y_R \cdot P$$

M   = Geldmenge

V   = Umlaufgeschwindigkeit des Geldes

Y_R = reales Bruttosozialprodukt

P   = Preisniveau

Aus dieser Quantitätsgleichung läßt sich eine *nominale Geldnachfragefunktion* ableiten:

$$M = \frac{1}{v} \cdot P \cdot Y_R$$

Als *reale Geldnachfrage* ergibt sich unter Berücksichtigung der „*Cambridge-Schreibweise*" für die Umlaufgeschwindigkeit des Geldes (1/v) mit dem Kehrwert (k) die folgende Gleichung:

$$\frac{M}{P} = k \cdot Y_R$$

Bei einer unterstellten *konstanten* Umlaufgeschwindigkeit des Geldes (v) bzw. Kassenhaltung ($\overline{k}$)[586] kann das Preisniveau (P) nur in dem Ausmaß steigen, wie die Geldmenge (M) stärker wächst als die reale Produktion an Gütern und Diensten (Y_R).

$$P = \frac{M \cdot \overline{v}}{Y_R}$$

$$\Delta M + \Delta v \approx \Delta Y_R + \Delta P$$

$$\Delta M \approx \Delta Y_R + \Delta P \qquad \text{mit} \quad \Delta v = \text{Null}$$

Dabei besteht ein weitgehend *proportionaler* Zusammenhang zwischen der jeweils zirkulierenden Geldmenge (M) und dem Preisniveau (P). „Die kausale Interpretation der Verkehrsgleichung (Geldvermehrung als *alleinige Ursache* von Erhöhungen des Preisniveaus) ist allerdings umstritten. Zwei Theorien stehen im Raum. Die Hypothese der *Kausalität* liest die Verkehrsgleichung von links nach rechts und unterstellt damit, daß monetäre Impulse über einen komplizierten Übertragungs- oder Transmissionsprozess reale Veränderungen im Wirtschaftsprozess auslösen. Die bekanntesten Vertreter einer dogmatischen Kausalitätstheorie sind die **Monetaristen**. Die Hypothese der *umgekehrten Kausalität* interpretiert die Verkehrsgleichung von rechts nach links; sie unterstellt, daß sich der monetäre Sektor den realen Veränderungen im Wirtschaftsprozess anpasst. Bei gegebener Geldmenge wird dann die Umlaufgeschwindigkeit zur entscheidenden Variablen."[587] Solange die **Geldpolitik** über den *Zinsmechanismus* (Verteuerung oder Verbilligung von Krediten) für einen adäquaten Zusammenhang zwischen realer Produktion (Bruttosozialprodukt Y_R) und Geldmenge (M) sorgt, kann es zumindest zu keinen geldmengeninduzierten *inflatorischen* oder *deflatorischen* Prozessen kommen.

Beispiel:

In einer Periode werden 100 Einheiten eines beliebigen Gutes in einer Volkswirtschaft zum Stückpreis von 300 € verkauft. Der Gesamtumsatz (Transaktionsvolumen) beläuft sich dann auf 30.000 €. Die Summe aller Zahlungen entspricht also dem Produkt aus verkauften Mengen multipliziert mit deren Preisen. Wenn sich hier gleichzeitig der Zahlungsmittelbestand, also die Geldmenge M auf 8.000 € beläuft, so ist jede Geldeinheit 3,75mal an der gesamten Zahlungsabwicklung beteiligt; die Umlaufgeschwindigkeit (v) beträgt dann 3,75. Bleibt diese Umlaufgeschwindigkeit konstant und es steigt das reale Bruttosozialprodukt (Y_R) von 100 Einheiten um 3 v.H. auf 103 Mengeneinheiten (der Gesamtumsatz beläuft sich dann auf 30.900 €), so bleibt der Preisindex bzw. das Preisniveau (P) immer dann konstant, wenn auch die Geldnachfrage um 3 v.H. von 8.000 € auf 8.240 € erhöht wird.

$$\text{Preisindex am Ende der Periode} \quad P_1 = \frac{8.240 \cdot 3,75}{103} = 300$$

Was passiert nun aber, wenn die *Nachfrage* das bestehende Güterangebot oder die Produktionskapazitäten in einer Volkswirtschaft übersteigt? In diesem Fall kommt es zu einer **inflatorischen Lücke**. Der *Nachfrageüberhang* bewirkt hier einen inflatorischen Effekt. Sind die Kapazitäten voll ausgelastet und es besteht darüber hinaus immer noch eine starke Nachfrage,

---

[586] Die Umlaufgeschwindigkeit des Geldes (1/v) bzw. die Kassenhaltung (k) gibt allgemein an, wie oft in einer Periode ein Euro oder die Geldmenge (M) zu Transaktionen benutzt wird, d.h. pro Periode umgeschlagen wird.

[587] Neubäumer, R., Hewel, B., Volkswirtschaftslehre, 2. Aufl., Wiesbaden 1998, S. 483.

so erhöht sich das Preisniveau. Um in unserem Beispiel zu bleiben, bilden die 100 bereits verkaufen Produkte die *Kapazitätsgrenze* und die Unternehmen erhöhen in Folge des Nachfrageüberhangs die Preise von 300 €/Stück auf 310 €/Stück, so steigt das Umsatzvolumen auf 31.000 €. Dies erhöhte nominale Bruttosozialprodukt (P x Y_R) können die Wirtschaftssubjekte aber nur dann erwerben, wenn sie auch gleichzeitig die *Geldnachfrage* (Geldmenge x Umlaufgeschwindigkeit) erhöhen. Dazu müsste es über einen *„Geldschöpfungsmultiplikator"* im Bankensystem zu *Kreditvergaben* kommen, die mit einer Ausweitung der Geldmenge M und/oder einer erhöhten Umlaufgeschwindigkeit des Geldes identisch ist.[588] Dies zeigt, dass die Nachfrage nach Geld in den meisten Fällen mit einer *Kreditnachfrage* identisch ist. „Nach Überzeugung der älteren Quantitätstheorie haben *Geldmengenveränderungen* lediglich Auswirkungen auf das *Preisniveau*, nicht aber auf die relativen Preise, Produktion, Beschäftigung und Einkommensverteilung (,*klassische Dichotomie*' von monetären und realem Bereich der Wirtschaft)."[589] Diese Position wird heute aber nicht mehr geteilt. Entscheidend hängt es davon ab, ob die Wirtschaftssubjekte die *Inflation* richtig *antizipieren*. Gelingt dies, so hätte auch die Erhöhung des Preisniveaus keine Veränderung der Produktion, Beschäftigung oder der *relativen Preise* (Güterpreise, Löhne, Zinsen) und damit der *Einkommensverteilung* zur Folge. Das Problem ist dabei nur, dass solche **Inflations-Antizipationen** in der wirtschaftlichen Realität nur unvollkommen gelingen, und so letztlich von Preisniveauerhöhungen doch *realwirtschaftliche Wirkungen* ausgehen. Verwiesen sei hier schon einmal auf das ausführlich in Kap. 4.8 behandelte keynesianisch geprägte **Phillips-Theorem**, wonach eine zunehmende Inflationsrate die Arbeitslosenquote positiv beeinflussen kann. Ohne im Einzelnen auf die unterschiedlichen **Inflationsursachen** und **-theorien** eingehen zu können,[590] soll hier aber im Hinblick auf das *Lohn-Gewinn-Verhältnis* dennoch eine mögliche *„Anspruchsinflation"* im *Verteilungskampf* näher betrachtet werden. Dabei machen *Arbeitgeber* die Lohnentwicklung als hauptsächliche Inflationsursache über eine **Kostendruckinflation** (Lohn-Preis-Spirale) fest, und die *Gewerkschaften* führen das Gewinnstreben der Unternehmer für die Inflation (**Gewinndruckinflation**) und eine Preis-Lohn-Spirale ins Feld.

Zunächst einmal ist festzustellen, dass nicht *absolute* Kosten- und Gewinnveränderungen zu betrachten sind, sondern nur *relative*, d.h. auf eine bestimmte Leistung (Produktivität) bezogene Größen. Es geht um **Stückkosten** und **Stückgewinne**. Daneben kann es nur dann zu einem *angebotsinduzierten* inflationären Effekt kommen, wenn Stückkosten- und Stückgewinnsteigerungen, letztere in Form von Gewinnaufschlägen, über Preissteigerungen an die Nachfrager weitergegeben werden können. Dies hängt vom *Wettbewerb* und/oder von der *Preiselastizität der Nachfrage* ab (vgl. dazu noch einmal ausführlich die Abschnitte 3.2.2, 3.2.3 und 3.2.4). In einer Konkurrenzwirtschaft dürfte dies schwer fallen, während auf vermachteten Märkten in einer *Oligopol- bzw. Monopolwirtschaft* mit entsprechend hohen Konzentrationsgraden eine Kostenabwälzung wohl kaum ein Problem bereiten dürfte. Was sind nun aber *Ursachen für Stückkostensteigerungen*? Zu nennen sind hier

- reale Lohnsteigerungen oberhalb der Produktivitätsrate,
- Preissteigerungen für importierte Vorprodukte,
- Zinskostenerhöhungen oberhalb des Kapitalproduktivitätsanstiegs,

---

[588] Vgl. Bofinger, P., Grundzüge der Volkswirtschaftslehre, a.a.O., S. 375ff.

[589] Neubäumer, R., Hewel, B., Volkswirtschaftslehre, 2. Aufl., Wiesbaden 1998, S. 512.

[590] Vgl. dazu ausführlich: Baßeler, U., Heinrich, J., Koch, W., Grundlagen und Probleme der Volkswirtschaft, 13. Aufl., S. 610ff.

- eine Zunahme der Kostensteuern und
- ein Stückkostenanstieg bei abnehmender Kapazitätsauslastung.

Betrachtet man hier nur den Fall der *Lohnsteigerungen*, so wissen wir bereits, dass reale Lohnerhöhungen oberhalb der Produktivitätsrate zu geringeren Stückgewinnen für die Unternehmer führen. Akzeptieren diese die Umverteilung zu ihren Lasten nicht und erhöhen in Folge die *Preise*, so kommt es zu einem *inflationären Effekt*. Das zuvor von den Arbeitnehmern gewonnene wird so über die Preissteigerungen (Kaufkraftverlust) wieder entwertet. Gütermäßig (real) hat sich weder für die Unternehmer noch für die Arbeitnehmer etwas verändert, lediglich das *Preisniveau* ist durch den gescheiterten Umverteilungsversuch der Gewerkschaften gestiegen (vgl. Abb. 4.4).

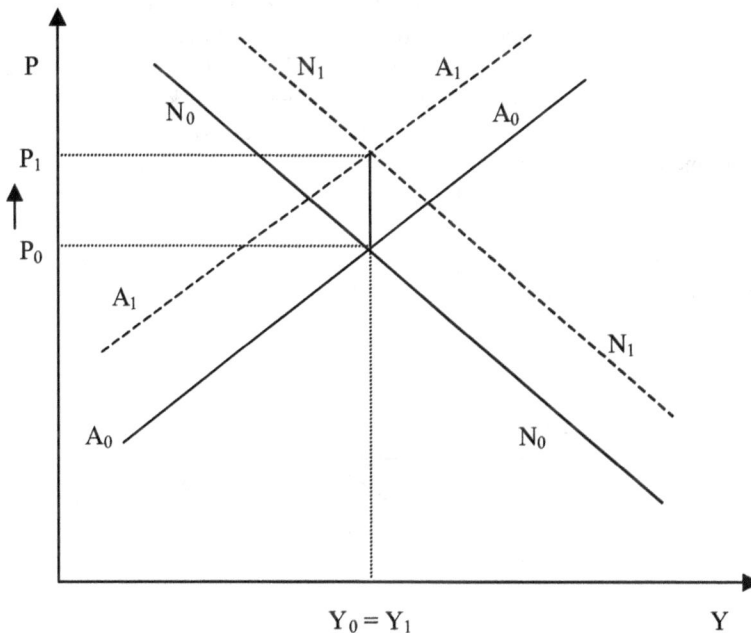

Abb. 4.4:   Lohndruckinflation

Dies ist u.a. auch der Grund für eine Umsetzung der in Abschnitt 3.7.8 dargestellten **Gewinnbeteiligung** der Arbeitnehmer, die einzig in der Lage ist, eine von den Gewerkschaften geforderte *„expansive Lohnpolitik"*, also eine Umverteilung zu den Arbeitseinkünften, wirklich umzusetzen. Bei dem Anstieg des Preisniveaus von (P_0) nach (P_1) (vgl. Abb. 4.4) ist außerdem der Einfluß der **Geldpolitik** zu beachten. Dies gilt nicht nur für über die Preise abgewälzte Stückkostensteigerungen, sondern auch auf Grund einer **Gewinndruckinflation**, weil die Unternehmer unter Ausnutzung von Marktmacht die *Gewinnaufschläge* in ihren Preiskalkulationen mit dem Ziel erhöhen, den Gewinnanteil am Volkseinkommen zu steigern. Akzeptiert die Zentralbank, aus welchen Gründen auch immer, eine Inflationsrate bzw. den Anstieg des Preisniveaus nicht und versucht die Geldnachfrage durch eine entsprechende **restriktive Geldpolitik** in Form von *Zinssteigerungen* zurückzufahren, so wird der Spielraum für das reale Wachstum des Bruttosozialprodukts beschränkt. Es kommt zu einem *Wachstumseinbruch* und in Folge zu einem *Beschäftigungsabbau* (Arbeitslosigkeit).

4.6   Neoklassische Mindestlohnarbeitslosigkeit

Auftretende Arbeitslosigkeit ist für die Neoklassik allenfalls eine **„freiwillige" Arbeitslosigkeit**, da sie modellimmanent aufgrund des **flexiblen Preis-** und **Lohnmechanismusses** quasi ausgeschlossen ist. Der *Arbeitsmarkt* sei ein Markt wie jeder andere. In besonders offensiver Weise vertritt heute diese These der Präsident des *Münchener ifo Instituts Hans-Werner Sinn*: „Der Markt für die Ware Arbeitskraft unterscheidet sich (...) nicht vom Markt für Äpfel. Das mag man beklagen, aber so ist es. Wird der Marktpreis für Äpfel nicht reguliert, dann findet der Markt ein Preisniveau, bei dem Käufer so viel Äpfel kaufen können, wie sie wollen, und die Bauern alle Äpfel loswerden, die sie produzieren."[591] Demnach kommt es durch die *Konkurrenz der Arbeitnehmer* bei einem Lohn oberhalb des Gleichgewichtslohns (Arbeitsangebot > Arbeitsnachfrage) um die knappen Arbeitsplätze solange zu einer **Lohnsenkung**, bis das Gleichgewichtsniveau erreicht ist und alle beschäftigt sind. Bei einem Lohn unterhalb des Gleichgewichts übertrifft im Umkehrschuss die nachgefragte Arbeitsmenge die angebotene, was zur *Konkurrenz der Unternehmer* um die knappen Arbeitskräfte und damit zu einem Steigen des Lohns führt, bis auch hier das gleichgewichtige Niveau realisiert ist. Demnach gibt es immer einen markträumenden Lohn, der **neoklassische Vollbeschäftigung** garantiert. Alle Arbeitnehmer, die zu diesem Lohn (l_G) arbeiten wollen (vgl. Abb. 4.5), finden Beschäftigung. Die, die nicht beschäftigt (also arbeitslos) sind, wollen eben nicht zu dem herrschenden Gleichgewichtslohn arbeiten und sind daher *„freiwillig"* arbeitslos (sog. **„neoklassische freiwillige Arbeitslosigkeit"**).

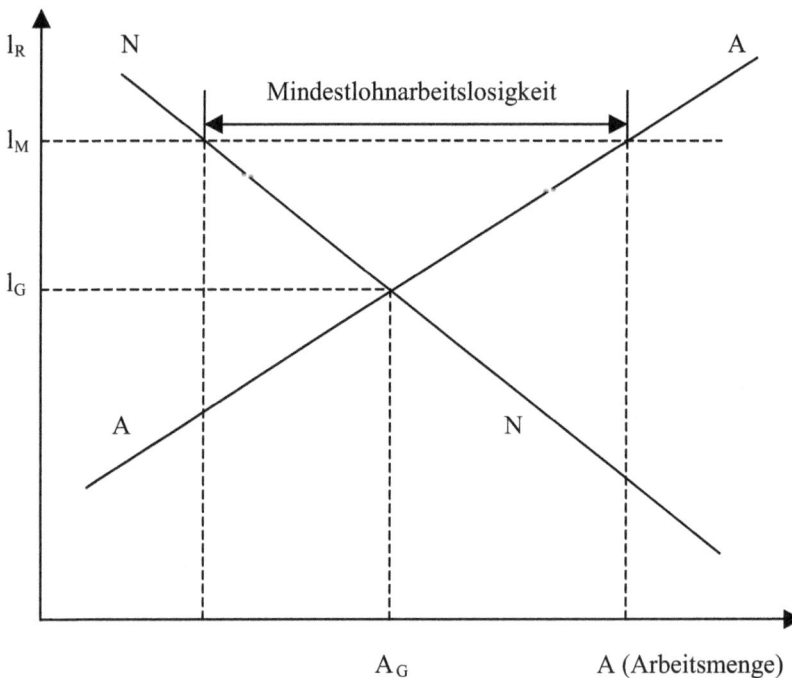

Abb. 4.5:   Neoklassische Mindestlohnarbeitslosigkeit

---

[591]   Sinn, H.-W., Ist Deutschland noch zu retten?, München 2003, S. 119.

Wenn es nicht zur Herstellung eines Vollbeschäftigungsgleichgewichtes kommt, so liegt dies nur an den zwischen den **Gewerkschaften** und **Arbeitgeberverbänden** kollektiv ausgehandelten Nominallöhnen (vgl. Abschnitt 3.6). Diese führten eben immer dann, wenn sie über dem wettbewerblichen Gleichgewichtslohn (l_G) liegen zu einer sogenannten „**Mindestlohnarbeitslosigkeit**". Bei diesen höheren Lohnsätzen (l_M) ist das Arbeitsangebot (A) deutlich größer als die Nachfrage (N) nach Arbeit (vgl. Abb. 4.5). Das Arbeitsangebot muss bei *marktinkonformen* Lohnsätzen, die über dem Gleichgewichtslohnsatz (l_G) liegen, **rationiert** werden. Dadurch entsteht ein *Käufermarkt*, d.h., die Arbeit nachfragenden Unternehmen entscheiden letztlich über das faktische Ausmaß der Beschäftigung. Ob es sich bei den Gleichgewichtslöhnen um einen produktivitätsorientierten oder kostenniveauneutralorientierten Lohn handelt, spielt hier für die Neoklassik keine Rolle mehr. Beim Vorliegen von **Arbeitslosigkeit** müssten die *Lohnzuwächse hinter dem Produktivitätsfortschritt* zurückbleiben, was einen Abschlag von der Produktivitätsrate impliziert (vgl. Abschnitt 4.4). *Umverteilung* zur Gewinnquote ist für die Neoklassik im Ergebnis eine unbedingte und strikt einzuhaltende wirtschaftspolitische Notwendigkeit. Außerdem müsste es zu einer stärkeren **Lohnstrukturdifferenzierung** kommen. Nur so käme es zu einer nachhaltigen Integration von Arbeitslosen mit schlechter Grenzproduktivität in den Arbeitsmarkt. Sollte dabei der Lohn unter das *Existenzminimum* („working poor") absinken, so müsse der Staat durch *Lohnsubventionierungen* (vgl. „Kombilohn", Abschnitt 3.4.5.1) den Niedriglohnsektor alimentieren.

Insgesamt verlangt die Neoklassik demnach beim Vorliegen von Arbeitslosigkeit einen schärferen **Lohnwettbewerb**. Es müssten die „dynamischen" Marktkräfte auch am Arbeitsmarkt uneingeschränkt entfesselt und dazu der soziale *Schutz der Arbeitslosen* eingeschränkt werden. Nur so wähle der Arbeitslose, vor die Entscheidung gestellt, entweder weiter ohne Absicherung arbeitslos zu sein oder zu einem niedrigen Lohnsatz Arbeit zu finden, die Beschäftigung (Arbeitslosigkeit als Disziplinierungsinstrument) (vgl. dazu auch noch einmal das Abschnitt 2.3). Um dies letztlich sicherzustellen müsse der Arbeitsmarkt massiv *rechtlich dereguliert* werden. Abschaffung des traditionell überholten Flächentarifvertrages in Richtung einer „**Verbetrieblichung der Lohnpolitik**".[592] Flexibilisierung der Arbeit, Aufweichung des Betriebsverfassungsgesetzes sowie arbeits- und sozialrechtlicher Schutzbestimmungen für die abhängig Beschäftigten, wie z.B. beim *Kündigungsschutz* oder bei der *Entgeltfortzahlung* im Krankheitsfall, bilden hier die politische Stoßrichtung. Ohne die in Abschnitt 3.4.1 aufgezeigten vielfältigen *Besonderheiten des „Faktors" Arbeit* zu berücksichtigen, muss man auch deshalb der neoklassischen Arbeitsmarkttheorie jede **empirische Relevanz** absprechen, weil sie nicht in der Lage ist, ihren entscheidenden „Regler", den Reallohn, am Arbeitsmarkt selbst (immanent) zu bestimmen. Der Reallohn wird nämlich durch das Preisniveau, das wiederum am *Geld- und Gütermarkt* festgelegt wird, abgeleitet. Damit ist das neoklassische Reallohnmodell des Arbeitsmarktes indeterminiert. Außerdem ist der reine **kostenorientierte Ansatz** der Neoklassik, der im Arbeitsentgelt nur einzelwirtschaftliche Kosten erblickt, zu kritisieren.

---

[592] Dies fordert auch Altbundeskanzler und Sozialdemokrat *Helmut Schmidt* wenn er schreibt: „Deshalb muß im Tarifvertragsgesetz die gesetzliche Regelung der Allgemeinverbindlichkeit aufgehoben oder wenigstens eingeschränkt werden. Ebenso muß im Betriebsverfassungsgesetz jener Paragraph (§ 73, Abs. 3, d.V.) gestrichen werden, der Lohn- und Arbeitszeitvereinbarungen zwischen Betriebsleitung und Belegschaft oder Betriebsrat für 'nichtig' erklärt. (...) Wenn wir inzwischen den Rekord von fast 30.000 Konkursen pro Jahr erreicht haben, so geht ein Großteil davon auf das Konto der *zweiseitigen Machtkartelle*, die das Feld der Tarifverträge beherrschen. Deshalb sollte der Gesetzgeber die in Zeiten höchster Beschäftigung geschaffenen Paragraphen streichen, die diese Machtstruktur zementiert haben." Schmidt, H., Auf der Suche nach einer öffentlichen Moral, 4. Aufl., Stuttgart 1998, S. 151f.

Hierdurch wird der *Doppelcharakter* des Lohnes, eben auch Einkommen zu implizieren, verletzt. Die Folge ist eine kreislauftheoretische bzw. gesamtwirtschaftliche Ausblendung des Lohnaspektes auf die Nachfrage. Hiergegen spricht letztlich auch nicht der Hinweis auf die **Exportwirtschaft**, bei der Löhne nur Kostenfaktoren sind, weil die Nachfrage hier aus den Einkommen anderer Länder gespeist wird (vgl. dazu ausführlich Abschnitt 4.1.1).

Auch die Erklärung einer Mindestlohnarbeitslosigkeit auf dem Arbeitsmarkt selbst, sozusagen als eine isolierte **arbeitsmarktimmanente** Arbeitslosigkeit in Form zu hoher Reallöhne, ist mit der wirtschaftlichen Realität nicht verträglich. Hierbei wird systematisch übersehen, dass die Arbeitsnachfrage im wesentlichen von der Entwicklung der **Kapitalverwertung** auf den Güter- und Kapitalmärkten determiniert wird. „Das heißt, die Arbeitslosigkeit stellt sich heute als die Folge von nachfrageorientierten Investitionsentscheidungen dar; sie ergibt sich als Mengenproblem und nicht als Resultat falscher, d.h. vollbeschäftigungsinkonformer Löhne."[593] Dabei geht die Bestimmung der Arbeitsnachfrage in der wirtschaftlichen Realität weit über den Lohn bzw. über die Höhe des Lohnes hinaus. Bei der Arbeitsnachfrage muss zunächst einmal zwischen **potentiellen Determinanten** und **tatsächlichen Determinanten** unterschieden werden.[594] Die Zahl der gesamtwirtschaftlichen Arbeitsplätze ergibt sich aus der Multiplikation des Kapitalstocks (Kapitalkoeffizienten) mit der Arbeitsintensität. Multipliziert man danach die Zahl der Arbeitsplätze mit der betrieblichen normalen Arbeitszeit[595], so erhält man die potentielle Arbeitsnachfrage. Dividiert man diese durch die normale Arbeitszeit je Arbeitnehmer (ohne Mehrarbeit), so ergibt sich die potentiell nachgefragte Anzahl an Arbeitnehmern.

Potentielle Arbeitsnachfrage

Kapitalstock x Arbeitsintensität = Arbeitsplätze x normale Betriebszeit

= potentielle Nachfrage (Stunden) : normale Arbeitszeit je Arbeitnehmer

= potentiell nachzufragende Anzahl an Arbeitnehmern

Die **tatsächliche Arbeitsnachfrage** ist leider meist deutlich geringer. „Sie bestimmt sich zum einen aus der Höhe der **Produktion**, die ihrerseits abhängt vom **erwarteten Absatz** und vom Fertigwarenbestand. Bei übervollem Fertigwarenlager wird die Produktion natürlich stärker zurückgenommen. Darüber hinaus hängt die Arbeitsnachfrage ab von dem Teil der Produktion, der in einer Arbeitsstunde erbracht werden kann: Ist er groß, wird man weniger Arbeitsstunden für die Gesamtproduktion benötigen und umgekehrt. Der Produktionsbeitrag einer Arbeitsstunde ist die **Arbeitsproduktivität**. Sie ist von vielen Faktoren abhängig: Vom Arbeitstempo, von der betrieblichen Arbeitsorganisation, vor allem aber vom effizienten Einsatz moderner Maschinen. Zusammengefasst könnte man dies alles den **Rationalisierungsgrad** nennen.

Tatsächliche Arbeitsnachfrage:

Erwarteter Absatz +/- Lagerauf-/Lagerabbau = Produktion

x arbeitsstündliche Produktivität

= tatsächliche Arbeitsnachfrage (Arbeitsvolumen in Stunden)

: tatsächliche Arbeitszeit je Arbeitnehmer

= tatsächlich nachgefragte Anzahl an Arbeitnehmern

---

[593] Hickel, R., Lassen sich Verursachung und Überwindung der Massenarbeitslosigkeit innerhalb der Neoklassik mit Vogt-Ausstattung erklären?, in: Hickel, R., (Hrsg.), Radikale Neoklassik, Opladen 1986, S. 52.

[594] Engelen-Kefer, U., Kühl, J., Peschel, P., Ullmann, H., Beschäftigungspolitik, 3. Aufl., Köln 1995, S. 27f.

[595] Hierbei ist entsprechend *Mehrschichtarbeit* zu berücksichtigen.

Die Produktion multipliziert mit der Arbeitsproduktivität ergibt das Volumen der tatsächlichen Arbeitsnachfrage, also die Menge der benötigten Arbeitsstunden. Es hängt nun von der **Arbeitszeit** ab, die davon ein einzelner Arbeitnehmer leisten soll, wie viele **Beschäftigungsverhältnisse** nachgefragt werden. Dies ist allerdings nicht allein vom Willen des Arbeitgebers abhängig, sondern ebenso von tariflichen und gesetzlichen Regelungen. "[596] Was unter all den aufgeführten Aspekten letztlich von der neoklassischen Theorie einer Lohndeterminierung bleibt, ist eine reine *Rechtfertigungsideologie* ihrer Autoren „wider besseres Wissen – oder weil die 'Seinsgebundenheit ihres Denkens', also ihre soziale Herkunft und geistigsoziale Einbindung, sie daran hindert, die Realität zur Kenntnis zu nehmen."[597] Erstens soll sie helfen die bestehende kapitalistische Ordnung zu rechtfertigen und gegen Kritik immun zu machen und zweitens soll sie als Rechtfertigung dazu dienen, die Leistungsstarken noch stärker zu belohnen und den Leistungsschwachen soziale staatliche Hilfen zu entziehen, um sie zur Leistung zu zwingen. Dies alles läuft letztlich auf eine rigorose **Umverteilungspolitik** von *Einkommen* und *Macht* zugunsten der Unternehmer hinaus.

4.7   Keynesianischer Ansatz

4.7.1   Zum keynesianischen Lohnverständnis

Wenn auch *John Maynard Keynes* 1936 mit seiner bahnbrechenden „*General Theory*"[598] mehr eine makroökonomische **Beschäftigungstheorie** als eine *Lohntheorie* vorgelegt hat, so stellen dennoch die zentralen Aussagen von *Keynes* zum Arbeitsmarkt und zur Determinierung der Lohnhöhe wichtige grundlegende Veränderungen zur Neoklassik mit entsprechenden wirtschaftspolitischen Implikationen dar. *Keynes* erkannte vor dem Hintergrund der *Weltwirtschaftskrise* (1929 bis 1933), dass Arbeitslosigkeit kein Ergebnis „falscher", das heißt überhöher Löhne ist. Diese sich dennoch bis heute gehaltene neoklassische/neoliberale Theorie ist nicht nur während der Weltwirtschaftskrise kläglich gescheitert, als die Löhne und Preise sanken und eine deflatorische Spirale – vom Staat noch durch **Sparen** kontraproduktiv angeheizt – das Problem der *Massenarbeitslosigkeit* nur noch verschlimmerte.

Auch heute bestimmt die Forderung nach *Lohnsenkungen* zur Bekämpfung der wieder seit 1975 bestehenden Massenarbeitslosigkeit das vorherrschende Denken der meisten Ökonomen, Politiker, Medienvertreter und selbstverständlich der Arbeitgeber. Sie alle drücken damit aber im Grunde nur den tiefen widersprüchlichen Kern des *Lohn-Gewinn-Verhältnisses* aus. Die Unternehmer wollen maximalen Profit. Dies geht letztlich aber nur bei niedrigen Löhnen. Setzen sich die Interessenvertreter des Kapitals mit ihrer **einzelwirtschaftlich** abgeleiteten Forderung „Löhne runter" durch, gefährden sie aber über die gesamtwirtschaftlichen Zusammenhänge das System einer kapitalistischen Ordnung selbst. Sie sägen sich im Grunde mittel- und langfristig den Ast selber ab, auf dem sie heute noch glauben sicher zu sitzen. Dies erkannte *Keynes* und wollte mit seiner Botschaft einer „*new*

---

[596] Engelen-Kefer, U., Kühl, J., Peschel, P., Ullmann, H., Beschäftigungspolitik, a.a.O., S. 27f.

[597] Kromphardt, J., Konzeptionen und Analysen des Kapitalismus, a.a.O., S. 208.

[598] Vgl. Keynes, J. M., The General Theory of Emploment, Interest and Money, London 1936.

economics" den Kapitalismus vor sich *selbst* retten.[599] Der wichtigste Grundsatz ist hierbei wohl der, dass *Keynes* **Arbeitslosigkeit** nicht als Ergebnis von Fehlentwicklungen auf den Arbeitsmärkten immanent erblickte, sondern Arbeitslosigkeit als ein *abgeleitetes (derivatives) globales makroökonomisches Phänomen* verstand.

Bei seiner Analyse geht *Keynes* zunächst deckungsgleich bezogen auf die Arbeitsnachfrage von der neoklassischen Grenzproduktivitätstheorie aus (vgl. Abschnitt 3.4.2). Hierbei akzeptiert *Keynes* auch eine reallohnabhängige Arbeitsnachfrage. Solange es keine *Produktivitätssteigerungen* und damit keine Verschiebung der unterstellten Produktionsfunktion (Kapitalstock und Technik sind konstant) gibt, impliziert eine Erhöhung des Inputfaktors Arbeit eine *sinkende Grenzproduktivität*. Diese hat zur Folge, da die Reallöhne der Grenzproduktivität unter der Prämisse einer Verteilungsneutralität entsprechen müssen (vgl. Abschnitt 4.1.1), dass eine zusätzliche Beschäftigung nur bei sinkenden Reallöhnen möglich ist. Steigt aber die Produktivität (es kommt zu einer Verschiebung der Produktionsfunktion), dann ist natürlich auch eine Beschäftigungsausweitung mit steigenden Reallöhnen vereinbar. Jedenfalls fragen Unternehmer demnach mehr Arbeitskräfte nach, wenn der Reallohn *sinkt* und umgekehrt *steigt* das Arbeitsangebot mit dem Reallohn. Einmal abgesehen von der in der **wirtschaftlichen Realität** zu beobachtenden *Unelastizität des Arbeitsangebots* und einer auch auftretenden *anormalen* Arbeitsangebotsfunktion (vgl. dazu noch einmal Abschnitt 3.4.4), hält *Keynes* dem neoklassischen Arbeitsmarktmodell entgegen, dass die hier unterstellte *Arbeitsangebotsfunktion*, sinkt der Reallohn geht auch das Arbeitsangebot zurück (et vice versa), der wirtschaftlichen Realität völlig widerspreche. Es ist vielmehr zu beobachten, dass bei gegebenen Nominallöhnen und steigenden Preisen, also bei einem sinkenden Reallohn, ein vorhandenes Arbeitsüberschussangebot, sprich *Arbeitslosigkeit*, bestehen bleibt und eben nicht, wie die Neoklassik behauptet, durch einen Rückgang des Arbeitsangebots abgebaut wird. Die abhängig Beschäftigten unterliegen bei *jedem Lohn* einem kapitalistischen *Arbeitszwang*. Das Arbeitsangebot ist daher weitgehend *starr* und unabhängig von nominalen oder auch realen Lohnsetzungen.

Selbst wenn die abhängig Beschäftigten und ihre Gewerkschaften einer Nominallohnsenkung zustimmen würden, garantiert dies noch nicht, dass dadurch auch die Reallöhne sinken. Niedrigere Geldlöhne führen zunächst einmal zu *geringeren Einkommen* (Doppelcharakter des Lohnes), also bei konstanter Sparquote zu einer *sinkenden Konsumgüternachfrage* und unter Wettbewerbsbedingungen zu sinkenden Preisen. Wenn aber sinkende Nominallöhne zu sinkenden Preisen führen, dann bleibt der Reallohn als Quotient aus Nominallohn und Preisniveau unverändert. Die durch die Absenkung der Nominallöhne verursachte Senkung der Konsumgüternachfrage wirkt sich aber auf jeden Fall auf die *Produktion* der Unternehmen aus. Diese geht zurück. Warum sollen dann Unternehmer mehr Arbeitskräfte einstellen? Das Gegenteil ist zu erwarten, dass noch mehr ihre Beschäftigung verlieren und die Arbeitslosigkeit steigt. Deshalb, so *Keynes*, müsse die neoklassische Theorie der Lohnsenkung als „irreführend und verheerend" verworfen werden. Notwendig wäre vielmehr eine Erhöhung der *gesamtwirtschaftlichen Nachfrage*. Und dies kann auf Grund der gerade in der Krise (Arbeitslosigkeit) vorliegenden „*kapitalistischen Rationalitätsfalle*" (vgl. noch einmal das Ende von Abschnitt 2.6) nur eine Instanz leisten, nämlich der nicht einzelwirtschaftliche profitorientierte *Staat* mit einem demokratisch legitimierten und politisch gewollten *deficit spending*, also mit einer kreditfinanzierten staatlichen (zusätzlichen) Nachfrage.

---

[599]   Vgl. Bontrup, H.-J., Keynes wollte den Kapitalismus retten. Zum 60. Todestag von Sir John Maynard Keynes, in: Internationale Politikanalyse der Friedrich Ebert Stiftung, Bonn , Juli 2006.

4.7.2 Was fehlt ist gesamtwirtschaftliche Nachfrage

Soll die Nachfrage nach Arbeit steigen, so muss nach *Keynes* die gesamtwirtschaftliche Nachfrage zulegen. Diese ist in der Krise mit Arbeitslosigkeit zu gering, um das bereitstehende Erwerbspersonenpotenzial auszulasten. In der „General Theory" von *Keynes* hängt dabei das gleichgewichtige Beschäftigungsvolumen von drei Faktoren ab: Erstens von der *gesamtwirtschaftlichen Angebotsfunktion*, also vom gesamtwirtschaftlichen Output. Zweitens von der *Konsum- und Sparneigung* der privaten Haushalte und drittens vom *Investitionsvolumen*. Vom Reallohn ist hier keine Rede, um dies noch einmal zu betonen. Für *Keynes* kommt es dabei insbesondere auf die *Investitionen* (private und staatliche) an. Deren Schwankungen determinieren letztlich den ökonomischen *Wachstumsprozess*. Dies soll im Folgenden abgeleitet und aufgezeigt werden. Dazu bedienen wird uns eines kreislauftheoretischen *Einkommen-Ausgaben-Diagramms* für eine geschlossene Volkswirtschaft mit staatlicher Aktivität.

Für *Keynes* ist die **gesamtwirtschaftliche Nachfragesituation** auf den Güter- und Dienstleistungsmärkten die entscheidende Beschäftigungsgröße. Die Unternehmen passen ihr Güterangebot (ihre Produktion) der jeweils effektiven, d.h. der *kaufkräftigen Nachfrage* an. Damit bezweifelt *Keynes* die Gültigkeit des **Say'schens Theorems**, das behauptet, das sich jedes Angebot seine Nachfrage selbst schaffe. Die Höhe der Beschäftigung bestimmt *Keynes* aus der am Markt insgesamt wirksamen effektiven Güternachfrage. Diese setzt sich in einer geschlossenen Volkswirtschaft aus autonomen (einkommensunabhängigen) *Investitionen* und aus einem *privaten Konsum* zusammen. Dieser enthält sowohl eine autonome als auch eine einkommensabhängige Komponente. Das bei der Güterproduktion entstehende *Volkseinkommen* (vgl. Abschnitt 4.2.2) wird allerdings nicht voll konsumiert, sondern auch zu einem Teil gespart. Die aggregierte Güternachfrage muss daher nicht mit der aggregierten Güterproduktion und dem daraus entstehenden Volkseinkommen übereinstimmen. Dies ist nur – grafisch betrachtet – auf allen Punkten der 45-Grad-Linie (vgl. Abb. 4.6) der Fall. Hier ist die Summe der geplanten Investitionen gleich der Summe der geplanten Ersparnisse ($I_{geplant} \equiv S_{geplant}$). Unterstellt das Volkseinkommen (Y_0) entspräche dabei einem *Vollbeschäftigungseinkommen*, bei dem alle Arbeitnehmer beschäftigt wären, so ist in Höhe dieses Einkommens die Güternachfrage auf Basis des tatsächlich verausgabten Volkseinkommens (Y_1) zu gering um das gesamte Güterangebot zu absorbieren bzw. aufzukaufen. Es entsteht ein **Überschussangebot** oder eine *deflatorische Lücke*.

Die Summe der geplanten gesamtwirtschaftlichen Ersparnis ist an dieser Stelle größer als die Summe der geplanten Investitionen ($I < S$). In Folge einer derartigen gesamtwirtschaftlichen Situation auf den Güter- und Dienstleistungsmärkten kommt es zu einer *Produktionsdrosselung* durch die Unternehmen bis das so verringerte Angebot der aggregierten Nachfrage im Punkt (Y_1) entspricht. Erst hier wird eine Deckung von Ersparnissen und Investitionen ($I \equiv S$) sichergestellt. Dieses neue Gleichgewicht ist aber nur ein **Gleichgewicht bei Unterbeschäftigung** bzw. „unfreiwilliger Arbeitslosigkeit". Bei gegebenen Konsum- und Investitionsausgaben $C + I$ (vgl. Abb. 4.6) lässt sich nach *Keynes* nur durch eine Erhöhung der staatlichen Ausgaben (A_{St}) ein **Vollbeschäftigungsgleichgewicht** (Y_0)herbeiführen. Die gesamtwirtschaftliche Nachfrage $Y^N = C_P + I_P + A_{St}$ steigt dabei verstärkt durch eine *Multiplikatorwirkung* (vgl. Abschnitt 4.7.3) auf das Vollbeschäftigungsgleichgewicht (Y_0). Erst dann stimmen gesamtwirtschaftliches Güterangebot und Güternachfrage auch mit einer Vollbeschäftigungssituation auf den Arbeitsmärkten überein. Neben einer Erhöhung der *Staatsausgaben* (A_{St}) (konsumtiv und investiv) kann auch durch eine Ausweitung der **staatlichen Transferzahlungen**

(Kindergeld, Mietzuschüsse u.a.) sowie eine Erhöhung der **Subventionen** an die Unternehmen ein positiver Wachstums- und Beschäftigungseffekt bewirkt werden. Hierbei ist allerdings zu beachten, dass die Effekte des staatlichen Transferausgaben-Multiplikators im Vergleich zu den direkten Staatsausgaben für konsumtive und/oder investive staatliche Zwecke geringer ausfallen. Dies liegt darin begründet, dass die privaten Haushalte, anders als der Staat, einen Teil der Transferzahlungen sparen. Erhöht der Staat dagegen die **Steuern** der privaten Haushalte und Unternehmen, so wirkt dies negativ auf die Beschäftigung. Hierbei ist aber die Wirkung des **Haavelmo-Theorems**[600] zu beachten. Demnach beträgt der multiplikative Effekt einer steuerfinanzierten Erhöhung der Staatsausgaben eins, d.h., erhöht der Staat zur Finanzierung der Staatsausgaben (A_{st}) in gleicher Höhe die Steuern (T), gibt es dennoch einen positiven Schub fürs Wachstum und damit für die Beschäftigung in Höhe der getätigten Staatsausgaben.

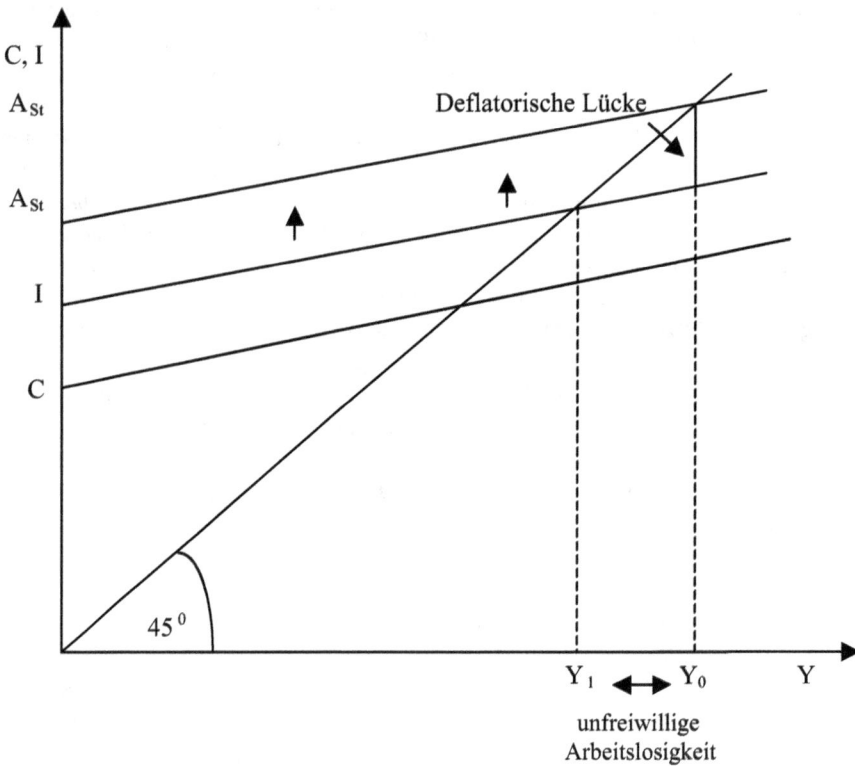

Abb. 4.6:   Deflatorische Lücke und unfreiwillige Arbeitslosigkeit

---

[600]   Das *Haavelmo-Theorem* wurde 1944 von dem norwegischen Nobelpreisträger für Wirtschaftswissenschaften (1989) *Trygve Haavelmo* (1911 bis 1999) entwickelt.

4.7.3 Keynesianisches Multiplikatormodell

Im Folgenden soll das gesamte keynesianische Modell dargestellt werden. Ausgangsbasis ist dabei die gesamtwirtschaftliche Nachfrage (Y^N), die sich in einer geschlossenen Volkswirtschaft ohne Auslandsaktivitäten aus dem privaten Konsum (C_P), den privaten Investitionen (I_P) und den Staatsausgaben (A_{St}) (konsumtiv und investiv) zusammensetzt.

$$(1) \quad Y^N = C_P + I_P + A_{St}$$

Für den privaten Konsum (C_P) ergibt sich die Definitionsgleichung

$$(2) \quad C_p = Y^N - S \quad \text{bzw. für die Ersparnis (S)}$$

$$(3) \quad S = Y^N - C_P$$

Alles was vom Einkommen nicht konsumiert wird, wird gespart (Sparen = Konsumverzicht). Der private Konsum ist dabei abhängig von der Höhe des laufenden Volkseinkommens (cY) und einer autonomen Konsumgröße (C_a).

$$(4) \quad C_P = C_a + c\,Y$$

Die mit der Konsumfunktion korrespondierende Sparfunktion lautet:

$$(5) \quad S = Y - \left(C_a + c\,Y\right)$$
$$S = -C_a + \left(1 - c\right)Y$$

Und weil gilt $(1 - c) = s =$ marginale Sparquote, gilt auch:

$$S = -C_a + s\,Y$$

Die privaten Investitionen (I_P) und die Staatsausgaben (A_{St}) werden im Modell als *autonom* unterstellt:

$$(6) \quad I_P = I_P^a$$

$$(7) \quad A_{St} = A_{St}^a$$

Bei der Bestimmung der keynesianischen Konsum- und Sparfunktion hängt die Höhe des Konsums und der Ersparnis aber nicht nur vom im Produktionsprozess verdienten Markteinkommen ab, sondern vom **verfügbaren Einkommen** (Y_V). Dieses Einkommen ergibt sich vereinfacht ausgedrückt (vgl. dazu ausführlich die Ableitung in Abschnitt 4.2.2) aus dem Leistungs- bzw. Markteinkommen vermindert um Steuerzahlungen (T) und vermehrt um Transferzahlungen und Subventionen (Z).

$$(8) \quad Y_V = Y + Z - T$$

Die Steuerzahlungen (T) gehen dabei in Abhängigkeit vom Einkommen (Y) über eine Proportionalsteuer mit einem entsprechenden Steuersatz (t) in das Modell ein.

$$(9) \quad T = t\,Y$$

Die Transferzahlungen und Subventionen werden als autonom unterstellt.

$$(10) \quad Z = Z_a$$

Unter Berücksichtigung der einkommensabhängigen Konsumfunktion ergibt sich die folgende fiskalische multiplikative Wirkung auf das Sozialprodukt bzw. auf die gesamtwirtschaftliche Nachfrage (Y^N).

$$(11) \quad C_P \; = \; C_a \; + \; c \, Y_v$$

$$C_P \; = \; C_a \; + \; c \left(Y \; + \; Z \; - \; T \right) \; \text{bzw.}$$

$$C_P \; = \; C_a \; + \; c \left(Y \; + \; Z_a \; - \; t \, Y \right) \; \text{bzw.}$$

$$C_P \; = \; C_a \; + \; c \, Y \; + \; c \, Z_a \; - \; c \, t \, Y$$

Wird die **Konsumfunktion** (C_P) eingesetzt in Gleichung (1), ergibt sich die gesamtwirtschaftliche Nachfrage (Y^N) wie folgt:

$$(12) \quad Y \; = \; C_a \; + \; c \, Y \; + \; c \, Z_a \; - \; c \, t \, Y \; + \; I_P^a \; + \; A_{St}$$

$$Y \; - \; c \, Y \; + \; c \, t \, Y \; = \; C_a \; + \; c \, Z_a \; + \; I_P^a \; + \; A_{St}$$

$$Y \left(1 \; - \; c \; + \; c \, t \right) \; = \; C_a \; + \; c \, Z_a \; + \; I_P^a \; + \; A_{St}$$

$$Y \; = \; \frac{1}{1-c+c \, t} C_a \; + \; \frac{1}{1-c+c \, t} I_P^a \; + \; \frac{c}{1-c+c \, t} Z_a \; + \; \frac{1}{1-c+c \, t} A_{St}$$

An den gleich großen **Konsum-, Investitions-** und **Staatsausgabenmultiplikatoren** (1/1 - c + ct) wird deutlich, das sie, wie bereits erwähnt, größer sind als der **Transfermultiplikator** (c/1 - c + ct). Abhängig ist die jeweilige multiplikative Wirkung von zusätzlichen Konsum-, Investitions-, Staatsausgaben- und Transferleistungen auf die gesamtwirtschaftliche Nachfrage (Bruttoinlandsprodukt) demnach von der

- Höhe der marginalen Konsum- bzw. Sparquote (1 = c + s) und der
- Höhe des Steuersatzes (t).

Je höher die marginale Konsumquote bzw. je geringer die marginale Sparquote und je niedriger der Steuersatz dabei ausfallen, umso größer ist der positive Effekt auf das Bruttoinlandsprodukt. Dieser Effekt verstärkt sich noch bei einer *differenzierten Besteuerung*. Werden progressive Steuersätze bei denjenigen erhoben, die eine niedrige marginale Konsumquote haben und bei denjenigen mit einer hohen Konsumquote nur geringe Steuersätze festgelegt, so kommt es zu einem noch höheren Wachstumsimpuls. Dies gilt auch für umverteilende Effekte aus der *Vermögens- und Erbschaftsteuer*.

4.7.4   Erweitertes keynesianisches Modell

Erweitert man das keynesianische Einkommens-Ausgaben-Modell, das bisher nur das Geschehen auf dem **Gütermarkt** abgebildet hat, um den **Geld-** bzw. **Kapitalmarkt** anhand des von dem britischen Ökonomen *John Richard Hicks* (1904 bis 1989) entwickelten

IS-LM-Modells,[601] so ist das Ergebnis im Grunde kein anderes. Auch hier kann das gleichgewichtige Volkseinkommen (Y) und Zinsniveau (i) einem **Vollbeschäftigungsgleichgewicht**, aber ebenso einem **Unterbeschäftigungsgleichgewicht** entsprechen.[602] Die jeweiligen Gleichgewichtszustände auf dem Güter- und Geld- bzw. Kapitalmarkt werden durch unendlich viele Kombinationen von (i) und (Y) hergestellt. Zu einem gleichzeitigen (simultanen) Gleichgewicht auf dem Güter- und Geldmarkt führt aber nur eine i-Y-Kombination: Diese liegt im Schnittpunkt der IS- und LM-Kurve. Die **IS-Kurve** bildet dabei den **Gütermarkt** ab. Dieser soll hier vereinfachend aus einer Konsumfunktion $Y = C_a + cY$ und einer zinsabhängigen Investitionsfunktion $I = -5i + 30$ sowie aus autonomen Staatsausgaben $A_{St} = 100$ bestehen. Die Staatsausgaben werden im Rahmen eines *ausgeglichenen Staatshaushalts* durch Steuern $T = 100$ finanziert.

$$(1) \quad Y = C_a + cY + -5i + 30 + A_{St} - T$$

$$(2) \quad Y - cY = C_a + -5i + 30 + 100 - 100$$

$$(3) \quad Y = \frac{1}{1-c}C_a + \frac{-5i+30}{1-c} + \frac{100}{1-c} - \frac{100}{1-c}$$

Bei einer unterstellten marginalen Konsumquote von 80 v.H. und einem autonomen Konsum in Höhe von 50 Einheiten, lassen sich für unterschiedlich hohe Zinssätze (i) verschieden hohe Sozialprodukte (Y) herleiten, wobei jede i-Y-Kombination ein Gleichgewicht auf dem Gütermarkt $(I \equiv S)$ repräsentiert.

$$(4) \quad Y = \frac{1}{1-0,8} 50 + \frac{-5i+30}{1-0,8} + \frac{100}{1-0,8} - \frac{100}{1-0,8}$$

i	Y
2	350,0
2,5	337,5
3	325,0
4	300,0

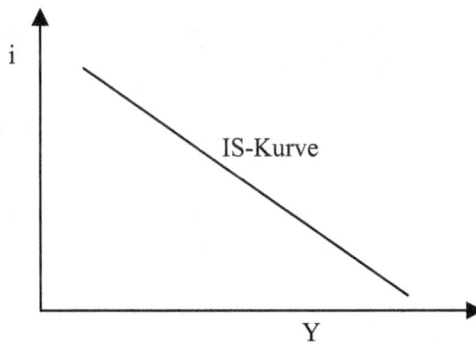

Bei steigenden Zinssätzen geht dabei das Sozialprodukt zurück.

Beträgt das Gleichgewichtssozialprodukt (Y = 325) und der Gleichgewichtszins (i = 3 v.H.), so ergeben sich auch die Gleichgewichtswerte für den Konsum bzw. die Ersparnis und die Nettoinvestition. Man muss nur Y in die Konsumfunktion $(C_P = C_a + cY)$ und (i) in die zinsabhängige Investitionsfunktion $(I_n = -ai + I)$ einsetzen.

---

[601] Die IS-Kurve ist der geometrische Ort aller Kombinationen von Realeinkommen und Zins, die einen Ausgleich von Angebot und Nachfrage auf dem Kapitalmarkt schaffen, während die LM-Kurve den geometrischen Ort aller Kombinationen von Realeinkommen und Zins, die einen Ausgleich von Angebot und Nachfrage auf dem Geldmarkt herbeiführen, repräsentiert.

[602] Vgl. dazu ausführlich Bontrup, H.-J., Volkswirtschaftslehre, a.a.O., S. 494 - 510.

$Y = 325$; $i = 3$ v.H.; $C_a = 50$; $c = 0,8$; $I_a = 30$;

$a = -5$ (Zinselastizitätsparameter)

(1) $C_P = 50 + 0,8 \, Y \quad Y = 325$

     $C_P = 260$

(2) $S_P = -50 + 0,2 \, Y$

     $S_P = 15$

(3) $I_P^a = -5 \, i \, (3) + 30$

     $I_P^a = 15$

(4) $I_P^a = 15 = S = 15$

In einer *ex post Betrachtung* – unter Berücksichtigung einer offenen Volkswirtschaft mit *außenwirtschaftlichen Tätigkeiten* – stimmen immer die geplanten und ungeplanten Investitionen sowie die geplanten und ungeplanten Ersparnisse überein ($I \equiv S$). Dies ergibt sich aus der **gesamtwirtschaftlichen Vermögensbildung**. Hier sind die jeweiligen Nettozuwächse an Sachvermögen, die *Nettoinvestitionen* I_{Netto} (Bruttoinvestitionen minus Abschreibungen), und der Finanzierungssaldo F als Veränderungswert der Nettoposition des Unternehmenssektors gegenüber dem Ausland immer gleich der gesamtwirtschaftlichen Ersparnis (S). Demnach gilt:

$$I_{Netto} + F = S$$

„Dieses Ergebnis ist nicht überraschend, wenn man sich vor Augen hält, daß bei jeder Kreditbeziehung zwischen Inländern einem *inländischen Gläubiger* stets ein *inländischer Schuldner* gegenübersteht (hierauf wird noch bei der **Staatsverschuldung** im Kap. 4.9 zurückzukommen sein, d.V.). Bei der Aggregation gehen durch Konsolidierung sämtliche Informationen über inländische Kreditbeziehungen verloren, da der Gesamtwert der **Forderungen** von Inländern gegen Inländer gleich dem Gesamtwert der **Verbindlichkeiten** von Inländern gegenüber Inländern ist. Übrig bleibt lediglich die Veränderung der Nettoposition des Inlands gegenüber dem Ausland ΔN_U^A. Das Ergebnis der gesamtwirtschaftlichen Vermögensbildung läßt sich nun so interpretieren, daß der Wert der gesamtwirtschaftlichen Nettoinvestitionen vermehrt um die Veränderungen der Nettoposition gegenüber dem Ausland gleich der Ersparnis ist."[603]

$$I_{Netto} + \Delta N_U^A = S$$

Der *Finanzierungssaldo* $F = \Delta N_U^A$ des Inlands gegenüber dem Ausland entspricht gleichzeitig dem Saldo der *Leistungsbilanz*. War diese positiv, dann hat sich die Nettoposition des Inlandes gegenüber dem Ausland erhöht (d.h. die Veränderungen der Forderungen übersteigen die Veränderungen der Verbindlichkeiten) und es kam zu einem *Kapitalexport*. Umgekehrt würde ein *Kapitalimport* vorliegen, wie bei Volkswirtschaften, die *über ihren Verhältnissen* leben, weil sich ihre Nettoposition von Forderungen und Verbindlichkeiten gegenüber dem Ausland verschlechtert hat, wie dies z.B. seit Jahren für die USA gilt. Auf Grund der deutschen *Wiedervereinigung* haben auch wir bis 2001 über unseren Verhältnissen

---

[603] Haslinger, F., Volkswirtschaftliche Gesamtrechnung, 7. Aufl., München, Wien 1995, S. 51.

gelebt, wie Tab. 30 zeigt. Erst ab 2002 lag wieder ein positiver gesamtwirtschaftlicher Finanzierungssaldo vor. Addiert man aber von 1991 bis 2006 die Werte auf, so war über den gesamten Zeitraum betrachtet die kumulierte Nettoposition gegenüber dem Ausland in Summe positiv, d.h. es ist zu Kapitalexporten in Höhe von 196,5 Mrd. € gekommen. Jahresdurchschnittlich waren dies 12,3 Mrd. €.

Tab. 30: Empirisches ex post Gleichgewicht von Sparen und Investieren - in Mrd. € -

Jahr	Netto-investitionen	Vermögens-transfersaldo	Finanzierungs-saldo	Sparen
1991	153,8	2,3	- 23,1	133,0
1992	150,7	0,9	- 18,6	133,0
1993	125,5	1,0	- 17,4	108,7
1994	139,4	1,3	- 28,4	112,3
1995	140,3	1,9	- 23,9	118,3
1996	120,0	1,7	- 12,3	109,4
1997	121,3	- 0,1	- 8,6	112,6
1998	134,5	- 0,7	- 13,5	120,3
1999	135,3	0,1	- 24,0	111,4
2000	140,7	- 6,9	- 26,7	107,1
2001	95,5	0,3	- 0,9	94,9
2002	48,3	0,2	45,9	94,4
2003	54,2	- 0,3	43,9	97,8
2004	51,4	0,1	85,0	136,5
2005	50,0	- 0,1	94,8	144,7
2006	76,1	0,0	124,3	200,4
Gesamt	1.741,7	1,0	196,5	1.934,8
JD	108,6	-	12,3	120,9

Quelle: Deutsche Bundesbank, Monatsberichte, eigene Berechnungen.

Neben dem IS Gleichgewicht an den Güter- und Dienstleistungsmärkten wird das Gleichgewicht am **Geld-** bzw. **Kapitalmarkt** durch die **LM-Kurve** wiedergegeben. (M) ist hierbei ein durch die Zentralbank autonom vorgegebenes Geldangebot. Die Nachfrage nach Geld (L) teilt sich in eine Nachfrage für *Transaktionen* zur Erfüllung der Zahlungsverpflichtungen (Kauf von Gütern und Diensten) (L_T) und in eine Geldnachfrage zur *Spekulation* (Kauf von Wertpapieren) (L_S) auf.

$$(1) \quad L = L_T + L_S$$

(L_T) ist dabei abhängig von der Geldumlaufgeschwindigkeit (v), bzw. wie oft die von den Wirtschaftssubjekten benötigte Geldmenge für Zahlungen des Bruttoinlandsprodukts (Y) benutzt wird.

$$(2) \quad L_T = \frac{1}{G_U} \cdot Y \qquad \frac{1}{v} = k = \text{Kassenhaltungskoffizient}$$

$$(3) \quad L_T = k \cdot Y$$

(L_S) ist eine Funktion des *Effektivzinssatzes* (i), der sich aus Kursschwankungen bei der spekulativen Nachfrage nach Wertpapieren ergibt.

$$(4) \quad \text{Effektivzinssatz} \quad = \quad \frac{\text{Nominalzinssatz}}{\text{Kurswert}}$$

$$(5) \quad L_S \quad = \quad L_S(i)$$

$$(5a) \quad L_S \quad = \quad \frac{150}{i}$$

Hierbei besteht eine *inverse Zinsbeziehung* zur Kursentwicklung der Wertpapiere. Steigen (fallen) die Kurse, so sinken (steigen) die Zinsen. Hieraus wird insgesamt das Gleichgewicht am Geldmarkt abgeleitet:

$$(6) \quad M \quad = \quad L_T \quad + \quad L_S(i)$$

$$(7) \quad M \quad = \quad k \cdot Y \quad + \quad \frac{150}{i}$$

Als Gleichgewichtsbedingung zum Bruttoinlandsprodukt (Y) aufgelöst ergibt sich:

$$(8) \quad Y \quad = \quad \frac{M}{k} \quad - \quad \frac{1}{k} \cdot \frac{150}{i}$$

Bei einer Geldmenge M = 100 und einem Kassenhaltungskoeffizienten k = 0,2 besteht am Geldmarkt das folgende Gleichgewicht:

$$(9) \quad Y \quad = \quad \frac{100}{0,2} \quad - \quad \frac{1}{0,2} \cdot \frac{150}{i}$$

$$(9a) \quad Y \quad = \quad 500 \quad - \quad \frac{750}{i}$$

Hieraus lassen sich nun wie bei der IS-Kurve unendlich viele i-Y-Kombinationen in Form einer *LM-Kurve* ableiten, bei denen immer ein Gleichgewicht am Geld- bzw. Kapitalmarkt zwischen Geldangebot und Geldnachfrage herrscht.

i	Y
2	125
2,5	200
3	250
4	312,5

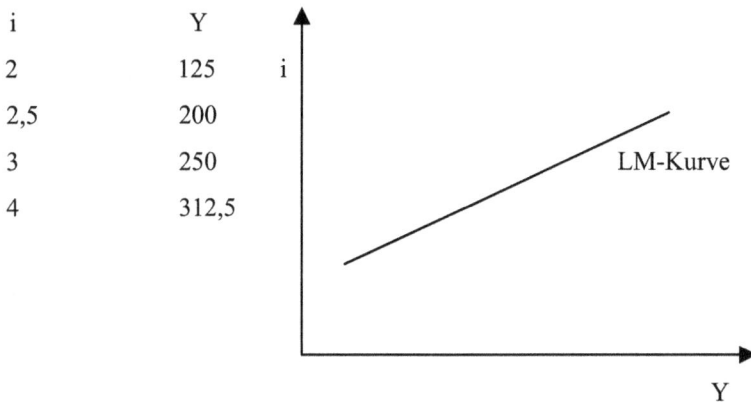

Mit steigendem Zins nimmt hier das Sozialprodukt zu.

Unter Berücksichtigung der zuvor abgeleiteten IS-Kurve ergibt sich das exakte IS-LM-Gleichgewicht wie folgt:

$$(1) \quad Y_{IS} = \frac{1}{1-0,8} \, 50 \; + \; \frac{-5i+30}{1-0,8} \; + \; \frac{100}{1-0,8} \; - \; \frac{100}{1-0,8} \quad = \quad Y_{LM} = 500 - \frac{750}{i}$$

$$(2) \quad -200\,i \ = \ 725 \qquad i \ = \ 3,625 \qquad Y \ = \ 293,1$$

Stellt sich allerdings das Gleichgewichtseinkommen (Y_0) als kein **Vollbeschäftigungs-gleichgewicht** heraus (vgl. Kap. 4.7), so muss entweder die IS-Kurve steigen (Rechtsverschiebung der Kurve), was bei konstanter LM-Kurve zu steigenden Zinsen führt, oder die LM-Kurve muß sinken (Geldmengenerhöhung), was bei konstanter IS-Kurve sinkende Zinsen impliziert. Nur so ließe sich ein Vollbeschäftigungsgleichgewicht (Y_{VB}) herbeiführen. Eine Rechtsverschiebung der IS-Kurve impliziert z.B. eine autonome Erhöhung der Staatsausgaben (A_{St}) um 20 Einheiten. Werden diese ohne Schuldenaufnahme (ausgeglichener Staatsaushalt) durch gleich hohe Steuererhöhungen T = 20 finanziert, so gilt das *Haavelmo-Theorem*. Die verausgabten zusätzlichen Staatsausgaben erhöhen das Bruttoinlandsprodukt mit dem Multiplikator von *eins* um den Betrag der zusätzlichen Staatsausgaben.

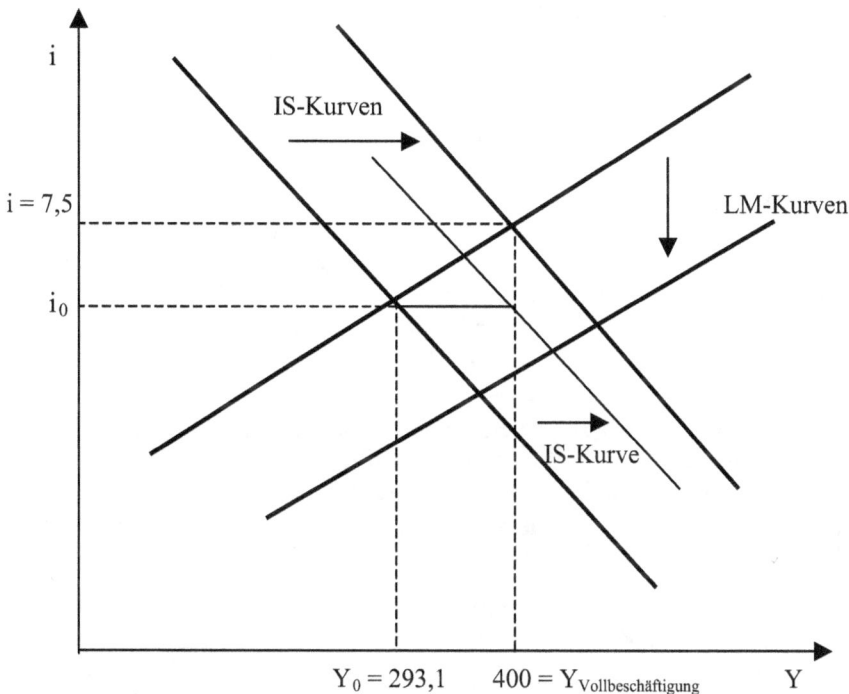

Abb. 4.7:   IS-LM-Gleichgewicht

Könnte sich die *Zentralbank* zusätzlich entschließen die Geldmenge (M) zu erhöhen, so wäre der Effekt auf eine Steigerung des Gleichgewichtseinkommens noch entsprechend stärker. **Ein abgestimmtes Verhalten** zwischen staatlicher *Fiskal-* und autonomer *Geldpolitik* der *Zentralbank* (das in der wirtschaftlichen Realität nur zu selten bisher stattgefunden hat) wäre hier sicher eine optimale wirtschaftspolitische Kombination, da das staatliche Pushen zur Belebung der gesamtwirtschaftlichen Nachfrage ΔA_{St} dann entsprechend geringer ausfallen kann (vgl. Abb. 4.7) die dünn gezeichnete IS-Kurve). Außerdem tritt bei einer *expansiven Geldpolitik* keine Zinssatzsteigerung (in unserem Beispiel von 3,625 v.H. auf 7,5 v.H.) ein, die dem Steigen der IS-Kurve, hier der erhöhten Staatsausgaben ΔA_{St}, geschuldet ist.

Aus dem Zinsanstieg wurde eine so genannte **Crowding-Out-Hypothese** abgeleitet, wonach staatliche Ausgaben die Zinsen steigen ließen und somit zinsabhängige private Investitionen verdrängen würden ($\Delta A_{St} = - \Delta I(i)$). Hierbei werden aber in der **wirtschaftlichen Realität** auftretende dynamische Kreislauf- und Verteilungseffekte nicht berücksichtigt und außerdem kann die Crowding-Out-Hypothese nur in einer weitgehend *vollbeschäftigten Wirtschaft* auftreten. „Nimmt dagegen bei allgemeiner *Unterbeschäftigung* der Sektor Staat einen zusätzlichen Kredit zur Finanzierung einer zusätzlichen Ausgabe auf, so braucht kein anderer Sektor auf seine Ausgabe zu verzichten, die Preise brauchen nicht zu steigen. Es sind ja genügend freie Kapazitäten vorhanden. Vielmehr erhöhen die Ausgaben des Staates die Summe der Einnahmen und Gewinne von Unternehmen und die Einkommen der privaten Haushalte. Die Unternehmen benötigen im Umfang der Staatsausgaben entweder weniger Kredite oder können nun ihrerseits sogar zusätzliche Ausgaben ohne zusätzlichen Kredit tätigen oder ihre Sparsumme, die unverteilten Gewinne, erhöhen. Bei den privaten Haushalten fällt aufgrund der höheren Einkommenssumme entsprechend ihrer Sparquote ebenfalls eine höhere Sparsumme an. Der kreditfinanzierten Staatsinvestition steht somit am Ende auch wieder eine höhere Ersparnis gegenüber. Auf diese Weise, nämlich über die Erhöhung des Volkseinkommens und seiner Verteilung auf Gewinne und Lohneinkommen, gleichen sich (saldenmechanisch) die Einnahmen- und Ausgabenüberschüsse der einzelnen Sektoren ex post stets aus. Gäbe es tatsächlich nur einen bestimmten ‚Kredittopf', so könnte im Übrigen eine Rezession auch nicht durch zusätzliche **private Investitionen** oder **vermehrte Exporte** überwunden werden, bei denen ebenfalls zunächst auf Kredite zurückgegriffen wird. Ferner würde dann die **Privatisierung öffentlichen Vermögens** ebenfalls private Kreditnehmer verdrängen, da hierbei in gleicher Weise private Ersparnisse beansprucht werden."[604]

Neben diesen theoretischen Aspekten sprechen auch alle **empirischen Befunde** gegen die Crowding-Out-Hypothese. So ist es in den letzten Jahren trotz ansteigender *Staatsverschuldung* (vgl. Abschnitt 4.9) nicht nur zu keinem Anstieg, sondern sogar zu einem Rückgang der Kapitalmarktzinsen gekommen. „Offensichtlich wird die Höhe der Kapitalmarktzinsen kaum durch den Zuwachs der öffentlichen Neuverschuldung, sondern vielmehr durch – derzeit allerdings nicht erkennbare – Inflationserwartungen sowie die internationale Konkurrenz auf den Kapitalmärkten bestimmt."[605]

FISKALISTEN

Investitionsnachfrage	**Geldnachfrage**
Die Investitionsnachfrage ist vollkommen zinsunelastisch. Unternehmen investieren bei unterausgelasteten Kapazitäten trotz niedriger Zinsen nicht. Es besteht eine *„Investitionsfalle"*. Die IS-Kurve verläuft daher senkrecht. Nur durch Fiskalpolitik, z.B. durch eine Erhöhung der Staatsausgaben erhöht sich das Bruttoinlandsprodukt und so wird ein Vollbeschäftigungsgleichgewicht erreicht.	In der Rezession sind die Zinsen bereits niedrig, so dass eine weitere expansive Geldpolitik den Zins zwar noch weiter senkt, es aber zu einer *„Liquiditätsfalle"* kommt, weil die Zinssenkung aufgrund der senkrecht verlaufenden IS-Kurve keine Auswirkungen auf Produktion und Beschäftigung hat.

---

[604]   Klauder, W., Sind die Einwände gegen eine antizyklische Finanzpolitik stichhaltig?, in: Wirtschaftsdienst, Heft 9/2003, S. 580.

[605]   Hickel, R., Schwarz-rote Placebopolitik, in: Blätter für deutsche und internationale Politik, Heft 1/2006, S. 11.

MONETARISTEN

Investitionsnachfrage	**Geldnachfrage**
Die Investitionen reagieren trotz Wirtschaftskrise auf Zinsveränderungen, d.h. sie sind zinselastisch, im Extremfall unendlich elastisch, was zu einem waagerechten Verlauf der IS-Kurve führt. Die Fiskalpolitik hat so keinen Erfolg. Zwar steigt aufgrund der erhöhten Staatsausgaben zunächst das Bruttoinlandsprodukt, aber aufgrund der damit verbundenen Zinssteigerungen gehen die Investitionen zurück und heben so den positiven staatlichen Ausgabeneffekt wieder auf.	Die Geldnachfrage ist weitgehend zinsunabhängig. Dadurch verläuft die LM-Kurve nahezu senkrecht. Eine expansive Geldpolitik erhöht so ohne Zinssteigerungen das Bruttoinlandsprodukt.

Zusammenfassend muss trotz dieser Ergebnisse im Hinblick auf eine anzuwendende **Fiskal-** und/oder **Geldpolitik** eine nicht unbeträchtliche Kontroverse in der Wirtschaftswissenschaft zwischen Keynesianern (Fiskalisten) und den Anhängern des US-amerikanischen Ökonomen und Nobelpreisträgers für Wirtschaftswissenschaft *Milton Friedman* (1912 bis 2007), dem Begründer des *Monetarismus*, konstatiert werden. Während die Fiskalisten zur Behebung von Wirtschaftskrisen die staatliche Beeinflussung der gesamtwirtschaftlichen Nachfrageaggregate präferieren, ziehen die Monetaristen (Geldtheoretiker) Variationen der Geldmenge in Form einer verstetigten langfristig orientierten Geldpolitik vor. Der Grund für die unterschiedliche Sichtweise liegt in den gesetzten Prämissen bezüglich der **Zinselastizität der Investitionsnachfrage** und der **Zinselastizität der Geldnachfrage** (vgl. dazu im einzelnen die grundlegenden Positionen in den Kasten). Aus diesen unterschiedlichen Positionen lässt sich mit *Renate Neubäumer* und *Brigitte Hewel* festhalten, „dass die Fiskalpolitik besonders effizient ist, wenn die Investitionsnachfrage auf Zinssatzänderungen kaum reagiert und die Geldnachfrage sehr zinselastisch ist. Dies wird von *Keynes* vor allem für den Fall einer tiefen *Rezession* (wie während der Weltwirtschaftskrise) angenommen. Umgekehrt erzielt man mit Geldmengenvariationen eine große Wirkung, wenn – wie von den *Monetaristen* unterstellt – die Geldnachfrage kaum zinsreagibel ist, aber die Unternehmen im Fall von Zinssenkungen ihre Investitionsnachfrage stark erhöhen."[606]

4.7.5   Zur neoklassischen Synthese und zum Postkeynesianismus

Bereits sehr früh nach der Veröffentlichung der „General Theory" durch *Keynes* entwarf *John R. Hicks* eine „**neoklassische Synthese**". Diese verbindet das *IS-LM-Modell* mit den Elementen eines *neoklassischen Arbeitsmarktes*. In diesem „modifizierten" Modell kann ein Vollbeschäftigungsgleichgewicht auch ohne staatliche *Fiskalpolitik* oder das zutun einer *Geldpolitik* realisiert werden. Hier gibt es auf Grund eines sogenannten „*Keynes-Effektes*" doch ein Gleichgewicht bei Vollbeschäftigung, das auf zwei Wegen erreicht werden kann.

- Erstens durch ein *Sinken des Preisniveaus*. Kommt es bei einer normalen wettbewerblichen Marktsituation in Folge eines Überschussangebotes zu sinkenden Preisen, wird weniger an Transaktionskasse benötigt (das Volumen der Transaktionen sinkt, die reale

---

606   Neubäumer, R., Hewel, B., Volkswirtschaftslehre, 2. Aufl., Wiesbaden 1998, S. 306.

Geldmenge steigt) und entsprechend steht ein größerer Teil der nominal gleichbleiben-
den Geldmenge für die Spekulationskasse, für den Kauf von *Finanztiteln* (Wertpapiere)
zur Verfügung. Der Anstieg der Spekulationskasse senkt den Zins und belebt die Investitionsnachfrage der Unternehmen wodurch letztlich die gesamtwirtschaftliche Nachfrage,
das Volkseinkommen und die Beschäftigung zulegen. So kann wieder ein Vollbeschäftigungsgleichgewicht herbei geführt werden.

- Zweitens durch ein *Sinken des Lohnniveaus*. Den selben Effekt kann man auch durch
  Lohnsenkungen erreichen. Geben die Unternehmen die Lohnsenkungen über niedrigere
  Preise an die Nachfrager weiter, so kann ebenfalls das Beschäftigungsniveau gesteigert
  werden.

Im Ergebnis der „neoklassischen Synthese" kann es so nur dann zu einer verfestigten Arbeitslosigkeit kommen, wenn die Investitionsnachfrage völlig *zinsunelastisch* ist (gleich
vertikale IS-Kurve „**Investitionsfalle**") oder die Geldnachfrage unendlich *zinselastisch* ist
(gleich horizontale LM-Kurve „**Liquiditätsfalle**"). Nur in diesen beiden Fällen wirke der
„Keynes-Effekt" nicht. Damit war es nach *Hicks* Ansicht gelungen, die „General Theory" zu
„Mr. Keynes' Special Theory" umzumodeln bzw. das Keynes'sche „Gleichgewicht bei Unterbeschäftigung" zu einem „*Spezialfall*" zu erklären. Unter normalen Bedingungen funktioniere dagegen der Marktausgleichs- und Vollbeschäftigungsmechanismus. Gäbe es allerdings
an den Arbeitsmärkten „*strukturelle Verwerfungen*", so müssten diese halt, ganz im neoliberalen Duktus, behoben werden. Dies bedeute zum einen, die Macht von *Gewerkschaften* und
Insidern („Arbeitsplatzbesitzer") durch eine Beschneidung des Arbeits- und Streikrechts zu
reduzieren und zum anderen die Marktchancen der „Outsider" durch Qualifizierungs- und
Mobilisierungsprozesse zu erhöhen. Außerdem sollten die Lohnersatzleistungen von Arbeitslosen zur Erhöhung eines Arbeitsangebotsdruckes abgesenkt werden.

Dem hat *Keynes* noch zu Lebzeiten widersprochen, betont *Gerhard Willke*, „weil er die Be-
schäftigungs- und Verteilungswirkungen kumulativer Preis- und Lohnsenkungen für verheerend hielt. Dagegen bringt die **Inflation** im Wesentlichen nur den entbehrlichen **Rentiers**
Verdruss, weil *Geldvermögen* und *fixe Zinseinkünfte* an Wert verlieren, wie umgekehrt *Real-
vermögen* an Wert gewinnt („*Pigou-Effekt*"[607]). Die **Deflation** dagegen lähmt die wirtschaftlichen Aktivitäten und führt zu einem Attentismus der Investoren: Solange die Preise sinken,
warten sie mit weiteren Anschaffungen ab, weil ihr finanzieller Aufwand im Zeitverlauf
geringer wird."[608]

Der Hick'schen Interpretation widersprich auch in vielfältiger Form der **Post-
Keynesianismus**.[609] Die bedeutendsten Vertreter wie *Joan Robinson* („Berücksichtigung
monopolistischer Preisbildung"), *Nickolas Kaldor* („Dynamisierung der Wachstumstheorie"),
Michal Kalecki („Einfluss von Verteilungskonflikten") und *Hyman P. Minsky* („Ausbreitung
instabiler Finanzmärkte"), sahen in der „neoklassischen Synthese" keinen Ausweg, eher eine
fragwürdige Konstruktion, einen „Vulgär bzw. Bastard-Keynesianismus" (*Joan Robinson*).
Darüber hinaus ist es in jüngerer Zeit zu weiteren vielfältigen Entwicklungen der keynesianischen Theorien gekommen. Vertreter der „Neuen Keynesianischen Makroökonomik", wie u.a.
Robert W. Clower, *Axel Leijonhufvud* und *Edmond Malinvaud*, haben die „Neokeynesianische

---

[607] Benannt nach dem britischen Ökonomen *Arthur Cecil Pigou* (1877 bis 1959).

[608] Willke, G., John Maynard Keynes, Frankfurt a. M., New York 2002, S. 153.

[609] Eichner, A. S., (Hrsg.), Über Keynes hinaus. Eine Einführung in die post-keynesianische Ökonomie, Köln
1982, Schui, H., Paetwo, H., (Hrsg.), Keynes heute. Festschrift für Harald Mattfeldt, Hamburg. 2003.

Ungleichgewichtstheorie" begründet sowie Vertreter des „Neuen Keynesianismus", wie *Olivier Blanchard, Robert J. Gordon* und *Gregory Mankiw*, eine mikroökonomische Fundierung von Preis- und Lohnrigiditäten nachgewiesen. Eine antizyklische keynesianische Geld- und Finanzpolitik ist dabei in der kurzen Frist immer dann von Nöten, wenn die Wirtschaft in eine Rezession abgleitet, da die Marktanpassungsprozesse an ein Vollbeschäftigungsgleichgewicht auf Grund dieser Rigiditäten nur sehr langsam über vorgeschaltete *Mengeneffekte* reagieren. All diese differenzierten Erkenntnisse eines weiterentwickelten Keynesianismus werden aber durch das *neoklassische Theoriengebäude* bzw. seine neoliberale Politikanwendung seit etwa Mitte der 1970er Jahre immer mehr negiert. Warum aber? Hierfür gibt es marktwirtschaftlich-kapitalistisch *endogene* und eine Reihe von der Politik eingeleitete und zu verantwortende *exogene* Gründe.

4.7.6 Endogene und exogene Angriffe auf den Keynesianismus

Den Unternehmern und ihren Verbündeten (Claqueuren) aus Politik, Wissenschaft und Medien passt es nicht, dass *Keynes* mit seiner Wirtschaftspolitik *Vollbeschäftigung* herbeiführen will. Hierauf wies bereits 1943 der polnische Ökonom *Michal Kalecki* (1899 bis 1970) hin. Eine vollbeschäftigte Wirtschaft verschiebt die **Macht-** und **Verteilungsverhältnisse** in Richtung Arbeitnehmer (Gewerkschaften) und Sozialstaat. Im Verteilungskampf steigen die Arbeits- und Sozialeinkommen zu Lasten der Gewinne und Vermögenseinkünfte. Bei Vollbeschäftigung finden die Arbeitnehmer schnell eine neue, häufig sogar eine bessere Stelle zu einem höheren Einkommen. Das unternehmerische **Disziplinierungsinstrument** der Personalentlassung wird so zu einem stumpfen Schwert. Außerdem sehen die Unternehmer ihre Macht durch Forderungen nach einer paritätischen Mitbestimmung (Wirtschaftsdemokratie[610]) als bedroht an. Sie fürchten um ihr „**Investitionsmonopol**" (*Erich Preiser*). Arbeitslosigkeit wirkt dagegen entgegengesetzt. „Nicht ohne Grund hat der österreichische Nobelpreisträger für Wirtschaftswissenschaften *Friedrich August von Hayek* (1899 bis 1992), der in den letzten Jahren erstmals in seiner Heimat in Mode gekommen ist, im Jahr 1980 der britischen Premierministerin *Margaret Thatcher* geraten, die Arbeitslosenquote kurzfristig auf 20 v.H. steigen zu lassen. Nur so könne ein geeignetes Umfeld für die *Zerschlagung der Gewerkschaften* und des *Wohlfahrtsstaates* geschaffen werden."[611] Auch wird befürchtet, dass es auf Grund einer auf Dauer angelegten Aussteuerung der gesamtwirtschaftlichen Nachfrage („Globalsteuerung") womöglich zu einer **staatlichen Investitionslenkung** kommen könnte.[612] Schon *Keynes* hatte man, noch zu Lebzeiten, eine „**Sozialisierung der Investitionen**" vorgeworfen, die er in der Tat auch zur Vermeidung einer durch *Markt* und *Wettbewerb* herbeigeführten Überakkumulation, zumindest nicht ausgeschlossen hat. Außerdem

---

[610] Vgl. Bontrup, H.-J., Arbeit, Kapital und Staat. Plädoyer für eine demokratische Wirtschaft, 3. Aufl., Köln 2006.

[611] Marterbauer, M., Interessenpolitik und ihre Grenzen – sechs Jahre rechtsliberale Wirtschaftspolitik in Österreich, in: Intervention. Zeitschrift für Ökonomie, Heft 1/2006, S. 57.

[612] Krüper, M., Wirtschaftsplanung und Investitionslenkung, in: Aus Politik und Zeitgeschichte, B31/1975, S. 21 - 45, Fleischle G., Krüper, M., (Hrsg.), Investitionslenkung. Überwindung oder Ergänzung der Marktwirtschaft, Frankfurt a. M. 1975, Butterwegge, C., Alternativen der Wirtschaftslenkung, Köln 1976, Roth, W., (Hrsg.), Investitionslenkung, Reinbek bei Hamburg 1976.

wird eine zur Schaffung von Vollbeschäftigung notwendige **expansive Geldpolitik**, die die Zinsen zum realwirtschaftlichen Investitionsanreiz auf ein niedriges Niveau halten muss, abgelehnt. Eine solche Geldpolitik bedroht unweigerlich die *Geldvermögensbesitzer*, die Rentiers, die den Hauptanteil ihres Einkommens aus *Zinseinkünften* beziehen.

Diese endogenen Gründe in Verbindung mit einer auf Seitens des Kapitals grundsätzlichen ideologischen Ablehnung alles *„Staatlichem"* gegenüber, überwiegen offensichtlich sogar die Vorteile, die *Unternehmer* aus einer keynesianischen Wirtschaftspolitik ziehen. Schließlich landen letztlich alle **Staatsausgaben** in den Büchern der Unternehmen. „Niemand würde von einer staatlichen Nachfragepolitik mehr profitieren als der *Unternehmenssektor*. Und kein Bereich würde von einer anhaltenden Flaute oder gar von einer Deflation mehr unter Druck gesetzt."[613]

Es gab aber auch *exogene Angriffe*. Nachdem sich trotz aller restaurativen Kräfte und endogener Widerstände der Keynesianismus nach dem Zweiten Weltkrieg dennoch weltweit als wirtschaftspolitisches Paradigma etabliert hatte,[614] setzten Anfang der 1970er Jahre externe Schocks der keynesschen Lehre schwer zu. Erst kurz zuvor war der Keynesianismus durch die Wirtschaftskrise von 1966/67 auch in der Bundesrepublik angekommen. Auf Grund des „deutschen Wirtschaftswunders" und der erreichten Vollbeschäftigung hatte er hier bis dahin keine Rolle gespielt. Das **„Stabilitätsgesetz"** (StabG) von 1967 führte dann aber sogar zu seiner, übrigens bis heute gültigen aber offensichtlich vergessenen, *rechtlichen Verankerung*.[615] Im Jahr 1973 brach dann aber das schon länger angeschlagene internationale Währungssystem (**„Bretton-Woods-System"**[616]), an dessen Konstituierung *Keynes* maßgeblich beteiligt war, und das auf **feste Wechselkurse** basierte, zusammen und wurde in ein Regime **flexibler Wechselkurse** überführt.[617] „Als Feststand, dass die USA weder willens noch in der Lage waren, für bereits bezogene Waren und Dienstleistungen (wegen eines nachhaltigen Leistungsbilanzüberschusses) in reellen Gegenwerten zu bezahlen – die US-Notenbank war 1971 unfähig, Frankreichs Dollarguthaben in Gold einzulösen –, reagierten die Märkte, voran der **Ölmarkt**. Es folgte eine globale Rezession, vernebelnd ,*Ölkrise*' genannt, weil einige erdölexportierende Länder sich geweigert hatten, ihr ,Schwarzes Gold' weiter gegen papierene Dollar zu verkaufen; ihr monatelang durchgehaltenes Lieferembargo hatte allerdings schwere Folgen für die Weltwirtschaft."[618] Die kurzfristige künstliche

---

[613]   Flassbeck, H., Beliebigkeit als Prinzip, in: Intervention. Zeitschrift für Ökonomie, Heft 1/2004, S. 42.

[614]   Vom damaligen US-amerikanischen Präsidenten *Richard Nixon* wird berichtet, er habe noch 1971 den mittlerweile berühmten Satz „We are all Keynesians now" ausgesprochen.

[615]   Zuck, R., Wirtschaftsverfassung und Stabilitätsgesetz, München 1975, S. 61 - 66.

[616]   Kurz vor Ende des Zweiten Weltkrieges beschlossen die USA zusammen mit 40 weiteren Staaten in dem kleinen US-amerikanischen Ort „Bretton Woods" ein neues *Weltwährungssystem* mit starren Wechselkursen zum US-Dollar. Hatte bis zur Weltwirtschaftskrise 1929 der US-Dollar noch „*Golddeckung*", d.h. die umlaufende Dollarmenge war durch amerikanischen Goldbesitz gedeckt, so übernahm die US-Notenbank ab 1944 nur noch eine Zahlungsverpflichtung von Dollar zu Gold in der Relation von einer Unze Feingold gegen 35 zurückzukaufende US-Dollar.

[617]   Fast zeitgleich rückte auch der „*Sachverständigenrat zur Begutachtung der gesamtwirtschaftlichen Entwicklung*" (SVR) von seiner zuvor vertretenen keynesianischen Linie in Richtung einer nur noch neoliberalen (angebotsorientierten) Position ab und auch die *Deutsche Bundesbank* fiel seit 1973 mit ihrem vollzogenen geldpolitischen Strategiewechsel und der Fokussierung auf eine ausschließliche Stabilisierung des Preisniveaus für eine Wirtschaftspolitik zur Stärkung von Wachstum und Beschäftigung völlig aus.

[618]   Bräutigam, V., Endet die Dollar-Hegemonie?, in: Ossietzky. Zweiwochenschrift für Politik, Kultur und Wirtschaft, Heft 8/2006, S. 297.

Verknappung des Öls führte zu drastischen Preissteigerungsraten (*Inflation*) und gleichzeitig zu einer wirtschaftlichen *Stagnation*. Das bis dahin nicht gekannte Phänomen einer ökonomischen **Stagflation** breitete sich weltweit aus.

In der Bundesrepublik kam es 1974/75 in Folge dieser „externen Schocks" zur bis dahin schwersten Nachkriegsrezession. Hatte man bis dato noch wirtschaftspolitisch geglaubt, man könnte auf Basis des „**Phillips-Theorems**" (vgl. Abschnitt 4.8) in Form eines Trade-offs beliebig zwischen einer hohen *Inflationsrate* und *Arbeitslosenquote* wählen,[619] sich also Beschäftigung durch Inflation erkaufen, so wurde man nun mit der aufgetretenen Stagflation eines Besseren belehrt. Die Unternehmen wälzten trotz nicht ausgelasteter Produktionskapazitäten ihre ölpreisbedingten Kostensteigerungen über die Preise weiter. Ein marktwirtschaftlicher Widerspruch! Die *Deutsche Bundesbank* erhöhte darauf hin die Leitzinsen und verschärfte die Krise noch. Entscheidend aber war die Klemme, in die der Keynesianismus auf Grund dieser gesamten Situation geriet. Eine Bekämpfung der **Stagflation** mit antizyklischer Fiskal- und Geldpolitik, ohne direkte staatliche Eingriffe in die einzelwirtschaftlichen Preis- und Produktionsentscheidungen, die politisch vehement abgelehnt wurden, war auf einmal widersprüchlich geworden. Zwar verlangten Stagnation und Arbeitslosigkeit nach einem expansiven fiskal- und geldpolitischen Impuls, die aufgetretene Inflation aber genau das Gegenteil. Hierdurch konnten die Gegner des Keynesianismus erstmals eine größere Diskreditierungskampagne fahren.

Der theoretische Frontalangriff wurde dann durch den amerikanischen Nobelpreisträger *Milton Friedman* geführt. Dieser stellte den Markt und Wettbewerb sowie die daraus abgeleitete **individuelle Freiheit**[620] in den Mittelpunkt ökonomischer Betrachtungen und kritisierte aufs heftigste die keynesianische staatlich intervenierende Konjunktursteuerung.[621] Die Entwicklung des Wachstums sei nicht von einer staatlich gesteuerten Nachfrage, sondern ausschließlich von der umlaufenden **Geldmenge** abhängig. Die dezidierten Gegner des Keynesianismus verfügten jetzt über eine neue Theorie, um gegen die unter dem keynesianischen Regime stark gewordenen *Gewerkschaften* und gegen den *Sozialstaat* zu Felde zu ziehen. Es kam zu einer „monetaristischen Gegenrevolution".[622] *Ronald Reagan* (1911 bis 2006) in den USA und *Margaret Thatcher* in Großbritannien setzten als erste konsequent die neue monetaristische Lehre in ihren Ländern um.[623] In der Bundesrepublik war es *Helmut Kohl* und sein Finanzminister *Gerhard Stoltenberg* (1928 bis 2001), die sich 1982 mit der Regierungsübernahme durch die rechtsliberale *CDU/CSU/FDP-Koalition* dem Kurs anschlossen. Theoretisch vorbereitet wurde dies mit dem im selben Jahr veröffentlichten „**Lambsdorff-Papier**",[624] dass auf eine weitgehende *Zurückdrängung des Staates* und eine *deregulierte*

---

[619]   Dies führte zum berühmt-berüchtigten Ausspruch des damaligen Bundeskanzler *Helmut Schmidt*: „Lieber fünf Prozent Inflation als fünf Prozent Arbeitslosigkeit."

[620]   Die CDU/CSU machte daraus im Bundestagswahlkampf 1980 das Motto: „*Freiheit-oder-Sozialismus*".

[621]   Friedman, M., Kapitalismus und Freiheit, München 1976.

[622]   Friedman, M., The Counter-Revolution in Monetary Theory, deutsche Übersetzung: Die Gegenrevolution in der Geldtheorie, in: Kalmbach, P., (Hrsg.), Der neue Monetarismus, München 1973, S. 47 - 49.

[623]   Hickel, R., Reagans „amerikanischer Traum" – ein Alptraum für Europa, in: Blätter für deutsche und internationale Politik, Heft 3/1981, S. 286 - 300.

[624]   Ausführlich dokumentiert in: Bölling, K., Die letzten 30 Tage des Kanzlers Helmut Schmidt. Ein Tagebuch, Reinbek bei Hamburg 1982, S. 121ff.

Wirtschaft setzte.[625] Der Staat müsse sich aus der Wirtschaft heraushalten. „Wirtschaft finde in der Wirtschaft statt", so der ehemalige liberale Bundeswirtschaftsminister *Günter Rexroth* (1941 bis 2004). Der Staat habe lediglich die Rahmenbedingungen für an sich funktionierende Märkte zu setzen. Wir bräuchten deshalb weniger Staat und Bürokratie. Der einzelne müsse endlich wieder mehr Freiheit über den Marktmechanismus vermittelt bekommen. Dies hätte in der Vergangenheit ein markt-interventionistischer Keynesianismus, der nur die *Staatsquote* und *Staatsverschuldung* (vgl. Abschnitt 4.9) erhöht hätte, massiv verhindert. Hiermit müsse Schluss sein und der Staat müsse durch Deregulierung zurückgedrängt und der **Privatisierungsgrad** wieder erhöht werden.

Das „neue" grundsätzliche wirtschaftspolitische Paradigma passte zu dem – Mitte der 1980er Jahre in der *Europäischen Gemeinschaft* (EG) – gefassten Beschluss bis Ende 1992 einen einheitlichen **Europäischen Binnenmarkt** zu konstituieren. Im Trend immer schwächere Wachstumsraten und ansteigende Arbeitslosenzahlen in der EG sowie ein zugenommener Wettbewerb zwischen der Triade *Amerika*, *Asien* und *Europa*, insbesondere die „gelbe Gefahr" aus Japan, würden dies erfordern. **Offene Märkte** sollten sich zukünftig im Wettbewerb durch die Abschaffung von Zollbestimmungen und Handelsbarrieren behaupten. Dafür müssten die Unternehmen von „staatlicher Gängelung" befreit werden und eine Beseitigung **natürlicher Monopole** stattfinden.[626]

Mit dem **Zusammenbruch der Sowjetunion** Anfang der 1990er Jahre und dem Wegfall der *Systemkonkurrenz* zum Kapitalismus sowie den hierdurch geschaffenen bzw. geöffneten Märkten im Osten, einschließlich der deutschen Wiedervereinigung, wurde dann parallel zum Europäisierungsprozess mit der **Wirtschafts- und Währungsunion** einer noch vertieften ideologischen Ausrichtung der „reinen marktwirtschaftlichen Lehre" Tür und Tor geöffnet. Jetzt müsse jeder für sich selber Sorgen, „jeder sei seines Glückes Schmied", wobei die Ideologie der **Entsolidarisierung** bzw. die **Individualisierung** und **Privatisierung** gesellschaftlicher Risiken auf den *Abbau des Sozialstaates* zielt.[627] In einer globalen und offenen Weltwirtschaft bräuchten wir keine staatliche keynesianische Zähmung (Stabilisierung) einer kapitalistischen Wirtschaft mehr. Wir müssten die Menschen für den *Wettbewerb* nur noch „marktfähig" machen, weil der Markt frei vom *Staatsinterventionismus* ein Optimum an ökonomischer Effizienz und wirtschaftlichem „**Wohlstand für alle**" (*Ludwig Erhard* (1897 bis 1977)) erzeugen würde.

4.8   Zum Phillips-Theorem

Sowohl keynesianische als auch neoklassische Theorieansätze zum Zusammenhang von **Lohnentwicklung** und **Beschäftigung** wurden durch den 1958 von *Alban William H. Phillips* (1914 bis 1975) veröffentlichten Aufsatz über „The Relation Between Unemployment and the

---

[625]   Kurz zuvor hatte die *SPD/FDP-Regierung* 1978 noch ein *keynesianisch* inspiriertes „*Zukunftsinvestitionsprogramm*" (ZIP) mit einem Volumen von 20 Mrd. D-Mark aufgelegt. Neu an diesem Programm war die Verbindung gesamtwirtschaftlicher Nachfragestärkung zur Bekämpfung der Arbeitslosigkeit mit der Finanzierung von gezielten Infrastrukturausgaben – beispielsweise zum Ausbau der ökologischen Infrastruktur.

[626]   Cecchini, P., Europa '92. Der Vorteil des Binnenmarktes, Baden-Baden 1988.

[627]   Butterwegge, C., Krise und Zukunft des Sozialstaates, 3. Aufl., Wiesbaden 2006.

Rate of Change of Money Wage Rates in the United Kingdom, 1861 bis 1957"[628] neu belebt. Die von *Phillips* empirisch gemachten Feststellungen, dass zwischen der Zunahme der *Nominallöhne* und der Höhe der *Arbeitslosigkeit* ein relativ stabiler negativer nicht-linearer Zusammenhang bestand, gipfelten letztlich in eine wirtschaftspolitische Situation des „Menu of Choice", wie es die beiden Nobelpreisträger *Paul Anthony Samuelson* und *Robert M. Solow* anhand ihrer *modifizierten Phillips-Kurve* formulierten. Hieraus wurde letztlich ein wirtschaftspolitischer „**Trade-off**" zwischen einer gewünschten Preisstabilität (Inflationsrate) und einer gewünschten Rate an Arbeitslosigkeit abgeleitet. Beide gesamtwirtschaftlichen Zielgrößen wären demnach gegeneinander austauschbar. Steigen beispielsweise die Nominallöhne um 3 v.H. im Rahmen der Produktivitätsrate, so hat dies keine Auswirkungen auf das Preisniveau, wobei die modifizierte Phillips-Kurve den Zusammenhang zwischen der Änderung des Preisniveaus (Δ P) und der Arbeitslosenquote (Δ A) wieder gibt. In der folgenden Abb. 4.8 wäre demnach eine Preisniveaustabilität bei einer Arbeitslosenquote von 2 v.H. gegeben.

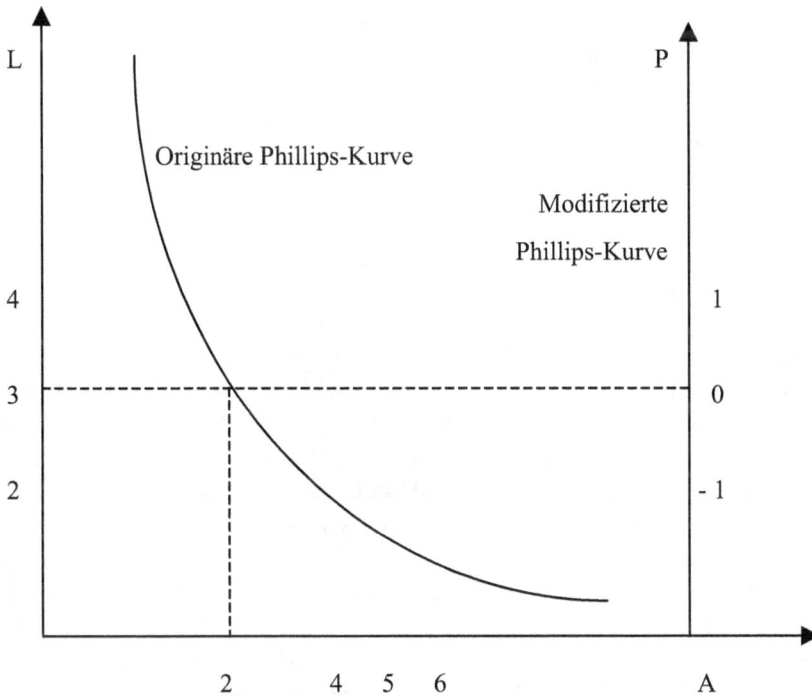

Abb. 4.8:   Phillips-Kurve und Modifizierte Phillips-Kurve

Für *Phillips* selbst resultiert „die nicht-lineare Beziehung zwischen Arbeitslosigkeit (ΔA) und Lohnänderung (ΔL) aus einer Kombination von „**demand-pull**" (Überschussnachfrage) und keynesianischer *Starrheit der Löhne*. In Zeiten eines angespannten Arbeitsmarktes (keine Arbeitslosigkeit) führen die Marktkräfte zu steigenden Preisen und Löhnen; bei geringer

---

[628]   Veröffentlicht in Economica, Vol. 25 (1958), S. 283ff. Zur Diskussion um das Phillips-Theorem vgl. auch: Woll, A., Das Phillips-Theorem, in: Das Wirtschaftsstudium (WISU), Heft 5/1975, S. 241ff., Ramser, J., Die Phillips-Kurve und ihre wirtschaftspolitische Bedeutung, in: Wirtschaftswissenschaftliches Studium (WiSt), Heft 4/1975, S. 164ff.

Arbeitskraftnachfrage (hohe Arbeitslosigkeit) verhindert der Widerstand der *Gewerkschaften* einen entsprechenden Rückgang der Löhne. Die Asymmetrie erklärt die Grundform der Kurve (vgl. Abb. 4.8). In dieses Bild passen noch zwei zusätzliche Einflüsse, die in *Phillips'* Artikel aufscheinen. Wenn die Preise sehr stark steigen, besonders wenn sie mehr als die Geldlöhne steigen, führt der drohende Rückgang der **Reallöhne** zu zusätzlichen Lohnforderungen, die wiederum zu weiteren Preissteigerungen führen können und so eine *Preis-Lohn-Preis-Spirale* entfachen."[629]

Die Erkenntnisse von *Phillips* lösten eine wirtschaftspolitische Faszination aus, die allerdings schon bald verblasste. *Kurt W. Rothschild* stellt dazu fest:

„Nicht nur war es von Anfang an unwahrscheinlich, daß man sich durch Eingriffe in den Inflations- oder Beschäftigungsprozeß beliebig auf einer 'Kurve' hin und her bewegen könnte, die sich empirisch aus ganz bestimmten früheren Konstellationen ergeben hat; es zeigte sich auch bald, daß die von *Phillips* vermutete Stabilität der Kurve, ja sogar ihre Existenz, bei weitem nicht für alle Länder und Perioden gegeben ist. Dazu kam noch die angesichts steigender Inflationsraten immer dringlicher werdende Überlegung, daß nicht nur steigende Löhne zu steigenden Preisen führen, sondern daß eine reallohnbewußte Lohnpolitik der Gewerkschaften ihrerseits auch wieder durch steigende Preise beeinflußt werden würde. All das führte zu Versuchen, das Phillipskurvenmodell zu erweitern oder seine reale Existenz und Bedeutung prinzipiell in Frage zu stellen."[630]

So wurden gewerkschaftliche Inflationserwartungen (in Form antizipierter Preissteigerungsraten) als auch **machtorientierte Preissetzungsmodelle** von Seiten der Unternehmen als weitere Phillipskurven entwickelt, um hieraus schließlich einen dynamischen **Lohn-Preis-** bzw. **Preis-Lohn-Mechanismus** abzuleiten. Dadurch verschob sich die Phillipskurve nach oben. Steigende Inflationsraten (Δ P) implizierten keinen Abbau der Arbeitslosigkeit (A_0). Die **langfristige Phillips-Kurve** bildet daher eine Gerade zur Inflationsachse (vgl. Abb. 4.9). Empirisch wurde dies ab Mitte der 1970er Jahre durch das Phänomen der **Stagflation** scheinbar bestätigt, d.h. durch das gleichzeitige Auftreten von **Stag**nation (abnehmende und stagnierende Wachstumsraten) in Verbindung mit einer Zunahme an **In**flation und Arbeitslosigkeit.[631]

Der wirtschaftspolitische Gedanke eines „Trade-offs" zwischen Inflationsrate und Arbeitslosigkeit wurde dadurch immer mehr in den Hintergrund gedrückt. Anstatt den **Verursacher** der Inflation, die *Machtpreisbildung der Unternehmen* zu bekämpfen, wurde stattdessen durch eine **restriktive Geldpolitik** die Beschäftigung reduziert bzw. die Arbeitslosigkeit erhöht. Hätte dagegen eine auf Preise abgestellte Konkurrenzwirtschaft vorgelegen, so wäre durchaus ein Trade-off zwischen Inflation und Arbeitslosigkeit möglich gewesen. Dies allerdings nur bei einer gleichzeitig vorgenommenen **expansiven Geldpolitik**, die ein Ansteigen des Preisniveaus bzw. eine Erhöhung des geldpolitischen Finanzierungsspielraums durch sinkende Zinsen zur Steigerung des Bruttosozialprodukts ermöglicht hätte. Die *Zentralbank* (Deutsche Bundesbank) reagierte dagegen in den 1980er und 1990er Jahren mit ihrer Geldpolitik weitgehend **restriktiv**, worauf die hoch konzentrierte Wirtschaft verstärkt mit einer

---

[629]   Rothschild, K.W., Die Phillips-Kurven-Diskussion, in: Nowotny, E., (Hrsg.), Löhne, Preise, Beschäftigung, Frankfurt a. M. 1974, S. 20f.

[630]   Rothschild, K.W., Theorien der Arbeitslosigkeit, 2. Aufl., München, Wien 1994 , S. 106.

[631]   Vgl. Müller, U., Bock, H., Stahlecker, P., Stagflation, Ansätze in Theorie, Empirie und Therapie, Königstein/Taunus. 1980.

Produktionsdrosselung reagierte. Die Folge waren unterausgelastete Kapazitäten und ein Ansteigen der *Arbeitslosigkeit* verbunden mit einer *Disziplinierung der Gewerkschaften.* Die Lohnabschlüsse schöpften den verteilungsneutralen Spielraum nicht mehr aus. Es kam zu einer *Umverteilung* von unten nach oben (vgl. Abschnitt 4.3. Tab. 28).

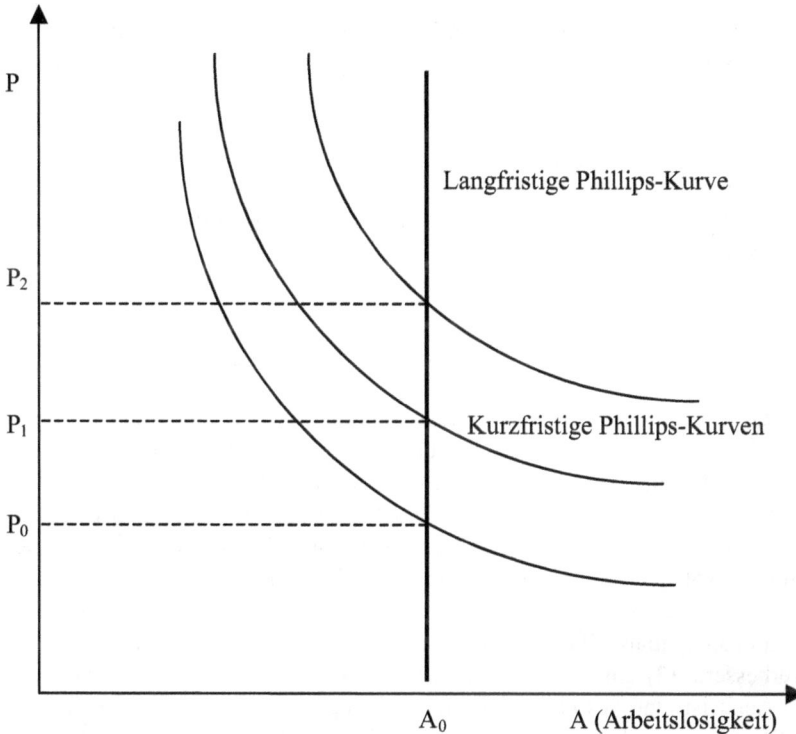

Abb. 4.9:   Lang- und kurzfristige Phillips-Kurven

In diesem *Verteilungskontext* ist auch die Diskussion um eine „**inflationsstabile Arbeitslosenquote**", einer „Non-Accelerating Inflation Rate of Unemployment (NAIRU), zu erwähnen.[632] Die *NAIRU* beschreibt ein „Gleichgewicht" zwischen den Verteilungsansprüchen von Kapital und Arbeit, wobei immer dann eine inflationsstabile Beschäftigung zu erwarten ist, wenn die effektive Nachfrage auf den Gütermärkten dem zufällig gegebenen Beschäftigungsvolumen entspricht. Hier sind die Verteilungsansprüche von Gewerkschaften und Unternehmen wechselseitig kompatibel, und es sind keine inflationssteigernde oder -senkende Wirkungen zu erwarten. In einem post-keynesianischen Modell stellt dabei die NAIRU nur eine kurzfristige Beschäftigungsgrenze oder Inflationsbarriere dar, die durch inkompatible und damit inflationsauslösende Verteilungsansprüche gegeben ist und durch die Geldpolitik erzwungen wird. „Langfristig folgt die NAIRU jedoch der tatsächlichen Arbeitslosenquote und wird damit durch die Entwicklung der effektiven Nachfrage bestimmt. (...) Durch die Einbeziehung von Forschungsergebnissen zum Zusammenhang von Lohnverhandlungssystemen, Geldpolitik und makroökonomischer Performance in das post-keynesianische

---

[632]   Hein, E., Die NAIRU – eine postkeynesianische Interpretation, in: Intervention. Zeitschrift für Ökonomie, Heft 1/2004, S. 43 - 66.

Modell wurde zuletzt gezeigt, dass effektiv *koordinierte Lohnverhandlungssysteme* sehr viel besser als *restriktive Geldpolitiken* in der Lage sind, die Inflationsrate bei hoher Beschäftigung zu stabilisieren. Horizontal und vertikal koordinierte Lohnverhandlungen vermögen die makroökonomischen Externalitäten der Nominallohnsetzung zu internalisieren. Dadurch kann die NAIRU beträchtlich reduziert werden, wodurch auch eine ausschließlich an Preisniveaustabilisierung orientierte Zentralbank in die Lage versetzt wird, einen hohen Beschäftigungsgrad zu tolerieren. Eine Senkung der NAIRU erfordert daher die Organisation des Arbeitsmarktes sowie der Tarifverhandlungssysteme und nicht die weitere *Deregulierung* oder die *Dezentralisierung* von Lohnverhandlungen. Effektiv koordinierte Tarifverhandlungssysteme haben zudem den großen Vorteil, dass sie eine Stabilisierung der nominalen Lohnstückkosten und der Inflationsrate auch bei sinkender Beschäftigung ermöglichen und so ein unmittelbares Abgleiten der Ökonomie in makroökonomisch schädliche Deflationsprozesse verhindern können."[633]

4.9   Keynesianismus und Staatsverschuldung

Innerhalb des aufgezeigten keynesianischen Systems kommt der *kreditfinanzierten staatlichen Investitionsnachfrage* die entscheidende Bedeutung zur Stabilisierung von Konjunkturschwankungen und Wachstumstrends zu. Eine absolute Grenze der *staatlichen Verschuldung*, über die in der Wirtschaftswissenschaft seit 200 Jahren ein heftiger Disput entbrannt ist,[634] oder auch ein Verschuldungsoptimum existiert dabei nicht. Im Gegenteil: „Ein Verschuldungsoptimum ist solange unterschritten, wie zusätzliche kreditfinanzierte Ausgaben insgesamt oder in spezieller Form (z.B. öffentliche Investitionen) (1) zu einer besseren Auslastung des Produktionspotentials führen, (2) das volkswirtschaftliche Produktionspotenzial ausweiten oder verbessern, (3) eine weitere Annäherung an die gewünschte Verteilung erwarten lassen."[635] Auch ist eine ausschließliche Betrachtung *absoluter Größen* im Zusammenhang mit der Staatsverschuldung und ihrer Finanzierung irreführend. Entscheidend sind *relative Größen*, nämlich die Zunahme der Staatsverschuldung im Vergleich zur Veränderung des Wirtschaftswachstums. Hierauf hat bereits 1944 der bekannte US-amerikanische Ökonom *Evsey David Domar* (1914 bis 1997) in einem bahnbrechenden Aufsatz hingewiesen.[636] In einer wachsenden Volkswirtschaft, stellte er fest, ist nicht die Tatsache einer wachsenden nominellen Verschuldung von Bedeutung, sondern das Wachstum der Verschuldung in Relation zum Wachstum der Wirtschaft. Solange die Wachstumsrate des nominalen Bruttoinlandsprodukts (BIP) größer oder gleich dem nominalen Zinssatz der öffentlichen Verschuldung ist, bleibt die Verschuldungsquote unverändert oder sinkt sogar, obwohl die nominelle Verschuldung beständig wächst. Übersteigt allerdings der Zinssatz für die *Neuverschuldung* die Wachstumsrate des BIP, was realiter für Deutschland seit 1991 der Fall ist, so ist der Wert des *Primärsaldos* (= Saldo aus staatlichen Einnahmen und Ausgaben ohne

---

[633]   Hein, E., Die NAIRU – eine postkeynesianische Interpretation, a.a.O., S. 64.

[634]   Vgl. Hickel, R., Das Staatsschuldenproblem, Ausgewählte Lesestücke zum Studium der politischen Ökonomie, Frankfurt a.M., Berlin 1980, Simmert, D. B., Wagner, K.-D., (Hrsg.), Staatsverschuldung kontrovers, Bonn 1981, Sachverständigenrat (SVR), Jahresgutachten 2005/2006, S. 296 - 330.

[635]   Brümmerhoff, D., Finanzwissenschaft, a.a.O., S. 383.

[636]   Domar, E. D., The budden of debt and National Income, in: American Economic Review 34/1944, S. 798ff.

Zinszahlungen) entscheidend.[637] Dieser Saldo stabilisiert dann eine gegebene oder eine als politisch inakzeptabel hoch befundene Schuldenquote auf einen Zielwert. Für die tatsächlichen Gestaltungsspielräume der Finanzpolitik rückt so die *Primärdefizitquote*, die die Neuverschuldungsquote beschreibt, die nach Abzug der staatlichen Zinszahlungen verbleibt, in den Mittelpunkt: Wenn also die Verzinsung der öffentlichen Schuld gerade der BIP-Wachstumsrate entspricht, dann muss der Primärhaushalt ausgeglichen sein. Wenn der Zinssatz größer sein sollte als die Wachstumsrate des BIP, so muss ein Primärüberschuss erwirtschaftet werden.[638] Daraus folgt letztlich der ökonomische Lehrsatz, dass Wirtschaftswachstum und niedrige Zinssätze die Garanten sind, um der *Schuldenfalle* zu entgehen. Trotz dieser *Relativierung von Staatsverschuldung* wird heute in der vorherrschenden neoklassisch/neoliberalen Wirtschaftswissenschaft, aber auch in Politik und Medien, mit der aufgelaufenen Staatsschuld versucht den *Keynesianismus* zu diskreditieren. Durch das ständige **staatliche Intervenieren** in den privaten Wirtschaftskreislauf („Ausuferung des Staatsapparates", gemessen an der *Staatsquote*[639]) sei es zu einer aufgelaufenen (kumulierten) Staatsschuld von mittlerweile über 1,5 Billionen € gekommen. Diese gigantische (absolute) Zahl relativiert sich aber auf „nur" gut 66 v.H., wenn man sie auf das jährlich erwirtschaftete Bruttoinlandsprodukt, also auf eine Leistungsreferenzgröße, bezieht. Auch die jährliche *Finanzierungsquote* (Nettoneuverschuldung des Staates in Relation zum Bruttoinlandsprodukt in jeweiligen Preisen) war seit dem Bestehen der Bundesrepublik Deutschland mit wenigen Ausnahmejahren immer negativ. D.h. völlig unabhängig von den jeweils *regierenden Parteien* konnten die staatlichen Einnahmen (Steuern, Abgaben und die Einnahmen aus staatlichen Unternehmens- und Vermögenseinkünften) die Ausgaben nicht decken (vgl. Tab. 31). Was wäre aber, so ist zu fragen, zum absoluten und relativen Wachstum der Staatsverschuldung die Alternative gewesen? Vor allem vor dem Hintergrund der *Wiedervereinigung*, die die Staatsverschuldung mächtig in die Höhe getrieben hat, und die bis heute etwa 4 v.H. des Bruttoinlandsprodukts an öffentlichen Mitteln für Transfers nach Ostdeutschland benötigt und auch wohl noch lange benötigen wird. *Rainer Roth* gibt darauf in seinem Buch: „Das Kartenhaus. Staatsverschuldung in Deutschland"[640] die richtigen Antworten, wenn er Folgendes ausführt:

„Die Staatsverschuldung ist nicht in erster Linie das Ergebnis einer 'falschen Politik', sondern einer 'falschen Ökonomie'. Sie wuchs im Prozeß der ökonomischen Entwicklung, die alle in der Logik des Kapitals angelegten Widersprüche zur Entfaltung brachte. In der Staatsverschuldung entladen sich diese Widersprüche und werden durch sie mühselig

---

[637] Ergänzt wird der *Primärsaldo* durch den *Sekundärsaldo* (i * D_{t-1}, der Verzinsung der Staatsschulden). Hieraus leitet sich die gesamte dynamische Budgetgleichung des Staates ab: $\Delta d = p + (i - g) * d_{t-1}$. Veränderungen der Schuldenquote Δd werden demnach von drei Faktoren bestimmt: dem Quotienten aus Primärsaldo und BIP (p), der Staatsschuldenquote der Vergangenheit (d_{t-1}) und der Zins-Wachstumsdifferenz (i – g). Bei gegebener Ausgangsverschuldung und konstantem Primärsaldo hängt damit die Entwicklung der Schuldenquote und damit der finanzpolitische Spielraum des Staates allein von der *Zins-Wachstums-Differenz* ab.

[638] Vgl. Heise, A., Zur ökonomischen Sinnhaftigkeit von „Null-Defiziten", in: Wirtschaft und Gesellschaft, Heft 3/2002, S. 302.

[639] Die deutsche *Staatsquote* (Staatsausgaben in Relation zum nominalen Bruttoinlandsprodukt) lag 2006 mit 46,1 v.H. im Mittelfeld ausgesuchter OECD-Länder. Die skandinavischen Länder Dänemark, Finnland und Schweden kamen im Durchschnitt auf 53,6 v.H. und die Länder Belgien, Frankreich, Niederlande und Österreich, die größten Handelspartner von Deutschland, auf eine durchschnittliche Staatsquote in Höhe von 52,0 v.H. Vgl. SVR-Gutachten 2006/2007, S. 347.

[640] Roth, R., Das Kartenhaus. Staatsverschuldung in Deutschland, Frankfurt a. M. 1998.

abgemildert. (...) Die Staatverschuldung zeigt an, daß in der Ökonomie Kräfte vorherrschen, die nicht beherrscht werden können und die den Staatskredit als Puffer brauchen. (...) Stellen wir uns einen Moment vor, die krisenhafte Entwicklung der letzten 25 Jahre wäre ohne zusätzliche Staatsschulden bewältigt worden, mit denen die Haushaltsdefizite abgedeckt worden sind. Sinkende Profitraten und steigende Arbeitslosigkeit hätten sich dann mit voller Wucht in den Staatsaushalten niedergeschlagen. Ihr Vernichtungswerk hätte zu einer sprunghaften Erhöhung von Lohn- und Mehrwertsteuern führen müssen bzw. zu einer Absenkung von staatlichen Sozialleistungen in dramatischem Umfang. Die Staatsschulden haben den Prozeß des Sozialabbaus und des Lohnabbaus abgemildert und gestreckt. Staatsschulden bedeuten immer auch zeitweiligen Verzicht auf Steuererhöhungen und zeitweiligen Verzicht auf Ausgabenkürzungen, hier Kürzungen von Sozialausgaben."[641]

Tab. 31:   Staatsverschuldung (Schuldenstand am Jahresende in Mrd. €)

Jahr	Bund	Länder	Gemeinden	Gesamt	Schulden-Standsquote [2] - v.H. -	Finanzierungs-quote [3] - v.H. -
1950	3,7	6,5	0,3	10,5	21,0	
1960	13,8	7,5	5,7	27,0	17,4	
1970	29,6	14,2	20,6	64,4	18,6	0,5
1975	58,8	34,3	38,0	131,1	24,8	- 5,6
1980	120,5	70,5	48,7	239,7	31,7	- 2,9
1985	204,0	126,5	58,2	388,7	41,7	- 1,1
1989	254,4	158,4	62,1	474,9	41,8	0,1
1990[1]	306,3	168,1	64,2	538,6	41,2	- 1,9
1991	348,1	180,2	70,5	598,8	40,4	- 2,9
1995	658,4	261,6	99,2	1.019,2	57,0	- 9,7 [4]
2000	774,6	338,1	98,5	1.211,2	60,2	1,3 [5]
2001	759,9	364,6	99,2	1.223,7	59,6	- 2,8
2002	784,3	392,2	100,8	1.277,3	60,3	- 3,7
2003	826,1	423,7	107,9	1.357,7	63,8	- 4,0
2004	868,9	448,7	112,5	1.430,1	65,5	- 3,7
2005	901,3	471,4	116,0	1.488,7	67,7	- 3,3
2006	933,4	481,9	117,3	1.532,6	66,4	- 1,6

1) Ab 1990 Gesamtdeutschland, 2) Gesamtverschuldung in Relation zum Bruttoinlandsprodukt in jeweiligen Preisen, 3) Staatliches Defizit in Relation zum Bruttoinlandsprodukt in jeweiligen Preisen, 4) Einmaliger Effekt durch die Übernahme der Schulden der Treuhandanstalt und eines Teils der Altschulden der ostdeutschen Wohnungswirtschaft, 5) Einmaliger Effekt durch den Verkauf der UMTS-Lizenzen, Quelle: SVR Jahresgutachten 2006/2007, S. 542, Deutsche Bundesbank, Monatsbericht Juni 2007, S. 60*, eigene Berechnungen.

Mit der Staatsverschuldung soll jetzt aber offensichtlich Schluss gemacht werden. Neoliberale Ökonomen und Politiker wollen nicht nur die *Nettokreditaufnahme* (siehe den folgenden Kasten) auf Null setzen, d.h. jährlich einen ausgeglichenen Staatshaushalt vorlegen, sondern man will zusätzlich noch die aufgelaufene Staatsschuld tilgen. Manche fordern sogar ein *absolutes*

---

[641]   Roth, R., Das Kartenhaus, a.a.O. S. 155ff.

Verschuldungsverbot in das Grundgesetz aufzunehmen,[642] womit dann einer *antizyklischen Konjunkturpolitik* der endgültige Garaus gemacht würde. In der Wirtschaftskrise käme es so zu verheerenden *prozyklischen Krisenverschärfungen*, die am Ende nicht mehr kontrollierbar wären.

Der Staat und seine Verschuldung im Wirtschaftskreislauf

Die Steuereinnahmen und sonstigen Staatseinnahmen (Abgaben) werden vom Staat zur Wahrnehmung seiner Aufgaben und zur Belebung der Wirtschaft in den Wirtschaftskreislauf durch entsprechende Staatsausgaben (Staatsverbrauch, Investitionen, Einkommens- und Vermögensübertragungen an Unternehmen und private Haushalte) zurückgegeben. Somit geht nichts verloren. Halten dabei die Staatseinnahmen durch Steuern und Abgaben/Gebühren mit den Staatsausgaben nicht Schritt, muss sich der Staat verschulden. Manifest wird diese staatliche Verschuldung als Bruttokreditaufnahme, die nach Abzug der Tilgungszahlungen für Altschulden zur Nettokreditaufnahme (Nettoneuverschuldung) führt. Unter Berücksichtigung von Rücklagenveränderungen und den Einnahmen aus der Ausgabe von Münzgeld sowie den Bundesbankgewinnen ergibt sich letztlich die jährliche Zunahme der Staatsverschuldung als sog. Finanzierungssaldo.

Bruttokreditaufnahme - Tilgungen

= Nettokreditaufnahme (Nettoneuverschuldung)

+/- Rücklagenbewegung + Münzeinnahmen und Bundesbankgewinn

= Finanzierungssaldo (Überschuß oder Defizit)

Seit sechzig Jahren vertritt kein seriöser Volkswirt mehr die Meinung, dass eine Volkswirtschaft, die auf eine Rezession zusteuert, einen *ausgeglichenen Staatshaushalt* haben sollte, stellt der US-amerikanische Nobelpreisträger für Wirtschaftswissenschaft *Joseph Stiglitz* fest.[643] In der Tat würde der Konjunkturabschwung länger andauern und tiefer ausfallen, die Sockelarbeitslosigkeit in der langen Frist steigen und sich die Schere von Arm und Reich weiter öffnen. „Denn wenn im konjunkturellen Abschwung ein Investitionszyklus sein Ende findet, dann kommt es darauf an, die nun *fehlende Investitionsnachfrage*, so gut es geht, durch Konsumnachfrage oder staatliche Investitionen zu ersetzen. Folglich sind gerade jetzt Lohnerhöhungen und ein Anwachsen der Staatsausgaben angemessen – um nichts in der Welt aber eine Minderung der Ausgaben, weil die Steuereinnahmen sinken. Noch in den 1980er Jahren hießen Ausgaben, die nicht mit den Einnahmen variieren, in der Fachliteratur ,**automatische Stabilisatoren**‘: Denn es wird eine Art Kettenreaktion verhindert, wenn bei Zunahme der Arbeitslosigkeit die Konsumausgaben weniger markant sinken als die Erwerbseinkommen, das Sinken der Nachfrage und damit der Beschäftigung also abgebremst wird."[644] Wie wirksam diese *automatischen Stabilisatoren* allerdings sind, hängt von der

---

[642] Heute besteht im *Artikel 115 Grundgesetz* eine *relative Verschuldungsgrenze* derart, dass die Höhe der Nettokreditaufnahme des Bundes grundsätzlich auf die Summe der im Haushaltsplan veranschlagten *Ausgaben für Investitionen* begrenzt ist. Es sei denn, es wird eine Störung des *gesamtwirtschaftlichen Gleichgewichts* festgestellt. Neben der deutschen Verschuldungsgrenze besteht auch auf *europäischer Ebene* mit dem „Vertrag von Maastricht" und dem „Europäischen Stabilitäts- und Wachstumspakt" in Höhe einer jährlichen *Nettoneuverschuldung* von maximal 3 v.H. bezogen auf das nominale Bruttoinlandsprodukt eine relative Verschuldungsobergrenze. Außerdem darf die aufgelaufene Staatsschuld (Schuldenstand) auch nicht die Grenze von 60 v.H. bezogen auf das Bruttoinlandsprodukt überschreiten.

[643] Vgl. Stiglitz, J., Die Schatten der Globalisierung, a.a.O., S. 126.

[644] Schui, H., Stabilitätspakt auf der Kippe, in: Blätter für deutsche und internationale Politik, Heft 4/2002, S. 399f.

Höhe der *Lohnersatzleistungen* und vom Vorhandensein eines *Sozialstaates* ab. Wird hier, wie mit der *Agenda 2010* und den *Hartz-Gesetzen*, das Sozialentgelt zurückgefahren, um die *Gewinne* der Unternehmen zu stabilisieren oder gar zu steigern – auf nichts anderes läuft letztlich die Senkung der sogenannten *Lohnnebenkosten* hinaus (vgl. Abschnitt 3.7.3) – so werden die Stabilisatoren geschwächt und der Konjunkturabschwung, die *Wirtschaftkrise*, ist stärker ausgeprägt. Es folgen noch niedrigere Steuer- und Abgabeneinnahmen, erneute Ausgabenkürzungen und so fort. Die Krise findet kein Ende.

Besonders wird in letzter Zeit gegen die Staatsverschuldung mit steigenden **Zinslasten** argumentiert, da die Zinsen der *Politik* für investive und konsumtive Staatsausgaben nicht mehr zur Verfügung stünden und somit der politische Handlungsspielraum eingeengt würde. Gemessen werden die Zinsaufwendungen dabei in *Relation zum Bruttoinlandsprodukt*. Erst wenn die absoluten Zinsaufwendungen rascher steigen als das Bruttoinlandsprodukt, steigt auch die relative Zinslast (**Zins-Lastquote**).[645]

$$\text{w Y} \quad - \quad \text{w i} \quad < \quad \text{Null} \quad \rightarrow \quad \text{Zinslastquote} \uparrow$$

w Y = Wachstumsrate Bruttoinlandsprodukt

w i = Zinsaufwendungen

Zinslastquote = Zinsaufwand : Bruttoinlandsprodukt

Bezieht man die Zinsen auf die *Staatsausgaben*, so zeigt die (**Zins-Ausgabenquote**) an, welcher Anteil der Staatsausgaben für den Schuldendienst gebunden ist. Und die **Zins-Steuerquote** bringt zum Ausdruck, in welchem Ausmaß die Zinsbelastung durch Steuereinnahmen gedeckt ist. Seit 2000 ist eine leichte Entlastung der relativen Zinslastquoten eingetreten (vgl. Tab. 32). Allerdings musste der Staat im Jahr 2006 über 12 v.H. der Steuereinnahmen für Zinsen aufwenden.

Tab. 32:   Staatliche Zins-Lastquoten (in v.H.)

Jahr	Zins-Lastquote	Zins-Ausgabenquote	Zins-Steuerquote
2000	3,2	7,0	13,0
2001	3,1	6,4	13,5
2002	2,9	6,1	13,1
2003	3,0	6,1	13,3
2004	2,8	6,0	13,0
2005	2,8	5,9	12,6
2006	2,8	6,2	12,3

Quelle: Deutsche Bundesbank, Monatsbericht August 2007, S. 54*, eigene Berechnungen

Staatsschulden und die daraus entstehenden Zinslasten sind aber ein ganz normaler Vorgang. Auch *Private* (Haushalte und Unternehmen) müssen für ihre Verbindlichkeiten **Zinsen** entrichten, die auch hier für andere Ausgaben nicht mehr zur Verfügung stehen und für Opportunitätskosten sorgen. Will der Staat heute z.B. die *Umwelt* sanieren, was auch zukünftigen **Generationen** zum Vorteil gereicht, und die Ausgaben dafür nicht aus heute erhobenen *Steuern* finanzieren, so muss er sich verschulden. Deshalb sind auch mit dem Hinweis auf

---

[645]   Vgl. Kromphardt, J., Arbeitslosigkeit und Inflation, Göttingen 1987, S. 170f.

eine kollektive *Belastung kommender Generationen* drastische Sparmaßnahmen zum Abbau der Staatsverschuldung immer kritisch zu hinterfragen. Der Finanzwissenschaftler *Lorenz von Stein* (1815 bis 1890) betonte schon 1878: „Ein Staat ohne Staatsschuld tut entweder zu wenig für seine Zukunft oder er fordert zu viel von seiner Gegenwart."[646] Auch ist zu beachten, dass ein Staat ohne Staatsverschuldung von seinen Bürgern verlangt, **Investitionsvorhaben** sofort mit Steuergeldern zu finanzieren. „So wie jedes Unternehmen Anschaffungen und andere Investitionen über einen längeren Zeitraum *abschreibt* und entsprechend finanziert, müsste das auch beim Staat selbstverständlich sein. Die sofortige Finanzierung von Investitionen durch Steuern belastet die die Steuern zahlende Generation viel zu stark. Sie ist nicht gerecht."[647] Auch die Behauptung gegen Staatsverschuldung, „daß der Staat sich bei **vermögenden Staatsbürgern** verschuldet, fällige Zinsen aber aus dem allgemeinen Steueraufkommen begleicht und so einer staatlich initiierten **Umverteilung** von unten nach oben Vorschub leistet, ist in ihrer Kausalität nicht richtig. Denn: „Zinseinkommen entstehen dadurch, daß einzelne Haushalte in der Lage sind, *Ersparnisse* zu bilden. Aus der Staatsverschuldung folgt somit kein *Gerechtigkeitsproblem*, das nicht mit Blick auf die vorhandenen **Einkommens-** und **Vermögensdisparitäten** bereits bestanden hätte. Für den einzelnen Geldvermögensbesitzer ist es letztlich unerheblich, ob er gegenüber dem Staat oder einzelnen Privaten im In- oder Ausland eine Gläubigerposition einnimmt: ,Daß die Kreditzeichner sich unter den mannigfachen Anlagealternativen auf dem Kapitalmarkt ,zufällig' für ein Staatspapier entschieden haben, ist nicht kausal für ihr Zinseinkommen; denn hätte sich der Staat für **Steuerfinanzierung** entschieden, so hätten sie eine alternative Anlageform wählen müssen und dafür ebenfalls ein Zinseinkommen bezogen. Das dem Gläubiger zufließende Zinseinkommen ist in jedem Fall von Dritten aufzubringen."[648] Entscheidend bei der Staatsverschuldung ist etwas ganz anderes, etwas grundsätzliches, und zwar ihre **wirtschaftliche Kreislaufwirksamkeit**. Ohne Staatsverschuldung wären nämlich die gigantischen Finanzierungsüberschüsse der *privaten Haushalte* überhaupt nicht möglich. „Denn wenn niemand *Schulden* macht, kann auch niemand *Überschüsse* erwirtschaften. Das Defizit des einen ist notwendigerweise der Überschuss des anderen: Wenn in einer Volkswirtschaft niemand mehr Geld ausgibt, als er einnimmt, kann auch niemand mehr Geld einnehmen, als er ausgibt! Genauso wenig belasten wir mit unseren Staatsschulden automatisch unserer **Kinder**. Denn die Kinder, die unsere **Schulden** erben, erben auch unser **Vermögen**. Eine hohe Staatsverschuldung heißt nichts anderes, als dass die übrigen Teilnehmer des Wirtschaftslebens – Firmen, Ausland und private Haushalte – einen exakt gleich großen Überschuss besitzen. Die Summe aller Schulden ist per definitionem immer genauso groß wie die Summe aller *Guthaben*. Wenn die Schulden wachsen, wachsen die Guthaben im Gleichschritt mit. Das beträchtliche **Netto-Geldvermögen** der deutschen Privathaushalte wäre ohne einen Partner, der dieses Vermögen *schuldet*, undenkbar. Deshalb ist es wenig sinnvoll, die eine Seite der Münze zu bewundern und die andere zu verachten. Wenn wir in der Presse lesen, die deutsche Staatsverschuldung betrage pro Bürger mehr als 2.500 €, so kann man das auch umdrehen und sagen: Jeder Bürger hat beim deutschen Staat ein Guthaben von im Mittel mehr als 2.500 €. Wenn wir das *Ausland* einmal ignorieren, kann der Staat so viel Schulden

---

[646]   Zitiert bei Müller, M., Schulden und Schulden, in: Frankfurter Rundschau vom 18. Oktober 2002, S. 2.

[647]   Köhler, C., Beschlüsse zu einer fehlentwicklungsfreien wirtschaftlichen Entwicklung in der EWWU, Berlin 2000, S. 105.

[648]   Arbeitsgruppe Alternative Wirtschaftspolitik, Memorandum 2001, Modernisierung durch Investitions- und Beschäftigungsoffensive, Köln 2001, S. 264.

machen wie er will – netto ist die Belastung immer Null. Es ist ein Nullsummenspiel. Wenn Frau Meier ihrem Gatten 250 € für einen neuen Rasenmäher leiht, bleibt das Geld in der Familie. Niemand würde sagen, Familie Meier habe 250 € Schulden. Ebenso kann auch ein Staat als ganzer keine Schulden machen:[649] Was wir aus der einen Tasche herausnehmen, stecken wir in die andere hinein. Netto gleicht sich alles aus."[650] Die **privaten Haushalte** weisen traditionell in Deutschland, im Unterschied zu den Unternehmen und den öffentlichen Haushalten, „einen Finanzierungsüberschuss auf. Dieser Finanzierungsüberschuss spiegelt die Tatsache wider, dass der Verbrauch der privaten Haushalte ständig unter ihrem verfügbaren Einkommen liegt. Mit diesem Überschuss, der der jährlichen **Netto-Geldvermögensbildung** der privaten Haushalte entspricht, finanzieren sie das Defizit des Unternehmenssektors[651] wie das der öffentlichen Haushalte (Staat). Wie der folgenden Tab. 33 zu entnehmen ist, betrug der Finanzierungsüberschuss zwischen 1991 und 2006, also die jährliche Netto-Geldvermögensbildung der privaten Haushalte (dazu zählen in der statistischen Abgrenzung auch alle Einzelunternehmer) jahresdurchschnittlich 87,7 Mrd. €.

Hinzu kam im selben Zeitraum ein Finanzierungsüberschuss der **Finanziellen Sektoren** (Banken, Versicherungen, Finanzdienstleister) in Höhe von 12,5 Mrd. €. Defizitär waren zwischen 1991 und 2006 dagegen die Finanzierungssalden der **Nichtfinanziellen Kapitalgesellschaften** (alle Personen-, Kapital- und Genossenschaftsunternehmen die nicht zum Finanziellen Sektor gehören) mit jahresdurchschnittlich - 35,2 Mrd. € und die der **öffentlichen Haushalte** mit - 50,8 Mrd. €. Bis zur deutschen Wiedervereinigung übertraf die Netto-Geldvermögensbildung der privaten Haushalte und der Finanziellen Sektoren sogar in aller Regel die Absorptionsfähigkeit dieser beiden Sektoren, so dass Nettokredite in z.T. dreistelliger Milliardenhöhe an die **übrige Welt** (Ausland) in Form von Kapitalexporten vergeben wurden. Im Zuge des erhöhten Finanzierungsbedarfs infolge der *deutschen Wiedervereinigung* hatte sich die Fließrichtung der Nettokredite zwischen Deutschland und dem Ausland zeitweise umgekehrt. Seit 2002 liegt aber wieder eine **positive Leistungsbilanz** vor, so dass es im Saldo mit der übrigen Welt wieder zu Kapitalexporten kommt. Dabei haben sogar die hohen Leistungsbilanzüberschüsse seit 2002 die Defizite zwischen 1991 und 2001 in Summe mit jahresdurchschnittlich 14,2 Mrd. € überkompensiert (vgl. Tab. 33).

Kumuliertes Ergebnis dieser kreislaufwirksamen sektoralen Finanzierungsrechnung ist ein **Netto-Geldvermögensbestand** der **privaten Haushalte** Ende 2006 in Höhe von 2.962,7 Mrd. €. Dieser setzt sich aus einem Brutto-Geldvermögen von über 4,5 Billionen € und Schulden (Verbindlichkeiten) in Höhe von gut 1,5 Billionen € zusammen. Berücksichtigt man zusätzlich das **Immobilien-** und **sonstige Sachvermögen** der *privaten Haushalte*, das Ende 2006 bei schätzungsweise 4,8 Billionen € lag, so erreichte das *Bruttovermögen*

---

[649] Staatsschulden sind nicht mit den Schulden eines *privaten Haushaltes* oder eines *Unternehmens* zu vergleichen. Denn die öffentliche Verschuldung ist eine Kreditsumme, die wir – Bürger und Institutionen wie Banken und Versicherungen – uns selbst schulden. Die Staatsschuld ist immer die *Schuld eines Volkes an sich selbst*. Außerdem muss eine öffentliche Schuld nicht unbedingt zurückgezahlt werden; das Staatsvolk als Schuldner hat theoretisch eine ewige Lebensdauer. Drittens würde selbst eine Tilgung der Staatsschulden einer Volkswirtschaft keinen Reichtumsvorteil bringen. Die Steuern müssten im Falle der Tilgung erhöht werden, um die Rückkaufbeträge aufzubringen. Der Staat gäbe die Mehreinnahmen also an die Wirtschaftssubjekte zurück, die ihm gerade höhere Steuern abgeliefert haben: Ein bloßer Transferprozess fände statt.

[650] Krämer, W., Zur schlimmen Staatsverschuldung, in: Das Wirtschaftsstudium, Heft 6/2001, S. 821.

[651] Dabei fällt bei einer zuweilen populistisch geführten Debatte in den *Medien* auf, dass nur die öffentlichen Schulden eine gesellschaftliche Bedrohung – vor allem für die zukünftigen Generationen darstellen – nicht aber die Verschuldung der Unternehmen.

insgesamt gut 9 Billionen € – je privatem Haushalt sind das 240.000 €.[652] Dem stehen negative Salden zwischen Geldvermögen und Verbindlichkeiten bei den **Nicht finanziellen Kapitalgesellschaften** von - 1.575,9 Mrd. € und beim **Staat** von - 1.133,7 Mrd. € gegenüber. Die **Finanziellen Sektoren** weisen einen Netto-Geldvermögensbestand in Höhe von 148,8 Mrd. € aus. Deutschland insgesamt hatte mit gut 400 Mrd. € Ende 2006 eine *Netto-Gläubigerposition* gegenüber dem Rest der Welt (Ausland). Hierin schlagen sich in Summe die *Leistungsbilanzüberschüsse* der Vergangenheit nieder (vgl. Tab. 34).

Tab. 33:   Finanzierungskreislauf der deutschen Wirtschaft nach Sektoren (in Mrd. €)

Jahr	Private Haushalte[1]	Nichtfinanzielle Kapitalgesellschaften	Finanzielle Sektoren	Staat	Ausland[3]
1991	76,4	- 63,1	13,5	- 44,5	- 17,7
1992	79,0	- 61,1	10,0	- 40,2	- 12,3
1993	72,4	- 42,3	11,7	- 51,6	- 9,8
1994	51,8	- 46,6	13,9	- 41,9	- 22,7
1995	56,8	- 23,7	9,7	- 59,4	- 16,6
1996	61,7	- 14,8	3,2	- 62,5	- 12,3
1997	62,8	- 26,8	6,0	- 50,6	- 8,6
1998	66,1	- 34,0	- 4,7	- 42,7	- 13,4
1999	69,4	- 70,3	6,2	- 29,3	- 24,0
2000	75,4	- 137,1[2]	8,0	27,1[2]	- 26,7
2001	97,3	- 41,4	2,8	- 59,6	- 0,9
2002	101,3	3,4	19,6	- 78,3	45,9
2003	125,1	- 13,3	19,1	- 87,0	43,9
2004	133,4	5,0	29,2	- 82,5	85,1
2005	141,2	0,1	26,1	- 72,6	94,8
2006	134,3	2,1	24,9	- 37,0	124,3
Σ	1.404,4	- 563,9	199,2	- 812,6	227,1
JD	87,7	- 35,2	12,5	- 50,8	14,2

1) Einschl. private Organisationen ohne Erwerbszweck und Einzelunternehmen, 2) Im Jahr 2000 einschließlich der Verkäufe von UMTS-Lizenzen durch den Staat an nichtfinanzielle Unternehmen (sog. nichtproduzierte Vermögensgüter), 3) Ein negativer Finanzierungssaldo des Auslands ist Ausdruck einer negativen Leistungsbilanz , die einen Kapitalimport impliziert, Quelle: Diverse Monatsberichte der Deutschen Bundesbank, eigene Berechungen.

Tab. 34:   Brutto- und Netto-Geldvermögen in Deutschland Ende 2006 (in Mrd. €)

	Private Haushalte	Nichtfinanzielle Sektoren	Inländische Finanzielle Sektoren	Staat	Inland insgesamt
Bruttogeldvermögen (Forderungen)	4.528,6	2.437,6	8.958,7	475,5	16.400,4
Schulden (Verbindlichkeiten)	1.565,9	4.013,5	8.810,0	1.609,2	15.998,6
Netto-Geldvermögen	2.962,7	- 1.575,9	148,7	- 1.133,7	401,8

Quelle: Deutsche Bundesbank, Monatsbericht Juni 2007, S. 32f.

---

[652] Vgl. Deutsche Bundesbank, Monatsbericht Juni 2007, S. 25.

Akzeptiert man die aufgelaufene **Staatsverschuldung** in Höhe von gut 1,6 Billionen € nicht, so wäre hier beim Netto-Geldvermögen der privaten Haushalte ein Ansatzpunkt. Saldiert man nämlich rein rechnerisch die Staatsschulden mit dem Netto-Geldvermögen, so würde bei den privaten Haushalten immer noch ein Überschuss von 1,4 Billionen € vorliegen. Dazu müsste sich dann aber die Politik entschließen eine **Vermögensteuer** wieder einzuführen und entsprechende **Erbschaftssteuersätze** zu erheben. Die Staatsverschuldung dagegen über **direkte Einkommen-** und **Gewinnsteuern** und/oder über **indirekte Steuern** (Mehrwertsteuer, Verbrauchsteuern) und/oder durch eine **Senkung der Staatsausgaben** abzubauen, wird nur begrenzt möglich sein. In der Regel schlägt sich dies dämpfend auf das *Wirtschaftswachstum* nieder, so dass am Ende womöglich nicht weniger, sondern noch mehr Staatsschulden vorhanden sind (*"Sparparadoxon"*[653]). Jedenfalls verbieten sich Steuererhöhungen im *konjunkturellen Abschwung* genauso wie weitere grundsätzliche **Unternehmenssteuersenkungen**. Hier wurde in der jüngsten Vergangenheit schon zu viel des Gutes gekürzt. Der Staat ist heute mit einer gesamtwirtschaftlichen **Steuerquote** von mal gerade rund 20 v.H. unter dem Aspekt der Zukunftsfähigkeit des Landes bedrohlich *unterfinanziert*. Eine differenzierte und intelligente Besteuerung muss da ansetzen, wo die Wirtschaftssubjekte (egal ob bei Unternehmern oder Arbeitnehmern) mit hohen **marginalen Sparquoten** aufwarten. Diese gilt es abzuschöpfen und für die Allgemeinheit nutzbringend in den Wirtschaftskreislauf zurückzubringen. Will man die **Sozialabgaben** in den *gesetzlichen Sozialversicherungen* (Beitragssätze) kürzen oder zumindest vor dem demografischen Hintergrund weitgehend konstant halten und dazu noch mehr als heute die Sozialausgaben über **Steuern** finanzieren, so sind dazu auch die *Unternehmenssteuern* heranzuziehen, da sie ebenso wie die Arbeitnehmer von einer Reduktion der Sozialabgaben profitieren. Eine wie 2007 vollzogene Umsatzsteuererhöhung, die auch zur Absenkung des Beitragssatzes in der Arbeitslosenversicherung eingesetzt wurde, ist dann paradigmatisch nicht möglich bzw. erlaubt.

4.10   Langfristiges Vollbeschäftigungswachstum

Bisher wurde im neoklassischen und keynesianischen Kontext einer **Fiskal-** und **Geldpolitik** der kurzfristige, mehr konjunkturelle Aspekt einer Wirtschaftsbelebung beleuchtet. Im Folgenden soll zusätzlich noch eine langfristige **Wachstumsbetrachtung** für eine vollbeschäftigte Wirtschaft aufgezeigt werden. Hierbei erfolgt ein Rückgriff auf das von *Nickolas Kaldor* (1908 bis 1986) entwickelte post-keynesianische Modell, dass von den Investitionsentscheidungen der Unternehmen, und damit implizit von der **Profitrate**, abhängt. Außerdem spielen die Entwicklung der gesamtwirtschaftlichen **Sparneigung** (differenziert nach Lohn- und Gewinnempfänger) sowie die produktionstechnischen Beziehungen, die sich in der Entwicklung der **Arbeitsproduktivität** und des **Kapitalkoeffizienten** (Kapitalproduktivität) dokumentieren, eine entscheidende Rolle. Zudem ist die Entwicklung des **Arbeitsangebots** zu beachten. Soll es dabei zu einem gleichgewichtigen Wachstum mit **Vollbeschäftigung** kommen, so muss die gesamtwirtschaftliche Sparquote (S) (differenziert in die Sparquote der Arbeitnehmer (s_L) plus der Sparquote der Unternehmer (s_G)) gleich sein der Wachstumsrate

---

[653]   Vgl. „Wie Hans Eichel am Sparparadoxon scheiterte", in: Bofinger, P., Wir sind besser als wir glauben, a.a.O., S. 121f.

des Kapitalkoeffizienten $(\varepsilon)^{654}$ bzw. der Kapitalproduktivität und diese wiederum mit der Entwicklung des Arbeitsangebots (A) übereinstimmen.

Demnach gilt als allgemeine **Gleichgewichtsbedingung**:

$$(1) \quad S = \varepsilon \cdot A$$

Bei der **Verteilung** des Volkseinkommens (Y) auf **Löhne** (L) und **Gewinne** (G) gilt:

$$(2) \quad Y = L + G$$

Da aber beide Einkommensgruppen einen bestimmten Teil ihres Einkommens sparen ergibt sich die **makroökonomische Sparfunktion** (S) aus:

$$(3) \quad S = s_L \cdot L + s_G \cdot G$$

Dabei ist die marginale Sparquote der Unternehmerhaushalte (s_G) um ein vielfaches Größer als die Sparquote der Arbeitnehmerhaushalte (s_L). Dividiert man die Sparfunktion durch das Volkseinkommen (Y) erhält man die makroökonomische **Sparquote**:

$$(4) \quad s = \frac{S}{Y} = s_L \frac{L}{Y} + s_G \frac{G}{Y}$$

Damit ist definiert, dass die makroökonomische **Sparquote** vom Verhältnis der **Lohn- und Gewinneinkommen** zum gesamten **Volkseinkommen** abhängig ist. Wird die Sparquote in die Gleichung (1) der gleichgewichtigen Wachstumsbedingung eingesetzt, ergibt sich die folgende Beziehung:

$$(5) \quad s_L \frac{L}{Y} + s_G \frac{G}{Y} = \varepsilon \cdot A$$

Durch Umstellung der Formel läßt sich die Bedingung für ein **gleichgewichtiges Wachstum** auch wie folgt darstellen:

$$(6) \quad \varepsilon \cdot A = s_L + \left(s_G - s_L\right)\frac{G}{Y}$$

Die entscheidende Frage lautet nun: Welche Einkommensverteilung (G : Y) bzw. (L : Y) garantiert bei *gegebenen* Kapitalkoeffizienten (ε), einer Wachstumsrate des Arbeitsangebots (A) sowie marginaler Sparquoten der Gewinnempfänger (s_G) und Lohnempfänger (s_L) eine makroökonomische Sparquote (S), welche die Bedingung des gleichgewichtigen Wachstums bei Vollbeschäftigung erfüllt? Dazu ist die **Gewinneinkommensquote** G/Y am **Volkseinkommen** aus Gleichung (6) zu bestimmen. Subtrahiert man dazu zunächst von beiden Seiten der Gleichung (6) die marginale Sparquote der Lohnempfänger (s_L), so ergibt sich die Gleichung (7):

$$(7) \quad \varepsilon \cdot A - s_L = \left(s_G - s_L\right)\frac{G}{Y}$$

---

[654] Der Kapitalkoeffizient zeigt die Relation des Kapitalstocks (K) zu der mit diesem (K) erreichbaren Produktion an; in makroökonomischer Betrachtung die gesamten Brutto-Anlageinvestitionen zum Nettosozialprodukt zu Marktpreisen (Y). $\varepsilon = K : Y$ bzw. $\varepsilon = \Delta K : \Delta Y$; $\varepsilon = I : \Delta Y$. Der reziproke Wert des Kapitalkoeffizienten bezeichnet die Produktivität des eingesetzten Kapitals (Kapitalproduktivität (v) $v = 1 : \varepsilon$).

Werden beide Seiten der Gleichung (7) dann durch (s_G - s_L) dividiert, so erhält man nach Umformen den Anteil der Gewinnempfänger am Volkseinkommen als

$$(8) \quad \frac{G}{Y} = \frac{(A \cdot \varepsilon) - s_L}{s_G - s_L}$$

Durch diese **Gewinnquote** G/Y wird jene gesamtwirtschaftliche **Sparquote** garantiert, die zur Erfüllung der Wachstumsgleichgewichtsbedingung (S : ε = A) notwendig ist, um Vollbeschäftigung zu garantieren. Der Gleichgewichtswert der Sparquote (S) ergibt sich durch das Einsetzen von Gleichung (8) in Gleichung (6):

$$(9) \quad S = A \cdot \varepsilon = s_L + (s_G - s_L) \frac{(A \cdot \varepsilon) - s_L}{s_G - s_L}$$

Nimmt die makroökonomische Sparquote (S) aufgrund entsprechender Einkommensverteilung den Wert der Gleichung (9) an, so ist die **Wirtschaft im Gleichgewicht**, d.h. Volkseinkommen, Kapitalstock und das Arbeitsangebot wachsen mit gleicher Rate. In der folgenden Tab. 35 sind diese Zusammenhänge noch einmal zum besseren Verständnis numerisch an einem Beispiel dargestellt. Die Sparneigung der Gewinnempfänger wird mit 0,3 und die Sparneigung der Lohnempfänger mit 0,1 angenommen. Der Kapitalkoeffizient beträgt 3. Bei einem Kapitaleinsatz von 300 Einheiten ist außerdem ein Arbeitseinsatz (A) in Höhe von 50 Einheiten notwendig. Die Kapitalintensität (K : A) beläuft sich demnach auf den Faktor 6. Von Periode 1 nach 2 soll das Arbeitskräfteangebot (A) um 6 v.H., von Periode 2 nach 3 um 5 v.H. und von Periode 3 nach 4 um 10 v.H. wachsen.

Tab. 35:   Gleichgewichtiges Vollbeschäftigungswachstum

Prämissen: s_L = 0,1; s_G = 0,3; ε = 3													
1	2	3	4	5	6	7	8	9	10	11	12	13	14
t	Y	L:Y	L	G:Y	G	s_L L	s_G G	S	K	$\Delta K = I$	N	A	r'
1	100								300			50	
2	106,4	0,60	63,8	0,40	42,6	6,4	12,8	19,1	319,1	19,1	6%	53,2	13,3
3	111,9	0,75	83,9	0,25	28,0	8,4	8,4	16,8	335,9	16,8	5%	56,0	8,3
4	124,4			1,00	124,4		37,3	37,3	373,2	37,3	10%	62,2	33,3

Durch Einsetzen der Werte in Gleichung (8) erhält man unter Berücksichtigung der zuvor gesetzten Prämissen und eines Wachstum des Arbeitskräfteangebots von 6 v.H. die notwendige Gewinnquote G/Y:

$$\frac{G}{Y} = \frac{(0,06 \cdot 3) - 0,1}{0,3 - 0,1} = 0,40$$

Sie beträgt demnach 40 v.H. Hieraus läßt sich aus Gleichung (9) die makroökonomische **Sparquote** (S) mit 18 v.H. ableiten:

$$S = 0,1 + (0,3 - 0,1) \frac{(0,06 \cdot 3) - 0,1}{0,3 - 0,1} = 0,18$$

Damit beträgt die gleichgewichtige Wachstumsrate des Volkseinkommens (Y)

$$\frac{S}{\varepsilon} = \frac{0,18}{3} = 0,06$$

$$\frac{Y_t - Y_{t-1}}{Y_t} = \frac{S}{\varepsilon} = 0,06$$

Löst man die Wachstumsgleichung nach Y_t auf, erhält man für $Y_{t-1} = 100$ in Periode t ein Volkseinkommen von $Y_t = 106,38$

$$Y_t - 100 = Y_t \cdot 0,06$$

$$-100 = Y_t \cdot 0,06 - Y_t$$

$$-100 = Y_t (0,06 - 1)$$

$$Y_t = 106,38$$

Das gleichgewichtige Volkseinkommen (Y) steigt demnach in **Periode 2** auf 106,38 Einheiten, womit der absolute Zuwachs zum Volkseinkommen 6,38 Einheiten beträgt. Bei einer Gewinnquote von 40 v.H. ergibt sich eine Gewinnmasse am Volkseinkommen in Höhe von 42,55 Einheiten (Spalte 6) und eine Lohnsumme von 63,83 Einheiten (Spalte 4). Multipliziert man die Gewinnmasse und die Lohnsumme mit den jeweiligen marginalen Sparquoten der Lohn- und Gewinnempfänger, so erhält man die Ersparnis der Lohnempfänger (Spalte 7) und die der Gewinnempfänger (Spalte 8). Da auch der Kapitalstock um 6 v.H. zunimmt, reicht die **Gesamtersparnis** in Höhe von 19,14 Einheiten (Spalte 10) gerade aus, die Investitionen (Spalte 11) zu finanzieren und die notwendige Gleichgewichtsbedingung (I $\equiv$ S) zu erfüllen. Da auch die Erwerbsbevölkerung (das Arbeitsangebot) mit einer Rate von 6 v.H. wächst, ist gleichzeitig **Vollbeschäftigung** garantiert. Würde der Kapitalkoeffizient ceteris paribus von 3,0 auf 3,5 ansteigen und damit die Kapitalproduktivität auf den Wert von 0,286 sinken, so müsste zur Stabilität des Systems (gleichgewichtiges Vollbeschäftigungswachstum) die Gewinnquote auf 55 v.H. steigen.

$$\frac{G}{Y} = \frac{(0,06 \cdot 3,5) - 0,1}{0,3 - 0,1} = 0,55$$

Gleichzeitig verlangt eine derartige Gewinnquote ein Steigen der gesamtwirtschaftlichen Sparquote von 18 v.H. auf 21 v.H.

$$S = 0,1 + (0,3 - 0,1) \frac{(0,06 \cdot 3,5) - 0,1}{0,3 - 0,1} = 0,21$$

Wächst in **Periode 3** das Arbeitsangebot nur noch mit 5 v.H., so reicht eine Gewinnquote von 25 v.H. und eine Sparquote von 15 v.H. aus, um Ersparnisse (S) und Investitionen (I) ins Gleichgewicht (I $\equiv$ S) zu bringen. Auffallend ist hierbei aber – aufgrund des gestiegenen Kapitalstocks – das Sinken der **Profitrate (r)** von 13,3 v.H. auf 8,33 v.H. (vgl. in der zuvor gezeigten Tab. 35 die Spalte 14). In **Periode 4** wäre dagegen aufgrund des hohen Wachstums von 10 v.H. des Arbeitsangebotes (A) eine Gewinnquote von 100 v.H. erforderlich, um eine gleichgewichtige Wachstumsrate von S : ε = A = 10 v.H. zu ermöglichen. Die Profitrate (r) würde hier auf 33,3 v.H. ansteigen. Dies ist allerdings nur ein Modellergebnis, das in der *wirtschaftlichen Realität* nicht eintreten kann, weil hier das **Einkommen der abhängig Beschäftigten Null** betragen würde.

Im Ergebnis steht somit aber dennoch fest: „Eine hohe Zuwachsrate der Erwerbsbevölkerung erfordert eine hohe Sparquote und damit einen großen Anteil der Gewinnempfänger am Volkseinkommen; denn aufgrund der *Limitationalitätsannahme* kann das vermehrte Arbeitsangebot nur bei entsprechend steigender Zuwachsrate des Kapitals (Kapitalstocks) beschäftigt werden. Ist außerdem die **Produktivität** des eingesetzten Kapitals gering (der Kapitalkoeffizient also groß), so entsteht *zusätzlicher Kapitalbedarf*, der eine noch größere **Sparquote** und damit eine ansteigende **Gewinnquote** erfordert. Ferner ist auch eine hohe Gewinnquote bei geringen Sparquoten der Lohn- und Gewinnempfänger erforderlich."[655] Wer demnach das Ziel hat, „die Lohnquote zu erhöhen, muß darauf hinwirken, daß sowohl die Lohn- als auch die Gewinnbezieher ihre **Sparquote erhöhen** und dementsprechend ihre **Konsumquote senken**. Andere Maßnahmen führen nicht zum Erfolg. Den *Gewerkschaften* insbesondere zeigt die als empirisch interpretierte Theorie, daß sie mit einer Erhöhung der Nominallöhne die *Lohnquote* und die Reallöhne nicht erhöhen können. Wer das Ziel hat, die **Gewinnquote** zu erhöhen, der muß darauf hinwirken, daß die **Investitionen** erhöht werden oder daß sowohl die Gewinn- als auch die Lohnbezieher ihre Sparquoten senken und dementsprechend ihre Konsumquoten erhöhen."[656] Bei rückläufigem Wachstum des Arbeitsangebots kann die Gewinnquote zu Gunsten der Lohnquote sinken, et vice versa. Nur wenn die Lohnquote in diesem Kontext zu hoch ist, kann mit einer **Reallohnzurückhaltung** versucht werden die *Arbeitslosigkeit* zu bekämpfen. **Empirisch** liegt aber seit Beginn der 1980er Jahre in Deutschland eine stark rückläufige Lohnquote vor. Wie im Abschnitt 4.2.3 aufgezeigt, konnte der *verteilungsneutrale Spielraum* weitgehend nicht ausgeschöpft werden. „Angesichts dieses Befundes kann es nur eine Schlussfolgerung geben: Die Arbeitslosigkeit, die in den 1990er Jahren in Westdeutschland entstanden ist, ist auf keinen Fall *reallohnbedingt*, also nicht vom Typ 'neoklassische Arbeitslosigkeit', und kann folglich auch nicht durch Reallohnzurückhaltung beseitigt werden."[657]

4.11   Löhne – international und Europapolitik

4.11.1   Theoretische Zusammenhänge

In der wirtschaftlichen Realität spielen Löhne und ihre Entwicklung auch im Rahmen der außenwirtschaftlichen Beziehungen eine bedeutende Rolle. Dies gilt insbesondere für Volkswirtschaften mit einem hohen Grad an internationaler Verflechtung bzw. Arbeitsteilung. Will eine Volkswirtschaft im Austausch von Gütern und Diensten mit dem Ausland konkurrieren, so muss sie auf die **Produktivität** achten, die auch hier letztlich über **Innovationsprozesse** der Maßstab für die **Wettbewerbsfähigkeit** ist. Nur eine hohe Produktivität

---

[655]   Merk, G., Programmierte Einführung in die Volkswirtschaftslehre, Band IV, Wachstum, Staat und Verteilung, Wiesbaden 1974, S. 96.

[656]   Brinkmann, G., Ökonomik der Arbeit, a.a.O., S. 293f.

[657]   DIW-Wochenbericht Nr. 27/1998, S. 499.

garantiert ceteris paribus niedrige Stückkosten und damit die Möglichkeit einer entsprechenden **Preiskalkulation** für die **Exportgüter**. Die internationale Wettbewerbsfähigkeit hängt aber auch – neben der Produktivität und den daraus ableitbaren Preisstellungen – von weiteren Wettbewerbsparametern wie *Produktqualität, Lieferzuverlässigkeit, Zahlungsmodalitäten* und nicht zuletzt auch vom **Wechselkurs** der Währungen im Austauschprozess mit den internationalen Handelspartnern ab.

Geht man zunächst vom **System flexibler Wechselkurse** aus, so kann eine **Auf-** oder **Abwertung** die Wettbewerbsfähigkeit von Unternehmen im Ausland mehr oder weniger stark tangieren. Beträgt beispielsweise der Preis eines Produktes 1.200 €, das ein deutscher Exporteur bei einem Wechselkurs von 1,00 € gleich 1,320 USD in die USA verkaufen will, so ergibt sich der folgende Austauschhandel:

Produktpreis in €	Wechselkurs in €	Produktpreis in USD
1.200	1 € = 1,320 USD	1.584

Unterstellt, die Produktivität in Deutschland erhöht sich nun in Relation zur Produktivität in den USA um 2 v.H. und die Löhne bleiben aufgrund einer Politik von Lohnzurückhaltung in Deutschland konstant, dann sinken die Lohnstückkosten ebenfalls um 2 v.H. und der deutsche Exporteur könnte die Preise um 2 v.H. ohne Gewinneinbußen senken und damit gleichzeitig seine internationale Wettbewerbsposition verbessern.

Produktpreis in €	Wechselkurs in €	Produktpreis in USD
1.176	1 € = 1,320 USD	1.552,32

Im Umkehrschluss bedeutet dies aber auch, dass eine höhere preisliche Wettbewerbsfähigkeit nur dann entsteht, wenn die Unternehmen die *Kosten- und Lohnentlastung* über *Preissenkungen* in den Markt weitergeben. „Je mehr die Preisentwicklung auf die zurückhaltende Lohnentwicklung reagiert, desto stärker ausgeprägt ist tendenziell der Effekt der Verbesserung der internationalen Konkurrenzfähigkeit, desto schwächer muss aber der angenommene **Gewinneffekt** (Verbesserung der Gewinnsituation über höhere Stückgewinne) ausfallen."[658] Wie die Preisreaktion letztlich ausfällt, ist eine Frage nach den *Wettbewerbsverhältnissen*. Konkret reichen die möglichen Effekte vom Extremfall der synchronen und vollständigen Abwälzung bis zum anderen Extrem der einseitigen Übernahme oder Einbehaltung der Kostenreduktion zur **Gewinnerhöhung**.

Unterstellt, der deutsche Exporteur gibt die Stückkostenreduktion im Preis weiter und es kommt zu einer Absatzausweitung mit absolut steigenden Gewinnen, so wird sich dies letztlich in *Handelsbilanzüberschüssen* Deutschlands niederschlagen und damit eine *Aufwertung* der deutschen bzw. eine Abwertung der amerikanischen Währung einleiten.

Produktpreis in €	Wechselkurs in €	Produktpreis in USD
1.176	1 € = 1,346 USD	1582,90

Der ursprüngliche Wettbewerbsvorteil aufgrund von Lohnzurückhaltung ist folglich durch den Aufwertungs-/Abwertungsvorgang wieder zunichte gemacht.

Die Auf- oder Abwertung beim Wechselkurs unterliegt grundsätzlich drei **Wirkungsmechanismen**. Erstens der **Inflation**. Zweitens dem **Zinsniveau** und drittens der **Produktivität**. Die

---

[658] Grunert, Lohnniveau und Beschäftigung, in: WSI-Mitteilungen, Heft 6/2003, S. 357.

Inflation bestimmt den **realen Wechselkurs**. Dieser Tatbestand wird in der Wirtschaftswissenschaft durch die sogenannte **Kaufkraftparitätentheorie** beschrieben. Diese besagt, dass sich der *reale Wechselkurs* genau um die Inflationsratendifferenz zweier Länder verändert. Demnach gilt:

$$W_R \quad = \quad \frac{W_N \cdot P_A}{P_I}$$

w_R = realer Wechselkurs
w_N = nominaler Wechselkurs
P_A = Preisniveau Ausland
P_I = Preisniveau Inland
Oder in Wachstumsraten (Δ) ausgedrückt:

$$\Delta W_R \quad = \quad \Delta W_N \quad + \quad \Delta P_A \quad - \quad \Delta P_I$$

Steigt das Preisniveau des Auslandes ΔP_A um 2 v.H., so nimmt auch der reale Wechselkurs ΔW_R ceteris paribus – bei Konstanz des inländischen Preisniveaus ΔP_I – um 2 v.H. zu. Kommt es zu einer solchen Erhöhung des realen Wechselkurses durch eine Inflationsratenerhöhung im Ausland, z.B. in den USA, und damit zu einer **Aufwertung der ausländischen Währung** (USD) gegenüber dem Euro, so *sinkt die Wettbewerbsfähigkeit* des Auslandes (USA) gegenüber dem Inland (z.B. Deutschland als Mitglied im „Euroland"). Die Exportfähigkeit des Inlandes wird dadurch gesteigert. Auf der anderen Seite verteuern sich durch die Aufwertung der Auslandswährung die **Importe**, wobei die Veränderung des Importwertes (Menge * Preis) zusätzlich von der *Elastizität der inländischen Importnachfrage* abhängig ist. Hierdurch entsteht die Gefahr einer **importierten Inflation** im Inland. Um durch die Aufwertung des USD den Wettbewerbsnachteil der USA auszugleichen, der u.a. zu Lasten amerikanischer Arbeitsplätze geht, kann die USA aufgrund einer eigenen Währung diese gegenüber der stabileren Währung, hier dem Euro, abwerten. Ähnlich wie bei der *Kaufkraftparität* verhält es sich bei der **Zinsparität**. Diese besagt, dass der Wechselkurs auch durch *Zinsdifferenzen* zwischen zwei Ländern determiniert wird. Kommt es zu Zinssatzsteigerungen im Ausland gegenüber dem Inland, dann fließt Kapital ins Ausland ab und es kommt zu einer *Abwertung* der heimischen Währung, d.h. der Wechselkurs sinkt, was den Export fördert und den Import hemmt. Im umgekehrten Fall von Zinssenkungen kommt es zu einer *Aufwertung* und der Wechselkurs steigt. Hier sind entsprechend negative Wirkungen auf den Export, aber auch positive auf den Import, zu erwarten. Von Auf- bzw. Abwertungen ist in der Vergangenheit im erheblichen Umfang Gebrauch gemacht worden. Dies „zeigt ein Vergleich der Entwicklung der Lohnstückkosten in nationaler Währung mit der auf ECU-Basis. In den achtziger Jahren (und Subperioden) wird die Streuung der **Lohnstückkostenentwicklung** zwischen den EG-Ländern durch **Wechselkursänderungen** nahezu halbiert. Die Länder mit den stärksten Wechselkursanpassungen im Sinne einer **Abwertung ihrer Währung** gegenüber dem ECU waren *Griechenland* und *Portugal*, gefolgt – allerdings mit sehr großem Abstand – von *Italien* und *Spanien*."[659] Dies zeugte insgesamt von einer großen **real-ökonomischen Divergenz** dieser Länder.

---

[659] Görgens, E., Der Arbeitsmarkt im europäischen Integrationsprozeß, in: Gröner, H., Schüller, A., (Hrsg.), Die europäische Integration als ordnungspolitische Aufgabe, Stuttgart 1993, S. 227.

Das währungspolitische Kompensationsinstrument der Ab- bzw. Aufwertung ist in der **Europäischen Währungsunion**[660] nach Einführung des **Euros** aber nicht mehr vorhanden.[661] Dadurch werden die Länder mit hohen Preissteigerungsraten zu einer Kosten- und letztlich **Lohndisziplin** gezwungen. *Elmar Altvater* und *Birgit Mahnkopf* bemerkten dazu im Vorgriff auf eine Europäische Währungsunion:

> „Wenn die Wechselkurse nicht mehr die wirtschaftlichen Niveaus verschiedener Länder ausgleichen, dann erhalten die **Lohn- und anderen Arbeitskosten** eine Art *'Schleusenfunktion'*. Die Gewerkschaften wären in die Rolle eines 'Schleusenwärters' gedrängt, (mit) verantwortlich nicht nur für das 'wirtschaftliche Wohlergehen' im nationalen Raum, sondern auch für das reibungslose Funktionieren des europäischen Binnenmarktprojekts. (...) Europaweite, ja globale Mobilität des Geldkapitals der Unternehmen und Banken, Unterschiede der Produktivitätsniveaus und Standortkonkurrenz mit Lohnkosten – das kann im ökonomischen Modell funktionieren, nicht aber in der europäischen Realität. Die Vorstellungen zur Lohnflexibilisierung, um Produktivitätsniveaus auszugleichen, nachdem Wechselkursbewegungen neutralisiert worden sind, untergraben einen in Jahrzehnten entstandenen **industrie- und sozialpolitischen Konsens.**"[662]

Genau dies ist im Rückblick eingetreten. Die Neutralisierung der Wechselkurse hat in Verbindung mit der **Europäischen Wirtschaftsunion**, mit der Öffnung der Märkte, die direkte Wettbewerbsintensität in Form eines **Preis-** und **Lohnwettbewerbs in Europa** erhöht. Die dadurch erzwungene *„Produktivitätspeitsche"* hat insgesamt zu einem Ansteigen der **Arbeitslosigkeit** in Europa geführt und zu enormen sozialen Verwerfungen beitragen, was übrigens auch für Deutschland gilt. Am bedrohlichsten wurde bzw. ist die Abschaffung der eigenen Währung für die Länder in einer *Wirtschafts- und Währungsunion*, die nur über geringe **Innovations- und Produktivitätspotenziale** verfügen. In solchen Ländern liegen in der Regel bei der Produktion von Gütern hohe Stückkosten vor, die in entsprechenden Preisen an der Wettbewerbsfähigkeit kratzen. Auch könnten Länder geneigt sein und versuchen, sich durch eine bewusste **Preis- und Lohndisziplin** einen Wettbewerbsvorteil zu verschaffen. Dies setzt aber auch eine **Gewinndisziplin** voraus, weil ansonsten die außenwirtschaftlichen Erfolge durch eine *binnenwirtschaftliche Schwäche* konterkariert werden. Sinkt die

---

[660] Von den 27 EU-Ländern gehören bisher die folgenden 13 Länder zur **Europäischen Währungsunion**: Deutschland, Frankreich, Italien, Spanien, Niederlande, Belgien, Österreich, Finnland, Irland, Portugal, Slowenien und Luxemburg und Griechenland.

[661] Von den seinerzeit 15 EU-Staaten führten zum 1. Januar 1999 die folgenden Länder den Euro ein: Deutschland, Spanien, Frankreich, Belgien, Irland, Italien, Luxemburg, Niederlande, Portugal, Österreich und Finnland. Freiwillig aus politischen und/oder ökonomischen Gründen verzichteten auf die Einführung die Länder Dänemark, Großbritannien und Schweden. Griechenland wurde nicht zugelassen, weil die Konvergenzkriterien nicht erfüllt wurden. Bei der Einführung wurde ein Umtauschkurs von *1,95583 D-Mark für einen Euro* unwiderruflich festgelegt. 94 v.H. der Abgeordneten im *Deutschen Bundestag* stimmten bei namentlicher Abstimmung für den Euro. Geschlossen dagegen votierte die *PDS-Fraktion*. Kritisch betrachtet wurde die Einführung des Euros auch im Wissenschaftsbereich. So stimmten in einem Aufruf 155 Professoren der Wirtschaftswissenschaft gegen eine Einführung (vgl. FAZ vom 9. Februar 1998, S. 15.). Und auch eine Verfassungsklage, die aber abgewiesen wurde, war Gegenstand der Euro-Einführung. Zum 1. Januar 2002 wurde der Euro dann auch als Zahlungsmittel eingeführt und löste u.a. die D-Mark ab. Vgl. zur Verfassungsklage: Hankel, W., Nölling, W., Schachtschneider, K.A., Starbatty, J., Die Euro-Klage. Warum die Währungsunion scheitern muß, Reinbek bei Hamburg 1998.

[662] Altvater, E., Mahnkopf, B., Tarifautonomie gegen ökonomische Sachzwänge im vereinigten Europa, in: WSI-Mitteilungen Heft 8/1993, S. 506.

Lohnquote, so fällt Konsumnachfrage an den heimischen Märkten aus, die nicht durch mehr Investitionsnachfrage gemäß neoklassischer *GIB-Formel* ersetzt wird. Außerdem steigen in dem sich preisdiszipliniert verhaltenen Land die **Realzinsen**, „die dann die inländische Nachfrage, insbesondere die *Investitionen*, und damit die Beschäftigung in diesem Land negativ beeinflussen.“[663] Hinzu kommt, dass die anderen Mitgliedsländer eines einheitliches Währungsraums bezüglich der Lohn- und Preissenkung zu **Gegenmaßnahmen** gezwungen werden. Denn der Außenwirtschaftserfolg des Landes mit Preis- und Lohnmoderation geht zulasten des Auslands; „dort sinkt die Nachfrage nach heimischen Produkten, wodurch die Erwerbseinkommen und die Zahl der Arbeitsplätze zurückgehen. Als Reaktion könnten sich die anderen Mitglieder des Währungsraumes veranlasst sehen, den Vorsprung des mit der Strategie lohnpolitischer Zurückhaltung vorpresschenden Landes durch eine ebensolche *Lohnzurückhaltung* auszugleichen, so dass überall die Lohnstückkosten und somit die Preise sänken. Damit aber wären nicht nur die ursprünglichen internationalen Preisrelationen rasch wieder hergestellt, sondern es drohte darüber hinaus die Gefahr von Lohnsenkungswettläufen und einer allgemeinen **Deflationstendenz**. (...) Je größer die Volkswirtschaft ist, die den Weg der Lohnzurückhaltung zur Erhöhung der internationalen Wettbewerbsfähigkeit geht, desto wahrscheinlicher ist es, dass sich die andern Mitgliedstaaten des Währungsraumes genötigt sehen, ihre Lohnkosten entsprechend anzupassen. Für die *Niederlande* als relativ kleine Volkswirtschaft mit einem hohen Grad an Offenheit war eine solche Politik über einen längeren Zeitraum möglich, für Deutschland als großes Land kann dies dagegen keine nachhaltige Strategie zur Überwindung der Arbeitslosigkeit sein. Letztendlich ist der Versuch, über Lohnzurückhaltung und Exportsteigerungen die eigenen Beschäftigungsprobleme auf die übrigen Mitglieder eines Festkursverbundes oder einer Währungsunion abzuwälzen, nichts als eine andere Form von **Beggar-My-Neighbour-Policy**.[664] In der Vergangenheit – in den 1930er Jahren – wurde diese Politik mit Hilfe von Währungsabwertungen verfolgt, die dem abwertenden Land einen Vorteil im Außenhandel verschaffen sollten. Es ist viel darüber geschrieben worden, wie solche Maßnahmen zu einer Spirale von ‚Vergeltungsabwertungen‘ führen, die schließlich Depressionen im Welthandel nur verschärfen. Wenn, wie dies in den vergangenen Jahren verstärkt geschehen ist, Länder zusammen eine Währungsunion (siehe Europäische Währungsunion) oder auch nur einen Festkursblock bilden, entsteht die Gefahr, dass eine neue Form von destruktivem Wettbewerb (**Lohnsenkungswettbewerb**) eine alte Form (**Abwertungswettbewerb**) ersetzt. Zusätzliche Wohlfahrtsgewinne aus dem internationalen Handel können aber nur dann entstehen, wenn eine Vertiefung der internationalen Arbeitsteilung auf der Grundlage *komparativer Vorteile* stattfindet, nicht jedoch, wenn sich ein Land durch Lohnzurückhaltung oder Währungsabwertung preisliche Vorteile verschafft.“[665]

Eine internationale Arbeitsteilung zur Realisierung absoluter oder komparativer Kostenvorteile nach *David Ricardo* ist aber im Duktus *neoliberal* intendierter **Globalisierung** und **Europäisierung** sowie der damit einhergehenden *Liberalisierung der Märkte* überhaupt nicht das wirtschaftspolitische Ziel, sondern möglichst große **Teile des Weltmarktes** *mit Unterstützung und Einsatz nationalstaatlicher Politik* für die heimischen Unternehmen und

---

[663]   Grunert, Lohnniveau und Beschäftigung, a.a.O., S. 357.

[664]   Dies wurde eindeutig in Form von ökonometrischen Berechnungen durch das Deutsche Institut für Wirtschaftsforschung (DIW) bestätigt. Vgl. DIW-Wochenbericht Nr. 31/32/1998, S. 561.

[665]   Grunert, Lohnniveau und Beschäftigung, a.a.O., S. 358.

Konzerne zu erobern. Im Fokus stehen hierbei **maximale Gewinne**. Diese nur auf den Binnenmärkten zu erzielen, fällt aber selbst *marktmächtigen Unternehmen* bei allgemeinen *Marktsättigungstendenzen* immer schwerer. Außerdem wollen die Unternehmen – haben sie einmal den Wettbewerb durch *Konzentrationen* und *Fusionen* weitgehend ausgeschaltet[666] – zur Stützung der Binnennachfrage nicht die Produktivitätsgewinne durch **Preissenkungen** an die Nachfrager weitergeben. Was liegt da näher, als das Heil in einer aggressiven außenwirtschaftlichen Expansion zu suchen. *Jörg Huffschmid* bringt diesen Zusammenhang auf den Punkt, wenn er schreibt:

„Unternehmen versuchen ihre Gewinne durch Produktivitätssteigerungen und Lohn- und Sozialkostensenkungen zu erhöhen, die sie nicht in Preissenkungen weitergeben. Dies gelingt ihnen umso eher, je größer ihre *Marktmacht* ist. Bei steigender Oligopolisierung und Vermachtung der inländischen Märkte entsteht auf diese Weise jedoch ein *Nachfrageproblem*, das die Umsetzung sinkender Kosten in steigende Profite gefährdet: Die aus den – zurückbleibenden – Löhnen finanzierte Endnachfrage reicht nicht aus, die gestiegene Produktionsmenge zu unveränderten Preisen zu kaufen. Wenn die staatliche Nachfrage nicht steigt – ohne über Steuern aus den Löhnen finanziert zu werden –, entsteht eine binnenwirtschaftliche Endnachfragelücke, die nur begrenzt und zeitweise durch Verkäufe zwischen Unternehmen überbrückt werden kann. Die Lösung für dieses Problem liegt in der internationalen Expansion, also im Verkauf der Waren im Ausland, für die im Inland nicht genügend Nachfrage vorhanden ist. Das ist die Grundlage für die *Internationalisierungsstrategie der Unternehmen*. Die Lösung hat eine gewisse Eleganz für sich, denn sie bringt zwei sich im Inland widersprechende Ziele – Kostensenkung und Nachfragesteigerung – miteinander in Einklang. Produktivitätssteigerungen sowie Abbau von Löhnen und Sozialleistungen führen zu Kostensenkungen und potentieller Erhöhung der Profitspannen. Der durch die gleichen Maßnahmen bewirkte Ausfall an inländischer Endnachfrage wird durch die zusätzliche Auslandsnachfrage ausgeglichen. Das führt dazu, daß die durch die Kostensenkungen möglich gewordenen Profite auch tatsächlich erzielt werden. Der *Doppelcharakter der Löhne* als Kostenfaktor (der möglichst gering gehalten werden muß) und als wichtigstes Nachfrageaggregat (das möglichst groß sein soll) wird aufgelöst. Für das exportierende Unternehmen sind Löhne nur noch Kosten, die mit allen Mitteln zu drücken sind.“[667]

In dieser **Unternehmenspolitik** ist ein nicht unbeträchtliches ökonomisches und auch politisches **Gefährdungspotential** enthalten. Der bekannte Soziologe und Philosoph *Jürgen Habermas* schreibt im Hinblick auf Globalisierung und Liberalisierung, die zu einer *Verdrängung der Politik durch den Markt* und damit zu einer *Unternehmensdominanz* geführt hat, dass auch der **Nationalstaat** in seiner Fähigkeit, Steuerressourcen auszuschöpfen, Wachstum zu stimulieren und damit wesentliche Grundlagen seiner Legitimität zu sichern, geschwächt wurde. „Für diese Defizite entstehen auch auf *supranationaler Ebene* (wie z.B. der EU, d.V.) zunächst keine funktionalen Äquivalente. Vielmehr lassen sich die nationalen Regierungen in einen **kostensenkenden Deregulierungswettlauf** verstricken, der zu obszönen Gewinn-

---

[666] Vgl. Huffschmid, J., Die dritte Fusionswelle, in: Blätter für deutsche und internationale Politik, Heft 12/2005, S. 1.514 - 1.516.

[667] Huffschmid, J., Kein Ausweg aus der Weltmarktfalle?, in: Blätter für deutsche und internationale Politik, Heft 6/1994, S. 734f.

spannen und drastischen Einkommensdisparitäten, zu steigender Arbeitslosigkeit und zur sozialen Marginalisierung einer wachsenden Armutsbevölkerung führt."[668]

4.11.2   Empirische Ergebnisse

Der außenwirtschaftliche Erfolg einer Volkswirtschaft läst sich in der **Handelsbilanz** (*Exporte* minus *Importe* an Gütern und Diensten) ablesen. Deutschland ist aufgrund der hier gezeigten Überschüsse seit langem *„Exportweltmeister"* und damit hochgradig international *wettbewerbsfähig*. Dies gilt nicht nur auf Grund der absoluten Überschusswerte, sondern erst recht bei einer relativen Messung pro Kopf der Bevölkerung. Aber auch der **Außenhandelsüberschuss** (Außenbeitrag), der die traditionell defizitäre *Dienstleistungsbilanz* einschließt (vgl. Tab. 36), ist positiv. [669] Seit 1970 war der *Außenbeitrag* nur in den Jahren 1980 und von 1991 bis 1993 negativ. Ansonsten wurden immer Überschüsse erzielt. Dennoch betrug der Außenbeitrag 2006 nur gut 5 v.H. des nominalen Bruttoinlandsprodukts. Der höchste Wert der jemals seit dem Bestehen der Bundesrepublik erreicht wurde. Betrachtet man die **Exporte** isoliert, so zeigt sich seit der Wiedervereinigung im Jahr 1991 ein enormer Anstieg. Der Anteil am Bruttoinlandsprodukt (BIP) stieg von 23,7 v.H. im Jahr 1991 auf 45,1 v.H. im Jahr 2006. Im selben Zeitraum legte das BIP um 50,5 v.H. zu, während die Exporte um 185,6 v.H. stiegen. Auch die jahresdurchschnittlichen Wachstumsraten von 2,8 v.H. beim BIP und von 7,2 v.H. bei den Exporten belegen die mittlerweile hohe Abhängigkeit der deutschen Volkswirtschaft von der *Exportwirtschaft*. Überwiegend vollzieht sich dabei der Außenhandel mit den europäischen Ländern innerhalb der EU. Gut 63 v.H. der Exporte deutscher Unternehmen gingen 2005 in EU-Länder wovon allerdings nicht alle zum „Euroland" gehörten. Größter Handelspartner ist nach wie vor Frankreich mit einem Anteil von gut 10 v.H. an den Exporten gefolgt von den USA mit knapp 9 v.H.

Die außenwirtschaftlichen Erfolge konnten dennoch in Deutschland eine allgemeine **Wachstumsabschwächung** nicht verhindern. Dazu ist der *Außenbeitrag* trotz seines Anstiegs auf gut 5 v.H. zu gering. Die **Binnennachfrage** war zu schwach. Wesentlicher Grund ist die aufgezeigte *Umverteilung* von unten nach oben. Die realen Nettolöhne und -gehälter gingen von 1991 bis 2006 jahresdurchschnittlich um 0,5 v.H. zurück (vgl. Abschnitt 4.3.1, Tab. 27). Dies hat die **Lohnstückkosten** (Arbeitnehmerentgelt je Arbeitnehmer in Relation zur Produktivität) im internationalen Vergleich – mit Ausnahme Japans – zwischen 1995 und 2005 in Deutschland am geringsten ansteigen lassen (vgl. Abschnitt 3.7.3.2, Tab. 18). Insofern lässt sich als Ergebnis einer seit Beginn der 1990er Jahre weltweit zugenommenen **Globalisierung** und **Liberalisierung** der Märkte für Deutschland ein „gespaltenes Ergebnis" feststellen. Außenwirtschaftlich *sehr erfolgreich*, binnenwirtschaftlich *schwach*. Oder anders formuliert: Die außenwirtschaftlichen Erfolge wurden durch eine drastische *Umverteilung* von den Löhnen und Gehältern zu den Gewinn- und Vermögenseinkommen erkauft. Dies hat

---

[668]   Habermas, J., Die postnationale Konstellation und die Zukunft der Demokratie, in: Blätter für deutsche und internationale Politik, Heft 7/1998, S. 811.

[669]   Zum *Außenbeitrag* zählt die *Handels- und Dienstleistungsbilanz*. Die *Dienstleistungsbilanz* bildet alle Leistungstransaktionen bzw. Salden ab, die sich aus dem Reiseverkehr, Transportwesen sowie aus Patenten und Lizenzen ergeben. Als Unterbilanz der Dienstleistungsbilanz erfasst die Bilanz der *Erwerbs- und Vermögenseinkommen* den Saldo aller Kapitalerträge (Zinszahlungen). Der Außenbeitrag ist Teil der *Leistungsbilanz*, die zusätzlich die *Übertragungsbilanz* z.B. von Überweisungen ausländischer Arbeitskräfte in ihre Heimatländer und Zahlungen an die EU enthält.

in Deutschland die *Massenarbeitslosigkeit* noch erhöht und das Land immer mehr in *Arm und Reich* gespalten (vgl. Abschnitt 4.2.3). Mittlerweile ist es zu einer zunehmenden *Lähmung* und *Angst* in der Gesellschaft gekommen. **Zukunftsängste** machen sich breit. Dadurch wird nicht nur dringend benötigtes **Innovationspotential** unterdrückt, sondern gleichzeitig weiteres **Erpressungspotenzial** auf *Seiten des Kapitals* zur Disziplinierung der abhängig Beschäftigten und damit letztlich zur Umverteilung zu den Gewinn- und Vermögenseinkommen freigesetzt. Heute reicht bereits die Drohung eines Unternehmers sich ins Ausland mit seinem Produktionsbetrieb abzusetzen aus, um die Beschäftigten aber auch die Politik zu allen möglichen Zugeständnissen zu zwingen. Hierdurch ist ein beträchtlicher Vertrauensverlust in die Lösungskompetenz von **Politik** und **Parteien** eingetreten, die die **Demokratie** gefährden können.[670] Zukunft jedenfalls sieht anders aus.

Tab. 36:   Außenhandelsüberschüsse - alle Werte in jeweiligen Preisen -

Jahr	Bruttoinlandsprodukt		Außenbeitrag		Exporte		
	in Mrd. €	in v.H. z. Vorj.	in Mrd. €	in v.H. z. Vorj.	in Mrd. €	in v.H. z. Vorj.	in v.H. z. BIP
1991	1.534,6	-	- 6,1	- 0,4	364,2	-	23,7
1992	1.646,6	7,3	- 7,5	- 0,5	370,5	1,7	22,5
1993	1.694,4	2,9	- 0,4	- 0,02	352,3	- 4,9	20,8
1994	1.780,8	5,1	2,6	0,1	380,6	8,0	21,4
1995	1.848,5	3,8	8,7	0,5	441,0	15,9	23,9
1996	1.876,2	1,5	16,9	0,9	464,0	5,2	24,7
1997	1.915,6	2,1	23,9	1,2	522,1	12,5	27,3
1998	1.965,4	2,6	26,8	1,4	558,5	7,0	28,4
1999	2.012,0	2,4	17,4	0,9	586,4	5,0	29,1
2000	2.062,5	2,5	7,2	0,3	686,1	17,0	33,3
2001	2.113,2	2,5	42,5	2,0	713,5	4,0	33,8
2002	2.143,2	1,4	97,7	4,6	757,6	6,2	35,3
2003	2.161,5	0,9	85,5	4,0	772,7	2,0	35,7
2004	2.207,2	2,1	110,9	5,0	844,1	9,2	38,2
2005	2.241,0	1,5	116,0	5,2	912,3	8,1	40,7
2006	2.309,1	3,0	125,1	5,4	1.040,3	14,0	45,1
JD		2,8				7,2	

Quelle: Sachverständigenrat (SVR), Jahresgutachten 2006/2007, S. 522, Diverse Monatsberichte der Deutschen Bundesbank, eigene Berechnungen.

4.11.3   Europas falsche makroökonomische Architektur

Lohn- und Einkommenspolitik ist, wenn auch eine sehr wichtige, aber dennoch nur eine wirtschaftspolitische Säule. Für John Maynard Keynes noch wichtiger sind die beiden anderen makroökonomischen Politikfelder: die **staatliche Finanz-** und **Geldpolitik**. Würde Keynes noch leben, würde er diesen beiden in Europa umgesetzten Feldern nur schlechte Noten ausstellen. Den Interessenvertretern des Kapitals würde er dagegen sagen, dass sie aus ihrer profitorientierten Sicht alles richtig gemacht haben und den Politikern zurufen, dass sie

---

[670]   Vgl. Neugebauer, G., Politische Milieus in Deutschland. Die Studie der Friedrich-Ebert-Stiftung, Bonn 2007.

schnellsten ihre Fehler berichtigen müssen, wollen sie nicht das Ganze System in ihrem Bestand gefährden.

Die Forderung und Umsetzung deregulierter und liberalisierter Märkte hat nicht nur dazu geführt, dass die Massenarbeitslosigkeit angestiegen ist und damit die abhängig Beschäftigten und ihre Gewerkschaften in der Lohnfrage diszipliniert wurden und es zu einer gigantischen Umverteilung von unten nach oben in ganz Europa und in Folge zu einer Wachstumsschwäche gekommen ist, nein, zusätzlich wurde noch eine **Finanz-** und **Geldarchitektur** geschaffen, die geradezu prädestiniert ist, diese insgesamt schädliche Entwicklung zu verfestigen. So wurde erstens mit der *Europäischen Währungsunion* den einzelnen Mitgliedsländern die Möglichkeit einer *nationalen Geldpolitik* und gleichzeitig der **Wechselkurs** genommen. Die Euro-Länder können jetzt, wie aufgezeigt, nicht mehr ein direktes Durchschlagen von Kosten, Preisen sowie unterschiedliche Steuersätze auf ihre Produktionsstrukturen verhindern. Der „Stoßdämpfer" Währungsabwertung wurde ihnen genommen. Zweitens kommt eine einheitliche europäische Geldpolitik der Quadratur des Kreises gleich. Die *Europäische Zentralbank* (EZB) kann nur einen *nominalen Zinssatz* für alle Länder der Euro-Währungsunion festlegen, die aber auf Grund unterschiedlicher realwirtschaftlicher Verhältnisse divergierende Inflationsraten ausweisen. Dies wiederum bedeutet, dass der für die wirtschaftliche Entwicklung relevante Realzins ebenfalls unterschiedlich hoch ausfällt. Für Länder mit einer niedrigen Inflationsrate und zu schwach ausgeprägter Binnennachfrage, wie beispielsweise in Deutschland, bedeutet dies realiter hohe Realzinsen und damit eine Behinderung notwendiger investiver Prozesse. Drittens orientiert die EZB, wie schon zuvor in Deutschland die *Deutsche Bundesbank*, ausschließlich auf das wirtschaftpolitische Ziel einer Preisniveaustabilität, und fällt somit zur Schaffung von Wachstum und Beschäftigung, anders als übrigens die *US-amerikanische Nationalbank* mit ihrer praktizierten Geldpolitik, aus. Außerdem hat die EZB auf Grund ihrer rechtlichen Statuten, die wenig demokratisch angelegt sind, jederzeit die Möglichkeit – entgegen der fundamentalen keynesianischen Forderung – eine nicht auf die Finanzpolitik abgestimmte Geldpolitik zu fahren. Im Gegenteil, sie kann sogar mit einem restriktiven Geldkurs kontraproduktive Effekte auslösen bzw. eine expansiv angelegte Finanzpolitik konterkarieren.

Aber auch die in nationalstaatlicher Verantwortung verbliebene **Finanzpolitik** wurde durch den 1997 in Amsterdam beschlossenen „**Europäischen Stabilitäts- und Wachstumspakt**" weitgehend an die Kette gelegt. Die Einengung des staatlichen fiskalpolitischen Spielraums auf 3 v.H. Netto-Neuverschuldung und die Aufforderung durch die EU-Kommission an die Mitgliedsländer mittelfristig einen *ausgeglichenen Staatshaushalt* (oder sogar einen leichten Überschuss) auszuweisen, zwingt die Länder paradoxerweise selbst im konjunkturellen Abschwung zum kontraproduktiven Sparen. Damit wird der Pakt zu einer *„fiskalischen Zwangsjacke."*[671] Im konjunkturellen Aufschwung kann die 3-Prozent-Marke zwar unterschritten werden, im Abschwung, in einer Krisensituation, ist diese *Grenze der Staatsverschuldung* (vgl. Abschnitt 4.9) aber womöglich viel zu niedrig angesetzt, weil sogar nicht einmal mehr die *automatischen Konjunkturstabilisatoren* noch wirken können. Erzwungene staatliche Einsparprogramme zur Senkung der Staatsverschuldung wirken hier dann *prozyklisch*, d.h. sie verschärfen den konjunkturellen Abschwung und sorgen letztlich sogar auf Grund des „*Sparparadoxons*" für mehr Staatsverschuldung.

---

[671]Bofinger, P. Wir sind besser, als wir glauben. Wohlstand für alle, 3. Aufl., München 2005, S. 94ff., Heise, A.,
    Der dumme Pakt, in: Blätter für deutsche und internationale Politik, Heft 12/2002, S. 269ff.

Da diese falsche Architektur von Geld- und Finanzpolitik in Europa insgesamt politisch aber wohl nicht mehr umkehrbar gemacht werden kann, dies gilt besonders für die Einführung des Euros, sind folgende wirtschaftspolitische Schritte dringend erforderlich:

- Erstens muss die EZB nicht nur auf **Preisniveaustabilität**, sondern auch auf eine **Wachstums- und Beschäftigungspolitik** rechtlich verpflichtet werden um damit die Finanzpolitik der Nationalstaaten zu unterstützen. Gleichzeitig muss aber auch die EU über größere finanzielle Haushaltsmittel als heute verfügen, um eine eigenständige keynesianische Finanzpolitik betreiben zu können.

- Zweitens muss der „dumme" (*Romano Prodi*) **„Europäische Stabilitäts- und Wachstumspakt"** abgeschafft werden, weil die Finanzpolitik bei einer einheitlichen Geldpolitik einen überproportionalen Spielraum zur Kompensation unterschiedlicher realwirtschaftlicher Anforderungen in den einzelnen Länder in einer Währungsunion haben muss.

Die Sorge der **Euro** würde bei Abschaffung des „Europäischen Stabilitäts- und Wachstumspaktes" zu einer *Weichwährung* ist weder theoretisch noch empirisch nach zu vollziehen. Theoretisch soll es auf Grund der Staatsverschuldung und einer ständigen staatlichen Kreditaufnahme zu einem Zinsanstieg mit inflationären Wirkungen kommen. Dies ist aber nur dann der Fall, wenn kein *ausreichendes Kreditangebot* zur Verfügung steht bzw. wenn ein Kapitalmangel vorherrscht. Dem ist aber nicht so. Im Gegenteil: Es herrscht in allen reifen kapitalistischen Industrieländern eher ein **Kapitalüberschuss**. Finanzielle Liquidität ist überreichlich geworden. „In einer Gesellschaft, die im Überfluss lebt und spielend alles Lebensnotwendige erzeugen kann, verliert Kapital seinen Knappheitswert. (...) Nicht das hartnäckige Bestehen der Arbeiter auf zu hohen Löhnen und Sozialleistungen ist in dem Modell von *Keynes* die Ursache der Krise, sondern die hartnäckige Weigerung der Kapitalbesitzer, die ökonomischen Folgen einer objektiv abnehmenden Knappheit des Kapitals zu akzeptieren."[672] Außerdem kann empirisch gezeigt werden, „dass Länder mit einem hohen Schuldenstand nicht unbedingt eine hohe Inflationsrate haben. So war in Belgien bei einem Schuldenstand von über 100 v.H. die Geldentwertung traditionell gering, während Spanien mit einem relativ niedrigen Schuldenstand Anfang der neunziger Jahre noch eine recht hohe Inflationsrate aufwies."[673] Auch Deutschland – mit seiner hohen Staatsverschuldung – weist eine niedrige Inflationsrate auf, obwohl seit der Wiedervereinigung insgesamt sechsmal der „Europäische Stabilitäts- und Wachstumspakt" nicht eingehalten wurde; davon seit 2002 viermal in Folge nicht.

4.11.4 Doppelte Instabilität des Systems

Die Instabilität des kapitalistischen Systems sah *Keynes* nicht in einer zu hohen **Staatsverschuldung**, sie ist vielmehr das Spiegelbild und Ergebnis der marktimmanenten Instabilität, die gleich in zweifacher Weise gegeben ist: Einmal im konjunkturellen marktwirtschaftlichen Zyklus und zum anderen in einer langfristig (säkular) angelegten Wachstumsschwäche. Kurzfristig im konjunkturellen Abschwung muss der Staat durch ein *antizyklisches deficit spending*, durch kreditfinanzierte staatliche Ausgaben in Verbindung mit einer expansiven Geldpolitik die kapitalistisch immanente Krise aussteuern und dagegenhalten. Dadurch kommt es über eine Multiplikatorwirkung zu einer Erhöhung der gesamtwirtschaftlichen

---

[672] Deutschmann, C., Die heimliche Wiederkehr des Keynesianismus, in: Frankfurter Rundschau vom 2. Dezember 2003.

[673] Bofinger, P., Wir sind besser, als wir glauben, a.a.O., S. 96.

Nachfrage des Einkommens und der Beschäftigung (vgl. Abschnitt 4.7.2). Tut dies der **Staat** nicht, sondern verhält sich mit seiner Finanz- und Geldpolitik prozyklisch, so kommt es zu einer **Krisenverschärfung** und einem Anstieg an konjunktureller Arbeitslosigkeit.[674] Dies zeigt die seit langem in Deutschland praktizierte Politik überdeutlich, die nur noch über **Exportüberschüsse** (vgl. Abschnitt 4.11.2, Tab. 36) überhaupt ein bescheidenes aber für die **Arbeitsmärkte** völlig unzureichendes Wirtschaftswachstum möglich gemacht bzw. zu einer „gespaltenen Konjunktur" geführt hat.[675]

Keynes ist aber nicht – wie vielfach angenommen – bei einer kurzfristigen Betrachtung, bei einem konjunkturellen deficit spending, in seinen theoretischen Arbeiten stehen geblieben, sondern er hat auch eine Langfristanalyse zur Entwicklung kapitalistischer Ordnungssysteme vorgelegt, die *Norbert Reuter* verdienstvoll aufgearbeitet hat.[676] Hier beschränkte sich *Keynes* nicht nur wie *Nickolas Kaldor* in seiner langfristigen Vollbeschäftigungswachstumsbestimmung auf den gleichgewichtigen Zusammenhang von gesamtwirtschaftlicher Sparquote, Kapitalkoeffizient und Entwicklung des Arbeitsangebots (vgl. Abschnitt 4.10), sondern *Keynes* sah ein grundsätzliches **doppeltes Dilemma** des „reifen Kapitalismus". Erstens in Form einer wachsenden Kluft zwischen **steigender Sparneigung** einerseits und **sinkender Investitionsneigung** andererseits und zweitens in einer sich immer mehr auftuenden **Wachstums-Produktivitätsschere** (vgl. dazu das abschließende Abschnitt 4.12). Je reicher eine Gesellschaft, desto größer paradoxerweise die resultierende *Nachfragelücke*. Aus einem zunehmenden Wohlstand resultiert eine Wachstumsbarriere in Form eines „abnehmenden Hangs zum Verbrauch", so das Sättigungstendenzen letztlich zu nachlassenden privaten Konsum bei ansteigendem Sparvolumen führen, dass nur noch unzureichend von den Unternehmen für Investitionszwecke nachgefragt wird. Denn: Warum sollten die sich rational (profitmaximierend) verhaltenden Unternehmen in erweiterte Produktionskapazitäten investieren, wenn die privaten Haushalte einen immer größeren Teil des zudem noch immer ungleicher verteilten Einkommens und Vermögens sparen und nicht in den Konsum fließen lassen? Dies tun die Unternehmen natürlich nicht und hierdurch, so *Keynes*, entsteht eine gesamtwirtschaftliche (langfristige) „**deflatorische Lücke**", ein Angebotsüberhang in Folge eines **Übersparens**. Um aus dem „stabilen" Ungleichgewicht auszubrechen, müssen vielmehr bei gegebener Konsumfunktion die Investitionen erhöht werden. Die benötigten Investitionen werden aber in einer Krisensituation nicht von den *Unternehmen* angestoßen, sondern können nur als *staatlich* getätigte Investitionen ihre multiplikative Wirkung entfalten. Würde in der Situation unterausgelasteter Produktionskapazitäten ein einzelner Unternehmer investieren, so würde lediglich seine Unterauslastung noch steigen, weil eine benötigte Zusatznachfrage nicht zustande kommt. Am Ende stünde er schlechter da, als vorher. Das System auf einzelwirtschaftlicher (unternehmerischer) Basis verfügt nicht über die Fähigkeit zu kollektiven Investitionsaktivitäten zu finden. Aus dieser „**Rationalitätsfalle**" kann, wie aufgezeigt (vgl. das Ende von Abschnitt 2.6), nur der **Staat** aufgrund seiner gesamtwirtschaftlich strategischen Rolle die private (unfähige) Wirtschaft herausführen. Außerdem hängt die unternehmerische Entscheidung für

---

[674] Scherf, W., Plädoyer für eine konjunkturgerechte Schuldenpolitik, in: WSI-Mitteilungen, Heft 11/2005, S. 654 - 655.

[675] Hein, E., Horn, G., Tober, S., Truger, A., Eine gesamtwirtschaftliche Politik-Strategie für mehr Wachstum und Beschäftigung, in: WSI-Mitteilungen, Heft 8/2005, S. 411 - 417.

[676] Vgl. Reuter, N., Ökonomie der „Langen Frist". Zur Evolution der Wachstumsgrundlagen in Industriegesellschaften, Habilitationsschrift, Marburg 2000, ders. Wende zum Genug. Eine bedürfnistheoretische Verteidigung der Stagnationstheorie, Manuskript, Berlin 2004.

Sachinvestitionen von den an den **Geld- und Kapitalmärkten** erzielbaren Renditen ab. Sind die Renditen unter Abwägung von unterschiedlichen Risikostrukturen für eine Finanzinvestition höher als die aus einer Sachinvestition erzielbaren Renditen, so erfolgt ein *Opportunitätskostenvergleich* zu Gunsten der Finanzinvestition, die im Zuge einer Globalisierung und Liberalisierung der Kapitalmärkte an Bedeutung gewinnt.

In diesem Zusammenhang hat *Keynes* das Bild vom „**Kasinokapitalismus**" geschaffen. Hierbei prägt die Lust auf renditemaximierende Kapitalanlagen an irgendeinem Ort der Welt das Anlageverhalten. Durch diese Renditenvergleiche gewinnen Spekulationen maßgeblichen Einfluss auf die Entscheidung, beschäftigungsschaffende Sachinvestitionen überhaupt noch vorzunehmen.[677] Da aber alle Investitionen letztlich durch künftigen Konsum motiviert sind, wird es immer schwieriger, gewinnträchtige Investitionsmöglichkeiten zu finden. Dies hat *Keynes* vorausgesehen und deshalb eine Abschöpfung der überschüssigen Ersparnisse, des Kapitalüberschusses, durch eine adäquate **progressive Besteuerung** verlangt. Dass hierfür auf Grund einer in Deutschland seit Jahren **verfehlten Steuerpolitik** und gigantischer **Steuerhinterziehungen** ein großer Spielraum gegeben ist, steht dabei außer Frage. So ist es von 1950 bis heute zu einem drastischen Anstieg der **Massensteuern** (Lohnsteuer und indirekte Umsatz- und Verbrauchsteuern) am gesamten staatlichen Steueraufkommen von 47 v.H. auf 77 v.H. gekommen, während die Gewinn- und Vermögensbesteuerung im selben Zeitraum von 23 v.H. auf 15 v.H. zurückgegangen ist.[678] Da außerdem der gesellschaftliche Reichtum (vgl. Abschnitt 4.9, Tab. 34) und das Sparen nicht gleichverteilt sind, erblickte *Keynes* durch eine Besteuerung des Vermögens und von Erbschaften auch die Möglichkeit einer **Vermögensumverteilung** von oben nach unten mit entsprechenden zusätzlichen positiven Wachstums- und Beschäftigungseffekten.

Keynes sah aber nicht nur eine steigende Spar- und sinkende Investitionsneigung kommen, sondern auch die Phase eines „**goldenen Zeitalters**" anbrechen. Dieser Punkt sei erreicht, wenn allein Wachstum nicht mehr für eine vollbeschäftigte Wirtschaft sorgen könne. Dies ist dann der Fall, wenn die Produktions- bzw. Wachstumsmöglichkeiten hinter der immer weiter voranschreitenden **Produktivitätsentwicklung** zurückbleiben, wenn immer weniger **Arbeitsvolumen** (Beschäftigte mal Arbeitszeit je Beschäftigten) zur Wachstumsentwicklung notwendig ist. Steigt die Produktion pro Beschäftigten (und die Arbeitszeit verändert sich nicht), kann die Zahl der Beschäftigten nur zunehmen, wenn der Anstieg des Wachstums größer ist als die Produktivitätssteigerung. Dies ist aber seit Mitte der 1970er Jahre in Deutschland nicht mehr der Fall und es ist zu vermuten, es wird auch nie mehr der Fall sein. Es hilft nur noch eine **Verkürzung der Arbeitszeit**. Zur Vermeidung von struktureller technologischer Arbeitslosigkeit wird **Wachstum** allein die Lösung nicht mehr bringen können, auch aus **ökologischen Gründen** nicht.[679] „Am Horizont sah *Keynes* deutlich Umrisse einer Gesellschaft, in der Wachstum keine größere Bedeutung mehr haben wird. Insofern lässt sich

[677] Vgl. Huffschmid, J., Politische Ökonomie der Finanzmärkte, 2. Aufl., Hamburg 2002, Huffschmid, J., Köppen, M., Rhode, W., (Hrsg.), Finanzinvestoren: Retter oder Raubritter? Neue Herausforderungen durch die internationalen Kapitalmärkte, Hamburg 2007.

[678] Vgl. Arbeitsgruppe Alternative Wirtschaftspolitik, Memorandum 2006. Mehr Beschäftigung braucht eine andere Verteilung, Köln 2006, S. 69 - 72.

[679] Vgl. Zinn, K. G., Welche Zukunft hat das Wachstum? Quantitative und qualitative Aspekte der Nachhaltigkeit, in: Schui, H., Paetwo, H., (Hrsg.), Keynes heute: Festschrift für Harald Mattfeldt, Hamburg 2003, S. 56 - 71, Gasche, U. P., Guggenbühl, H., Das Geschwätz vom Wachstum, Zürich 2004, Altvater, E., Das Ende des Kapitalismus wie wir ihn kennen. Eine radikale Kapitalismuskritik, Köln 2006.

diese Entwicklungsstufe auch als ‚Stagnationstheorie der langen Frist' bezeichnen."[680] „„Immer mehr", gar „immer schnellere Zuwächse des Sozialprodukts" als letzten Sinn wirtschaftlichen Handelns und als natürliche Konsequenz menschlicher Bedürfnisbefriedigung zu legitimieren, übersieht den fehlenden Zusammenhang zwischen unbegrenzten Bedürfnissen und unbegrenztem Wachstum."[681] In **Arbeitszeitverkürzungen** erblickte *Keynes* die Alternative, auch weil die Menschen dann immer weniger Arbeiten müssen – und so immer weniger durch den Produktionsprozess *fremdbestimmt* werden – um ihre Bedürfnisse mit Gütern und Diensten auf höchstem Niveau zu befriedigen, und nicht zuletzt die **Umwelt** und der Verbrauch an natürlichen Ressourcen geschont wird. Dazu muss es aber wohl zu einer **„Sozialisierung der Investitionen"** kommen, weil eben mit wachsendem Wohlstand die Ersparnisse schneller als die Einkommen wachsen und es so immer unwahrscheinlicher wird, dass die privatwirtschaftlich induzierten Investitionen entsprechend zulegen.[682] In logischer Konsequenz formulierte deshalb auch *Keynes*: „Ich denke mir daher, dass eine ziemlich umfassende Verstaatlichung der Investitionen sich als das Mittel zur Erreichung einer Annäherung an Vollbeschäftigung erweisen wird; obschon dies nicht alle Arten von Zwischenlösungen und Verfahren ausschließen muss, durch welche die öffentliche Behörde mit der privaten Initiative zusammenarbeiten wird."[683]

4.12   Arbeitszeitverkürzung ist überfällig

„Der Kapitalismus, oder besser gesagt, das freie Unternehmertum wird auf die Dauer außerstande sein, die Arbeitslosigkeit zu steuern (die sich wegen des technischen Fortschritts immer mehr zu einem chronischen Übel auswächst) um zwischen der Produktion und der Kaufkraft des Volkes ein gesundes Gleichgewicht zu halten."[684] (*Albert Einstein* (1879-1955).

4.12.1   Wachstum und Arbeitszeitverlängerungen?

Alle Welt setzt auf Wachstum. Alles soll größer und schneller werden. Wie es wächst, mit gigantischen **Umweltschäden** und knappen Rohstoffvorräten und dem Verschleiß menschlicher Arbeitskraft erkauft, ist dabei völlig egal. Hauptsache es wächst. Dabei spielt es auch keine Rolle ob Geld (Arbeit) für Produktives oder Destruktives, für Sinnvolles oder Sinnloses ausgegeben und investiert wird, die Messgröße für Wachstum, das reale Bruttoinlandsprodukt (BIP), unterscheidet hier nämlich nicht. *Urs P. Gasche* und *Hanspeter Guggenbühl* haben ein paar Absurditäten des Wirtschaftswachstums aufgeschrieben (siehe den folgenden Kasten), die sich noch um viele weitere Punkte erweitern ließen.[685] Dennoch erblicken Ökonomen,

---

[680]   Reuter, N., Antizyklische Fiskalpolitik und deficit spending als Kern des Keynesianismus? Eine „schier unausrottbare Fehlinterpretation", in: Wirtschaft und Gesellschaft, Heft 3/2004, S. 329.

[681]   Reuter, N., Wende zum Genug, a.a.O., S. 11.

[682]   Vgl. Hickel, R., Die Keynes'sche Botschaft: Wiederbelebung gesamtwirtschaftlicher Analyse und Politik, in: Schui, H., Paetwo, H., (Hrsg.), Keynes heute, a.a.O., S. 53.

[683]   Keynes, J. M., The General Theory of Emploment Interest and Money, London 1936, Allgemeine Theorie der Beschäftigung, des Zinses und des Geldes, Übersetzung von Waegner, F., 6. Aufl., Berlin 1983, S. 212.

[684]   Einstein, A., Aus meinen späteren Jahren, Frankfurt a. M. 1952, S. 177.

[685]   Gasche, U. P., Guggenbühl, H., Das Geschwätz vom Wachstum, a.a.O., S. 13.

Politiker und natürlich Unternehmer, aber auch Gewerkschaftler, das Heil allen Wirtschaftens nur im **Wachstum**. Auch **Arbeitslosigkeit** müsse mit Wirtschaftswachstum bekämpft werden. Die allgemein anerkannte Formel lautet: Mehr Wachstum gleich weniger Arbeitslosigkeit. Die Verbraucher sollen mehr konsumieren und die Unternehmer mehr investieren und das Ausland bei uns mehr nachfragen, damit wir dann zur „Belohnung" *mehr* arbeiten dürfen.

Absurditäten des Wirtschaftswachstums

„Je mehr Verletzte auf den Strassen, desto besser für das Wachstum. Die Ausgaben für Arzt-, Spital- und Rehabilitationskliniken erhöhen den Konsum. Gurtentragen und Tempolimiten dagegen verringern die Unfälle und senken deshalb das Bruttoinlandsprodukt.

Je mehr übergewichtige Bewegungsmuffel, desto besser. Denn Übergewicht fördert Krankheiten, und Krankheiten beschleunigen das Wachstum der Gesundheitsbranche.

Je mehr Dinge fortgeworfen werden, desto besser ist es für das BIP. Kehrichtverbrennungsanstalten machen höhere Umsätze. Sondermüllöfen können ihre Kapazitäten erhöhen. Die Umsätze von Ersatzprodukten nehmen zu.

Je mehr lecke Öltanker und undichte Atomreaktoren, desto besser. Aufräum- und Reparaturarbeiten tragen zum BIP-Wachstum bei.

Je mehr Spams und Viren im Internet, umso besser. Software- und Hardware-Käufe gegen die Viren und Spam-Schwemme erreichen bereits eine Milliarde jährlich, schätzt Bernhard Plattner, Professor am ETH-Institut für Technische Informatik."

Wie bereits im vorherigen Kapitel angedeutet, wird aber das zukünftige **Wirtschaftswachstum** – ob gesellschaftlich sinnvoll oder nicht – allein nicht ausreichend sein, um die bestehende *Massenarbeitslosigkeit* zu beseitigen und um für einen langfristigen **Vollbeschäftigungspfad** zu sorgen. Dies belegen schon allein die rückläufigen Wachstumsraten seit dem Bestehen der Bundesrepublik Deutschland. Lag die jahresdurchschnittliche Wachstumsrate des realen Bruttoinlandsproduktes von 1950 bis 1959 noch bei 8,2 v.H., so ging diese in den 1960er Jahren schon auf jahresdurchschnittlich 4,4 v.H. zurück. Auch in den 1970er Jahren kam es zu einem Rückgang auf 2,8 v.H. und in den 1980er Jahren lag die Wachstumsrate mit 2,3 v.H., wenn auch nicht mehr so stark abfallend, unterhalb des Wachstums der 1970er Jahre. Selbst die *Wiedervereinigung* konnte diesen Trend nicht stoppen. In den 1990er Jahren verfiel die Wachstumsrate weiter und erreichte nur noch den Wert von 2,1 v.H. Von 2000 bis 2006 kam es auf Grund einer fünfjährigen Stagnationsphase sogar nur noch zu einem jahresdurchschnittlichen Wachstum in Höhe von 1,3 v.H. Die Entwicklung des Wirtschaftswachstums verlief also nicht *exponentiell*, sondern „nur" in einem *linearen Trend*, was bedeutet, das der Zuwachs kein steigender, sondern lediglich ein konstanter sein kann. „Sollte sich dieser Trend fortsetzen, werden gegenwärtige Wachstumsraten von rund zwei Prozent im Trend weiter unterschritten, da das Verhältnis von weitgehend konstantem jährlichen Zuwachs zu wachsendem Inlandsprodukt notwendigerweise weiter abnehmen wird. Vor diesem Hintergrund stellen die abnehmenden Wachstumsraten des Bruttoinlandsprodukts keinen Trendbruch dar, sondern sind lediglich Ausdruck einer seit Bestehen der Bundesrepublik anhaltenden Entwicklung, die auch für vergleichbare Industrieländer charakteristisch ist."[686]

---

[686] Reuter, N., Wachstumseuphorie und Verteilungsrealität, 2. Aufl., Marburg, S. 40.

Die Beseitigung der Massenarbeitslosigkeit wird auch nicht gelingen, sollte es zu weiteren **Arbeitszeitverlängerungen** kommen, die von neoliberalen Ökonomen und Politikern, Arbeitgebern und diese unterstützende Medien nachhaltig eingefordert werden. Der *Sachverständigenrat zur Begutachtung der gesamtwirtschaftlichen Entwicklung* (SVR) hat diese Forderung noch einmal in seinem Gutachten 2004/2005 unterstrichen. Die mittlerweile zahlreichen Vorschläge für eine **Wochenarbeitszeitverlängerung** fordern eine Erhöhung von einer bis zu acht Stunden. Es wird behauptet, dass die 35-Stunden-Woche, obwohl weder *tariflich* geschweige denn *tatsächlich* in der Wirtschaft umgesetzt (vgl. Abschnitt 3.6.4, Tab. 8), eine wesentliche Ursache für die nur schwache Wachstums- und Beschäftigungsentwicklung in Deutschland sei. Deshalb müssten die **Arbeitskosten** (das *direkte Entgelt* als auch die sogenannten *Lohnnebenkosten* (vgl. Abschnitt 3.7.3)) gesenkt werden. Denn wenn man von Arbeitszeitverlängerung spricht, „ist nicht daran gedacht, die zusätzlichen Arbeitsstunden zu **vergüten** oder sogar einen *Überstundenzuschlag* zu zahlen. Länger arbeiten bei gleichem Lohn bedeutet nichts anderes als den **Stundenlohn** durch die Hintertür zu senken. Die Befürworter dieses Weges erwarten bei den Beschäftigten mehr Akzeptanz, als würden sie unverhohlen für eine Lohnsenkung plädieren. Sie gehen davon aus, dass die **Geldpräferenz** der Beschäftigten deren **Zeitpräferenz** deutlich übertrifft."[687]

Die neoklassische (neoliberale) Modellbetrachtung bei einer geforderten Arbeitszeitverlängerung geht davon aus, dass bei gegebener Produktivität mehr produziert werden könnte und dadurch bei konstanten Arbeitskosten die **Lohnstückkosten** sinken würden. Die Ausgangsbasis ist demnach ein rein **angebotsorientiertes Modell**. Was passiert aber mit den *Lohnstückkostensenkungen*? Hier gibt es zwei Möglichkeiten, sieht man von einer Sowohl- als-auch-Variante ab. Erstens würden die Stückkostensenkungen nicht über **Preissenkungen** an die Nachfrager weitergegeben, dann stiegen bei den Unternehmen die **Stückgewinne**. Dies würde, so die neoliberale Theorie, zu mehr *Investitionen* und schließlich zu mehr *Beschäftigung* führen. Auch hier wird rein angebotsorientiert argumentiert, denn die **Nachfrageseite** des Marktes bleibt völlig ausgeblendet. Von hier aus gibt es keinerlei Impulse, die eine Verbesserung der Absatzerwartungen begründen könnten. Da die Unternehmen außerdem genau wissen, das der Stückkostenanstieg aus einer Arbeitszeitverlängerung ohne Lohnausgleich resultiert, werden sie wohl kaum neue Investitionen tätigen, die die Kapazitäten und die Beschäftigung noch mehr ausdehnen würden, als es schon durch die Arbeitszeitverlängerung passiert ist. Hier hält die **Konsumgüternachfrage** nicht Schritt, weil die höhere Produktion keine adäquate (wertmäßige) Nachfrage auf Grund konstanter realer Lohneinkommen findet. Der Absatz wird sich in Folge verschlechtern und die Unternehmen werden mit einem **Investitionsattentismus**, mit Beschäftigungsabbau und mit einem Ruf nach Arbeitszeitverkürzung, jetzt aber mit Lohnausgleich, d.h. **Lohnsenkung**, reagieren. Gesamtwirtschaftlich hätte damit eine Arbeitszeitverlängerung ohne Weitergabe der Stückkostensenkung über Preissenkungen einen *kontraktiven Effekt*.

Die zweite Möglichkeit wäre aber eine Weitergabe der Arbeitszeitverlängerung über **abgesenkte Stückkosten** in den **Preisen**, die den Verbrauchern und Investoren und damit indirekt auch den Beschäftigten durch **gestiegene Realeinkommen** zugute kämen. Hier muss man allerdings die Frage stellen, wie realistisch ist eine solche *Preissenkung* bzw. die Weitergabe der Stückkostensenkung, von der alles andere abhängt, in einer mittlerweile so gut wie völlig

---

[687]   Seifert, H., Zeitenwende – Was bringen längere Arbeitszeiten für die Beschäftigung?, in: WSI-Mitteilungen, Heft 11/2003, S. 647.

vermachteten (oligopolisierten, monopolisierten und kartellierten) Wirtschaft? Die Wahrscheinlichkeit ist eher gering, so dass dann die Reallöhne nicht im gleichen Ausmaß steigen würden wie das Produktionspotenzial. Es käme in Folge zu Absatzstockungen und entsprechenden unternehmerischen negativen Maßnahmen im Hinblick auf die Beschäftigung, die im Gegensatz zu dem Ergebnis einer Arbeitszeitverlängerung nicht zunimmt, sondern abgebaut wird. Außerdem wird es wohl im Unternehmenssektor zu einer weiteren **Konzentration** und **Marktvermachtung** durch die Arbeitszeitverlängerung kommen. Denn die noch im Wettbewerb stehenden Unternehmen (meist Mittelständler) werden im Unterschied zu den nicht im Wettbewerb sich befindenden Unternehmen (meist Großunternehmen, Konzerne) die Preise senken. Sie erzielen dadurch keine zusätzlichen Stückgewinne, während dies die Unternehmen auf den vermachteten Märkten tun. Dadurch wird die heute schon bestehende *Strukturdifferenzierung* innerhalb des Unternehmenssektors im Hinblick auf Investitions-, Innovations- und Finanzierungspotenzial noch weiter erhöht. Aber unterstellt, die Preise fallen zumindest in Teilbereichen, dann würde auch der **private Verbrauch** angeregt. Aber nie in voller Höhe wie die Realeinkommen gestiegen sind. Dafür sorgt die **Sparquote**. Von den hohen und mittleren Einkommen wird bei einer entsprechend hohen marginalen Sparquote ein Teil des zusätzlichen Realeinkommens nicht in den Konsum fließen und somit wird auch nicht die vermehrte Produktion auf Grund der Arbeitszeitverlängerung eine adäquate Nachfrage finden. Es wird eine **Nachfragelücke** entstehen. Dagegen kann bei einer unterstellten Preissenkung der **Export** erhöht werden. Dieser wird nicht von dem Binneneinkommen bezahlt, sondern von dem Einkommen unserer Handelspartner. „Unsicher ist, wie die Wettbewerber auf die verbesserte preisliche Wettbewerbsposition deutscher Unternehmen reagieren werden. Nicht auszuschließen ist, dass sie ihre Währungen gegenüber dem Euro abwerten oder, wo dies nicht möglich ist, ebenfalls versuchen, die Arbeitskosten zu senken. Arbeitszeitverlängerungen ohne Lohnausgleich in Deutschland würden dann in Europa einen Prozess des **Lohndumpings** einleiten.“[688] Wenn alle Länder im gleichen Ausmaß eine Strategie der Lohnkostensenkung verfolgen, verbessert sich die *Wettbewerbsfähigkeit* in keinem Land. „Ferner ist in Rechnung zu stellen, dass sinkende Preise den Realwert der bestehenden Schulden erhöhen. Die Unternehmen als Schuldner könnten sich, um ein Anwachsen ihrer Realschulden zu vermeiden, gezwungen sehen, ihre Ausgaben einzuschränken und weniger Güter nachzufragen. Gesamtwirtschaftlich stellt sich dann die Frage, ob eine mögliche Steigerung des privaten Verbrauchs sowie der Exporte die negativen Effekte bei den Investitionen überkompensieren kann und wie letztlich der Saldo der Gesamtnachfrage ausfällt. (...) Die Wahrscheinlichkeit, dass die durch verlängerte Arbeitszeiten ausgeweitete Produktion nicht oder nur teilweise auf eine entsprechend expandierende Binnennachfrage trifft, erscheint größer als ein durch die Kostensenkung induzierter sich selbst tragender Aufschwung. Dann aber müssen die Unternehmen die Produktion zurück fahren und entweder die Arbeitszeit auf das ursprüngliche Niveau reduzieren oder aber einen Teil der Belegschaften entlassen. Nichts wäre gewonnen. Ein Teil der Beschäftigten würde bei unverändertem Einkommen länger als zuvor arbeiten, hätte weniger Zeit für Familie, Ehrenamt oder andere außerbetriebliche Aktivitäten. Ein anderer Teil würde arbeitslos. Steigende Aufwendungen bei der Arbeitslosenversicherung sowie bei den Lohnnebenkosten wären die Folge.“[689]

---

[688] Seifert, H., Zeitenwende – Was bringen längere Arbeitszeiten für die Beschäftigung?, a.a.O., S. 648.
[689] Ebenda, S. 648.

Neben diesen theoretischen Erkenntnissen zeigt auch die **Empirie**, dass *Arbeitszeitverlängerungen* für die wirtschaftliche Entwicklung, was Wachstum und Beschäftigung anbelangt, kontraproduktiv ist. Dies hat noch einmal das *Österreichische Institut für Wirtschaftsforschung* (WIFO) in einem Makromodell für *Österreich* getestet. Das WIFO kommt hierbei zu dem folgenden Ergebnis: „Die Auswirkungen einer Arbeitszeitverlängerung für den Arbeitsmarkt sind deutlich negativ, weil infolge der längeren Arbeitszeit weniger zusätzliche Beschäftigte eingestellt werden müssen. Anders ausgedrückt: Die gleiche Produktion kann mit weniger Beschäftigten erbracht werden. Der positive Beschäftigungseffekt des etwas höheren Wirtschaftswachstums reicht bei weitem nicht aus, um die negativen Auswirkungen der längeren Arbeitszeit auf die Beschäftigung wettzumachen. Bei einer Verlängerung der Jahresarbeitszeit um zehn Prozent wird die Zahl der Erwerbstätigen gemäß WIFO-Makromodell um 2,5 Prozent zurückgehen, die Arbeitslosenquote wird um 1,5 Prozentpunkte steigen. Die Arbeitszeit wird also für die Beschäftigten verlängert, aber für noch mehr Arbeitslose auf Null gesetzt. Das WIFO-Modell bestätigt die negativen Beschäftigungswirkungen einer Arbeitszeitverlängerung für Deutschland, welche die *Citigroup* und die deutsche *Bundesagentur für Arbeit* errechnet haben. *Eckhard Hein* kommt zum gleichen Ergebnis: Unbezahlte Arbeitszeitverlängerung verschärft die Lücke zwischen Produktionskapazität und Güternachfrage sowie den **Deflationsdruck** in Deutschland. Sie führt daher nicht zu mehr, sondern zu weniger Beschäftigung. Ähnlich argumentiert auch *Hartmut Seifert*. Die Modell-Ergebnisse gehen auch konform mit den Erwartungen des hessischen Ministerpräsidenten *Roland Koch*, dass die Verlängerung der Arbeitszeit im **öffentlichen Dienst** zu beträchtlichen Einsparungen an Beschäftigten führen werde."[690]

Auch muss man die **empirischen Erfahrungen** aus den *realen Lohnsenkungen* der letzten Jahre, im Grunde seit der Wiedervereinigung, berücksichtigen, die gezeigt haben, dass die damit in einem neoliberalen Duktus erwarteten positiven **Beschäftigungseffekte** nicht nur ausgeblieben sind, sondern im Gegenteil die Arbeitslosigkeit noch zugenommen hat. Zwar wurde die *internationale Wettbewerbsfähigkeit* im Vergleich zu unseren Hauptkonkurrenten durch den bei uns nur moderaten Anstieg der gesamtwirtschaftlichen Lohnstückkosten gesteigert (vgl. Abschnitt 4.11.2, Tab. 37), dafür ging aber die **Binnennachfrage** und mit ihr die Beschäftigung in den Keller. Beschäftigungspolitisch erfolgversprechender wäre dagegen eine Lohn- und Arbeitszeitpolitik, die den jeweiligen *gesamtwirtschaftlichen Verteilungsspielraum* (Produktivität plus Inflationsrate) voll ausschöpft und so positive Impulse für eine ausbalancierte Entwicklung des privaten Verbrauchs und der Investitionen gibt.

4.12.2   Wie die Arbeitslosigkeit bekämpfen?

Bei der entstandenen Arbeitslosigkeit sind zwei wesentliche Arten zu unterscheiden: die **konjunkturelle** und die **strukturelle** Arbeitslosigkeit. Die sich im *Konjunkturzyklus*, im Abschwung aufbauende **konjunkturelle Arbeitslosigkeit** geht im Aufschwung wieder zurück. Damit es hier zu einer *konjunkturellen Glättung*, zu möglichst nicht starken Konjunkturspitzen und tiefgreifenden Krisenprozessen kommt, ist ein *antizyklisches keynesianisches Gegensteuern* in Form eines *deficit spendings* in Verbindung mit einer darauf abgestimmten *Geldpolitik* notwendig. Zusätzliche kreditfinanzierte Staatsausgaben in sozial und ökologisch ausgerichtete **Investitionsprogramme** bewirken *multiplikative Effekte* auf das Wirtschaftswachstum und auf die Beschäftigung (Vgl. Abschnitt 4.7.2). Die sich notwendigerweise im konjunkturellen

---

690   Walterskirchen, Mehr Beschäftigung durch Arbeitszeitverlängerung?, in: Intervention. Zeitschrift für Ökonomie, Heft1/2005, S. 13.

Abschwung aufbauende *Staatsverschuldung* (vgl. Kap. 4.9) ist über eine **kompensatorische Steuerpolitik** im Aufschwung wieder abzubauen. Hierbei sind neben einer grundsätzlichen Besteuerung der Vermögensbestände (Vermögensteuer, Erbschaftsteuer) insbesondere die **Gewinne** der Unternehmen abzuschöpfen, wie der empirische Verlauf der *Profitrate* belegt (vgl. Kap. 4.3.2.2). Um einen möglichst großen Mengen- und damit **Beschäftigungseffekt** durch staatliche Ausgaben zu erzielen, sollten die Staatsausgaben in *arbeitsintensive* Produktions- und Dienstleistungsbereiche und in noch *nicht vermachtete Märkte* gelenkt werden. Damit scheiden weitgehend Großunternehmen und Konzerne als direkte Empfänger der staatlichen Impulse aus. Adressat muss hier die *mittelständische Wirtschaft* sein. Außerdem gehört zur Konjunkturglättung eine strikt einzuhaltende **produktivitätsorientierte Lohnpolitik**, die den gesamtwirtschaftlichen verteilungsneutralen Spielraum bei den Löhnen und Gehältern ausschöpft (vgl. Kap. 4.1.1). Da wo dies mit dem Instrument der *Tarifautonomie* nicht mehr gelingt, müssen gesetzliche **Mindestlöhne** (Vgl. Kap. 3.4.5.2) festgelegt werden. Darüber hinaus sind **Gewinnpartizipationen** der abhängig Beschäftigten (vgl. Kap. 3.7.8.5), nicht nur aus *arbeitswerttheoretischer* Sicht (vgl. dazu noch einmal die Kap. 2.4. und 2.5), ein lang überfälliger und gangbarer Weg zu mehr **Verteilungsgerechtigkeit** der heute völlig ungleich verteilten Vermögensbestände.[691]

Über die Konjunkturzyklen hinweg hat sich aber auch immer mehr eine **strukturelle** bzw. **überzyklische Sockelarbeitslosigkeit** festgesetzt. Die im konjunkturellen Abschwung entstehende Arbeitslosigkeit baut sich im Aufschwung quantitativ nicht in gleicher Höhe wieder ab. Auch unter *qualitativen* Aspekten sowie aus *sektoraler* und *regionaler* Sicht entstanden von Zyklus zu Zyklus neue und immer mehr Probleme. So hat sich mittlerweile eine hartnäckige **Langzeitarbeitslosigkeit** herausgebildet. Viele der Langzeitarbeitslosen haben eine nur mangelhafte *Schul- und Berufsausbildung* und auch *gesundheitliche* sowie *altersbedingte* Probleme. Sie werden es in Anbetracht der unternehmerischen Anforderungen hinsichtlich des *Wertgrenzprodukts der Arbeit* (vgl. Kap. 3.4.2) an den sogenannten „ersten" Arbeitsmärkten schwer haben, in der Wirtschaft noch eine Anstellung zu finden. Auch ein *demografisch* rückläufiges gesamtwirtschaftliches Arbeitsangebot wird an dieser Situation nur wenig ändern. Diese Menschen aber *prekären Beschäftigungsverhältnissen* in einem **Niedriglohnsektor** (vgl. Kap. 3.4.5) – ohne jegliche *Planbarkeit ihres Lebens* – auszusetzen, ist der falsche Weg, der mit einer sozialen Polarisierung der Gesellschaft einhergeht. Nicht nur für diese Menschen, sondern auch für die noch Beschäftigten, impliziert ein etablierter Niedriglohnsektor in einer Wirtschaft eine ständige Bedrohung und ein *Disziplinierungsinstrument*, wodurch die Löhne und Gehälter allgemein nach unten gedrückt werden. Auch werden bei den meisten Langzeitarbeitslosen *Bildungs- und Qualifizierungsprogramme* nicht den gewünschten Erfolg im Sinne einer Wiedereingliederung in den heute hochproduktiven privaten „ersten" Arbeitsmarkt zeitigen. Und auch der immer wieder genannte tertiäre Sektor, der **Dienstleistungsbereich**, wird auf Grund *immanenter Rationalisierungsprozesse* kein hinreichendes Auffangbecken für weiter im sekundären Sektor, dem Industriebereich, abgebauter Arbeitsplätze sein. Die schon längst eingetretene und sicher auch noch wachsende Tertiärisierung der Wirtschaft[692] wird vielmehr dafür sorgen, dass es bei hier weniger benötigten qualifizierten Arbeitsplätzen – wenn dies auch nicht für alle

---

[691] Vgl. Grabka, M.M., Frick, J.R., Vermogen in Deutschland wesentlich ungleicher vorteilter Einkommen, in: DIW-Wochenbericht, Nr. 45/2007, 5.665-672.

[692] Allein seit der Wiedervereinigung von 1991 bis 2006 ist der *tertiäre Sektor* von 62,0 v.H. auf 69,2 v.H. – gemessen als Anteil der nominalen Bruttowertschöpfung der jeweiligen Wirtschaftssektoren – angestiegen. Vgl. Statistisches Bundesamt 2007. Materialien zum Bruttoinlandsprodukt 2006.

Bereiche gilt – und einer entsprechenden niedrigen Entlohnung, neben allgemeinen Markt-sättigungen, zu einem zusätzlichen Druck auf das *Wirtschaftswachstum* kommt. Zusätzliche Beschäftigung für „Problemgruppen" an den privaten Arbeitsmärkten wird somit nur über den Ausbau eines **öffentlichen Beschäftigungssektors** (ÖBS) möglich sein.[693]

Die **strukturelle** bzw. **überzyklische Sockelarbeitslosigkeit** wird sich mit einer *keynesiani-schen Finanz- und Geldpolitik* nicht beseitigen lassen. Hier hilft nur noch eine drastische **Arbeitszeitverkürzung**. Bereits 1983 schrieb *Fritz Vilmar* dazu:

> „Wenn schwerwiegende Gefährdungen unserer Gesellschaft vermieden werden sollen, muß (...) in Zukunft **Arbeitszeitverkürzung** das wesentliche Mittel sein, um den jetzt und künftig Arbeitslosen die Möglichkeit zu geben, sich wieder in den Arbeitsprozeß eingliedern zu können. (...) Denn angesichts weltweit abnehmender Absatzchancen wird meist nicht mehr in die Entwicklung der vorhandenen Produktionsanlagen investiert, sondern in den Ersatz dieser Anlagen durch moderne Maschinen, bei denen ein neuer mehrere alte Arbeitsplätze überflüssig macht. Ersatzinvestitionen (...), die die Arbeitsproduktivität steigern, vergrößern oft zugleich die vorhandenen Produktionskapazitäten und machen dadurch zusätzliche Erweiterungsinvestitionen und die Schaffung neuer Arbeitsplätze überflüssig. (...) Um die gleiche Produktionsmenge zu erzeugen, sind also heute sowohl weniger Arbeitsplätze als auch weniger Nettoinvestitionen erforderlich, d.h., daß die Investitionen nicht nur **arbeitssparend**, sondern auch **kapitalsparend** sind."[694]

Hätte es in den letzten 150 Jahren keine Arbeitszeitverkürzungen gegeben,[695] so wäre es aufgrund der enormen **Produktivitätsgewinne** zu einer permanenten Massenarbeitslosigkeit gekommen, die das *System des Kapitalismus* in Frage gestellt bzw. die Entwicklung des Systems erst gar nicht ermöglicht hätte.[696] Dennoch wird immer wieder, meist polemisch gegen Arbeitszeitverkürzungen, die „dumm und töricht" seien[697] argumentiert. Es ist hier nicht der Platz um alle Gegenargumente aufzuführen und die Polemik zu widerlegen. *Fritz Vilmar* hat dies schon 1977 überzeugend geleistet, so dass an dieser Stelle auf ihn verwiesen werden kann.[698] Hier soll der Hinweis auf die **Produktions-Produktivitätslücke** genügen. Diese ergibt sich aus dem Wachstum (w) des realen Bruttoinlandsprodukts (Y_R) in Relation zur Produktivität (ϵ). Ist diese größer, so wirkt sich dies in einem Rückgang des Arbeitsvolumens (AV) aus. Das wiederum besteht aus dem Produkt der Erwerbstätigen (EWT) und der Arbeitszeit je Erwerbstätigen (AZ/EWT).

$$Y_R \;=\; AV \,\cdot\, \epsilon$$

---

[693] Vgl. dazu ausführlich: Arbeitsgruppe Alternative Wirtschaftspolitik, Memorandum 1996, a.a.O., S. 125 - 137.

[694] Vilmar, F., Eine gemeinsame Aktion für Arbeitszeitverkürzung, in: Kutsch, T., Vilmar, F., (Hrsg.), Arbeits-zeitverkürzung, Ein Weg zur Vollbeschäftigung?, Opladen 1983, S. 28ff.

[695] Mitte des 19. Jahrhunderts lag die durchschnittliche Wochenarbeitszeit noch bei ca. 60 Stunden.

[696] Vgl. Bosch, G., Das Ende von Arbeitszeitverkürzungen? Zum Zusammenhang von Arbeitszeit, Einkommen und Beschäftigung, in: WSI-Mitteilungen, Heft 6/1998, S. 345ff.

[697] So der ehemalige Bundeskanzler *Helmut Kohl*.

[698] Vgl. Vilmar, F., Systematische Verknappung des Arbeitskraftangebots : Unverzichtbare Strategie erfolgreicher Vollbeschäftigungspolitik, in: Zinn, K. G., (Hrsg.), Strategien gegen die Arbeitslosigkeit, Frankfurt a. M. 1977, S. 161 – 184.

$$\frac{Y_R}{\epsilon} = AV$$

$$w\, Y_R - w\, \epsilon = w\, AV\left(EWT \cdot AZ/EWT\right)$$

Steigt demnach beispielsweise das reale Wirtschaftswachstum (Y_R) um 2,8 v.H. und die Produktivität (ϵ) um 3,2 v.H., so muss das *Arbeitsvolumen* AV um 0,4 v.H. zurückgehen. Entweder geht dabei die Zahl der *Erwerbstätigen* oder die *Arbeitszeit je Erwerbstätigen* um 0,4 v.H. zurück.[699] Natürlich wäre auch eine Sowohl-als-auch-Variante möglich. **Empirisch** zeigt sich hier für die Bundesrepublik Deutschland schon in den 1960er Jahren der Fall eines **rückläufigen Arbeitsvolumens** ohne das es aber zu einer adäquaten **Arbeitszeitverkürzung** je Erwerbstätigen zur Vermeidung der heute bestehenden Massenarbeitslosigkeit gekommen wäre. Um das Bruttoinlandsprodukt herzustellen waren in Anbetracht eines vermehrten *Technikeinsatzes* immer weniger Arbeitskräfte bzw. ein immer geringeres *Arbeitsvolumen* notwendig.

Tab. 37: Wirtschaftswachstum, Produktivität, Arbeitsvolumen und Arbeitslosigkeit in Deutschland - jahresdurchschnittliche Veränderungsraten in v.H. -

	1950 – 1959	1960 - 1969	1970 - 1979	1980 - 1990	1991 – 1999	2000 – 2006
Wachstum[1]	8,2	4,4	2,8	2,3	2,1	1,3
Produktivität	6,2	5,2	3,7	2,4	2,4	1,6
Arbeitsvolumen	2,0	- 0,8	- 0,9	- 0,1	- 0,3	- 0,3
Arbeitslosigkeit[2]	1.038.000	223.000	647.000	1.956.000	3.492.000	4.273.000

1) Veränderungsraten des realen Bruttoinlandsprodukts in v.H. 2) Jahresdurchschnittliche Werte, Ab 1991 Gesamtdeutschland, Quelle: Statistisches Bundesamt, Volkswirtschaftliche Gesamtrechnungen, eigene Berechnungen.

Parallel zur schon aufgezeigten *abnehmenden Wachstumsentwicklung* auf Grund zunehmender **Marktsättigungen** und einer **rückläufigen Konsumnachfrage** – der seit etwa Mitte der 1970er Jahre *Umverteilungen* der Wertschöpfungen in Richtung der Gewinn- und Vermögenseinkommen zugrunde lagen – haben die noch stärkeren **Produktivitätsentwicklungen** – bei einem gleichzeitig gesamtwirtschaftlich *steigendem Arbeitsangebot* – die **Arbeitslosigkeit** immer mehr erhöht (vgl. Tab. 37). Bei einer gesamtwirtschaftlichen **Beschäftigungsschwelle** (hier beginnt erst der *Abbau der Arbeitslosigkeit*), die heute etwa bei einem realen Wirtschaftswachstum von 2,0 v.H. liegt –weil bis hier das Wachstum aus der *Produktivität* erfolgt – geht kein Weg an Arbeitszeitverkürzungen vorbei. Dies auch deshalb, da es nicht nur um die Beseitigung der *registrierten Arbeitslosigkeit* geht, sondern um die Schließung der **Beschäftigungslücke**, die zusätzlich die *verdeckte Arbeitslosigkeit* und *stille Reserve* enthält. Demnach muss in Deutschland von etwa 6 bis 7 Millionen *fehlender Arbeitsplätze* ausgegangen werden. Nur der Abbau der registrierten Arbeitslosigkeit würde schon über einen langen Zeitraum *ökonomisch* völlig abwegig hohe reale Wirtschaftswachstumsraten implizieren, die darüber hinaus *ökologisch* nicht darstellbar sind. Dies zeigt bereits ein einfaches komparativ-statisches

---

[699] Hierbei sind viele Formen der Arbeitszeitverkürzung (Abbau von Überstunden, Senkung der Wochenarbeitszeit, Verkürzung der Lebensarbeitszeit etc.) denkbar. Das Arbeitszeitverkürzung auch *einzelwirtschaftlich* funktioniert bzw. betriebswirtschaftlich rational ist, hat der VW-Konzern Anfang der 1990er Jahre bewiesen. Vgl. Peters, J., Modellwechsel. Die IG Metall und die Viertagewoche bei VW, Göttingen 1994.

Wachstumsmodell auf Basis der empirischen Istwerte für das Jahr 2006. Demnach hätte zur rechnerischen Beseitigung der nur amtlich registrierten Arbeitslosenzahl von 4.487.000 Millionen (ohne verdeckte Arbeitslosigkeit und stille Reserve) das reale Bruttoinlandsprodukt (BIP) 2006 um 11,5 v.H. zulegen müssen. Bei dieser potenziellen Wachstumsrate ist noch zu berücksichtigten, dass das Wachstum des realen Bruttoinlandsproduktes in 2006 schon 2,9 v.H. betragen hat. Die 11,5 v.H. sind also als *zusätzliches* Wachstum zur Beseitigung der Massenarbeitslosigkeit zu interpretieren. Diese hohe Wachstumsrate ergibt sich aus dem Tatbestand, dass wir es seit ca. 30 Jahren versäumt haben, jährlich entsprechend der *Produktivitätsraten* eine adäquate Arbeitszeitverkürzung vorzunehmen. Die Vergangenheit holt uns sozusagen ein. Selbst wenn man unter Verzicht von Arbeitszeitverkürzungen, wie dies Neoliberale wollen, die *Beschäftigungsschwelle* durch einen weiteren Ausbau von *prekären Beschäftigungsverhältnissen* und einem noch größeren *Niedriglohnsektor* ein Stück weit absenken würde, käme es nicht zu einer vollbeschäftigten Wirtschaft, sondern lediglich zu einer weiteren gefährlichen *Polarisierung in der Gesellschaft*. Ohne Arbeitszeitverkürzungen werden auch die **Gewerkschaften** keine dringend benötigte **verteilungsneutrale Lohnpolitik** mehr durchsetzen können. *Umverteilung* zu den Gewinn- und Vermögenseinkommen wird dann weiter das Ergebnis sein, ohne dass es hierdurch zu positiven Wachstums- und Beschäftigungseffekten kommt.

4.12.3   Arbeitszeitverkürzung mit Lohnausgleich

Soll die „Geisel" der Gesellschaft, die *Massenarbeitslosigkeit*, ernsthaft bekämpft werden, so wird kein Weg an einer Arbeitszeitverkürzung **mit Lohnausgleich** vorbeiführen. Daher muss wirtschaftspolitisch auf *Arbeitszeitverkürzung* ohne wenn und aber gesetzt werden. Was heißt aber Arbeitszeitverkürzung mit **Lohnausgleich**? Unterstellt man vereinfachend eine *Preisniveauneutralität*, so fallen die Angebotssteigerungen mit den Produktivitätszuwächsen zusammen. Dies ist aber makroökonomisch nur dann der Fall, wenn die gesamtwirtschaftlichen Arbeitsstunden bzw. das **Arbeitsvolumen** konstant bleiben. Das Arbeitsvolumen kann aber bekanntlich mit der Zahl der Erwerbstätigen und/oder der Arbeitzeit je Erwerbstätigen variieren. Unterstellen wir einen Rückgang der Arbeitszeit je Erwerbstätigen, also eine *Arbeitszeitverkürzung*, so werden allgemein in der öffentlichen Diskussion diese Verkürzungen als **Substitut für Lohnerhöhungen** angesehen. Eine Produktivitätserhöhung kann nämlich in zweifacher Weise genutzt werden: Entweder dadurch, dass bei gleichbleibendem Faktoreinsatz die Produktionsmenge erhöht oder aber dadurch, dass bei gleichbleibender Produktionsmenge der Faktoreinsatz reduziert wird. Je mehr Produktivitätszuwächse für Arbeitszeitverkürzungen eingesetzt werden, um so weniger Raum ist für Lohnerhöhungen. So hat es den **Anschein**, als müssten sich die Lohnsteigerungen und die Arbeitszeitverkürzungen die Produktivitätszuwächse teilen. Dies ist jedoch ein **Trugschluss**. Auch bei Arbeitszeitverkürzungen können die **Lohnsätze** im Ausmaß der Produktivitätssteigerungen angehoben werden, ohne dass von den Lohnsteigerungen irgendwelche *Inflationsgefahren* ausgehen. Hier muss nur zwischen dem **Lohnsatz pro Arbeitsstunde** und dem **Lohneinkommen je Beschäftigten** (Produkt aus *Lohnsatz* und *Arbeitsmenge*, in Arbeitsstunden gerechnet) unterschieden werden. Da jedoch die Arbeitszeit um den gleichen Prozentsatz wie der Produktivitätszuwachs gesunken ist, muss der *Lohnsatz* notwendigerweise um denselben Prozentsatz steigen, soll das *Lohneinkommen* konstant bleiben. Genau dies ist gemeint, wenn bei Arbeitszeitverkürzungen von einem **vollen Lohnausgleich** die Rede ist. Käme es nicht dazu, so würde eine *Umverteilung* zu Gunsten der Gewinn- und Vermögenseinkommen (Gewinnquote) das Ergebnis sein.

Scheidet die Umverteilung (Erhöhung der Lohnquote) aus *machtpolitischen Gründen* in Zeiten von Massenarbeitslosigkeit aus und soll auch ein Preisanstieg (Inflation) ausgeschlossen werden, so kann eine Arbeitszeitverkürzung mit vollem Lohnausgleich, oder eine Kombination aus Arbeitszeitverkürzung und Lohnerhöhung, nur im Rahmen des *Produktivitätszuwachses* **preis-** und **verteilungsneutral** erfolgen. Das folgende Rechenbeispiel soll dies anhand des Ausgangsmodells (vgl. Kap. 4.1.1) verdeutlichen. Es wird eine Produktivitätssteigerung (A_{prod}) von insgesamt 2 v.H. zugrundegelegt. Diese resultiert aus einer Produktionserhöhung von 100 Stück bei einem als konstant unterstellten Arbeitsvolumen (20.000 Stunden), das von 500 Beschäftigten bei einer Wochenarbeitszeit je Beschäftigten von 40 Stunden erbracht wird. Der Lohnsatz beläuft sich auf 15,00 €/Std.

$$A_{prod} = \frac{\text{Leistung (Produktion)}}{\text{Arbeitsvolumen}} = \frac{5.000}{20.000} = 0,25 \text{ Stück / Std.}$$

$$A_{prod} = \frac{\text{Leistung (Produktion)}}{\text{Arbeitsvolumen}} = \frac{5.100}{20.000} = 0,255 \text{ Stück / Std.}$$

Der Preis der verkauften Ware beträgt 80,00 € und die Lohnstückkosten liegen dann bei 60,00 €. Die Gewinnquote beträgt demnach 25 v.H. und die Lohnquote 75 v.H. Die 2 v.H. Produktivitätssteigerung kann entweder auf *Lohnsteigerungen* und/oder auf *Arbeitszeitverkürzungen* kosten- bzw. preis- und verteilungsneutral aufgeteilt werden. Wird die Produktivitätssteigerung *voll* für eine *Lohnerhöhung* verbraucht, so kann der Wochenverdienst eines Beschäftigten preis- und verteilungsneutral von 600 €/Woche auf 612 €/Woche steigen.

40 Wochenstunden x 15 €/Std. = 600 €/Woche

2 v.H. Produktivitätssteigerung auf 15 €/Std., also + 0,30 €/Std. = 15,30 €/Std.

40 Wochenstunden x 15,30 €/Std. = 612 €/Woche

Die *Lohnsummen* steigen ebenfalls verteilungsneutral entsprechend der Produktivitätserhöhung um 2 v.H. von 300.000 € auf 306.000 €.

500 Mitarbeiter x 600 €/Woche = 300.000 € Lohnsumme

500 Mitarbeiter x 612 €/Woche = 306.000 € Lohnsumme

Soll nun aber die Produktivitätssteigerung für eine *Arbeitszeitverkürzung bei vollem Lohnausgleich* verwandt werden (statt 40 Wochenstunden soll der einzelne Mitarbeiter nur noch 39,2 Wochenstunden arbeiten), so kann der Nominallohnsatz zwar in Höhe der Produktivitätssteigerung um 2 v.H. auf 15,30 €/Std. steigen, der Wochenverdienst des einzelnen Beschäftigten bleibt aber mit 600 €/Woche konstant.

39,2 Wochenstunden x 15,30 €/Std. = 600 €/Woche (Rundungsdifferenz)

Um das gleiche Arbeitsvolumen wie *vor* der Arbeitszeitverkürzung zu bewältigen (20.000 Std.); (die Produktivität wurde für eine Mehrproduktion von 100 Stück verbraucht) bewirkt die Arbeitszeitverkürzung auf 39,2 Std./Woche bei vollem Lohnausgleich eine *Neueinstellung* von 10,2 Arbeitskräften.

$$\text{Mehrbedarf} = \frac{\text{ausgefallene Arbeitszeit} \cdot \text{Beschäftigte}}{\text{Arbeitszeit je Beschäftigten nach Verkürzung Arbeitszeit}}$$

$$\text{Mehrbedarf an Arbeitskräften} = \frac{0,8 \text{ Std.} \cdot 500}{39,2} = 10,2 \text{ Arbeitskräfte}$$

Die Lohnsumme liegt dann weiter bei 306.000 € (510 Beschäftigte x 600 €/Woche = 306.000 €). Damit ergibt sich keine Veränderung der **Lohnstückkosten** in Höhe von 60 €, so dass auch keine **Preiserhöhungen** notwendig sind. Die gesamtwirtschaftliche **Lohn-** und **Gewinnquote** bleiben konstant. Das gleiche Ergebnis würde sich einstellen, wenn beispielsweise die 2-prozentige Produktivitätssteigerung je zur Hälfte für eine Lohnsteigerung und für eine Arbeitszeitverkürzung verwandt würde.

Die Arbeitszeitverkürzung ist demnach bei *vollem Lohnausgleich* unter Berücksichtigung einer zusätzlichen Beschäftigung von 10 Arbeitskräften kosten- bzw. preis- und verteilungsneutral. Daher ist es völlig absurd, wenn Arbeitszeitverkürzungen bei vollem Lohnausgleich auf Basis der jeweiligen Produktivitätserhöhung abgelehnt werden. *Unternehmer* haben keinerlei ökonomische Nachteile. Eher noch Vorteile auf Grund eines **induzierten Produktivitätsanstiegs**, den das *Deutsche Institut für Wirtschaftsforschung* (DIW) und das *Institut für Arbeitsmarkt- und Berufsforschung* (IAB) auf Grund der Arbeitszeitverkürzungen in der zweiten Hälfte der 1980er Jahre auf 50 v.H. eingeschätzt haben. Die Hälfte der Arbeitszeitverkürzungen wären demnach nicht beschäftigungswirksam. „Produktivitätssteigernde Effekte von Arbeitszeitverkürzungen werden u.a. damit begründet, daß das Entfallen der jeweils letzten Arbeitsstunden des Tages, in denen die Arbeitsproduktivität fällt, zu einer Steigerung der gesamtwirtschaftlichen Stundenproduktivität führt. Weitere Effekte können sich dadurch ergeben, daß die betriebliche Arbeitszeitorganisation auf Grund der individuellen Arbeitszeitverkürzung verbessert wird, d.h. Leerzeiten abgebaut werden. Beide Effekte dürften nachgelassen haben bzw. verschwunden sein".[700] Dennoch soll in den weiteren Berechnungen von arbeitzeit-induzierten Produktivitätssteigerungen ausgegangen werden.

Die bisher gezeigte Arbeitszeitverkürzung bei *vollem Lohnausgleich* bedeutet im Ergebnis, dass die *Arbeitnehmer* bzw. ihre *Gewerkschaften* in den Tarifverhandlungen entscheiden müssen, wie viel sie von den jeweiligen Produktivitätssteigerungen für *Lohnerhöhungen* und/oder *Arbeitszeitverkürzungen* verbrauchen bzw. aufteilen wollen. Zwar kann bei einer einhundertprozentigen Verwendung der Produktivitätssteigerung für eine Arbeitszeitverkürzung mit vollem Lohnausgleich der Lohnsatz steigen, nicht aber die *Lohnsumme*. Dennoch erhalten die Arbeitnehmer einen Ausgleich für die *Inflationsrate*, so dass die *Kaufkraft* erhalten bleibt. Sie nimmt nur nicht zu! Dafür arbeiten die Arbeitnehmer gemäß der Arbeitszeitverkürzung auch weniger. Dies wird von Kritikern als eine „**klassenimmanente Verteilung**" innerhalb des „Faktors" Arbeit bezeichnet. Die Arbeitnehmer würden ihre Arbeitszeitverkürzung *selbst mit Lohnverzicht* finanzieren. Diese Kritik ist auf Grund einer Arbeitszeitverkürzung als „Wertäquivalent" im Austausch für das „nur" konstante reale Einkommen (*konstante Kaufkraft*) nicht richtig. Die Beschäftigten arbeiten schließlich auch weniger, gewinnen an persönlicher *Zeitsouveränität*, und die *Massenarbeitslosigkeit* wird bekämpft, wodurch wieder reale Lohnsteigerungen leichter durchsetzbar werden. Richtig ist allerdings, dass die Unternehmer bei einer produktivitätsorientierten Arbeitszeitverkürzung mit vollem Lohnausgleich *keine Abstriche* bei ihren **Gewinnen** machen müssen.

---

[700] Kirner, E., Meinhardt, V., Allgemeine Arbeitszeitverkürzung und ihre Auswirkung auf Einkommen und soziale Sicherung, Düsseldorf 1997, S. 15.

Diese steigen weiter proportional zur Produktivitätserhöhung und auch die *Gewinnquote* bleibt konstant, wie in dem zuvor dargelegten Rechenbeispiel gezeigt wurde.

Im Folgenden soll das soeben aufgezeigte Arbeitszeitverkürzungsmodell in eine **Hochrechnung** bis zum Jahr 2020 auf Basis der bundesdeutschen *Ist-Daten* umgesetzt werden. Demnach hatten wird im Jahr 2006 rund 23.159.000 **Vollzeitbeschäftigte** Arbeitnehmer, deren durchschnittliche **Wochenarbeitszeit** bei 38,28 Std. lag. Unterstellen wir einen realistischen Produktivitätsanstieg von 2 v.H. pro Jahr bis 2020, der voll für eine Arbeitszeitverkürzung verwendet wird, so ergibt sich der in Tab. 38 gezeigte jährliche rechnerische **Beschäftigungseffekt**. Dieser beläuft sich in Summe auf 7.848.000 zusätzlich benötigte Beschäftigte. Zieht man davon 30 v.H. *induzierte Produktivitätszuwächse* ab, so kommt es immer noch zu einem tatsächlichen Beschäftigungseffekt von 5.493.000 Personen. Dieser Effekt wäre *verteilungsneutral*. Die Arbeitnehmer hätten bei einem *Inflationsausgleich* in den jährlichen Tarifverhandlungen keinen *Kaufkraftverlust* und die Unternehmer keine *Gewinneinbußen* zu befürchten.

Tab. 38:   Beschäftigungswirkungen einer jährlichen Wochenarbeitszeitverkürzung

Jahr	Anzahl der abhängig Beschäftigten in Vollzeit in Tsd.	Reduzierung der Wochenarbeitszeit von 38,28 Std. (tarifliche AZ) auf	Rechnerischer Beschäftigungs- effekt in Tsd.[1]	Tatsächlicher Beschäftigungs- effekt in Tsd.[2]
2006	23.159	37,51	475	333
2007	23.492	36,76	479	336
2008	23.828	36,02	490	343
2009	24.171	35,30	493	345
2010	24.516	34,60	496	347
2011	24.863	33,91	506	354
2012	25.217	33,23	516	361
2013	25.578	32,56	526	368
2014	25.946	31,91	529	370
2015	26.316	31,27	539	377
2016	26.693	30,65	540	378
2017	27.071	30,04	550	385
2018	27.456	29,43	569	398
2019	27.854	28,85	560	392
2020	28.246	28,27	580	406
			7.848	5.493

1) Der rechnerische Beschäftigungseffekt ergibt sich aus folgender <u>Formel</u>: Ausgefallene Arbeitszeit x abhängig Beschäftigte : Arbeitszeit je Vollzeit-Beschäftigten nach der Arbeitszeitverkürzung = Mehrbedarf an Arbeitskräften
2) Die Arbeitszeitverkürzung wird zu 30 v.H. durch zusätzliche (induzierte) Produktivität aufgefangen.

Als kritisch werden bei Arbeitszeitverkürzungen die durch die Arbeitsumverteilung ausgelösten *Friktionen* bei der Besetzung der offenen Stellen angesehen. Dieser Effekt ist sicher zutreffend. Quantitäten und Qualitäten werden nicht immer deckungsgleich sein und es wird auch zu *regionalen* Disproportionen kommen. Hier sind deshalb verstärkte **Qualifikations-** und **Weiterbildungsmaßnahmen** als auch **staatliche Hilfen** notwendig. Die verkürzte Arbeitszeit bietet aber die Möglichkeit einen Teil oder sogar die gesamte freiwerdende Zeit mit Weiterbildungsmaßnahmen zu verbinden und schafft gleichzeitig einen Druck auf *Arbeitnehmer* als auch auf *Arbeitgeber* entsprechende *Bildungsmaßnahmen* umzusetzen. Dies kann man als einen positiven Beitrag zur insgesamt notwendigen gesellschaftlichen Weiterentwicklung in Sachen Bildung sehen.

4.12.4   Arbeitszeitverkürzung mit Umverteilung

Man könnte natürlich auch eine andere Rechnung von Arbeitszeitverkürzung aufmachen. Diese setzt auf **Umverteilung** von **oben nach unten**. Gewerkschaften haben dies in der Vergangenheit als eine „**expansive Tarifpolitik**" bezeichnet. Die Lohnquote sollte zu Lasten der Gewinnquote steigen. Unter den seit langen bestehenden ökonomischen (neoliberalen) Verhältnissen, die, wie mehrfach aufgezeigt, u.a. zu einem Absturz der Lohnquote geführt haben, wäre aber wohl eher der Begriff einer „expansiven *Rück*verteilung" richtig. Jedenfalls ist genügend **Umverteilungsmasse** vorhanden. Dies zeigt allein ein Blick auf die *Primärverteilung* des Volkseinkommens für das Jahr 2006 (vgl. Kapitel 4.2.2). Hierbei sind nicht einmal die völlig disproportional verteilten **Vermögensbestände** (Geld- und Immobilienvermögen, Produktivkapital) berücksichtigt[701]. Bezieht man sich nur auf die Stromgrößen des Jahres 2006, so lag die **Bruttolohnquote** bei 65,6 v.H. und die **Bruttogewinnquote** bei 34,4 v.H. Diese Verteilung ist auch Ausdruck einer hohen gesamtwirtschaftlichen **Sparquote** von gut 10 v.H. Hier wird bereits deutlich, das genügend monetärer *Umverteilungsspielraum*, auch für Arbeitszeitverkürzungen, in Deutschland vorhanden ist.

Eine Modellrechnung soll dies abschließend konkretisieren. Wir gehen dabei davon aus, dass die im Jahr 2006 registrierten 4.487.000 Millionen Arbeitlosen in Beschäftigung gebracht werden sollen. Das auf Vollzeitstellen umgerechnete Arbeitvolumen (AV) lag 2006 bei gut 38,977 Mrd. Stunden. Die sich dahinter verbergende Zahl der abhängig **Vollzeit-Beschäftigten** betrug 23.159.000; die jahresdurchschnittliche Arbeitszeit je Beschäftigten demnach 1.683 Stunden und die Wochenarbeitszeit 38,28 Stunden.

$$AV = \text{abhängig Vollzeit / Beschäftigte} \cdot \text{Arbeitszeit / Beschäftigten}$$

$$38,977 \text{ Mrd. Std.} = 23.159.000 \cdot 1.683 \text{ Std.}$$

Wollte man nun alle amtlich registrierten Arbeitslosen (4.487.000) auf einen Schlag (als „Schocktherapie") beseitigten, so müsste die Wochenarbeitszeit von 38,28 Stunden auf 30 Wochen-Stunden um 8,28 Std. oder um 21,6 v.H. reduziert werden. Dies entspricht dann einem rechnerischen Mehrbedarf an Arbeitskräften in Höhe von 6.392.000 Personen.

$$\text{Mehrbedarf an Arbeitskräften} = \frac{8,28 \cdot 23.159.000}{30} = 6.392.000$$

Zieht man davon für *induzierte Produktivitätssteigerungen* 30 v.H. ab, so läge der Beschäftigungseffekt der Arbeitszeitverkürzung auf eine **30-Stunden-Woche** bei einem Mehrbedarf von 4.474.000 Arbeitskräften, was der Zahl der amtlich registrierten Arbeitslosenzahl aus dem Jahr 2006 entsprechen würde.

Die Verkürzung der Arbeitszeit um 21,6 v.H. kann natürlich nicht in *einem Jahr* durch eine *Produktivitätssteigerung* aufgefangen werden. Deshalb müsste, da die **Teilzeit-Beschäftigten** auf kein Einkommen verzichten können, die Bruttolohn- und -gehaltssumme der *Vollzeit-Beschäftigten* gesenkt werden. Diese betrug 2006 rund 88 v.H. der insgesamt (inkl. der Einkommen der Teilzeit-Beschäftigten) in der volkswirtschaftlichen Gesamtrechnung ausgewiesenen Bruttolohn- u. -gehaltssumme in Höhe von 925,4 Mrd. €, also 814,3 Mrd. €. Dies entspricht gut einem Brutto-Jahreseinkommen von 35.000 € je Vollzeit-Beschäftigten, das gemäß der Arbeitszeitverkürzung von rund 20 v.H., also zum 7.000 €, auf 28.000 € gekürzt werden müsste.

701

$$\text{Lohn} \quad = \quad \frac{\text{Bruttolohn- u. -gehaltssumme}}{\text{Vollzeit / Beschäftigte}} \quad = \quad \frac{814,3 \text{ Mrd. } \euro}{23.159.000} \quad = \quad 35.161 \ \euro$$

Rechnet man diesen *Kürzungsbetrag*/Vollzeit-Beschäftigten auf alle Neu-Vollzeit-Beschäftigten (also inkl. der ehemals Arbeitslosen) hoch, so kommen hier rund 193,4 Mrd. € zusammen.

$$\text{Einkommensverlust} \quad = \quad \text{Vollzeit / Beschäftigte} \quad \cdot \quad \text{Kürzungsbetrag}$$

$$\text{Einkommensverlust} \quad = \quad 27.633.000 \quad \cdot \quad 7.000 \ \euro \quad = \quad 193,4 \text{ Mrd. } \euro$$

Soll das Einkommen der abhängig Beschäftigten nicht um diesen Betrag gesenkt werden, so ginge dies nur über eine entsprechende *Umverteilung* von *oben nach unten*. Der gesamtwirtschaftliche *Bruttogewinn* aus Unternehmens- und Vermögenseinkommen (2006: 601,2 Mrd. €) müsste um den Betrag in Höhe von 193,4 Mrd. €, also auf 407,8 Mrd. € oder um 32,2 v.H. sinken. Die **Bruttogewinnquote** würde demnach von 34,4 v.H. auf 23,3 v.H. zurückgehen und entsprechend die **Bruttolohnquote** von 65,6 v.H. auf 76,7 v.H. ansteigen. Damit würde die Lohnquote etwas über den Wert von 1981 mit 73,4 v.H. liegen, dem Beginn der ab hier massiv einsetzenden neoliberal intendierten Umverteilung von *unten nach oben*. Die Arbeitszeitverkürzung ist demnach, wenn man es nur politisch wollte, auch in Form einer einjährigen „Schocktherapie" mit vollem Lohnausgleich durch eine entsprechende Um(Rück-)verteilung finanzierbar. Dadurch würde nicht nur die Arbeitslosigkeit beseitigt, sondern auch durch die **Mehrbeschäftigung** eine zusätzliche *Konsumnachfrage* entfaltet, die ansonsten auf Grund der höheren gesamtwirtschaftlichen Gewinnsumme nicht entsteht, weil die darin vielfach enthaltenen *funktionslosen Gewinne* lediglich in (spekulativen) *Finanzinvestitionen* angelegt werden und nicht in beschäftigungsschaffende *Realinvestitionen*. Außerdem würden durch eine Bekämpfung der Massenarbeitslosigkeit dem Staat und damit der Gesellschaft jährlich die **Kosten der Arbeitslosigkeit** in Form von Arbeitslosengeldzahlungen, Ausfall an Sozialversicherungsbeiträgen und Steuern (zur Zeit ca. 85 Mrd. € jährlich) erspart bleiben. Es gibt demnach keinen ökonomisch vernünftigen Grund, Arbeitszeitverkürzungen nicht sofort auf die politische Agenda zu setzen. Dagegen steht lediglich der ökonomisch unvernünftige Grund von Bereicherung durch eine gesellschaftliche Minderheit zu Lasten der Mehrheit der abhängig Beschäftigten.

Fragen zur Kontrolle und Vertiefung

51. Unter welchen Bedingungen liegt bei einer produktivitätsorientierten Lohnpolitik eine Preis- und Verteilungsneutralität vor?
52. Wie verhalten sich die Lohnstückkosten bei einer produktivitätsorientierten Lohnpolitik?
53. Erklären Sie den Begriff der „kostenniveauneutralen Lohnpolitik".
54. Was will eine „expansive Lohnpolitik"?
55. Was verstehen die Arbeitgeberverbände unter einer „wettbewerbsorientierten Tarifpolitik"?
56. Wie ist die bereinigte Lohnquote definiert?
57. Was verstehen Sie unter einer Querverteilung?
58. Die unbereinigte Lohnquote beträgt im Jahr 2006 75 v.H. Wenn sich der Arbeitnehmeranteil von 1996 mit 92 v.H. auf 95 v.H. im Jahr 2006 erhöht hat, wie groß ist dann die bereinigte Lohnquote im Jahr 2006?
59. Was drückt die Arbeitseinkommensquote aus?
60. Wie ist das Masseneinkommen definiert?
61. Was versteht der Sachverständigenrat unter einer „beschäftigungsniveauneutralen Lohnpolitik"?

62. Bei einer Lohnquote von 70 v.H. und einer Steigerung der Arbeitsproduktivität in Höhe von 3,5 v.H. kommt es zu einem Beschäftigungsabbau um 2 v.H. Um wie viel Prozent dürfen gemäß einer „beschäftigungsniveauneutralen Lohnpolitik" die Nominallöhne steigen?

63. Was besagt die G-I-B-Formel?

64. Wie wirkt sich laut Neoklassik eine expansive Geldpolitik auf die Höhe der Beschäftigung aus?

65. Wie entsteht neoklassische „Mindestlohnarbeitslosigkeit"?

66. Am Arbeitsmarkt liegen die folgenden Funktionen vor: Arbeitsnachfrage $Y_N = 30 - 3q$; Arbeitsangebot $Y_A = 2 + 4q$. Bestimmen Sie den Gleichgewichtslohnsatz. Welche Arbeitsmenge wird dazu angeboten und nachgefragt? Was passiert, wenn die Arbeitskraftanbieter einen Mindestlohn in Höhe von 22 € je Stunde verlangen?

67. Nennen Sie die Faktoren der potentiellen Arbeitsnachfrage.

68. Was verstand Keynes unter dem Begriff „Geldillusion".

69. Es sei die folgende gesamtwirtschaftliche Situation gegeben: Bei einem Gleichgewicht am Gütermarkt liegt gleichzeitig Unterbeschäftigung (Arbeitslosigkeit) vor. Die Konsumfunktion lautet: $C_P = 400 + 0,8 \ Y$. Auf das Einkommen wird eine proportionale Steuer $T = 0,3 \ Y$ erhoben. Außerdem werden autonome Investitionen in Höhe von $I_a = 200$ und autonome Transferzahlungen von $Z_a = 60$ getätigt. Um die Arbeitslosigkeit zu beseitigen beschließt der Staat per Kreditaufnahme Staatsausgaben in Höhe von 80 Einheiten. Wie groß ist das dazugehörige Sozialprodukt? Was würde passieren, wenn der Staat die Staatsausgaben über zusätzliche Steuererhöhungen finanzieren würde?

70. Wie verhält sich das Sozialprodukt bei einer vorgegebenen IS-Kurve, wenn die Zinsen steigen?

71. Gegeben sei die folgende Konsumfunktion $C = C_a + 0,75 \ Y$ und Investitionsfunktion $I = - 8 \ i + 50$. Der autonome Konsum liegt bei 150 Einheiten. Außerdem sind 90 Einheiten autonome Staatsausgaben gegeben. Wie groß ist dabei das Sozialprodukt bei einem Zins von 3,5 v.H., die Summe der Investitionen und der gesamtwirtschaftlichen Ersparnis? Würde ceteris paribus ohne Staatsausgaben eine deflatorische Lücke entstehen?

72. Was besagt die „neoklassische Synthese"?

73. Was spricht gegen die „neoklassische Synthese"?

74. In welchem Zusammenhang steht das Phänomen der „Stagflation" mit dem Phillips-Theorem?

75. Wann kommt es zu einem Anstieg der staatlichen Zinslastquote?

76. Definieren Sie die gesamtwirtschaftliche Profitrate.

77. Wie ist das langfristige Vollbeschäftigungswachstum allgemein definiert?

78. Die Wachstumsrate der Arbeitsproduktivität beträgt 3 v.H. Die Kapitalintensität steigt dagegen im gleichen Zeitraum um 3,8 v.H. Um wie viel Prozent muss sich die Gewinnquote verändern, damit die Profitrate konstant bleibt?

79. Wie verändert sich der reale Wechselkurs, wenn sich bei Konstanz des ausländischen Preisniveaus das inländische Preisniveau um 3 v.H. erhöht? Welche Auswirkungen hat dies auf die inländische Exportwirtschaft?

80. Um wie viel Prozent muss sich das Arbeitsvolumen verändern, ohne dass es zu einer negativen Beschäftigungsentwicklung kommt, wenn bei einem Produktivitätswachstum von 4,5 v.H. das reale Sozialprodukt um 3 v.H. steigt?

Lösungen

Lösungen zu den Kontroll- und Vertiefungsfragen des 2. Kapitels:

Frage 1:

Arbeitsmärkte sind Teilmärkte und unterliegen verschiedenen Segmentationsfaktoren (räumlich, beruflich, geschlechtlich u.a.). Den Arbeitsmarkt gibt es nicht. Insofern ist es durchaus möglich, dass in Summe aller Teilmärkte Massenarbeitslosigkeit existiert, auf dem regional abzugrenzenden Teilmarkt „Tischlermeister" aber dennoch die Nachfrage das Angebot an Arbeit übersteigt.

Frage 2:

Eine Niedriglohnpolitik verbunden mit einer permanenten Disziplinierung der Arbeitnehmer. Arbeiterzusammenschlüsse bzw. Koalitionen der Arbeiter in Form heutiger Gewerkschaften lehnten die Merkantilisten streng ab. Sie würden die Löhne nur in die Höhe treiben und zum Müßiggang erziehen. Damit ließe sich jede Volkswirtschaft ruinieren.

Frage 3:

Der Surplus ist der Teil des Arbeitsertrages, der nicht in Form des Lohns an die abhängig Beschäftigten zur Auszahlung kommt. Er wird vom „Ertrag der Arbeit" in Abzug gebracht („Lohnabzugstheorie"). Der Surplus fällt als Gewinn den Unternehmern, als Zins den Fremdkapitalgebern und als Grundrente den Grund- und Bodeneigentümern zu.

Frage 4:

Im Jahr 1869

Frage 5:

Das Existenzminimum des Lohnes ist durch die Reproduktionskosten des Arbeiters bestimmt, die er im Minimum benötigt, um von seiner Arbeit leben zu können.

Frage 6:

Erstens von Faktoren wie schwer oder leicht, schmutzig oder sauber, geachtet oder weniger geachtet. Zweitens mit wie viel Aufwand die Arbeit zu erlernen ist. Drittens nach der Dauer der Beschäftigung. Viertens nach dem Verantwortungsgrad der Arbeit und fünftens nach der wirtschaftlichen Situation des jeweilig beschäftigenden Wirtschaftszweiges.

Frage 7:

Der Doppelcharakter ist durch den qualitativen Gebrauchswert einer Ware, der Nutzen stiftet und der Bedürfnisbefriedigung dient, und durch einen quantitativen Tauschwert, bestimmt. Dieser regelt das Tauschverhältnis des Wertes einer Ware.

Frage 8:

Die durchschnittlich gesellschaftlich notwendige Arbeitszeit.

Frage 9:

Absoluter und relativer Mehrwert entstehen in der Produktion. Der absolute Mehrwert kommt dadurch zustande, dass der Gebrauchswert der Arbeitskraft größer ist als der Wert der Arbeitskraft (Tauschwert = Lohn). Oder anders ausgedrückt: die Arbeit mehr Wert ist, als sie in Form des Lohnes kostet. Drückt man den absoluten Mehrwert in Arbeitszeit aus, so entspricht er der Mehrarbeitszeit, die der Arbeitnehmer per Arbeitsvertrag an den Unternehmer, über der notwendigen Arbeitszeit zur Sicherstellung seiner Reproduktionskosten, gebunden ist. Eine Steigerung des absoluten Mehrwerts ist durch eine Verlängerung des Arbeitstages möglich. Beim relativen Mehrwert kommt es zu einer Absenkung der notwendigen Arbeitszeit (z.B. durch eine Erhöhung der Arbeitsproduktivität) bei einem konstanten Arbeitstag. Hierdurch steigt die Mehrarbeitszeit in Relation zur notwendigen Arbeitszeit und dadurch der Mehrwert.

Frage 10:

Die organische Zusammensetzung des Kapitals (OZK) beträgt 63,2 v.H.

$$OZK = \frac{c}{c + v} = \frac{600}{600 + 350} = 63,2 \text{ v.H.}$$

Die Mehrwertrate beläuft sich auf 57,1 v.H.

$$m' = \frac{m}{v} = \frac{200}{350} = 57,1 \text{ v.H.}$$

Die Profitrate beträgt 21,1 v.H.

$$r = \frac{m}{c + v} = \frac{200}{600 + 350} = 21,1 \text{ v.H.}$$

Der Wert bzw. Preis pro Stück liegt bei einem Produktionsausstoß von 250 Einheiten bei 4,6.
Gesamtwert W = 600 c + 350 v + 200 m = 1.150 : 250 Stück = 4,6

Frage 11:

In den Gewinn des Industriekapitals, Handelsgewinn, Zins für Fremdkapitalgeber und in die Grundrente.

Frage 12:

Die organische Zusammensetzung des Kapital (OZK) steigt von 63,2 v.H. auf 65 v.H.

$$OZK = \frac{c}{c + v} = \frac{650}{650 + 350} = 65,0 \text{ v.H.}$$

Bei gleich großem Mehrwert in Höhe von 200 Einheiten sinkt die Profitrate von 21,1 v.H. auf 20,0 v.H.

$$r = \frac{m}{c + v} = \frac{200}{650 + 350} = 20,0 \text{ v.H.}$$

Frage 13:

Wird die größere Stückzahl von 30 Einheiten zum alten Stückpreis von 4,6 Einheiten verkauft, so entsteht ein zusätzlicher Gewinn (Mehrwert) in Höhe von 24 Einheiten (0,8 Einheiten Stückgewinn x 30 zusätzlich abgesetzte Einheiten). Hierdurch erhöht sich die Profitrate von 20 v.H. auf 22,4 v.H.

$$r = \frac{m}{c + v} = \frac{200 + 24}{650 + 350} = 22,4 \text{ v.H.}$$

Frage 14:

Wenn der Lohn die Reproduktionskosten nicht mehr deckt.

Frage 15:

Da die Summe der Lohneinkommen in einer Volkswirtschaft nur einen Teil des gesamten Wertes aller Güter entspricht, kann die Lohnsumme niemals den produzierten Wert der Güter zurückkaufen. Selbst bei einer Sparquote von Null nicht. Der die Lohnsumme ergänzende Teil des Wertes, der Gewinn, wird entweder durch die Kapitaleigner konsumiert oder investiert. Nur durch die Konsumtion und Investition entsteht demnach Gewinneinkommen. Damit hängt die Höhe der Realisierung der gesamtwirtschaftlichen Gewinnsumme letztlich nur von der Konsumtion und der Investition der Kapitaleigentümer selbst ab.

Lösungen zu den Kontroll- und Vertiefungsfragen des 3. Kapitels:

Frage 1:

Einziger wertschaffender inhomogener Produktionsfaktor. Arbeit unterliegt der Fremdbestimmung durch Arbeitsvertrag. Arbeit verlangt soziale Interaktion, Partizipation und Mitbestimmung sowie eine soziale Absicherung fürs Alter. Arbeit unterliegt einer interberuflichen als auch einer interregionalen Mobilität, wodurch es zu einer beruflichen und qualitativen sowie räumlichen Segmentierung von Arbeitsmärkten kommt. Viele solcher Teilarbeitsmärkte haben aufgrund von Schul- und Ausbildungszeiten unterschiedlich hohe Marktbarrieren. Beim Faktor Arbeit ist keine Trennung von Person und Leistung möglich. Der Arbeitnehmer ist in der Regel dem Arbeitgeber am Arbeitsmarkt unterlegen (Nachfragemacht). Es kann bei relativ niedrigen Lohnsätzen zu anormalen Arbeitsangebotsfunktionen kommen. Die Bezahlung der Arbeit impliziert immer einen Doppelcharakter (Einkommens- und Kostenfaktor).

Frage 2:

Die Arbeitswerttheorie geht bei der Wertbestimmung einer Ware von der zu ihrer Herstellung benötigten gesellschaftlich durchschnittlichen Arbeitszeit aus. Die Arbeitszeit bildet hier den objektiven Wert einer Ware. Nur Arbeit schafft dabei Neuwert. Um den objektiven Wert können kurz- und mittelfristig die Marktpreise aufgrund von Angebot und Nachfrage schwanken. Langfristig bildet sich am Markt aber immer der objektive Arbeitswert heraus. Die neoklassische subjektive Wertbestimmung leitet dagegen den Wert einer Ware aus rein individuellen Nutzen- und Wertschätzungen der einzelnen Wirtschaftssubjekte ab. Diese Art der Wertbestimmung ist willkürlich, weil Nutzen intersubjektiv nicht vergleichbar ist. Außerdem tangiert die Wertschätzung die Preisbildung nur über die Nachfrageseite. Das Angebot wird durch die Kosten- und Erlössituation der Produzenten bestimmt.

Frage 3:

Das Wertparadoxon besagt, dass Dinge, die den größten Gebrauchswert haben, wie z.B. Wasser, oft nur einen geringen Tauschwert; und umgekehrt die Dinge, welche den größten Tauschwert haben, wie z.B. Diamanten, oft nur einen kleinen oder gar keinen Gebrauchswert besitzen.

Frage 4:

Der Gewinn in der Betriebswirtschaftslehre wird als eine rein technische (rechnerische) Aufschlagsgröße auf die angefallenen Gesamtkosten bestimmt. Begründet und gerechtfertigt wird der Gewinn mit den Faktoren: Bereitstellung von Risikokapital, unternehmerische Leistungen (Einsatz der Arbeitskraft des Unternehmers und innovative Fähigkeiten) sowie mit Opportunitätskosten für alternative Kapitalverwendungen.

Frage 5:

In der betrieblichen Praxis und Betriebswirtschaftlehre wird für das allgemeine Unternehmerwagnis bzw. -risiko ein kombinierter kalkulatorischer Gewinnaufschlagssatz auf den Selbstkostenumsatz vorgenommen, der neben den Selbstkosten des Umsatzes auch den Kapitaleinsatz sowie den Kapitalumschlag berücksichtigt.

Frage 6:

Die Preisbildung ergibt sich zunächst einmal aus der Ermittlung der Gesamtkosten K_G.

$$K_G = K_f + K_v$$

$$K_G = 5.000.000 + 16.500 \cdot 800 = 18,2 \text{ Mio. } €$$

Da die Planverzinsung z mit 15 v.H. und das Gesamtkapital GK mit 15 Mio. € vorgegeben waren, ergibt sich der zu bestimmende Gewinnaufschlag g aus der Formel:

$$z \cdot GK = K_G \cdot g$$

$$g = z \frac{GK}{K_G} \cdot 100 = 0,15 \frac{15 \text{ Mio. } €}{18,2 \text{ Mio. } €} \cdot 100 = 12,36 \text{ v.H.}$$

Unter Berücksichtigung der totalen Stückkosten k in Höhe von 22.750 € läßt sich nun der Preis P bestimmen:

$$P = k(1 + g)$$

$$P = 22.750(1 + 0,1236) = 25.562 € \quad (\text{gerundet})$$

Der Stückgewinn beträgt demnach 2.812 €.

Die Umsatzrendite (U_r = Umsatzrentabilität) ergibt sich aus dem Verhältnis des gesamten Gewinns zum erzielten Gesamtumsatz:

$$U_R = \frac{\text{Gewinn}}{\text{Preis} \circ \text{Menge}} \cdot 100 = \frac{2.250.000}{20.450.000} \cdot 100 = 11 \text{ v.H.}$$

Der Kapitalumschlag GK_U ergibt sich wie folgt:

$$GK_U = \frac{\text{Umsatz}}{GK} = \frac{20.450.000}{15.000.000} = 1,3633 \text{mal}$$

Demnach beträgt der ROI:

$$ROI = U_R \cdot GK_U$$

$$ROI = 0,11 \cdot 1,3633 = 15 \text{ v.H.}$$

Frage 7:

Der pagatorische Kostenbegriff führt zu einem größeren Gewinnausweis. Dies liegt darin begründet, weil hier nur Aufwendungen in der Höhe als Kosten erfasst werden, in der sie tatsächlich zu Ausgaben (effektiver Geldmittelabfluss) gemäß ihrem Werteverzehr geführt haben. Eine Verrechnung von kalkulatorischen Anders- und Zusatzkosten wird beim pagatorischen Kostenbegriff nicht erlaubt.

Frage 8:

Da in den Kostenkalkulationen für öffentliche Aufträge der wertmäßige Kostenbegriff in Ansatz gebracht werden kann, können hier kalkulatorische Anders- und Zusatzkosten als verdeckte Gewinnbestandteile in den Preisen verrechnet werden. So z.B. kalkulatorische Zinsen auf den Eigenkapitaleinsatz. Da die Verordnungen bei sog. Selbstkostenpreiskalkulationen zusätzlich einen prozentualen Gewinnaufschlag auf die kalkulierten Gesamtkosten erlauben, wird Gewinn auf Gewinn beaufschlagt und es entsteht ein Zinseszinseffekt bei der Gewinnverrechnung.

Frage 9:

Hierbei geht es um inflationäre Prozesse und das Nominalwertprinzip bzw. um einen Kapitalsubstanzverlust durch Inflation. Bei einer Bruttosubstanzerhaltung des eingesetzten Kapitals würde neben dem Eigen- auch das Fremdkapital vor einer inflatorischen Auszerrung geschützt. Da aber alle auf das Fremdkapital bezogenen Aufwendungen nominal (Nominalwertprinzip) zurückgezahlt werden (das Inflationsrisiko trägt immer der Kreditgeber), genügt allenfalls eine Nettosubstanzerhaltung, die nur den Eigenkapitalanteil berücksichtigt. Das deutsche Steuerrecht erlaubt aber auch eine solche Nettosubstanzerhaltungskonzeption nicht.

Frage 10:

Die Lehre vom Grenznutzen wurde von Hermann Heinrich H. Gossen (1810 bis 1858) formuliert, der damit die beiden „Gossen'schen Gesetze" vom „abnehmenden Grenznutzen" und das „Gesetz vom Grenznutzenausgleich" aufstellte. Das sog. erste Gossen'sche Gesetz besagt: Mit zunehmenden Verbrauch eines beliebig teilbaren Gutes nimmt der Nutzen jeder weiteren Einheit ab. Das zweite Gossen'sche Gesetz impliziert: Bei rationalem Verhalten sucht der Konsument den Nutzen zu maximieren. Verbrauch eines Gutes bedeutet – bei gegebenem Einkommen (Restriktion) – Nutzenentgang bei einem anderen Gut (Opportunitätskosten). Will der Konsument seinen Nutzen maximieren, muss er diejenige Güterkombination wählen, die ihm den größten Nutzen stiftet. In seinem Buch: „Die Lehre von der Wirtschaft" erläutert Wilhelm Röpke das zweite Gossen'sche Gesetz auf anschaulicher Weise anhand des Kofferpackens: „Da wir nicht unsere ganze Habe mitnehmen können, überlegen wird uns zunächst, welche Dinge wir am dringendsten brauchen (...); zugleich aber wägen wir ein Mehr an Hemden gegen ein Weniger an Schuhen, ein Mehr an Büchern gegen ein Weniger an Anzügen so gegeneinander ab, daß alles in einem vernünftigen Verhältnis zueinander steht ... Es klingt ein wenig komisch, aber es ist tatsächlich so, daß der Koffer dann ideal gepackt ist, wenn das Niveau des Grenznutzens für die Anzüge, Hemden, Socken, Taschentücher, Schuhe und Bücher gleich hoch und höher als der Nutzen der zurückgelassenen Gegenstände ist." Die Schwäche der subjektiven Nutzentheorie wird hier noch einmal evident: Sie liegt in der nicht möglichen kardinalen Messbarkeit des Grenznutzen und in der fehlenden intersubjektiven Vergleichbarkeit von Nutzen schlechthin.

Frage 11:

Die „Grenzproduktivitätstheorie des Lohns" von John Bates Clark (1847 bis 1938).

Frage 12:

Das Gewinnmaximum wird immer dann realisiert, wenn das „Wertgrenzprodukt der Arbeit" des zusätzlich eingestellten Arbeiters dem gezahlten Lohnsatz entspricht.

Frage 13:

$$\text{Gewinn} = \text{Ertrag der Arbeit} - \text{Arbeitsaufwand (Lohnsumme)}$$

$$G = U_A = p \cdot Y_A - L \cdot A$$

$$G = 30 \cdot 5\,A^{0,5} - 22 \cdot 0,04\,Y_A^2$$

$$G = 150\,A^{0,5} - 0,88\,Y_A^2$$

$$Y_A^2 = 5\,A^{0,5} \rightarrow A = 0,04\,Y_A^2$$

p = Güterpreis

Y_A = Output des Faktors Arbeit (bei abnehmenden Grenzprodukt der Arbeit)

L = Nominallohn

A = Arbeitsmenge

Die erste mathematische Ableitung des Umsatzes U_A oder des „Ertrags der Arbeit" $U_A = 150$ $A^{0,5}$ ergibt das „Wertgrenzprodukt der Arbeit" $U_A{'} = 75\,A^{-0,5}$. Entspricht das „Wertgrenzprodukt der Arbeit" dem Lohnsatz L = 22 €/Std., so wird das Gewinnmaximum realisiert:

$$U_A{'} = 75\,A^{-0,5} = L = 22$$

$$\frac{75}{\sqrt{A}} = 22 \qquad\qquad 75 = 22\sqrt{A} \qquad\qquad 3,40909 = \sqrt{A}$$

$$A = 11,62189$$

Die gewinnmaximale Arbeitsmenge A beträgt demnach 11,6 Std.

Der Gesamtgewinn beläuft sich auf 255,7:

A (in Std.)

$Y_A = 5\,A^{0,5}$	11,6
$U_A = 150\,A^{0,5}$	17,0
$A_A = 0,88\,Y_A^2$	511,4
$G = U_A - A_A$	255,7
$U_A{'} = 75\,A^{-0,5}$	22,0

Frage 14:

Erzielt ein Arbeitnehmer-Haushalt mal gerade ein Mindesteinkommen zur Sicherstellung des Existenzminimums, so wird bei einer Lohnsatzkürzung das Arbeitsangebot nicht gesenkt, sondern erhöht.

Frage 15:

Arbeitsmärkte sind zunächst einmal keine vollkommenen Märkte, sondern unterliegen einer Fülle an Unvollkommenheiten. Dies leitet sind aus den vielen Besonderheiten der „Ware" Arbeitskraft ab. Insbesondere kann man von einem unelastischen Arbeitsangebot sprechen, das letztlich darin begründet liegt, dass die abhängig Beschäftigten – da sie keine Eigentümer der Produktionsmittel sind – permanent darauf angewiesen sind, ihre Arbeitskraft zu verkaufen, um sich selbst reproduzieren zu können. Die Arbeitsnachfrage ist außerdem eine abgeleitete Nachfrage, die sich im wesentlichen aus der Kapitalakkumulation bzw. aus den Gewinnerwartungen ergibt. Auch die Machtfrage bleibt außen vor. In der unterstellten Marktform der vollkommenen Konkurrenz ist diese wegdefiniert. Zusätzlich ist sie aufgrund ihres nutzendeterminierten und marginalisierten Ansatzes in Form des „Wertgrenzprodukts der Arbeit" für die Praxis zu wenig operational um die Höhe der Löhne bestimmen zu.

Frage 16:

Aus der Theorie des bilateralen Monopols am Arbeitsmarkt sind Collective-Bargaining-Modelle entstanden, die die Bestimmung der Lohnhöhe durch Verhandlungsstrategien zwischen Gewerkschaften und Arbeitgeber bzw. Arbeitgeberverbände zu erklären versuchen. Stichwort: „Hicks-Modell".

Frage 17:

Deutscher Gewerkschaftsbund (DGB), Christlicher Gewerkschaftsbund (CGB) und Deutscher Beamtenbund (DBB).

Frage 18:

Im Jahr 1949 in München.

Frage 19:

Bundesvereinigung der deutschen Arbeitgeberverbände (BDA), Bundesverband der deutschen Industrie (BDI), Deutscher Industrie- und Handelstag (DIHT) und Zentralverband des Deutschen Handwerks.

Frage 20:

Betriebsverfassungsgesetz, Montan-Mitbestimmungsgesetz, Mitbestimmungsgesetz von 1976

Frage 21:

Das Betriebsverfassungsgesetz gilt nur für alle Unternehmen mit mindestens fünf Arbeitnehmern. Für die unternehmensbezogene Mitbestimmung gilt hier die sog. „Drittel-Parität", d.h. in den Aufsichtsräten stellen die Arbeitnehmer nur ein Drittel der Mitglieder. Außerdem gilt die Mitbestimmung laut Betriebsverfassungsgesetz nur für Kapitalgesellschaften. Bei einer GmbH oder einer Aktiengesellschaft, die Familiengesellschaften sind, außerdem erst ab 500 Arbeitnehmer. Bei der Montan-Mitbestimmung muss es sich ebenfalls um Kapitalgesellschaften mit der zusätzlichen Branchenrestriktion: Bergbau und Stahlindustrie handeln. Außerdem müssen die Unternehmen mindestens 1.000 Arbeitnehmer Beschäftigen. Bei der sog. „76er" Mitbestimmung liegt die Beschäftigtenzahl sogar bei 2.000. Auch hier muss die Gesellschaftsform einer Kapitalgesellschaft allerdings ohne Branchenrestriktion gegeben sein.

Frage 22:

Der neutrale Mann kommt nur bei der Montan-Mitbestimmung vor. Um eine potenzielle Patt-Situation bei der Abstimmung im Aufsichtsrat (gleiche Anzahl an Arbeitnehmer- und Arbeitgebervertreter) zu vermeiden, bildet er quasi das „Abstimmungszünglein an der Waage".

Frage 23:

Letztlich an dem Versuch der Arbeitgeberverbände mit Rückhalt der Deutschen Bundesbank und auch der Regierung, die Gewerkschaften in Lohnfragen zu disziplinieren.

Frage 24:

Er ist von 40,6 v.H. im Jahr 1951 auf 16,8 v.H. im Jahr 2006 stark zurückgegangen.

Frage 25:

Die Tarifautonomie ist in der Koalitionsfreiheit des Art. 9 Abs. 3 Grundgesetz begründet. Sie ist das bedeutsamste Recht der Koalitionspartner (Gewerkschaften und Arbeitgeber), das sie in die Lage versetzt, Arbeitsbedingungen aller Art (insbesondere die Lohnhöhe) autonom,

das heißt ohne staatliche oder anderweitige Einflussnahme zu regeln und damit wirtschaftspolitische Daten zu setzen.

Frage 26:

Tarifverträge sind im Tarifvertragsgesetz (TVG) geregelt. Ein Flächentarifvertrag ist ein zwischen einer Gewerkschaft und einem Arbeitgeberverband für einen bestimmten räumlichen
Geltungsbereich eines Wirtschaftszweiges („Fläche") abgeschlossener Tarifvertrag. Das Gegenstück bildet der „Firmentarifvertrag", auch Haustarifvertrag genannt. Hierbei handelt es
sich um Tarifverträge, die Gewerkschaften mit einzelnen Unternehmen abschließen.

Frage 27:

§ 77 Abs. 3 Betriebsverfassungsgesetz regelt den Tarifvorbehalt. Im Gesetz heißt es dazu:
„Arbeitsentgelte und sonstige Arbeitsbedingungen, die durch Tarifvertrag geregelt sind oder
üblicherweise geregelt werden, können nicht Gegenstand einer Betriebsvereinbarung sein.
Dies gilt nicht, wenn ein Tarifvertrag den Abschluß ergänzender Betriebsvereinbarungen
ausdrücklich zulässt."

Frage 28:

Aussperrung ist ein Begriff des Arbeitskampfes. Die Arbeitgeber können nach herrschender
Rechtsauffassung, basierend auf dem Paritätsgrundsatz, auf einen gewerkschaftlichen Streik
mit einer Aussperrung der Arbeitnehmer (vorübergehende Entlassung = die Arbeitsverhältnisse ruhen, sie sind temporär suspendiert) reagieren. Dabei muss allerdings das Prinzip der
Verhältnismäßigkeit berücksichtigt werden, d.h. es dürfen nur soviel Arbeitnehmer in einem
Streikgebiet ausgesperrt werden, wie Arbeitnehmer in den Streik getreten sind. Die Aussperrung darf sich auch nicht nur auf Gewerkschaftsmitglieder beziehen, da hierdurch ein Verstoß gegen die positive Koalitionsfreiheit vorliegen würde.

Frage 29:

Nein. Nur Gewerkschaften können aufgrund der Koalitionsfreiheit zum Streik aufrufen. Betriebsräte müssen dagegen gemäß § 2 Betriebsverfassungsgesetz vertrauensvoll mit dem
Arbeitgeber zusammenarbeiten.

Frage 30:

Durch Öffnungsklauseln in einem Tarifvertrag sollen zu einzelnen Tarifbestimmungen (Arbeitszeit, Lohn u.a.) abweichende Regelungen auf betrieblicher Ebene per Betriebsvereinbarung möglich gemacht werden. Damit will man insbesondere Grenzanbieter oder kleine und
mittlere Unternehmen in einer Branche schützen (Konkursgefahr mit Arbeitsplatzverlusten).
Bisher wurden tarifliche Öffnungsklauseln, die bei den Gewerkschaften äußerst kritisch gesehen werden, überwiegend in den neuen Bundesländern angewandt, zunehmend aber auch
in den alten Bundesländern.

Frage 31:

Wegweisender Tarifabschluss, der auch für andere Tarifbereiche eine Richtschnur bildet. In
Branchen mit regionalen Tarifbereichen wird häufig der erste regionale Lohnabschluß von
den Tarifparteien als Pilotabschluss akzeptiert und auf die übrigen Tarifbereiche übertragen.
Oftmals entfaltet auch der erste Abschluß einer Tarifrunde in einem großen Tarifbereich
(z.B. der Metallindustrie) eine Pilotfunktion, und gibt damit faktisch eine Orientierung für
die Verhandlungen in anderen Wirtschaftszweigen.

Frage 32:

Der Verteilungskonflikt besteht grundsätzlich zwischen dem Wunsch der Arbeitnehmer nach
Maximierung ihrer Arbeitsentgelte (Einkommen) und dem Streben der Arbeitgeber den Lohn

bzw. das Gehalt zu minimieren. Dies nicht zuletzt auch deshalb, weil Lohnsteigerungen bei konstanter Produktivität ceteris paribus zu Gewinnreduzierungen führen.

Frage 33:

Das Arbeitsentgelt stellt einen direkten Bezug zur vom Arbeitnehmer geleisteten Arbeit dar, während die Lohnnebenkosten in einem nur mittelbaren Zusammenhang zur Arbeit stehen.

Frage 34:

Der Bruttolohn der Arbeitnehmer setzt sich aus dem Grundlohn/Gehalt plus womöglich erhaltener geldwerter Vorteile/Sachbezüge plus tariflicher und außertariflicher Leistungszulagen und dem gesetzlichen Sozialentgelt (50 v.H. Arbeitnehmeranteil) zusammen. Zieht man hiervon die Steuern und das gesetzliche Sozialentgelt (Arbeitnehmeranteil) ab, so ergibt sich der nominale Nettolohn. Nach Inflationsbereinigung erhält man den realen Nettolohn

Frage 35:

$$\text{Lohnnebenkostenquote} = \frac{\text{Lohnnebenkosten}}{\text{direktes Entgelt} + \text{Lohnnebenkosten}}$$

Frage 36:

Erstens die Frage, ob die Lohnnebenkosten überhaupt zu hoch sind. Hierbei muß auf die Produktivität bzw. auf die Lohnstückkosten geachtet werden. Zweitens sind Verteilungs- bzw. Umverteilungswirkungen zu beachten.

Frage 37:

Die absolute Niveauspanne vor der Tariferhöhung errechnet sich aus:

$$w_{SP} = l_{Eff} - l_{Ta}$$
$$w_{SP} = 23\,€ - 22\,€ = 1\,€$$

w_{SP} = absolute Niveauspanne

l_{Eff} = Effektivlohn

l_{Ta} = Tariflohn

Die relative Niveauspanne ergibt sich aus:

$$w'_{SP} = \frac{l_{Eff} - l_{Ta}}{l_{Eff}} \cdot 100 = \frac{23 - 22}{23} \cdot 100 = 4,3\ \text{v.H.}$$

Die Lohndrift wird durch die Veränderungsrate der relativen Niveauspanne angezeigt:

$$w_d = \left[\frac{23,69 - 23,00}{23,00} - \frac{22,66 - 22,00}{22,00}\right] \cdot 100 = \text{Null}$$

In unserem Beispiel liegt sie bei Null. Es wurde lediglich die Tariferhöhung von 3 v.H. auf die Effektivverdienste weitergegeben. Wird der Effektivlohn dagegen absolut um 0,30 € erhöht, so bestimmt sich eine negative Lohndrift in Höhe von -1,7 v.H.

$$w_d = \left[\frac{23,30 - 23,00}{23,00} - \frac{22,66 - 22,00}{22,00}\right] \cdot 100 = -1,7\ \text{v.H.}$$

Frage 38:

Eine Entlohnung gilt dann als anforderungsorientiert, wenn in der Entgelthöhe die Anforderungen aus den jeweiligen Arbeitsplatz- und -zeitbedingungen zum Ausdruck kommen, die von einem in erforderlichen Maße geeigneten, geübten und voll eingearbeiteten Mitarbeiter, der seine Fähigkeiten ungehindert entfalten kann, erfüllt werden müssen.

Frage 39:

Eine hierarchische Relativierung der Bezahlung in vertikaler und horizontaler Ausrichtung der jeweiligen Arbeitsorganisation.

Frage 40:

Eine summarische Arbeitsbewertung liegt vor, wenn die Anforderungen der Arbeit, des Arbeitsplatzes oder des Arbeitsbereiches in einer globalen Betrachtung erfasst werden und anhand von tariflich geregelten Eingruppierungsmerkmalen eingestuft werden. Bei der summarischen Methode werden das Rangfolgeverfahren (Sortieren nach dem Schwierigkeitsgrad der Tätigkeit) und das Lohngruppenverfahren (Einsortieren in festgelegte Gruppen) unterschieden.

Frage 41:

Der Ecklohn bezeichnet die 100-Prozentgruppe im Gefüge der tariflichen Lohn- und Gehaltsgruppen.

Frage 42:

Eine leistungsorientierte Entgeltgestaltung baut auf einem anforderungsorientierten Grundlohn auf. Dabei wird die von einem Arbeitnehmer individuell erbrachte Leistung (erfasst durch einen Leistungsgrad) vergütet.

Frage 43:

Akkordlohn, Prämienlohn, Pensumlohn.

Frage 44:

Die gesamte Vorgabezeit beträgt 0,38 Min. Aufgrund der Ist-Leistung von 0,30 Min. ergibt sich ein Leistungsgrad von:

$$\text{Leistungsgrad} = \frac{\text{Vorgabezeit}}{\text{Istzeit}} \cdot 100$$

$$\text{Leistungsgrad} = \frac{0,38 \text{ Min.}}{0,30 \text{ Min.}} \cdot 100 = 126,7 \text{ v.H.}$$

Der Akkordrichtsatz ergibt sich aus:

$$\text{Akkordrichtsatz} = \text{Tariflicher Grundlohn} + \text{Akkordzuschlag}$$

$$19,80 = 18,00 + 1,80$$

$$\text{Effektiver Akkordlohn} = \text{Akkordrichtsatz} \cdot \text{Leistungsgrad}$$

$$25,09 = 19,80 \cdot 1,267$$

Frage 45:

In Abgrenzung zum Akkordlohn, der sich immer proportional zur jeweils erbrachten Leistung verhält, können beim Prämienlohn vielfältige Zusammenhänge zwischen Entgelt und meßbar erbrachter Leistung hergestellt werden. Da im Unterschied zum Akkordlohn der Verdienst im Prämienlohn durch eine Höchstprämie begrenzt ist, entsteht zwischen dem Prämiengrundlohn, der Prämienausgangsleistung und Prämienendleistung (Leistungsspanne) sowie der Höchstprämie immer eine Prämienspannweite. Wichtig beim Prämienlohn ist das Verteilungsverhältnis zwischen Unternehmen und Arbeitnehmer bezogen auf die erbrachte Mehrleistung. Hierbei sind auf Verhandlungswege unterschiedliche Verteilungsrelationen denkbar.

Frage 46:

$$\text{Prämienlohn} = (\text{Sollzeit} - \text{Istzeit}) \cdot \text{Aufteilungsfaktor} \cdot \text{Std. Lohn}$$

$$16,20 = (9 - 7,50) \cdot 0,6 \cdot 18$$

$$\text{Prämienlohn für Zeitersparns} = \text{Grundlohn} + \text{Prämienlohn}$$

$$151,20 = 7,5 \cdot 18 + 16,20$$

Frage 47:

Eine Erfolgsbeteiligung am Gewinn wird erst dann zu einer Kapitalbeteiligung, wenn die Arbeitnehmer ihre Gewinnanteile im arbeitgebenden Unternehmen belassen bzw. zur Finanzierung des Vermögens zur Verfügung stellen.

Frage 48:

Leistungsbeteiligung in Form einer Produktions-, Produktivitäts- und Kostenersparnisbeteiligung; Ertragsbeteiligung als Umsatz-, Gesamtleistungs-, Rohertrags- und Wertschöpfungsbeteiligung; Gewinnbeteiligung am kalkulatorischen Gewinn, Bilanzgewinn gemäß Steuerbilanz. Echte Gewinnbeteiligung am Gewinn nach Steuern.

Frage 49:

Zwar ist Verlust das Gegenteil von Gewinn aber nicht Gewinnbeteiligung das Gegenteil von Verlustbeteiligung. Das Gegenteil von Verlustbeteiligung ist lediglich keine Gewinnbeteiligung.

Frage 50:

Beteiligen sich Arbeitnehmer mit ihren Gewinnanteilen am Eigenkapital ihres arbeitgebenden Unternehmens, so besteht potentiell im Falle einer Insolvenz die Gefahr, dass sie sowohl ihr Kapital als auch ihren Arbeitsplatz verlieren.

Lösungen zu den Kontroll- und Vertiefungsfragen des 4. Kapitels:

Frage 1:

Wenn die Nominallöhne mit der gleichen Rate wie die Produktivität steigen.

Frage 2:

Der produktivitätsorientierte Lohnerhöhungsspielraum soll bei der kostenniveauneutralen Lohnpolitik durch Ab- und Zuschläge bei den Nichtlohnkosten korrigiert werden. Steigen z.B. die Kapitalkosten durch erhöhte Zinssätze, so dürften die Nominallöhne nur um einen Abschlag von der Produktivitätsrate steigen. Sinken dagegen die Kapitalkosten, so könnten die Nominallöhne mit einem Zuschlag oberhalb der Produktivitätsrate zulegen.

Frage 3:

Sie bleiben konstant.

Frage 4:

Eine expansive Lohnpolitik will Umverteilung zugunsten der Lohnquote. Bei einer konstanten Inflationsrate müssen dazu die Nominallohnerhöhungen über der Produktivitätsrate liegen.

Frage 5:

Eine wettbewerbsorientierte Tarifpolitik geht von einer Umverteilung zur Gewinnquote aus. Die realen Lohnerhöhungen sollen unter der Produktivitäts- plus Preissteigerungsrate liegen.

Frage 6:

Die bereinigte Lohnquote berücksichtigt im Zeitablauf Veränderungen in der Erwerbstätigenstruktur. Verändert sich die Zahl der Selbständigen gegenüber den abhängig Beschäftigten, so wird dies über eine veränderte Arbeitnehmerquote in die Rechnung aufgenommen.

Frage 7:

Zwischen der Lohn- und Gewinnquote sind sog. Querverteilungen möglich. So gehen beispielsweise Millionengehälter von Topmanagern ist die Lohnquote ein und Gewinne von Kleingewerbebetreibenden in die Gewinnquote. Auch beziehen Arbeitnehmerhaushalte nicht nur Arbeitseinkommen, sondern verfügen ebenso über Zins- sowie Miet- bzw. Pachteinkünfte.

Frage 8:

$$\text{Bereinigte LQ} = \text{unbereinigte LQ 2006} \cdot \frac{\text{Arbeitnehmeranteil 1996}}{\text{Arbeitnehmeranteil 2006}}$$

$$\text{Bereinigte LQ} = 0,75 \cdot \frac{0,92}{0,95} = 72,6 \text{ v.H.}$$

Frage 9:

Die Arbeitseinkommensquote berücksichtigt additiv bei der Lohnquote einen kalkulatorischen Unternehmerlohn für die Arbeitskraft des Selbständigen. Dies gilt aber nur für Einzelunternehmen und Personengesellschaften. In Kapitalgesellschaften wird das Gehalt eines Managers in den Personalaufwendungen und damit per se in der Lohnquote berücksichtigt.

Frage 10:

Bruttolohnsumme minus Lohnsteuer inkl. Solidaritätszuschlag minus Kirchensteuer minus Sozialversicherungsabgaben plus Transferzahlungen des Staates an die privaten Haushalte. Zu den Transferzahlungen gehören: Kindergeld, Mietgeld, Bafög u.a., aber auch Renten- und Pensionszahlungen für ehemalige Staatsbedienstete sowie das Arbeitslosengeld und -hilfe als auch Sozialhilfezahlungen.

Frage 11:

Damit die Beschäftigung in Zeiten von Arbeitslosigkeit zunimmt, müssten die Gewinne steigen. Nur so hätten die Unternehmen den Spielraum für beschäftigungserhöhende Erweiterungsinvestitionen. Damit die Gewinne steigen, müssten die Gewerkschaften in den Tarifrunden Abschläge von der Produktivität bezogen auf Nominallohnerhöhungen hinnehmen, indem zu der tatsächlichen Zuwachsrate der Durchschnittsproduktivität die Veränderungsrate der Beschäftigung multipliziert mit eins minus Lohnquote addiert wird.

Frage 12:

$$\Delta L = \Delta \alpha + \Delta \beta (1 - q_L)$$

ΔL = Nominallohnzuwachs

$\Delta \alpha$ = Veränderung der Arbeitsproduktivität

$\Delta \beta$ = Veränderung der Beschäftigung

q_L = Lohnquote

$3,5 + (-2)(1 - 0,70) = 3,5 - 0,6 = 2,9$

Demnach dürfen die Nominallöhne nur um 2,9 v.H. steigen.

Frage 13:

Die G-I-B-Formel besagt: Die Gewinne von heute sind die Investitionen von morgen und die Beschäftigung von übermorgen.

Frage 14:

Ein geldmengeninduzierter Preisanstieg führt zunächst bei konstanten Nominallöhnen zu sinkenden Reallöhnen. Hierdurch steigt die Nachfrage nach Arbeit. Es kommt also zu einer Beschäftigungsbelebung. Da aber bei sinkenden Reallöhnen laut Neoklassik auch das Arbeitsangebot rückläufig ist, verändert sich bereits mittelfristig die Beschäftigungsmenge nicht. Die expansive Geldpolitik hat so letztlich nur zu einem erhöhten Preisniveau geführt.

Frage 15:

Neoklassische Arbeitslosigkeit ist freiwillige Arbeitslosigkeit, weil die Löhne nach unten nicht flexibel genug reagieren. Ist das Arbeitsangebot bei einem bestimmten Reallohn gegenüber der Arbeitsnachfrage zu hoch, so müssten die Arbeitnehmer nur bereit sein zu einem niedrigeren Lohn zu arbeiten. Tun sie dies nicht und verlangen weiter den höheren nicht markträumenden Mindestlohn, so sind sie eben freiwillig arbeitslos. Das Arbeitsangebot wird dann, bei marktinkonformen Lohnsätzen, rationiert.

Frage 16:

Welche Arbeitsmenge (q) und welcher Preis bestimmen das Marktgleichgewicht?

$$Y_N = Y_A$$
$$30 - 3q = 2 + 4q$$
$$q = 4$$

Gleichgewichtspreis $\quad P = 30 - 3q$
$$q = 4$$
$$P = 18$$

Bei einem Mindestlohn P von 22,00 € fragen die Unternehmen nur die Arbeitsmenge q = 2,66 nach.

$$P_N = 30 - 3q$$
$$22 = 30 - 3q$$
$$q = 2,66$$

Das Arbeitsangebot liegt aber bei q = 5

$$P_A = 2 + 4q$$
$$22 = 2 + 4q$$
$$q = 5$$

Die Mindestlohnarbeitslosigkeit beträgt demnach 5 - 2,66 = 2,34 Arbeitseinheiten.

Frage 17:

Die potentiellen Arbeitsplätze ergeben sich aus der Multiplikation des Kapitalstocks (technisches Anlagevermögen) mit der Arbeitsintensität (Arbeitseinsatz je Einheit Anlagevermögen). Werden die potentiellen Arbeitsplätze mit der normalen Betriebszeit multipliziert, so ergibt sich die potentielle Nachfrage in Arbeitsstunden. Wird diese durch die Arbeitszeit je Arbeitnehmer dividiert, so erhält man die potentielle Anzahl an Arbeitnehmern, die nachgefragt wird.

Frage 18:

Nach Keynes sind Arbeiter und Gewerkschaften bei veränderten Arbeitsmarktsituationen nicht bereit geringere Nominallöhne zu akzeptieren. Diese sind nach unten starr bzw. inflexibel. Da die Arbeiter aber wohl zu geringeren Reallöhnen arbeiten, unterliegen sie einer Geldillusion.

Frage 19:

Das vollbeschäftigungskonforme Gleichgewichtssozialprodukt ergibt sich aus:

$$Y = \frac{1}{1-0,8+0,24} 400 + \frac{1}{1-0,8+0,24} 200 + \frac{1}{1-0,8+0,24} 60 + \frac{1}{1-0,8+0,24} 80$$

Y = 1.652,8 Einheiten

Werden die zusätzlichen Staatsausgaben über Steuererhöhungen finanziert, so ergibt sich nur ein Sozialprodukt bzw. ein Wachstum in Höhe von 1.507,2 Einheiten. Dies wäre kein Vollbeschäftigungssozialprodukt.

$$Y = 2,27 \cdot 400 + 2,27 \cdot 200 + 1,82 \cdot 60 + 2,27 \cdot 80 - \text{Steuereffekt } 1,82 \cdot 80$$

Y = 1.507,2 Einheiten

Frage 20:

Das Sozialprodukt geht zurück.

Frage 21:

$$Y = C_a + cY + (-8i + 50) + A_{St}$$

$$Y = 150 + 0,75Y + (-8i + 50) + 90$$

$$Y = \frac{1}{1-0,75} 150 + \frac{-8i + 50}{1-0,75} + \frac{1}{1-0,75} 90$$

Y = 1.160 - 32 i

Y = 1.048

S = - 150 + 0,25 (1.048)

S = 112

I = - 8 i + 50

I = - 8 (3,5) + 50

I = 22

$I + A_{St} = S$

22 + 90 = 112

Ohne Staatsausgaben wäre eine deflatorische Lücke (S > I) gegeben.

Frage 22:

Die neoklassische Synthese verbindet das IS-LM-Modell mit den Prämissen des neoklassischen Arbeitsmarkt. Ohne staatliche Fiskal- und Geldpolitik sind dabei positive Beschäftigungseffekte möglich. Dazu müssen allerdings die Preise und/oder die Nominallöhne sinken. Unterbeschäftigung kann sich deshalb nur im Fall einer Investitions- oder Liquiditätsfalle (Keynes) verfestigen. Entweder ist die Investitionsnachfrage völlig zinsunelastisch oder die Geldnachfrage unendlich zinselastisch. Hiermit reduziert die Neoklassik den Keynesianismus in der Anwendung auf diese beiden Sonderfälle. Da aber im Normalfall der flexible Marktausgleichsmechanismus über flexible Löhne und Preise und damit letztlich auch der Vollbeschäftigungsmechanismus aus Sicht der Neoklassik funktioniere, würde sich der Keynesianismus erübrigen.

Frage 23:

Ein in der wirtschaftlichen Realität nicht vorhandener flexibler Preis- und Lohnmechanismus.

Frage 24:

Das Phillips-Theorem geht von einem Trade-off zwischen Inflation und Arbeitslosigkeit aus. Steigt die Arbeitslosigkeit, so nimmt die Inflation ab, et vice versa. Kommt es nun aber selbst bei einer stagnierenden Wirtschaft mit Arbeitslosigkeit zu einem Ansteigen der Preise (Inflation), so ergibt sich das Phänomen der Stagflation, also <u>Stag</u>nation plus In<u>flation</u>. Der Grund für Preissteigerungen bei Stagnation oder sogar bei einer schrumpfenden Wirtschaft ist überwiegend einer heute hoch konzentrierten und vermachteten Wirtschaft geschuldet. Die Unternehmen reagieren im Rahmen ihres Return on Investments in erster Linie mit der Menge und nicht mit dem Preis. Werden die Preiserhöhungsbemühungen der Unternehmen durch eine restriktive Geldpolitik zurückgedrängt, ist letztlich Arbeitslosigkeit die Folge.

Frage 25:

Wenn die staatlichen Zinsaufwendungen stärker steigen als das Sozialprodukt.

Frage 26:

$$ r = \frac{\dfrac{Y}{A}(1 - q_L)}{\dfrac{K}{A}} $$

r = Profitrate (Kapitalrentabilität)

Y/A = Arbeitsproduktivität

K/A = Kapitalintensität

$1 - q_L$ = Profitquote

q_L = Lohnquote

Frage 27:

Hierzu muss die gesamtwirtschaftliche Sparsumme (differenziert in die Sparquote der Arbeitnehmer plus der Sparquote der Unternehmer) gleich sein der Wachstumsrate des Kapitalkoeffizienten bzw. der Kapitalproduktivität und diese wiederum mit der Wachstumsrate des Arbeitsangebots übereinstimmen.

Frage 28:

Die Wachstumsrate der Profitrate ergibt sich aus:

$$w \, r \; = \; w \frac{Y}{A} \; + \; w \left(1 \; - \; q_L \right) \; - \; w \frac{K}{A}$$

Demnach gilt:

$$r = 3 + 0{,}8 - 3{,}8$$

Die Gewinnquote $w \left(1 - q_L \right)$ müsste also um 0,8 v.H. steigen um die Profitrate (r) konstant zu halten.

Frage 29:

Steigt das inländische Preisniveau bei einem konstanten nominalen Wechselkurs um 3 v.H. und das ausländische Preisniveau bleibt konstant, so nimmt auch der reale Wechselkurs um 3 v.H. ab.

$$\Delta \, W_R \; = \; \Delta \, W_N \; + \; \Delta \, w \, P_A \; - \; \Delta \, P_I$$
$$- 3 \; = \; 0 \; + \; 0 \; - \; 3$$

Die Wechselkurssenkung führt im Inland zu einer Aufwertung des Euro gegenüber z.B. dem US-Dollar. Die Exporttätigkeit des Inlands wird dadurch verschlechtert. Preisniveau Deutschland steigt um 3 v.H. $\rightarrow$ Preisniveau USA bleibt konstant. Verkauf von Autos (Export); 1 PKW kostet 25.000 € (Inland); 16.667 US-Dollar (Ausland) bei Wechselkurs von 1,5. Beträgt der Wechselkurs nach der Aufwertung noch 1,4, so steigt der Preis der inländischen Güter im Ausland auf 17.857 US-Dollar.

Frage 30:

$$w \, B \; = \; w \, Y_R \quad w \, \alpha \; - \; w \, AV$$
$$0 \; = \; 3{,}0 \; - \; 4{,}5 \; - \; 1{,}5 \qquad \text{Demnach um 1,5 v.H.}$$

Literaturverzeichnis

Adam, H. Die Einkommensverteilung in der Bundesrepublik, Köln 1976.

Adam, H., Der Kampf um Löhne und Gewinne, 2. Aufl., Köln 1976.

Adams, J. S., Towards an Understanding to Inequity, in: Journal of Abnormal and Social Psychology, 67. Jg., 1963.

Agenda 2010, Regierungserklärung von Bundeskanzler Schröder am 14. März 2003, in: Blätter für deutsche und internationale Politik, Heft 5/2003.

Alderfer, C. P., Existance, Relatedness and Growth, Human needs in Origanizational Settings, New York 1972.

Alemann, U. v., Heinze, R. G., Verbände und Staat, Opladen 1979.

Alemann, U. v., Heinze, R. G., Verbändepolitik und Verbändeforschung in der Bundesrepublik, in: dieselben, Verbände und Staat, Opladen 1979.

Altvater, E., Arbeitsmarkt und Krise, in: Bolle, M., (Hrsg.), Arbeitsmarkttheorie und Arbeitsmarktpolitik, Opladen 1976.

Altvater, E., Hoffmann, J., Semmler, W., Vom Wirtschaftswunder zur Wirtschaftskrise, Berlin 1979.

Altvater, E., Mahnkopf, B., Tarifautonomie gegen ökonomische Sachzwänge im vereinigten Europa, in: WSI-Mitteilungen Heft 8/1993.

Altvater, E., Das Ende des Kapitalismus wie wir ihn kennen. Eine radikale Kapitalismuskritik, Münster 2005.

Arbeitsgruppe Alternative Wirtschaftspolitik, Memorandum 1996, Standortdebatte und Europäische Währungsunion, Köln 1996.

Arbeitsgruppe Alternative Wirtschaftspolitik, Memorandum 2001, Modernisierung durch Investitions- und Beschäftigungsoffensive, Köln 2001.

Arbeitsgruppe Alternative Wirtschaftspolitik, Sondermemorandum: Gegen weiteren Kahlschlag bei der Arbeitsförderung – Hartz-Konzepte lösen Misere auf dem Arbeitsmarkt nicht, in: Memo-Forum Nr. 29/2002.

Arbeitsgruppe Alternative Wirtschaftspolitik, Gut gemeint in die Sackgasse: Der Kombilohn, Memorandum 2006, Köln 2006.

Arbeitsgruppe Alternative Wirtschaftspolitik, Statt bedingungslosem Grundeinkommen – armutsfeste Grundsicherung, in: Memorandum 2006, Köln 2006.

Arbeitsgruppe Alternative Wirtschaftspolitik, Memorandum 2006, Nach dem Hartz- Desaster – Arbeitsmarktpolitischer Neuanfang, Köln 2006.

Arndt, H., Markt und Macht, Tübingen 1973.

Aschmann, S., Mehrdimensionale Beteiligung der Mitarbeiter am Gesamtunternehmen, Dissertation, München /Mering 1998.

Bach, S., Steiner, V., Zunehmende Ungleichheit der Markteinkommen: Reale Zu wächse nur für Reiche, in: DIW-Wochenbericht Nr. 13/2007.

Baetge, J., Externe Erfolgsanalyse auf der Grundlage des Umsatzkostenverfahrens, in: Betriebswirtschaftliche Forschung und Praxis (BFuP), Heft 1/1988.

Bäcker, G., Hanesch, W., Kombilohn kein Schlüssel zum Abbau der Arbeitslosigkeit, in: WSI-Mitteilungen, Heft 10/1997.

Bäcker, G., Niedriglöhne und Kombilöhne: Auf dem Weg zu einer anderen Gesell- schaft, in: Werden. Jahrbuch für die Gewerkschaften , Berlin 2007.

Barkai, A., Das Wirtschaftssystem des Nationalsozialismus. Der historische und ideologische Hintergrund 1933 - 1936, Köln 1977.

Baßeler, U., Heinrich, J., Koch, W., Grundlagen und Probleme der Volkswirtschaft, 13. Aufl., Köln 1991.

Beck, D., Meine, H., Wasserprediger und Weintrinker. Wie Reichtum vertuscht und Armut verdrängt wird, Göttingen 1997.

Becker, S., Lohnstrukturen. Eine betriebswirtschaftliche Untersuchung, Dissertation, München und Mering 2000.

Bellmann, L., Möller, I., Gewinn- und Kapitalbeteiligung der Mitarbeiter – Die Betriebe in Deutschland haben Nachholbedarf, IAB-Kurzbericht Nr. 13/5. September 2006.

Bergschicker, H., Deutsche Chronik 1933 bis 1945, Bilder, Daten, Dokumente, Berlin 1981.

Berthold, N., Eine Brücke zur Beschäftigung, in: FAZ vom 5. September 1998.

Bieback, K.-J., Mayer, U., Mückenberger, U., Zachert, U., Seegert, C., Anwendungsprobleme des neuen Paragraphen 116 AFG, in: Betriebs-Berater Heft12/1987.

Bischoff, J., Zukunft des Finanzmarkt-Kapitalismus, Hamburg 2006.

Bispinck, R., Der Tarifkonflikt um den Stufenplan in der ostdeutschen Metallindustrie, in: WSI-Mitteilungen, Heft 8/1993.

Bispinck, R., Das deutsche Tarifsystem in Zeiten der Krise – Streit um Flächentarif, Differenzierung und Mindeststandards, in: WSI Mitteilungen, Heft 7/2003.

Bispinck, R., Abschied vom Flächentarifvertrag? Der Umbruch in der deutschen Tariflandschaft, in: Tarifhandbuch 2006, Frankfurt a. M. 2006.

Bispinck, R., Bezahlung nach Erfolg und Gewinn – Verbreitung und tarifliche Regulierung, in: WSI Tarif-Handbuch 2007, Frankfurt a. M. 2007, S. 57 - 81.

Bitter, W., Der Kündigungsrechtliche Dauerbrenner: Unternehmerfreiheit am Ende?, in: Der Betrieb, Heft 23/1999.

Birk, R., Die Lohnfortzahlung im Krankheitsfall im europäischen Vergleich, in: Emmerich, K., Hardes, H.-D., Sadowski, D., Sitznagel, E., (Hrsg.), Einzel- und gesamtwirtschaftliche Aspekte des Lohnes, Nürnberg 1989.

Blaich, F., Merkantilismus, in: Handwörterbuch der Wirtschaftswissenschaft, Bd. 5, Stuttgart, Tübingen, Göttingen 1988.

Blanke, T., Koalitionsfreiheit und Tarifautonomie: Rechtliche Grundlagen und Rahmenbedingungen der Gewerkschaften in Deutschland, in: Schroeder, W., Wessels, B., (Hrsg.), Die Gewerkschaften in Politik und Gesellschaft der Bundesrepublik Deutschland, Wiesbaden 2003.

Bofinger, P., Grundzüge der Volkswirtschaftslehre, München 2003.

Bofinger, P., Wir sind besser, als wir glauben. Wohlstand für alle, 3. Aufl., München 2005.

Böckler Impuls, Prekäre Beschäftigung: Verunsicherung bis in die Mitte, Heft 17/2006.

Böckler Impuls, Gesellschaftliche Ungleichheit in der Schule erlernt, Heft 4/2007.

Böckler Impuls, Berufsausbildung: Generation in der Warteschleife, Heft 9/2007.

Boll, F., Streik und Aussperrung, in: Schroeder, W., Wessels, B., (Hrsg.), Die Gewerkschaften in Politik und Gesellschaft der Bundesrepublik Deutschland, Wiesbaden 2003.

Bölling, K., Die letzten 30 Tage des Kanzlers Helmut Schmidt. Ein Tagebuch, Reinbek bei Hamburg 1982.

Böhm-Bawerk, E.v., Zum Abschluß des Marx'schen Systems. Festschrift für Karl Knies, Berlin 1896.

Böhm, F., Demokratie und ökonomische Macht. Sonderdruck aus: Kartelle und Monopole im modernen Recht, Karlsruhe 1961.

Böhrs, H., Arbeitsleistung und Arbeitsentlohnung, Wiesbaden 1958.

Bontrup, H.-J., Nachfragemacht von Unternehmen, Köln 1983.

Bontrup, H.- J., Preisbildung bei Rüstungsgütern, Köln 1986.

Bontrup, H.- J., Vermögensbewertung und kalkulatorische Zinsen im Rahmen der Preiskalkulation öffentlicher Aufträge, in: Die Betriebswirtschaft (DBW), Heft 6/1986.

Bontrup, H.-J., Veränderungen im EFZG - Erhöhung der Wettbewerbsfähigkeit oder Umverteilung? in: Arbeit und Arbeitsrecht (AuA), Heft 12/1996.

Bontrup, H.-J., Zdrowomyslaw, N., Zur Implementierung eines Leistungsbeurteilungssystems für Führungskräfte, in: Der Betriebswirt, Heft 1/1996.

Bontrup, H.-J., Zur Erfassungsproblematik der Arbeitslosigkeit, in: Das Wirtschaftsstudium, Heft 1/1998.

Bontrup, H.-J., Dammann, K., Gewinne, Beschäftigungsabbau und Sozialstaatsprinzip, in: Sozialer Fortschritt, 48. Jg., Heft 5/1999.

Bontrup, H.-J., Pulte, P., Handbuch Ausbildung. Berufsausbildung im dualen System, München, Wien 2002.

Bontrup, H.-J., Marquardt, R. M., 35-Stunden-Woche in der ostdeutschen Industrie – eine ökonomische Nachlese, in: Wirtschaftsdienst, Heft 9/2003.

Bontrup, H.-J., Volkswirtschaftslehre, Grundlagen der Mikro- und Makroökonomie, 2. Aufl., München, Wien 2004.

Bontrup, H.-J., Arbeit, Kapital und Staat. Plädoyer für eine demokratische Wirtschaft, 3. Aufl., Köln 2006.

Bontrup, H.-J., Die Wirtschaft braucht Demokratie, in: Bontrup, H.-J., Müller J. u.a., Wirtschaftsdemokratie. Alternative zum Shareholder-Kapitalismus, Hamburg 2006.

Bontrup, H.-J., Unternehmerische Nachfragemacht – ein zunehmendes Problem, in: WRP – Wettbewerb in Recht und Praxis, Heft 2/2006.

Bontrup, H.-J., Keynes wollte den Kapitalismus retten. Zum 60. Todestag von Sir John Maynard Keynes, in: Internationale Politikanalyse der Friedrich Ebert Stiftung, Bonn 2006.

Bontrup, H.-J., „Wer mehr Arbeit will, muss anders verteilen", in: Werden. Jahrbuch für die Gewerkschaften, Berlin 2007.

Bontrup, H.-J., Wettbewerb und Markt sind zu wenig, in: Aus Politik und Zeitgeschichte, Beilage zur Wochenzeitung: Das Parlament, Heft 13/2007.

Bortkiewicz, L. v., Zur Berechtigung der grundlegenden theoretischen Konstruktion von Marx im 3. Band des „Kapital", in: Jahrbücher für Nationalökonomie und Statistik, III. Folge, 34. Bd., Jena 1907.

Bosch, G., Das Ende von Arbeitszeitverkürzungen? Zum Zusammenhang von Arbeitszeit, Einkommen und Beschäftigung, in: WSI-Mitteilungen, Heft 6/1998, S. 345ff.

Bräutigam, V., Endet die Dollar-Hegemonie?, in: Ossietzky. Zweiwochenschrift für Politik, Kultur und Wirtschaft, Heft 8/2006.

Brenke, K., Zunehmende Lohnspreizung in Deutschland, in: DIW-Wochenbericht Nr. 6/2007.

Brenke, K., Ausbildung ausweiten und effektiver gestalten, in: DIW-Wochenbericht Nr. 29/2007.

Brenner, R., Boom und Bubble. Die USA in der Weltwirtschaft, Hamburg 2002.

Brinkmann, G., Ökonomik der Arbeit, Bd. 3, Die Entlohnung der Arbeit, Stuttgart 1984.

Brockhoff, K., Geschichte der Betriebswirtschaftslehre. Kommentierte Meilensteine und Originaltexte, 2. Aufl. Wiesbaden 2002.

Bröckermann, R., Personalwirtschaft, Köln 1997.

Brümmerhoff, D., Finanzwissenschaft, 7.Aufl., München, Wien 1996.

Bundesanzeiger Nr. 244 vom 18. Dezember 1953.

Bundesministeriums für Arbeit und Sozialordnung: Mitarbeiterbeteiligung am Produktivvermögen, Bonn 1998.

Bundesregierung, (Hrsg.): Erster und zweiter Armuts- und Reichtumsbericht, Lebenslagen in Deutschland, Bonn 2000 und 2005.

Bundestags-Drucksache 13/8403 vom 18. August 1997.

Burchardt, M., Marxistische Wirtschaftstheorie, München, Wien 1997.

Busch, U., Schlaraffenland – eine linke Utopie? Kritik des Konzeptes eines bedingungslosen Grundeinkommens, in: Utopie kreativ, Heft 181/2005.

Butterwegge, C., Alternativen der Wirtschaftslenkung, Köln 1976.

Butterwegge, C., Hickel, R., Ptak, R., Sozialstaat und neoliberale Hegemonie. Standortnationalismus als Gefahr für die Demokratie, Berlin 1998.

Butterwegge, C., Klundt, M., (Hrsg.), Kinderarmut und Generationengerechtigkeit, Opladen 2002.

Butterwegge, C., Krise und Zukunft des Sozialstaates, 3. Aufl., Wiesbaden 2006.

Buttler, F., Tessaring, M., Humankapital als Standortfaktor. Argumente zur Bildungsdiskussion aus arbeitsmarktpolitischer Sicht, in: Mitteilungen zur Arbeitsmarkt- und Berufsforschung, Heft 4/1993.

Cecchini, P., Europa '92. Der Vorteil des Binnenmarktes, Baden-Baden 1988.

Chahed, Y., Müller, H.-E., Unternehmenserfolg und Managervergütung. Ein internationaler Vergleich, München und Mering 2006.

Clark, J. B., The distribution of Wealth, New York 1899.

Coenenberg, A. G., Jahresabschluss und Jahresabschlussanalyse, 9. Aufl., Landsberg a. Lech 1987.

Coenenberg, A. G., Kostenrechnung und Kostenanalyse, 2. Aufl., Landsberg a. Lech 1993.

Conrad, O., Die Todsünde der Nationalökonomie, Leipzig und Wien 1934.

Curth, M. A., Lang, B., Management der Personalbeurteilung, 2. Aufl., München, Wien 1991.

Daniels, A., Unternehmer auf der Flucht, in: Die Zeit, 29. März 1996.

De Mandeville, B., The fable of the bees or private vices, public benefits, London 1714, in deutscher Übersetzung: Die Bienenfabel, Berlin 1957.

De Martino, F., Wirtschaftsgeschichte des alten Rom, München 1985.

Demirovic, A., Demokratie in der Wirtschaft. Positionen, Probleme, Perspektiven, Münster 2007.

Deppe, F., Fülberth, G., Harrer, H.-J., Geschichte der deutschen Gewerkschaftsbewegung, 2. Aufl., Köln 1978.

Deutsche Bundesbank, Monatsbericht 10/1997.

Deutsche Bundesbank, Monatsbericht 6/2007.

Deutscher Gewerkschaftsbund, (Hrsg.), Die Zukunft gestalten. Grundsatzprogramm des Deutschen Gewerkschaftsbundes. Beschlossen auf dem 5. Außerordentli- chen Bundeskongress vom 13. bis 16. November in Dresden, Düsseldorf 1997.

Deutscher Gewerkschaftsbund, (Hrsg.), Informationen zur Wirtschafts- und Strukturpolitik, 2/1998.

Deutschmann, C., Die heimliche Wiederkehr des Keynesianismus, in: Frankfurter Rundschau vom 2. Dezember 2003.

Dietrich, R., Betriebs-Wissenschaft, München, Leipzig 1914.

Dinkelacker, N., Mattfeldt, H., Trend- und Komponentenanalyse der Profitrate für Deutschland von 1850 bis 1913, Discussion Paper des Zentrums für Ökonomische und Soziologische Studien an der Universität Hamburg, Hamburg 2006.

DIW-Wochenbericht Nr. 32/1996: Auswirkungen der Einführung eines Bürgergeldes.

DIW-Wochenbericht Nr. 41/1997, 'Neue Selbständige' in Deutschland in den Jahren 1990 - 1995.

DIW-Wochenbericht Nr. 14/1998, Wie belastet die Mehrwertsteuererhöhung private Haushalte mit unterschiedlich hohem Einkommen?

DIW-Wochenbericht Nr. 27/1998,Tendenzen der Wirtschaftsentwicklung 1998/99. Weltwirtschaft im Zeichen der Währungskrisen in Asien.

DIW-Wochenbericht Nr. 31/32/1998, Lohnpolitik in der Europäischen Währungsunion. Eine Simulationsstudie.

Domar, E. D., The budden of debt and National Income, in: American Economic Review 34/1944.

Drulovic, M., Arbeiterselbstverwaltung auf dem Prüfstand – Erfahrungen in Jugoslawien, Bonn 1977.

Drumm, H. J., Personalwirtschaft, 4. Aufl., Berlin, Heidelberg, New York 2000.

Ebbinghaus, B., Die Mitgliederentwicklung deutscher Gewerkschaften im historischen und internationalen Vergleich, in: Schroeder, W., Wessels, B., (Hrsg.), Die Gewerkschaften in Politik und Gesellschaft der Bundesrepublik Deutschland, Wiesbaden 2003.

von Eckardstein, D., Von der anforderungsabhängigen zur qualifikationsorientierten Entlohnung?, in: Schanz, G., (Hrsg.), Handbuch Anreizsysteme in Wirtschaft und Verwaltung, Stuttgart 1988.

Eichner, A. S., (Hrsg.), Über Keynes hinaus. Eine Einführung in die post- keynesianische Ökonomie, Köln 1982.

Einstein, A., Aus meinen späteren Jahren, Frankfurt a.M. 1952.

Endres, R., Staat und Gesellschaft. Eine Darstellung ihrer Entwicklung von der Urzeit bis zur Gegenwart, 2. Aufl., Wien 1952.

Engelen-Kefer, U., Kühl, J., Peschel, P., Ullmann, H., Beschäftigungspolitik, 3. Aufl., Köln 1995.

Esser, J., Funktion und Funktionswandel der Gewerkschaften in Deutschland, in: Schroeder, W., Wessels, B., (Hrsg.), Die Gewerkschaften in Politik und Gesellschaft der Bundesrepublik Deutschland, Wiesbaden 2003.

Esser, K., Falthauser, K., Beteiligungsmodelle, München 1974.

Evers, H., Näser, C., Grätz, F., Die Gehaltsfestsetzung bei GmbH-Geschäftsführen, 5. Aufl., Köln 2001.

Fischer, G., Partnerschaft im Betrieb, Heidelberg 1955.

Fischer, U., Schröder, W., Neue Wege der Entgeltgestaltung, Frankfurt a. M. 2002.

Frerichs, W., Einkommens- und Beschäftigungstheorie, Neuwied 1974.

Flassbeck, H., Wie Deutschland wirtschaftlich ruiniert wurde. Ein Bericht aus dem Jahr 2010, in: Blätter für deutsche und internationale Politik, Heft 8/2003.

Flassbeck, H., Beliebigkeit als Prinzip, in: Intervention. Zeitschrift für Ökonomie, Heft 1/2004.

Fleischle G., Krüper, M., (Hrsg.), Investitionslenkung. Überwindung oder Ergänzung der Marktwirtschaft, Frankfurt a. M. 1975.

Franke, J., Grundzüge der Mikroökonomik, 7. Aufl., München, Wien 1995.

Franke, H., Entgeltpolitik, in: Spie, U., (Hrsg.)., Personalwesen als Managementaufgabe, Stuttgart 1983.

Franke, D., Der außertarifliche Angestellte, München 1991.

Frick, J. R., Grabka, M. M., Zur Entwicklung der Einkommen privater Haushalte in Deutschland bis 2004, in: DIW-Wochenbericht Nr. 28/2005.

Friedman, M., The Counter-Revolution in Monetary Theory, deutsche Übersetzung: Die Gegenrevolution in der Geldtheorie, in: Kalmbach, P., (Hrsg.), Der neue Monetarismus, München 1973.

Friedman, M., Capitalism and Freedom, Chicago 1962, in deutscher Übersetzung von Paul C. Martin, Kapitalismus und Freiheit (1971), 2. Auflage, München 1976.

Fröhlich, N., Die Marx'sche Werttheorie: Darstellung und gegenwärtige Bedeutung, Unveröffentlichtes Manuskript, Regensburg 2003.

Fülberth, G., G Strich – Kleine Geschichte des Kapitalismus, Köln 2005.

Galbraith, J. K., Gesellschaft im Überfluss (1958), München und Zürich 1973.

Gammelin, C. , Hamann, G., Die Strippenzieher. Manager, Minister, Medien – Wie Deutschland regiert wird, Berlin 2005.

Gasche, U. P., Guggenbühl, H., Das Geschwätz vom Wachstum, Zürich 2004.

Gaugler, E., Mitarbeiter als Mitunternehmer – Die historischen Wurzeln eines Füh- rungskonzepts und seine Gestaltungsperspektiven in der Gegenwart, in: Wunderer, R., (Hrsg.), Mitarbeiter als Mitunternehmer. Grundlagen, Förderinstrumente, Praxisbeispiele, Neuwied 1999.

Gensch, I., Instrumente der Leistungsbeurteilung und - vergütung, in: Personal, Heft 3/1990.

Gerlach, K., Hübler, O., (Hrsg.), Effizienzlohntheorie, Individualeinkommen und Arbeitsplatzwechsel, Frankfurt a. M., New York 1989.

Gerster, R., Ausbeutung, Dissertation, Zürich 1973.

GEW, Gewerkschaft Erziehung und Wissenschaft, (Hrsg.), in: Die Unterfinanzierung des deutschen Bildungswesens, Transparent, Ausgabe 1/2006.

Gillmann, J.M., Das Gesetz des tendenziellen Falls der Profitrate, Frankfurt a. M. 1969.

Glasstetter, W., Recht auf Arbeit – Plausibilität versus Umsetzbarkeit, in: Das Wirtschaftsstudium, Heft 4/1998.

Goeschel, A., Export-Terror gegen den Sozialstaat: Wirtschaftskonzept des politischen Systems zerstört, in: Gesundheitspolitik, Management, Ökonomie, Heft 3/2007.

Görgens, E., Der Arbeitsmarkt im europäischen Integrationsprozeß, in: Gröner, H., Schüller, A., (Hrsg.), Die europäische Integration als ordnungspolitische Auf gabe, Stuttgart u.a. 1993.

Görgens, H., Ist die Ursache der Beschäftigungskrise eine Gewinn- und Rentabilitätskrise? in: WSI-Mitteilungen, Heft 2/1986.

Görgens, H., Die Entwicklung von Löhnen, Gewinnen und Kapitalrendite in der BRD, in: Gewerkschaftliche Monatshefte, Heft 6/1987.

Görgens, H., Kapitalrentabilität bei derzeitiger Massenarbeitslosigkeit so hoch wie bei früherer Vollbeschäftigung, in: WSI-Mitteilungen, Heft 10/1995.

Grabka, M.M., Frick, J.R., Vermogen in Deutschland wesentlich ungleicher vorteilter Einkommen, in: DIW-Wochenbericht, Nr. 45/2007.

Groh, M., Shareholder Value und Aktienrecht, in: Der Betrieb, Heft 43/2000.

Grote, H., Der Streik, Taktik und Strategie, Köln 1952.

Grunert, Lohnniveau und Beschäftigung, in: WSI-Mitteilungen, Heft 6/2003.

Haberkorn, K., Zeitgemäße betriebliche Sozialleistungen, München 1973.

Habermas, J., Die postnationale Konstellation und die Zukunft der Demokratie, in: Blätter für deutsche und internationale Politik, Heft 7/1998.

Hammer, M., Champy, J., Business Reengineering. Die Radikalkur für das Unternehmen, 4. Aufl., Frankfurt a. M., New York 1994.

Hankel, W., Nölling, W., Schachtschneider, K.A., Starbatty, J., Die Euro-Klage. Warum die Währungsunion scheitern muß, Reinbek bei Hamburg 1998.

Hankel, W., Erbschaft aus der Sklaverei. Miteigentum statt Mitbestimmung: Warum Arbeit und Kapital rechtlich gleichgestellt werden müssen, in: Hickel, R., Strickstrock, F., (Hrsg.), Brauchen wir eine andere Wirtschaft, Reinbek bei Hamburg 2001.

Hansen, B., Rehn, G., On wage-drift - A problem of money-wage dynamics, in: 25 Economic Essays in Honour of Erik Lindahl, Ekonomisk Tidskrift, Stockholm 1956.

Harlander, N., Heidack, C., Köpfler, F., Müller, K.-D., Personalwirtschaft, 3. Aufl., Landsberg/Lech 1994.

Hartmann, R. S., Die Partnerschaft von Kapital und Arbeit, Köln, Opladen 1958.

Hartz, P., Das atmende Unternehmen. Jeder Arbeitsplatz hat einen Kunden, Frankfurt a. M., New York 1996.

Hassel, A., Organisation: Struktur und Entwicklung, in: Schroeder, W., Wessels, B., (Hrsg.), Die Gewerkschaften in Politik und Gesellschaft der Bundesrepublik Deutschland, Wiesbaden 2003.

Haslinger, F., Volkswirtschaftliche Gesamtrechnung, 7. Aufl., München, Wien 1995.

Hein, E., Die NAIRU – eine postkeynesianische Interpretation, in: Intervention. Zeitschrift für Ökonomie, Heft 1/2004.

Hein, E., Horn, G., Tober, S., Truger, A., Eine gesamtwirtschaftliche Politik- Strategie für mehr Wachstum und Beschäftigung, in: WSI-Mitteilungen, Heft 8/2005.

Heise, A., Zur ökonomischen Sinnhaftigkeit von „Null-Defiziten", in: Wirtschaft und Gesellschaft, Heft 3/2002.

Heise, A., Der dumme Pakt, in: Blätter für deutsche und internationale Politik, Heft 12/2002.

Heise, A., Die Löhne sind nicht das Problem. Kombi- bzw. Niedriglöhne – eine Einschätzung aus makroökonomischer Perspektive, in: SPW – Zeitschrift für so zialistische Politik und Wirtschaft, Heft 154/2007.

Helmedag, F., Warenproduktion mittels Arbeit. Zur Rehabilitation des Wertgesetzes, 2. Aufl., Marburg 1994.

Helmedag, F., Kapitale Böcke in der Kapitaltheorie. Der Test zum Protest, in: Jahrbücher für National-ökonomie und Statistik, Bd. 216/2006.

Hemmer, E., Freiwillige Sozialleistungen der Betriebe, Köln 1983.

Hentze, J., Personalwirtschaftslehre 2, 5. Aufl., Bern, Stuttgart 1991.

Hensche, D., Wozu noch Gewerkschaften?, in: Blätter für deutsche und internationale Politik, Heft 8/2003.

Herzberg, F., Mausner, B., Snyderman, B., The motivation to work, New York 1959.

Hickel, R., Das Staatsschuldenproblem, Ausgewählte Lesestücke zum Studium der politischen Ökonomie, Frankfurt a.M., Berlin 1980.

Hickel, R., Reagans „amerikanischer Traum" – ein Alptraum für Europa, in: Blätter für deutsche und internationale Politik, Heft 3/1981.

Hickel, R., Lassen sich Verursachung und Überwindung der Massenarbeitslosigkeit innerhalb der Neo-klassik mit Vogt-Ausstattung erklären?, in: Hickel, R., (Hrsg.), Radikale Neoklassik, Opladen 1986.

Hickel, R., Ein neuer Typ der Akkumulation? Hamburg 1987.

Hickel, R., Kurtzke, W., Tarifliche Lohnpolitik unter Nutzung der Härtefallregelung, Köln 1997.

Hickel, R., Die Risikospirale – was bleibt von der New Economy?, Frankfurt a. M. 2001.

Hickel, R., Die Keynes'sche Botschaft: Wiederbelebung gesamtwirtschaftlicher Analyse und Politik, in: Schui, H., Paetwo, H., (Hrsg.), Keynes heute. Festschrift für Harald Mattfeldt, Hamburg 2003.

Hickel, R., Sind die Manager ihr Geld wert?, in: Blätter für deutsche und internationale Politik, Heft 10/2004.

Hickel, R., Schwarz-rote Placebopolitik, in: Blätter für deutsche und internationale Politik, Heft 1/2006.

Hickel, R., Vom Rheinischen zum Turbo-Kapitalismus. 50 Jahre ökonomische Aufklärung, in: Blätter für deutsche und internationale Politik, Heft 12/2006.

Hickel, R., Mindestlöhne sind keine Jobkiller, in: Frankfurter Rundschau vom 19. Juni 2007.

Hicks, J. R., The Theory of Wages, 2. Aufl., London 1963.

Hilferding, R., Böhm-Bawerks Marx-Kritik, in: „Marx-Studien", Blätter zur Theorie und Politik des wissenschaftlichen Sozialismus, Wien 1904.

Hirsch, H., (Hrsg.), Ferdinand Lassalle. Eine Auswahl für unsere Zeit, o. Ortsangabe 1963.

Hofmann, Wert- und Preislehre, 2. Aufl., Berlin 1971.

Hofmann, W., Einkommenstheorie. Vom Merkantilismus bis zur Gegenwart, 2. Aufl., Berlin 1971.

Hofmann, W., Grundelemente der Wirtschaftsgesellschaft, 10. Aufl., Reinbek bei Hamburg 1977.

Hofmann, W., Industriesoziologie für Arbeiter, Heilbronn 1988.

Holden, S., Wage drift in Norway: A bargaining approach, in: Calmfors, L. Hrsg., Wage Formation and Macroeconomic Policy in the Nordic Countries, Oxford 1990.

Holmlund, B., Skedinger, P., Wage bargaining and wage drift: Evidence from the Swedish wood indu-stry, in: Calmfors, L., (Hrsg)., Wage Formation and Macroeconomic Policy in the Nordic Countries, Oxford 1990.

Hopfenbeck, W., Allgemeine Betriebswirtschafts- und Managementlehre, 4. Aufl., Landsberg am Lech 1991.

v. Hornigk, P. W., Österreich über alles, wann es nur will, o. Ortsangabe, 1684.

Huffschmid, J., An den Grenzen des Wunders. Zur Leistungsfähigkeit kapitalistischer Wirtschaftslenkung, in: Blätter für deutsche und internationale Politik, Heft 1/1989.

Huffschmid, J., Kein Ausweg aus der Weltmarktfalle?, in: Blätter für deutsche und internationale Politik, Heft 6/1994.

Huffschmid, J., Politische Ökonomie der Finanzmärkte, 2. Aufl., Hamburg 2002.

Huffschmid, J., Die dritte Fusionswelle, in: Blätter für deutsche und internationale Politik, Heft 12/2005.

Huffschmid, J., Deutsche Wirtschaftspolitik gegen den Rest der Welt, in: Blätter für deutsche und internationale Politik, Heft 7/2006.

Huffschmid, J., Köppen, M., Rhode, W., (Hrsg.), Finanzinvestoren: Retter oder Raubritter? Neue Herausforderungen durch die internationalen Kapitalmärkte, Hamburg 2007.

Hundt, S., Zur Theoriegeschichte der Betriebswirtschaftslehre, Köln 1977.

Ifo-Schnelldienst Nr. 20/1996.

IG Metall, (Hrsg.), ERA. Der neue Tarifvertrag, Punkt für Punkt mehr Gerechtigkeit, 3. Aufl., Düsseldorf 2003.

Imai, M., Kaizen. Der Schlüssel zum Erfolg der Japaner im Wettbewerb, 11. Aufl., München 1993.

Institut für sozial-ökologische Wirtschaftsforschung München, Bilanz 2006, München 2007.

Ipsen, D., Die Stabilität des Wachstums. Theoretische Kontroversen und empirische Untersuchungen zur Destabilisierung der Nachkriegsentwicklung, Frankfurt a.M., New York 1983.

Jähnig, M., Aktienoptionen, in: Eyer, E., (Hrsg.), Report Vergütung. Entgeltgestaltung für Mitarbeiter und Manager, 2. Aufl., Düsseldorf 2002.

Jochmann-Döll, A., Gleicher Lohn für gleichwertige Arbeit, Dissertation, München 1990.

Jochmann-Döll, A., Lohndiskriminierung und Arbeitsbewertung: Die Comparable Worth-Debatte, in: Emmerich, K., Hardes, H.-D., Sadowski, D., Sitznagel, E., (Hrsg.), Einzel- und gesamtwirtschaftliche Aspekte des Lohnes, Nürnberg 1989.

Joost, D., Tarifliche Grenzen der Verkürzung der Wochenarbeitszeit, in: Zeitschrift für Arbeitsrecht (ZfA), 1984.

Jung, H., Personalwirtschaft, 7. Aufl., München, Wien 2006.

Kadel, P., Köstermann, H., Weitbrecht, H., Neue Vergütung außertariflicher Angestellter bei der Boehringer Mannheim GmbH, in: Personal, Heft 6/1993.

Katzenstein, R., Wert und Preis. Zum Transformationsproblem und seine Lösung, in: Sozialistische Politik, Heft 2/1978.

Keller, B., Einführung in die Arbeitspolitik, 5. Auflage, München, Wien 1997.

Kempen, O. E., Zachert, U., Tarifvertragsgesetz, Kommentar für die Praxis, 3. Aufl., Köln 1997.

Kersting, W., Gerechtigkeit: Die Selbstverewigung des egalitaristischen Sozialstaats, in: Lessenich, S., (Hrsg.), Wohlfahrtsstaatliche Grundbegriffe. Historische und aktuelle Diskurse, Frankfurt a. M., New York 2003.

Keynes, J. M., The General Theory of Emploment Interest and Money, London 1936, Allgemeine Theorie der Beschäftigung, des Zinses und des Geldes, Übersetzung von Waegner, F., 6. Aufl., Berlin 1983.

Keynes, J. M., A Treatise on Money, London 1930, deutsch: Keynes, J. M., Vom Gelde, Berlin 1955.

Kilger, W., Einführung in die Kostenrechnung, 2. Aufl., München 1980.

Kittner, M., Streik und Aussperrung, Köln 1974.

Kittner, M., Arbeitskampf, Geschichte, Recht, Gegenwart, München 2005.

Kirner, E., Meinhardt, V., Allgemeine Arbeitszeitverkürzung und ihre Auswirkung auf Einkommen und soziale Sicherung, Düsseldorf 1997.

Klauder, W., Sind die Einwände gegen eine antizyklische Finanzpolitik stichhaltig?, in: Wirtschaftsdienst, Heft 9/2003.

Klitzke, U., Betz, H., Möreke, M., (Hrsg.), Vom Klassenkampf zum Co- Management?, Perspektiven gewerkschaftlicher Betriebspolitik, Hamburg 2000.

Klönne, A., Tarif-„Autonomie" in Deutschland - historisch betrachtet, in: WSI- Mitteilungen, Heft 8/1993.

Klötzl, G., Schneider, H., Mitarbeiter am Erfolg beteiligen, München 1990.

Kommission der Europäischen Gemeinschaften, Der Pepper-Bericht, in: Uvalic, M., (Hrsg.), Der „Pepper-Bericht": die Förderung der Gewinn- und Betriebsergebnisbeteiligung der Arbeitnehmer, Luxemburg 1991.

Knödler, W., Hilfswerte der Ertragsaufteilung auf die Produktionsfaktoren , Disser tation, München 1969.

Kosiol, K., Leistungsgerechte Entlohnung, 2. Aufl., Wiesbaden 1962.

Kosta, J., Wirtschaftssysteme des realen Sozialismus. Probleme und Alternativen, Köln 1984.

Köhler, C., Beschlüsse zu einer fehlentwicklungsfreien wirtschaftlichen Entwicklung in der EWWU, Berlin 2000.

König, O., Stamm, S., Wendl, M., (Hrsg.), Erosion oder Erneuerung? Krise und Reform des Flächentarifvertrages, Hamburg 1998.

Krämer, W., Zur schlimmen Staatsverschuldung, in: Das Wirtschaftsstudium, Heft 6/2001.

Krell, G., Vergemeinschaftende Personalpolitik, München, Mering 1994.

Krell, G., Geschichte der Personallehren, in: Wirtschaftswissenschaftliches Studium (WiSt), Heft 5/1998.

Krelle, W., Schunck, J, Siebke, J., Überbetriebliche Ertragsbeteiligung der Arbeit nehmer, Bd. I und II, Tübingen 1968.

Kromphardt, J., Arbeitslosigkeit und Inflation, Göttingen 1987.

Kromphardt, J., Konzeptionen und Analysen des Kapitalismus, 3. Aufl., Göttingen 1991.

Krüger, S., Allgemeine Theorie der Kapitalakkumulation. Langfristige Entwicklung und konjunktureller Zyklus, Hamburg 1986.

Krüper, M., Wirtschaftsplanung und Investitionslenkung, in: Aus Politik und Zeitge schichte, B31/1975.

Kuda, E., Strauß, J., (Hrsg.), Arbeitnehmer als Unternehmer?, Hamburg 2002.

Külp, B., Lohntheorien, in: Handwörterbuch des Personalwesens, 2. Aufl., Stuttgart 1992.

Külp, B., Verteilung, Theorie und Politik, 3. Aufl., Stuttgart, Jena 1994.

Lachnit, L., Externe Erfolgsanalyse auf der Grundlage der GuV nach dem Gesamt kostenverfahren, in: Betriebswirtschaftliche Forschung und Praxis (BFuP), Heft 1/1987.

Lang, K., Ohl, K., Lean Production. Herausforderungen und Handlungsmöglichkeiten, Köln 1993.

Lang, K., Meine, H., Ohl, K., (Hrsg.), Arbeit, Entgelt, Leistung, Handbuch Tarifarbeit im Betrieb, 2. Aufl., Köln 1997.

Langkau, J., Matthöfer, H., Schneider, M., (Hrsg.), SPD und Gewerkschaften, Bd. 1, Zur Geschichte eines Bündnisses, Bd. 2, Ein notwendiges Bündnis, Bonn 1994.

Lehmann, H., Grenznutzentheorie, Berlin 1968.

Lehmbruch, G., Wandlungen der Interessenpolitik im liberalen Korporatismus, in: Alemann, U. v., Heinze, R.G., Verbände und Staat, Opladen 1979.

Leibiger, J., Die Zukunft des Wohlfahrtstaates im Lichte der Generationenbilanz, in: Intervention. Zeitschrift für Ökonomie, Heft 1/2006.

Leif, T., Speth, R., Die fünfte Gewalt, Bonn 2006.

Lesch, H., Arbeitskämpfe im internationalen Vergleich – Trends und Einflussfaktoren. in: IW-Trends, Heft 3/2001.

Liebig, S., Schupp, J., Entlohnungsgerechtigkeit in Deutschland? Hohes Ungerech- tigkeitsempfinden bei Managergehältern, in: DIW-Wochenbericht, Nr. 47/2004.

Limmer, H., Die deutsche Gewerkschaftsbewegung, 7. Aufl., München 1976.

Locke, J., Über die Regierung, in der Übersetzung von Wilmanns, H., Halle 1906, in Wiederauflage, Reinbek bei Hamburg 1966.

Löffelholz, J., Lohn und Arbeitsentgelt, Wiesbaden 1993.

Mackenroth, G., Die Reform der Sozialpolitik durch einen deutschen Sozialplan, in: Schriften des Vereins für Sozialpolitik, Bd. 4, Berlin 1952.

Maess, K., Maess, T., Das Personaljahrbuch '97, Berlin 1997.

Maier-Mannhart, H., (Hrsg.), Mitarbeiterbeteiligung, München, Landsberg a.L. 1996.

Manske, A., Heil, V., Wenn Arbeit arm macht. Der Niedriglohnsektor als Boombranche, in: Blätter für deutsche und internationale Politik, Heft 8/2007.

Marterbauer, M., Interessenpolitik und ihre Grenzen – sechs Jahre rechtsliberale Wirtschaftspolitik in Österreich, in: Intervention. Zeitschrift für Ökonomie, Heft 1/2006.

Marx, K., Das Kapital, Bd. 1, Berlin 1974, Nachdruck der Erstauflage von 1864.

Marx, K., Lohn, Preis, Profit, in: Marx-Engels ausgewählte Schriften, Bd. 1, Berlin 1960.

Marx, K., Die russische Politik gegenüber der Türkei – Die Arbeiterbewegung in England, in: MEW Band 9, Berlin 1960.

Marx, K., Engels, F., Die Kritik der kritischen Kritik, Bd. 2, Marx-Engels-Werke, Berlin 1973.

Marx, K., Das Kapital, Bd. 3 (1894), Berlin 1974.

Marx, K., Zur Kritik der Politischen Ökonomie, Marx-Engels-Werke, Bd. 13, Berlin 1975.

Mattfeldt, H., Tendenzieller Fall der Profitrate? Zur makroökonomischen Rentabilitätsentwicklung in der Bundesrepublik Deutschland, in: Lambrecht, L., Lösch, B., Paech, N., Hegemoniale Weltpolitik und Krise des Staates, Frankfurt a. M. 2006.

Maslow, A. H., A Theory of Human Motivaton, in: Psychological Review 50 /1943.

Maslow, A. H., A , Motivation and personality, 2. Aufl., New York 1970.

Meiser, M., Wagner, D., Zander, E., Personal und neue Technologien, Organisatorische Auswirkungen und personalwirtschaftliche Konsequenzen, München, Wien 1991.

Meißner, W., Zinn, K. G., Der neue Wohlstand. Qualitatives Wachstum und Vollbeschäftigung, München 1984.

Meister, R., Das Sozialstaatsprinzip des Grundgesetzes, in: Blätter für deutsche und internationale Politik, Heft 5/1997.

Merk, G., Programmierte Einführung in die Volkswirtschaftslehre, Band IV, Wachstum, Staat und Verteilung, Wiesbaden 1974.

Mill, J. St., Principles of Political Economy with Some of Their Applications to Social Philosophy, London 1848 (7. Aufl. London 1871) deutsche Ausgabe nach der 7. Aufl.: Mill, J. St., Grundsätze der politischen Ökonomie mit einigen ihrer Anwendungen auf die Sozialphilosophie, 2. Aufl., Jena 1924.

von Mohl , R., Über die Nachteile, die sowohl dem Arbeiterstande selbst, als dem Wohlstande und der Sicherheit der gesamten bürgerlichen Gesellschaft von dem fabrikmäßigen Betriebe der Industrie zugehen, und über die Nothwendigkeit gründlicher Vorbeugungsmittel, in: Raus's Archiv der politischen Ökonomie, Heidelberg 1835.

Molitor, B., Lohn- und Arbeitsmarktpolitik, München 1988.

Mönig-Raane, M., Sieben Thesen für eine gewerkschaftliche Mindestlohnpolitik in europäischer Perspektive, in: Sterkel, G., Schulten, T., Wiedemuth, J., (Hrsg.), Mindestlöhne gegen Lohndumping. Rahmenbedingungen – Erfahrungen – Strategien, Hamburg 2006.

Morgenstern, O., Spieltheorie und Wirtschaftswissenschaft, 2. Aufl., Wien 1963.

Müller, U., Bock, H., Stahlecker, P., Stagflation, Ansätze in Theorie, Empirie und Therapie, Königstein/Taunus. 1980.

Müller, G., Seifert, H., Deregulierung als Prinzip? in: WSI-Mitteilungen, Heft 6/1991.

Müller, A., Strategien im Umgang mit der neoliberalen Vorherrschaft, in: Werden. Jahrbuch für die Gewerkschaften, Berlin 2007.

Müller, U., Giegold, S., Arhelgel, M., (Hrsg.), Gesteuerte Demokratie? Wie neoliberale Eliten Politik und Öffentlichkeit beeinflussen, Hamburg 2004.

Müller, H.-P., Wilke, M., Gewerkschaftsfusionen: Der Weg zu modernen Multi- branchengewerkschaften, in: Schroeder, W., Wessels, B., (Hrsg.), Die Gewerkschaften in Politik und Gesellschaft der Bundesrepublik Deutschland, Wiesbaden 2003.

Müller, M., Schulden und Schulden, in: Frankfurter Rundschau vom 18. Oktober 2002.

Müller-Jentsch, W., Das (Des-)Interesse der Arbeitgeber am Tarifvertragssystem, in: WSI-Mitteilungen, Heft 8/1993.

Müller-Jentsch, W., Kapitalismus ohne Gewerkschaften?, in: Blätter für deutsche und internationale Politik, Heft 10/2006.

Naphtali, F., Wirtschaftsdemokratie. Ihr Wesen, Weg und Ziel, Berlin 1928.

Napoleoni, C., Ricardo und Marx, Frankfurt/M. 1974.

von Nell-Breuning , O., Kapitalismus und gerechter Lohn, Freiburg i. Br. 1960.

Negt. O., Wozu noch Gewerkschaften?, Eine Streitschrift. Göttingen 2004.

Neubauer, R., Zum Überleben zuviel, in: Die Zeit, 31. März 1995.

Neubäumer, R., Hewel, B., Volkswirtschaftslehre, 2. Aufl., Wiesbaden 1998.

Neugebauer, G., Politische Milieus in Deutschland. Die Studie der Friedrich-Ebert- Stiftung, Bonn 2007.

Neumann, F. L., Die Gewerkschaften in der Demokratie und der Diktatur (1935), in: Söllner, A., (Hrsg.), Neumann, Franz L., Wirtschaft, Staat, Demokratie, Aufsätze 1930 - 1954, Frankfurt a. M. 1978.

Neumeyer, W. W., Die deutschen Industriebetriebe, die in der Zeit von 1840 bis 1928 eine Gewinnbeteiligung eingeführt haben., in: Zeitschrift für Betriebswirtschaft, Jahrgang 1951.

Nicklisch, H., Die Betriebswirtschaft, 7. Aufl., Stuttgart 1932.

Nicklisch, H., Die geistige Haltung der Betriebswirtschaftler, in: Der praktische Betriebswirt, Heft 5/1934.

Oechsler, W. A., Personal und Arbeit, 8. Aufl., München, Wien 2006.

Offe, C., Sozialökonomie des Arbeitsmarktes und die Lage „benachteiligter" Gruppen von Arbeitnehmern, in: Offe, C., (Hrsg.), Opfer des Arbeitsmarktes. Zur Theorie der strukturierten Arbeitslosigkeit, Neuwied, Darmstadt 1977.

Offe, C., Perspektivloses Zappeln. Oder: Politik mit der Agenda 2010, in: Blätter für deutsche und internationale Politik, Heft 7/2003.

Opielka, M., Gerechtigkeit durch Sozialpolitik, in: Utopie kreativ, Heft 186/2006.

Ott, M., Die Aktienprogramme im Lufthansa Konzern, in: Wagner, K.-R., (Hrsg.), Mitarbeiterbeteiligung. Visionen für eine Gesellschaft von Teilhabern, Wies- baden 2002.

Papier, H.-J., Wirtschaftsordnung und Grundgesetz, in: Aus Politik und Zeitgeschichte (APuZ), Heft 13/2007.

Peters, H.- R., Politische Ökonomie des Marxismus. Anspruch und Wirklichkeit, Göttingen 1980.

Peters, J., Modellwechsel. Die IG Metall und die Viertagewoche bei VW, Göttingen 1994.

Peters, J., Gewinnabhängige Lohnelemente, in: Gewerkschaftliche Monatshefte, 5/1999.

Preiser, E., Grundzüge der Konjunkturtheorie, Tübingen 1933.

Priewe, J., Krisenzyklen und Stagnationstendenzen in der Bundesrepublik Deutsch land, Köln 1988.

Pfeiffer, H., Handelsherr Deutschland, Der Weltmarkt des Exportweltmeisters heißt Euro-Land, in: Blätter für deutsche und internationale Politik, Heft 5/1998.

Pfromm, H.-A., Solidarische Lohnpolitik, Zur wirtschaftlichen und sozialen Problematik tariflicher Lohnstrukturnivellierung, Köln, Frankfurt a. M. 1978.

Picot, A., Dietl, H., Franck, E., Organisation - Eine ökonomische Perspektive, 4. Aufl., Stuttgart 2005.

Pitz, K. H., Das Nein zur Vermögenspolitik, Reinbek bei Hamburg 1974.

Pulte, P., Geringfügige Beschäftigung, 3. Aufl., Frankfurt a. M. 2007.

Putzhammer, H., Frischer Wind für alte Forderungen, in: Mitbestimmung, Heft 3/2001.

Pyhel, J., Warum ist man Gewerkschaftsmitglied? – Determinanten der Mitgliedschaftsneigung, in: WSI-Mitteilungen, Heft 6/2006.

Quaißer, G., Ausgaben für Bildung: Die Unterfinanzierung des deutschen Bildungswesens, in: GEW, (Hrsg.), Transparent: Wirtschaftspolitik und Bildungsfinanzierung, Ausgabe 1/2006.

Rajewsky, X., Arbeitskampfrecht in der Bundesrepublik, Frankfurt a. M. 1970.

Ramser, J., Die Phillips-Kurve und ihre wirtschaftspolitische Bedeutung, in: Wirtschaftswissenschaftliches Studium (WiSt), Heft 4/1975.

Rappaport, A Creating Shareholder Value (1986), in deutscher Übersetzung „Shareholder Value", 2. Aufl., München 1999.

REFA-Verband für Arbeitsstudien, Methodenlehre des Arbeitsstudiums, Teil 2: Datenermittlung, 4. Aufl., München 1975.

Reuter, N., Ökonomie der „Langen Frist". Zur Evolution der Wachstumsgrundlagen in Industriegesellschaften, Habilitationsschrift, Marburg 2000.

Reuter, N., Antizyklische Fiskalpolitik und deficit spending als Kern des Keynesianismus? Eine „schier unausrottbare Fehlinterpretation", in: Wirtschaft und Gesellschaft, Heft 3/2004.

Reuter, N., Wende zum Genug. Eine bedürfnistheoretische Verteidigung der Stagnationstheorie, Manuskript, Berlin 2004.

Reuter, N., Demografische Entwicklung contra Sozialstaat? Eine ökonomische Potenzialanalyse, in: Intervention. Zeitschrift für Ökonomie, Heft 2/2004.

Reuter, N., Wachstumseuphorie und Verteilungsrealität, 2. Aufl., Marburg 2007.

Ricardo, D., Grundsätze der Volkswirtschaft und Besteuerung, von Heinrich Waentig ins Deutsche übersetzte dritte Auflage von 1821 mit dem Orginaltitel: On the Principles of Political Economy and Taxation, erste Auflage, London 1817.

Rifkin, J., Das Ende der Arbeit und ihre Zukunft, Frankfurt a. M. 1998.

Robinson J., Doktrinen der Wirtschaftswissenschaft. Eine Auseinandersetzung mit ihren Grundgedanken und Ideologien, München 1965.

Robinson, J., Eatwell, J., Einführung in die Volkswirtschaftslehre, München 1974.

Roth, R., Das Kartenhaus. Staatsverschuldung in Deutschland, Frankfurt a. M. 1998.

Roth, R. Arbeitslosigkeit in Deutschland. Nebensache Mensch, Frankfurt a. M. 2003.

Rothschild, K.W., Die Phillips-Kurven-Diskussion, in: Nowotny, E., (Hrsg.), Löhne, Preise, Beschäftigung, Frankfurt a. M. 1974.

Rothschild, K.W., Theorien der Arbeitslosigkeit, 2. Aufl., München, Wien 1994.

Rünker, R., Vollbeschäftigung bleibt unser Ziel, in: SPW – Zeitschrift für sozialistische Politik und Wirtschaft, Heft 154/2006.

Sablowski, T., Shareholder Value, in: Urban, H.J., ABC zum Neoliberalismus, Hamburg 2006.

Sachverständigenrat zur Begutachtung der gesamtwirtschaftlichen Entwicklung (SVR) Jahresgutachten 1964/65.

Sachverständigenrat zur Begutachtung der gesamtwirtschaftlichen Entwicklung (SVR) Jahresgutachten 1966/67.

Sachverständigenrat zur Begutachtung der gesamtwirtschaftlichen Entwicklung (SVR), Jahresgutachten 1988/89.

Sachverständigenrat zur Begutachtung der gesamtwirtschaftlichen Entwicklung (SVR), Jahresgutachten 1996/97.

Sachverständigenrat zur Begutachtung der gesamtwirtschaftlichen Entwicklung (SVR), Jahresgutachten 2005/2006.

Sachverständigenrat zur Begutachtung der gesamtwirtschaftlichen Entwicklung (SVR), Jahresgutachten 2006/2007.

Sander, O., Thomas von Aquin, „Die Zeit gehört Gott, in: Die großen Ökonomen, Stuttgart 1994.

Sauer, D., Die neue Unmittelbarkeit des Marktes. Arbeitspolitik im Dilemma, in: Gewerkschaftliche Monatshefte, Heft 5/2003.

Schanz, G., Personalwirtschaftslehre, 2. Aufl., München 1993.

Schäfer, C., Weiter in der Verteilungsfalle – Die Entwicklung der Einkommensverteilung in 2004 und davor, in: WSI-Mitteilungen, Heft 11/2005.

Schäfer, C., Unverdrossene „Lebenslügen-Politik" – Zur Entwicklung der Einkommensverteilung, in: WSI-Mitteilungen, Heft 11/2006.

Schäfer, C., Bedingungsloses Grundeinkommen – Absurde Utopie oder reale Möglichkeit, in: Schäfer, C, Seifert, H., (Hrsg.), Kein bisschen leise: 60 Jahre WSI, Hamburg 2006.

Scherf, W., Plädoyer für eine konjunkturgerechte Schuldenpolitik, in: WSI- Mitteilungen, Heft 11/2005.

Schlecht, M., Grundsicherung, in: Urban, H.-J., (Hrsg.), ABC zum Neoliberalismus, Hamburg 2006.

Schlitzberger, H., Produktivitätssteigerung durch Zufriedenheit am Arbeitsplatz. Schriftenreihe des Institut für angewandte Arbeitswissenschaft e.V., Nr. 3, Köln 1975.

Schmalenbach, E., Dynamische Bilanz, 5. Aufl., Leipzig 1931.

Schmidt, H., Auf der Suche nach einer öffentlichen Moral, 4. Aufl., Stuttgart 1998.

Schnabel, K., Übertarifliche Entlohnung: Einige Erkenntnisse auf Basis betrieblicher Effektivverdienststatistiken, in: Gerlach, K., Schettkat, R., (Hrsg.), Determinanten der Lohnbildung, Berlin 1995.

Schneider, M., Kleine Geschichte der Gewerkschaften. Ihre Entwicklung in Deutschland von den Anfängen bis heute, Bonn 1989.

Schneider , M., Das Ende eines Jahrhundert-Mythos. Eine Bilanz des Sozialismus, Köln 1992.

Schneider, H. J., Guski, H.-G., Betriebliche Vermögensbeteiligung in der Bundesrepublik Deutschland. Teil II: Ergebnisse, Erfahrungen und Auswirkungen in der Praxis, Köln 1983.

Schneider, H. J., Zander, E., Erfolgs- und Kapitalbeteiligung der Mitarbeiter in Klein- und Mittelbetrieben, 4. Aufl., Freiburg i. Br. 1993.

Schneider, H. J., Betriebliche Partnerschaft und Mitarbeiterbeteiligung, in: Wunderer, R., (Hrsg.), Mitarbeiter als Mitunternehmer. Grundlagen, Förderinstrumente, Praxisbeispiele, Neuwied 1999.

Schneider, H., Kapitalbeteiligung der Arbeitnehmer, in: Handwörterbuch des Personalwesens, 2. Aufl., Stuttgart u.a. 1992.

Scholz, C., Personalmanagement, 4. Aufl., München 1994.

Schönhoven, K., Geschichte der deutschen Gewerkschaften: Phasen und Probleme, in: Schroeder, W., Wessels, B., (Hrsg.), Die Gewerkschaften in Politik und Gesellschaft der Bundesrepublik Deutschland, Wiesbaden 2003.

Schönwälder, T., Begriffliche Konzeption und empirische Entwicklung der Lohnnebenkosten in der Bundesrepublik Deutschland – eine kritische Betrachtung, Düsseldorf 2003.

Schroeder, W., Wessels, B., (Hrsg.), Die Gewerkschaften in Politik und Gesellschaft der Bundesrepublik Deutschland, Wiesbaden 2003.

Schroeder, W., Silvia, S. J., Gewerkschaften und Arbeitgeberverbände, in: Schroe der, W., Wessels, B., (Hrsg.), Die Gewerkschaften in Politik und Gesell schaft der Bundesrepublik Deutschland, Wiesbaden 2003.

Schui, H., Spoo, H., (Hrsg.), Geld ist genug da. Reichtum in Deutschland, 2. Aufl., Heilbronn 1996.

Schui, H., Stabilitätspakt auf der Kippe, in: Blätter für deutsche und internationale Politik, Heft 4/2002.

Schui, H., Paetwo, H., (Hrsg.), Keynes heute. Festschrift für Harald Mattfeldt, Hamburg. 2003.

Schuler, G., Michael Lezius: Porträt. Der Pionier und Visionär der Mitarbeiterbeteiligung wird 60 Jahre, in: Wagner, K-R., (Hrsg.), Mitarbeiterbeteiligung. Visionen für eine Gesellschaft von Teilhabern, Wiesbaden 2002.

Schulte, D., Ansprache 50 Jahre Montan-Mitbestimmung, in: Gewerkschaftliche Monatshefte, Heft 7/2001.

Schulten, T., Solidarische Lohnpolitik in Europa. Zur Politischen Ökonomie der Gewerkschaften, Hamburg 2004.

Schulten, T., Europäischer Tarifbericht des WSI – 2006/2007, in: WSI-Mitteilungen, Heft 9/2007.

Schultz, R., Erfolgsbeteiligung der Arbeitnehmer, in: Handwörterbuch des Personalwesens, 2. Aufl., Stuttgart u.a. 1992.

Schumpeter, J.A., Kapitalismus, Sozialismus und Demokratie, 4. Aufl., München 1975. Titel der Originalausgabe: „Capitalism, Socialism and Democracy, New York 1942.

Schwarz, W., Viel Lärm um Nichts. Zum sogenannten Transformationsproblem, in: Sozialistische Politik, Heft 2/1978.

Siebert, H., Lohnzurückhaltung, Aufwertung und Beschäftigung, in: Wirtschaftswissenschaftliches Studium (WiSt), Heft 2/1997.

Siebke, J., Verteilung, in: Vahlens Kompendium der Wirtschaftstheorie und Wirtschaftspolitik, Bd. 1, München 1980.

Siegel, K., Produktivitätssteigerung im Team durch Gainsharing, in: Eyer, E., (Hrsg.), Vergütung, Entgeltgestaltung für Mitarbeiter und Manager, 2. Aufl., Düsseldorf 2002.

Siegler, A., Der Beteiligungsgedanke im 19. und frühen 20. Jahrhundert und seine Beurteilung durch die organisierte Arbeitnehmerschaft. Parallelen zur Entwicklung der Gegenwart?, in: Die Betriebswirtschaft, Jahrg. 1979.

Simmert, D. B., Wagner, K.-D., (Hrsg.), Staatsverschuldung kontrovers, Bonn 1981.

Sinn, H.-W., Ist Deutschland noch zu retten?, München 2003.

Seifert, H., Zeitenwende – Was bringen längere Arbeitszeiten für die Beschäftigung?, in: WSI-Mitteilungen, Heft 11/2003.

Smith, A., Der Wohlstand der Nationen, Eine Untersuchung seiner Natur und seiner Ursachen, München 1978, deutsche Übersetzung von Recktenwald, H. C., des 1776 erstmals von Adam Smith erschienenen Werks mit dem Originaltitel: „An Inquiry into the Nature and Causes of the Wealth of Nations".

SPD, (Hrsg.), Deutschlandfonds für Arbeitnehmerinnen und Arbeitnehmer. Eck punkte für mehr Mitarbeiterbeteiligung, Bericht der gemeinsamen „Arbeitsgruppe Mitarbeiterbeteiligung" von SPD-Parteivorstand und SPD- Bundestagsfraktion, Berlin, Juni 2007.

Statistisches Bundesamt, Lohnnebenkosten im europäischen Vergleich, Februar 2007.

Stavenhagen, G., Geschichte der Wirtschaftstheorie, 4. Aufl., Göttingen 1969.

Stegmann, D., Unternehmerverbände (Geschichte), in: Handwörterbuch der Wirtschaftswissenschaft (HdWW), Bd. 8, Stuttgart, New York, Tübingen, Göttingen, Zürich 1988.

Steiner, H., Der Kurzschluss der Marktwirtschaft. Instrumentalisierung und Emanzipation des Konsumenten, Berlin 1999.

Steitz, W., Einführung in die politische Ökonomie des Marxismus, Paderborn 1977.

Stiglitz, J., Die Schatten der Globalisierung, Berlin 2002.

Stobbe, A., Volkswirtschaftslehre III, 2. Aufl., Berlin, Heidelberg, New York 1987.

Straubhaar, T., in: Die Tageszeitung (TAZ) vom 30. April/ 1. Mai 2007.

Stützel, W., Marktpreis und Menschenwürde, 2. Aufl., Stuttgart 1982.

Suzaki, K., Modernes Management im Produktionsbetrieb, München, Wien 1989.

Swoboda, P., Walland, G., Zur Erfolgsabhängigkeit der Managerentlohnung in Österreich und zur Transparenz des österreichischen Managermarktes, in: Journal für Betriebswirtschaft, 37. Jahrgang, 1987.

Teichmann, U., Lohnpolitik, Stuttgart, Berlin 1974.

Teichmüller, F., Hörmann, S., Brauchen wir den DGB noch? in: Gewerkschaftliche Monatshefte, Heft 12/1998.

Thünen von, H., Der naturgemäße Arbeitslohn und dessen Verhältnis zum Zinsfuß und zur Landrente, Rostock 1850.

Tofaute, H., Arbeitnehmerbeteiligung am Produktivkapital, in: WSI-Mitteilungen, Heft 6/1998.

Traeger, D. H., Grundgedanken der Lean Production, Stuttgart 1994.

Unbehend, M., Emanzipation durch oder von Arbeit? Vollbeschäftigung ist kein emanzipatorisches Ziel, bedingungsloses Grundeinkommen könnte es sein, in: SPW – Zeitschrift für sozialistische Politik und Wirtschaft, Heft 156/2006.

Ver.di, Bundesvorstand, Wirtschaftspolitische Informationen 1/2007.

Vilmar, F., Systematische Verknappung des Arbeitskraftgebots: Unverzichtbare Strategie erfolgreicher Vollbeschäftigungspolitik, in: Zinn, K. G., (Hrsg.), Strategien gegen die Arbeitslosigkeit, Frankfurt a. M. 1977.

Vilmar, F., Eine gemeinsame Aktion für Arbeitszeitverkürzung, in: Kutsch, T., Vilmar, F., (Hrsg.), Arbeitszeitverkürzung, Ein Weg zur Vollbeschäftigung?, Opladen 1983.

Vilmar, F., Wirtschaftsdemokratie – Zielbegriff einer alternativen Wirtschaftspolitik, in: Helmedag, F., Reuter, N., Der Wohlstand der Personen. Festschrift für Karl Georg Zinn, Marburg 1999.

Vobruba, G., Die Bedeutung des Begriffs Arbeit, in: Lexikon des Sozialismus, Köln 1986.

Voigt, S., Institutionenökonomik, München 2002.

Voigtländer, E., Prämienlohn, 5. Aufl., Düsseldorf 1972.

Voswinkel, S., Krise des Arbeitsrechts – Individualisierung der Anerkennungsverhältnisse?, in: WSI-Mitteilungen, Heft 8/2007.

Walterskirchen, Mehr Beschäftigung durch Arbeitszeitverlängerung?, in: Intervention. Zeitschrift für Ökonomie, Heft1/2005.

Wächter, H., Lohnanreiz und Arbeitsmotivation, in: Emmerich, K., Hardes, H.D., Sadowski, D./Sitznagel, E., (Hrsg.), Einzel- und gesamtwirtschaftliche Aspekte des Lohnes, Nürnberg 1989.

Weber, M., Wirtschaftsgeschichte, München, Leipzig 1924.

Weinkopf, C., Braucht Deutschland zusätzliche Kombilöhne?, in: Intervention. Zeitschrift für Ökonomie, Heft 2/2006.

Weinkopf, C., Was leisten Kombilöhne?, in: Sterkel, G., Schulten, T., Wiedemuth, J., (Hrsg.), Mindestlöhne gegen Lohndumping. Rahmenbedingungen – Erfahrungen – Strategien, Hamburg 2006.

Weiss, A., Efficiency wages: Models of unemployment, layoffs, and wage dispersion, Oxford 1991.

Welsch, J., Die Arbeitswelt der Informationsgesellschaft, in: Blätter für deutsche und internationale Politik, Heft 3/1997.

Welteke, M., Theorie und Praxis der Sozialen Marktwirtschaft. Einführung in die politische Ökonomie der BRD, Frankfurt a. M., New York 1976.

Welzk, S., Die „Alterskatastrophe" und der Absturz der Renten, in: Blätter für deutsche und internationale Politik, Heft 6/2006.

Welzmüller, R., Differenzierung und Polarisierung, Einkommensentwicklung in den 80er Jahren, in: Blätter für deutsche und Internationale Politik, Heft 12/1990.

Wendt, S., Geschichte der Volkswirtschaftslehre, 2. Aufl., Berlin 1968.

Wiemeyer, J., Grundeinkommen ohne Arbeit?, in: Aus Politik und Zeitgeschichte, Heft 38/1988.

Wiesner, H., Der Prämienlohn in Theorie und Praxis, Köln 1979.

Willke, G., John Maynard Keynes, Frankfurt a. M., New York 2002.

Winnes, R., Prämienlohn, in: Gaugler, E., Weber, W., (Hrsg.), Handwörterbuch des Personalwesens, 2. Aufl., Stuttgart 1992.

Windisch, R., Effizienzlohntheorien, in: Das Wirtschaftsstudium (WISU), Heft 6/1998.

Wissentransfer, (Hrsg.), Radikalumbau des Arbeitsmarktes. „Moderne Dienstleistungen am Arbeitsmarkt" – Die Folgen der „Hartz-Reform", Hamburg 2003.

Wohlgemuth, H. H., Staatseingriff und Arbeitskampf. Zur Kritik der herrschenden Arbeitskampfdoktrin, Köln, Frankfurt a. M. 1977.

Woll, A., Das Phillips-Theorem, in: Das Wirtschaftsstudium (WISU), Heft 5/1975.

WSI-Tarifhandbuch 1996, Köln 1996.

WSI-Tarifhandbuch 1998, Köln 1998.

WSI- Tarifhandbuch 2007, Köln 2007.

Zachert, U., Tarifautonomie zwischen Wirtschaftsliberalismus und Wiederentdeckung des Individuums, in: WSI-Mitteilungen, Heft 8/1993.

Zameck von, W., Finanzwissenschaft· Grundlagen der Stabilisierungspolitik, München und Wien 1996.

Zander, E., Knebel, H., Praxis der Leistungsbeurteilung, 3. Aufl., Heidelberg 1993.

Zdrowomyslaw, N., Kairies, K., Gewinn - was ist das? in: Der Betriebswirt, Heft 1 und 2/1993.

Zimmermann, J., Sind Managergehälter wirklich zu hoch?, in: Wirtschaftsdienst, Heft 6/2004.

Zinn, K.-G., Der Niedergang des Profits, Köln 1978.

Zinn, K.-G., Wie Reichtum Armut schafft. Verschwendung, Arbeitslosigkeit und Mangel, Köln 1998.

Zinn, K. G., Welche Zukunft hat das Wachstum? Quantitative und qualitative Aspekte der Nachhaltigkeit, in: Schui, H., Paetwo, H., (Hrsg.), Keynes heute: Festschrift für Harald Mattfeldt, Hamburg 2003.

Zuck, R., Wirtschaftsverfassung und Stabilitätsgesetz, München 1975.

Index

30-Stunden-Woche, 316
35-Stunden-Woche, 134

A

Abbau des Sozialstaats, 122
Abbe
 Ernst, 209
Abschläge, 225
Abschreibungen, 36, 228
Absicherungspflicht, 219
Absolutismus, 1, 11
Abspannung, 45
Abwertungswettbewerb, 296
Achtstundentag, 48
ADGB, 114
Agenda 2010, 22, 96, 122, 232, 237, 284
Akkordlohn, 187, 190, 193, 194
Akkordrichtsatz, 193
Akkordzuschlag, 193
Akkumulation
 urspüngliche, 55
Aktienoptionsprogrammen, 152
Altersarmut, 96
Altersrenten, 230
Altersvorsorge
 kapitalgedeckte, 168
Amoroso-Robinson-Relation, 71
Anderskosten, 75
Aquin
 Thomas von, 12, 20
Äquivalententausches, 43
Äquivalenzeinkommen, 235
Äquivalenzprinzip, 78
Arbeit
 Humanisierung der, 83
 lebendige, 62
 segmentierte, 81
 Wert der, 27, 54
Arbeitgeberbeiträge zur Sozialversicherung, 225
Arbeitgeberverbände, 115, 117, 139, 257
Arbeitsangebotsfunktion, 91, 260
Arbeitseinkommensquote, 228
Arbeitsentgelt
 kontraktbestimmtes, 78
Arbeitsertrag
 Verteilung des, 26
 Zurechnungsproblem des, 55

Arbeitsintensität, 49, 251
Arbeitskämpfe, 111
Arbeitskampfmaßnahmen, 132
Arbeitskosten, 306
Arbeitskräftemangel
 qualitativer, 82
Arbeitslosengeld, 95
Arbeitslosengeld I und II, 104
Arbeitslosengeld II, 97
Arbeitslosigkeit, 52, 250
 klassische freiwillige, 256
 strukturelle konjunkturelle, 308
 unfreiwillige, 262
Arbeitsmarktpolitik, 120
Arbeitsmoral, 83
Arbeitsmotivation, 5, 147, 173
Arbeitsnachfrage, 258
Arbeitsproduktivität, 31, 39, 48, 49, 246, 248, 258, 288
Arbeitsvermögen, 12
Arbeitsvertrag, 43, 78, 128
Arbeitsvertrages, 29
Arbeitsvolumen, 303
Arbeitswerttheorie, 2, 52, 64
Arbeitszeit, 36, 259
Arbeitszeit und Freizeit, 92
Arbeitszeittheorie, 31
Arbeitszeitverkürzung, 310, 311
Arbeitszeitverkürzungen, 120, 252, 303, 304, 315
Arbeitszeitverlängerungen, 306
Arbeitszufriedenheit, 83
Armut, 21, 25, 234
Armutsgrenze, 235
Armutsintensität, 235, 237
Armutslöhne, 97
Armutslöhnen, 96
Armutsquote, 237
Arndt
 Helmut, 31
Arne Eggebrecht, 9
Aufschwung, 45
Aufteilung
 paritätische, 217
Auftrag
 öffentlichen, 76
Ausbeutung, 3, 9
Ausbeutungstheorie, 28, 88

Ausbeutungsverhältnis, 2
Ausbildungszeit, 36
Ausfallzeiten, 149
Außenbeitrag, 298
Außenhandelsüberschuss, 298
außenwirtschaftlichen Beziehungen, 226
Aussperrung, 110

B
BaföG, 230
Bankbürgschaft, 219
Bargaining-Ansätze, 3
BDA, 116
BDI, 115, 116
Bedaux-Prämien-System, 200
Beggar-My-Neighbour-Policy, 296
Belegschaftsaktien, 211
Bernard de Mandeville, 19, 21
Berufsbildungsgesetz, 128
Beschäftigungsschwelle, 311
Besteuerung
    progressive, 303
betriebliche Altersversorgung, 208
Betriebsklima, 144
Betriebsüberschuss, 230
Betriebsverfassungsgesetz, 16, 114, 130
Bevölkerungsgesetz, 31, 52
Bildungsinvestition, 106, 107
Binnenmarkt, 276
Binnennachfrage, 298
Blanc
    Leonard, 33
Blanchard
    Olivier, 273
Böckler
    Hans, 113
Boden, 41
Böhm
    Franz, 69
Böhm-Bawerk
    Eugen von, 54
Brentano
    Lujo (Ludwig Josef), 112
Bretton-Woods-System, 274
Briefs
    Goetz, 112
Bruttogewinnquote, 228, 230, 316
Bruttoinlandsprodukt, 227
Bruttolohnquote, 228, 230, 316
Bruttonationaleinkommen, 227
Budgetgerade, 94
Bundesagentur für Arbeit, 308
Bundesverfassungsgericht, 79
Busch
    Wilhelm, 54

C
Cafeteria-Modells, 202
Carl-Zeiss-Stiftung, 209
CGB, 117
Charles Bedaux, 200
Clark
    John Bates, 2, 84
Clower
    Robert W., 272
Collective-Bargaining-Modelle, 108
Conrad
    Otto, 62
Crowding-Out-Hypothese, 270

D
DAG, 117
DBB, 117
DDR, 13, 138, 246
deficit spending, 260, 301
Deflation, 272
Deflationsdruck, 308
Deflationstendenz, 296
deflatorische Lücke, 261, 302
demand-pull, 277
Demografiewandel, 167
Demokratie, 299
Deregulierungswettlauf, 297
Deutsche Bundesbank, 275, 300
Deutsche Institut für Wirtschaftsforschung,
    314
DGB, 113, 117, 246
Dialektik, 33
dialektisch-materialistische Lehre, 12
Dienstleistungsbilanz, 298
Dietrich
    Rudolf, 206
Differential-Stücklohnverfahren, 200
DIHT, 116
Disziplinierungsinstrument
    unternehmerische, 273
Dividendeneinkommen, 63
Domar
    Evsey David, 280
Doppelcharakter des Lohnes, 258
Doppelfunktion, 84
Drittel-Beteiligungsgesetz, 16, 17
Drittel-Parität, 17
Durchschnittsprofitrate, 51, 244

E
Ecklohn, 180
Effektivverdienst, 5
Effizienzlohntheorie, 3, 80, 173
Egoismusprinzip, 19
ehernes Lohngesetz, 33
Eigenkapital, 73

Eigenkapitalbeteiligung, 218
Eigenkapitalverzinsung, 215
Eigentum, 14, 43
Eigentumsverhältnisse, 2, 54
Einkommen
    verfügbares, 229
Einkommensbildung, 22
Einkommensungleichheit, 234
Einkommensverteilung, 223
    funktionale, 226, 227
    personelle, 3, 227
Einkommensverwendung, 22
Einstein
    Albert, 304
Einzelgewerkschaften im DGB, 118
Einzelwirtschaftlicher Gewinn, 69
Elastizität des Arbeitsangebotes, 91
Elend, 45
Engels
    Friedrich, 13, 33
Enteignung, 13, 14
Entfremdung, 39, 83
Entgeltdifferenzierung, 189
Entgeltfindung, 5
Entgeltformen, 187
Entgeltfortzahlung, 257
Entgeltgerechtigkeit, 5, 174
Entgeltgestaltung, 176, 178
Entgeltkonflikt, 146
Entlassungsproduktivität, 250
Entsendegesetz, 99
Entsolidarisierung, 126, 212, 276
ERA-Entgeltabkommen, 183
Erbrecht, 14
Erbschaftssteuersätze, 288
Erbschaftsteuer, 264
Erfolgsbeteiligung, 213
Erfolgsspaltung, 77
Erhard
    Ludwig, 276
Ertragsbeteiligung, 213
Ertragsgesetz, 23, 31, 85
Erwerbsarbeit, 7
Erwerbstätigenstruktur, 229
Euro, 295, 301
Europäische Währungsunion, 295
Europäische Wirtschaftsunion, 295
Europäische Zentralbank, 300
Europäischen Stabilitäts- und Wachstumspakt,
    300
Europäischen Union, 242
Eurostat, 234
Existenzlohn, 2, 22, 52
Existenzminimum, 20, 95, 100
Existenzminimumtheorie, 30
Existenzsicherung, 42

Exploitationsgrad, 46
Exporte, 298
Exportgüter, 293
Exportweltmeister, 298
Exportwirtschaft, 258
Externalitäten, 70
Extraprofits, 51

F
Faktoreinkommen, 229
Faktorkosten, 68
Faktorleistung
    spezialisierte, 81
Feudalismus, 10
Finanzierungskreislauf, 287
Finanzierungsquote, 281
Finanzsektor, 66
Fisher
    Irving, 252
Fiskalisten, 271
Flächentarifvertrag, 117, 144
Flat-Tax, 103
Flexibilisierung der Arbeitszeit, 137
Forschungs- und Entwicklungsauftrag, 76
französische Revolution, 11
Freie Berufe, 156
Freiheit
    wirtschaftlich, 32
Freisetzungseffekte, 25
Freizeit, 92
Fremdkapitalbeteiligung, 219
Friedenspflicht, 132, 138
Friedman
    Milton, 271, 275
Fronwirtschaft, 10, 11
Fusionen, 71, 297

G
Gainsharing, 201
Galbraith
    John Kenneth, 25
Gebrauchswert, 34, 43, 44, 63
Gebrauchswerte, 39
Gefangenendilemmas, 125
Geld-, 267
Geldakkord, 190
Geldakkordlohn, 194
Geldarchitektur, 300
Geldfaktor, 194
Geldform, 37
Geldmengenveränderungen, 254
Geldnachfrage
    reale, 252
    Zinselastizität der, 271
Geldnachfragefunktion
    nominale, 252

Geldpolitik, 225, 241, 255
    autonome, 269
    expansive, 269, 274, 278
    restriktive, 255, 278
Geldpräferenz, 306
Geldverleiher, 20
Geldvermögen, 287
Geldvermögensbestand, 286
Geldvermögensbildung, 286
Geldware, 37
Gemeineigentum, 114
General Theory, 272
Genfer Schema, 182
Genossenschaften, 112
geometrischer Progression, 24
Gerechtigkeitsproblem, 285
geringfügige Beschäftigung, 236
Geringverdiener, 237
Gesamtleistungs- Rohertrags-, 214
Gesetze, 2
Gewerkschaften, 21, 29, 44, 45, 53, 108, 112,
    116, 118, 123, 124, 211, 237, 250, 257,
    272, 278, 312
    Disziplinierung der, 279
Gewerkschaftsmacht, 141
Gewinnaufschlag, 3
Gewinnaufschlagssatz, 65
Gewinnausweise, 75
Gewinnbestandteile
    verdeckte, 75
Gewinnbeteiligung, 214, 218, 255
Gewinnbeteiligungsmodell, 210, 218
Gewinndruckinflation, 255
Gewinneinkommensquote, 289
Gewinnmaximierung, 51
Gewinnquote, 290, 292
    bereinigte, 229
Gewinnsteuern, 288
Gewinnsubventionen, 98
Gewinnverteilungsbasis, 216
Gewinnverwendung, 213
Gewöhnungseffekt, 240
GIB-Formel, 251
Gini-Konstante, 234
Gleichgewicht bei Unterbeschäftigung, 261
Gleichgewichtstheorie, 61
Gleichgewichtszins, 265
Globalisierung, 122, 298
Gold, 37
Gordon
    Robert J., 273
Gossen
    Hermann Heinrich, 2, 84
Gossen'schen, 2
Gossen'schen Gesetze, 84
Gray
    John, 33

Grenzertrag, 24
Grenznutzenausgleich, 84
Grenzproduktivitätstheorie, 62, 154, 260
Grenzproduktivitätstheorie des Lohnes, 2, 31,
    84
Grundeinkommen, 102
Grundrente, 2, 27
Gruppenarbeit, 183
Gutenberg
    Erich, 81, 85
Gütermarkt, 265

H
Haavelmo-Theorem, 262
Habermas
    Jürgen, 297
Handels- und Leihkapital, 20
Handelsbilanz, 298
Handelsbilanzüberschüssen, 293
Handelskapital, 40
Harmonielehre, 58
Hartz IV, 97
Hartz-Gesetze, 96, 284
Haushaltsnettoäquivalenzeinkommen, 235
Haustarif, 130
Hayek
    Friedrich August von, 273
Hein
    Eckhard, 308
Hickel
    Rudolf, 138
Hicks
    John R., 3, 108, 109, 264, 271
Hilferding
    Rudolf, 54
Hornigk
    Phillip Wilhelm von, 20
Humankapital, 106
Humankapitaltheorie, 105

I
IG Metall, 135
Importe, 294
Individualbeteiligung, 217
Individualisierung, 276
Industrialisierung, 2
industriellen Revolution, 32
Inflation, 254, 272
    importierte, 294
Inflations-Antizipationen, 254
Inflationsrate, 241
inflatorische Lücke, 253
Informationen
    asymmetrische, 70
Insidern, 272
Insolvenzfall, 219

Institutionenökonomik, 125
Investitionen, 243
Investitionsattentismus, 57, 306
Investitionsentscheidung, 57
Investitionsfalle, 272
Investitionslenkung, 273
Investitionsmonopol, 66, 74, 273
Investitionsnachfrage, 271, 280
    fehlende, 283
Investitionsneigung, 302
Investitionsprogramme, 308
Investitionsquote, 251
Investivlohn, 212
IS-Kurve, 265, 272
IS-LM-Modell, 265, 271

J
Jevons
    William Stanley, 2

K
Kaldor
    Nickolas, 272, 288, 302
Kalecki
    Michal, 272, 273
Kalkulation
    retrograde, 72
Kalkulationsmodells, 67
Kampfmaßnahmen, 133
Kapazitätsauslastung, 68
Kapital
    Konzentration des, 47
    Überbewertung des, 74
Kapitalakkumulation, 46
Kapitalakkumulationsprozess, 45
Kapitalbeteiligung, 5, 18, 211, 217
Kapitalbildung, 55
Kapitaleignern, 1
Kapitaleinsatz, 24, 243
Kapitalintensität, 49, 245, 246, 247, 248
Kapitalismus, 13, 32, 310
Kapitalistenklasse, 41
kapitalistische Falle, 49
kapitalistische Wirtschaftsordnung, 32
Kapitalklasse, 51
Kapitalkoeffizient, 243, 288
Kapitalkosten, 137
Kapitalmarkt, 267
Kapitalproduktivität, 244
Kapitalrendite, 50
Kapitalstock, 247
Kapitalüberschuss, 301
Kapitalumschlag, 68
Kapitalvorschuss, 27, 51
Kapitalwert, 107
Kapitalwertmethode, 106

Kasinokapitalismus, 303
Kassenhaltungskoffizient, 267
Kaufgeld, 55
Kaufkraft, 84, 146, 150, 241
Kaufkraftparitätentheorie, 294
Kaufkrafttheorie, 226
Keynes
    John Maynard, 22, 57, 259
Keynes-Effektes, 271
Kinderarbeit, 47
Kindergeld, 98, 104, 230, 234, 262
Klassengesellschaft, 10
Klassenkampf, 10
klassische Ökonomie, 2
Knappheitsrelation, 38
Koalitionen, 45
Koalitionsbildung, 29
Koalitionsfreiheit, 133
Koalitionsverbot, 31
    Aufhebung des, 48
Koch
    Roland, 308
Kohl
    Helmut, 275
Kollektivbeteiligung, 217
Kollektiveigentum, 9
Kollektivgut, 125
Kollektivvereinbarungen, 148
Kombilohn, 96, 140
Kombilohnmodelle, 4, 97
Kompensationseffekte, 25
Komponenten-Analyse, 248
Konjunkturpolitik
    antizyklische, 283
Konjunkturrisiko, 88
Konsum- und Sparneigung, 261
Konsumfunktion, 264
Konsumquote, 265, 292
Konsumverzicht, 55
Konzentrationsprozessen, 71, 297
Konzertierte Aktion, 119
Konzessionskurve, 109
Kostenbegriff
    pagatorischer, 74, 77
Kostendruckinflation, 254
Krankengeld, 230
Kreislaufwirksamkeit, 285
Krelle-Gutachten, 212
Krise, 45
Krisenanfälligkeit, 56
Kündigungen, 73
Kündigungsschutz, 21
Kündigungsschutzgesetz, 15
Kurtzke
    Wilhelm, 138

L
laissez faire, 19
Lambsdorff-Papier, 275
Landwirtschaft, 23
Langzeitarbeitslosigkeit, 309
Lassalle
    Ferdinand, 33
Lean Management, 182
Lean Production, 182
Lebenserwartung, 47
Leiharbeit, 177
Leijonhufvud
    Axel, 272
Leistungsbeteiligung, 213
Leistungsbeurteilung, 189
Leistungsbilanz, 266, 286
Leistungsgewinn, 76
Leistungsgrad, 193, 194, 195
Leistungsprinzip, 73
Leistungszulagen, 189, 197
Lenin, 55
Liberalisierung, 122, 298
Liberalismus, 19
Liquiditätsfalle, 272
LM-Kurve, 267, 272
Locke
    John, 12
Lohn
    produktivitätsgerechten, 251
    Vorschusstheorie des, 52
Lohn- und Gehaltsrahmentarifverträge, 129
Lohn- und Gehaltstarifverträge, 129
Lohnabzugstheorie, 2, 26
Lohnanreize, 80
Lohnanreize für Arbeitslose, 98
Lohnanreizsysteme, 5
Lohnarbeiterverhältnisses, 32
Lohnausgleich, 312
Lohnbildung, 147
Lohndisziplin, 295
Lohndrift, 5, 171, 172, 210
Lohndrückerei, 49
Lohndumping, 99, 164, 307
Löhne
    sittenwidrige, 22
    Starrheit der, 277
Lohnersatzleistungen, 95, 284
Lohnflexibilisierung, 211
Lohnfondstheorie, 2, 52
Lohnfragen, 1
Lohngerechtigkeit
    horizontale, 143
Lohn-Gewinn-Verhältnis, 13
Lohngruppenvereinbarung, 180
Lohngruppenverfahren, 180
Lohnhöhe, 28
Lohnkämpfe, 29

Lohnkonkurrenz, 143
Lohnmodelle
    angebotsorientierte, 226
Lohnnebenkosten, 122, 159, 162, 284
Lohnpolitik, 249
    expansive, 226, 255
    produktivitätsorientierte, 212, 239, 309
    Verbetrieblichung der, 257
    verteilungsneutrale, 312
    wettbewerbsorientierte, 226
Lohn-Preis-Spirale, 254, 278
Lohnquote, 53, 120, 244
    bereinigte, 229
Lohnsenkungen, 73
Lohnsenkungswettbewerb, 296
Lohnspreizung, 236
Lohnstruktur, 137
Lohnstrukturdifferenzierung, 257
Lohnstückkosten, 162, 298, 306
Lohnstückkostenentwicklung, 294
Lohnsubventionen, 98, 257
Lohnsumme, 89
Lohntheorie, 26, 105
Lohnunterbietungswettbewerb, 95
Lohnverhandlungen, 29
Lohnverhandlungssysteme, 280
Lohnwettbewerb, 105, 257
Lohnzurückhaltung, 296
Lorenzkurve, 234
Luther
    Martin, 12

M
Machtverhältnis
    paritätisches, 74
Machtverteilung, 53
Malinvaud
    Edmond, 272
Malthus
    Robert, 24
Mangelwirtschaft, 25
Mankiw
    Gregory, 273
Manteltarifverträge, 129
Manufakturkapitalismus, 11
Marktpreisen, 31
Marktpreisverhältnis, 38
Marktsättigung, 311
Marshall
    Alfred, 62
Marshall-Plan, 114
Marx
    Karl, 8, 12, 13, 22, 28, 33, 53, 103, 112,
        244, 247
Massenarbeitslosigkeit, 25, 81, 111, 121, 163
Masseneinkommen, 230, 232
Massensteuern, 303

Materialismus, 33
Mehrarbeit, 43
Mehrwert, 40, 41, 43, 51, 67
    absoluter, 47, 80
    relativer, 80
Mehrwertmasse, 45
Mehrwertrate, 46, 51
Mehrwerttheorie, 2, 34
Menger
    Carl, 2
Merkantilismus, 1, 11, 18
Mietzuschüsse, 262
Mill
    John Stuart, 63
Mindestlohnarbeitslosigkeit
    neooklassische, 256
Mindestlöhne, 99
    gesetzliche, 99
Mindestverzinsung, 66
Minsky
    Hyman P., 272
Mitarbeiterbeteiligung, 205
Mitarbeiter-Darlehen, 219
Mitbestimmung, 16, 83, 111, 114, 127, 202
Mitbestimmungsgesetz, 16, 17
Mitbestimmungsrecht, 195
Mitbestimmungsregelungen, 16
Mittelalter, 18
Mobilität
    interregionale, 83
Mohl
    Robert von, 209
Monetarismus, 271
Monetaristen, 253
Monopole
    natürliche, 276
Monopolgewinnaufschläge, 20
Monopolgrad, 71
Monopolist, 71
monopolistische Preisuntergrenze, 71
Montan-Änderungsgesetz, 16
Montanmitbestimmungsgesetz, 16, 17, 114
Morgenstern
    Oskar, 108
Motivation, 174
    intrinsische, 83
Motivationstheorien, 175
Multiplikatormodell, 263
Nachfrage
    preiselastische, 70
    preisunelastische, 70

N
Nachfragelücke, 57
NAIRU, 5, 279
Natur, 13

Naturrecht, 18
Nell-Breuning
    Oswald von, 56, 88
Neoklassik, 64
neoklassische Synthese, 271
neoklassischen Wertlehre, 3
neoliberalen Paradigma, 3
Nettolohn, 151
Nettonationaleinkommen, 228
Nettorealverdienste, 241
Neumann
    Franz L., 112
Neuverschuldung, 280
Neuwert, 46
Nicht-Äquivalent, 41
Nicht-Ausschlussprinzip, 125
Nicht-Rivalität, 125
Nicklisch
    Heinrich, 206
Niedriglohnpolitik, 21
Niedriglohnsektor, 97, 237
Nominaleinkommen, 237
Nominalwertprinzip, 77
Normalkosten, 68
Nullgewinnsituation, 73
Nullsummenspiel, 41

O
Objektivität, 181
OECD, 235
Ölmarkt, 274
Opportunitätskosten, 65, 75, 107
Ordnungspolitik, 114
Owen
    Robert, 33

P
Pacht- und Mietzahlungen, 46
Pareto-Konstante, 234
paritätische Mitbestimmung, 114
Parteien, 299
Pensumlohn, 201
Personalaufwand, 149, 155, 210, 213
Personalentwicklung, 183
Personalkosten, 158
Personalpolitik, 81
Peters
    Hans-Rudolf, 51
Petty
    William, 12, 19
Pflege im Alter, 159
Phillips
    Alban William H., 276
Phillips-Kurve, 277
Phillips-Theorem, 254, 275, 276
Physiokraten, 1, 18, 19, 22, 23

Pigou-Effekt, 272
Planzielverzinsung, 67
Post-Keynesianismus, 272
Prämienlohn, 187, 197, 199
Prämienlohnlinien, 200
Preis
  natürliche, 31
Preis- und Lohndisziplin, 295
Preisbildung, 76, 237
  Theorie der, 54
Preiselastizität der Nachfrage, 70
Preiser
  Erich, 14, 95, 273
Preis-Gewinn-Bestimmungssystem, 68
Preisindex für die Lebenshaltung, 237
Preis-Lohn-Mechanismus, 278
Preis-Lohn-Preis-Spirale, 278
Preismechanismus
  flexibler, 62
Preisniveau, 224
Preisniveaustabilität, 301
Preissteigerungsrate, 238
Preisüberwälzungsspielraum, 240
Preiswettbewerb
  destruktive, 58
Primärdefizitquote, 281
Privatisierung, 276
Privatisierungsgrad, 276
Produktinnovationen, 25
Produktion
  effiziente, 73
Produktionsdrosselung, 279
Produktionsfaktor
  derivativer, 55
Produktionsfaktor Arbeit, 2
Produktionsfaktoren, 14
Produktionsfunktion, 23
Produktionskapazitäten, 77
Produktivität, 223
Produktivitätsentwicklung, 3, 303
Produktivitätsgewinne, 310
Produktivitätsschere, 302
Produktivitätssteigerungen, 24
Produktivkapital, 40
Profitrate, 50, 51, 69, 223, 243, 244, 248, 288, 291
  Fall der, 49, 244
Progression
  arithmetischer, 24
Pro-Kopf-Einkommen, 235
Prosperität, 45
Protektionismus, 19
Proudhon
  Pierre Joseph, 33
Prozessinnovationen, 25

Q
Qualifikationsfaktor, 76
Qualitätskennazahl, 199
Quantitätsgleichung des Geldes, 252
Querverteilungen, 228
Quesnay
  Francois, 22

R
Rappaport
  Alfred, 72
Rationalisierungsdruck, 122
Rationalisierungseffekt, 252
Rationalitätsfalle, 51, 58
  kapitalistische, 260
Reagan
  Ronald, 275
Realeinkommen, 150
  gestiegene, 306
Reallohn, 150, 237
Reallohnzurückhaltung, 251, 292
REFA-Normalleistung, 193
relative Einkommensarmut, 237
Reliabilität, 181
Rentiers, 272
Reproduktion, 43
Reproduktionsarbeitszeit, 42
Reproduktionsbasis, 165
Reproduktionskosten, 30, 48, 49
Reservearmee, 52
Return on Investment (ROI), 69
Reuter
  Norbert, 25
Rexroth
  Günter, 276
Ricardo
  David, 2, 31, 244, 296
Risikokapital, 66
Risikoübernahme, 65
Robert Malthus, 31
Robinson
  Joan, 61, 154, 272
Roth
  Rainer, 30
Rousseau
  Jean-Jacques, 12

S
Sachvermögen, 286
Sachverständigenrat, 3, 137, 225, 235, 245, 250, 306
Samuelson
  Paul Anthony, 277
Sättigung
  relative, 25
Sättigungstendenzen, 25

Say
  Jean Baptiste, 62
  Jean-Baptist, 3
Say'schens Theorems, 261
Schanz
  Günther, 16
Schiller
  Karl, 119
Schlichtungsverfahren, 132
Schmalenbach
  Eugen, 145, 206
Schmidt
  Helmut, 141
Schmoller
  Gustav von, 112
Schröder
  Gerhard, 22
Schuldenfalle, 281
Schumpeter
  Joseph A., 28
Segmentierung
  räumliche, 83
Seifert
  Hartmut, 308
Sekundärverteilung, 232
Selbstbestimmung, 83
Selbstkonstitution, 8
Selbstverwirklichung, 8
Shareholder Value, 4, 72
Sicherungssysteme
  soziale, 21
Sismondi
  Jean Charles Leonard, 33
Sklavenhalterordnung, 9
Smith
  Adam, 2, 8, 26, 244
Sockelarbeitslosigkeit
  überzyklische, 309
SOEP, 234
Solidarität
  vertikale, 140
Solidaritätszuschlag, 234
Solow
  Robert M., 277
Sombart
  Werner, 112
Sowjetunion
  Zusammenbruch der, 276
Sozialabgaben, 288
Sozialabgaben der Arbeitgeber, 230
Sozialabgaben der Arbeitnehmer, 230
soziale Gerechtigkeit, 114
Sozialen Marktwirtschaft, 15
Sozialentgelt, 149
Sozialgebilde, 175
Sozialhilfe, 98, 234
Sozialisierung, 15

Sozialismus, 33
  real existierender, 13
Sozialkritik, 33
Sozialleistungen, 230, 232
Sozialstaatlichkeit, 119
Sozialstaatsprinzip, 15
Sozialversicherungen, 118
Sozialversicherungssysteme, 73, 104
Sparfunktion, 289
Sparneigung, 288, 302
Sparparadoxon, 288
Sparquote, 57, 288, 289, 290, 292, 307
Spartakusaufstand, 10
SPD, 138
Spekulationskasse, 272
Staat
  intervenierende, 102
Staatliche Förderung, 208
staatliche Transferzahlungen, 261
Staatsausgaben, 274, 288
Staatsausgabenmultiplikatoren, 264
Staatshaushalt
  ausgeglichener, 283
Staatsinterventionismus, 276
Staatsquote, 276, 281
Staatsverschuldung, 122, 266, 276, 281, 282,
  288, 300, 301
Stabilisatoren, 283
Stabilitätsgesetz, 274
Stagflation, 275, 278
Standortdebatte, 122
Stein
  Lorenz von, 285
Steuart
  James Denham, 20
Steuerfinanzierung, 285
Steuerhinterziehungen, 303
Steuerinzidenz, 165
Steuern, 262
  indirekte, 288
  indirekten, 228
Steuerpolitik
  verfehlte, 303
Steuerprogression, 236
Steuerquote, 288
stille Reserve, 75
Stoltenberg
  Gerhard, 275
Streik, 45, 132
Streikaufruf, 132
Streikrecht, 144
Streikunterstützung, 132
Strukturwandel, 26, 249
Stückakkord, 193
Stundenlohn, 306
Stützel
  Wolfgang, 84

Subsistenzmittel, 31
Substitutionseffekt, 94
Subventionen, 228, 262
Surplus, 27, 41

T
Tableau Economique, 22
Tageswert, 44
Tarifautonomie, 4, 99, 133, 164
Tarifbindung, 130
Tariffonds, 219
Tarifkommission, 131
Tarifpolitik, 142, 316
Tarifrunden, 131
Tarifsystem, 111
Tarifverhandlungen, 127, 131, 237
Tarifverträge
    Spezielle, 129
Tarifverträgen, 99
Tarifvertragsgesetz, 128
Tarifvorbehalt, 130
Tauschprinzip, 20
Tauschwert, 8, 34, 43, 44
Tauschwertsteigerung, 40
Taylor
    Frederic W., 200
Taylorismus, 175
Taylor-System, 200
technischer Fortschritt, 24
    arbeitssparender, 24
    kapitalsparender, 24, 245, 249
Teilarbeitsmärkten, 81
Teilzeit, 96
Telearbeit, 177
Terms-of-Trade-Effekt, 226
Thatcher
    Margaret, 273, 275
Thompson
    William, 33
Thünen
    Heinrich von, 209
Transaktionskosten, 81
Transfermultiplikator, 264
Transformationsproblem, 54
Trittbrettfahrerproblem, 126
Turgot
    Anne Robert Jacques, 23, 31, 85

U
Überflussgesellschaft, 25
Überkapazitäten, 73
Überschussprodukt, 8, 9, 10, 23
Übersparens, 302
Überstundenzuschlag, 306
Umlaufgeschwindigkeit des Geldes, 253
Umsatz-, 214

Umsatzrentabilität, 69
Umverteilung, 225
    staatliche, 229, 232
Umverteilungen, 53
Umwelt, 13, 304
Umweltschäden, 304
Unfall, 159
ungerechten Verteilung, 34
Ungerechtigkeitsempfinden, 151
Unterbeschäftigungsgleichgewicht, 265
Unternehmenskultur, 165
Unternehmensverfassung, 14
Unternehmenswagnis, 76
unternehmerischen Freiheit, 14
Unternehmerleistung, 65
Urabstimmung, 132

V
Validität, 181
Verein für Socialpolitik, 209
Verelendung, 32
Verelendungstheorie, 52, 53
Verhalten
    abgestimmtes, 269
Verlustbeteiligung, 218
Vermögensbildung, 266
Vermögensbildungsgesetze, 212
Vermögenseinkommen, 230
Vermögensteuer, 288
Verschuldungsverbot, 283
Versorgungsarbeit, 7
Versorgungsmentalität, 104
Verteilung
    sekundäre, 229
Verteilungsergebnis, 53
Verteilungskampf, 120
Verteilungsmaß, 20
Verteilungsneutralität, 3
Verteilungsproblematik, 65
Verteilungstheorie, 54
Vertragstheorie, 88
Verwaltungsratssystem, 16
Volkseinkommen, 228
Volkswirtschaftlichen Gesamtrechnung, 227
Vollbeschäftigung, 102, 223
    neoklassische, 256
Vollbeschäftigungsgleichgewicht, 261, 265
Vorleistungen, 155
Voyer d'Argenson
    Rene Louis, 19

W
Wachstum
    gleichgewichtiges, 289
Wagner
    Adolph, 112

Währungsunion, 114
Walras
    Leon, 2, 61
Ware
    Doppelcharakter der, 35
Warenbegriff, 34
Warenkorb, 42
Warenzirkulation, 39
Weber
    Max, 12
Wechselkurs, 293
    realer, 294
Wechselkurse
    feste, 274
    flexible, 274, 293
Weimarer Republik, 134
Weltwirtschaftskrise, 259
Wert
    subjektiver, 2
Wertgesetz, 31, 34
Wertgröße, 36
Wertlehre
    subjektive, 61, 63
Wertparadoxon, 64
Wertschöpfung, 65
    Teorie der, 54
Wertschöpfungsableitung, 67
Wertschöpfungsbeteiligung, 214
Wertschöpfungsverteilung, 1
Wertsubstanz, 36
Werttheorie, 34
Wettbewerb
    unvollkommener, 70
    vollkommener, 70

Wiedervereinigung, 120, 266, 281
Wirtschafts- und Währungsunion, 276
Wirtschaftsdemokratie, 114, 115
Wirtschaftskrise 1974/75, 120
Wochenarbeitszeitverlängerung, 306
Wohlfahrt, 58
Wohlstand für alle, 276
Wohngeld, 98

Z
Zeitakkord, 190, 193
Zeitakkordlohn, 194
Zeiteinsparungskennazhl, 199
Zeitersparnisprämien, 199
Zeitlohn, 187, 197
Zeitpräferenz, 306
Zeit-Prämienlohn, 199
Zinn
    Karl Georg, 53
Zins, 2, 63
Zinsbeziehung
    inverse, 268
Zinslasten, 284
Zinsmechanismus, 253
Zinsparität, 294
Zinsverbot, 20
Zinswirtschaft, 10, 11
Zinszahlungen, 46
Zirkulationsakte, 63
Zusatzbeschäftigung, 87
Zusatzkosten, 75
Zuwanderungen, 30
Zwangsschlichtung, 134

www.ingramcontent.com/pod-product-compliance
Lightning Source LLC
Chambersburg PA
CBHW080354030426
42334CB00024B/2870